CATALOGUE DES LIVRES

PROVENANS

DE LA BIBLIOTHEQUE

DE M. L. D. D. L. V.

DISPOSÉ ET MIS EN ORDRE,

Avec une Table Alphabétique des Auteurs,

Par GUILL. FRANÇ. DE BURE le jeune.

TOME PREMIER.

A PARIS,

Chez GUILL. FRANÇOIS DE BURE le jeune
Libraire, Quai des Augustins.

M. DCC. LXVII.

La V*ente de cette Bibliotheque se fera en la maniere accoutumée, au plus offrant, & dernier enchérisseur, vers le mois de Novembre de la présente année* 1767, *après la S. Martin, & sera indiquée par des Affiches particulieres.*

AVIS.

Nous avions promis de donner au Public dans le courant de cette année la derniere Partie de la BIBLIOGRAPHIE INSTRUCTIVE; mais ayant été obligés d'interrompre nos opérations pour nous attacher uniquement à l'arrangement de la Bibliotheque dont nous lui offrons aujourd'hui le Catalogue, nous croyons devoir le prévenir que cette derniere Partie de la BIBLIOGRAPHIE, (*) ne sera en état de lui être présentée que dans les six premiers mois de l'année prochaine.

(*) Cette Partie contiendra l'Histoire, & formera 3 vol. in-8°.

EXPLICATION des Abréviations dont on s'est servi pour désigner la Reliure & la condition des Livres.

G. P.	*Grand Papier.*
C. M.	*Cartâ Magnâ.*
m. bl.	*Maroquin bleu.*
m. c.	*Maroquin citron.*
m. r.	*Maroquin rouge.*
m. viol.	*Maroquin violet.*
v. f.	*Veau fauve.*
v. m.	*Veau Marbré.*
v. br.	*Veau brun* ou *jaspé.*
vél.	*Vélin* ou *parchemin.*
broch.	*Broché* ou *brochure.*

ORDRE
DES FACULTÉS ET DIVISIONS
DU PRÉSENT CATALOGUE.

CLASSE PREMIERE.
SECTION I.

THÉOLOGIE.

L'Écriture Sainte, avec ses Interpretes, Critiques, et Commentateurs.

I. Prolégomènes de l'Ecriture-Sainte, Apparats & Introductions pour l'intelligence du Texte sacré, *page* 1
II. Textes & Versions de l'Ecriture-Sainte, 2
    § 1. *Bibles en plusieurs Langues, vulgairement appellées*, POLYGLOTTES, 2
    § 2. *Textes & Versions Grecques*, 3
    § 3. *Versions Latines*, ibid.

ORDRE

§ 4. *Versions Françoises*, 9
§ 5. *Versions Angloises, Polonoises, & des autres différentes langues de l'Europe.* 15
§ 6. *Versions Etrangeres*, 16
III. Harmonies & Concordes évangéliques, extraites des Livres mêmes des Evangélistes, *ibid*
IV. Ecrits & Evangiles Apocryphes, 17
V. Histoires & figures de la Bible, 18
VI. Interpretes & Commentateurs de l'Ecriture-Sainte, tant de l'Ancien que du Nouveau Testament, 23
VII. Philologie Sacrée. 28
  § 1. *Traités critiques des différens Textes de la Bible, de leur lecture, intelligence, authorité, &c.* ibid
  § 2. *Expositions critiques, diverses Leçons & Conciliations de divers lieux & passages difficiles de l'Ecriture-Sainte*, 30
  § 3. *Traités critiques des Rites Judaïques & autres choses mentionnées en la Sainte Ecriture*, 33
  § 4. *Concordances & Dictionnaires de l'Ecriture-Sainte*, 38

SECTION II.
LITURGIES.

I. Traités singuliers de l'Office Divin, & des

DES DIVISIONS. vij

Cérémonies anciennes & modernes de l'Eglise, 40
II. Liturgies de l'Eglise ancienne, Grecque ou Orientale, 44
III. Liturgies de l'Eglise Latine ou Occidentale, 45

§. 1. *Liturgies de l'Eglise Romaine, Gallicane, &c.* ibid
§. 2. *Meslanges de Liturgies, Offices particuliers, Recueils de Prieres.* 46

SECTION III.
CONCILES.

I. Traités généraux & particuliers de la Célébration des Conciles, de leur puissance, forme & teneur, 52
II. Collections de Conciles & Conciles généraux, ibid
III. Conciles & Synodes Nationnaux de différens Pays, 53

SECTION IV.
SAINTS PERES.

I. Traités singuliers de la Lecture des SS. Peres, de leur usage, de leur morale, &c. 56
II. Collections & Extraits des Ouvrages des

viij   ORDRE

SS. Peres, Grecs & Latins, Ecrivains & autres Monumens Ecclésiastiques,   58

III. Ouvrages des SS. Peres Grecs & Latins, rangés selon l'ordre des siécles dans lesquels ils ont vécu,   61

   § 1. *Ouvrages des SS. Peres du premier siécle*, ibid

   § 2. *Ouvrages des SS. Peres du IIe. siécle*, 62

   § 3. *Ouvrages des SS. Peres du IIIe siécle*, ibid

   § 4. *Ouvrages des SS. Peres du IVe siécle*, 65

   § 5. *Ouvrages des SS. Peres du Ve siécle*, 68

   § 6. *Ouvrages des SS. Peres des VIe siécle*, 73

   § 7. *Ouvrages des SS. Peres des VII & VIIIe siécle*.   75

   § 8. *Ouvrages des SS. Peres des IX & X^e siécle*, ibid

   § 9. *Ouvrages des SS. Peres des XI & XIIe siécle*,   76

   § 10. *Ouvrages des autres Ecrivains Ecclésiastiques qui ont paru depuis le XIIIe siécle jusqu'à présent*,   79

SECTION V.
THÉOLOGIENS.

I. Théologie Scholastique & Dogmatique, contenant les Ouvrages des Théologiens de l'Eglise Latine,

Latine, ou Occidentale, à commencer vers l'année 1050, tems auquel PIERRE LOMBARD fut le premier qui la rédigea en corps, *pag.* 80

§ 1. *Traités singuliers préparatoires à l'étude de la Théologie Scholastique & Dogmatique*, 80

§ 2. *Ouvrages des Théologiens Scholastiques, Pierre Lombard, Albert le Grand, S. Thomas d'Aquin, Scot, &c. avec leurs Interpretes, Critiques & Commentateurs*, 81

§ 3. *Cours & Sommes de la Théologie Scholastique & Dogmatique*, 83

§ 4. *Traités singuliers de Dieu, des Personnes Divines & de leurs attributs ; des Anges, de la Création de l'Homme, de sa chûte, & de la réparation après sa chûte*, 84

§ 5. *Traités singuliers de la Grace & du libre arbitre, de la Prémotion physique, de la Prédestination, Justification, &c.* 85

§ 6. *Traités concernant les Disputes sur la Grace, la Prédestination & le libre arbitre ; comme aussi celles qui se sont élevées dans l'Eglise à l'occasion du Livre de Jansénius, & de ce qui a suivi,* 86

§ 7. *Traités singuliers Théologiques des actions humaines, des vertus & des vices*, 89

§ 8. *Traités singuliers de l'Incarnation de J. C. de sa Passion, de sa Mort*, 91

§ 9. *Traités singuliers de la bienheureuse Vierge Marie, des Saints, & de leurs attributs ; comme aussi de leur culte, hommage, &c.* ibid

§ 10. *Traités singuliers de l'Eglise & des choses Ecclésiastiques, & premierement de l'Eglise, du Concile, du Pape, de l'Ecriture-Sainte, & des Traditions sacrées,* 93

§ 11. *Traités singuliers des Sacremens, & de leur administration, des Indulgences & du Jubilé,* 94

§ 12. *Traités singuliers des Cérémonies Ecclésiastiques, du Culte religieux des Images, où il est aussi traité de la Superstition, &c.* 96

§ 13. *Traités singuliers des IV dernieres Fins de l'homme, la Mort & le Jugement dernier, le Purgatoire, le Paradis & l'Enfer.* 97

§ 14. *Meslanges de Théologie Scholastique, Opuscules & Dissertations sur divers sujets de Théologie, avec les Lexiques & Dictionnaires particuliers.* 100

II. Théologie Morale. 102

§ 1. *Traités généraux de la Théologie Morale,* ibid

§ 2. *Traités singuliers moraux des Loix & de la Justice, des Actions humaines, des Jeux, des Divertissemens & Spectacles, des Con-*

tracts, *Ufures & Reftitutions*, &c. 103

§ 3. *Inftructions pour les Confeffeurs & les Pénitens*, 105

§ 4. *Traités moraux de la Probabilité, où il eft auffi traité des Parjures, des Reftrictions mentales & des Equivoques*, 110

§ 5. *Traités finguliers concernant les difputes fur la Théologie Morale & fur celle des nouveaux Cafuiftes*, ibid

§ 6. *Meflanges de Théologie Morale, contenant des Cenfures fur la Morale, des réfolutions de Cas de Confcience, Conférences, &c. avec divers opufcules & differtations*, 112

III. Théologie Catéchétique ou Inftructive, 114

§ 1. *Traités généraux Catéchétiques, avec les Catéchifmes généraux & particuliers de différens Pays*, ibid

§ 2. *Traités finguliers & Inftructions particulieres fur divers points de la Religion Chreftienne, l'Oraifon Dominicale, la Salutation Angélique, le Symbole des Apôtres, le Décalogue, les Commandemens de l'Eglife, &c.* 116

IV. Théologie Parénétique ou des Sermons, 118

§ 1. *Traités finguliers de la Science de la Chaire, & de la Compofition des Sermons*, ibid

§ 2. *Collections de Sermons de différens Pré-*

dicateurs, sur diverses parties de la Religion & de la Morale Chrestienne, ibid
V. Théologie Mystique ou Contemplative, 125
§ 1. Mystiques & Ascétiques anciens & modernes, ibid
§ 2. Traités singuliers de l'Amour de Dieu & de l'Oraison, là où sont aussi rapportés les Traités du pur amour & du quiétisme, avec les disputes qui se sont élevées dans l'Eglise à leur sujet, 133
§ 3. Traités singuliers de la perfection chrestienne dans les différens états de la vie, généraux & particuliers, 135
§ 4. Traités singuliers de la pratique des vertus chrestiennes, Exercices de piété, Méditations, &c. 141
IV. Théologie Polémique, ou Traités concercernant la défense de la Religion Chrestienne & Catholique, 147
§ 1. Introductions & Traités généraux & particuliers de la vérité de la Religion Chrestienne, ibid
§ 2. Traités généraux & singuliers polémiques & orthodoxes pour la défense de la Religion Catholique, contre les Hérésies & les Hérétiques anciens & modernes, 148
§ 3. Traités polémiques & orthodoxes pour la défense de la Religion Catholique contre les

Juifs, les Grecs, *Vaudois Wicléfistes*, *Hussites*, *Luthériens*, *Anabaptistes*, *Zuingliens*, *Sociniens*, *Calvinistes*, *Quackres & Anglicans*, *& aussi contre les Infideles*, *Mahométans*, *Déistes*, *Athées*, &c. 150

§ 4. *Meslanges de Théologie Polémique, ou Conférences sur la Religion, Exhortations Motifs de conversion & Traités singuliers de Controverse entre les Catholiques Romains & les Protestans,* 155

VII. Théologie Hétérodoxe. 159

§ 1. *Ecrits des anciens Réformateurs Grecs & Vaudois, Wicléfistes, Hussites, &c. jusqu'au temps de* Luther, ibid

§ 2. *Ecrits des nouveaux Réformateurs Luthériens, Sacramentaires & Zuingliens, Calvinistes & Protestans, &c.* 160

§ 3. *Ecrits des nouveaux Réformateurs Anglicans,* 166

§ 4. *Traités singuliers hétérodoxes contre l'Eglise Romaine en général, le S. Siége, la Hiérarchie de l'Eglise Romaine & les Personnes Ecclésiastiques,* 167

§ 5. *Traités singuliers hétérodoxes contre les dogmes, cérémonies, usages, & différentes pratiques de l'Eglise Romaine,* 170

§ 6. *Traités singuliers hétérodoxes contre la Messe, & le S. Sacrement de l'Eucharistie,* 170

§ 7. *Meslanges de Théologie Hétérodoxe*, là où sont aussi rapportés les ouvrages de controverse, & les disputes élevées parmi les Protestans mêmes ; comme aussi les Traités apologétiques sur la Tolérance & la Violence en matiere de Religion, avec les Responses qui y ont été faites, 171

§ 8. *Traités singuliers des Conciliateurs ou Tolérans*, &c. 175

§ 9. *Ecrits des anti-Trinitaires ou Sociniens*, 176

§ 10. *Traités singuliers de la Théologie des Quackers & autres fanatiques Protestans, Préadamites*, &c. 177

§ 11. *Traités singuliers qui contiennent des Erreurs particulieres, comme aussi plusieurs systêmes de liberté philosophique, de Religion naturelle & politique, Athéisme, Déisme*, &c. 178

§ 12. *Traités singuliers de la Théologie des Juifs & des Mahométans*, 184

DES DIVISIONS.

CLASSE SECONDE.

JURISPRUDENCE.

SECTION I.
DROIT CANONIQUE.

I. Droit Canonique universel, *page* 185
  § 1. *Traités préparatoires & Institutions de Droit Canonique*,   ibid.
  § 2. *Droit Canonique ancien, Capitulaires & Collections de Décrétales*,   ibid
  § 3. *Droit Canonique nouveau, Corps de Droit Canon, Bulles, Constitutions & autres actes, avec leurs Commentateurs & Interpretes ; comme aussi les divers Ouvrages des Canonistes modernes*,   186
  § 4. *Traités singuliers de la Hiérarchie de l'Eglise, & des Personnes Ecclésiastiques ; du Souverain Pontife, de sa primauté, puissance, authorité, droits, prérogatives, &c.*   188
  § 5. *Traités singuliers de la Puissance Ecclésiastique & politique, avec les Traités par-*

ticuliers de la Puissance royale & séculiere dans le gouvernement de l'Eglise, & de son indépendance de celle du Pape, 190

§ 6. Traités singuliers des autres Personnes Ecclésiastiques, des Cardinaux, des Légats, des Evesques, de leur jurisdiction & authorité ; des Curés, des Chapitres, des Abbés, des Prêtres, & de leurs droits & prérogatives, 192

§ 7. Traités singuliers de la Puissance Ecclésiastique contre les héresies & schismatiques, 194

§ 8. Traités singuliers des Choses Ecclésiastiques, & premierement du célibat des Prêtres, de la Tonsure, habillemens, ornemens, marques de distinction & autres choses extérieures concernant les Personnes Ecclésiastiques, 194

§ 9. Traités singuliers des Eglises, Paroisses, Bénéfices, Résignations, Décimes, Pensions, & de ce qui y a rapport, 195

§ 10. Traités singuliers du Mariage & du Divorce, Dispenses, Censures, Excommunications, Police & Discipline judiciaire & autres dépendances de la Jurisdiction Ecclésiastique, 197

II. Droit Ecclésiastique de France. 198

§ 1. Capitulaires, loix Ecclésiastiques, pragmatiques,

DES DIVISIONS.

matiques, concordats & libertés de l'Eglise Gallicane, avec les Actes de son Clergé, 198

§ 2. Traités singuliers de la Politique séculiere & ecclésiastique de France, & de l'indépendance de la Puissance Royale, de celle du Pape ; où il est aussi traité des différends survenus entre les Cours de France & de Rome au sujet des Franchises, Exemptions, &c. 200

§ 3. Traités singuliers des Droits & des Prérogatives des Eglises particulieres de France, des Prélats & autres Ecclésiastiques, 201

§ 4. Traités singuliers des Elections & Nominations, où il est aussi traité des droits de Régale & des Indults, 203

§ 5. Traités singuliers concernant divers Points de la discipline & de la jurisdiction Ecclésiastique & Politique séculiere du Royaume de France, 204

III. Droit Ecclésiastique Etranger, 205

IV. Droit Ecclésiastique des Religieux & des Réguliers, 207

§ 1. Regles, Constitutions, Droits, Exemptions & Priviléges des Monasteres de différens Ordres, Bénédictins, Chartreux, Camaldules, Dominicains, Franciscains, &c. 207

ORDRE

§ 2. *Régles, Constitutions & Priviléges de différentes Congrégations régulieres, Peres de l'Oratoire, Jésuites & autres, avec les Traités singuliers critiques & apologétiques qui ont paru à leur sujet, & principalement contre les Jésuites.* 208

SECTION II.

DROIT CIVIL.

I. Droit de la Nature & des Gens, & Droit Public, 213
II. Droit Civil, 214
§ 1. *Introductions & Traités préparatoires à l'étude du Droit Civil*, ibid
§ 2. *Ancien Droit des Juifs, des Grecs & des Romains*, ibid
III. Droit Romain nouveau, 215
§ 1. *Traités généraux de Droit Civil, Corps de Droit & Commentateurs,* ibid
§ 2. *Traités singuliers de Droit Romain nouveau, des Loix & des Magistrats, des peines, contracts, prêts & usures; des Testamens, successions & autres Parties de Droit Civil,* 217
IV. Droit François & ses différentes Parties, 220
§ 1. *Loix, Constitutions, Capitulaires, Edits*

& *Ordonnances anciennes & nouvelles du Royaume de France*, ibid

§ 2. *Droit François national, ou Usages & Coutumes de différentes Provinces de France*, 222

§ 3. *Recueils d'Arrêts & Décisions de différentes Cours Souveraines, & des divers Parlemens du Royaume de France*, 223

§ 4. *Traités singuliers des différentes Parties du Droit François, où il question des droits particuliers du Mariage & des mariés, des enfans, des testamens, successions, propres, douaires, droits seigneuriaux, peines afflictives & autres choses en usage dans le Droit François*, ibid

§ 5. *Actions Forenses ou du Barreau, vulgairement appellées Plaidoyers, Factums, Mémoires, &c.* 225

§ 6. *Styles particuliers & différentes pratiques judiciaires en usage dans le Droit François*, 227

V. Droit Civil Etranger, ou de différentes Nations, 227

CLASSE TROISIEME.

SCIENCES ET ARTS.

SECTION I.
PHILOSOPHIE.

I. Traités généraux préparatoires à l'étude de la Philosophie ; Introductions & Traités qui renferment l'histoire, l'origine & les progrès de la Philosophie, 231

II. Philosophie ancienne ; *c'est-à-dire*, les Ouvrages des anciens Philosophes Grecs & Latins, Trismégiste, Pythagore, Démocrite, Socrate, Epicure, Platon, Aristote & autres qui ont paru jusqu'à la fin de l'Empire Romain, avec leurs Interpretes & Sectateurs, 232

III. Philosophie moderne ; *c'est-à-dire*, Ouvrages des Philosophes modernes qui ont paru jusqu'à présent, 240

IV. Cours universels, & Traités généraux de Philosophie scholastique & particuliere, Institutions, regles, méthodes, &c. 244

DES DIVISIONS. xxj

V. Logique & Dialectique, 245
VI. Ethique, ou Morale, 246
    § 1. *Ouvrages des anciens Philosophes qui ont écrit sur la Morale,* ibid
    § 2. *Traités généraux de Philosophie morale,* 249
    § 3. *Traités singuliers de Philosophie morale, où il est parlé des vertus, des vices & des passions,* 251
    § 4. *Meslanges de Philosophie morale, là où sont contenus les Traités singuliers de la tranquillité de l'esprit, de la vie heureuse ; comme aussi de la prospérité & de l'adversité, & de la conduite qu'il faut tenir dans l'une & dans l'autre,* 255
VII. Œconomie, 256
    § 1. *Traités généraux œconomiques,* ibid
    § 2. *Traités singuliers œconomiques de l'institution de l'homme & de la femme ; de leurs devoirs mutuels, de la conduite dans le mariage, de l'éducation des enfans, du gouvernement domestique, & des devoirs des Maîtres & des Serviteurs,* 257
    § 3. *Traités singuliers de la conversation & de la société civile, de la politesse des mœurs, & des avantages & devoirs des différens âges, comme aussi ceux des différens états dans la vie civile,* 259

ORDRE

VIII. Politique, 261
 § 1. Introductions & Traités généraux anciens & modernes de la politique, ibid.
 § 2. Traités particuliers du Royaume, de la République, & de leur administration, 263
 § 3. Traités singuliers des divers Etats du Royaume ou de la République, le Roi, le Prince, la Cour & les Courtisans ; les Magistrats, Ministres, Ambassadeurs, &c. 266
 § 4. Traités singuliers de la guerre & de la paix, des trèves, des alliances, du duel, du commerce, &c. 273
 § 5. Traités singuliers de la politique & des intérêts des Princes, & des Puissances de l'Europe, 277

IX. Métaphysique, 279
 § 1. Traités généraux de la Métaphysique, ibid
 § 2. Traités singuliers de Dieu, de son existence, de sa providence, de l'éternité & du destin, 280
 § 3. Traités singuliers de l'ame & de son immortalité ; de l'esprit de l'homme, de son intelligence, raison & facultés, 281
 § 4. Traités singuliers des esprits & de leurs opérations, & premierement de la cabale, de la magie, des démons, sorciers & en-

chanteurs ; comme auſſi des opérations magiques & ſurnaturelles, 284

§ 5. *Traités ſinguliers des énergumènes , ou des poſſédés par le Démon ; de leur exorciſme , procès , &c.* 285

SECTION II.
PHYSIQUE.

I. Introductions, Cours & Traités généraux de Phyſique, 286
II. Traités ſinguliers de Phyſique, 287

§ 1. *Traités ſinguliers de la peſanteur, du choc ou impulſion, du mouvement & du repos des corps naturels,* ibid

§ 2. *Traités ſinguliers de l'Univers créé, du Ciel, des Aſtres & des Elémens ; où il eſt auſſi traité des atômes, du vuide, du plein, de l'air, des météores, du tonnerre, du feu, du froid & du chaud, des vents & de la glace, de la pluie, de la lumiere, des couleurs, des phénomenes, des mouvemens & tremblemens de terre, des volcans & feux ſouterrains, du flux & reflux de la mer, &c.* 289

§ 3. *Traités ſinguliers de l'homme & de ſes facultés, de ſa vie, de ſa mort, de l'ame senfitive*, *des fens*, *des animaux & de leurs facultés*, 291

§ 4. *Meflanges de Phyfique, là où font contenus les Traités particuliers & les Differtations fingulieres fur différentes parties de la Phyfique, converfations, dialogues, expériences, &c.* 294

SECTION III.

HISTOIRE NATURELLE.

I. Introductions & Traités préparatoires à l'étude de l'Hiftoire Naturelle, 296

II. Hiftoire Naturelle générale univerfelle, contenant les Ouvrages généraux des Naturaliftes anciens & modernes, 297

III. Hiftoire Naturelle particuliere, *premiere Partie*; contenant l'Hiftoire des Elémens & ce qui y a rapport, 298

§ 1. *Hiftoire Naturelle des élémens, des métaux, des minéraux, des pierres & pierreries, &c.* ibid

§ 2. *Hiftoire Naturelle des eaux, fleuves, rivieres, fontaines, bains & eaux minérales*, 299

IV. Hiftoire Naturelle particuliere, *feconde Partie*; Agriculture & Botanique, 301

§ 1.

§ 1. *Traités singuliers de l'Agriculture & des choses rustiques,* ibid
§ 2. *Histoire Naturelle générale des plantes, des arbres, des fruits & des fleurs,* 306
§ 3. *Histoire Naturelle particuliere des arbres, plantes, fruits & fleurs de différens pays ; là où sont aussi contenuës les collections des plantes, & les jardins publics & particuliers,* 307

V. Histoire Naturelle particuliere, *Troisieme Partie* ; les Animaux insectes & coquillages, 308

§ 1. *Histoire Naturelle des animaux,* ibid
§ 2. *Histoire Naturelle des insectes, des coquillages & des pétrifications,* 309

VI. Histoire Naturelle particuliere, *Quatrieme Partie*; Prodiges, Meslanges & Collections de Cabinets, 310

§ 1. *Histoire Naturelle des choses extraordinaires, monstres & prodiges,* ibid
§ 2. *Meslanges d'Histoire Naturelle ; là où sont aussi rapportés divers secrets & merveilles de la Nature, expériences, &c. comme aussi les diverses collections & cabinets des curiosités de la Nature & de l'Art ; avec des descriptions qui en ont été faites,* 311

SECTION IV.
MÉDECINE.

I. Médecins anciens & modernes, Grecs & Latins, Arabes, &c. avec leurs Interpretes & Commentateurs, 315

II Traités singuliers de Médecine, 317

§ 1. *Traités singuliers diætiques & hygiastiques du régime de vie, des alimens & de leur préparation; de l'art de la cuisine & de ce qui la concerne; des vins, liqueurs & boissons différentes; de leur usage, de leur bonnes & mauvaises qualités; de l'usage du Tabac, de la diéte, de l'abstinence, de la vie sobre, de la santé & de sa conservation; comme aussi des moyens de se prolonger la vie,* ibid

§ 2. *Traités singuliers de Pathologie, ou des maladies & affections du corps humain, de leurs causes, signes & progrès, avec les remedes qui leur sont propres,* 321

§ 3. *Meslanges de Médecine, là où sont rassemblés les divers opuscules des Médecins, observations, dissertations, nouvelles découvertes, &c. comme aussi les Traités critiques & apologétiques pour & contre la Médecine & les Médecins,* 326

III. Chirurgie, 332
IV. Anatomie, 333
    § 1. *Inſtitutions & Traités généraux d'Anatomie, & de ſes parties principales,* ibid
    § 2. *Meſlanges d'Anatomie, opuſcules, diſſertations,* 334
V. Pharmacie, 336
VI. Chymie, 339
VII. Alchymie, ou Philoſophie & Médecine Hermétique-Paracelſique, qui eſt la ſcience de la tranſmutation des métaux ou de la pierre philoſophale, de l'or potable, &c. 341

SECTION V.

MATHÉMATIQUE.

I. Inſtitutions & Traités généraux de Mathématique, 344
II. Arithmétique & Algébre, 345
III. Géométrie, ibid
IV. Aſtronomie, 348
    § 1. *Inſtitutions & Traités généraux d'Aſtronomie, où il eſt traité de la ſphére & de ſes differens ſyſtêmes, comme auſſi de la pluralité des mondes, &c.* ibid
    § 2. *Traités ſinguliers d'Aſtronomie, du globe*

céleste, des Astres, Planetes & Etoiles, de leur mouvement & révolution ; comme aussi des phénomenes célestes, cométes, &c. 350

§ 3. Traités singuliers du jour & de la nuit, du crépuscule, de la division de l'année, du Calendrier, & avec les tables astronomiques, 351

V. Astrologie, 352

§ 1. Traités généraux de l'Astrologie judiciaire, ibid

§ 2. Traités singuliers des nativités, des songes & de leur interprétation, des augures & des devins, 353

§ 3. Traités singuliers de la physionomie de l'homme, de la Métoposcopie, Chiromance, Géomance, &c. 354

§ 4. Centuries & prédictions astrologiques, avec les Traités critiques & apologétiques pour & contre l'Astrologie & les Astrologues, 356

VI. Gnomonique, ou Traité de la science des cadrans & horloges solaires, 357

VII. Hydrographie ou la science de la navigation, 358

VIII. Optique, Dioptrique & Perspective, ibid

IX. Statique ou la science des forces mouvantes, 359

X. Hydraulique, ou la science pour l'élévation

des eaux, les aquéducs, cascades, &c. 360
XI Méchanique, ou la science des machines, ibid
XII. Traités singuliers des instrumens de Mathématique & de ce qui les concerne, 361
XIII. Musique, ou la science de l'harmonie, 362

SECTION VI.
ARTS.

I. Art de la mémoire naturelle & artificielle, avec les différentes pratiques pour l'exercer, 363
II. Art de l'écriture, où il est aussi traité des chiffres & des différentes manieres d'écrire secretement, 364
III. Art du Dessein, de la Peinture, de la Sculpture & de la Gravûre, avec les descriptions qui ont été faites de différens Cabinets curieux & particuliers, 365
IV. Architecture ou la science des bâtimens, 372
   § 1. *Traités généraux & particuliers d'Architecture civile*, ibid
   § 2. *Architecture militaire & navale*, 376
V. Art Militaire ou la science de la guerre, 377

xxx　　　O R D R E

§ 1. *Traités généraux de l'Art Militaire*, ibid

§ 2. *Traités des campemens, ordres de bataille, évolutions & discipline militaire*, 379

§ 3. *Traités singuliers des armes, machines & instrumens de guerre, & de l'artillerie*, 380

VI. Art Pyrotechnique ou du feu, de la Corderie, de la Verrerie, &c.　　381

VII. Art Gymnastique, où il est traité du maniement des chevaux, & de leur traitement, de la lutte, de la chasse, de la pesche, &c. 382

VIII. Traités singuliers des jeux d'exercice & de divertissement, du saut, de la danse, &c. 385

IX. Traités singuliers qui concernent quelques Arts méchaniques, pelleteries, fourûres, teintures de laines & fabriques particulieres *vulgairement appellés* MÉTIERS, 386

CLASSE QUATRIEME.

BELLES-LETTRES.

SECTION I.
GRAMMAIRE.

I. Principes & Traités généraux & raisonnés de la Grammaire, 388
II. Institutions, Grammaires & Dictionnaires de différentes Langues, 390
 § 1. Grammaires & Dictionnaires des Langues Hébraïque & Orientales, 390
 §. 2. Grammaires & Dictionnaires de la Langue Grecque, 393
 § 3. Grammaires & Dictionnaires de la Langue Latine, 397
 § 4. Grammaires & Dictionnaires de la Langue Françoise, 403
 § 5. Grammaires & Dictionnaires des Langues Italienne, Espagnole, Portugaise, Angloise, &c. 406
 § 6. Grammaires & Dictionnaires des Langues Etrangeres, 407

SECTION II.

RHÉTORIQUE.

I. Traités généraux de la Rhétorique, ou de l'Art Oratoire, 408
II. Orateurs anciens & modernes, Grecs, Latins, François, &c. 411
    § 1. Ouvrages des Orateurs Grecs, anciens & modernes, 411
    § 2. Ouvrages des Orateurs Latins, anciens & modernes, 413
    § 3. Ouvrages des Orateurs François, Italiens, &c. 419

SECTION III.

POETIQUE.

I. Introductions à la Poësie, ou Institutions, Elémens & Traités généraux de Poëtique, 422
II. Traités singuliers de Poëtique, contenant l'art de composer des piéces de Vers, des Comédies, Tragédies, Poëmes épiques; de leur construction, &c. 423
III. Poëtes anciens Grecs & Latins, 424
    § 1. Collections & Extraits des Poëtes Grecs, ibid
    § 2.

DES DIVISIONS.

§ 2. *Ouvrages des Poëtes Grecs*, 425
§ 3. *Collections & Extraits des Poëtes Latins anciens*, 431
§ 4. *Ouvrages des Poëtes Latins anciens*, 432

IV. Poëtes Latins modernes, 449
§ 1. *Collections & Extraits des Poëtes Latins modernes*, ibid
§ 2. *Ouvrages des Poëtes modernes, distingués par ordre des Nations, & premierement les Italiens*, 451
§ 3. *Ouvrages des Poëtes Latins modernes, François de Nation*, 453
§ 4. *Ouvrages des Poëtes Latins modernes, Allemans & Flamans de Nation*, 461
§ 5. *Ouvrages des Poëtes Latins modernes, Anglois, Ecossois, Irlandois, Septentrionaux, &c.* 464
§ 6. *Poëtes Latins Dramatiques*, 465
§ 7. *Poëtes Latins, vulgairement appellés :* MACARONIQUES, 466

V. Poésie françoise, 468
§ 1. *Collections & Extraits des Poëtes François*, ibid.
§ 2. *Poëtes François*, PREMIER AGE, *c'est-à-dire depuis le commencement de la Poésie Françoise jusqu'au tems de* CLÉMENT MAROT, *mort en* 1544. 471
§ 3. *Poëtes François, IIe AGE, commen-*

çant à CLÉMENT MAROT, & finissant à
MALHERBE, mort en 1628, 476

§ 4. Poëtes François, IIIe AGE, c'est-à-
dire depuis MALHERBE, regardé comme
le restaurateur de la Poësie Françoise, jusqu'à nos jours, 483

§ 5. Poëtes François modernes, Normands,
Provençaux, Gascons, Poitevins & autres
qui ont écrit dans le langage du Pays auquel ils ont pris naissance, 491

VI. Poësie Françoise, ancienne & moderne
Dramatique, ou Piéces mises au Théâtre,
493

§ 1. Anciens Mystères représentés par personnaiges par les Confreres de la Passion, d'a-
bord à la Trinité en 1402, successivement
depuis à l'Hôtel de Flandres en 1540, & à
l'Hôtel de Bourgogne en 1548, 493

§ 2. Auteurs Dramatiques qui ont fait des
Tragédies & des Comédies en françois,
avant & depuis le rétablissement du Théâtre
sous le CARDINAL DE RICHELIEU jusqu'à présent, 494

§ 3. Piéces représentées par l'Académie Royale
de Musique, vulgairement appellée LE
THÉATRE DE L'OPERA, avec les Ballets & autres divertissemens, exécutés par
les Rois mêmes ou devant eux, & qui ont
précedé ou qui ont été représentés depuis l'é-

tabliſſement de l'OPERA ſur ce Théâtre particulier, auquel ces ſortes de divertiſſemens
ont donné naiſſance, 513
§ 4. Chanſons & Vers pour chanter, en françois, 519
VII. Poëſie Italienne, 521
§ 1. Collections & Extraits des Poëtes Italiens, 521
§ 2. Poëtes Italiens rangés ſelon l'ordre des
tems auxquels ils ont vécu, depuis le DANTE
juſqu'à préſent, 522
§ 3. Poëtes Dramatiques Italiens, ou qui ont
compoſé des Tragédies & des Comédies en
cette langue, 526
VIII. Poëſie Eſpagnole & Portugaiſe, 527
§ 1. Ouvrages des Poëtes Eſpagnols & Portugais, ibid
§ 2. Poëtes Dramatiques Eſpagnols & Portugais, ou qui ont compoſé des Tragédies &
des Comédies en ces langues, 529
IX. Poëſie Irlandoiſe & Ecoſſoiſe, 531
§ 1. Ouvrages des Poëtes Anglois, Irlandois,
Ecoſſois, &c. ibid
§ 2. Poëtes Dramatiques, Anglois, Irlandois & Ecoſſois, ou qui ont compoſé des
Tragédies & des Comédies en ces langues,
532
X. Ouvrages des Poëtes Allemands, Flamands,
Septentrionaux, &c. 533

ORDRE

XI. Mythologie, 534
 § 1. *Mythologistes anciens & modernes*, ibid
 § 2. *Fables, Apologues, &c.* 536
XII. Poësie Prosaïque, ou Facéties, Jeux & Plaisanteries, Contes, Nouvelles & Romans, 537
 § 1. *Facéties, Plaisanteries, Histoires comiques, joyeuses & récréatives, latines, françois, italiennes, &c.* ibid
 § 2. *Contes & Nouvelles,* 542
 § 3. *Romans d'amour, moraux, allégoriques, comiques & amusans,* 543
 § 4. *Romans gothiques & anciens, vulgairement appellés de Chevalerie errante, ou de la Table ronde,* 550
 § 5. *Romans historiques & fabuleux,* 555

SECTION IV.

PHILOLOGIE.

I. Critiques anciens & modernes, 558
 § 1. *Traités généraux de Critique,* ibid
 § 2. *Ouvrages des Critiques anciens & modernes,* 560
 § 3. *Traités singuliers de Critique,* 561
 § 4. *Satyres, Invectives, Défenses, Apologies, &c.* 564

§ 5. *Diſſertations ſingulieres Philologiques, Critiques, Allégoriques & enjouées, comme auſſi les Traités critiques & apologétiques ſur les prérogatives de l'un & de l'autre ſexe,* 570

II. Gnomiques ou Sentences, Apophtegmes, Adages, Proverbes & Collections de rencontre & de bons mots qui ont paru ſous des titres en Ana. 578

III. Hiéroglyphiques ou Emblêmes, Deviſes, Symboles, Rébus, &c. avec les Traités ſinguliers de l'art de les compoſer, 585

SECTION V.
POLYGRAPHIE.

I. Polygraphes anciens & modernes, ou qui ont écrit divers Traités en un ou pluſieurs volumes, ſur diverſes matieres & ſur différens ſujets, 589

§ 1. *Autheurs Grecs & Latins, anciens & modernes,* 589

§ 2. *Autheurs François, ou qui ont écrit en françois,* 593

§ 3. *Collections d'Ouvrages en françois, tant en proſe qu'en vers, ou meſlés de proſe & de vers de différens Auteurs qui ont écrit ſur pluſieurs ſujets,* 597

xxxviij   ORDRE

    § 4. *Autheurs Italiens, Espagnols, &c. ou qui ont écrit en ces langues*, 599

II. Dialogues & Entretiens sur différens sujets meslés, ibid

    § 1. *Dialogues grecs & latins*, ibid
    § 2. *Dialogues françois*, 600

III. Meslanges de Polygraphie, ou diverses Collections variées, Questions curieuses, Opuscules, Extraits & diverses leçons de discours meslé, en latin & en françois, 603

IV. Epistolaires, 608

    § 1. *Introductions & Traités préparatoires au style Epistolaire, & de l'art de composer des Lettres ou Epitres*, ibid
    § 2. *Collections d'Epitres & Lettres de différens Auteurs*, 609
    § 3. *Lettres des Auteurs Grecs & Latins, anciens & modernes*, 610
    § 4. *Lettres des Auteurs François*, 614
    § 5. *Lettres des Auteurs Italiens, Espagnols, Portugais, &c.* 617

CLASSE CINQUIEME.

HISTOIRE.

SECTION I.

PROLEGOMENES HISTORIQUES.

Introductions & Traités préparatoires à l'étude de l'Histoire, avec les Traités critiques & apologétiques pour & contre l'Histoire & les Historiens, *page* 1

SECTION II.

GEOGRAPHIE.

I. Introductions & Traités préparatoires à l'étude de la Géographie, 3
II. Géographie proprement dite, ou Cosmographie & Description de l'Univers, 4
III. Géographes anciens & modernes, Grecs & Latins, François, &c. 7
IV. Descriptions & Cartes Géographiques, 10

ORDRE

§ 1. *Descriptions particulieres de diverses parties de la Terre, & Collections de Républiques,* ibid

§ 2. *Atlas généraux & particuliers, & Recueils de Cartes Géographiques,* 12

§ 3. *Dictionnaires Géographiques,* 14

V. Voyages & Relations, 14

§ 1. *Collections de Voyages & de Relations,* ibid

§ 2. *Voyages généraux faits dans plusieurs parties du Monde, & rassemblés dans le même Volume,* 15

§ 3. *Voyages particuliers de l'Europe,* 16

§ 4. *Voyages particuliers faits en Asie,* 17

§ 5. *Voyages particuliers faits en Afrique & en Amérique,* 20

§ 6. *Voyages imaginaires, ou Relations supposées,* 21

SECTION III.
CHRONOLOGIE.

I. Introductions & Traités préparatoires à l'étude de la Chronologie, 22

II. Chronologie Technique, ou Traités Dogmatiques du tems, & de ses parties, ibid

§ 1. *Traités singuliers de l'année & des mois, & des différens Calendriers des Nations,* ibid

DES DIVISIONS. xlj

§ 2. *Dissertations Chronologiques & particulieres sur différens points de l'Histoire*, avec les disputes qui se sont élevées dans l'Eglise à ce sujet, & concernant principalement le jour de la naissance & celui de la mort de J. C. la célébration de la Pâque, &c. 25

III. Chronologie historique, ou l'Histoire réduite & disposée par Tables, Divisions chronologiques & par années, 28

IV. Histoire Universelle, 31

§ 1. *Histoires Universelles de tous les tems & de tous les lieux*, depuis la création du monde, ibid

§ 2. *Histoires Universelles de certains tems & de certains lieux*, écrites par des Auteurs contemporains & autres ; là où sont aussi compris les Journaux & Dictionnaires historiques, Gazettes, Mémoires, &c. 36

SECTION IV.
HISTOIRE ECCLÉSIASTIQUE.

I. Histoire Ecclésiastique proprement dite, ou l'Histoire de l'Eglise ancienne & nouvelle, Judaïque & Chrestienne, & premierement l'Histoire Ecclésiastique Universelle, tant de l'Ancien que du Nouveau Testament, 40

f

II. Histoire Ecclésiastique particuliere, *c'est-à-dire*, distinguée par ordre d'Eglises & de Nations, 43

    § 1. *Histoire Ecclésiastique de l'Eglise Latine ou Occidentale, avec les Traités particuliers qui y ont rapport*, ibid

    § 2. *Histoire Ecclésiastique d'Italie*, ibid

    § 3. *Histoire Ecclésiastique de France*, 44

    § 4. *Histoire Ecclésiastique d'Angleterre, d'Ecosse & d'Irlande*, 50

    § 5. *Histoire Ecclésiastique d'Allemagne, des Pays-bas, &c.* 52

    § 6. *Histoire Ecclésiastique des Pays & des Régions étrangeres, avec l'Histoire des Missions entreprises pour la propagation de la Foi*, 53

III. Histoire Catholique & Pontificale, 58

    § 1. *Histoire générale & particuliere des Conciles*, ibid

    § 2. *Histoires & Vies des Papes, avec l'Histoires des Conclaves, & les Dissertations singulieres qui ont été faites, principalement au sujet de la Papesse* JEANNE, 59

    § 3. *Histoire des Cardinaux*, 60

IV. Histoire Monastique, & des Ordres Religieux & Militaires, 62

    § 1. *Histoire Monastique de différens Ordres*,

de *S. Bénoift*, *de Cluny*, *des Camaldules*, *des Chartreux*, *de S. François*, *&c.* 62

§ 2. *Hiftoire Monaftique des Clercs réguliers & des Congrégations régulieres*, *Jéfuites*, *Peres de l'Oratoire*, *&c.* 64

§ 3. *Hiftoire Monaftique des Religieux & Religieufes de différens Ordres*, 65

§ 4. *Hiftoire des Monafteres de différens Ordres & de diverfes Nations*, 66

§ 5. *Hiftoire des Confrairies & des Congrégations de piété*, 67

§ 6. *Hiftoire des Ordres Militaires & de Chevalerie*, 68

V. Hiftoire Sainte, 69

§ 1. *Actes des Martyrs*, *Paffions & Martyrologes*, ibid

§ 2. *Vies des SS. & des Perfonnages illuftres en piété*, *de tous les Ordres & de toutes les Nations*, *& de toute qualité & condition*, *depuis le commencement du monde jufqu'à préfent*, 70

§ 3. *Hiftoire des lieux Saints*, *des Eglifes*, *Cimetieres*, *&c. comme auffi l'Hiftoire des Eglifes*, *des Images*, *des Miracles*, *&c.* 74

§ 4. *Meflanges*, *Traités finguliers & Differtations particulieres qui regardent l'Hiftoire Eccléfiaftique*, 75

VI. Histoire Ecclésiastique des Hérésies & des Hérétiques, avec l'Histoire des Inquisitions, 76

SECTION V.

HISTOIRE PROFANE DES MONARCHIES ANCIENNES.

I. Histoire des Juifs, générale & particuliere, 81

II. Histoire générale des IV Monarchies anciennes ou Empires, 82

§ 1. *Histoires des deux premieres Monarchies, c'est-à-dire, des Chaldéens, des Babyloniens, des Assyriens, des Médes & des Perses*, 82

§ 2. *Histoire Grecque, III.e* MONARCHIE, *qui comprend les Athéniens, les Lacédémoniens, les Syriens, les Egyptiens, les Carthaginois & autres peuples habitans différentes parties de l'ancienne Grèce*, 83

§ 3. *Histoire Romaine, IV.e* MONARCHIE, *depuis le fondement de l'ancienne Rome jusqu'au démembrement & à la fin de l'Empire Romain*, 85

III. Histoire Byzantine, ou de l'Empire de Con-

DES DIVISIONS. xlv

stantinople jusqu'à la prise de la Capitale par les Turcs, 91

SECTION VI.

PREMIERE PARTIE.

HISTOIRE MODERNE, ou des Monarchies qui subsistent aujourd'hui, PREMIERE PARTIE, comprenant les Monarchies de l'Europe.

I. Histoire d'Italie, 92
   § 1. Descriptions & Notice générale de toute l'Italie, ibid
   § 2. Histoire générale d'Italie, ou de l'ancien Royaume des Goths, des Vandales & des Lombards, depuis sa décadence jusqu'à présent, avec l'histoire particuliere des Villes & des Provinces, 93
II. Histoire de France, 98
   § 1. Topographie ou Description générale de la France, ibid
   § 2. Préliminaires de l'Histoire de France, comprenant l'Histoire des Gaules, & la Notice générale du Royaume de France, avec les Traités préparatoires à son intelligence, 99
   § 3. Histoire générale de France, 102

ORDRE

§ 4. *Histoire générale de France sous plusieurs Regnes particuliers, écrite par des Auteurs contemporains ou autres,* 105

§ 5. *Histoire particuliere des Rois de France, & des événemens arrivés sous le Regne de chacun d'eux en particulier,* 109

== *Histoire des premiers Regnes jusqu'à* CHARLES IX, *c'est-à-dire, jusqu'au commencement des troubles,* 109

== *Regne de* CHARLES IX, 112

== *Regnes de* HENRY III & HENRY IV, 113

== *Regne de* LOUIS XIII, 121

== *Regnes de* LOUIS XIV & *de* LOUIS LE BIEN-AIMÉ, 125

§ 6. *Traités singuliers, critiques & apologétiques, historiques & allégoriques, qui concernent les Regnes particuliers des différens Princes qui ont occupé le Thrône de la Monarchie,* 130

§ 7. *Histoire générale & particuliere des Villes & Provinces de France, rangée par ordre de Généralités,* 132

§ 8. *Meslanges de l'Histoire de France, ou Extraits, Recueils, Collections d'actes, Piéces & Dissertations appartenantes à l'Histoire de France,* 139

§ 9. *Traités singuliers de l'origine, dignité,*

préexcellences & prérogatives des Rois & du Royaume de France , avec les Dissertations particulieres qui concernent le droit de Souveraineté , les successions à la Couronne , &c. 141

§ 10. *Histoires des Etats généraux , dignités & offices du Royaume de France ,* 144

§ 11. *Histoire des actions publiques & solemnelles faites en France , & des cérémonies qui y ont été observées ,* 146

§ 12. *Traités singuliers historiques sur les Monnoyes du Royaume de France ,* 152

III. Histoire d'Allemagne , ibid

§ 1. *Traités préliminaires , Collections , Chroniques & Histoire générale de l'Empire d'Allemagne ,* ibid

§ 2. *Histoire particuliere d'Allemagne sous le gouvernement de ses différens Princes & Empereurs ,* 153

§ 3. *Meslanges de l'Histoire d'Allemagne , avec l'Histoire particuliere des différens Cercles de l'Empire ,* 155

IV. Histoire des Pays-Bas , 157

§ 1. *Histoire générale des Pays-Bas ,* ibid

§ 2. *Histoire particuliere des Provinces & Villes des Pays-Bas , & premierement de la Belgique royale ,* 158

§ 3. *Histoire particuliere de la Belgique con-*

ORDRE

fédérée, ou des Provinces-Unies des Pays-
Bas, 160
V. Histoire de Lorraine, 163
VI. Histoire des Suisses & des peuples leurs
confédérés, ibid
VII. Histoire d'Espagne, 164
§ 1. Histoire générale d'Espagne, avec ses
Traités préliminaires, 164
§ 2. Histoire particuliere de toute la Monarchie d'Espagne, sous le gouvernement des
différens Princes qui ont occupé le Thrône,
165
§ 3. Histoire particuliere des Provinces & des
Royaumes de la Monarchie d'Espagne,
167
§ 4. Meslanges & Traités singuliers concernant l'Histoire d'Espagne, 168
VIII. Histoire de Portugal, générale & particuliere, 169
IX. Histoire de la Grande-Bretagne ou des trois
Royaumes, c'est-à-dire, d'Angleterre, d'Ecosse
& d'Irlande, 170
§ 1. Histoire générale de la Grande-Bretagne,
ibid
§ 2. Histoire particuliere de la Grande-Bretagne sous le gouvernement de ses Rois, avec
l'Histoire des Villes & des Provinces, 172

§ 3

§ 3. *Meſlanges de l'Hiſtoire de la Grande-Bretagne, Collections d'actes, Monumens, Chartes & autres piéces qui la concernent,* 173

X. Hiſtoire des Pays Septentrionaux, Dannemarck, Suéde, Moſcovie, Pologne, Hongrie, Tranſylvanie, &c. 175

SECTION VI.

SECONDE PARTIE.

HISTOIRE MODERNE, ou des Monarchies qui ſubſiſtent aujourd'hui, SECONDE PARTIE, comprenant les Monarchies hors de l'Europe.

I. Hiſtoire Orientale générale, 180
II. Hiſtoire des Arabes, des Sarrazins & des Turcs, 181
III. Hiſtoire Aſiatique, 182
    § 1. *Hiſtoire de la Gréce Aſiatique, & des Iſles de l'Archipel,* ibid
    § 2. *Hiſtoire de la Perſe,* 183
    § 3. *Hiſtoire des Tartares & du Mogol, des Indes Occidentales, &c.* 184
    § 4. *Hiſtoire de la Chine & de la Tartarie Chinoiſe,* ibid
    § 5. *Hiſtoire du Japon,* 186

IV. Histoire d'Afrique, 187
  § 1. Histoire générale d'Afrique, ibid
  § 2. Histoire particuliere d'Afrique, & premierement l'Histoire de l'Egypte, 187
  § 3. Histoire de la Barbarie, & des Royaumes de Fez, Maroc, Alger, Tunis, Tripoly, &c. 188
  § 4. Histoire d'Ethiopie, ibid.
V. Histoire de l'Amérique, ou des Indes Occidentales, 189
  § 1. Histoire générale de l'Amérique, & de ses découvertes par les Européens, ibid
  § 2. Histoire particuliere de l'Amérique Septentrionale, le Canada ou la Nouvelle-France, la Virginie ou la Nouvelle-Angleterre, le Mexique ou la Nouvelle-Espagne, les Isles Antilles, &c. 192
  § 3. Histoire de l'Amérique Méridionale & du Pérou, de la Guiane, du Brésil, du Paraguay, Terres Magellaniques, &c. ibid

SECTION VII.

PARALIPOMENES HISTORIQUES.

I. Histoire Héraldique & Généalogique, 194
  § 1. Traités de la Science Héroïque, de la

DES DIVISIONS.

Nobleſſe, des Nobles, & de leurs titres & prérogatives, 194

§ 2. Traités Héraldiques ou qui appartiennent à la ſcience du blaſon, 195

II. Hiſtoire généalogique des Maiſons & des familles illuſtres de toutes les parties de la Terre, 195

SECTION VIII.
ANTIQUITE'S.

I. Rites, Uſages & Coutumes des Anciens & des Modernes, 208

§ 1. Rites des Anciens en général, où il eſt traité des choſes ſacrées, civiles, militaires & domeſtiques, ibid

§ 2. Rites des Nations en particulier, des Orientaux, des Grecs, des Romains, &c. 210

§ 3. Meſlanges de Rites, contenant différens Uſages particuliers, avec les Traités concernant la Religion des Druydes, &c. 212

II. Hiſtoire Lapidaire, Inſcriptions & Marbres antiques, 214

III. Hiſtoire Métallique, ou Médailles, Monnoyes, &c. 215

§ 1. *Introductions & Traités singuliers concernant la science des Médailles, & de leur intelligence, utilité, &c.*   ibid

§ 2. *Collections générales de Médailles de tout genre & de toutes especes,*   215

§ 3. *Histoire Métallique ancienne, ou Médailles hébraïques, grecques & romaines,*   216

§ 4. *Histoire Métallique moderne, ou Médailles de différens peuples,*   218

§ 5. *Traités singuliers & Dissertations particulieres au sujet de plusieurs médailles curieuses,*   219

§ 6. *Traités singuliers & Dissertations particulieres sur les monnoyes, poids & mesures, tant des Anciens que des Modernes,*   220

IV. Divers Monumens de l'antiquité, ou Fragmens, Descriptions & Traités singuliers des Edifices publics, Amphithéâtres, Obélisques, Pyramides, Sépulchres, Statuës, &c.   222

V. Diverses Antiquités, Pierres gravées, Cachets, Sceaux, Lampes & autres choses qui nous restent des Anciens, avec les Collections & Cabinets d'Antiquaires,   225

SECTION IX.

HISTOIRE LITTERAIRE, ACADEMIQUE, ET BIBLIOGRAPHIQUE.

I. Histoire des Lettres & des Langues, où il est traité de leur origine & de leur progrès, 227
II. Histoire des Sciences & des Arts, 229
III. Histoire des Académies, Ecoles, Universités, Colléges & Sociétés de Gens de Lettres, avec les Traités particuliers concernant leur origine, fondation, progrès, utilité, &c. 230
IV. Bibliographie, ou Histoire & Descriptions de Livres, 234
    § 1. *Prolégomènes Bibliographiques, ou Traités particuliers des Livres en général, de leur composition, utilité, usage, &c. ensemble des Bibliotheques & de leur institution, disposition, arrangement, &c.* 234
    § 2. *Bibliographes généraux,* 238
    § 3. *Bibliographes périodiques, & Journaux Littéraires,* 241
    § 4. *Bibliographes Ecclésiastiques,* ibid
    § 5. *Bibliographes profanes Nationaux,* 244
    § 6. *Bibliographes professionaux, c'est-à-*

dire, de Théologie, de Jurisprudence, de Philosophie, d'Histoire, &c. 245
§ 7. Bibliographes simples, c'est-à-dire, Ca-
talogues de Bibliotheques, 248

SECTION X.
VIES DES PERSONNES ILLUSTRES.

I. Vies des illustres Personnages anciens, Grecs
& Romains, 273
II. Vies & Eloges des Personnages illustres parmi
les modernes, 276
    § 1. *Vies des Hommes illustres en général*, ibid
    § 2. *Vies des Hommes illustres par leur naif-
sance, rang & qualités*, 280
    § 3. *Vies des Hommes illustres par leur piété
& leur savoir*, 282
    § 4. *Vies des Hommes illustres dans les Scien-
ces & dans les Arts*, 284

SECTION XI.
EXTRAITS HISTORIQUES.

Collections diverses extraites des Historiens
anciens & modernes, 289
LIVRES OMIS, 293

Lu & approuvé le 3 Avril 1767.

PISSOT, Adjoint.

De l'Imprimerie de DIDOT, rue Pavée, 1767.

CLASSE

CLASSE
PREMIERE.

THÉOLOGIE.

SECTION I.

L'Ecriture-Sainte avec ses Interpretes, Critiques & Commentateurs.

I.

Prolégomènes de l'Écriture-Sainte, Apparats & Introductions pour l'intelligence du Texte sacré.

1 INTRODUCTION à l'Ecriture-Sainte, avec une idée générale de la Bible, par le Pere Lamy. *Lyon, Jean Certe*, 1699, *in-*12. *fig. baz.*
2 Nouvelle Disposition de l'Ecriture-Sainte, mise dans un ordre perpétuel pour la lire toute entiere chaque année, commodément & avec fruit; avec une table des Semaines Errantes, & les Fêtes Mobiles, jusqu'en l'année 1790. *Paris, veuve Savreux*, 1670, *in-*8, *v. m.*

Tome I.   **A**

THÉOLOGIE.

Textes & Versions de l'Écriture-Sainte.

§. 1. Bibles en plusieurs Langues, vulgairement appellées POLYGLOTTES.

191.   3 Biblia Sacra Polyglotta, Hebraïca, Samaritana, Chaldaïca, Græca, Syriaca, Latina & Arabica; quibus Textus originales totius Scripturæ Sacræ, quorum pars, in editione Complutensi, deindè in Antverpiensi Regiis sumptibus extat, nunc integri, ex MSS. toto ferè orbe quæsitis exemplaribus exhibentur; studio & operâ Guidonis Mich. le Jay. *Lutet. Parisiorum, Vitré*, 1645, 10 *vol. in-fol. formâ majori. v. m.*

3. 13.   4 Valeriani de Flavigny Doct. Theologi, Epistolæ IV, in quibus de ingenti Bibliorum opere, quod nuper Lutetiæ Parisiorum, Hebraïcè, Græcè, Latinè, Chaldaïcè, Samaritanè, Syriacè & Arabicè prodiit, ac ei præfixâ præfatione disseritur. *Impr. ann.* 1646, & *seqq. in-*8. *v. m.*

22. 19.   5 Edmundi Castelli Lexicon Heptaglotton, Hebraïcum, Chaldaïcum, Syriacum, Samaritanum, Æthiopicum, Arabicum, & Persicum; in quo omnes voces Hebrææ, Chaldææ, Syræ, &c. tàm in MSS. quàm in impressis libris, cùm primis autem Bibliis Polyglottis, ordine alphabetico digestæ, continentur; cum earum significationibus, variorum Interpretum Sententiis, & brevi harmonicâ Grammaticæ delineatione. *Londini, Roycroft,* 1669, 2 *vol. in-fol. v. br.*

12.   6 Origenis Adamantii (seu Anonymi) Synopsis novorum Bibliorum Polyglottorum. *Ultrajecti,*

THÉOLOGIE.

Fredericus Arnoldus, 1684. ═ Ambrosii (seu Anonymi cujusdam) Epistola ad Origenem Adamantium, de novis Bibliis Polyglottis. *Ibid.* 1685. ═ Ulrici Huberi Dialogus de ratione Juris docendi & discendi. *Franequeræ, ex Offic. Joh. Gyselaar*, 1684, *in*-12. v. br.

§ 2. *Textes & Versions Grecques.*

7 Vetus Testamentum Græcum, ex interpretatione LXX. Interpretum, & authoritate Sixti V. Pont. Max. editum, studio Cardinalis Antonii Carafæ, ope doctorum virorum adjuti, cum variantibus. *Romæ, Franciscus Zannetti*, 1587, *in-fol. mar. r.*   29. 10.

8 Liber Psalmorum Davidis, Græcè tantùm. *Antverpiæ, ex Offic. Christoph. Plantini*, 1584, *in*-24, *v. f.*

9 Novum J. C. Testamentum Græcum, ex edit. Joannis Leusden. *Lugd. Batav. Societas*, 1716, *in*-16, broché.   1. 9.

10 Acta Apostolorum, linguâ græcâ vulgari edita. *Venetiis, Pineli, in*-4, *v. f.*   1.

§ 3. *Versions Latines.*

11 Codex Vetus MSS. *in membranis*, in quo continentur Libri omnes Veteris & Novi Testamenti, quibus subjiciuntur interpretationes Hebraïcorum nominum. *in-fol, relié en bois.*   7.

12 Codex Vetus MSS. partìm *Membranaceus*, partìm *Chartaceus*, in quo continentur fragmenta Versionis vulgatæ Librorum sacrorum; (à Parabolis Salomonis, ad finem usque Veteris   2. 12.

A ij

THÉOLOGIE.

Testamenti, cum Novo Testamento integro) in-fol. relié en bois.

18. 13 Codex Vetus MSS. *in membranis*, in quo continentur, Versus epilogi omnium Librorum Bibliæ, *id est*, Biblia Sacra latinis versibus reddita : accedunt ad calcem, Versus notabiles super IV libros Sententiarum. *in-8*, relié en bois.

2600. 14 Biblia Sacra Latina, Versionis vulgatæ. MO-GUNTIÆ, *per Joh. Fust, & Petrum Schoiffher de Gernsheym clericum diocesis ejusdem* ; anno Incarnationis Dominicæ, 1462, 2 tom. en 4 vol. *in-fol*. C. M. mar. r. *Editio Præstantissima & Rarissima.*

* *Exemplar elegans, excusum in chartâ.*

66. 19 15 Biblia Sacra Latina, Vulgatæ versionis. *Editio vetus absque ullâ loci & anni indicatione, charactere autem quadrato impressa, circà ann.* 1470, 2 vol. *in-fol*. C. M. mar. r.

160. 16 Biblia Sacra Latina, Vulgatæ editionis, cum interpretationibus Hebraïcorum nominum, & Epistolâ Joannis Andreæ Episcopi Aleriensis ad Paulum II : Accedunt Matthiæ Palmerii Epistola altera ad eundem Paulum II. dicata ; & Dissertatio Aristeæ de versione LXXII interpret. è græco latinè versa, per eundem Matthiam Palmerium Pisanum. *Nurembergæ*, 1475, 2 vol. *in-fol*. mar. r. * *Exemplar elegans & nitidum.*

* Ad calcem hujus editionis, hæc leguntur.

Hoc opus Biblie effigiatum est ĩ nuremberga oppido germanie celebratissimo jussu Andree frisner Bunsidelensis, artium liberalium magistri ; et Joannis Sensenschmit civis p̃fati oppidi, ãtis impressorieq3 magistri, socior. suis signis ãnotatis. Anno ab incarnatione domini m. cccc. lxxv. *quinto idus decembris.*

THÉOLOGIE.

17 Biblia Sacra Latina Vulgatæ Editionis. *Basileæ, per Bern. Richel, anno domini* 1477, 2 *vol. in-fol. C. M. mar. r.*   120.
* *Ad Calcem Apocalypsis hæc leguntur.*
Impssū p me bernardū richel civē basileēsē sub año icarnatōis dnice. M. cccc. lxxvij. VI. ydus septembris. Indicōne iio decima (cum duobus scutis B. Richel impressoris.)

18 Biblia Sacra Latina Vulgatæ editionis, cum interpretationibus Hebraïcorum nominum. *Venetiis, per Leonardum Vuild de Ratisbona, expensis Nicolai de Franckfordia, anno* 1478, *in-fol. v. f.*   8.

19 Biblia Sacra Latina Vulgata. *Venetiis, per Franc. de Hailbrun, anno* 1480, *in-*4. *v. f.*   1.
* *Aliquot folia desiderantur in fronte voluminis.*

20 Biblia Sacra Latina Vulgatæ editionis. *Venetiis per Octavian. Scotum,* 1480, *in-*4. *v. f.*

21 Biblia Sacra Latina Vulgatæ editionis. *Venetiis, characteribus Magistri Johannis, dicti Magni, anno* 1484, *in-*4. *v. f.*   1. 18.
* *Desunt folia quædam in fronte voluminis.*

22 Biblia Sacra Latina, cum concordantiis Veteris & Novi Testamenti, nec-non interpretationibus Hebraïcorum nominum. *Editio anni* 1491, *in-fol. relié en carton.*   1.

23 Biblia Sacra Latina Vulgatæ editionis, cum summariis concordantiis, divisionibus & repertoriis; unà cum interpretatione verâ Hebraïcorum nominum. *Parisiis, Petr. Regnault,* 1511, *in fol. v. noir.*   2. 12.

24 Biblia Sacra Latina, cum concordantiis Veteris & Novi Testamenti, & sacrorum Canonum; necnon & additionibus varietatis diversorum textuum, ac etiàm Canonibus antiquis IV Evan-

geliorum: Accesserunt Concordantiæ ex XX libris Josephi de Antiquitatibus & de bello Judaïco excerptæ; opera & studio Joann. de Gradibus. *Lugduni, Mareschal, anno* 1523, *in-fol. v. f.*

25 Biblia Sacra Latina Vulgatæ editionis, cum interpretationibus Hebraïcorum, Chaldæorum, Græcorum, & Latinorum nominum quæ in Bibliis leguntur; &c. ex editione & cum annot. Francisci Vatabli. *Parisiis, Rob. Stephanus*, 1540, *in-fol. C. M. mar. vieux.*

26 Biblia Sacra Latina Vulgatæ editionis, (id est Vetus Testamentum) ex editione Johannis Hentenii. *Antverpiæ, Christoph. Plantinus*, 1565, 4 *tom. en* 3 *vol. in*-16. *mar. rouge.*
* *Editio optima litteris quadratis excusa.*

27 Biblia Sacra latina Vulgatæ editionis, cum variis lectionibus ejusdem Johannis Hentenii, & Theologorum Lovaniensium; nec non adnotationibus Francisci Lucæ Brugensis, in quibus variantia discrepantibus exemplaribus loca, summo studio discutiuntur; cum figuris Æneis. *Antverpiæ, Christoph. Plantinus*, 1583, *in-fol. C. M. fig. mar. c.*
* *Editio optima.*

28 Biblia Sacra Latina Vulgatæ editionis, Sixti V. & Clementis VIII. Pont. Max. jussu edita. *Lugd. Hæredes Guill. Rovillii*, 1620, *in*-8. *v. br.*

29 Biblia Sacra Latina Vulgatæ editionis, jussu Sixti V, Pontif. Max. recognita, & minutissimis characteribus impressa, absque summariis capitum: Editio præstans, *Gallicè* vulgò denominata: BIBLE DES EVÊQUES. *Coloniæ Agrippinæ, Bern. Gualterus*, 1630, *in*-8. *v. f. rare.*

THÉOLOGIE. 7

30 Biblia Sacra Latina Vulgatæ editionis, juſſu Sixti V : Pont. Max. & Clementis VIII, recognita & edita. *Antverpiæ, ex officinâ Plantinianâ*, 1650, *in*-4. *v. br.*   1 . 11.

31 Biblia Sacra Latina Vulgatæ, editionis, juſſu Sixti V : & Clementis VIII edita. *Lugduni, Joann. Bapt. de Ville*, 1675, *in*-8. *v. m.*   1 . 10 .

32 Biblia Sacra Latina, ex Hebræo, per Santem Pagninum tranſlata, cum interpretationibus Hebraïcorum nominum ; & duabus Epiſtolis Joann. Franc. Mirandulæ. *Lugduni, per Ant. du Ry, ſumptibus Jacobi de Giuntis; &c.* anno 1527, *in*-4. *v. br.*   1 .

33 Biblia Sacra Latina, ex Santis Pagnini tralatione, ſed ad Hebraïcæ linguæ amuſſim noviſſimè recognita, & ſcholiis illuſtrata, cum præfatione & notis Michaëlis Villanovani (Serveti) : accedunt interpretationes Hebraïcorum, Arabicorum, Græcorumque nominum, quæ in Sacris Litteris reperiuntur. *Lugduni, Hugo à Porta*, 1542, *in-fol. mar. bl. rare.*   102 -

34 Vetus Teſtamentum, ſecundùm LXX. Interpret. è Græco, Latinè redditum, ſtudio Antonii Carafæ, cum ſcholiis doctorum virorum ; & auctoritate Sixti V. Pont. Max. editum. accedit Index dictionum & loquutionum Hebraïcarum, Græcarum, & Latinarum. *Romæ, in Ædibus Populi Romani, apud Georgium Ferrarium*, 1588, *in-fol. mar. rouge.*   20 .

35 Codex Vetus MSS. *in membranis*, in quo continetur Exodus, cum Commentariis. *in-fol. relié en bois.*   6 .

36 Codex Vetus alter, MSS. *in membranis*, in quo continetur Pſalterium Davidis, cum Com-   9 .

THÉOLOGIE.

mentariis, *in-fol. magno*, *relié en bois.*
* *Ad calcem hujus codicis desiderantur folia quædam.*

1. 16. 37 Liber Psalmorum Davidis. *Lugduni, Joan. Clein*, 1529, *in-16. mar. bl.* (*Litteris quadratis.*)

1. 4. { 38 Liber Psalmorum Davidis, cum annotationibus in eosdem, ex Hebræorum Commentariis. *Lutetiæ, ex Offic. Rob, Stephani*, 1546, *in-8. v. m.*

39 Psalterium Davidicum, Beatæ & Immaculatæ Dei genitricis Mariæ, ità fideliter adaptatum, & multiplici sensu elucidatum, ut quilibet Psalmus, Psalmo, & versus, versui respondeat; authore R. P. Fortunato du Virail. *Lugd. Joan. Bapt. de Ville*, 1677, *in-12. baz.*

2. 10. 40 Proverbia Salomonis, Ecclesiastes, Cantica Canticorum, Liber Sapientiæ & Ecclesiasticus. *Lugd. Joann. Clein*, 1529, *in-16*, *mar. bl.* (*Litteris quadratis.*)

6. 41 Codex pervetustus & integer, MSS. *in membranis*, in quo continentur, Cantica Canticorum, & Apocalypsis; unà cum Commentario. *in-fol. relié en bois.*

12. 42 Novum J. C. Testamentum latinum, cum brevibus variarum translationum annotationibus, nec non diversis lectionibus, ex veteribus MSS. excerptis. *Parisiis, ex Offic. R. Stephani*, 1541, *in-8. v. br.*

1. 10. 43 Novum J. C. Testamentum latinum. *Parisiis, Oliverius Mallardus*, 1542, *in-16. v. br.*

{ 44 Novum J. C. Testamentum latinum, cum Scholiis Joannis Benedicti. *Parisiis, Sim. Colinæus*, 1543, *in-8. v. f.*

45

THÉOLOGIE.

45 Novum J. C. Testamentum latinum vulgatæ editionis, cum annot. & diversis lectionibus. *Parisiis, Rob. Steph.* 1545, 2 *vol. in-*16. *v. br.* — 1. 1.

46 Novum J. C. Testamentum vulgatæ editionis, Sixti V. Pont. Max. jussu recognitum & Clementis VIII authoritate editum; cum notis historicis ac criticis, nec non Præfatione de studio Sacrarum Scripturarum, & Geographiâ Sacrâ. *Paris, Vid. Florent. de Laulne,* 1733, 2 *vol. in* 16. *v. éc.* — 1. 19.

47 Novum J. C. Testamentum latinum, ex editione Desiderii Erasmi. *Colmariæ, Amandus Farckalius,* 1523, *in-*8. *v. br.* — 1.

48 Novum J. C. Testamentum latinum, ex versione recognitâ Desiderii Erasmi. *Lugduni, Seb. Gryphius,* 1542, *in-*16. *v. m.*

49 Codex Vetus MSS. *in membranis* in quo continetur Evangelium Jesu Christi secundùm Matthæum, cum commentariis Anonymi, *in-*4. *relié en bois.* — 12. 19.

50 Codex Vetus MSS. *in membranis* in quo continentur Beati Pauli Apostoli Epistolæ omnes. *in-*4. *relié en peau.* — 2. 8.

§ 4. *Versions Françoises.*

51 La sainte Bible en françois, translatée selon la pure version de saint Hiérôme, & entièrement revisitée sur les plus anciens Exemplaires, par Jacques le Febvre d'Estaples. *Anvers, Martin l'Empereur,* 1530, *in-fol gotiq. mar. r.* — 26. 1.

52 La sainte Bible, translatée de latin en françois, selon la pure version de S. Hiérôme. *Anvers, Ant. de la Haye,* 1541, *in-fol. v. f.* — 3.

THÉOLOGIE.

1.   53 La sainte Bible, translatée de Latin en français, selon la pure version de S. Hiérôme, par Guyars des Moulins. *Paris, Nicolas Couteau*, 1545, 2 tom. en 1 vol. in-fol. gotiq. v. br.

3.   54 La sainte Bible qui est la Sainte-Ecriture, contenant le Vieil & le Nouveau Testament. *Paris, Cl. Micard*, 1579, *& Rouen, Rich. Petit*, 1580, 2 vol. in-8. mar. noir.

1.   55 Observationes Bibliorum linguâ Gallicâ editorum, sub nomine Renati Benedicti, Andegavensis. *Absque notâ editionis*, in-8. v. m.

1.   56 Le Livre de la Sagesse de Salomon, trad. en Vers françois, avec le texte latin à côté, par le sieur Morin. *MSS. sur papier, de la fin du XVIIe siècle, ou du commencement du XVIIIe* in-fol. relié en velin.

1. 16. 57 La Morale de Salomon, ou Trad. françoise de l'Ecclésiaste en Vers, par M. Bault, Chanoine de Nevers. *Paris, Estienne Loyson*, 1671, in-12. v. br.

1.   58 L'Esprit de Job, ou Odes imitées du Livre de Job, par M. Rouget. *Amsterdam, E. van Harrevelt*, 1759, in-8. broché.

     59 Les CL. Pseaumes de David, mis en Vers françois par Philippe Desportes, Abbé de Thiron. *Rouen, Raph. du Petit-Val*, 1592, in-12. vel.

2. 11. 60 Les mêmes Pseaumes de David, mis en Vers françois par le même Desportes, avec quelques Cantiques de la Bible, & autres Œuvres Chrétiennes & Prieres du même Auteur. *Paris, veuve Mamert Patisson*, 1603, in-12. mar. r. doré à compartimens.

1. 16. 61 Les mêmes Pseaumes de David, mis en Vers

THÉOLOGIE.

françois par le même Desportes, Abbé de Thyron, avec les Airs notés, de la composition de Denys Caignet. *Paris, Pierre Ballard*, 1624, *in-8. vel. vert.*

62 Les mêmes Pseaumes de David, & autres Poësies du même Desportes. *Paris, Nic. Gasse*, 1626, *in-12. mar. r.* 2. 2.

63 Le Pseautier de David, translaté de latin en françois, avec les Expositions de Maistre Nichole de Lire. *Paris, Pierre le Rouge, sans date*, (vers l'année 1488.) 2 vol. *in-fol. relié en bois.* 2. 9.

* *Le dernier feuillet du Tome I. manque dans cet Exemplaire.*

64 Le Pseautier de David, trad. en françois par Jacq. le Févre d'Estaples. *Paris, Sim. de Colines*, 1523. ═Pseautier distribué par Féries pour tous les jours de la semaine, en latin & en françois. MSS. *sur papier, exécuté dans le XVIe siècle, & décoré de lettres capitales peintes en diverses couleurs, in-8. v. antiqué.* 1. 1.

65 Pseaumes de David, mis en Vers françois par le sieur Jean Métezeau. *Paris, Guill. Loyson*, 1619, *in-12. v. br.* 2. 3.

66 Les Pseaumes de David, paraphrasés en Vers françois par Antoine Godeau, avec les Airs notés par Ant. Lardenois, *Impr. en 1655*, *in-12. v. br.*

67 Pseaumes de David, mis en Vers françois, par M. Gilbert, avec les Airs notés. *Rouen, veuve Pierre Cailloüé*, 1680, *in-12. v. br.* } 2. 8.

68 Les Pseaumes de David, trad. en françois selon l'hébreu. *Paris, Pierre le Petit*, 1679, *in-12. v. br.*

B ij

THÉOLOGIE.

1. 69 Le Pſeautier de David, en latin & en françois, avec des notes tirées de S. Auguſtin & des autres Pères de l'Egliſe. *Paris, Elie Joſſet,* 1703, *in-*8. *v. br.*

1. 70 L'Eſprit des Pſeaumes de David, mis en Vers françois, avec le latin à côté, par le ſieur Florimons de Saint-Amour. *Paris, Louis Denis de la Tour,* 1728, *in-*8. *mar. r.*

1. 4. 71 Le nouveau Teſtament de Notre-Seigneur J. C. traduit en françois ſelon la Vulgate, avec les différences du grec. *Mons, Gaſpard Migeot,* 1696, *in-*12. *v. br.*

72 Examen de quelques paſſages de la Traduction françoiſe du nouveau Teſtament imprimée à Mons, avec pluſieurs Cenſures qui condamnent cette Traduction, & l'Arrêt de S. M. qui en défend la vente & l'impreſſion. *Rouen. Euſtache Viret,* 1676, *in-*12. *v. br.*

1. 73 Défenſe de la Traduction du nouveau Teſtament imprimée à Mons, contre les Sermons du Pere Maimbourg, Jéſuite, avec la Répponſe aux Remarques du Pere Annat. *Cologne, Jean du Buiſſon,* 1668, *in-*12. *v. br.*

74 Nouvelle défenſe de la Traduction du nouveau Teſtament imprimée à Mons, contre le Livre de M. Mallet, Docteur de Sorbonne. *Cologne, Sim. Schouten,* 1680, 2 *vol. in-*8. *v. br.*

2. 11. 75 Le nouveau Teſtament de Notre-Seigneur J. C. trad. en françois ſelon la Vulgate, par le Pere Dominique Bouhours, de la Comp. de Jéſus. *Paris, Louis Joſſe,* 1698 & 1703, 2 *vol. in-*12. *v. br.*

1. 76 Le nouveau Teſtament de N. S J. C. trad. en

THÉOLOGIE. 13

françois fur l'ancienne Edition latine, avec des Remarques littérales & critiques fur les principales difficultés. *Trévoux, Éstienne Ganeau*, 1702, 2 vol. in-8. v. br.

77 Le N. Testament de N. S. J. C. trad. en françois avec des Réflexions morales, par le Père Pasquier Quesnel. *Paris, André Pralard*, 1705, 4 vol. in-8. v. br.   6. 8.

78 La Bible, qui est toute la Sainte-Ecriture, en laquelle sont contenus le Viel & le Nouveau Testament, translatée en françois par Robert Pierre Olivétan. (aidé de Jean Calvin.) *Neuf-Châtel, Pierre de Wingle*, 1535, in-fol. G. P. mar. r. rare.   130. 1.

* *Exemplaire de la Bibliotheque de feu M.* LE COMTE DE HOYM.

79 La Bible, qui est toute la Sainte-Ecriture, contenant le Viel & le Nouveau Testament, ou la vieille & nouvelle Alliance, avec des Argumens sur chaque Livre. *Genève, Seb. Honorati*, 1570, 2 vol. in-16. v. m.   3.

80 La sainte Bible, contenant le Viel & le Nouveau Testament, trad. de latin en françois, par les Théologiens de l'Université de Louvain. *Lyon, Barth. Honorat*, 1585, in-4. v. br.   4.

81 Pseaumes de David, mis en rime françoise par Cl. Marot & Théod. de Bèze, avec les Airs notés. *Lyon, Jean de Tournes*, 1563, in-8. v. br.   1.

82 Les mêmes. *Genève, Jean Sarrazin*, 1612, in-16. mar. vieux.   1.

83 Les mêmes. *Sédan, Jean Jannon*, 1630, in-8. v. br.   " 12.

84 Les mêmes. *Oranges, Edouard Raban*, 1645, in-12. v. m.   1.

THÉOLOGIE.

1. 4. 85 Les mêmes. *Genève, Pierre Chouët*, 1685, *in-32. mar. r.*

1. 6. 86 Les mêmes. *Paris, Ant. Cellier*, 1667, *in-12. v. m.*

1. 2. { 87 Les mêmes. *Paris, Ant. Cellier*, 1679, *in-12. v. f.*
88 Les mêmes. *La Haye, Abrah. Troyel*, 1702, *in-12. baz.*

1. 2. 89 Les mêmes, retouchés sur l'ancienne Version de Clement Marot & Théodore de Bèze, par Contart. *Quévilly, Robert le Tourneur*, 1680, *in-16. v. br.*

1. 6. 90 Les mêmes, approuvés par les Pasteurs de l'Eglise de Paris, & par les Synodes de France, &c. avec les Airs notés, la Liturgie, le Catéchisme, & la Confession de Foi. *Londres, Jean Cailloué*, 1701, *in-12. broché.*

" 12. 91 Les mêmes, approuvés par les Pasteurs de Genève, avec les Airs notés. *Sédan, Jean Jannon*, 1650, *in-16. v. br.*

1. " { 92 Les mêmes. *Genève, Société*, 1698, *in-12. baz.*
93 Les mêmes. *Amsterdam*, 1699, *in-24. v. br.*

1. 6. { 94 Les mêmes. *Genève, Fabri & Barillot*, 1707, *in-12. v. br.*
95 Les mêmes, à l'usage des Eglises Réformées. *Berlin, Rob. Roger*, 1702, *in-16, v. br.*

1. 6. { 96 Les mêmes. *Genève, Th. Caille*, 1714, *in-12. v. br.*
97 Les mêmes, avec la Liturgie, le Catéchisme & la Confession de Foi des Eglises Réformées. *Amsterdam, Pierre Brunel*, 1698, *in-12. baz.*

" 12. 98 Les Proverbes de Salomon, & ensemble l'Ecclésiaste, mis en cantique & en ryme françoise

THÉOLOGIE.

selon la vérité Hébraïque, par A. D. Duplessis, avec les Airs notés, de la composition du Sr. François Gindron. *Laufanne, Jean Rivery*, 1556, *in* 8. *v. br.*

99 Le nouveau Testament, c'est-à-dire, la nouvelle Alliance de Notre-Seigneur & seul Sauveur J. C. translaté de grec en françois, par Jean Calvin. *Genève, de l'Impr. de Jean Gérard*, 1555, *in*-8. *v. m.*   " 19.

100 Le nouveau Testament, c'est-à-dire, la nouvelle Alliance de N. S. J. C. trad. en françois. *La Rochelle, Hiérôme Haultin*, 1590, *in*-12. *v. éc.*   " 18.

101 Le nouveau Testament de Notre-Seigneur J. C. trad. de l'Original grec, en françois, avec des remarques, par Jean le Clerc. *Amsterdam, Jean Louis de Lorme*, 1703, 2 tom. en 1 vol. *in*-4. *v. br.*   6.

§ 5. *Versions Angloises, Polonoises, & des autres différentes Langues de l'Europe.*

102 La sainte Bible, contenant le Vieux & le Nouveau Testament, trad. en Anglois, *Londres, Jean Bill*, 1669, *in*-12. *relié en chagrin noir.*   1. 11.

103 Histoire du Vieux & du Nouveau Testament, trad. en Vers polonois, par le feu Roi Stanislas, Duc de Lorraine & de Bar; & imprimée par ses ordres. *Nancy, Pierre Antoine*, 1761, *in-fol. v. f.*   24. 1.

104 La sainte Bible, qui est toute la sainte-Ecriture, contenant les Livres de l'Ancien & du Nouveau Testament, avec les Livres Apocryphes; trad. en langue Grisonne, & dédiée à   6.

S. M. Louis XV , Roi de France & de Navarre, par Martin Nicolas Anosius, Ministre de la Parole de Dieu. *En Coira, Andreas Pfeffer*, 1718, *in-fol. v. br.*

105 Jesus-Christ , Gure jaunaren Testamentu Berria : ou le Nouveau Testament de Notre-Seigneur J. C. en langue Basque ; par Jean de Liçarrague. *La Rochelle, Pierre Hautin*, 1571, *in*-8. *mar. bl. rare.*

§ 6. *Versions Etrangères.*

106 Biblia Sacra, charactere Malaïco conscripta, & impressa *Bataviæ, in Indiâ Orientali*, anno Domini 1758, 2 *vol. in*-8. *vel. & broché.*

I I I.

Harmonies & Concordes Evangéliques, extraites des Livres mêmes des Evangélistes.

107 Zachariæ, Chrysopolitani Episcopi, Canones Evangeliorum ; sive Concordiæ IV Evangelistarum , cum continuâ expositione. *Editio primaria, anni* 1473 *, absque loci & Typographi indicatione ullâ ; in-fol. C. M. mar. r.*

108 Andreæ Osiandri, Harmoniæ Evangelicæ Libri IV. in quibus Evangelica Historia , ex quatuor Evangelistis , in unùm est contexta. *Parisiis, Galeotus à Prato*, 1544, *in*-8. *v. br.*

109 Tatiani Alexandrini, Harmoniæ Evangelicæ versio antiquissima Theotisca, ut & Isidori Hispalensis fragmentum de Nativitate , Passione &

THÉOLOGIE.

& Resurrectione Domini Nostri J. C. eâdem linguâ conversum ; ex editione & cum animadv. Joann. Philippi Palthenii : accedit fragmentum veteris linguæ Theotiscæ, à Lambecio è Bibliothecâ Vindobonensi productum, restitutum, ac emendatum. *Gryphiswaldiæ Typ. Georg. Henr. Adolphi*, 1706, *in*-4. *v. f.*

110 Evangelicæ Historiæ, ex IV Evangelistis perpetuo tenore continuata narratio, ex Ammonii Alexandrini fragmentis quibusdam, è græco, lat. versa, per Ottomarum Luscinium. *Item*, Gregorii Nazianzeni Miracula secundùm Matthæum & alios Evangelistas, gr. & lat. edita. *Aug. Vindelic. Simpertus Ruff*, 1523, *in*-4. *relié en carton*. " 12.

111 Sancta Domini Nostri J. C. Evangelia, secundùm IV Evangelistas disposita, per Jacobum d'Auzoles la Peyre. *Parisiis, Petrus Chevalerius*, 1610, *in-fol. v. br.*

IV.

Ecrits & Evangiles Apocryphes.

112 Joh. Alb. Fabricii, Codex Pseudepigraphus Veteris Testamenti, castigatus, testimoniisque, censuris & animadversionibus illustratus. *Hamburgi, Theod. Christoph. Felginer*, 1722. 2 *vol. in*-8. *v. m.*   10 - 6.

113 Testamentum XII Patriarcharum filiorum Jacob, è græco in latinum sermonem conversum, per Robertum Lincolnensem Episcopum : Accedunt Juliani Pomerii Episcopi Toletani, contrà Judæos libri III. *Haganoæ, Joann. Secerius*, 1532, *in*-8. *mar. r. rare.*   39.

Tome I. C

114 Divi Jacobi Minoris, consobrini & fratris Domini Jesu, Apostoli primarii & Episcopi Christianorum primi Hierosolymis, PROTEVANGELION, sive Sermo historicus de Natalibus J. C. & ipsius Matris Virginis Mariæ; à Guillelmo Postello in Oriente apud Christianos repertus, & Latinitate donatus : Accedit Evangelica historia B. Marci, primi Episcopi Alexandriæ; nec non vita Joannis Marci Evangelistæ; Hæc omnia, in lucem edita curis Theodori Bibliandri. *Basileæ, Joannes Oporinus, 1552, in-8. v. m.*

115 Hieronymi Xavier Soc. Jesu Historia Christi, persicè conscripta, simulque multis modis contaminata, cum Versione latinâ & animadversionibus Ludovici de Dieu. *Lugd. Batav. ex Offic. Elzevirianâ, 1639, in-4. v. f.*

V.

Histoires & Figures de la Bible.

116 Le Livre de Clergie, appellé l'Ymaige du Monde, où est rapportée l'Histoire de la Création, & la maniere dont le Monde a été formé par la bonté & puissance de Dieu, translat. de latin en françois. *Paris, sans date d'année, in-4. gotiq. v. br.*

117 Histoire de l'Ancien Testament, par le Sieur Raguenet. *Paris, Cl. Barbin, 1690, in-12. v. br.*

118 Histoire de l'Ancien & du Nouveau Testament, avec le fruit qu'on en doit tirer, le tout mis en Cantiques sur des airs choisis, par

THÉOLOGIE

l'Abbé Pellegrin. *Paris, Nic. le Clerc, 1703, in-8. v. m.*

119 Les Hiſtoires les plus remarquables de l'Ancien & du Nouveau Teſtament, repréſentées en CCXXXIII Figures gravées en taille-douce, avec des Explications en latin & en françois. *Paris, Pierre Mariette, ſans date d'année, in-4. oblongo. mar. r.* — 6. 19.

120 Recueil de Figures Anciennes, gravées en taille-douce par différens Maîtres, & raſſemblées dans un ſeul Volume, au nombre de CCCXXV Pièces, repréſentans différens ſujets de l'Hiſtoire Sainte, tant de l'Ancien que du Nouveau Teſtament, *in-fol. v. br.* — 9.

121 Hiſtoire Sacrée, tirée de l'Ancien & du Nouveau Teſtament, & repréſentée en 500 Tableaux gravés en taille-douce d'après Raphaël & autres grands Maîtres, par de Marne. *Paris, 1730, 3 vol. in-fol. fig. baſane.* — 18.

122 Hiſtoriæ Sacræ Acta, à Raphaële Urbino in Vaticanis Xyſtis ad picturæ Miraculum expreſſa, & æri inciſa, à Nicolao Chapron. *Romæ, 1649, in-fol. fig. v. m.* — 6.

123 Tobiæ Stimmeri, Novæ Sacrorum Bibliorum Figuræ, Verſibus latinis & germanicis expoſitæ. *Argentorati, Bernhardus Jobinus, 1590, in-8. fig. v. éc.* — 26.

* *TOBIE STIMMER, Peintre & Graveur, étoit de Schaffouſe, Ville de Suiſſe. Cet Artiſte a publié un grand nombre d'Eſtampes ſur bois, parmi leſquelles le célèbre RUBENS faiſoit grand cas d'une ſuite, dont le ſujet étoit, les Figures de la Bible, dont il eſt ici queſtion. On y remarque beaucoup de feu & d'invention.*

C ij

THÉOLOGIE.

124 Figures de la Bible gravées en bois, avec des Explications en langue Allemande. *Nuremberg & Francfort.* 1533, *petit in-8. v. m.*

125 Christophori Weigel, Biblia Ectypa, sivè Historiæ celebriores Veteris & Novi Testamenti, Figuris æneis repræsentatæ, cum diversis explicationibus, tàm Germanico, quàm Latino Idiomate conscriptis. *Augustæ Vindelicorum*, 1695, 2 *tom. en* 1 *vol. in-fol. v. br.*

126 Guill. Paradini, Historiarum memorabilium ex Genesi Descriptio, cum Figuris. *Lugduni, Joan. Tornæsius*, 1558. === Gulielmi Borluyt, Descriptio Historiarum memorabilium ex Exodo, sequentibusque Libris Veteris Testamenti, cum Figuris. *Ibid*, 1558, *in-8. v. f.*

127 Histoire du Nouveau Testament, ou du sixieme âge du Monde, avec des Réflexions Théologiques, Morales, Critiques & Chronologiques, par le Père Emond Maclot. *Paris, Nic. Pépie*, 1712, *in-8. v. br.*

128 Recueil des plus mémorables Histoires du Nouveau Testament, représentées en CXLIV Figures gravées en taille-douce par Pierre Henry Schut, & Nicolas Visscher, en 1659, avec des explications en langue Hollandoise, *in-*12. *oblongo. v. br.*

129 La Vie de Notre-Seigneur J. C. à commencer depuis le commencement du Monde, & extraicte des Livres, tant de l'Ancien que du Nouveau Testament. *Plus*, la Mort & Passion de N. S. J. C. laquelle fut composée par les bons & experts Maîtres, Gamaliel, Nicodémus, & Joseph d'Arimathie, avec la Sentence don-

THÉOLOGIE. 21

née par Poncé-Pilate à l'encontre de J. C. laquelle fut trouvée l'an 511 à Vienne, en ung petit coffret caché sous terre, & tranflatée depuis de latin en françois. *Plus*, le Trépaffement de Notre-Dame, les Complainctes de la Vierge Marie, la Réfurrection de Notre Sauveur, la Vie & le Martyre de S. Jehan l'Evangélifte, & la deftruction de Hierufalem faicte par Vefpafien & fon fils Titus ; autrement dite, la Vengeance de Notre-Seigneur J. C. le tout avec Figures. *Poictiers, Jehan de Marnef*, 1535, *in-4. gotiq. v. f.*

130 Ludolphi Saxonis Carthufienfis, Opus de Vitâ Chrifti, juxta feriem Evangeliorum. *Nurembergæ, Antonius Koburger*, 1483, *in-fol. v. f.*

131 Le Grand Vita Chrifti, traflaté du latin de Ludolphe, Chartreux, en françois, felon le texte des IV Evangéliftes, par Maîftre Jehan Petri, Gardien du Couvent des Minimes de Paris. *Rouen, Jacq. le Foreftier*, 1509, *in-4. gotiq. mar. r.*

} 8.

132 Doctrina, Vita, & Paffio Domini Noftri J. C. juxtà Novi Teftamenti fidem & ordinem, artificiofiffimis Figuris effigiata. *Francofurti, Chriftianus Egenolphus*, 1542, *in-4. fig. v. br.* 1.

133 Vita & Doctrina D. N. J. C. ex IV Evangeliftis collecta, & ad fingulos totius anni dies diftributa, operâ & ftudio Nicolai Avancini, Soc. Jefu. *Parifiis, Rob. Pépie*, 1695, *in-12. vel.* 12.

134 Paffio Magiftralis Domini Noftri J. C. ex diverfis Sanctorum Ecclefiæ Doctorum fententiis poftillata, cum gloffâ venerabilis Alberti

Magni, collecta per Jacobum Gaudensem: Accedit compassio Christiferæ Virginis Mariæ, in modum Polylogi, edita. *Coloniæ Henric. Quentel*, 1506, *in-4. relié en carton.*

135 L'Histoire de la Passion de Notre-Seigneur J. C. mise en Vers françois, par le Père Berthod, Religieux de l'Observance de S. François. *Paris, Éstienne Loyson*, 1666. *in-12. v. m.*

136 Libro de Gamaliel, nuovamente traduzido en lengua Castellana, que contiene la Passion de Nuestro Señor, Historiada, la Description de Hierusalem, Historiada ; la Vida de san Lazaro, y de la gloriosa Maria Magdalena ; el Razonamiento passo entre Nuestro Señor, y su gloriosa Madre ; la Muerte de los Innocentes, Hystoriada, los *Agnus Dei* de san Juan Baptista, &c. *En Sevilla, Juan Cromberger*, 1538, *in-4. fig. v. m.*

137 La Passione di Nostro Signore Giesu Christo, sposta in ottava rima, dal Rev. Padre D. Mauritio Mauro, della Congregat. di san Giorgio in Alega ; con le figure d'Alberto Durero. *In Venetia, Dan. Bissuccio*, 1612, *in-4. fig. mar. bl.*

138 La Vie de J. C. par Cézar Vichard de S. Réal. *Paris, René Guignard*, 1678, *in-4 v. br.*

THEOLOGIE.

V I.

Interpretes & Commentateurs de l'Ecriture-Sainte, tant de l'Ancien que du Nouveau Testament.

139 Codex Vetus, MSS. *in membranis*, in quo continentur; Commentarii Fratris P. Aureoli Ordinis Fratrum Minorum, in libros omnes tàm Veteris quàm Novi Testamenti, *in-fol.* relié en bois. — 1.

140 Codex Vetus, MSS. *in membranis*, in quo continentur; Postillæ super diversos Veteris Testamenti libros, *in-fol.* relié en bois. — 1. 10.

141 Pauli de Sancta Maria, Episcopi Burgensis, Dialogus qui vocatur, Scrutinium Scripturarum. *Moguntiæ, per Petrum Schoffer de Gernszheym, anno Domini, 1478, in-fol. mar. r.* — 38. 19.

142 Liber, qui dicitur MAMOTRECTUS, seu Expositio in totam Bibliam, ac alia quæ in Ecclesiâ recitantur. *Editio vetus absque loco & anno, sed antè annum 1475 excusa, in-fol. v. m.* — 6.

143 Cyri Theodori Prodromi, Epigrammata vetustissima & piissima, quibus omnia utriusque Testamenti capita comprehenduntur; græcè edita. *Basileæ, Joann. Bebelius, 1536, in-8. v. f.* — 2.

144 Hieronymi ab Oleastro, Lusitani, Commentaria in Pentateuchum Mosis. *Olyssipone, Johann. Barrerius, 1556, 5 tom. en 1 vol. in-fol. mar. r.* — 26.

* *Editio, omnium optima.*

145 Joann. Philoponi in caput primum Gene- — 1.

THÉOLOGIE.

seos de Mundi creatione libri VII, ex antiquo Sac. Cæs. Majest. Cod. MSS. nùnc primùm in lucem editi, gr. & lat. interprete Balthazare Corderio, è Soc. Jesu: Acced. Disputatio de Paschate, gr. & lat. *Viennæ Austriæ, Gregorius Gelbhaar*, 1630, in-4. *vel.*

146 Johannis Pici Mirandulæ, Heptaplus de septiformi sex dierum Geneseos enarratione, ex recognitione Roberti Salviati. *Editio vetus, absque loci & anni indicatione, sed circa annum* 1490, *in lucem emissa*, in-fol. mar. r.

147 Francisci Vavassoris Commentarius in librum Job, cum Metaphrasi poëticâ. *Parisiis, Gabr. Martin*, 1679, in-8. *v. f.*

148 Les Livres de Job, & de Salomon, les Proverbes, l'Ecclésiaste, & le Cantique des Cantiques, trad. de l'hébreu en françois, avec une Préface sur chaque Livre, & des Observations sur quelques lieux difficiles, par Philippe Codurc. *Paris, Charl. Savreux*, 1648, in-8. *v. m.*

149 Codex antiquus, MSS. *in chartâ*, in quo continentur, interpretationes variæ SS. Patrum in Psalmos, in unùm collectæ. in-fol. *relié en bois.*

150 Johannis de Turrecremata, Sabinensis Episcopi, & S. R. E. Cardinalis Sancti Sixti, Expositio brevis & utilis super toto Psalterio. *Romæ, per providum virum, Magistrum Lupum, Gallum, fratrem Magistri Udalrici Galli de Biennâ, anno Domini* 1476, in-fol. mar. r. *rare.*

151 Paraphrase des Pseaumes de David, tant littérale que mystique, avec des Annotations par Ant. de Laval. *Paris, Abel Langelier*, 1610, in-4. *v. br.*

THÉOLOGIE.

152 Les Sept Pseaumes de la Pénitence, paraphrasés en françois, par Madame Marie Eléonor de Rohan, Abbesse de Malnouë. *Paris, Jean Boudot*, 1700, *in*-12, *v. br.* — 1. 11.

153 La Morale de Salomon, contenant ses Proverbes, l'Ecclésiaste, & la Sagesse, paraphrasés en françois, par la même Marie Eléonor de Rohan, Abbesse de Malnouë. *Paris, Jean Boudot*, 1691, *in*-12. *v. br.* — 1. 6.

154 Salomon, ou Explication abrégée du Livre des Proverbes, avec des notes sur les passages obscurs, par Pierre Gorse de la Compag. Jésus. *Paris, Pierre Ménard*, 1654, *in*-12. *v. br.*

155 Salomon, ou Explication abrégée du Livre de l'Ecclésiastique, avec des notes sur les passages obscurs, par le même Pierre Gorse. *Paris, Pierre Ménard*, 1655, *in*-12. *v. br.* — 1. 4.

156 Les Saintes Pensées du Sieur de la Terrasse, sur le sacré Cantique des Cantiques de Salomon. *Lyon, Nic. Jullieron*, 1617, *in*-8. *v. f.* — 1. "

157 La Pastorale sacrée, ou Paraphrase du Cantique des Cantiques, avec des observations par Charles Cotin. *Paris, Pierre le Petit*, 1662, *in*-12. *v. br.* — " 12-

158 D. Isaaci Abrabanielis, & Rabi Mosis Alschechi, Commentarii in Esaiæ Prophetiam XXX. cum additamento eorum quæ Rabi Simeon è veterum dictis collegit, authore Constantino l'Empereur. *Lugd. Batavor. Bonav. & Abrah. Elzevirii*, 1631, *in*-8. *v. f.* — 2. 16.

159 Northoni Knatchbull, Animadversiones in libros Novi Testamenti. *Oxoniæ, excud. Henr. Hall*, 1677, *in*-8. *v. br.* — 1. 1.

Tome I.   D

THÉOLOGIE.

15. 160 Œcumenii, & Aretæ opera, *scilicet*: Commentaria in partes diversas Novi Testam. cum Explanationibus in Apocalypsim, gr. & lat. ex editione Joanni Hentenii, cum emendationibus Federici Morelli. *Lutetiæ Parisiorum, Morellus*, 1630, 2 *vol. in-fol. C. M. v. br.*

4. 161 Theophylacti, Archiepiscopi Bulgariæ, Commentarii in IV Evangelistas, gr. & lat. *Parisiis, Car. Morellus*, 1631, *in-fol. C. M. v. br.*

1. 10. { 162 Nonni, Panopolitani, Paraphrasis Sancti Evangelii secundùm Joannem, graecè, cum Interpretatione latinâ, versibus conscriptâ ; ex edit. & cum notis Nicolai Abrami Soc. Jesu. *Parisiis, Seb. Cramoisy*, 1623, *in-8. v. m.*

163 Codex Vetus, MSS. partìm *Membranaceus*, partìm *Chartaceus*, in quo continentur Postillæ famosi Doctoris Nicolai de Lyra, Ord. Fratr. Prædicatorum, super IV. Evangelia. *in-fol. relié en bois.*

18. 164 Omeliæ super Evangelia de tempore & de Sanctis, per totum anni curriculum, cum quibusdam Sermonibus ; ex recognitione & cum approbatione almæ Universitatis Coloniensis, & in unum corpus redactæ, per Paulum Dyaconum, jussu Karoli Magni Regis. *Opus impressum (Coloniæ) per Conradum de Homborck, absque anni indicatione ullâ, sed ut conjicitur circà ann.* 1470, 2 *vol. in-fol. mar. r.*

6. 1. 165 Johann. Card. de Turrecremata, Quæstiones super Evangelia de tempore. *Nuremberga, per Fridericum Creußner*, 1478, *in-fol. v. m.*

6. 166 S. Thomæ de Aquino, Continuum ; sive Glossa continua super Evangelium S. Matthæi

THÉOLOGIE.

& S. Marci. *Nuremberga*, 1475, *in-fol. C. M. v. m.*

* *Ce Volume, fait partie du Commentaire de St. Thomas, sur les IV Evangélistes. Il manque, pour completter cet Ouvrage, le Commentaire sur* S. LUC *&* S. JEAN.

167 Les Paraboles de l'Evangile, traduites en Vers françois, avec une explication morale & allégorique, tirée des SS. Pères ; par Antoine Furetiere. *Paris, Pierre le Petit*, 1672, *in*-12. *mar. r.*   1.

168 Homélies sur l'Epitre de Saint Paul aux Hébreux, par Charlotte des Ursins, Vicomtesse d'Ochy. *Paris, Charl. Rouillard*, 1634, *in*-4. *relié en carton.*   1. 4.

169 Enchiridion Apostolicum, sive Epistolarum Beati Pauli Apostoli, & Canonicarum Brevis explanatio, operâ & studio Jacobi de Cambolas. *Tolosa, Arnald. Colomerius*, 1650, *in*-12. *v. f.*

170 L'Apocalypse de Saint Jehan, ou Révélation, trad. en françois avec des applications morales, par un Auteur inconnu. MSS. *sur vélin du* XIVe *siècle, bien conservé & décoré de* LXX *Miniatures singulières, relevées en or & bruni, in-fol. relié en bois.*   18.

171 Commentaire sur l'Apocalypse, pour l'intelligence du Texte, des Figures & des Prophéties qui y sont contenues, par l'Abbé de Cabanes. *Paris, Veuve Claude de Hansy*, 1724, *in* 12. *v. br.*   1.

D ij

THÉOLOGIE.

VII.

Philologie Sacrée.

§ 1. *Traités critiques des différens Textes de la Bible, de leur lecture, intelligence, authorité, &c.*

172 Johannis Isaaci Levitæ, Germani, Defensio veritatis Hebraïcæ Sacrarum Scripturarum, adversùs libros tres Wilhelmi Lindani, quos de optimo Scripturas interpretandi genere, inscripsit. *Coloniæ, Jacob. Soter*, 1559, *in*-8. relié en carton.

173 Claudii Capellani, Doct. & Soc. Sorbonici, Mare Rabbinicum infidum, seu quæstio Rabbinico-Talmudica; nùm Talmudistæ, aliter aliquando referant Sacrum Contextum, quàm nùnc se habeat in nostris exemplaribus Hebraïcis, & nùm sit fidendum Rabbinis? *Parisiis, Petrus Variquet*; 1667, *in*-12. *vel.*

174 Status Præsens Ecclesiæ græcæ, in quo etiàm causæ exponuntur, cur Græci Moderni, Novi Testamenti editiones, in Græco-Barbarâ linguâ factas, acceptare recusent; accessit, status nonnullarum Controversiarum, ab Alexandro Helladio. *Impr. anno* 1714, *in*-8. *v. f.*

175 Ludovici Ferrandi, Summa Biblica, in quâ post prolegomenicas de Hebræâ linguâ, de veteribus S. Scripturæ Interpretibus, de Origene, & de B. Hieronymo Disputationes, Scripturæ Sacræ studium commendatur; ejusque Encomium, Divinitas, auctoritas, stylus, obscuritas, eloquentia, divisio, Auctores, & Canon

THÉOLOGIE.

edisseruntur; tùm de LXX Interpretibus tractatur, & Sermo de editione Vulgatâ instituitur. *Lut. Parisior. Dan. Horthemels*, 1690, *in*-12, *v br.*

176 Bibliotheca Sacra, sive Diatribe de Librorum Novi Testamenti Canone; quâ primæ Sacrorum N. T. Librorum collectionis Historiam, ex Antiquitatibus Ecclesiasticis depromit, atque Canonem nùnc vulgò receptum, continere vetustissimam & genuinam illorum recensionem, ostendit Johannes Ens, SS. Theologiæ Doctor, & Ecclesiæ Beetsanæ in Hollandiâ Boreali, Pastor. *Amstelædami*, *Jac. Borstius*, 1710, *in*-8. *broché*.   2.

177 Tractatus de Lectione Scripturarum, in quo Protestantium eas legendi praxis refellitur; Catholicorum verò stabilitur: Accedit, Dissertatio de Interprete Scripturarum. *Embricæ*, *Arnold. ab Eynden*, 1677, *in*-8. *v. br.*   " 12.

178 Guill. Bernard, Franciscani, de Sacrorum Litterarum communicatione, earumque sensus germanitate; ac de Catholicorum Ecclesiæ rituum veritate Christianâ, quædam Axiomota: Accedit, Tractatio de vestitus varietate in Monachis & Clericis, nec non de sepulturis ac exequiis, & cæteris ad hæc spectantibus. *Parisiis*, *Vivantius Gaultherot*, 1547, *in*-8. *v. m.*   1. 16.

179 Essais de Traduction, ou Remarques sur les Versions françoises du Nouveau Testament, servant de Révision pour les mêmes Versions, & de Commentaire littéral sur les endroits du Texte Sacré, par l'Abbé Chiron. *Paris*, *Veuve d'Ant. Lambin*, 1710, *in*-12. *v. br.*

THÉOLOGIE.

1. 10. 180 Mouaacah; Ceinture de Douleur, ou Réfutation du Livre intitulé : *Regles pour l'intelligence des Stes. Ecritures* ; composée par Rabbi Ismaël Ben-Abraham, Juif converti. *Paris, Cl. Louis Thiboust*, 1723, *in-12. v. br.*

1. 2. 181 Réflexions Théologiques sur les Ecrits de M. l'Abbé de Villefroy, & de ses Eléves les jeunes Pères Capucins, pour servir d'Introduction à l'Intelligence des Saintes Ecritures, *impr. sans indication de Ville, & sans date d'année, in-12, v. m.*

1. 182 Jugement & Observations de M. l'Abbé Ladvocat, Docteur & Bibliothécaire de Sorbonne, sur les traductions des Pseaumes de M. Plûche, & de M. Gratien; & en particulier sur celles des RR. PP. Capucins, & de M. Laugeois. *Paris, Vincent*, 1763, *in-12. v. m.*

§ 2. *Expositions Critiques, diverses Leçons, & Conciliations de divers lieux & passages difficiles de l'Ecriture-Sainte.*

120. {
183 Critici Sacri, sive Annotata Doctissimorum virorum in Vet. ac Nov. Testamentum : Editio nova, in IX Tomos distributa, & multis anecdotis Commentariis, ac indice locupletissimo, aucta. *Amstelædami, Henr. Boom*, 1698, *9 vol. in-fol. v. m.*

184 Thesaurus Theologico-Philologicus, sive Sylloge disputationum elegantiorum, ad selectiora & illustriora Vet. & Novi Testamenti loca, à Theologis Protestantibus in Germaniâ separatim diversis temporibus conscriptarum, & secundùm ordinem utriusque Testamenti

THÉOLOGIE.

librorum digesta. *Amsteladami, Henr. Boom*, 1701, 2 *vol. in-fol. v. m.*

185 Petri Galatini, Opus de Arcanis Catholicæ veritatis : *Hoc est*, Commentarius in omnia difficiliora loca Vet. Testam. ex Talmud, aliisque Hebraïcis Libris contra obstinatam Judæorum perfidiam : Item, Joan. Reuchlini de Arte Cabbalisticâ libri III, nec non de Verbo Mirifico. *Basileæ, Hervagius*, 1561, *in-fol. v. f.*

186 J. Clementis Drusii, Animadversionum libri II, in quibus præter dictionem Hebraïcam, plurima loca Scripturæ, Interpretumque veterum explicantur, & emendantur. *Lugd. Batav. Joan. Paetsius*, 1585, *in-8. relié en carton.*

187 Zachariæ Rosenbachii, Medici, Moses Omni-scius, *sive Omni-scientia Mosaïca* Sectionibus VI exhibens supra septies mille Veteris Testamenti voces, secundùm rerum locos Communes novos dispositas. *Francofurti ad Mœnum, Guil. Fitzerus*, 1633, *in-4. v. f.*

188 M. Henrici Kippingi, Exercitationes Sacræ de Scripturâ Veteris & Novi Testamenti, in quibus, veteres, pariter ac novæ Controversiæ exponuntur : Additis plurimis quæstionibus utilissimis, è Philologiâ Sacrâ. *Francofurti, Erhardus Bergerus*, 1665, *in-12. v. f.*

189 Joannis Cognati, Tornacensis, liber de Prosperitate & exitio Salomonis. *Duaci, Joannes Bogardus*, 1599, *in-8. v. m.*

190 Joh. Jacobi Hottingeri, Dissertationes Biblico-Chronologicæ, quibus tùm ex indicibus Temporis adventui Messiæ assignati, præcipuè in LXX Hebdomadibus Danielis ; tùm ex

SS Evangelistarum de Johanne, Christo, & Paulo, Historiâ, Jesum & in plenitudine temporis natum, & Christum esse, adversùs Judæos demonstratur ; & Sacri Codicis sinceritas passim defenditur : Accedit, Appendix de primis Samaritanis, eorumque in Assyriam deportatione, nec non de XII Tribuum dispersione; &c. ex editione Friderici Adolphi Lampe. *Trajecti ad Rhenum*, 1723, *in* 8. *v. m.*

4. 19.
191 Joann. Henr. Alstedii, Diatribe de Mille annis Apocalypticis, non illis Chiliastarum & Phantastarum, sed B. B. Danielis, & Johannis. *Francofurti, Conradus Eifridus*, 1630, *in*-12. *relié en carton.*

192 Sermo, Divinæ Majestatis voce pronunciatus, in Monte Sinaï, & ipsius digito scriptus in Tabulis duabus lapideis ; de Hominis officio & fine, ac verâ beatitudine ; ex interpretatione Theodori Bibliandri : Accedunt, interpretationes Hebraïcorum Verborum, quibus Dominus Deus Noster usus est in sua concione, nec non explicatio Græcorum & Latinorum Verborum, quæ in Decalogo extant. *Basileæ, Joan. Oporinus*, 1552, *in*-8. *baz.*

" 12.. 193 Friderici Spanhemii de veterum propter mortuos Baptismo Diatriba, quâ primùm declaratur Locus Paulinus. 1. *Cor.* xv. 29. *Lugd. Batav. Lothus de Haës*, 1673, *in*-8. *vel.*

" 12. 194 Défense du sentiment des Saints Pères & des Docteurs de l'Eglise Catholique sur le retour futur d'Elie, & sur la véritable Intelligence des Saintes Ecritures. *Impr, en* 1737, *in*-12. *v. br.*

§ 3.

THÉOLOGIE.

§ 3. *Traités Critiques des Rites Judaïques, & autres choses mentionnées en la Sainte Ecriture.*

195 Joan. Buxdorfii Synagoga Judaïca : *Hoc est*, schola Judæorum, in quâ Nativitas, Institutio, Religio, Vita, Mors, Sepulturaque ipsorum, è libris eorumdem graphicè descripta est : Addita est, Judæi cum Christiano Disputatio de Messiâ nostro, latinè reddita, operâ & studio Hermanni Germbergii : Accedit etiàm, Ludovici Carreti Epistola de conversione ejus ad Christum, per eundem ex hebræo latinè conversa. *Hanoviæ, Hæred. Guill. Antonii*, 1614, *in*-12. *v. f.*   2.

196 Ludov. Cappelli Diatriba de veris & antiquis Ebræorum literis, opposita Joh. Buxtorfii de eodem argumento Dissertationi : Accedunt, Jos. Scaligeri adversùs ejusdem reprehensiones Defensio, & ad obscurum Zoharis locum illustrandum, Exercitatio brevis. *Amstelodami, Ludov. Elzevirius*, 1645, *in*-12. *v. m.*   1. 19.

197 Discours du Tabernacle & du Camp des Israëlites, recueilli de plusieurs anciens Docteurs Hébrieux, par Philippe d'Aquin. *Paris, Th. Blaise*, 1623.==Rabi Levi, filii Gersonis Commentarius in V prima Jobi Capita, Hebraïcè & Latinè, ex interpretatione Ludov. Henr. Aquinatis. *Parisiis, ibid*, 1622.== Ejusdem Lud. Henr. Aquinatis Scholia in librum Esther, Hebr. & Lat. *ibid*, 1622, *in*-4. *v. m.*   1. 4.

198 Melchisedech; ou Discours auquel on voit qui est ce grand Prestre Roi, & comme il est encore aujourd'hui vivant en corps & en ame, bien qu'il y aye plus de 3700 ans qu'il donna   1. 13.

Tome I. E

THÉOLOGIE.

sa bénédiction à Abraham, par Jac. d'Auzoles la Peire. *Paris, Seb. Cramoisy*, 1622, *in-8. v. m.*

199 Homo integer & corruptus, secundùm Oracula Sacra; seu liber, in quo Historia primorum Hominum & Cacodæmonum consideratur. *Lipsiæ, Frid. Gotthold. Jacobaeerus*, 1753 & 1754, *in-8. v. m.*

200 Ludovici Montalti, Tractatus Reprobationis Sententiæ Pilati. *Parisiis, de Marnef*, anno 1493, *in-4. mar. r. Editio Originalis.*

* *Nous avions regardé jusqu'à présent l'édition de ce Livre publiée en* 1496, *comme la premiere & l'originale de cet Ouvrage singulier; & nous avions suivi en cela le sentiment de plusieurs Bibliographes qui avoient avancé la même chose avant nous: mais à la vuë de celle dont il est ici question, & qui, selon toute apparence, n'a pas encore été bien connue, il est aisé de rectifier l'erreur dans laquelle on étoit à ce sujet.*

201 Ejusdem Operis editio altera. *Parisiis, Mich. le Noir*, 1496, *in-4. non relié.*

202 Friderici Spanhemii, Introductio ad Geographiam Sacram, Patriarchalem, Israëliticam, & Christianam. *Lugd. Batav. Dan. à Gaesbeeck*, 1679, *in-8. v. f.*

203 Samuelis Bocharti, Geographiæ Sacræ pars prior; PHALEG, seu de dispersione gentium & terrarum, divisione factâ in ædificatione Turris Babel; cum indicibus. *Cadomi, Petr. Cardonel*, 1651, *in-fol. v. vieux.*

204 Ejusdem Sam. Bocharti Hierozoïcon, sive Bipertitum opus de Animalibus Sacræ Scripturæ;

… in quo agitur de Animalibus in genere, & de Quadrupedibus viviparis & oviparis, de Avibus, Serpentibus, Insectis aquaticis, & fabulosis Animalibus; cum indice locorum S. Scripturæ & vocum Hebraïcarum, Chaldaïcarum, Arabicarum, &c. *Londini*, *Th. Roycroft*, 1663, 2 *vol. in-fol. v. br.*

205 Joh. Henrici Maji, Phorcensis, brevis & accurata Animalium in Sacro cùm primis Codice memoratorum, Historia; in quâ nomina tàm Græca quàm Latina, aliaq. potissimùm verò Hebraïca, ùt potè naturis illorum convenientissima, ex fontibus eruuntur; ipsa natura, indoles, animæ & corporis dotes, vitiaque explicantur; utilitates ac commoda, quæ in Sacrificiis, Cibis, Vestitu, Medicinâ, &c. præbent, recensentur; usus denique superstitiosus, qui in profanarum Gentium sacra quondàm irrepsit, notatur. Opus utilissimum, quo, sacri profanique Scriptores quàm plurimi subindè illustrantur, & præsertim magni viri *Hierozoïcon* augetur, ac emendatur. *Francofurti & Spiræ*, *Christoph. Olffen*, 1685, 2 *vol. in-8. v. br.*   6. 10.

206 Wolfgangi Franzii, Historia Sacra Animalium, in quâ plerorumque Animalium præcipuæ proprietates, in gratiam studiosorum Theologiæ & Ministrorum Verbi, ad usum Εἰκονολογικὸν breviter accommodantur. *Amstelodami*, *Joan. Janssonius*, 1643, *in-*12. *v. br.*   2. 11.

207 Athanasii Kircheri, Soc. Jesu, Turris Babel, sive Archontologia, quâ, *primò*, priscorum post Diluvium hominum vita, mores, rerumque gestarum magnitudo; *secundò*, Turris fabrica, civitatumque extructio, confusio lin-   15.

guarum, & inde, Gentium tranfmigrationis Hiftoria, defcribuntur & explicantur; cum figuris æneis. *Amftelodami , ex Offic. Janff. Waesbergianâ*, 1679, *in-fol. fig. v. br.*

1. 208 Cafparis Varrerii, Lufitani, Commentarius de Ophyrâ Regione, in Sacris Litteris Lib. III. Regum, & II Paralipomenon commemoratâ. *Roterodami, Leonard. Berewout*, 1616, *in-12. v. m.*

″ 13. 209 Michaëlis Aïtfingeri, Auftriaci, Defcriptio topographica atque hiftorica Terræ Promiffionis; cum indicibus locorum & temporum. *Colon. Agrippinæ, Godefr. Kempenfis*, 1582, *in-4. v. f.*

″ 13. 210 Joachimi Vadiani Epitome trium Terræ partium, Afiæ, Africæ, & Europæ, compendiariam locorum Defcriptionem continens, præcipuè autem quorum in Actis Lucas, pafsìm autem Evangeliftæ & Apoftoli meminêre; cum Elencho Regionum, Urbium, Amnium & Infularum, quorum Novo Teftamento facta eft mentio, &c. *Tiguri, Frofchoverus*, 1534, *in-8. v. f.*

″ 13. 211 Martini Brionæi elaborata Defcriptio totius Terræ Sanctæ, urbiumque & quicquid in eis memoriâ dignum, actum geftumve fuit, fecundùm Bibliacos libros. *Parifiis, Guill. de Boffozel*, 1540, *in-4. v. f.*

″ 13. 212 Chriftiani Adrichomii, Delphi, Defcriptio Urbis Jerufalem, ficut tempore Chrifti floruit: Accedit, Defcriptio locorum quæ Jefu Chrifti & Sanctorum Paffione geftifque decorata funt, &c. *Coloniæ Agrippinæ, Godefrid. Kempenfis*, 1584, *in-8. v. f.*

THÉOLOGIE. 37

213 Ejusdem Adrichomii Theatrum Terræ Sanctæ & Biblicarum Historiarum, cum Tabulis Geographicis ære expressis. *Colon. Agrippinæ*, *ex Offic. Birckmannicâ*, 1628, *in-fol. fig. v. f.*   1 - 11.

214 Christophori Heidmanni Palæstina, sive Terræ Sanctæ Explicatio, cum Annotationibus Henrici Ernstii, & V Tabulis ex Adrichomio & aliis Authoribus collectis, &c. *Wolferbyti, Conradus Buno*, 1665, *in-4. fig. v. f.*   1 - 10.

215 Bartholomæi à Saligniaco Itinerarium Terræ Sanctæ, sive accurata Descriptio Sacrorum locorum, omnibus Sacræ Scripturæ tractatoribus utilissima & peramæna. *Lugduni, Gilbertus de Villiers*, 1525, *in-8. fig. v. f.*   3.

216 Adamanni, Scoto-hiberni, Abbatis, de situ Terræ Sanctæ & quorumdam aliorum locorum, ut Alexandriæ & Constantinopoleos, Libri III, nunc primùm in lucem editi studio Jacobi Gretseri, Soc. Jesu. *Ingolstadii, Joann. Hertsroy*, 1619.══ Annales Hainrici, Monachi in Rebdorf, rerum ab anno M. CC. XCV. usq; ad ann. M. CCC. LXII. gestarum, in lucem editi curis Christoph. Gewoldi. *Ibid. Gregorius Hænlin*, 1618.══ Pauli Merulæ Oratio posthuma de Naturâ Reipublicæ Batavicæ, edente Joachimo Morsio. *Lugd. Batav. Jac. Marcus*, 1618, *in-4. v. br.*   1 - 4.

217 Tractado y Descripcion compendiosa della Tierra Sancta de Palestina, especialmente quanto a los lugares de que ay mencion en las divinas letras, y que mas pertenecen à la Historia de la Vida y Muerte de Nuestro Redemptor Jesu Christo, compuesto por el Padre Fray

THÉOLOGIE.

Rodrigo de Yepes. *Impr. en el Monasterio de S. Hieronymo, en la Ciudad de Madrid, por Juan. Yñiquez de Loquerica*, 1583, *in-4. v. br.*

§ 4. *Concordances, & Dictionnaires de l'Ecriture-Sainte.*

218 Codex Vetus, integer & bonæ Notæ, *MSS. in membranis*, in quo continentur : Concordantiæ Sacrorum Bibliorum. *in-fol. relié en bois.*

219 Andreæ Placi, Interpretatio difficiliorum & Græcarum & Hebraicarum, omniumque peregrinarum Dictionum, in libro Geneseos. *Basileæ, exaud. Henric. Petrus, absque notâ anni, in-12. relié en carton.*

220 Matthæi Hilleri Onomasticon Sacrum, in quo Nominum propriorum quæ in Sacris Litteris leguntur Origo, Analogia, & Sensus declaratur; Nomina explicantur, & hinc quibus rebus personisve fuerint imposita, significatur; cùm indice rerum & locorum S. Scripturæ. *Tubingæ, Theoph. Georgus, 1706, in-4. v. f.*

221 Abdiæ Prætorii Commentariolus de phrasibus Ebræis, ad intelligentiam Scripturarum. *Viteberga, exaud. Johannes Luffi, 1561, in-8. relié en carton.*

222 Joann. Buxtorfi Dissertatio de Linguæ Hebrææ origine & antiquitate, nec non de confusione Linguarum, ac earum origine : Accedit ejusdem Dissertatio de Nominibus Dei Hebraïcis. *Basileæ, Ludovic. Konig, 1644, in-4. v. f.*

223 Ejusdem Buxtorfii Epitome Grammaticæ Hebrææ : Accedunt Prophetia Obadjæ, & Ecclesiastes Salomonis, Hebr. Lat. cum diffici-

THÉOLOGIE. 39

liorum Anomaliarum, & Masoræ Marginalis elucidatione ; adornante Johanne Terentio. *Franekeræ, Joh. Wellens*, 1665 & 1666, *in*-8. *v. f.*

224 Ejusdem Buxtorfii Tractatus de Punctorum vocalium & Accentuum in Libris Veteris Testamenti Hebraïcis Origine, Antiquitate & Authoritate; oppositus arcano punctationis revelato, Ludovici Cappelli. *Basileæ, Hæred. Lud. Konig,* 1648, *in*-4. *v. br.*   4. 4.

225 Ejusdem Buxtorfii Grammaticæ Chaldaïcæ & Syriacæ Libri tres, cum facili vocabulorum difficilium explicatione, &c. *Basileæ Hæred. Ludov. Konig,* 1650, *in*-12. *v. f.*   1.

226 Ejusdem Buxtorfii Lexicon Chaldaïcum & Syriacum, quo omnes voces tàm primitivæ quàm derivativæ, quotquòt in Sacrorum Veteris Testamenti Librorum translatione reperiuntur, fideliter explicantur. *Basileæ, Lud. Regis,* 1622, *in*-4. *vel.*   2. 10.

227 Santis Pagnini, Lucensis, Thesaurus Linguæ Sanctæ. *Parisiis, ex Offic. Rob. Stephani,* 1548, *in*-4. *v. m.*   2.

228 Dictionarium Latino-Armenum, super Sacram Scripturam, & Libros divini Officii Ecclesiæ Armenæ ; à Deodato Nierszesovicz, Episcopo Trajanopolitano editum. *Romæ, Typ. Sacr. Congr. de Propaganda fide,* 1695, *in*-4. *v. f.*   11. 4.

229 Georg. Pasoris Grammatica Græca-Sacra Novi Testamenti. *Groninga-Frisiorum, Typis Joan. Collenii,* 1655, *in*-8. *v. br.*

230 Ejusdem Pasoris Syllabus græco-latinus omnium Novi Testamenti vocum, cui acce-   1.

dit Idea utilis & necessaria de VII Græcis Novi Testamenti Dialectis. *Amstelodami*, *Joan. Janssonius*, 1648, *in*-12. *v. f.*

231 Codex Vetus *MSS. in membranis*, in quo continentur; elucidationes Nominum, & aliarum rerum Veteris & Novi Testamenti. *infol. relié en bois.*

232 Le grand Dictionnaire de la Bible, ou Explication littérale & historique de tous les mots propres du Vieux & Nouveau Testament, &c. par M. Simon. *Lyon*, *Certe*, 1717. 2 *vol. in-fol. v. m.*

233 Dictionnaire en Théologie, contenant une entiere déclaration des mots, phrases, & manieres de parler de la Sainte-Ecriture, tant du Vieil que du Nouv. Testament. (*Genève*) *Jean Crespin*, 1560, *in-*8. *v. m.*

SECTION II.
LITURGIES.
I.

Traités singuliers de l'Office Divin, & des Cérémonies Anciennes & Modernes de l'Eglise.

234 Johann. Belethi, Theol. Paris. Rationale Divinorum Officiorum, ex editione Cornelii Laurimani. *Antverpiæ*, *Joan. Bellerus*, 1559. — Michaëlis, Episcopi Mersburgensis, Sacri Canonis Missæ paraphrastica Explicatio. *Ibid*, 1559, *in-*16. *v. f.*

THÉOLOGIE.

235 Marcelli Electi, Archiepiscopi Corcyrensis, Sacrarum Cerimoniarum, sive Rituum Ecclesiasticorum Sanctæ Romanæ Ecclesiæ Libri III. *Coloniæ Agrippinæ, Hæred. Arn. Birckmanni, 1572. in-8. v. f.*   1. 7.

236 Jacobi Eveillon, Canonici Ecclesiæ Andegavensis, liber de Processionibus Ecclesiasticis; in quo earum Institutio, Significatio, Ordo & Ritus, ex Sacris Scripturis, Conciliis, & variorum Auctorum Scriptis, explicantur. *Parisiis, Matthæus Guillemot.* 1641. *in-8. relié en carton.*   1. 6.

237 Josephi Vicecomitis, Collegii Ambrosiani Doctoris Theologi, Observationes Ecclesiasticæ, in quibus de Antiquis Baptismi Ritibus, necnon de Missæ Ceremoniis ac Apparatu, agitur. *Mediolani, Hæred. Pacifici Pontii* 1615. 1618. 1620. & 1626. *4 vol. in-4. mar. c. rare.*   50.

238 Codex Vetus, *MSS. in Membranis*, in quo continetur Expositio totius Missæ. *in-8. relié en bois.*   1. 1.

239 Guill. de Gouda, Ord. S. Francisci, Expositio brevis Mysteriorum Missæ, & verus Modus ritè celebrandi. *Coloniæ Henr. Quentel,* 1506. *in-4. relié en carton.*

240 Georgii Cassandri, Ordo Romanus de Officio Missæ. *Coloniæ, Hæred. Arn. Birckmanni,* 1561. = Ejusdem Cassandri Liturgica de Ritu & Ordine Dominicæ Cenæ celebrandæ, quam celebrationem Græci, Liturgian, Latini, Missam, appellarunt; ex variis Monumentis & probatis Scriptoribus collecta. *Ibid,* 1559. *in-8. non relié.*   1.

Tome I.   E

241 Brevis & admodùm dilucida in Missæ Canonem Exegesis, cum libello Hildeberti, quondàm Cenomanensis Episcopi, de Concordiâ veteris ac novi Sacrificii, metrico carmine conscripto. *Parisiis , Car. Guillard ,* 1548. ⹀Micrologus, seu Liber de Ecclesiasticis Observationibus, in lucem editus operâ Jacobi Pamelii, Brugensis. *Antverpiæ , Christoph. Plantinus,* 1565.⹀Joannis, Abrincensis Episcopi, liber de Officiis Ecclesiasticis. *Rotomagi , Laur. Maurry,* 1642. *in* 8. *v. f.*

1. 18. 242 Petri le Menager, Tractatus de Ratione recitandi Epistolas, Evangelia, Orationes & Prophetias, in Missis quæ solemniter decantantur : cui accessère, Lamentationes Jeremiæ Prophetæ, cum suo cantu. *Parisiis , Petrus Billaine,* 1634. *in*-12. *v. f.*

243 Les Epitres & Evangiles, avec les Oraisons, Secrettes, & Post-Communions, qui se disent à la Sainte Messe pendant toute l'année ; par le Sieur de Bonneval, Prestre. *Paris , Guill. Desprez,* 1700. 2 *vol. in*-12. *v. br.*

2. 10. 244 De l'Antiquité & Solemnité de la Messe, par Jehan du Tillet, Evesque de Méaux. *Paris , Jeh. Bien-né,* 1567. *in*-16. *v. m.*

1. 11. 245 Lettre sur l'ancienne Discipline de l'Eglise, touchant la Célébration de la Messe, qui peut servir de supplément au Nouveau Traité des Dispositions pour offrir les SS. Mysteres. *Paris , Ant. Damonneville,* 1708. *in*- 12. *v. br.*

1. 19. 246 Traité de la Messe & de l'Office Divin ; où l'on trouve une explication des anciennes Pratiques & des Cérémonies de l'Eglise,

THÉOLOGIE. 43

avec des remarques sur les Usages qui s'observent dans toutes les Fêtes de l'année ; par J. Grancolas. *Paris, Jacq. Vincent*, 1714. *in-*12. *v. br.*

247 La Maniere de bien entendre la Messe de Paroisse, composée par feu Messire François de Harlay, Archevêque de Rouen. *Paris. Fr. Muguet*, 1685. *in-*8. *v. br.* — 1.

248 La vraye intelligence salutaire du Sainct Sacrifice de la Messe, par Pierre Victor Cayet. *Paris, Fleury Bourriquant*, 1604. *in-*12. *relié en carton.*

249 Instruction sur le Sacrifice de la Messe, & sur la réalité du Corps & du Sang de J. C. dans l'Eucharistie, indépendamment de la foi de celui qui la reçoit ; & sur l'Adoration qui lui est duë dans ce Sacrement, par Messire Pierre-Jean-François de Persin de Montgaillard, Evêque de S. Pons. *Toulouse, Guill. Louis Colomiez*, 1686. *in-*8. *baz.* } 1.

250 Dissertation sur les Mots de MESSE & de Communion, avec quelques digressions sur les Agapes, les Eulogies, le Pain-Beny, l'Ablution, & autres Pratiques de l'Eglise, par Dom Claude de Vert. *Paris, Florentin & Pierre Delaulne*, 1694. *in-*12. *v. br.* } 3.

251 Traité de l'Usage du Calice, ou de la Communion sous les deux espèces, par le Père Louis Doucin, Jésuite. *Caën, Jean Cavelier*, 1685. *in-*8. *v. f.*

252 Autre édition du même Livre. *Caën, Jean Cavelier*, 1686. *in-*12. *vel.*

253 Défense de l'ancien Sentiment sur la forme de la Consécration de l'Eucharistie, ou Ré- } 3.

F ij

ponse à la Réfutation publiée par le Père Bougeant, Jésuite, contre un Article des Dissertations sur les Liturgies, par le Père Pierre le Brun, de l'Oratoire. *Paris, veuve de Laulne*, 1727. *in*-8. *v. m.*

254 Apologie des Anciens Docteurs de la Faculté de Théologie de Paris, Claude de Saintes, & Nicolas Isambert, contre une Lettre du Père le Brun, Prêtre de l'Oratoire, sur la forme de la Consécration de l'Eucharistie. *Paris, Chaubert*, 1728. *in*-12. *v. m.*

255 Projet d'un nouveau Bréviaire, dans lequel l'Office Divin, sans en changer la forme ordinaire, seroit particulièrement composé de l'Ecriture-Sainte, instructif, édifiant, dans un ordre naturel, sans renvoi, sans répétition, & très court, avec des Observations sur les Anciens & Nouveaux Bréviaires. *Paris, Philippe Nic. Lottin*, 1720. *in*-12. *broché.*

I I.

Liturgies de l'Eglise ancienne Grecque, ou Orientale.

256 Liturgiæ S. Basilii Magni, S. Gregorii Theologi, & Sancti Cyrilli Alexandrini, ex Arabico, Latinè conversæ, à Victorio Scialach accurrensi Maronitâ, è Monte Libano. *Aug. Vindelic. Christoph. Mangus*, 1604. *in*-4. *v. f.*

257 Exercitamenta synceræ pietatis, inter quæ, Liturgia seu Missa S. Basilii Magni recognita, & Missa Æthiopum Christianorum in Aphri-

THÉOLOGIE.

câ, unà cum vetustissimis Ecclesiæ Catholicæ Litaniis, aliisque scitu dignissimis, per Georg. Vuicelium seniorem edita. *Moguntiæ, apud Franc. Behem, sumpt. Hæred. Joann. Quentel, civem Coloniensem, anno* 1555, *in-*4. *mar. r.*

III.

Liturgies de l'Eglise Latine, ou Occidentale.

§ 1. *Liturgies de l'Eglise Romaine, Gallicane, &c.*

258 Breviarium Parisiense, consensu illustrissimi Archiepiscopi Parisiensis, Francisci de Harlay editum. *Parisiis, Seb. Mabre Cramoisy,* 1680. 2 *vol. in-*8. *mar. r.* 1. 10.

259 Breviarium Parisiense, illustrissimi Archiepiscopi Caroli Gaspari Guillelmi de Vintimille consensu, editum. *Parisiis,* 1736. 4 *vol. in-*12. *mar. noir.* 17. 16.

* *In hoc Exemplari, figuræ & imagines à Nicolao* TARDIEU, *Sculptore Regio, in æs incisæ, partim insertæ sunt.*

260 L'Office de la Semaine Sainte, selon le Messel & le Breviaire Romain, avec la Concordance du Messel & du Bréviaire de Paris; de la traduction de M. l'Abbé de Marolles, avec l'explication des sacrés Mysteres représentés par les Cérémonies de cet Office; par le Père Daniel de Cigogne, de l'Ordre de St. François. *Paris, Seb. Huré,* 1664. *in-*8. *fig. mar. r. doré à compartimens.* 2- 10.

THÉOLOGIE.

§ 2. Meslanges de Liturgie, Offices particuliers, Recueils de Prières, &c.

3. 6. 261 Heures anciennes Gothiques : *MSS. sur vélin, avec Miniatures, petit in-4. relié en carton.*

1. 17. {262 Autre Exemplaire : *MSS. sur vélin, avec Miniatures, in-4. relié en bois.*
263 Autre Exemplaire : *MSS. sur vélin, petit in-4. relié en bois.*

3. 18. 264 Autre Exemplaire : *MSS. sur vélin, avec Miniatures assez bien conservées, & décoré d'ornemens en or & en couleur, à côté des pages, in-4. relié en bois.*

19. 6. 265 Autre Exemplaire : *MSS. sur vélin, avec Miniatures assez bien conservées, in-4. relié en velours vert.*

24. 266 Autre Exemplaire : *MSS. sur vélin, avec Miniatures assez bien conservées, in-4. gotiq. mar. r.*

2. 267 Autre Exemplaire : *MSS. sur vélin, avec Miniatures, in-8. relié en bois.*

2. 3. {268 Autre Exemplaire : *MSS. sur vélin, avec miniatures, in-8. relié en bois.*
269 Autre Exemplaire : *MSS. sur vélin, in-8. relié en bois.*

2. 270 Autre Exemplaire : *MSS. sur vélin, avec Miniatures, in-8. v. br.*

1. 16. 271 Autre Exemplaire : *MSS. sur vélin, avec Miniatures, in-8. v. br.*

6. 19. 272 Autre Exemplaire : *MSS. sur vélin, avec Miniatures, in-8. relié en velours rouge.*

12. 3. 273 Autre Exemplaire : *MSS. sur vélin, avec Miniatures, in-8. relié en velours cramoisy.*

THÉOLOGIE. 47

274 Autre Exemplaire : *MSS. fur vélin, avec Miniatures, in 8. relié en velours bleu.*   8. 4.

275 Autre Exemplaire : *MSS. fur vélin, avec Miniatures, in-8. v. antiqué.*   24. 2.

276 Autre Exemplaire : *MSS. fur vélin, avec miniatures, in 16. v. br. avec des fermoirs de cuivre.*   1.

277 Autre Exemplaire : *MSS. fur vélin, avec des ornemens peints en or & en couleurs, in-16. v. br.*   1. 4.

278 Autre Exemplaire : *MSS. fur vélin, avec Miniatures, exécuté en 1557 pour Ymbert d'Orléans, in-16. v. antiqué.*   9. 1.

279 Autre Exemplaire à l'ufaige de Rome. *Paris, Sim. Voftre, 1507. in-8. fig. mar. vert.*   4. 5.

* *Exemplaire imprimé fur vélin, avec figures peintes en or & en couleurs.*

280 Autre Exemplaire, avec les figures de la Vie de l'Homme, & la deftruction de Hiérufalem. *Paris, Hardouin, 1509. in-4. relié en carton.*   2. 14.

* *Exemplaire imprimé fur vélin, avec figures peintes en or & en couleurs.*

281 Autre Exemplaire, avec les figures de la Vie de l'Homme, les XII Sybilles, & la Dance Macabre des Hommes & des femmes. *Paris, Guill. Godar, 1510. in-4. gotiq. mar. r.*   6. 4.

282 Autre Exemplaire, avec les figures de la deftruction de Jérufalem, &c. *Paris, Hardouin, 1520. in-8. mar. vert.*   4. 5.

* *Exemplaire imprimé fur vélin, avec figures peintes en or & en couleurs.*

48 THÉOLOGIE.

1. 6. 283 Autre Exemplaire, avec plusieurs belles Hystoires. *Paris, franc. Regnault, 1535. in-8. mar. noir.*

  * *Exemplaire imprimé sur vélin.*

3. 12. 284 Autre Exemplaire selon le Kalendrier Nouveau, avec plusieurs belles Prières & Hystoires, tant en ryme qu'en prose. *Troyes, Jean le Coq, 1585. in-8. fig. v. noir.*

1. 11. 285 Autre Exemplaire, à l'usage de Paris, avec plusieurs belles Hystoires & figures. *Paris, veuve Kerver, 1525. in-4. gotiq. v. f.*

3. 12. 286 Autre Exemplaire. *Paris, Magdal. Boursette, 1550. in-8 gotiq. v. antiqué.*

2. 10. 287 Autre Exemplaire, à l'usage d'Angiers, avec les Miracles de Notre-Dame, les figures de l'Apocalypse & les triumphes de César. *Paris, Simon Vostre, 1510. in-4. fig. v. br.*

1. 16. 288 Autre Exemplaire, à l'usage de Langres, avec les figures & signes de l'Apocalypse, les Miracles de Notre-Dame, les Accidens de l'Homme, & plusieurs autres belles Hystoires. *Paris, Symon Vostre, 1512. in-8. gotiq. fig. v. br.*

1. 289 Autre Exemplaire, à l'usage de Tours. *Paris, Guill. Merlin, 1548. in-8. v. br.*

5. 19. 290 Officium Beatæ Mariæ Virginis, secundùm usum Ecclesiæ Romanæ, nec non Officium parvum Passionis Domini Nostri J. C. *Editio vetus, litteris Gothicis excusa, absque ulla loci & anni indicatione, in-12. relié en velours rouge.*

  * *Exemplar impressum in Membranis, cum figuris depictis.*

2. 291 Horæ Beatæ Mariæ Virginis ad usum Ecclesiæ

THEOLOGIE

fiæ Romanæ, cum figuris. *Parifiis*, 1507, *in-8.* relié en bois.

* *Exemplar impr. Membranis.*

292 Horæ intemeratæ Virginis Mariæ, fecundùm ufum Romanum, cum pluribus Orationibus, latinè & gallicè. *Parifiis, Guill. Euftace*, *in-8.* relié en bois.

293 Horæ Divæ Virginis Mariæ, fecundùm ufum Romanum, unà cum figuris Apocalypfis. *Parifiis, Germanus Hardouyn*, 1526. *in-8.* vélin (*litteris quadratis.*)

6. 1.

* *Exemplar excufum in membranis, & figuris auro & coloribus depictis decoratum.*

294 Horæ in laudem Beatiffimæ Virginis Mariæ, ad ufum Romanum. *Parifiis, Reginald. Calderius*, 1549. *in-4.* veau antiqué, doré à compartimens.

1. 11.

295 L'Office de la glorieufe Vierge Marie, trad. en vers françois. *Paris, Pierre le Faucheur*, 1621. *in-12.* vél.

296 L'Office de la Sainte Vierge, accompagné de Prières, Méditations & Inftructions chrétiennes, tant en vers qu'en profe, par Triftan l'Hermite, avec des figures, des vignettes & des cul-de-lampe, gravés en taille-douce par Stella. *Paris, J. Bapt. Loyfon*, *in-12.* fig. mar. r. doré à compartimens.

3. 1.

297 Las Horas de nueftra Señora, fegundo el ufo Romano, con muchas Oraciones muy devotas. *En Leon de Francia, Mathias Bonhome*, 1551. *in-8.* mar. vert.

298 Parva Chriftianæ pietatis Officia, pro Chriftianiffimo Rege Ludovico XIII ordinata.

3.

Tome I. G

THÉOLOGIE

Parisiis, ex Typograph. Regiâ, 1642. in-16. mar. r.

1. 10. 299 Heures Catholiques, en latin & en françois, avec des Instructions & des Prières tirées de l'Ecriture-Sainte & des Pères de l'Eglise, par le R. P. Jean Adam, de la Compagnie de Jésus. Paris, Gaspard Méturas, 1651. in-12. fig. mar. r.

8. 300 Prières du matin & du soir, pour tous les jours de la semaine ; avec des vignettes gravées en taille-douce par N. Tardieu, sur les desseins de A. Coypel. Paris, Rigaud, de l'Impr. Royale, 1714. in-8. fig. v. m.

1. 4. { 301 Les Hymnes en françois, composées par Artus Desiré, en ryme. Rouen, Theodore Reinsart, in-16. vel.
302 Sacræ Litaniæ variæ, cum brevi piâque quotidianâ exercitatione, in gratiam Catholicorum. Sammieli, Franc. Dubois, 1615. in-12. v. f. }

1. 10. 303 Les Obséques des Morts, exécutés avec des caractères de l'Imprimerie du Frere L. R. de la Compagnie de Jésus. A Paris, en 1698. in-4. fig. v. br.

3. 16. { 304 Officium SS. Ursulæ & Sociarum ejus Virginum & Martyrum. Parisiis, Ant. Vitré, 1652. in-16. relié en carton.
305 Office propre de S. Bénigne, Martyr, Apôtre de Bourgogne, en latin & en françois, avec la Vie de ce Saint ; & les Hymnes trad. en vers françois, par M. de la Monnoye. Dijon, Ant. de Fay, 1709. in-8. v. br. }

1. " 306 Offices propres à l'usage de l'Eglise Royale de Sainte Opportune à Paris, avec la Vie &

THÉOLOGIE.

les Miracles de Ste. Opportune & de S. Godegrand. *Paris, Michel Vaugon*, 1704. *in-12. v. m.*

307 Le Petit Office de Sainte Reine, Vierge & Martyre, avec le Catalogue des Reliques qui sont conservées dans le Tréfor de l'Abbaye de Flavigny. *Chaſtillon, Claude Bourut*, 1691. *in-8; v. m.* 3.

308 Formulaire de Prières & Oraiſons dévotes, pour viſiter & ſaluer les Corps Saints & vénérables Reliques repoſans dans l'Egliſe de S. Sernin de Toulouſe, par Meſſire Barthelemy Sixte; avec figures en taille-douce. *Toloſe*, 1644. *in-12. fig. v. m.*

309 Oraiſons dévotes pour viſiter & ſaluer les Corps Saints de l'Egliſe de Saint Sernin. *Toloſe, Raymond Meſtré*, 1673. *in-12. vél.* } 4. 5.

310 Theſaurus Precum & Exercitiorum ſpiritualium, in uſum præſertim ſodalitatis Partheniæ, authore Thomâ Saillio, Soc. Jeſu, cum figuris æneis. *Antverpiæ, Joannes Moretus*, 1609. *in-8. fig. mar. r.* 1. 5.

G ij

SECTION III.

CONCILES.

I.

Traités généraux & particuliers de la célébration des Conciles, de leur puissance, forme & teneur.

8 0.   311 Matthiæ Ugonii, Episcopi Phamaugustani, Synodia Ugonia; seu liber de omnibus quæ ad Concilia ritè ac legitimè celebranda pertinent. *Venetiis*, 1565. *in-fol. v. f. rare.*

1. 10. 312 Joann. Ant. Delphini Libellus de tractandis in Concilio Œcumenico, & qualiter & in quem finem Patres ea disserere conveniat. *Romæ, Alexius Laurentianus, anno* 1561. *in-8. v. m.*

1.   313 Avis sur la nécessité du Concile, & sur la nécessité de le rendre légitime & libre pour l'union chrétienne. *Impr. en* 1591. *in-8. v. f.*

II.

Collections de Conciles, & Conciles Généraux.

⎧ 314 Bartholomæi Carranzæ summa Conciliorum & Pontificum, à S. Petro usquè ad Julium III. *Parisiis, J. Foucherius*, 1550, *in-8. v. m.*
⎩ 315 Ejusdem Operis editio altera. *Parisiis, Hier. de Marnef*, 1556. *in-8. v. m.*

THÉOLOGIE.

316 Joann. Zonaræ, Monachi, in Canones SS. Apoſtolorum & Sacrorum Conciliorum tàm Œcumenicorum quàm Provincialium Commentarii, gr. & lat. cum annotationibus variis doctor. virorum : Accedit Concilium Conſtantinopolitanum ſub Mennâ Patriarchâ, unà cum Conſtitutionibus Apoſtolorum utrâque linguâ editis. *Lut. Pariſiorum. Typ. Regiis*, 1618, *in-fol. v. f.*

317 Acta Generalis octavæ Synodi ſub Eugenio IV Ferrariæ inceptæ, Florentiæ verò peractæ, è græco in latinum nuper traducta Interprete Bartholomæo Abramo, Cretenſi, Præſule Arienſi : Accedunt Magni Baſilii contrà Eunomium de Spiritu Sancto Liber, ex Interpretatione Georgii Trapezuntii, Cretenſis. *Item*, Beſſarionis Oratio quæ inſcribitur Dogmatica, & Epiſtola de ſucceſſu ipſius Synodi ac de Spiritus Sancti proceſſione. *Roma, Ant. Bladus de Aſula*, 1526, *in-fol. mar. r. rare.*

318 Sacro-Sancti & Œcumenici Concilii Tridentini Canones & Decreta, cum præfatione Philippi Chiffletii. *Lugd. Petrus Guillimin*, 1677, *in-12. v. br.*

319 Les Actes du Concile de Trente, trad. de latin en françois par Gentian Hervet. *Rouen, Theod. Reinſart*, 1606, *in-12. v. m.*

320 Les Actes du Concile de Trente en l'an 1562 & 1563, contenant les Mémoires, Inſtructions, & Deſpeſches des Ambaſſadeurs de France ; enſemble les Demandes & Proteſtations par eux faictes audit Concile, au

THÉOLOGIE.

nom du Roi Très Chrétien & de l'Eglise Gallicane, *Impr. en 1607, in-12. v. br.*

321. Instructions & Missives des Rois très Chrétiens & de leurs Ambassadeurs, & autres Pièces concernant le Concile de Trente, prises sur les originaux, *Impr. sans nom de lieu ni d'Imprimeur, en 1608, in-8. vel.*

322. Les graves & sainctes Remonstrances de l'Empereur Ferdinand au Pape Pie IVe sur le faict du Concile de Trente, & des choses proposées en icellui ; avec une Epitre de Hierôme Osorius, envoyée à la Royne d'Angleterre Elizabeth, sur les affaires du Monde & sur le Gouvernement politique des Royaumes, Républiques & Empires, trad. du latin en François. *Paris, Nic. Chesneau, 1563, in-8. v. f.*

323. Petri Fontidonii, Segoviensis, Doct. Theologi, Apologia pro Sacro & Œcumenico Concilio Tridentino, adversus Joan. Fabricium Montanum, cum diversis Orationibus. *Antverpiæ, ex Offic. Christoph. Plantini, 1574, in-8. v. f.*

324. Response au Conseil donné par Charles des Molins, sur la dissuasion de la publication du Concile de Trente en France, par Pierre Grégoire. *Lyon, Jean Pillehotte, 1584, in-16. v. m.*

325. Concilium Romanum in Sacro-Sanctâ Basilicâ Lateranensi, celebratum anno universalis Jubilæi 1725 à Benedicto Papâ XIII. *Romæ, Typis Bernabo, 1725, in-8. v. f.*

THEOLOGIE.

III.

Conciles & Synodes Nationnaux de différens Pays.

326 Constitutiones & Decreta, in Provinciali Synodo Mediolanensi condita sub ill. Carolo Borromæo, Archiepiscopo Mediolanensi. *Brixiæ, Petrus Maria Marchettus*, 1582. *in*-8. relié en carton. — 3. 1.

327 Acta Ecclesiæ Mediolanensis, sive S. Caroli Borromæi Instructiones & Decreta ; in quibus de Ecclesiarum fabricâ, Suppellectile & ornatu, de Virorum Ecclesiasticorum dignitate, vitâ & officio ; de Politiâ Ecclesiasticâ, cultu Divino, Animarum regimine & omnium hominum salute, &c. disseritur ; cum appendicibus. *Parisiis, Joannes Jost*, 1643, *in-fol.* relié en carton. — 2.

328 Synodicon Ecclesiæ Parisiensis, auctoritate illustrissimi Archiepiscopi Francisci de Harlay editum. *Parisiis, Franc. Muguet*, 1674, *in*-8. *v. m.* — 3. 10.

329 Codex MSS. *Chartaceus*, anno 1444 exaratus, in quo continentur : Ludovici Cardinalis de Barro Statuta Synodalia Ecclesiæ Lingonensis, *in*-4. *baz.* — 1. 11.

330 Statuta Ecclesiæ Lingonensis, lecta & publicata in Synodo generali celebrata anno Domini 1479. *Editio vetus, litteris gothicis excusa ; absque loco & anno*, *in*-4. *v. m.* — 1.

331 Cleri Valentini & Dyensis Reformatio Restitutioque, ex Sacris Patrum Conciliis — 2. 19

excerpta, per Joann. Monlucium, earum Diœcefium Epifcopum. *Lutetiæ*, Mich. *Vafcofanus*, 1558, *in-*8. *relié en carton*.

332 Les Conciles de Tolofe, Beziers, & de Narbonne, avec les Ordonnances du Comte Raymond contre les Albigeois; où eft peinct au naturel le moyen propre pour l'extirpation de l'Héréfie & des abus, trad. du latin en françois, par Arnauld Sorbin. *Paris*, *Guill. Chaudiere*, 1569, *in-*8. *v. m.*

SECTION IV.

SAINTS PERES.

I.

Traités finguliers de la Lecture des SS. Pères, de leur Ufage, de leur Morale, &c.

333 Concordance des SS. Pères de l'Eglife, Grecs & Latins, où l'on fe propofe de montrer leurs fentimens fur le Dogme, la morale & la difcipline, de faciliter l'intelligence de leurs Ecrits par des remarques fréquentes, & d'éclaircir les difficultés qui peuvent s'y rencontrer, par Dom Bernard Maréchal, Bénédictin. *Paris*, *Pierre Emery*, 1739, 2 *vol. in-*4. *v. m.*

334 Andreæ Riveti, Critici Sacri Libri IV. in quibus expenduntur, confirmantur, defenduntur, vel rejiciuntur Cenfuræ Doctorum, tàm

THÉOLOGIE.

tàm' ex Orthodoxis quàm ex Pontificiis, in Scripta quæ Patribus plerisque priscorum & puriorum sæculorum incogitantia vel error affinxit, aut dolus malus supposuit : Accedit Tractatus de Patrum Auctoritate & causis Errorum. *Genevæ, Jacob. Chouet*, 1642, *in-8. vel.* } 1-10.

335 Bartholomæi Germon Dissertatio de veteribus Hæreticis Ecclesiasticorum Codicum corruptoribus. *Parisiis, le Comte*, 1713, *in-8. v. br.*

336 Codex antiquus, *MSS. in Membranis*, in quo continentur ; 1°. Liber de Concordiâ regularum SS. Patrum, videlicet, Benedicti, Macharii, Pachomii, Basilii & aliorum ; 2°. Fragmentum Sermonis cujusdam S. Bernardi inutilis servi Fratrum qui in Claravalle sunt, *in-4. relié en bois.* 1.

337 Défense de S. Augustin contre un Livre de M. de Launoy, où l'on veut faire passer ce Saint Pere pour un Novateur ; par le Père Gabriel Daniel. *Paris., Nic. le Clerc*, 1704, *in-12. v. br.* 1.

338 Gabrielis Gerberon Apologia pro Ruperto Abbate Tuitiensi, in quâ de eucharisticâ veritate eum catholicè sensisse & scripsisse demonstrat. *Parisiis, Vid. Car. Savreux*, 1669, *in-8. v. m.*

THÉOLOGIE.

I I.

Collections & Extraits des Ouvrages des SS. Pères Grecs & Latins, Ecrivains, & autres Monumens Ecclésiastiques.

339 Margarini de la Bigne Bibliotheca Maxima veterum Patrum & antiquorum Scriptorum Ecclesiasticorum, in lucem edita studio & operâ Philippi Despont. *Lugduni, Anisson, 1677, 27 vol. in-fol. C. M. v. f.*

340 Nicolai le Nourry Apparatus primus ad Bibliothecam Max. veterum Patrum Lugduni editam; in quo quidquid ad eorum Scripta & Doctrinam, variosque scribendi & docendi modos pertinet, Dissertationibus criticis examinatur & illustratur. *Parisiis, Anisson, 1703, in-fol. C. M. v. n.*

341 Ejusdem Nicolai le Nourry Apparatus secundus ad Bibliothecam Max. veterum Patrum Lugduni editam. *Parisiis de Lespine, 1715, in fol. v. f.*

342 Francisci Combefisii Bibliothecæ Græcorum Patrum Auctarium novissimum, in quo varia Scriptorum Ecclesiasticorum antiquioris, medii & vergentis ævi, Opuscula continentur. *Parisiis, Hotot, 1672, 2 tom. en 1 vol. in-fol. v. br.*

343 Opuscula Dogmatica veterum quinque Scriptorum *scilicet* Leporii Presbyteri; Capreoli, Episc. Carthaginensis; auctoris incerti qui Breviarium fidei adversùs Arrianos conscripsit; Isaaci Judæi, & Victorini Afri, qui antè

THÉOLOGIE.

annos M. CC. claruerunt ; in lucem edita studio & operâ Jacobi Sirmondi , Soc. Jesu. *Paris , Seb. Cramoisy* , 1630 , *in-*8. *v. m.*

344 Johannis Philippi de Lignamine Collectio variorum Tractatuum qui dicuntur : Libellus de discordantiâ inter Eusebium Hieronymum , & Aurelium Augustinum ; Opuscula Sybillarum , Prophetarum , & Philosophorum , necnon veterum Poëtarum qui de Christo vaticinati sunt : Commentarii super Symbolum Athanasii , Orationem Dominicam , & Salutationem Angelicam : explanatio super *Te Deum laudamus* , & *Gloria in Excelsis* : & demùm Donatus Theologus. Hæc omnia in unùm edita & impressa *Romæ* , *anno* 1481 , *in*-4. *mar. r.* (*cum figuris Sybillarum ac Prophetarum in ligno incisis.*)

345 Chronicon Victoris, Episcopi Tunnunensis : Chronicon Joannis Biclarensis , Episcopi Gerundensis : Legatio Luitprandi , Episcopi Cremonensis , & Synodus Bavarica , sub Tassilone Bavariæ Duce , tempore Caroli M. omnia nùnc primùm in lucem edita studio & operâ Henrici Canisii. *Ingolstadii* , *ex Offic. Ederianâ* , *Andr. Angermarius* , 1600 , *in*-4. *vélin.*

346 Gennadii, Patriarchæ Constantinopolitani, Homiliæ de Sacramento Eucharistiæ ; necnon Meletii Alexandrini , Nectarii Hierosolymitani, Meletii Syrigi, & aliorum de eodem Argumento Opuscula varia , gr. & lat. edente Eusebio Renaudot. *Parisiis* , *Gabr. Martin* , 1709. *in*-4. *v. f.*

347 Codex Vetus, *MSS. in Membranis*, in quo

continentur Fragmenta diverfarum Homeliarum, feu Sermonum quorumdam Patrum, præfertìm Sancti Auguftini, *in-4. relié en bois.*

348 Jacobi Magni, Ordinis Heremitarum Sancti Auguftini, Opus quod infcribitur: Sophologium, in quo recenfentur Documenta necnon Dogmata veterum Patrum. *Parifiis, per Martinum Crantz, Udalricum Géring, & Michaëlem Friburger,* anno 1475, *in-fol. mar. bl.*

349 Codex Vetus, *Membranaceus MSS.* in quo continentur Tractatus varii Sanctorum Auguftini & Bernardi, necnon alia diverforum Theologorum opufcula, *in-8. relié en bois.*

350 Codex alter Vetus, *MSS. in Membranis*, in quo continentur; Tractatus varii Theologici de Miferiâ hominis; Ifidorus de Patientiâ; S. Bernardi Contemplationes de vitiis, de Pœnitentiâ & de Confeffione, necnon Moralium Doctrina & de X Præceptorum Dei Meditationes, *in-8. relié en bois.*

351 Codex vetus alter, M.S. partìm *Chartaceus*, partìm *Membranaceus*, & anno 1394 exaratus, in quo continentur; Tractatus varii Theologici, quorum primus: Dialogus S. Bonaventuræ de Meditationibus animæ devotæ: Ultimus autem complectitur Meditationes devotiff. in vitam Domini Noftri J. C. *in-4. non relié.*

352 Jacobi Sirmondi, Soc. Jefu, Opera varia, nùnc primùm collecta & edita ftudio Jacobi de la Baune, Soc. Jefu, cum notis pofthumis & emendationibus; quibus accedunt aliquot S. Theodori Studitæ Epiftolæ, aliaque Scripta

THÉOLOGIE. 61

Dogmatica nunquàm antehac edita. *Parisiis, ex Typ. Regiâ*, 1696, 5 vol. in-fol. C. M. v. m.

353 Thesaurus Monumentorum Ecclesiasticorum; sive Henrici Canisii Lectiones antiquæ ad sæculorum ordinem digestæ, variisque opusculis auctæ, ex editione & cum animadversionibus criticis ac historicis Jacobi Basnage. *Antverpiæ*, *Westenii*, 1725, 4 vol. in-fol. v. f. 36.

354 Joh. Mabillon & Mich Germain, Monach. Bened. Musænm Italicum, seu Collectio veterum Scriptorum & veterum Monumentorum ex Bibliothecis Italicis ; cum Sacramentario & Pœnitentiali Gallicano. *Lutet. Parisior. Vid. Edm. Martin*, 1687, *in*-4. *fig. v. br.* 2. 6.

355 Stephani Baluzii Miscellaneorum Tomi septem : *Hoc est*, Collectio veterum Monumentorum quæ hactenus latuerant in variis Codicibus ac Bibliothecis, *Parisiis*, *Franc. Muguet*, 1678, *& ann. seqq.* 7 vol. in-8. v. br. 3 6.

I I I

Ouvrages des SS. Peres Grecs & Latins, rangés selon l'ordre des siècles dans lesquels ils ont vécu.

§. 1. *Ouvrages des SS. Peres, du premier siècle.*

356 SS. Dionysii Areopagitæ ; Ignatii & Polycarpi Epistolæ, ex editione Jacobi Fabri Stapulensis. *Parisiis*, *Joann. Higmannus*, 1498, *in-fol. vel.*

357 Le Livre de Philon, de la vie contemplative, trad. de l'Original grec en françois, avec des observations où l'on fait voir que les Thérapeutes dont il parle étoient Chrétiens. *Paris, Louis Guérin*, 1709, *in-12. v. m.*

§ 2. *Ouvrages des SS. Pères du II. siècle.*

1. 16. 358 Les deux Opuscules d'Athénagore, Philosophe Grec & Chrétien, contenant une Apologie pour les Chrétiens, & un Traité de la résurrection des Morts, trad. du grec en françois, avec des observations, par Arnaud du Ferrier. *Bourdeaux, Sim. Millanges*, 1577, *in-4. v. m.*

359 Cydonii de contemnendâ Morte Oratio gr. & lat. ex Interpretatione Raphaëlis Seileri; & Hermiæ Philosophi irrisio Gentilium Philosophorum. *Basileæ, Joan. Oporinus*, 1553. ==Alexandri Aphrodisei naturalium difficilium dubitationum, & solutionum Libri IV. cum Vitâ Aristotelis. *Ibid*, 1548, *in-8. v. f.*

18. 4. 360 S. Irenæi, Episcopi Lugdunensis & Martyris, Opera omnia gr. & lat. ex editione & cum notis Renati Massuet, Monachi Benedictini. *Parisiis, Joan. Bapt. Coignard*, 1710, *in-fol. v. br.*

§ 3. *Ouvrages des SS. Pères du III. siècle.*

30. 361 S. Clementis Alexandrini Opera quæ extant omnia, gr. & lat. ex edit. & cum notis Joannis Potteri, Episcopi Oxoniensis. *Oxonii è Theatro Sheldoniano*, 1715, 2 *vol. in-fol. v. br.*

THÉOLOGIE. 63

362 Ejusdem Clementis Alexandrini Epistolæ duæ ad Corinthios, gr. & lat. ex interpretatione Patricii Junii, Gottifredi Vendelini, & Joann. Bapt. Cotelerii, cum notis & spicilegio Pauli Colomesii : Accedit Thomæ Brunonis Dissertatio de Therapeutis Philonis, necnon clarorum Virorum Epistolæ aliquot singulares. *Londini*, *Jacobus Adamson*, 1687, *in-*8. *v. br.*   1.

363 Q. Septimii Florentis Tertulliani Liber de Pallio, ex editione & cum notis Claudii Salmasii. *Lutetiæ Parisiorum*, *Hieron. Drouart*, 1622, *in-*8. *v. m.*

364 Deux Traités de Florent Tertullian, trad. en françois, l'un sur les parures & les ornemens, l'autre sur les habits & acoustremens des femmes chrestiennes ; avec un Traité de S. Cyprien touchant la discipline & les habits des filles. *Genève*, *Jean de Laon*, 1580, *v. m.*   1.

365 M. Minucii Felicis Octavius, & Cæcilii Cypriani de Idolorum vanitate Liber ; cum observat. Nic. Rigaltii. *Lut. Parisiorum*, *Math. du Puys*, 1643, *in-*4. *vel.*   1.

366 Traité de Minucius Felix, intitulé, *Octavius*, mis en françois par Thomas le Revérend. *Caën*, *Jacq. le Bas*, 1617, *in-*12. *v. m.*   3. 12.

367 Sancti Cæcilii Cypriani, Martyris & Episcopi Carthaginensis, Epistolæ omnes, ex recognitione & cum Epistolâ Joannis Andreæ, Episcopi Aleriensis. *Romæ*, *per Conradum Sweynheym*, *& Arnoldum Pannartz*, *in domo Petri & Francisci de Maximis*, anno 1471, *in-fol. mar. bl. rare.*   130.
* *Editio Primaria.*

THÉOLOGIE.

368 Eædem S. Cypriani Epistolæ. *Venetiis, per Vindelinum Spirenſem*, anno 1471, *in-fol. C. M. mar. r.*

* *Exemplar elegans & nitidum editionis optimæ & rariſſimæ.*

369 Ejuſdem S. Cypriani, Epiſcopi Carthaginenſis & Martyris, Opera, ex editione & cum annotationibus Deſiderii Eraſmi. *Lugduni, Seb. Gryphius*, 1537, 2 *vol. in-*8. *relié en carton.*

370 Ejuſdem S. Cypriani Opera omnia, recognita & illuſtrata à Joanne Fell, Epiſcopo Oxonienſi : Accedunt, Annales Cyprianici, ſive tredecim annorum quibus S. Cyprianus inter Chriſtianos verſatus eſt brevis Hiſtoria à Joanne Pearſonio delineata ; necnon Diſſertationes Cyprianicæ, ab Henrico Dodwello conſcriptæ. *Oxonii, è Theatro Sheldoniano*, 1700, *in-fol. v. br.*

371 Ejuſdem Sancti Cypriani Operum altera editio, ad MSS. Codices recognita & illuſtrata ſtudio ac labore Stephani Baluzii, cum præfatione, & vitâ S. Cypriani, ab uno ex Monachis Congr. S. Mauri in lucem edita. *Pariſiis, ex Typograph. Regiâ*, 1726, *in-fol. v. br.*

372 Traité de S. Cyprien ſur les Spectacles & la vanité des Idoles, trad. en françois par le R. Pere Caliſte, Auguſtin deſchauſſé. *Paris, Ant. de Sommaville*, 1640, *in* 16. *v. m.*

THÉOLOGIE.

§ 4. *Ouvrages des SS. Peres du IV siècle.*

373 L. Cæcilii Lactantii Firmiani Opera, cum Epistolâ Johannis Andreæ, Episcopi Aleriensis. *Romæ, per Conr. Sweynheym, & Arn. Pannartz, anno* 1470, *in-fol. v. f.* } 20.

374 Eadem Lactantii Opera. *Venetiis, per Johannem de Colonia,* 1478, *in-fol. v. m.* 4.

375 Eadem Lactantii Opera. *Venetiis, per Mag. Andream de Paltasichis Catarensem, & Boninum de Boninis, socios, anno* 1478, *in-fol. v. m.*

376 Eorumdem Lactantii Operum aliud exemplar (IMPRESSUM IN MEMBRANIS.) *Ex eâdem præcedenti editione Venetâ, anni* 1478, *in-fol.* relié en bois.

* *In hoc Exemplari folia quædam quæ desiderabantur calamo fuerunt reparata.*

} 100.

377 Eadem Lactantii Opera. *Venetiis, per Theodorum de Ragazonibus de Asula, anno* 1490, *in-fol. v. br.* 3.

378 Eadem Lactantii Opera omnia. *Venetiis, per Vinc. Benalium,* 1493, *in-fol. non relié.* 1.

379 Eadem Lactantii Opera, cum Castigationibus Honorati Fasitelii. *Lugd. Joann. Tornæsius,* 1548, *in-*16. *v. f.* 1.

380 S. Athanasii, Alexandrini Archiepiscopi, Opera quæ extant omnia, gr. & lat. operâ & studio Monachorum Ordinis S. Benedicti Congr. S. Mauri. *Parisiis, Anisson,* 1698, 3 *vol. in fol. C. M. v. f.*

381 Nova Collectio Patrum & Scriptorum græcorum, *scilicet* : Eusebii Cæsariensis, Athanasii, & Cosmæ Ægyptii, gr. & lat. ex edit. &

} 318.

Tome I. I

cum notis Bern. de Montfaucon, Benedictini. *Parisiis, Rigaud*, 1706, 2 *vol. in-fol. C. M. v. f.*

382 S. Hilarii, Pictavorum Episcopi, Opera omnia, ex editione Monachorum Ordinis S. Benedicti Congr. S. Mauri. *Parisiis, Franc. Muguet*, 1693, *in fol. v. m.*

383 Sancti Cyrilli, Hierosolymitani Archiepiscopi, Opera omnia quæ supersunt, gr. & lat. ex interpretatione Joann. Grodecii, cum notis & emendationibus Joannis Prevotii, Burdegalensis. *Lutetiæ Parisior. Car. Morellus*, 1631. ═ Synesii, Episcopi Cyrenès, Opera quæ extant omnia, gr. & lat. cum Scholiis Nicephori Gregoræ, Constantinopolitani Patriarchæ; ex editione & cum notis Dionysii Petavii, Aurelianensis, Soc. Jesu. *Ibid*, 1631, *in-fol. C. M. v. br.*

384 Beati Cyrilli, Episcopi Hierosolymitani, Speculum sapientiæ, alias quadripartitus Apologieticus vocatus; in cujus quidem proverbiis, omnis & totius sapientiæ Speculum claret. *Editio vetus, absque loci & anni indicatione, sed circà annum* 1470 *impressa, in-fol. v. m.*

385 S. Ephraem, Syri, Opera omnia quæ extant, Græcè, Syriacè & Latinè: ad MSS. Codices Vaticanos aliosque castigata, cum notis, præfationibus & lectionibus variis, edente Angelo Mariâ Quirino Card. *Romæ, ex Typogr. Vaticanâ, Salvioni*, 1732, & *ann. seqq.* 6 *vol. in-fol. vélin bl.*

386 Antirrheticon, seu Confutatio Annotationum Joann. Kohlii ad geminos S. Ephraemi

de Sacrâ Cœnâ Sermones ; authore R. P. Petro Benedicto, Soc. Jesu. *Romæ*, 1740, in-fol. vel. bl.

387 S. Basilii, Cæsareæ, Cappadociæ Archiepiscopi, Opera omnia, gr. & lat. ex editione & cum notis Juliani Garnier, Benedictini. *Parisiis, Coignard*, 1721, 3 *vol. in-fol. v. m.*

388 Sancti Gregorii, Nazianzeni, Opera omnia, gr. & lat. ex edit. Jacobi Billii, cum emendationibus Federici Morelli. *Lutetiæ Parisior. Morellus*, 1609, 2 *vol. in-fol. v. f.*

389 Ejusdem Gregorii Nazianzeni, Sermo de moderandis Disputationibus, è græco latinè, interprete Joanne Œcolampadio. *Aug. Vindelic. Sigism. Grym.* 1521. ═ Ejusdem Œcolampadii Sermo de Gaudio resurrectionis, & de verbis Thomæ. *Ibid*, 1521. ═ Gregorii Nysseni, mystica Mosaïcæ vitæ Enarratio, perfectam formulam vivendi cuilibet Christiano præscribens, è Græcò Latinè, interprete Georgio Trapezuntio. *Basileæ, Andr. Cratander*, 1521, *in-4. v. br.*

390 S. Gregorii, Episcopi Nysseni, Opera omnia, gr. & lat. cum notis & indicibus. *Parisiis, Sonnius*, 1615. 2 *vol. in fol. v. f.*

391 Ejusdem S. Gregorii, Nysseni Antistitis, Opus admirandum de hominis opificio, gr. & lat. ex interpretatione & cum notis Joannis Leuvenklaii. *Basileæ, Joann. Oporinus*, 1567, *in-8. v. br.*

392 SS. Patrum, Amphilochii Iconiensis, Methodii Patarensis, & Andreæ Cretensis, Opera omnia quæ reperiri potuerunt, gr. & lat. ex editione & cum notis Francisci Combefi-

THÉOLOGIE.

fii, Soc. Jesu. *Parisiis, Siméon Piget*, 1644, *in-fol. C. M. v. br.*

166. 19. 393 S. Joannis Chrysostomi Opera omnia quæ extant, gr. & lat. ex editione Bern. de Montfaucon, Benedictini. *Parisiis, Guérin*, 1718, & ann. seqq. 13 vol. *in-fol. v. f.*

1. 394 Ejusdem S. Joannis Chrysostomi Sermones, græcè tantùm editi cum præfatione latinâ Joann. Bapt. Gabii. *Romæ, Zanetti*, 1581, *in-8. relié en carton.*

100. 395 Ejusdem Sancti Joannis Chrysostomi Sermones XXV, per Christophorum Personam, & Priorem Sanctæ Balbinæ nuper è græco in latinum traducti, ac Marco Barbo, Veneto, Card. S. Marci dedicati. *Editio vetus, absque loci & anni indicatione ullâ, sed Typis Monasterii S. Eusebii excusa Romæ*, circà annum 1470, *in-fol. mar. bl. rare.*

8. 396 Ejusdem S. Johannis Chrysostomi Sermones, cum Epistolâ ejusdem ad Monachum Theodorum è græco latinè. *Bononiæ, ex Officinâ Baldaseris Azzoguidi*, 1475, *in-4. mar. r.*

66. 397 Ejusdem Beati Johannis Chrysostomi Omeliæ LXXXVII super Evangelio S. Johannis. *Romæ, in Monasterio S. Eusebii, anno Domini* 1470., *in-fol. C. M. mar. bl. rare.*
* *Editio Primaria.*

§ 5. *Ouvrages des SS. Peres du V. siècle.*

24. 398 Sancti Hieronymi Epistolæ CXXXIX: *Editio vetustissima absq. loci & anni indicatione, nec nomine Impressoris, sed charactere satis impolito, & forsàn Typis Moguntinis excusa,* ante ann. 1470, *in-fol. C. M. relié en bois.*

THÉOLOGIE.

399 Eædem S. Hieronymi Epistolæ (CCXX.) *Moguntiæ, per Petrum Schoiffer de Gernsheim, anno* 1470., 2 *vol. in-fol. C. M. v. m.* — 100.

400 Lettres de S. Jérôme, trad. du latin en françois, avec des notes & des remarques, par Dom Guillaume Roussel, Bénédictin. *Paris, Louis Roulland*, 1704, 3 *vol. in-*8. *v. br.* — 6. 18.

401 Le Epistole di San Hieronymo, tradotte in Lingua volgare, con figure. *In Ferrara, per Maestro Lorenzo di Rossi, l'anno* 1497, *in-fol. mar. r.* — 9.

402 Liber flosculorum & transitus Sancti Hieronymi, Doctoris eximii, & Miraculorum, & quarumdam Epistolarum Sancti Augustini de laudibus Sancti Hieronymi ad Cyrillum Episcopum Yponensem & Cyrilli ad Augustinum. *Impr. Mediolani, per Philippum de Lavagnia, anno* 1475, *in-*4. *mar. r.* — 20.

403 Joann. Clerici Quæstiones Hieronymianæ, in quibus expenditur Hieronymi nupera editio Parisina, multaque ad criticam sacram & profanam pertinentia agitantur. *Amstelodami, J. Lud. de Lorme*, 1700, *in-*12. *v. f.* — 3. 1.

404 Rufini, Presbyteri Provinciæ Palæstinæ, Liber de fide, notis illustratus & editus à Jacobo Sirmondo, Soc. Jesu Presbytero. *Parisiis, Seb. & Gabr. Cramoisy*, 1650. *in-*8. relié en carton. — 1.

405 Synesii Cyrenæi, Episcopi Ptolemaïdis, Hymni vario lyricorum versuum genere conscripti, necnon Gregorii Nazianzeni Odæ aliquot, ex interpretatione Francisci Porti Cretensis. *Excud. Henr. Stephanus, anno* 1568, *in-*24. *v. m.* — 1.

THÉOLOGIE

8.   406 S. Pontii Meropii Paulini, Episcopi Nolani, Opera in duos tomos digesta, secundùm ordinem temporum nùnc primùm disposita; & ad MSS. Codd. Gallicanos, Itali-
cos, Anglicanos, Belgicos, atque ad editiones antiquiores emendata & aucta, necnon
variorum notis illustrata, &c. *Parisiis*, *Joh.*
Couterot, 1685, 2 tom. en 1 vol. *in-*4. *v. br.*

100.   407 S. Aurelii Augustini de civitate Dei Libri XXII. *Romæ, per Conradum Sweynheym,*
& Arn. Pannartz, in domo Petri de Maximo;
anno 1468; *in-fol. C. M. v. br. rare.*

130. 1. 408 Ejusdem Operis editio altera. *Venetiis, per*
Joannem & Vindelinum de Spira, anno 1470,
in-fol. C. M. mar. rouge.

* *Exemplar elegans & nitidum.*

192.   409 Ejusdem Operis editio altera, cum Comment. Thomæ Valois & Nicolai Triveth.
Moguntiæ, per Petrum Schoiffer de Gernsheim,
anno 1473, 2 tom. en 1 vol. *in-fol. mar. r.*
rare.

* *Exemplar elegans & nitidum.*

1.   410 Homilia B. Augustini, & Epistola Decre-
talis venerandæ Sorbonæ contra Festum Fatuo-
rum, cum notis: Accedit popularis Tractatus Joann. Savatonis contrà larvas. *Parisiis,*
Adrianus Périer, 1611, *in-*8. *v. f.*

1.   411 Abrégé des Confessions de S. Augustin. *Pa-*
ris, Phil. Nic. Lottin, 1738, *in-*12. *v. br.*

412 Les deux Livres de S. Augustin de la prédestination des Saints & du don de la persé-
vérance, trad. du latin en françois. *Paris,*
Jacq. Etienne, 1715, *in-*12. *v. br.*

THÉOLOGIE. 71.

413 Les Livres de S. Augustin, contre les Philosophes Académiciens, avec le Traité de la grace & de la liberté, trad. en françois par le Sr de Villefore. *Paris, Elie Joffet,* 1703, *in-*12. *v. m.* } 1. 11.

414 Traité de S. Augustin, de l'Ouvrage des Moines; ensemble quelques pièces de S. Thomas & de S. Bonaventure sur le même sujet, trad. en françois par Jean Pierre Camus, Evesque de Belley. *Rouen, Adrien Ouyn,* 1633, *in-*8. *relié en carton.*

415 Maximes solides de Morale, tirées des Lettres de S. Augustin, par le Pere Séraphin de Gautier, Récollet. *Lyon, veuve Guillimin,* 1713. *in-*12. *baz.* } 18. 10.

416 Sancti Isidori, Pelusiotæ, Opera omnia, gr. & lat. ex interpretatione & cum notis Jacobi Billii, Prunæi, Cunradi Rittershusii, & Andreæ Schotti. *Parisiis, Ægidius Morellus,* 1638, *in-fol. C. M. v. br.*

417 S. Nili Ascetæ, Discipuli S. Joann. Chrysostomi, Opera omnia gr. & lat. ex editione Leonis Allatii. *Romæ, Typis Barberinis,* 1668 & 1673, 2. *vol. in-fol. v. b.* } 34. 1.

418 S. Cyrilli, Alexandriæ Episcopi, Opera omnia gr. & lat. ex editione Joann. Auberti. *Lutet. Parisiorum, Typis Regiis,* 1638, 6 *tom.* en 7 *vol. in-fol. C. M. v. br.* } 210. 4.

419 B. Theodoreti, Episcopi Cyri, Opera omnia gr. & lat. ex edit. Jacobi Sirmondi, Soc. Jesu. *Lutet. Parisiorum, Cramoisy,* 1642, 4 *vol. in-fol. C. M. v. br.* } 195.

420 Ejusdem Theodoreti Auctarium, seu Tomus V. nunc primùm in lucem editus, studio

& operâ Joann. Garnerii. *Lutetiæ Parisior. Vid. Martin*, 1684, *in-fol. v. br.*

421 Sancti Leonis Magni Papæ I , Opera omnia , cum appendicibus, differtationibus, obfervationibufque Pafchafii Quefnel : Accedunt S. Hilarii, Arelatenfis, Epifcopi , opufcula , vita & apologia ; necnon Codex Canonum & Conftitutorum fedis Apoftolicæ. *Lutet. Parifiorum , Joann. Bapt. Coignard*, 1675 , 2 *vol. in-*4. *mar. r.*

422 Ejufdem S. Leonis., Opus fermonum, necnon S. Gregorii Magni Omeliæ. *Editio vetus Moguntinenfis*, anno 1475 *excufa*, *in-fol. non relié.*

423 Traduction françoife du traité de S. Eucher, fur le mépris du Monde, par M. Robert Arnauld d'Andilly. *Paris* , *Pierre le Petit*, 1672, *in-*12. *v. br.*

424 Sancti Profperi, Aquitani, Opera omnia , ad MSS. Codices emendata & fecundùm ordinem temporum difpofita , necnon chronico integro ab ortu rerum ufque ad obitum Valentiniani III, & Romam à Vandalis captam pertinente , locupletata : edente Lucâ Urbano Mangeant. *Parifiis* , *Guill. Defprez* , 1711 , *in-fol. v. f.*

425 Ejufdem S. Profperi Libri tres de vitâ contemplativâ atque actuali , five de normâ Ecclefiafticorum. *Editio vetus* , anni 1487 , *in-*4. *relié en carton.*

426 Poëme de S. Profper contre les Ingrats , trad. en vers & en profe , avec la Lettre du même S. Profper à Ruffin , & un abrégé de de fa Doctrine touchant la Grace & le Libre-Arbitre ,

Arbitre, en latin & en françois. *Paris, veuve Martin Durand*, 1650, *in*-12. *v. br.*

427 Basilii, Seleuciæ Antistitis, Orationes in Adamum & in Noë, necnon ejusdem Conciones de Pastore bono, & de Ludis olympicis, &c. gr. & latinè, ex interpretatione Martialis Mestræi & Fed. Morelli. *Parisiis, Fed. Morellus*, 1597, *& ann. seqq. in*-8. *relié en carton.*   1.

428 Salviani, Episcopi Massiliensis, de vero Judicio & Providentiâ Dei Libri VIII: necnon Maximi Taurinensis Homiliæ, Paciani Barcilonensis Liber de Pœnitentiâ & Confessione, Sulpitii Severi Historia sacra; Dorothei Tyrii liber de Prophetis & Discipulis Domini, & Haymonis Halberstattensis Historiæ Sacræ Epitome; cum notis Petri Galesinii. *Romæ, Manutius, in ædib. Pop. Rom.* 1564, *in-fol. v. br.*   16.

429 Ejusdem Salviani, de gubernatione Dei, & de justo præsentique ejus Judicio, Libri VIII, ex Bibliothecâ Petri Pithœi. *Parisiis, Seb. Nivellius*, 1580, *in* 8. *v. m.*   1.

430 Opuscule de Salvian, Evêque de Marseille, du vrai Jugement & Providence de Dieu, trad. du latin en françois par le Sr B. B. D. S. *Lyon, Guill. Rouille*, 1575, *in*-8. *v. m.*

§ 6. *Ouvrages des SS. Peres du VI. siècle.*

431 Sancti Aviti, Archiepiscopi Viennensis, Opera, edita nùnc primùm & instaurata, cum notis, curâ & studio Jacobi Sirmondi, Soc. Jesu, *Parisiis, Seb. Cramoisy*, 1643, *in*-8. *relié en carton.*

THÉOLOGIE.

29. 10. — 432 Aurelii Cassiodori, Vivariensis Abbatis, Opera omnia, ex edit. & cum notis Joann. Garetii, Benedictini. *Rothomagi, Billaine,* 1679, 2 *vol. in-fol. v. f.*

1. — 433 S. Anastasii, Sinaïtæ, anagogicarum Contemplationum in Hexaemeron Liber XII. hactenùs desideratus; cui præmissa est expostulatio de S. Johanis Chrysostomi Epistolâ ad Cæsarium, Monachum, adversùs Apollinarii Hæresin, à Parisiensibus aliquot Theologis, non ità pridem suppressa, gr. & lat. *Londini, Tyr. M. Clark,* 1682., *in-*4 *v. f.*

17. 19. — 434 Sancti Patris nostri Joannis Scholastici, Abbatis Montis Sina qui vulgò Climacus appellatur, Opera omnia, gr. & lat. ex edit. Matthæi Raderi, Soc. Jesu. *Lutetiæ Parisiorum, Seb. Cramoisy,* 1633, *in-fol. C. M. v. br.*

8 3. 19. — 435 S. Gregorii Magni, Pontif. Maximi, Opera omnia, studio & operâ Monachorum Ord. S. Benedicti. *Parisiis, Rigaud,* 1705, 4 *vol. in-fol. C. M. v. f.*

1. — 436 Codex Vetus, *MSS, in Membranis,* in quo continentur; S. Gregorii Papæ Homeliæ, seu expositiones super Ezechielem, *in-*8. *relié en bois.*

6. — 437 Ejusdem S. Gregorii Omeliæ quadraginta, de diversis Evangelii lectionibus. *Impresse Parisius, per Michaëlem Udalricum (Géring) & Martinum (Crantz), anno Domini* 1475, *in-fol. m. r.*

1. — 438 Ejusdem S. Gregorii Omelie quadraginta de diversis Evangelii lectionibus. *Parisiis, sub signo Solis Aurei, anno* 1491, *in-*4. *v. f.*

THÉOLOGIE.

§ 7. *Ouvrages des SS. Peres des VII & VIII. siècles.*

439 Isidori, Episcopi Hispalensis, Synonima de homine & ratione, castigata per Jacobum Lupi. *Parisiis, Guido Mercator*, 1494, *in* 8. *gotiq. v. f.* 1.

440 S. Maximi, Confessoris, & Græcorum Theologi, Opera omnia, gr. & lat. ex editione Francisci Combefisii. *Parisiis, Cramoisy*, 1675, 2 *vol. in fol. v. br.* 33.

441 Venerabilis Bedæ, Præsbyteri Anglo-Saxonis, Opera omnia. *Basileæ, Hervagius*, 1563, 8 *tom. en* 6. *vol. in-fol. v. f.* 60.

§ 8. *Ouvrages des SS. Peres des IX & Xe siècles.*

442 Magnentii H-Rabani Mauri, Abbatis Fuldensis & Archiep. Moguntini, Opera omnia quæ reperiri potuerunt, ex editione Jacobi Pamelii, Antonii de Henin, & Georgii Colvenerii. *Coloniæ Agrippinæ, Hieratus*, 1627, 6 *tom. en* 3 *vol. in-fol. v. br.* 29. 19.

443 Paschasii Radberti, Abbatis Corbeiensis, Opera omnia, ex editione Jacobi Sirmondi, Soc. Jesu. *Lutet. Parisiorum, Seb. Cramoisy*, 1618, *in-fol. v. br.* 6.

444 Ejusdem Paschasii Radberti Liber de corpore & sanguine Domini, ex editione Joann. Vlimmerii. *Lovanii, Hieron. Wellæus*, 1561. == Auctoris anonymi Vita & syllabus operum omnium Thomæ à Kempis. *Ingolstadii, ex Typogr. Ederianâ*, 1650, *in*-12. *v. br.* 1. 11.

445 Traité de Bertram, Prestre & Religieux

K ij

de l'Abbaye de Corbie, au sujet du corps & du sang de Notre-Seigneur J. C. avec la vie dudit Bertram colligée par Trithème, trad. du latin en françois. *Impr. en* 1619, *in-*8. *v. m.*

446 Le même Traité de Ratramne ou Bertram, trad. en françois avec remarques, par l'Abbé Jacques Boileau. *Paris, veuve Martin,* 1686, *in-*12. *v. br.*

447 Hincmari, Archiepiscopi Remensis, Opera omnia, ex edit. Jacobi Sirmondi, Soc. Jesu. *Lutet. Parisior. Cramoisy,* 1645. 2 *vol. in-fol. C. M. v. br.*

448 Ejusdem Hincmari, Epistolæ, cum conjecturis notisque brevibus Joannis Busæi, Soc. Jesu : Accessêre, Theodulphi, Aurelianensis Episcopi, Epistola ad Parochos ; constitutiones Caroli Magni, & vitæ singulares SS. Wigberchti & Roberti, à diversis authoribus scriptæ. *Moguntiæ, Typ. Joan. Albini,* 1602, *in-*4. *v. m.*

449 Gilberti Mauguin Vindiciæ prædestinationis & gratiæ ; seu veterum Auctorum, qui IX sæculo de prædestinatione & gratiâ scripserunt, opera & fragmenta in lucem edita : Accedit ejusdem Gilb. Mauguin, chronica & synopsis historica Operis coronide. *Parisiis, Joann. Billaine,* 1650, 2 *vol. in-*4. *reliés en peau.*

§ 9. *Ouvrages des SS. Peres des* XI & XIIe *siècles.*

450 S. Patris Nostri Theophylacti, Archiepiscopi Bulgariæ, institutio Regia, græcè & lat. ex Interpretatione Petri Possini, Soc. Jesu. *Parisiis, Ex Typ. Regiâ,* 1651, *in-*4. *mar. r.*

THÉOLOGIE.

451 S. Anselmi, Cantuariensis Archiepiscopi, Opera omnia, necnon Eadmeri Monachi Cantuariensis Historia Novorum, & alia Opuscula; ex editione & cum notis Gabriëlis Gerberon, Monachi Benedict. *Lutet. Parisiorum, Lud. Billaine*, 1675, *in-fol. v. br.*   8. 19.

452 Beati Lanfranci, Cantuariensis Archiepiscopi & Angliæ Primatis, Opera omnia quæ reperiri potuerunt, ex editione & cum notis Lucæ Dacherii, cum appendice. *Lutet. Parisiorum, Joann. Billaine*, 1648. ⎓ Petri Damiani, Cardinalis, & Episcopi Ostiensis, Opera omnia, ex editione & cum annotationibus Constantini Cajetani: Accedit huic editioni Regula Petri de Honestis non antèhac edita. *Ibid, Carolus Chastellain*, 1642, *in-fol. v. br.*   13.

453 D. Yvonis, Carnotensis Episcopi, Opera omnia, ex editione Johannis Frontonis, Can. Regul. S. Genovefæ Parisiensis. *Parisiis, Laur. Cottereau*, 1647, *in-fol. C. M. v. m.*   23. 4.

454 Venerabilis Hildeberti, Cenomanensis Episcopi, & deindè Turonensis Archiepiscopi, Opera tàm edita quàm inedita; quibus accesserunt Marbodi Redonensis Episcopi, ipsius Hildeberti supparis, Opuscula, ex editione & cum notis Antonii Beaugendre, Monachi Benedictini, Congr. S. Mauri. *Parisiis, Laur. le Conte*, 1708, *in-fol. C. M. v. f.*   17. 19.

455 S. Brunonis, Astensis, Signiensium Episcopi, Opera omnia, cum expositione in Psalmos Oddonis, Astensis, Monachi Benedictini, eidem Sancto Brunoni ab ipso authore dicatâ; nùnc primùm duobus Tomis distincta &   11. 19.

THÉOLOGIE.

in lucem edita studio & labore D. Mauri Marchesii, Casinensis Decani, cum scholiis & indicibus. *Venetiis, apud Bertanos,* 1651, 2 tom. en 1 vol. *in-fol. v. br.*

456 Venerabilis Guiberti, Abbatis B. Mariæ de Novigento, Opera omnia, in unùm edita cum appendice & additamentis, ex editione Lucæ d'Achery, Monachi Benedictini. *Lutetiæ Parisiorum, Joann. Billaine,* 1651, *in-fol.* C. M. *v. br.*

457 Ruperti, Abbatis Monasterii S. Heriberti Tuitiensis, Ord. S. Benedicti, Opera omnia quæ extant; cum indicibus. *Parisiis, Chastellain,* 1638, 2 *vol. in-fol. v. br.*

458 Codex Vetus, *MSS. in Chartâ,* in quo continentur Sermones S. Bernardini. *in-fol. relié en bois.*

459 Sermones devotissimi Bernardi, Abbatis, super Cantica Canticorum Salomonis *Parisiis, anno* 1494, *in-fol. mar. r.*

460 S. Bernardi, Abbatis Clarevallensis, Sermones & Epistolæ. *Parisiis, Joh. Parvus,* 1517, *in-fol. v. f.*

461 Opus tripartitum de virtutibus à Sancto Bernardino conscriptum, quod Evangelium Æternum nuncupari voluit. Codex *MSS.* tàm *Membranaceus,* quàm *Chartaceus,* & anno Domini 1472 *exaratus manu propriâ* Laurentii Burelli. 3 *vol. in-*4. *relié en peau.*

THÉOLOGIE.

§ 10. *Ouvrages des autres Ecrivains Ecclésiastiques qui ont paru depuis le XIIIe siecle, jusqu'à présent.*

462 Sancti Bonaventuræ, Cardinalis, Commentarii super secundùm Sententiarum Librum. *Tarvisii, per Hermannum Lichtenstein, anno*, 1477, *in-fol. v. br.*   3. 16.

463 Nicolai de Clemangis, Catalaunensis, Archidiaconi Baiocensis, Opera omnia ; partìm ex antiquissimis editionibus, partìm ex MSS. viri clariss. Theodori Canteri eruta, cum notis & conjecturis Joannis Lydii : Accedit Glossarium latino-barbarum, cum indice locupletissimo & vitâ authoris. *Lugd. Batav. Lud. Elzevirius*, 1613, *in-*4. *mar. c.*   3.

464 Ejusdem Nicolai de Clemangis, Archidiaconi Baiocensis, Liber de corrupto Ecclesiæ statu. *Parisiis, Joann. Corrozet*, 1562, *in-*8. *v. m.*

465 Joannis Gersonii, Doct. Theologi & Cancellarii Ecclesiæ Parisiensis, Opera omnia in unùm collecta & edita curis Ludov. Ellies du Pin ; Accedunt Henrici de Hassia, Petri de Alliaco, Joannis Brevicoxæ, Joann. de Varenis, & alior. Scriptorum coætaneorum tractatus varii partìm editi, partìm inediti, necnon Monumenta omnia ad causam Joannis Parvi pertinentia. *Antverpiæ, Societas*, 1706, 5 *vol. in-fol. C. M. v. f.*   65. 10.

466 Codex, *MSS. in Membranis & charactere gothico exaratus*, in quo continentur ; Tractatus varii Theologici ejusdem Joh. Gersonii, Cancellarii Ecclesiæ Parisiensis. *in-*8. *relié en peau.*

THÉOLOGIE.

467 Compilatio devota egregii & famosi Magistri, ejusdem Johannis Gersonii, Cancellarii Parisiensis Ecclesiæ, super Canticum MAGNIFICAT. *Editio vetus & primaria, anni* 1473, (*forsàn Moguntina*), *in-fol. mar. r.*

468 Theophili Raynaudi, Soc. Jesu, Opera omnia, in unùm edita. *Lugduni, Boissat,* 1665, *& ann. seqq.* 20 *vol. in-fol. v. br.*

469 Œuvres Diverses de Messire Jacques Benigne Bossuet, Evesque de Méaux. *Paris, J. Bapt. Coignard,* 1748, *& ann. suiv.* 20 *vol. in-4. v. m.*

SECTION V.

THÉOLOGIENS.

I.

Théologie scholastique & dogmatique; contenant les Ouvrages des Théologiens de l'Eglise Latine ou Occidentale, à commencer vers l'année 1050, *temps auquel* PIERRE LOMBARD *fut le premier qui la rédigea en corps.*

§ I. *Traités singuliers préparatoires à l'Etude de la Théologie scholastique & dogmatique.*

470 Petri à Sancto Joseph Idea Theologiæ Sacramentalis, Theologiæ Moralis, & Theologiæ Speculativæ. *Parisiis, Georgius Josse,* 1640; 3 *vol. in-*12. *vel.*

471

THÉOLOGIE.

471 Codex Vetus, *MSS. in membranis*, in quo continetur; Alphabetum Narrationum Theologicarum. *in-4. relié en bois.* — 1. 16.

472 Codex Vetus, *MSS. in membranis*, in quo continetur; Tractatus qui vocatur, Manipulus florum Theologiæ scholasticæ, alphabeticè digestus, latinèque & gallicè conscriptus. *in-4. relié en bois.* — 2.

473 Codex Vetus, *MSS. in Membranis*, in quo continentur; Distinctiones Theologicæ Fratris Nicholai de Byart. *in-4. relié en bois.*

§ 2. *Ouvrages des Théologiens Scholastiques*, PIERRE LOMBARD, ALBERT LE GRAND, S. THOMAS D'AQUIN, SCOT; &c. *avec leurs Interpretes, Critiques & Commentateurs.*

474 Alberti Magni, Episcopi Ratisponensis, Opus de Mysterio Missæ. *Impr. in Oppido Imperiali Ulm, per Johannem Zeyner de Reutlingen, anno à Nativitate Domini* 1473, *die xxix Mensis Maij. in-fol. vélin.* — 11. 19.

475 Codex Vetus, *MSS. in Membranis*, in quo continentur; Quæstiones Sancti Thomæ in IV Sententiarum libros. *in-fol. relié en bois.* — 3. 19.

476 Codex Vetus alter. MSS. partìm *Chartaceus*, partìm *Membranaceus*, in quo continentur; Commentarii S. Thomæ Aquinatis in primum Librum Sententiarum. *in-fol. relié en bois.* — 2. 9.

477 Codex Vetus alter, *MSS. in Membranis*, in quo continentur; Commentarii S. Thomæ de Aquino, super Librum secundum Sententiarum, necnon ejusdem S. Thomæ Quæstiones quodlibet, *in-fol. relié en bois.* — 4. 19.

Tome I.   L

THÉOLOGIE.

7.16. 478 Codices duo, *MSS. in Membranis*, in quibus continentur; Pars prima, & Pars tertia Summæ Sancti Thomæ de Aquino. 2 *vol. in-fol. reliés en bois.*

1.16. 479 Codex Vetus, *MSS. in Chartâ*, in quo continentur; 1°. Opus ejusdem S Thomæ quod inscribitur, de Regimine Principum; 2°. Liber Senecæ de formulâ vitæ honestæ. *in-fol. relié en bois.*

480 Opusculum ejusdem Sancti Thomæ de Aquino, contrà impugnantes Dei cultum & religionem. *Parisiis, Joh. Petit*, 1507, *in-*12. *v. m.*

481 Flores Sententiarum ejusdem beati Thomæ de Aquino de auctoritate summi Pontificis, collecti per Magistrum Joannem, Card. de Turrecremata. *Lugd. Joan. Trechsel*, 1496, *in-fol. baz.*

1.10. 482 Celeberrimæ Academiæ Salmanticensis de tenendâ & docendâ doctrinâ sanctorum Augustini & Thomæ Aquinatis, Judicium; statuto juramentoque solemni firmatum, & contrà impugnantes propugnatum, per Basilium Pontium. *Duaci, Vid. Marci Wyon*, 1634, *in-*12. *relié en carton.*

483 Joannis Teste-Fort, Lugdunensis, Doct. Theologi, Philosophia Thomistica versibus concinnata. *Parisiis, Andr. Allegret*, 1634, 3 *tom. en* 1 *vol. in-*8. *v. m.*

15. 1. 484 Codex Vetus, *MSS. in Chartâ*, in quo continentur; Commentarii in quatuor Libros Sententiarum, ab Authore anonymo conscripti. *in-*4. *relié en bois.*

485 Codices quinque MSS. partìm *Membra-*

THÉOLOGIE.

nacei, partìm *Chartacei*, in quibus continentur ; Johannis Duns, Scoti, Commentarii in IV Libros Sententiarum. 5 vol. *in-fol. reliés en bois*.

486 Codex Vetus, *MSS. in Membranis*, in quo continentur; ejufdem Joh. Duns Scoti Commentarii in tertium Librum Sententiarum, necnon Quæstiones quotlibet. *in-fol. relié en bois*.   5. 19.

487 Ejufdem Joann. Duns (Scoti), Ordinis Fr. Minorum, Commentarii in primam Partem Sententiarum ; ex recognitione Thomæ Pelreth, Anglici. *Venetiis, per Johannem de Colonia, fociofque ejus Johann. Manten de Gherretzem, anno* 1477. *in-fol. mar. r*.   20.
* *Editio Primaria*.

488 Codex Vetus, *MSS. in Membranis*, in quo continetur ; Lectura Roberti Holcote, fuper IV Libros Sententiarum. *in-fol. relié en bois*.   2. 15.

489 Magistri Henrici de Zoëmeren, Epitoma in primam Partem Dialogi Guill. Ockam, qui intitulatur DE HÆRETICIS, &c. *Lovanii, per Joann. de Weftfalia, anno* 1481, *in-fol. v. f.*

490 Melchioris Cani, Ordinis Prædicatorum & Epifcopi Canarienfis, Opera, feu de Locis Theologicis. *Coloniæ Agrippinæ, Arn. Mylius*, 1605, *in*-8. *v. br.*

    3. 12.

§ 3. *Cours & Sommes de la Théologie Scholaftique & Dogmatique.*

491 Eximii ac illuftriffimi viri Dom. Raymundi, Summa Theologiæ Scholafticæ, verfibus

84 THÉOLOGIE.

latinis redacta. *Editio vetus , absque loci & anni indicatione ullâ.* in-4. v. m.

2.
492 Martini Becani , Soc. Jesu , Summa Theologiæ Scholasticæ , ex editione Gervasii Bijonii, Cenomanensis : Acesserunt huic editioni duo Tractatus, quorum primus de naturâ Theologiæ , alter de Gratiæ auxiliis. *Lutetiæ Parisiorum, de Laulne* , 1679 , *in-fol. baz.*

493 Mandement & Instruction Pastorale de Monseigneur l'Evêque de Meaux , sur le Jansénisme , portant condamnation des Institutions Théologiques du Pere Juénin. *Paris , Christoph. Ballard* , 1710 , *in-*4. v. m.

18.12
494 Dionysii Petavii , Soc. Jesu , Dogmata Theologica. *Lutet. Parisiorum , Cramoisy* , 1644 , 5 vol. *in-fol. v. br.*

21.
495 Caroli Vuitasse , Doct. Theologi & Socii Sorbonici , Tractatus varii Theologiæ Scholasticæ, in quibus continentur; Disputationes Theologicæ de Sacramento Ordinis; de Pœnitentiâ , de Deo , de Trinitate , de Incarnatione , de Eucharistiâ , & de Confirmatione. *Parisiis , Phil. Nic. Lottin* , 1717 = 1722. 15 vol. *in-*12. v. br.

§ 4. *Traités singuliers de Dieu , des Personnes Divines , & de leurs Attributs ; des Anges , de la création de l'Homme , de sa chûte , & de la réparation après sa chûte.*

1.12
496 Claudii Typhani , Soc Jesu , Declaratio ac Defensio Scholastica Doctrinæ SS. Patrum Doctorisque Angelici de Hypostasi & Personâ , ad Aug. Sanctissimæ Trinitatis & stupen-

dæ Incarnationis Mysteria illustranda. *Mussiponti, Philipp. Vincentius*, 1634, *in-*4. *v. f.*

497 Traité des Anges & des Démons, trad. du latin du Pere Jean Maldonat, en françois par François de la Borie. *Paris, François Huby,* 1605, *in-*12. *v. m.*   1. 11.

§ 5. *Traités singuliers de la Grace & du Libre-Arbitre, de la Prémotion Physique, de la Prédestination, Justification, &c.*

498 Divus Augustinus, Divo Thomæ ejusque Angelicæ Scholæ conciliatus in quæstione de gratiâ primi hominis & Angelorum, interprete Jacobo Hyacintho Serry, Ord. Prædic. Doctore Sorbonico, cum additionibus MSS. in secundâ hujus Operis editione anno 1724 publicatis. *Patavii, Typ. Seminarii,* 1723, *in* 8. *v. f.*

499 Antonii Ricardi Disputatio Theologica de Libero Arbitrio, quâ defenditur Censura Sacræ Facultatis Theologiæ Parisiensis, lata 27 Junii 1560; & plures novi Dogmatis Propositiones ab eâdem meritò proscribi, & S. Augustini, aliorum Patrum, ac veterum Theologorum doctrinæ adversari demonstratur: Accedit Responsio ejusd. Ricardi ad Objectiones Vincentianas Vincentii Lenis. *Coloniæ Ubiorum, Jodocus Kalcovius,* 1650, *in-*12. *v. m.*   1. 6.

500 L'Accord de la grace & de la liberté, Poëme divisé en XII Chants, par le R. P. le Vaillant de la Bassardries, de la Compag. de Jésus, accompagné de remarques critiques &   2. 11.

historiques. *Tournay, Louis Varlé*, 1740, in-4. v. br.

501 Difpunctio Notarum XL, quas fcriptor anonymus, Eminentiff. Card. Cœleftini Sfondrati Libro cui titulus : *Nodus Prædeſtinationis*, quantùm homini licet diſſolutus, inuſſit. *Coloniæ, Servatius Noethen*, 1699, in-8. v. br.

§ 6. *Traités ſinguliers concernant les Diſputes ſur la Grace, la Prédeſtination & le Libre-Arbitre; comme auſſi celles qui ſe ſont élevées dans l'Egliſe à l'occaſion du livre de* JANSENIUS, *& de ce qui a ſuivi.*

502 Lettre à M. l'Abbé le Blanc, ſur la nouvelle hiſtoire des diſputes *de Auxiliis* qu'il prépare. *Liége*, 1698. ⸺ Lettre de M. l'Abbé le Blanc, Auteur de l'hiſtoire de la Congrégation *de Auxiliis*, pour ſervir de réponſe à la Lettre précédente, 1699, in-12. v. f.

503 Errata de l'hiſtoire des Congrégations *de Auxiliis*, &c. compoſée par l'Abbé le Blanc. *Liéga*, 1702, in-8. v. f.

504 Queſtions importantes à l'occaſion de la nouvelle hiſtoire des Congrégations *de Auxiliis*, donnée par le Pere Serri. *Liége, Guill. Henry Streel*, ſans indic. d'année, in-8. v. br.

505 L'Hiſtoire des Congrégations *de Auxiliis*, juſtifiée contre l'Auteur des Queſtions importantes. *Louvain, Jérôme Nempé*, 1702, in-12. v. br.

506 Liberii Gratiani, de mente S. Auguſtini circà Gratiam phyſicè prædeterminantem

THÉOLOGIE.

Differtatio, contrà Librum qui fub nomine Antonini Reginaldi prodiit, & nuperos ejus defenfores : Accedit etiàm Refponfio ad Auctorem Libelli cui titulus : LA CHIMERE DU JANSENISME, &c. *Bruxellis, Johann. de Smedt*, 1709, *in-*8. *v. br.*

507 Henrici à Sancto Ignatio, Appendix ad Theologiam Moralem Sanctorum, five Molinifmus profligatus *Coloniæ, Balthafar ab Egmond*, 1717, *in-*8. *v. br.* — 1. 6.

508 Queftions importantes fur les Janféniftes, propofées à un Ancien Docteur en Théologie, par un jeune Catholique. *Impr. fans indic. de lieu & fans date, in* 16. *relié en carton.*

509 Journal de ce qui s'eft fait & paffé à Rome dans l'affaire des V Propofitions, par Louis Gorin de S. Amour. *Impr. en Holl. en* 1662, *in-fol. v. br.* — 6. 12

510 Défenfe de l'Hiftoire des V Propofitions de Janfénius, défendues contre le Libelle intitulé : *la Paix de Clément IX*, &c. *Liége, Dan. Moumal*, 1701, *in-*12. *v. f.* — 1.

511 Analyfe de l'Efprit du Janfénifme. *Amfterdam (Paris)*, 1760, *in-*12. *v. m.*

512 Le Teftament fpirituel de M. Arnauld, ou Déclaration des véritables difpofitions de fon ame dans toutes les rencontres de fa vie. *in-*12. *v. br.* — 1. 10.

513 Queftion curieufe touchant M. Arnauld, Docteur de Sorbonne, favoir : S'IL EST HÉRÉTIQUE ? *Cologne, Nic. Schouten*, 1690, *in-*12. *v. m.* — 1. 6.

514 Hiftoire des troubles caufés par M. Arnauld après fa mort, ou le Démêlé de M. San-

88　THÉOLOGIE.

teuil avec les Jésuites. *Impr. en 1696, in-12. v. m.*

5. 6. 515 Les Enluminures du fameux Almanach des Peres Jésuites, avec d'autres Piéces qui y ont rapport. *Paris, 1654, in-8. mar. r.*

3. 2. 516 Autre édition du même Livre. *Liége, 1683, in-12. v. br. avec la figure.*

1. 4. 517 Clementina Constitutio *Unigenitus*, Ecclesiæ Traditionum vindex, authore Abbate Aloysio Andruzzi. *Bononiæ, Lælius à Vulpe, 1723, in-4. relié en carton.*

3. 2. 518 Recueil de Piéces concernant l'affaire de la Constitution. *Avignon, Joseph Chastel, 1717, & ann. suiv. 6 vol. in-12. v. br.*

40. 519 Recueil général de tous les Actes d'Appel, Lettres Pastorales & autres Piéces concernant la Constitution Unigenitus; avec les Arrêts & autres Actes des Parlemens du Royaume & des Cours Souveraines qui ont rapport à ces objets. *Cologne, Compagnie, 1757, 4 vol. in-fol. brochés.*

1. 520 Traité de l'équilibre de la volonté. *Utrecht, Corn. Guill. le Febvre, 1729, in-4. v. br.*

1. { 521 Mémoires pour les Curés, les Chanoines, & les Docteurs de Rheims, au sujet de la Constitution Unigenitus, *Paris, Franç. Jouenne, 1717, in 12. v. m.*
522 Histoire du Différend élevé entre l'Archevesque de Reims & six de ses Prêtres, au sujet de la Constitution. *Rotterdam, Boohm, 1716, in 12. v. m.*

{ 523 Lettres du célebre Philosophe Dagoumer, Recteur de l'Université de Paris, à M. l'Evesque de Soissons, sur son premier Avertissement.

THÉOLOGIE.

ment. *Soiſſons*, 1759, *in*-12. *v. m.*
524 Inſtruction Paſtorale de l'Archevêque de Cambray, ſur le Livre intitulé : *Juſtification du ſilence reſpectueux*, &c. *Valenciennes, Gabr. Fr. Henry*, 1708, *in*-12. relié en carton.   1. 11.

525 Recueil de pluſieurs Lettres d'un Docteur de Sorbonne, concernant les Affaires de l'Egliſe. *Impr. en* 1759, *in*-12. *v. m.*
526 Recueil de Mandemens, Inſtructions Paſtorales, & autres Piéces concernant MM. de Senèz & d'Ambrun. 3 *vol. in*-4. *v. m.*   6.

527 Les Harangues des Habitans de la paroiſſe de Sarcelles, adreſſées à M. l'Archevêque de Paris ; avec le Poëme intitulé : *Philotanus*. *Aix, J. Bapt. Girard*, 1731, 2 *vol. in*-12. *v. br.*   3.

528 Jeſus-Chriſt ſous l'anathême & l'excommunication, ou Diſcours fait pour la conſolation des perſonnes véritablement touchées des maux de l'Egliſe. *Impr. ſans indicat. de lieu ni d'année*, *in* 12. *v. m.*
529 Lettres d'un Catholique François à un Anglois, ſur les Miracles de M. Pâris. *Impr. ſans nom de lieu ni d'Imprimeur, & ſans date d'année*, *in*-12. *v. m.*   1. 13.

§. 7. *Traités ſinguliers Théologiques des actions humaines, des vertus & des vices.*

530 Codex Vetus, *MSS. in Membranis*, in quo continentur ; Tractatus varii de virtutibus & vitiis, ſecundùm ordinem alphabeti. *in*-8. relié en bois.   1. 10.

531 Floretus, in quo flores omnium virtutum   2 0.

Tome I. M

THÉOLOGIE.

& detestationes viciorum metricè continentur, unà cum commento Magistri Johannis Jarson (Gerson), Cancellarii insignis Ecclesiæ Cathedralis Parisiensis. *Lugduni, per Magistrum Johannem Fabri, Alemanum, anno Domini* 1494, *die xxj Junii, in-*4.

* *Cette édition est celle dont il a été question, sous le Numero* 571 *de la* BIBLIOGRAPHIE INSTRUCTIVE, *& qui avoit été annoncée dans la République des Lettres comme une impression de* JEAN FUST, *à la faveur des trois lettres* I. M. F. *qui la caractérisent. On peut voir ce que nous avons rapporté à son sujet; & au moyen de l'exemplaire complet, qui existe & que nous annonçons ici, il sera aisé de fixer les conjectures que nous avions établies alors.*

532 Le Chappellet des Vertus, auquel est traité de l'effet de plusieurs vertus, & des vices contraires à icelles; avec les dicts moraux de plusieurs Saincts & autres Philosophes, & plusieurs exemples contenus aux Hystoires anciennes. *Lyon, Pierre Mareschal*, 1498, *in-*4. *gotiq. v. m.*

533 Autre édition du même Livre. *Paris, Phil. le Noir, sans date, in-*4. *gotiq. v. f.*

534 Lettres Chrestiennes sur la Prophanation des Eglises, par les irrévérences que les hommes, les femmes & les filles y commettent; par le Frere Archange, Religieux du Tiers-Ordre de S. François. *Paris, J. Bapt. Coignard,* 1688, *in-*12. *v. br.*

THÉOLOGIE.

§ 8. *Traités singuliers de l'Incarnation de J. C. de sa Passion & de sa Mort.*

535 Xysti IV, Pont. Max. Opusculum de Sanguine Christi, necnon de Potentiâ Dei. *Editio vetus & nitida, absque loci & anni indicatione, sed Romæ ut conjicitur excusa circà ann. 1470, in-fol. mar. r. rare. imparfait*   48.

* On peut aisément distinguer cette édition, en ce qu'on remarque à la fin du Registre des réclames les cinq Lettres suiv. qui la caractérisent.

G O D.
A L.

536 Francisci Collii, Collegii Ambrosiani Doctoris Theologi, de Sanguine Christi Libri V, in quibus de illius naturâ, effusionibus ac miraculis disseritur. *Mediolani, è Collegii Ambrosiani Typographiâ, 1617, in-4. mar. r. rare.*   60.

537 Steph. Clotzii de Domini ac Salvatoris Nostri J. C. sudore sanguineo, animæque ejus tristitiâ atque cruciatibus Exercitationes philologico - theologicæ, cum præfatione Joannis Alberti Fabricii. *Hamburgi, Sam. Heyl, 1710, in-4. v. m.*   2.

§ 9. *Traités singuliers de la B. Vierge Marie, des Saints & de leurs attributs, comme aussi de leur culte, hommage, &c.*

538 Exposition sur le Cantique intitulé : *Mulierem fortem quis inveniat, &c.* escrit au chapitre final des Proverbes de Salomon, pour prouver que la bienheureuse Vierge Marie est la

THÉOLOGIE.

femme forte & vertueuse. *Paris, Philippe Pigouchet,* 1501, *in-*8. *gotiq. relié en carton.*

539 Codex Vetus, *MSS. in Membranis*, in quo continentur ; Virtutes beatæ Virginis Mariæ. *in-*8. *relié en bois.*

540 Tractatus varii de laudibus beatæ Virginis Mariæ, à diversis Authoribus conscripti. *Editio vetus, absque loci & anni indicatione, sed circà annum* 1470 *excusa, in-fol. mar. r.*

541 Auctoris anonymi, Opus ingens de laudibus beatæ Virginis Mariæ, in XII Libros congestum ; Accedit Tractatus, sive Opus de laudibus eædem beatæ Mariæ Virginis ab Albertho Thetonico, aliàs Alberto Magno conscriptum. *Editio vetustissima, absque loci & Impressoris nomine, & sine notâ anni, typis verò ignotis excusa antè ann.* 1470, *in-fol. C. M. relié en bois.*

* Le Papier de cette édition est frappé de deux marques, qui peuvent servir à la faire reconnoître : la Rosette, & la Grappe de raisin.

542 Alberti Magni de Laugingen Radispanensis Episcopi, Tractatus de laudibus beatæ Virginis Mariæ. *Editio vetus & nitida, absque loci & anni indicatione, sed circà ann.* 1472 *excusa, in-fol. m. r.*

543 Notable Sermon contenant l'excellence & saincteté du pur & sainct vierge Joseph, espoux à la très digne mere de Dieu la Vierge Marie, composé par ung Religieux de l'Ordre des Freres Mineurs de l'Observance, & mis en françois à la requête de plusieurs notables personnaiges. *Roüen, Martin Morin, sans date d'année, in-*4. *gotiq. mar. r.*

544 Petit Traité ou Dialogue fait en l'honneur de Dieu & de sa Mere, nommé : le Défensoire de la Conception, auquel sont produits entre deux personnaiges (l'Amy & le Sodal), toutes les auctorités pour la défense de ladicte Conception, par Pierre Fabri. *Paris, Martin Morin*, 1514, *in-*4. *gotiq. v. m.*

545 Poëme sur les merveilles de J. C. où il est traité de la naissance de S. JEAN, hérault de Jésus ; du ventre glorieux de la Ste. Vierge ; de la naissance & du berceau de Jésus ; du Baptême de Jean reçu par Jésus, & des tentations de Jésus ; par Charles de Bouques, Seigneur de Pons. *Charenton, Louis Vendosme*, 1662, *in-*8. *v. br.*

546 L'Esclave de la Vierge Marie, ou Recueil de XV. esclavages en l'honneur de la bienheureuse Vierge, par M. de Longueterre. *Lyon, Vincent de Cœursilly*, 1624, *un tome en* 2 *vol. in-*8. *mar. r.*

547 Les Merveilles du nom de Marie, par M. de Reinville, avec figures en taille-douce. *Impr. sans nom de lieu ni d'imprimeur, & sans date, dans le XVII*e *siecle, in-*8. *mar. vieux.*

§ 10. *Traités singuliers de l'Eglise & des choses Ecclésiastiques ; & premièrement, de l'Eglise, du Concile, du Pape, de l'Ecriture-Sainte, & des Traditions sacrées.*

548 Antonii Perez, Monachi Benedictini, Pentateuchum fidei, sive Volumina quinque de Ecclesiâ, de Conciliis, de Scripturâ sacrâ, de Traditionibus sacris, & de Romano Pon-

tifice. *Matriti* , *Vid. Ildeph. Martin* , 1620 , *in-fol. mar. r. rare.*

16. 549 Hugonis Cardinalis Tractatus excellentissimus qui nuncupatur ; Speculum Ecclesiæ & Sacerdotum ; id est de numero , ordine & significatione sacerdotalium vestium. *Editio vetus , litteris gothicis excusa , absque loci & anni indicatione* , *in*-4. *v. m.*

550 Johannis Episcopi Chemensis Onus Ecclesiæ, in quo admiranda quædam ac planè obstupenda de septem Ecclesiæ statibus , abusibus quoque gravissimis , & futuris ejusdem calamitatibus ex SS. Prophetiis & novarum revelationum vaticiniis , enarrantur. *Coloniæ , ex ædibus Quentelianis* , 1531 , *in-fol. mar. bl.*

1. 4. 551 Ejusdem Operis editio altera , *sub titulo sequenti* , Joannis Episcopi Chemensis , Angli , Onus Ecclesiæ, temporibus hisce deplorandis Apocalypseos suis æquè conveniens, Turcarumque incursui jam grassanti accommodatum , & non tàm lectu quàm contemplatu dignissimum. *Impr. anno* 1620 , *in*-4. *baz.*

4. 552 Réponses aux remarques de M. de Launoy sur la Dissertation du Concile plenier , dont a parlé S. Augustin , en disputant contre les Donatistes, par le sieur David. *Paris , Louis Billaine* , 1671 , *in*-8. *relié en carton.*

§ 11. *Traités singuliers des Sacremens , & de leur administration , des Indulgences & du Jubilé.*

20. 553 Opus præclarum quod inscribitur : SACRAMENTALE NEAPOLITANUM ; editum per insignem & præclarissimum Doctorem sacrorumque Canonum Interpretem , Dominum Ste-

THÉOLOGIE. 95

phanumde Gaëta de Napoli ; in quo tractatur de Sacramentis in genere, &c. *Neapoli,
per Judocum Havenſtain (ſeu Houvenſtain,)
Spirenſem, anno Domini* 1475, *in-fol. C. M.
mar. r.*
* *Editio Primaria.*

554 Gerardi Joann. Voſſii de Baptiſmo Diſpu-
tationes XX, & de Sacramentorum vi atque
efficaciâ. *Amſtelodami, Lud. Elzevirius*, 1648,
in-4. vélin.

555 Diallacticon : c'eſt-à-dire, Réconciliatoire,
touchant la vérité, nature, & ſubſtance du
Corps & du Sang de J. C. en l'Euchariſtie, trad.
du latin d'Antoine Coc, Anglois. *Impr. en*
1567, *in-8. v. m.*   2. 10.

556 Examen déſintéreſſé du Livre de la fréquente
Communion, par G. Bretonneau. *Rouen, Jean
le Boulanger*, 1645, *in-8. v. br.*

557 Leonis Allatii de Ecclefiæ Occidentalis
atque Orientalis perpetuâ conſenſione Libri
III, necnon ejuſdem Allatii Differtationes de
Dominicis & Hebdomadibus Græcorum, & de
Miſsâ Præſanctificatorum, ac etiàm de Com-
munione Orientalium ſub ſpecie unicâ ; cum
Bartoldi Nihuſii adnotationibus. *Coloniæ Agr.
Jod. Kalcovius*, 1648, *in-4. vel.*   2.

558 Petri Arcudii, Corcyræi Presbyteri, de Concordiâ Ecclefiæ Occidentalis & Orientalis in
ſeptem Sacramentorum adminiſtratione. *Pariſiis. Joann. Dupuis*, 1672, *in-4. v. br.*

559 Guillermi Pariſienſis Expoſitio ſuper Ad-
miniſtr. ſeptem Sacramentorum. *Pariſiis,
Joann. Bonhomme*, 1489, *in-4. v. m.*   1.

560 De Anno jobeleo Hiſtoria brevis, necnon

de toto Indulgentiarum materiâ Commentarius, conscriptus à Martino Azpilcueta Navarro ; cui accedit Explicatio quædam ejus anni, authore Steph. Nottio. *Mediolani, Pacificus Pontius*, 1573, *in-*8. *v. f.*

§ 12. *Traités singuliers des Cérémonies Ecclésiastiques, du culte religieux des Images, où il est aussi traité de la superstition, &c.*

1. 561 Opus inlustrissimi Imperatoris & Franciæ Regis Caroli Magni, contrà Synodum quæ in partibus Græciæ pro adorandis Imaginibus stolidè vel arroganter gesta est : Accedit Pauli Aquileiensis Episcopi, Libellus adversùs Felicem Urgelitanum & Eliphandum Torleanum Episcopos. *Impr. anno salutis* 1549, *in-*16. *v f.*

1. 562 Sententiæ SS. Patrum de venerandarum Imaginum usu, comprobatæ in sanctâ & generali VII Synodo, imperantibus Constantino & Irene Matre, anno à Christo Nato 756, gr. & lat. *Parisiis, Guill. Morellius*, 1562, *in-*8. *v. m.*

5. 19. 563 Dissertation sur la sainte Larme de Vendôme, par J. Bapt. Thiers. *Paris, veuve Cl. Thibouft*, 1699. ⹀ Lettre d'un Bénédictin (le Pere Mabillon) touchant le discernement des anciennes Reliques, au sujet d'une Dissertation de M. Thiers contre la sainte Larme de Vendôme. *Paris, Pierre de Bats*, 1700. ⹀Response de J. Bapt. Thiers à la précédente Lettre du Pere Jean Mabillon. *Cologne*, 1700, *in-*12. *fig. v. f.*

§ 13.

THÉOLOGIE.

§ 13. *Traités singuliers des IV dernieres fins de l'Homme, la Mort & le Jugement dernier, le Purgatoire, le Paradis & l'Enfer; comme aussi de l'Antechrist & des signes qui doivent précéder la fin du Monde.*

564 Liber quatuor Novissimorum, *scilicet*, de Morte, de extremo Judicio, de Inferno, & de Paradiso. *Editio vetus, caracteribus gothicis excusa Gebennis ; absque anni indicatione, in-4. relié en carton.*

565 Ejusdem Operis editio altera vetus, *absque loci & anni indicatione ullâ, in-4. gotiq. relié en carton.*

⎫
⎬ 1. 10.
⎭

566 Le Livre des IV fins dernieres de l'Homme; à savoir, de la Mort & du Jugement dernier, des peines d'Enfer & des joyes de Paradis, trad. du latin en françois par Jean de Cartheny ; avec la querelle & la dispute de l'Ame damnée avec son Corps, mise en ryme françoise. *Lyon, veuve Arnoullet,* 1592, *in* 16. *v. m.* 1. 10.

567 Autre édition du même Livre, avec la complainte de l'Ame damnée, mise en dialogue & en ryme françoise. *Troyes, Nic. Oudot,* 1602, *in*-12. *relié en carton.* 1. 2.

568 Petri Opmersensis, *dicti* Cratepolii, Franciscani Coloniensis, Tractatus de resurrectione Corporum, ac Animarum immortalitate, contrà Saducæos ac hujus farinæ Hæreticos quamplures. *Colonia, Herm. Hobergius,* 1598, *in* 8. *v. f.*

Tome I. N

2. 10. 569 Dionysii Liber de particulari Judicio Dei, quod sit in morte cujuslibet decedentis. *Opus impress. anno Domini* 1491, *in-*4. *v. m.*

12. 570 Speculum peregrinarum quæstionum ac quæstiuncularum Bartholomæi Sybille, Monopolitani; in quibus tractatur de Animabus rationalibus in conjuncto & separatis, deque Angelis bonis & malis, necnon de receptaculis Animarum post exitum, de Inferno, de Purgatorio, de Limbis, de Campis Elysiis, de Paradiso terrestri, de Creatione Angelorum & de Dæmonibus, &c. *Argentinæ, per Joannem Gruninger,* 1499, *in-*4. *v. m.*

110. 571 Franc. Collii, Collegii Ambrosiani Doct. Theologi, de Animabus Paganorum Libri V, cum alterâ parte quæ Libris IV constat ; in quibus IX Libris, de iis qui veteri sæculo in utroque sexu celeberrimi fuerunt disputatur, ac de eorum sempiternis præmiis aut suppliciis, pro eâ quam de rebus Divinis hauserant cognitione ; & pro cujusque Vitæ institutis ac moribus, ex SS. Patrum & grav. Scriptorum decretis copiosè disseritur. *Mediolani, è Coll. Ambrosiani Typographiâ*, 1622, & 1633, 2 *vol. in-*4. *mar. r. rare.*
* *Editio Originalis.*

42- 4. 572 Ejusdem Operis editio altera renovata. *Mediolani, Typis Josephi Richini Malatesta*, 1738, 2 *tom. en* 1 *vol. in-*4. *v. f.*

24. 573 Liber de purgatorio igne adversùs Barlaam Petri Arcudii, gr. & lat. conscriptus à Pantaleone Ligaridio. *Romæ, Typis & impensis Sacræ Congreg. de propagandâ Fide*, 1637, *in-*4. *v. f.*

THÉOLOGIE.

574 Antonii Ruscæ, Collegii Ambrosiani Doctoris Theologi, de Inferno & statu Dæmonum antè Mundi exitium Libri V; in quibus tartarea cavitas, parata ibi cruciamentorum genera, Ethnicorum etiàm de his opiniones, Dæmonumquæ conditio usque ad magnum Judicii diem, variâ eruditione describuntur. *Mediolani, è Collegii Ambrosiani Typographiâ*, 1621, *in-4. mar. r. rare.* — 7. 2.

575 Traité singulier de la venue de l'Ante-Christ, trad. du grec de S. Hyppolyte en françois, par Pierre Victor Palma Cayet. *Paris, Jean Richer*, 1602, *in-8. v. m.* — 1. 12.

576 Traité singulier de l'avénement d'Elie. *Impr. en* 1735, *in 12. v. f.* — 2. 10.

577 Systême tiré de l'Ecriture Sainte sur la durée du Monde, depuis le premier avénement de J. C. jusqu'à la fin des siècles, par M. Lesquency, Chanoine de Noyon. *Paris, René Josse*, 1733, *in-12. v. br* — 1.

578 Examen du sentiment des SS. Peres & des anciens Juifs, sur la durée des siècles; où l'on traite de la conversion des Juifs, & où l'on réfute deux Traités, *l'un* de la fin du Monde, & *l'autre* du retour des Juifs. *Paris, Philipp. Nic. Lottin*, 1739, *in-12. v. m.* — 2.

579 Alphonsi Pandulphi, Episcopi Comaclensis, Disputationes de fine Mundi, in quibus quæcunque à variis Philosophorum Sectis sunt constituta, refelluntur; evangelica propheticaque Doctrina unicè recipitur & propugnatur, &c. *Bononiæ, è Typ. Ferronnianâ*, 1658, *in-fol. v. br.* — 13. 10.

§. 14. *Meſlanges de Théologie Scholaſtique, contenant différens Ouvrages, Opuſcules, & Diſſertations ſur divers ſujets de Théologie, avec les Lexiques & Dictionnaires particuliers.*

4. 580 Georgii Caſſandri Opera varia Theologica : *ſcilicet*, Hymni Eccleſiaſtici, Tract. de re Liturgicâ & de Officio Miſſæ ; de Baptiſmo infantium Liber ſingularis, Tractatus de ſacrâ Communione ſub utrâque ſpecie, & Conſultatio de articulis Religionis inter Catholicos & Proteſtantes controverſis. *Coloniæ, 1556 & ann. ſeqq. 4 vol. in-8. v. m.*

4. 5. 581 Joann Maldonati, Soc. Jeſu, Opera varia Theologica, tribus Tomis comprehenſa, & ex variis tùm Regis, tùm doctiſſ. Virorum Bibliothecis in lucem edita. *Lutetiæ Pariſiorum, Pralard, 1677, 3 tom. en 1 vol. in-fol. v. br.*

1. 582 Petri de Marca, Archiepiſcopi Pariſienſis, Opuſcula, ex editione Steph. Baluzii Tutelenſis. *Pariſiis, Muguet, 1681, in-8. v. br.*

1. 583 Joh. Mabillonii, Monachi Benedictini, Diſſertatio de Pane Euchariſtico azymo ac fermentato : Accedit Opuſculum Eldefonſi Hiſpanienſis Epiſcopi, de eodem argumento. *Lutetiæ Pariſior., Lud. Billaine, 1674, in-8. v. br.*

2. 584 Johannis Harduini, Soc. Jeſu, de Baptiſmo Quæſtio triplex, *ſcilicet*, de Baptiſmo pro mortuis : de Baptiſmo in vino : de Baptiſmo in nomine Chriſti. *Pariſiis, Horthemels, 1687, in-4. C. M. v. m.*

585 Henr. Chriſtoph. Hochmanni Commentatio de Benedictione Nuptiarum ; quâ fre-

THÉOLOGIE.

quentissimum Argumentum ex genuinis antiquitatis Ecclesiasticæ fontibus explicatur. *Altdorfi, Henr. Meyer, 1685, in-4. v. f.*

586 Theophyli Raynaudi, Soc. Jesu, Tractatus singularis, seu Disquisitio Theologica de Martyrio per pestem : in quâ monstratur, eos qui proximis peste contactis, ex christianâ Charitate sublevandis immoriuntur, esse verè Christi Martyres, iis non dissimiles qui in fidei causâ mortem oppetunt. *Lugduni, Jacob. Cardon, 1630, in-8. vel.* } 6 12.

587 Jac. Sirmondi, Soc. Jesu, Historia Pœnitentiæ publicæ ; necnon ejusdem Auctoris Disquisitio de Azymo ; sempernè in usu altaris fuerit apud Latinos. *Parisiis, Seb. & Gabr. Cramoisy, 1651, in-8. vel.*

588 Dionysii Petavii, Soc. Jesu, Appendix ad Epiphanianas animadversiones, sive Elenchus Dispunctiuncularum Maturini Simonii de Pœnitentiæ Ritu veteri in Ecclesiâ. *Parisiis, Seb. Cramoisy, 1624, in-8. relié en carton.* } 1. 7.

589 Dissertation Théologique sur cet Axiome de S. Augustin : *quod amplius nos delectat, &c.* par le Pere Gabriel Daniel de la Compag. de Jésus. *Paris, Nicol. le Clerc, 1714.* ⎯ Dissertation Theologique sur la nécessité morale & sur l'impuissance morale par rapport aux bonnes œuvres, par le même Auteur, avec la suite. *Ibid, 1714, in-12. v. f.*

590 Antithesis Augustini & Calvini. *Parisiis, 1651, in-12. mar. bl.* 2.

THÉOLOGIE.

I I.

Théologie Morale.

§ 1. *Traités généraux de la Théologie Morale.*

591 Boni Merbesii, Ambianensis Præsbyteri, Summa Christiana; sive orthodoxa Morum Disciplina, ex sacris Litteris, sanctorum Patrum Monumentis, Conciliorum Oraculis, Summorum denique Pontificum Decretis fideliter excerpta. *Parisiis, Dezallier,* 1683, 2 vol. *in-fol. v. f.*

592 Codex vetus, *MSS. in Membranis*, in quo continentur Documenta moralia, & exempla varia, *in 8. relié en bois.*

593 La Morale chrestienne fondée sur l'Ecriture & expliquée par les SS. Peres; ou les obligations du Baptême, l'usage de la Pénitence & de l'Eucharistie, le reglement des familles, & la regle des devoirs pour toutes sortes de conditions, par le savant Jonas, ancien Evesque d'Orléans, & trad. en françois par Dom Joseph Mége. *Paris, Charl. Savreux,* 1664, *in*-12. *v. br.*

594 Lettres choisies de M. Nicole sur différens sujets de la Morale chrestienne. *Liége, J. Franç. Broncart,* 1702, *in*-12. *v. br.*

THÉOLOGIE.

§ 2. *Traités singuliers moraux des Loix & de la Justice, des Actions humaines, des Jeux, des Divertissemens & Spectacles, des Contrats, Usures, Restitutions, &c.*

595 Reformatorium vitæ morumque & honestatis Clericorum, cum fraternâ quâdam resipiscendi à viciis Exhortatione, & ad pœnitentiam admonitione; nec-non expressione quorumdam signorum ruinæ & tribulationis Ecclesiæ. *In urbe Basileâ, per Michaëlem Furter, impressorem, salubriter consummatum, anno Incarnationis Dominicæ M. cccc. xliiij, in Kathedrâ Petri, in-8. mar. bl.*

596 Traité de l'estat honneste des Chrestiens en leur accoustrement. *Impr. par Jean de Laon, en 1580, in-8. v. m.*

597 Remonstrance charitable aux Dames & Damoyselles de France, sur leurs ornemens dissolus, pour les induire à laisser l'habit du paganisme, & prendre celui de la femme pudique & chrestienne. *Paris, Seb. Nivelle, 1577, in-8. v. m.*

598 Traité singulier de la modestie des habits des filles & femmes chrestiennes, par Timothée Philalethe. *Liége, Guill. Henry Streel, 1675, in-12. relié en carton.*

599 Traité singulier de l'abus des nudités de gorge. *Paris, J. de Laize-de-Bresche, 1677, in-12. v. br.*

600 La véritable grandeur d'Ame, ou Réflexions importantes aux personnes distinguées par leur naissance ou par leurs dignités pour se rendre grandes devant Dieu & devant les

THÉOLOGIE.

hommes; avec un Traité du vrai & du faux point d'honneur, & des maximes chrestiennes qui conviennent particulierement aux personnes de qualité. *Paris, de Luffeux*, 1725, *in*-16. *v. br.*

601 Traité de l'obéissance chrestienne dûe aux Princes par leurs Sujets, par Estienne Gras. *Montpellier, Jean Pech*, 1627, *in*-8. *vel.*

602 Livii Noringi Doct. Theologi, Differtatio de Aulæ & Aulicifmi fugâ. *Mediolani, Melch. Malatefta*, 1626, *in*-8. *baz.*

603 L'Eglise des Mauvais, ou autrement la petite Dyablerie, dont Lucifer est le chef, & les membres font tous les Joueurs iniques & Pécheurs réprouvés, translatée du latin en françois. *Impr. fans indication de lieu ni d'année*, *in*-16. *gotiq. v. br.*

604 Traité des Danses, auquel est amplement resoluë la question à savoir : s'il est permis aux Chrestiens de danser. *Impr. en* 1580, *in*-8. *v. m.*

605 Question d'importance, *si les danses font deffendues aux Chrestiens ?* décidées par les Sentences de la Sainte Ecriture, par les Conciles, & par les Saints Peres, &c. *Mons, Jacq. Gregoire*, 1698, *in*-12. *v. m.*

606 Traité singulier contre les Masques, par Jean Savaron. *Paris, Pierre Chevalier*, 1608, *in*-8. *mar. r.*

607 Traité contre le Commerce des Religieux, composé en latin par Théophile Raynaud, & nouv. trad. en françois. *Amfterdam, Pierre Brunel*, 1714, *in*-12. *v. m.*

608 Magiftri Joannis Confobrini, Carmelitæ, Libellus

THÉOLOGIE.

Libellus de Justitiâ commutativâ & arte campsoriâ, seu Cambiis, ac Alearum ludo; in lucem editus per Fratrem Franciscum de Medicis, Carmelitam. *Parisiis, Guido Mercator, 1494, in-8. v. f.*

609 Traité de la pratique des Billets & du prêt d'argent, entre les Négocians. *Paris (Hollande), 1684, in 12. v. br.* — 3. 10.

610 Claudii Salmasii Dissertatio de Fœnore trapezitico. *Lugd. Batav. Joan. Maire, 1640, in-8. v. br.* — 1.

611 Lettres touchant la matiere de l'Usure, par rapport aux Contracts de Rentes rachetables des deux côtés. *Lille, P. Mathon, 1731, in-4. v. m.* — 4. 14.

612 J. à Platea Tractatus de restitutionibus, & an sint de necessitate salutis : Accedunt Tractatus de Usurâ, necnon Liber excommunicationum majorum. *Editio vetus & nitida, charactere quadrato impressa, absque ullâ loci & anni indicatione, sed Typis excusa circà annum, 1475, in-fol. mar. r.* — 22.

§ 3. *Instructions pour les Confesseurs & les Pénitens.*

613 Canones Pœnitentiales, cum quibusdam notis Antonii Augustini, Archiepiscopi Tarraconensis. *Tarracone, Philippus Mey, 1582, in-4. mar. r. rare.* — 60.

614 Codex Vetus, *MSS. in Membranis*, in quo continetur : Opus quod inscribitur Summa Confessorum, compilata à Fratre Johanne Lectore, Ordinis Fratrum Prædicatorum. *in-fol. non relié.* — 7.

Tome I. O

THÉOLOGIE.

33.

615 Antonini, Archiepiscopi Florentini, Tractatus de Instructione seu Directione simplicium Confessorum. *Editio vetus & primaria, absque loci & anni indicatione, sed insignita scutis Petri Schoeffer, Moguntinensis, in-4. mar. r. rare.*
* *Hæc editio Typis mandata videtur circà annum 1470.*

1.

616 Codex Vetus, *MSS. in Chartâ*, in quo continentur : 1°. Tractatus Guill. de Monte-Rocherio qui dicitur ; Manipulus Curatorum : 2°. Sure & briefve doctrine pour soi confesser : 3°. Tractatus per modum dialogi de Statu religioso : 4°. Tractatus ad evitandas tentationes Diaboli : 5°. Regula Sancti Augustini in Gallico rythmo translatâ, Authore Symone de Placentia. *in-4. relié en bois.*

72. 2.

617 Guidonis de Monte-Rocheri Liber qui *Manipulus Curatorum* vulgò dicitur, in quo pernecessaria Officia eorum quibus animarum cura commissa est breviter pertractatur. *Edit. vetus, litteris gothicis excusa, absq. ullâ loci, anni & Typographi indicatione, in-4. relié en carton.*

618 Jacobi de Zochis de Ferraria Disputationes de Pœnitentiâ & remissionibus peccatorum utriusque sexûs, cum regulâ formam & modum confessionis tradens. *Patavii, per Barthol. de Valdezochio, & Martinum de septem Arboribus, anno 1472, in-fol. mar. bl.*

1.

619 L'Instruction des Curez faicte par le commandement de Mgr. le Révérendissime Archevesque de Rheims, pour instruire le simple peuple, composée par Maitre Jehan Gerson,

THÉOLOGIE.

jadis Chancelier de l'Eglise de Notre-Dame de Paris; appellée en latin: *Opus tripartitum*, c'est-à-dire, de trois parties; à savoir, des Commandemens de Dieu, de la Confession, & de la Science de bien mourir; avec le Livre de Jésus, ou la Doctrine nécessaire à tous Chrestiens, composé en ryme françoise. *Paris*, 1541, *in-8. v. br.*

* *Exemplaire imprimé sur vélin, mais auquel il manque le premier feuillet du frontispice.*

620 Recueil de Piéces sur la jurisdiction & approbation nécessaire pour confesser, avec un Mémoire sur les Droits du second Ordre du Clergé *Impr. en* 1734 *& ann. suiv. in-4. v. br.*   2.

621 Traité historique & dogmatique du sécret inviolable de la Confession, où l'on montre quelle a toujours été, à ce sujet, la doctrine & la discipline de l'Eglise, avec la résolution de plusieurs difficultés qui surviennent tous les jours sur cette matiere, par M. l'Abbé Lenglet du Fresnoy. *Paris, Jean Musier*, 1725, *in-12. v. m.*   1. 10.

622 *Codex, MSS. in Membranis,* & anno Domini 1392 exaratus, in quo continetur; Tractatus qui vocatur Compendium salutis, quem composuit Monachus quidam Ordinis Carthusiensium in domo Petri Castri. *in-4. relié en bois.*   2. 1.

623 Liber qui dicitur: Paradisus conscientiæ, in quatuor partes distributus, & à quodam Carthusiensi devoto conscriptus. *Coloniæ Agrippinæ, per Arnoldum ther huernen, anno Domini* 1475, *in-fol. mar. r.*   36.

624 Opusculum quod inscribitur: Speculum,   1.

O ij

Animæ peccatricis, à quodam Carthusiense editum. *Paris. per Udalricum Géring & G. May-nyal*, anno 1480. ⸺ Joh. Nyder, sacr. Theol. Profess. Consolatorium timoratæ Conscientiæ. *Parisiis, Géring*, 1478, *in-4. v. br.*

625 Ejusdem Speculi aurei Animæ peccatricis editio altera. *Impr. anno Domini* 1482, *absque notâ impressoris, in-*4. *v. m.*

626 Codex Vetus, *MSS. in Chartâ*, in quo continentur ; Tractatus varii Theologici, inter quos videntur : 1°. Joannis Nyder Dispositorium moriendi : 2°. Speculum aureum Animæ peccatricis ; 3°. Speculum peccatoris : 4°. Carmen elegiacum Cancellarii Parisiensis, Joh. Gerson de Meditatione Crucis : 5°. Visiones & Miracula multa, &c. *in-*4. *relié en bois.*

627 Fratris Johannis Nyder, sacræ Theologiæ Professoris, Ord. Prædicatorum, Tractatus de Leprâ morali ; accedit Johannis Jarsson (Gerson), Cancellarii Parisiensis, Tractatulus responsivus de sollicitudine Ecclesiasticorum continens LXVIII particulas. *Editio vetus (Moguntinensis), Typis mandata circà annum* 1472, *in*-4. *mar. bl.*

628 Confessionale, sive Libellus beati Thomæ de Aquino, de modo confitendi, & de puritate Conscientiæ. *Parisiis, Dionys. Rosse, absque anni notâ.* ⸺ Opusculum quod inscribitur de Continentiâ & Castitate Sacerdotum. *Ibid.* ⸺ Mag. Odonis, Camerac. Episcopi, Expositio sacri Canonis Missæ. *Parisiis, Guido Mercator*, 1496, *in-*8. *gotiq. v. m.*

629 Libellus Thomæ de Aquino de modo con-

THÉOLOGIE.

fitendi, & de puritate Conscientiæ. *Editio vetus, forsàn Moguntinensis, absque ullâ loci & anni indicatione, in-4. v. m.*

630 Fratris Antonii Fareni, Ord. Minorum, Practica brevis ad culpas integrè confitendas; in quâ tractatur de puritate cordis & mundiciâ mentis. *Editio vetus, litteris gothicis excusa Parisiis, per Ant. Cayllaut, absque notâ anni, in-4. relié en carton.*

631 Libellus singularis, cui titulus est: Pœniteas Cito; sive Opusculum de modo pœnitendi & confitendi, compendiose tractans de pœnitentiâ & ejus circumstantiis, necnon de vitâ peccatis depravatâ. *Coloniæ, Henr. Quentel, 1505, petit in-4. gotiq. relié en carton.*

632 Joannis, Episcopi Castoriensis, Amor Pœnitens; sive de divini Amoris ad pœnitentiam necessitate & recto Clavium usu Libri II. cum Appendice. *Embricæ, Joann. Arnoldus, 1683, in-8. vel.*

633 Antonii Boneti, Soc. Jesu, Dissertatio de Timore pœnitente. *Tolosæ, è Typogr. Pechianâ, 1694, in-12. baz.*

634 Fuga peccati, c'est-à-dire, la fuite & l'horreur du péché, composée en latin & en françois. *Paris, veuve Bordelet, 1756, in-16. baz.*

635 Traité de l'horreur du péché, par le Pere Jean Cachet, de la Compag. de Jésus. *Rouen, Jacq. Hérault, 1682, in-12. relié en carton.*

636 Evénemens extraordinaires touchant la confession mal faite, composés en Espagnol par le Pere Christophe de Véga, de la Comp. de Jésus, & trad. en françois par le Pere Philippe

THÉOLOGIE.

Marie. *Nancy*, *Associés*, 1758, *in-16. v. br.*

637 Les Merveilles de l'autre Monde, contenant les horribles tourmens de l'Enfer, les admirables joyes de Paradis, avec le moyen d'éviter l'un & d'acquérir l'autre, par Franç. Arnoux. *Rouen, Louis Loudet*, 1622, *in-12. v. m.*

638 Autre édition du même Livre. *Rouen, Jean Oursel*, 1686, *in-12. v. m.*

§ 4. *Traités moraux de la Probabilité, où il est aussi traité des Parjures, des Restrictions mentales & des Equivoques.*

639 Balthasari Conradi Zahn Tractatus de Mendaciis, in quo agitur, de variis Mendaciorum generibus, de illorum poenis, & de Mendacio jurato, seu Juramento firmato, quod est Perjurium. *Coloniæ Agrippinæ, With. Metternich*, 1686, *in-4. v. f.*

§ 5. *Traités singuliers concernant les disputes sur la Théologie Morale, & sur celle des nouveaux Casuistes.*

640 Les Provinciales ; ou Lettres écrites par Louis de Montalte à un Provincial de ses amis, & aux RR. PP. Jésuites, sur la Morale & la Politique de ces Peres ; édition imprimée en IV langues : *savoir*, en François, en Italien, en Espagnol, & en Latin. *Cologne, Balth. Winfelt*, 1684, *in-8. v. br.*

641 Les mêmes Lettres Provinciales, en françois, avec l'Avis de MM. les Curés de Pa-

THÉOLOGIE.

ris sur le sujet des mauvaises maximes des nouveaux Casuistes. *Cologne, Nic. Schoute,* 1685, *in-*12. *v. f.*

642 Ludovici Montaltii Litteræ Provinciales de morali & politicâ Jesuitarum Disciplinâ, à Wilhelmo Wendrockio, è Gallicâ in Latinam linguam translatæ; & notis Theologicis illustratæ, in quibus Jesuitarum criminationes repelluntur, &c. *Coloniæ, Nic. Schouten,* 1665, *in-*8. *v. br.*

643 Earumdem editio altera. *Coloniæ, Nic. Schouten,* 1679, *in-*8. *v. br.*

644 Cleander, & Eudoxus, seu de Provincialibus (quas vocant) Litteris Dialogi, è Gallicò Latinè, Authore Josepho Juvencio, Soc. Jesu. *Puteolis (Parisiis), Typ. Jac. Raillard,* 1695, *in-*8. *vel.*

645 Lettres de Polémarque à Eusebe, & d'un Théologien à Polémarque, sur le sujet d'un Livre intitulé : *Théologie Morale des Jésuites,* & sur l'Arrêt du Parlement de Bordeaux contre ce Livre. *Impr. en* 1644, *in-*8. *v. br.*

646 Avis à l'Auteur d'un Libelle intitulé : *la Morale des Jésuites justement condamnée,* sur une rétractation insérée dans l'Hist. des Ouvrages des Savans du mois de Janvier 1688, sous le nom de *N. Philaléthes*; & sur la prétendue attestation du R. P. Nicolas, Provincial des Capucins de la Province de Paris, contre l'Auteur nommé Amadeus Guimenius. *Impr. en (Hollande),* 1679, *in-*12. *v. f.*

THÉOLOGIE.

§ 6. *Meſlanges de Théologie Morale, contenant des cenſures ſur la Morale, des réſolutions de Cas de Conſcience, Conférences, &c. avec divers Opuſcules & Diſſertations.*

647 Eclairciſſemens ſur quelques Ouvrages de Théologie, & principalement contre les Réflexions Morales du Pere Paſquier Queſnel ſur le Nouv. Teſtament, par un Docteur de Sorbonne. *Paris, Simon Langlois*, 1712, *in-*12. *relié en carton.*

648 Johann. Wandalini brevis Expoſitio S. Theologiæ in Theſi & Anti-theſi, ſolius Scripturæ Sacræ Teſtimoniis confirmata, cum additamento præcipuorum Caſuum Conſcientiæ. *Hauniæ, è Typographeo Reg. Majeſtatis*, 1708, *in-*8. *vél.*

649 Ejuſdem Operis editio altera. *Lipſiæ, Joh. Frid. Gleditſch*, 1716, *in-*8. *vel.*

650 Steph. d'Alvin, Ord. Minimorum S. Franciſci de Paula, Tractatus de poteſtate Epiſcoporum, Abbatum, aliorumque Prælatorum; in quo plurimæ Quæſtiones de Caſibus reſervatis graviſſimæ & novæ, Epiſcopis, Prælatis, Abbatibus, Confeſſariiſque omnibus admodùm utiles, tractantur & diſſolvuntur. *Lutetiæ Pariſiorum, ex Officinâ Nivellianâ*, 1614, *in-*8. *v. f.*

651 Les dégrés de Conſanguinité & d'Affinité expliqués au regard de leur nature, & du Droit civil quant aux Succeſſions; & au regard du Droit divin, civil & canonique, en ce qui eſt principalement des Mariages, par Matthieu Cottiere. *Saumur, Jean Leſnier*, 1644, *in-*8. *v. m.*

652

THÉOLOGIE. 113

652 Michaëlis Siricii, Uxor una, ex jure Naturæ & divino, moribus antiquis, & constitutionibus Imperatorum & Regum eruta, contrà insultus impugnantium defensa. *Giessæ Hassorum, Joseph. Dieter. Hampelius,* 1669, *in-*4. *v. f.* } 1.

653 Joannis Launoii veneranda Romanæ Ecclesiæ circà Simoniam Traditio. *Parisiis, Vid. Edmundi Martin,* 1675, *in-*8. *v. b.*

654 Traité du mal, qui, par la Simonie, advient en la Chrestienté, par Pierre Viel. *Paris, Nicolas Chesneau,* 1576, *in-*8. *v. m.* } 2. 10.

655 Thesis Joann. Martini de Prades theologicè discussa & impugnata. *Parisiis, Hypp. Lud. Guérin,* 1753, *in-*12. *v. m.*

656 Lettre d'un jeune Escolier des Soi-disans, adressée au R. P. Pierre Joseph Dufour, Dominicain, Professeur royal de Théologie, au sujet de sa These dédiée au Parlement de Toulouse, contenant 56 articles sur la Puissance Ecclésiastique, &c. *Impr. en* 1765, *in-*12. *v. m.* } 2. 6.

657 Lettre à une Dame de qualité, où l'on examine jusqu'à quel point il est permis aux Dames de raisonner sur les matieres de Religion. *Paris, Louis Coignard,* 1715, *in-*12. *v. br.* } 2. 19.

Tome I.   P

III

Théologie Catéchétique, ou Instructive.

§ I. *Traités généraux Catéchétiques, avec les Catéchismes généraux & particuliers de différens Pays.*

658 Catechismus ex Decreto Concilii Tridentini ad Parochos ; jussu Pii V, Pont. Max. editus. *Romæ, in ædibus Populi Romani, apud Paulum Manutium, anno* 1566, *in-fol. mar. c.*

659 Instructions générales en forme de Catéchisme ; où l'on explique en abrégé l'histoire & les dogmes de la Religion, la Morale chrétienne, les Sacremens, la Priere, les Cérémonies & Usages de l'Eglise ; imprimées par ordre de Messire Charles Joachim Colbert, Evêque de Montpellier. *Paris, Nicolas Simart,* 1720, *in-4. v. br.*

660 Le Catéchisme ou Introduction au symbole de la Foi, où il est traité des excellences de la Religion Chrestienne & de ses principaux Mysteres, trad. de l'Espagnol du Pere Louis de Grenade, en François par M. Girard. *Paris, Pierre le Petit,* 1676, 4 *vol. in-*8. *v. br.*

661 Traité de l'Oraison & de la Méditation, contenant les considérations que l'on peut faire sur les principaux Mysteres de notre Foy, avec un Traité de la Priere, du Jeûne, & de l'Aumône, trad. de l'Espagnol du même P. Louis de Grenade, en François par M. Girard. *Paris, Pierre le Petit,* 1675, 2 *vol. in-*8. *v. br.*

THÉOLOGIE.

662 Mémorial de la Vida Chriſtiana, en el qual ſe enſeña todo lo que un Chriſtiano deve hazer dende el principio de ſu Converſion, haſta el fin de la Perfection, por Luys de Granada, con un Tractado del ſanctiſſ. Sacramento, compueſto por Pero Diaz de la Plaça. *En Barcelona*, 1567, *in*-8. *v. br.*

663 Le Mémorial de la Vie Chreſtienne, trad. de l'Eſpagnol du Pere Louis de Grenade, en François par M. Girard, avec l'addition. *Paris, Pierre le Petit*, 1675, 3 *vol. in*-8. *v. br.*

664 La Guide des Pécheurs, trad. de l'Eſpagnol du même Pere Louis de Grenade, en François par M. Girard. *Paris, Pierre le Petit*, 1675, *in*-8. *v. br.*

665 La Doctrine du Chrétien, miſe en ryme touloufaine, & dédiée à M. Charles de Montchal, Archeveſque de Touloufe. *Touloufe, Arn. Couloumiés*, 1642, *in*-12. *v. m.*

666 Petit Catéchiſme & Sommaire de la Religion Chreſtienne, par Emond Auger, de la Compagnie de Jéſus; avec neuf Oraiſons très dévotes, & des figures. *Paris, Thomas Brumen*, 1578, *in*-16. *v. m.*

667 Catechiſmus Hiſtoricus, quo & Hiſtoriæ Sacræ & Doctrinæ Chriſtianæ Summa continetur, Auctore Claudio Fleury. *Pariſiis, Emery*, 1719, *in*-16. *v. m.*

668 Catéchiſme Hiſtorique, contenant en abrégé l'Hiſtoire Sainte & la Doctrine Chrétienne, par M. l'Abbé Fleury. *Paris, Pierre Alex. Martin*, 1739, *in*-12. *v. br.*

669 Catéchiſme en vers, dans lequel ſont expli-

quées les vérités chrétiennes, avec des Prieres particulieres ; par M. d'Heauville, Abbé de Chantemerle. *Paris, Fréderic Léonard,* 1669, *in-*12. *v. br.*

670 Autre Edition du même Livre. *Paris, Fréd. Léonard,* 1672, *in-*16, *vel.*

671 Autre Edition du même Livre. *Chaalons, Jacq. Seneuze,* 1679, *in-*12. *v. m.*

§ 2. *Traités singuliers & Instructions particulieres sur divers Points de la Religion Chrétienne, l'Oraison Dominicale, la Salutation Angélique, le Symbole des Apôtres, le Décalogue, les Commandemens de l'Eglise, &c.*

672 Codex vetus, *MSS. in Membranis,* in quo continentur : 1°. Fratris Hyeronimi Ferrariensis expositiones in Orationem Dominicam : 2°. Hieronymi Savonarolæ Ferrariensis, Ord. Prædicat. Apologeticus de ratione Artis Poëticæ. *in-*4 *non relié.*

673 Expositio venerabilis Magistri Henrici de Hassia, super Orationem Dominicam. *Editio vetus, litteris gothicis excusa, absque indicatione ullâ,* in-4. *v. m.*

674 Phileremi Palæologi, Monachi, de Oratione Dominicâ Liber singularis, ex variis S. Augustini sententiis contextus ; in quo præcipua christianæ humilitatis arcana panduntur. *Parisiis, Guill. Desprez,* 1673, *in-*12. *v. br.*

675 Le Livre de vraye & parfaicte Oraison, contenant une explication du *Pater,* de l'*Ave Maria,* du *Credo,* des *Commandemens de la*

THÉOLOGIE.

Loy, &c. avec la maniere de prier Dieu. *Anvers, Guill. Viſſenaken, 1545, in-16. gotiq. vel.*

676 Henrici Herp, Ordinis Fratrum Minorum de Obſervantiâ, Speculum aureum X Præceptorum Dei, in modum Sermonum diſpoſitum ad Inſtructionem tàm Confeſſorum, quàm Prædicatorum. *Moguntiæ, per Petrum Schoyffer de Gernsheym, anno Dominicæ Incarnationis, 1474, in-fol. relié en bois. rare.*
* *Editio Princeps.*

677 Joannis Nyder, Ord. Fratrum Prædicat. Præceptorium Divinæ Legis, ſive Expoſitio Præceptorum Dei. *Pariſiis, Udalricus Géring, 1478, in 4. v. m.*

678 Explicatio Decalogi ùt græcè extat ; & quomodo ad Decalogi locos Evangelica præcepta referantur. *Amſtelodami, Joann. & Corn. Blaeu, 1640.* == Diſſertatio de Cænæ adminiſtratione ubi Paſtores non ſunt ; & an ſemper communicandum per Symbola. *Impr. anno 1639.* == Explicatio aliquot Novi Teſtamenti locorum in quibus agitur de fide & operibus. *Amſt. Blaeu, 1640.* == Commentatio ad loca quædam Novi Teſtamenti, quæ de Anti-Chriſto agunt, aut agere putantur. *Ibid. 1640.* == Libellus de Abſoluto Reprobationis Decreto, ex anglico latinè. *Ibid. 1640, in-12. v. f.*

679 Le Traicté des X Commandemens de la Loy, expoſés en françois par Maiſtre Jehan Gerſon. *in-4. gotiq. ſans date, v. m.*

680 La fleur des Commandemens de Dieu, avec pluſieurs exemples & auctorités extraites

tant des Saintes Ecritures que d'autres Docteurs & bons anciens Peres. *in*-4. *gotiq. v. m.*

IV.

Théologie Parénétique, ou des Sermons.

§ 1. *Traités singuliers de la science de la Chaire, & de la composition des Sermons.*

681 Codices III, *MSS. in Membranis*, & charactere gothico exaratis, in quibus continetur: Summa Magistri Guillelmi de Sermonibus. 3 vol. *in* 8. *reliés en bois.*

682 Codex vetus alter, *MSS. in Membranis*, in quo continetur; Tractatus singularis de habundantiâ exemplorum in Sermonibus, ad omnem materiam. *in*-4. *relié en bois.*

683 L'Art de prescher & bien faire un Sermon, avec la mémoire locale & artificielle, par François Panigarole, Mineur Observantin ; & trad. de l'italien en françois par Gabriel Chappuis. Plus, l'Art de Mémoire de Hiérôme Marasiote, Théologien Calabrois, trad. en françois. *Lyon, Pierre Rigaud,* 1615, *in*-12. *vel.*

§ 2. *Collections de Sermons de différens Prédicateurs, sur diverses parties de la Religion & de la Morale chrétienne.*

684 Codex Vetus, *MSS. in Membranis*, in quo continentur. 1°. Sermones varii, tàm latino quàm gallico idiomate conscripti. 2°. Moralitates Ollecoti (Holkot). *petit in-fol. relié en bois.*

THÉOLOGIE.

685 Codex alter vetus, *MSS. in Membranis*, in quo continentur Sermones, feu Conciones diverfæ. *in-8. relié en bois.*
686 Codex alter vetus, *MSS. in Membranis*, in quo continentur; Conciones diverfæ per totum anni curriculum. *in-8. relié en bois.* } 1. 10.

687 Codex alter vetus, *MSS. in Membranis*, in quo continentur; Sermones varii de Tempore & de Sanctis. *in-8. relié en bois.* 1. 16.

688 Codex alter vetus, *MSS. in Membranis*, in quo continentur; Sermones alii de Tempore & de Sanctis. *in-8. relié en bois.*
689 Codex vetus alter, *MSS. in Membranis*, in quo continentur; Sermones varii de Adventu & de Tempore. *in-4. non relié.* } 1. 12.

690 Codex vetus alter, *MSS. in Membranis*, in quo continentur Conciones variæ, tàm de Adventu, quàm Quadragefimales & Feftivales. *in-4. relié en bois.* 2 -

691 Codex vetus alter, *MSS. in Membranis*, in quo continentur; Sermones Dominicales & Feftivales, quos Frater Guido, Ordinis Fratrum Prædicatorum, compilavit in Conventu Ebroïcenfi. *in-4. relié en bois.* 2. 6.

692 Codex vetus alter, *MSS. in Membranis*, in quo continentur; Homiliæ Dominicales per totum anni curriculum. *in-8. relié en bois.* 1. 2.

693 Codex alter vetus, *MSS. in Membranis*, in quo continentur; Homiliæ & Conciones Dominicales. *in-8. relié en bois.* 1. 6.

694 Codex vetus alter, *MSS. in Chartâ*, in quo continentur; Conciones variæ de laudibus beatæ Virginis Mariæ : quibus accedit Liber, feu Tractatus fingularis qui intitulatur DIA- 1.

DEMA, seu Corona gloriosæ Virginis Mariæ. in-4. relié en bois.

695 Codex alter verus; MSS. in Membranis, in quo continentur ; Sermones varii Fratris Guiberti vel Auberti de Tornaco, Ordinis Fratrum Minorum. in-8. relié en bois.

696 Leonardi de Utino, Sermones aurei de Sanctis per totum annum. in-fol. m. r.

* Editio vetus, ad calcem cujus hæc leguntur :

Expliciunt sermones aurei de sanctis p totū annū. quos compilavit magister leonard⁹ de utino, sacre theologie doctor ordinis fratrum p̄dicatorum. Ad instantiā & complacentiā magnifice cōmunitatis utinensis. ac nobiliū viror. eiusdē m. cccc. xlvj. in vigilia beatissimi patris nostri Domini ꝓfessoris. Ad laudem & gloriā dei omnipotentis & toti⁹ curie triumphantis.

697 Ejusdem Leonardi de Utino Sermones Quadragesimales de Legibus. Editio vetus, absque ullâ loci & anni indicatione, Typis verò mandata circà annum 1472, in-fol. v. f.

698 Eorumdem Sermonum Leonardi de Utino editio altera. Venetiis, per Franciscum de Hailbrun, & Nic. de Franckfordia, anno 1473, in-fol. mar. bleu.

699 Sermones Discipuli, de Tempore per totum circulum anni. Editio vetus, absque loci & anni indicatione, sed circà ann. 1470 impressa, in-fol. m. r.

700 Sermones Discipuli super Epistolas Dominicales per circulum anni ; collecti anno 1444, ex Sermonibus Wilhelmi, Lugdunensis Episcopi, & ex dictis Sancti Thomæ & Johannis Nider, &c. Editio vetus, absque loci & anni indicatione,

THÉOLOGIE.

indicatione, sed circà annum 1475 *impreſſa, in-fol. mar. r.*

701 Guilermi Textoris de Aquisgrano Sermo magistralis de Paſſione Domini Noſtri J. C. *Lugduni, Joh. Trechsel*, 1489, *in-*4. *v. m.*

702 Anthonii Fareni, Ord. Minor. Sermones aurei de Cruce. *Editio litteris gothicis excuſa, abſque loci & anni indicatione. in-*4. *v. m.*

703 Sermones juxtà Evangelia Dominicarum totius anni, cum additione aliquarum Epiſtolarum, ut fertur, à venerabili Doctore de Haqueville conditi, & à Joanne Quintino ordinati & emendati. *Editio vetus, litteris gothicis excuſa abſque loco & anno. in-*4. *v. br.*   1.

704 Oliverii Maillardi Sermones varii Dominicales. *Pariſiis, Joh. Petit*, 1515. = Ejuſdem Maillardi Sermones varii omni tempore predicabiles. *Ibid.* 1515. = Ejuſdem Maillardi Sermones aliquot de Sanctis. *Ibid.* 1516, *in-*8. *v. br.*   1. 10.

705 Ejuſdem Oliverii Maillardi, Ordin. Fratr. Minorum, Sermones Quadrageſimales fructuoſiſſimi, Pariſiis declamati in Eccleſià S. Joannis in Gravià. *Pariſiis, Johann. Petit*, 1516. *in-*8. *gotiq. v. m.*   1. 16.

706 La Récolation de la très piteuſe Paſſion de Notre-Seigneur J. C. repréſentée par les ſaincts & ſacrés Myſteres de la Meſſe, & prêchée devant le Grand-Maître de France, en ſa ville de Laval, par Olivier Maillard, Vicaire général des Freres Mineurs, appellés de l'Obſervance. *Paris, veuve Trepperel & Jean Jehannot, ſans date. in-*4. *gotiq. relié en carton.*   1.

707 Michaëlis Menoti Sermones varii Quadra-   1. 17.

Tome I.   Q

gesimales. *Parisiis*, *Joh. Petit*, *charact. gothico*, *absq. anni notâ.* ⹀ Ejusd. Menoti perpulcher Tractatus de fœdere & pace ineundâ, mediâ Ambassiatrice Pœnitentiâ. *Ibid. in-8. gotiq. v. br.*

708 Gabr. Barrelete, Ordin. Prædicat. Sermones varii Quadragesimales & de Sanctis ; ubi priùs fuerunt interposita Carmina Petrarchæ & Dantis, latinè reddita per Joann. Antonium. *Lugduni*, *Sim. Bevelaqua*, 1516, 2 tom. en 1 vol. in-8, *gotiq. v. m.*

709 Ejusdem Gabriëlis Barletæ, Ord. Prædic. Sermones varii celeberrimi, cum additamentis. *Venetiis*, *Joann. Bapt. Somaschi*, 1571, 2 tom. en 1 vol. in-8. *v. br.* (*Litteris quadratis.*)

710 Fratris Johan. Reynardi, Ordinis Prædicatorum, Sermones Quadragesimales de infirmitatibus generis humani. *Lugduni*, *Steph. Baland*, 1515, *in-8. gotiq. v. vieux.*

711 Ejusdem Fratris Johann. Reynardi, Ordin. Prædicat. Sermones Quadragesimales de peregrinatione generis humani. *Lugduni*, *Simo Vincentius*, 1515, *in-8. gotiq. v. m.*

712 Beati Vincentii, natione Hispani, & Ord. Fratr. Prædicatorum, Sermones de Sanctis. *Lugduni*, *Hæredes Jac. Giuntæ*, 1550, *in-8. v. m.*

713 Sermones aurei funebres, noviter inventi & editi. *Parisiis*, *Petrus Gandoul*, 1519, *in-12. gotiq. v. m.*

714 Auctoris anonymi Sermones Quadragesimales notabiles atque perutiles, qui intitulantur THESAURUS NOVUS. *Parisiis*, *Franc. Regnault*, 1516, *in-8. v. m.*

THÉOLOGIE.

715 Sermons divers de Jehan de Montluc, Evesque de Valence & de Die, sur divers points de la Religion, & sur les dix Commandemens de la Loy. *Paris, Mich. Vascosan*, 1559, *in-*8. *v. f.* — 4. 5.

716 Instructions chrestiennes du même Jehan de Montluc, Evesque de Valence & de Die, avec plusieurs Sermons & Exhortations sur les articles de la Foy, l'Oraison dominicale, &c. *Paris, Michel Vascosan*, 1565, *in-*8. *v. f.* — 3. 12.

717 Huit Sermons sur la résurrection de la chair, par Arnauld Sorbin de Saincte-Foy, prononcés au Chasteau du bois de Vincennes durant le temps de parade & dueïl du Roy Charles IX. *Paris, G. Chaudiere*, 1574. ═ Oraisons funebres de Sa Majesté très Chrestienne Charles IX, Roi de France, par le même Arnauld Sorbin. *Ibid.* 1574, *in-*8. *vel.* — 1. 11.

718 Trois excellentes Prédications prononcées au jour & feste de la béatification du bienheureux Ignace, fondateur de la Compagnie de Jésus, par les RR. PP. Pierre de Valderame, Pierre Déza, & Jacq. Rébullosa, trad. en françois par le R. P. Franç. Solier, de la Compag. de Jésus. *Poictiers, Ant. Mesnier*, 1611, *in-*8 *v. m.* — 1.

719 Le Sermon du victorieux & triomphant combat de Gédéon, presché à Paris au jour de la Passion du Fils de Dieu, l'an 1612, en l'Eglise de S. Séverin; par le Pere Souffrand, de la Comp. de Jésus. *Bordeaux*, 1616, *in-*12. *v. m.* — 5. 19.

720 Sermons sur quelques principales Festes &

Q ij

124 THÉOLOGIE.

Dimanches de l'année, avec un Traité des IX vertus & des vices opposés à icelles, & l'origine, tant de la Prédication que de l'office du Prédicateur ; par Claude de Voyer d'Argenson, Prestre, Conseiller & Aumônier du Roy, Prévôt de S. Laurent de Parthenay. *Paris, Louis Boullanger*, 1628, *in-fol. v. m.*

721 Sermon de la condamnation du Monde par le Mystere de l'Incarnation du Fils de Dieu, presché durant l'Avent dans l'Eglise de S. Germain l'Auxerrois en 1660, par Jacques Biroat. *Paris, Edme Couterot*, 1671, *in-8. v. br.*

722 Sermons de l'Octave du Saint Sacrement, & des Mysteres de l'Ascension, de la Pentecôte & de la Trinité, prononcés en l'Eglise de Saint Sulpice, par le Pere Dominique de la Motte, Barnabite. *Paris, Jean Couterot*, 1695, *in-8. v. f.*

723 Panégyriques des Saints choisis par le Pere Germain Cortade. *Tolose, Bernard Bosc*, 1678, *in-8. baz.*

724 Prediche del Reverendo Padre Frate Gieronimo Savonarola. *In Venetia, Giov. Ant. de Volpini*, 1540, *in-8. baz.*

725 Sermoni predicabili sopra il celebre Salmo del Profeta David, *Miserere mei*, &c. composti da Fra Vito Pizza di Chiaramonte, Siciliano. *In Messina, Fausto Bufalini*, 1589, *in-4. relié en velours, avec les Armes du Souverain Pontife Sixte V sur la couverture.*

THÉOLOGIE.

V.

Théologie Mystique ou Contemplative.

§ 1. *Mystiques & Ascétiques anciens & modernes.*

726 Modus contemplationum Divinarum, id est Tractatus de bonitate Divinâ, & de virtutibus Orationis. *Editio vetus, absque ullâ loci & anni indicatione, sed circà ann.* 1470 *excusa. in fol. v. m.*

727 Tractatus de Modo prveniendi ad veram & perfectam Dei & Proximi dilectionem : Hoc est, Tractatus de Charitate, editus à quodam Carthusiensi ignoto sed devotissimo. *Editio vetus, absque loci & anni ullâ indicatione, sed circà annum* 1475 *in lucem publicata. in-*4. *v. m.*

728 Joann. Gersonis, Doct. celeb. Parisiensis, de Imitatione Christi, deque Mundi vanitatum contemptu Libri IV, quibus accessit Dionysii Carthusiensis Opusculum de Mundi contemptu. *Lugduni, Joann. Jac. Junta,* 1579, *in-*16. *v. m.*

729 Ejusdem Joann. Gersen, Abbatis S. Steph. Vercellensis, Ord. S. Benedicti, de Imitatione J. C. Libri IV, & de contemptu Mundi. *Lutetiæ Parisiorum, Lud. Billaine,* 1674, *in-*8. *v. br.*

730 Thomæ à Kempis de Imitatione J. C. Libri IV. *Parisiis, è Typogr. Regiâ,* 1640. *in-fol. C. M. v. m.*

731 De Imitatione J. C. Libri IV, versibus heroïcis traducti à Dom. du Quesnay de Bois-

guibert. *Parisiis, Langlois*, 1729, *in-*8. *v. br.*

732 Le Livre intitulé : Internelle Consolation, c'est-à-dire, l'Imitation de J. C. *Paris, Charl. Langelier,* 1542, *in-*8. *gotiq. v. vieux.*

733 De l'Imitation de J. C. écrite par Jean Gerson, & divisée en IV Livres, trad. en françois. *Lyon, Pierre Rigaud,* 1603, *in-*16. *v. f.*

734 L'Imitation de J. C. traduite & paraphrasée en vers françois par Pierre Corneille. *Paris, Robert Ballard,* 1665, *in-*12. *figur. mar. noir.*

735 L'Imitation de J. C. trad. en françois par le Pere Philippe Lallemant, de la Comp. de Jésus, *Paris, J. Bapt. Coignard,* 1740, *in-*12. *v. br.*

736 Argumentum chronologicum contra Kempensem, quo Thomam à Kempis non fuisse, nec esse potuisse, Authorem Librorum de Imitatione Christi, adversùs Joann. Frontonis, Canonici regularis (*Thomam à Kempis vindicatum*), demonstratur, per Franc. Valgravium. *Parisiis, Joann. Billaine,* 1650. = Joann. de Launoy Dissertatio continens Judicium de Auctore Librorum de Imitatione Christi. *Ibid,* 1650, *in-*12 *v. m.*

737 Beati Ysidori, Episcopi, Liber Soliloquiorum, cui accedit Libellus admonitionis de profectu animæ. *Editio vetustissima, absq. ullâ loci & anni indicatione nec impressoris nomine; sed Typis excusa circà ann.* 1470, *in-fol. mar. bleu.*

738 Liber contemplativus, qui dicitur Scala Cœli, per Fratrem Johannem Juriorem, Ordinis Fratrum Prædicatorum, conscriptus & ordinatus, & ex diversis Auctoribus excerptus.

THEOLOGIE. 127

Opus impreſſum LUBECÆ, abſq. notâ impreſſoris, anno 1476, in-fol. mar. r.

739 L'Eſchelle Myſtique, compoſée de XXIV eſchellons pour monter au Ciel. *Paris, Pierre de Breſche*, 1649, in-12. vel.   1. 6.

740 S. Ignatii Loyolæ Exercitia ſpiritualia *Audomaropoli, in Collegio Anglicano Soc. Jeſu*, anno 1610, in-16. v. m.   2. 1.

741 Eorumdem Exercitiorum editio altera. *Pariſiis, ex Typ. Regiâ*, 1644, in-fol. C. M. v. m.   12.

742 Angelini Gazæi, Soc. Jeſu, pia Hilaria verſibus latinis conſcripta. *Muſſiponti, Seb. Cramoiſy*, 1625, in-12. v. br.

743 Hermanni Hugonis, Soc. Jeſu, pia Deſideria, emblematis, elegiis & affectibus SS. Patrum illuſtrata, cum figuris. *Antverpiæ, Henr. Aertſenius*, 1628, in 12. fig. v. f.   1.

744 Ejuſdem Hermanni Hugonis pia Deſideria, cum figuris æneis. *Antverpiæ, Henr. Aertſſens*, 1629, in-16. fig. mar. bl.   2.

745 Benedicti Haëfteni, Utrajectini, Ordin. S. Benedictini, Via Crucis regia, figuris æneis elegantiſſimis adornata. *Antverpiæ, ex Offic. Plantinianâ*, 1635, in-8. fig. v. br.   1. 10.

746 Guill. de Branteghen, Aloſtani, Monachi Carthuſiani, Pomarium myſticum animæ chriſtianæ, imagunculis aliquot naſcentis mundi exordia & vitæ J. C. decurſum referentibus digeſtum; acceſſerunt effigies aliquot divorum ac divarum, præcognitorum, prædeſtinatorum, vocatorum, juſtificatorum ac demùm magnificatorum à Deo, &c *Antverpiæ, excud. Guill. Voſtermanus*, anno 1535, in-8. fig. v. m.   1.

THÉOLOGIE.

747 Domini Gerardi de Zutphania Tractatulus devotus de reformatione virium animæ, maximè perutilis pro omnibus vitam suam emendare volentibus. *Impr. anno* 1493, *absq. notâ editionis, in-*8. *gotiq. v. f.*

748 Fratris Cherubini de Spoleto Regula compendiosa vitæ spiritualis, italicè conscripta. *Venetiis, circà annum* 1500, *in-*4. *v. m.*

749 Avertissemens aux trois états du monde sur aucuns péchés qui y regnent, et de leur prochaine punicion en ensuivant aulcunes prophéties et prognostications; et déclarans les menaces et les comminations que Dieu a fait et démonstré par la naissance du Monstre né à Ravenne le 6 Mars de l'an 1512, avec la description & la figure de ce Monstre. *Valence*, 1513, *petit in-fol. gotiq. v. m.*

750 Mirabilis Liber, qui Prophetias, revelationes, nec-non res mirandas, præteritas, præsentes, & futuras apertè demonstrat, latino & gallico idiomate conscriptus; (in quo continentur Liber Bermechobi, Episcopi Ecclesiæ Paterenis & Martyris Christi, quem de Hebræo & Græco in Latinum transferre curavit, & alia ejusdem generis.) *Parisiis, Engelb. de Marnef*, 1523, *in-*4. *gotiq. v. m. Editio Originalis.*

751 Earumdem Revelationum editio altera. *Parisiis, absque notâ anni, sub Leone argenteo, in-*8. *gotiq. v. f.*

752 Earumdem Revelationum editio altera. *Parisiis, absque anni indicatione. in-*8. *gotiq. v. br.*

753 Livre merveilleux contenant la fleur & substance de plusieurs traités, tant des prophéties

&

THÉOLOGIE.

& révélations que d'anciennes chroniques, faisant mention de tous les faicts de l'Eglise universelle, comme des schismes & tribulations de l'Eglise de Rome, & d'un temps auquel on ostera & tollira aux gens d'Eglise & Clergé leurs biens temporels, tellement qu'on ne leur laissera que leur vivre & habit nécessaire ; & plusieurs autres choses merveilleuses. *Paris, Jean Bessault, sans indication d'année, in-8. v. m. rare.*

754 Le Trésor de l'ame, extrait des saintes Ecritures, & translaté de latin en françois ; contenant en outre, plusieurs hystoires merveilleuses de personnes sauvées & tirées des mains du Dyable par la protection de Notre-Dame, en qui elles avoient grande dévocion. *Paris, Ant. Vérard, sans indic. d'année, in-fol. gotiq. mar. r.*

755 La Forteresse de l'ame, ou la citadelle mystique du salut, avec les munitions, moyens, & stratagesmes nécessaires à sa défense, par Guy Cosnuau. *Paris, Pierre de Bresche, 1633, in-16. v. m.*

756 Les Occupations intérieures de l'Ame chrestienne, tirées des sentimens les plus tendres de l'Ecriture-Sainte, où il est traité de la vie purgative, de la vie illuminative & de la vie unitive, par le R. P. Jean Maillard, de la Comp. de Jésus. *Paris, veuve Bouillerot, 1683, in-12. v. br.*

757 Le très excellent & très dévot Traité appellé *la Théologie spirituelle*, translatée du latin en françois par ung vénérable Religieux de l'Ordre des Freres Mineurs de l'Observance,

Tome I. R

THÉOLOGIE.

& profitable à tout homme & femme pour unir son cœur en l'amour de Dieu. *Paris, Jehan Petit, in-12. gotiq. sans date, v. m.*

1. 10. 758 Le Pélerinaige de Notre-Dame & de Joseph de Nazareth en Bethléem, avec la Nativité de Notre-Seigneur, la venue des Pastoureaux & des Rois, & plusieurs autres choses singulieres bien moralisées, par Jehan Henry. *Paris, Durand Gerlier, 1506, in-12. gotiq. vel.*

1. 11. ⎰ 759 Le Livre du jardin de contemplation ; ouquel l'ame dévote contemple le mystere de la Passion de J. C. en l'arbre de la Croix, situé ou meilluy d'icelluy jardin, par vénérable personne le même Jehan Henry, Chantre de l'Eglise de Paris. *Paris, Jeh. Petit, 1506, in-12. gotiq. v. m.*

⎱ 760 Traicté intitulé & appellé *l'Armure de patience en adversité*, très consolatif pour ceulx qui sont en tribulation, & proufitable à toutes gens de quelque estat ou vocation qu'ils soyent, avec les contemplations de Monseigneur Sainct Anthoine, & une exposition en ryme françoise sur le *Salve Regina*, &c. *Impr. en 1542, in-8. gotiq. relié en carton.*

3. 2. 761 Petit bouquet de fleurs célestes pour l'ornement d'une belle ame dès ses plus tendres années, par le R. P. Irenée d'Eu. *Paris, Jean Roger, 1649, in-16. mar. r.*

3. 762 Le Collége de sapience, fondé en l'université de vertu, auquel s'est rendue escolliere Magdaleine, disciple & apostole de Jésus, par Pierre Doré. *Paris, Jehan Ruelle, 1555, in-16. v. m. (lettres rondes.)*

1. 763 Dialogue de la justification chrestienne,

entre Notre Saulveur J. C. & la Samaritaine, par le même Pierre Doré. *Paris, Jehan Ruelle, 1554, in-16. broché.*

764 Le Cantique des Cantiques, représentant le Mystère des Mystères, dialogue amoureux de J. C. avec la volonté son épouse, qui s'unit à lui en la réception du S. Sacrement, par J. Desmarets. *Paris, Henry le Gras, 1656, in-12. v. m.*   2. 19.

765 Le Consolatoire des affligés, extr. de l'Ecriture Sainte, & des bons Docteurs, par Léger Bontemps. *Paris, Jean Caveiller, 1555, in-16. v. m.*   1.

766 Le Purgatoire de Saint Patrice, auquel lieu l'on voit les peines du Purgatoire & les joyes de Paradis. *Paris, à l'Escu de France, sans date d'année, en lettres gotiques, rare.* ⸺ L'Obsecro en françois, & le O Intemerata, avec une autre Oraison de Notre-Dame, & les XII Vendredis blancs; avec le service de chascun desdits Vendredy, *Impr. en lettres gotiq. sans date.* ⸺ Le gouvernement de mesnaige selon la doctrine de S. Bernard. *Paris, Jehan S. Denys, sans date, gotiq.* ⸺ Les Songes du Prophete Daniel, translatés en françois. *Ibid.* ⸺ Le Traité de la Paix entre le Roi Louis XII & le Roi d'Angleterre. *Ibid. 1514, gotiq.* ⸺ Epitre du Roi de France à l'Empereur & aux Electeurs assemblés à Nuremberg, *gotiq.* ⸺ La grande Desconfiture des Espagnols devant Carignant, au pays de Piémond, *Ibid. 1544.* ⸺ L'Ordonnance de la bataille de Syrizoles, avec plusieurs lettres   80.

THÉOLOGIE.

sur la deffaicte des Espaignols. *Paris*, 1544, *in* 12. *mar. r.*

767 Le Chariot chrestien à IV rouës, menant à salut, par Jacques de Hillerin. *Paris, Jean Hénault, 1652, in-fol. v. br.*

768 Les divines Poësies de Marc-Ant. Flaminius, trad. en vers françois avec le latin à côté ; & augmentées de plusieurs sonnets, cantiques & chansons spirituelles pour louer Dieu, par Sœur Anne de Marquetz, Religieuse à Poissy. *Paris, Nic. Chesneau, 1569, in-8. vel.*

769 Les Cantiques du sieur de Valagre, & les Cantiques du sieur de Maison-Fleur, fournis d'argumens & d'annotations, avec les larmes de J. C., les pleurs de la Vierge, les larmes de S. Pierre & de la Magdelaine, &c. *Rouen, Raphaël du Petit-Val, 1602, in-12. vel.*

770 Recueil de plusieurs Cantiques spirituels pour entretenir l'ame en Dieu, par J. le Jau, avec un supplement par Daniel Adnet. *Paris, Nic. Touzart, 1620, in-12. v. m.*

771 Les Œuvres de Sainte Thérese, de la traduction de M. Arnauld d'Andilly. *Paris, Pierre le Petit, 1676, in-4. v. br.*

772 Les Opuscules de la vénérable mere Anne de S. Barthelemy, compagne inséparable de la sainte mere Thérese de Jésus ; trad. de l'espagnol en françois par le Pere Cyprien, Carme Déchaussé; avec un Traité des excellentes vertus & perfections de cette vénérable Mere, composé par le Pere Thomas d'Aquin, Religieux du même Ordre. *Paris, Sébastien Huré, 1646, in-12. relié en carton.*

THÉOLOGIE.

773 Romances espirituales, y Canciones devotas acerca de la obligacion del Christiano, y otras devociones, dispuestos por F. Feliciano de Sevilla, Capucino. *En Cadiz*, 1695, *in-*16. *v. br.*

§ 2. *Traités singuliers de l'Amour de Dieu & de l'Oraison ; là où sont aussi rapportés les traités du pur Amour & du Quiétisme ; avec les disputes qui se sont élevées dans l'Eglise à leur sujet.*

774 Instruction pour bien aimer Dieu, extraicte de la saincte Escriture, & spécialement des Cantiques de Salomon & de la doctrine des Auteurs sacrés & prophanes, par Maurice Poncet. *Paris*, **Guill. Julian**, 1584, *in-*8. *v. m.*

775 Traicté de l'Amour de Dieu, composé par S. François de Sales, Evesque & Prince de Genève. *Lyon*, *Pierre Rigaud*, 1616, *in-*8. *v. m.*

776 Le grand Commandement de la Loy, ou le Devoir principal de l'homme envers Dieu & envers le Prochain, exposé selon les principes de S. Thomas, par le P. Bernard d'Arras. *Paris*, *J. Bapt. Coignard*, 1734, *in-*12. *v. f.*

777 Lettre du Pere Malebranche, Prêtre de l'Oratoire, contenant une réponse générale aux Lettres que le Pere Lamy, Religieux Bénédictin, lui a adressées au sujet de son Traité de l'Amour de Dieu. *Paris, sans date d'année*, *in-*12. *v. m.*

778 S. Johann. Bonaventuræ Liber qui dicitur ; Stimulus divini Amoris, editus per

THÉOLOGIE.

Johannem Quentin, Canonicum & Pœnitentiarium Pisienfem. *Parisiis, Georg. Mittelhus,* 1490, *in-12. mar. r.*

779 L'Aguillon d'amour divine, fait & composé par le Docteur Séraphic S. Bonaventure, & translaté de latin en françois par maître Jehan Jerson, à l'instruction de sa sœur ou de sa fille de confession. *Edition ancienne, imprimée en caracteres gothiques, sans nom de lieu ni date d'année, in-4. v. m.*

780 Le Livre de la discipline de l'Amour divine, & de la répétition de la Disciple, avec les propriétés d'amour séraphieque. *Paris, Regnault Chaudiere,* 1519, *in-8. gotiq. v. m.*

781 La Sagette d'amour divin, composé premierement en latin par un dévot Chartreux nommé Jehan de Lansperge, & depuis trad. en françois. *Paris Ioland, Bonhomme,* 1556, *in-8. gotiq. baz.*

782 Les Allumettes du feu divin pour faire ardre les cœurs humains en l'amour & crainte de Dieu, avec les voyes de Paradis, par Pierre Doré. *Lyon, Jehan Pillehotte,* 1586, *in-16. mar. r.*

783 Le Palais d'amour divin de Jésus & de l'Ame chrétienne, composé par le Pere Laurent de Paris, Prédicateur Capucin. *Paris, veuve de la Nouë,* 1603, *in-12. v. m.*

784 Récréations spirituelles sur l'Amour divin, avec une infinité d'inventions très utiles pour la consolation des Ames religieuses, par Dom Polycarpe de la Riviere. *Paris, Regnauld Chaudiere,* 1622, *in-8. v. br.*

785 Recueil de plusieurs Cantiques spirituels

THÉOLOGIE.

propres pour entretenir l'ame en Dieu, par J. le Jau. *Paris, Julian Jacquin*, 1621, *in*-12. relié en peau.

786 Cantiques spirituels de l'amour divin pour l'instruction des ames dévotes, composés par un Religieux de la Compagnie de Jésus. *Paris, Florentin Lambert*, 1669, *in*-8. vel.

787 La Défense du pur amour de Dieu, contre les attaques de l'amour-propre, par Jean Pierre Camus, Evesque de Belley. *Paris, Rob. Bertault*, 1640, *in*-8. v. m.   1.

788 Les Secrets de la science des Saints, où sont déclarés la nature & la pratique, les travaux & les douceurs de la vie intérieure ; & la Théologie Mystique rendue claire & facile pour la pratique & la direction, par le Pere Antoine Civoré, de la Compag. de Jésus. *Lille, Ignace & Nic. de Rache*, 1651, *in*-8. v. f.   3. 11.

789 Dialogues Posthumes du sieur de la Bruyere sur le Quiétisme. *Paris, Charles Osmont*, 1699, *in*-12. v. br.   1.

§ 3. *Traités singuliers de la Perfection chrestienne, dans les différens états de la vie, généraux & particuliers.*

790 Introduction à la vie dévote, par S. François de Sales, Evesque & Prince de Genève ; *Tolose, Pierre Bosc*, 1649, *in*-12. v. m.   1.

791 Le Chrestien intérieur, ou la Conformité intérieure que les Chrestiens doivent avoir avec J. C. où il est traité de l'amour des humiliations, qui est de fondement solide de la   1.

THÉOLOGIE.

Perfection chrestienne, par un Solitaire, grand serviteur de Dieu. *Rouen, Ant. Ferrand, 1666, in-12. relié en carton.*

1. 10. — 792 Les Conseils de la Sagesse, ou le Recueil des Maximes de Salomon les plus nécessaires à l'homme pour se conduire sagement, avec des réflexions. *Paris, Seb. Mabre Cramoisy, 1683, & Pierre Aubouyn, 1700, 2 vol. in-12. v. br.*

793 De l'importance du salut, où est démontré combien est déplorable l'ignorance & l'aveuglement où l'on vit pour le salut, par le Pere René Rapin, de la Comp. de Jésus. *Paris, Seb. Mabre Cramoisy, 1675, in-12. v. br.*

794 Pratique de la perfection & des vertus chrétiennes & religieuses, trad. de l'espagnol du Pere Alphonse Rodriguez, en françois par le Pere Paul Duez. *Rouen, David Berthelin, 1684, 3 tom. en 1 vol. in-4. v. br.*

2. 19. 795 Le Tableau de la perfection du Chrestien, & l'exercice de la Foi, mis en langue touloufaine, & en Cantiques avec les airs notés. *Toulouse, J. Boudo, 1703, in-8. baz.*

796 Le Pédagogue chrestien, ou la Maniere de vivre saintement, par le Pere Philippe d'Outreman, de la Comp. de Jésus, & revu par le Pere Brignon, de la même Compagnie. *Paris, de Lusseux, 1727, in-12. vel.*

2. 19. 797 Instruction pour tous les estats, en laquelle est sommairement déclaré comme chacun en son estat se doit gouverner & vivre selon Dieu, par René Benoist. *Paris, Guill. Chaudiere, 1564, in-8. v. m.*

798 L'art & science de bien vivre & de bien mourir

THÉOLOGIE.

mourir, divisé en trois parties, auxquelles il est traité des Articles de la Foi, des Sacremens, des joyes de Paradis, des tentations du Diable, des peines de Purgatoire, de l'advénement de l'Antechrist & des signes qui le précederont. *Paris, Nic. Bonfons, sans date, in-4. gotiq. v. m.*

799 La Formation de l'homme & son excellence, & ce qu'il doit accomplir pour avoir Paradis, avec plusieurs bonnes doctrines & enseignemens chrestiens, par Guill. Parvi, Evesque de Senlis. *Paris, Gall. du Pré, 1538, in-8. v. m.* — 2. 10.

800 Traicté de la Pauvreté évangélique, par J. Pierre Camus, Evesque de Belley. *Besançon, Jean Thomas, 1634. in-8. v. m.* — 1. 16.

801 Le Phantôme du Sage, ou la Morale de la grace & de la Croix, opposée à la vanité des sciences, & à la lascheté des autres morales, par damoiselle Géneviève Forest. *Paris, 1676, in-12. v. br.* — 1.

802 Institution à porter les adversités du monde patiemment avec paix d'esprit, joye & liberté intérieure, par Nicolas de Bris. *Paris, Jehan Loys, 1542, in-4. vel.* — 2.

803 L'Homme le plus content du monde ; ou le Job de ce siecle, & le vrai moyen d'être toujours content & de triompher du malheureux que dira-on du Monde, par le Pere Amable Bonnefons, de la Soc. de Jésus. *Paris, Seb. Piquet, 1656, in-16. v. m.*

804 Les Miseres de l'Homme & les divers événemens de sa vie ; où il est montré comme il doit se disposer au rigoureux & juste Ju- — 1.

Tome I.   S

gement de Dieu , pour éviter les peines éternelles & jouir de la félicité des bienheureux, trad. de l'espagnol du Pere Thomas de Truxillo, en françois par François Faffardi. *Paris, Regnauld Chaudiere*, 1609 ; *in*-8. *v. m.*

805 L'Origine & source de tous les maux de ce monde par l'incorrection des peres & meres envers leurs enfans , & de l'inobédience d'iceulx , avec un petit Discours de la visitation de Dieu envers son peuple chrestien ; par afflictions de guerre , peste & famine , par Artus Desiré. *Paris , Jeh. Dallier*, 1571 , *in*-8. *v. m.*

806 Le Charidème , ou Traité du mépris de la Mort , avec plusieurs vers chrétiens contenant les louanges de Dieu , & quelques tétrastiques ou quadrains , esquels sont compris divers préceptes de bien vivre ; par Jean le Frere. *Paris , Nic. Chesneau*, 1579 , *in*-8. *mar. r.*

807 Le Chevalier Chrestien , contenant un Dialogue entre un Chrestien & un Payen touchant la foi & les mœurs , par le Pere Benoist , Capucin. *Paris , Charles Chastelain*, 1609 , *in*-8. *vel.*

808 Réflexions du Voyageur éloigné de sa chere patrie , & touché des dangers qu'il coure de n'y arriver jamais ; où l'on expose les véritables idées qu'un Chrestien doit se faire sur les objets qui entrent dans la conduite de sa vie pour assurer son salut ; par l'Abbé de Coninck , & publiées par Dom Joseph , Religieux de l'Abbaye de S. Martin à Tournay. *Lille , Danel*, 1763 , *in*-12. *v. m.*

809 Liber de contemptu Mundi , cum glossis.

THÉOLOGIE.

Parisiis, Antonius Cayllaut, absque anni notâ, in-4. gotiq.

810 Le Livre de la vanité du monde, composé par le Pere Jacques de l'Estoile, Religieux de l'Observance. *Lyon, Jean Pillehotte, 1596, in-16, relié en carton.*

811 L'Adieu du Monde, ou le mépris de ses vaines grandeurs & plaisirs méprisables, par Dom Polycarpe de la Riviere, Religieux de la grande Chartreuse, & Prieur de Sainte-Croix. *Lyon, Ant. Pillehotte, 1619, 1 tome en 2 vol. in-8. v. m.* — 2-8.

812 Les véritables Sentimens du Monde & de l'Eternité en vers latins & françois, exposés en forme de quadrains dans les Cloîtres des Capucins, avec le Chrestien désabusé du Monde, par un Religieux Capucin. *Paris, Pierre de Bats, 1687, in-12. vel.* — 1.

813 Le Miroir spirituel opposé au mondain, avec un Discours sur l'humilité de J. C. & celle de S. Charles Borromée, par René Milleran. *Milan, Malatesta, 1700, in-12. baz.* — 1.

814 La sainte Paroisse de village où il est traité de la vocation des Pasteurs & Curés de Village, de la vocation des Laboureurs & des Bergers, des Personnes consacrées à Dieu, & de la piété des Seigneurs qui habitent dans les Paroisses de village, avec des Cantiques spirituels pour la consolation particuliere de ces ames, par Estienne Girard, ancien Curé de Brennes. *Langres, C. Personne, 1700, in-12. baz.* — 4. 11.

815 Liber Profectuum religiosorum, sive de — 2-

S ij

modo vivendi in Religione. *Editio vetus, absque loci & anni indicatione ullâ, sed Typis excusa circiter annum* 1474, *in-*4. v. m.

816 L'Homme Religieux, contenant plusieurs Traités concernant les regles & les vœux de la Religion, par le Pere Jean-Bapt. de Saint Jure. *Paris, Den. Béchet,* 1657, *in-*4. v. br.

817 Le Guidon & Gouvernement des gens mariés, où il est traité du S. Sacrement, estat & fruit du Mariage, & de la grande excellence, perfection, dignité, vertu & louange d'icelui, compilé par maistre Raoul de Monfiquet. *Paris, Durand Gerlier, in-*4. *gotiq. sans date.*

818 Le Saint Mariage, ou Instructions Chrestiennes pour apprendre aux personnes mariées à vivre heureusement & sainctement dans cet estat, avec un dévot exercice pour vivre & mourir en la protection de S. Joseph, par un Prédicateur Capucin. *Paris, Gilles André,* 1658, *in-*12. *relié en carton.*

819 Autre Edition du même Livre. *Paris, Pierre de Bats,* 1682, *in-*12. *relié en carton.*

820 Instructions sur les principaux devoirs des Chevaliers de Malthe, à l'usage des Chevaliers, de leurs Confesseurs, & de tous ceux qui veulent entrer ou faire entrer leurs enfans dans cet Ordre ; avec des véritez importantes pour toutes sortes d'estats, par François Amé Pouget. *Paris, Nic. Simart,* 1712, *in-*8. v. br.

THÉOLOGIE.

§ 4. *Traités singuliers de la Pratique des Vertus Chrestiennes, Exercices de piété, Méditations, &c.*

821. La Pratique des vertus chrestiennes, où tous les devoirs de l'homme sont contenus, avec plusieurs dévotions particulieres, trad. de l'anglois en françois. *Saumur*, René Péan, 1680, *in-8. relié en carton.* — 1.10.

822. Les Promenades de Richélieu, ou les Vertus Chrestiennes, mises en ryme françoise, par Jean Desmarets. *Paris, Henry le Gras*, 1653, *in 8. vel.* — 3.19.

823. Les Œuvres Chrestiennes de M. Puget de la Serre, Historiographe de France, contenant les Pensées de l'Eternité; les Pensées de la Mort; le Bréviaire des Courtisans; le Tombeau des plaisirs du monde; les saintes affections de Joseph & de Marie; la Vierge mourante sur le Calvaire, &c. avec les Tragédies de Thomas Morus & de Sainte Catherine. *Paris, Ant. de la Perriere*, 1647, *in-fol. G. P. mar. r.* — 6.19.

824. Les Œuvres Chrestiennes, tant en prose qu'en vers, de M. Godeau, Evesque de Vence. *Paris, Jean Camusat*, 1635, *in-12. mar. r.* — 3.7.

825. Recueil de divers Ouvrages de piété, par l'Abbé Jullard du Jarry. *Paris, Dan. Horthemels*, 1688, *in-12. v. br.*

826. Les Œuvres Spirituelles de Madame Léonore Gigault de Bellefont, Religieuse fondatrice & Supérieure du Couvent de Notre-Dame des Anges. *Paris, Hélie Joffet*, 1688, *in-8. v. br.* — 2.10.

142   THÉOLOGIE.

827 Œuvres spirituelles du Pere Vincent Huby, de la Compagnie de Jésus. *Paris, veuve Beiton*, 1758, *in* 12. *v. m.*

828 Sententiæ Sixti aut Xysti, quæ veræ Sapientiæ præceptis refertæ sunt, & ad cœlestem Disciplinam animos informant; cum explanationibus Ludov. Hillessemii. *Coloniæ, Maternus Cholinus*, 1574. — Ethice vetus & sapiens veterum latinorum Sapientum, sive Præcepta veterum Sapientum, cum observationibus & lectionibus variis, edente Michaële Neandro Soraviensi. *Impr. anno* 1585, *in*-8. *v. f.*

829 Jani Nicii Erythræi Documenta sacra ex Evangeliis quæ Dominicis per annum & nonnullis aliis Festis diebus leguntur in Ecclesiâ. *Coloniæ Ubiorum, Jodoc. Kalcovius*, 1645, *in*-8. *v. br.*

830 Pensées chrétiennes pour tous les jours du mois. *Paris, Seb. Mabr. Cramoisy*, 1678, *in*-16. *v. f.*

831 Pensées pieuses tirées des réflexions morales du Nouveau Testament. *Paris, André Pralard*, 1711, *in*-12. *v. br.*

832 Le Hyacinthe sacré, propre à guarir les maladies de l'âme & du corps; par Nic. le Febvre, de l'Ordre des Freres Prescheurs. *Chartres, C. Peigné*, 1637, *in*-16. *v. m.*

833 Traité des Prieres & des Oraisons qui se doivent conformer toutes à l'Ecriture-Sainte, selon que l'Eglise Catholique les regle & les ordonne, par Blaize de Vigenere. *Paris, Abel Langelier*, 1595, *in*-16. *vel.*

834 Sonnets spirituels sur les Dimanches & principales Festes de l'année, par sœur Anne de

THÉOLOGIE. 143

Marquets, Religieuse à Poissi. *Paris, Cl. Morel*, 1605, *in* 8. *vel*

835 Exhortation chrestienne, ou Instruction parénétique de Hierôme de la Nouë à ses enfans. *Paris, Nic. Barbotte*, 1599, *in-*8. *v. m.*

836 Le Livre de Monseigneur Sainct Pierre de Lucembourg, lequel il envoya à une sienne sœur pour la retraire des états mondains, & pour plus facilement parvenir au Royaulme de Paradis; & est intitulé: *LA DIETE DE SALUT*. *Paris, Guichard Soquand*, *in* 12. *gotiq. mar. r.*

837 Le Quadragésimal spirituel ou Caresme allégorié, pour enseigner le simple peuple à deuëment & salutairement jeûner & voyager. *Paris, Jeh. Bonfons*, 1565, *in-*8. *v. m.*

838 Panégyrique sur le sujet du Chrestien, addressé à Monseigneur le Duc d'Orléans, par le Pere François de Bonal. *Paris, veuve Camuzat*, 1644, *in-*4. *v. f.*

839 Réflexions sur la Miséricorde de Dieu, par une Dame Pénitente. *Paris, Ant. Dezallier*, 1682, *in-*12. *v. br.*

840 Autre Edition du même Livre. *Paris, Ant. Dezallier*, 1712, *in-*12. *v. br.*

841 Exercicios de Devocion y Oracion, para toto el discurso del Año del Real Monasterio de las Descalças en Madrid, con estampas. *En Anveres, en la Emprenta Plantiniana*, 1622, *in-*8. *fig. mar. r.*

842 Retraites de la vénérable Mere Marie de l'Incarnation, Religieuse Ursuline, avec une exposition succinte du Cantique des Cantiques. *Paris, veuve Billaine*. 1682, *in-*12. *v. m.*

843 Le Paradis de la Solitude, ou le Triomphe

THÉOLOGIE.

des excellentes & rares perfections de la vie solitaire par-dessus les autres vies, par F. Michel de Saincte-Sabine, Hermite solitaire. *Tournay, Adrien Quinqué*, 1627, *in-12. v. m.*

844 Solitude de dix jours sur les plus solides vérités, & sur les plus saintes maximes de l'Evangile. *Paris, Jacq. Hérissant*, 1680, *in-8. v. br.*

845 La Religieuse Sophie, composée pour l'entretien & consolation des affligés, & l'exercice spirituel des Solitaires, par l'Ermite Forestier. *Lyon, Claude Morillon*, 1617, *in-12. relié en carton.*

846 Exercices spirituels de Marie Teyssonnier de Valence, recueillis & mis au net par le Pere Louis de la Riviere. *Lyon, Claude Prost*, 1653, *in-12. v. m.*

847 Conduite spirituelle, contenant plusieurs maximes & pratiques de piété, utiles principalement aux ames qui veulent vivre chrétiennement dans le monde, par le R. Pere Dominique de la Motte, Supérieur des Barnabites de Paris. *Paris, Nic. Couterot*, 1701, *in-12. v. f.*

848 Entretiens solitaires, ou Prieres & Méditations pieuses, composées en vers françois par M. de Brébeuf. *Rouen & Paris, Ant. de Sommaville*, 1660, *in-12. mar. r.*

849 Le sacré Chariot de l'Aurore de Grace, ou Horloge spirituel roulant sur XXIV heures, qui sont vingt quatre considérations sur les principaux mystères de la Vie de la Reyne des Cieux, par le Pere François de Coriolan, Capucin. *Lyon, Louis Muguet*, 1628, *in-8. v. m.*

THÉOLOGIE.

850 Le Livre de Méditation fur foi-même, compofé par maiftre Robert Cybolle, Chancellier de Notre-Dame de Paris. *Paris, Symon Voftre,* 1510, *in-fol. gotiq. v. m.*

851. Méditations très excellentes fur tous les Myftères de la Foi, avec la pratique de l'Oraifon mentale, par le Pere Louis du Pont, de la Comp. de Jéfus, & trad. de l'efpagnol en françois par M. Gaultier. *Paris, Jacq. Beffin,* 1631, *in-4. v. br.*

852 Dévote Méditation fur la Mort & Paffion de N. S. J. C. avec le Voyage & Oraifons du Mont-Calvaire, la Vie de Ste. Marguerite en vers, & les XV effufions de fang de J. C. *Paris, Guill. Merlin,* 1568, *in-16. gotiq. v. br.*

853 Les fainctes voluptés de l'Ame, contenant des Oraifons fur tous les myftères de la Vie, Miracles & Paffion de N. S. J. C. par Jacq. Corbin. *Lyon, Thibaud Ancelin,* 1603, *in-12. v. m.*

854 Méditations très dévotes & chreftiennes fur la Paffion de N. S. J. C. avec l'explication des principaux Myftères, trad. du latin de Jean Eckius, par Claude Girard. *Lyon, Simon Rigaud,* 1606, *in-12. v. m.*

855 Méditations fur les principaux Myftères de la Vie & Paffion de N. S. J. C. avec les figures & prophéties du Vieux Teftament, & des Inftructions morales, par le Pere Vincent Bruno, de la Compagnie de Jéfus, trad. de l'italien en françois. *Douay, Balthazar Bellere,* 1608, *in-8. v. m.*

856 Méditations chreftiennes, par le Pere Mal-

Tome I.   T

146 THÉOLOGIE.

lebranche. *Cologne, Balthazar d'Egmond,* 1683, *in-*12. *v. f.*

857 Méditations pour se disposer à l'humilité & à la pénitence, par le même Pere Mallebranche. *Paris, Mich. David,* 1715, *in-*16. *v. f.*

858 Sodalis Philosophus; sive Institutio sapientis Mariæ sodalis; leges precesque sodalis, & varia pietatis exercitia complectens. *Duaci, Vid. B. Belleri,* 1700, *in-*16. *v. m.*

859 Le Pseautier de la Vierge Marie, divisé en XV générales prieres ou pétitions, avec enrichissement de figures en taille douce. *Paris, Nic. du Fossé,* 1605, *in-*12. *fig. vel.*

860 La Semaine Sainte de la Vierge, avec le Banquet spirituel du Vendredi Saint, par Puget de la Serre. *Paris, Philippe Gaultier,* 1631, *in-*12. *v. m.*

861 Il Rosario della gloriosa Vergine Maria; overo, Essercitio spirituale de gli huomini Christiani, nuovamente compilato dal Frate Alberto, dell' Ordine delli Frati Predicatori, con figure. *Stamp. l'anno* 1521, *in-*8. *v. m.*

862 L'Office de Sainte Marie Magdaleine, avec le Rosaire Mystique pour servir de vrai miroir aux dévotieuses Ames pénitentes; avec des figures en taille-douce. *Paris, Ant. du Breuil,* 1603, *in-*12. *fig. mar. noir.*

THÉOLOGIE.

VI.

Théologie Polémique, ou Traités concernant la Défense de la Religion Chrétienne & Catholique.

§ 1. *Introductions & Traités généraux & particuliers de la vérité de la Religion Chrétienne.*

863 Hieronymi, Savonarolæ Ferrariensis, Ord. Fr. Prædicat. Triumphus Crucis, sive de veritate Fidei Libri IV. *Lugd. Batav. Joann. Maire*, 1633, *in-12. v. br.* — 1. 5.

864 Abrahami Ecchellensis, Maronitæ, & Leonis Allatii, Græci, Concordia Nationum christianarum per Asiam, Africam, & Europam, in Fidei catholicæ Dogmatibus. *Moguntiæ, Ty. Nic. Heyllii*, 1655, *in-12. relié en carton.* — 1. 19.

865 Joannis Craig, Theologiæ Christianæ Principia Mathematica, ex editione Joann. Dan. Titii. *Lipsiæ, Hæred. Lankisii*, 1755, *in-4. v. m.* — 4. 4.

866 La Vérité de la Religion Chrestienne, trad. de l'Ouvrage latin de Hugues Grotius en françois. *Paris, de l'Imprimerie des nouveaux Caracteres d'Ecriture, inventés par Pierre Moreau*, *in-8. v. f.* — 1. 11.

867 Le Fondement de la Foi Chrestienne, ou Discours du bénéfice de notre redemption. *Lyon, Jean Pidié*, 1559, *in 16. v. m.*

868 Pensées de M. Pascal sur la Religion & sur quelques autres sujets. *Paris, Guill. Desprez*, 1670, *in-12. v. br.* } 1.

T ij

869 Le Philosophe Chrétien; ou Lettres adressées à un jeune homme qui entre dans le monde, sur la vérité & la nécessité de la Religion. *Avignon*, 1765, *in-*12. *v. m.*

870 L'éxistence & la sagesse de Dieu manifestées dans les œuvres de la création, par le Sr. Ray. *Utrecht , Guill. Broëdelet ,* 1714, *in-*8. *v. f.*

871 Théologie des Insectes, ou Démonstration des perfections de Dieu dans tout ce qui concerne les Insectes, trad. de l'allemand de M. Lesser, avec les remarques de M. P. Lyonnet. *Paris , Hug. Dan. Chaubert ,* 1745, 2 *vol. in-*8. *fig. v. m.*

§ 2. *Traités généraux & singuliers , polémiques & orthodoxes , pour la défense de la Religion Catholique contre les Hérésies & les Hérétiques anciens & modernes.*

872 Joann. Ludov. Vivis, Valentini, de veritate Christianæ fidei Libri V, in quibus de Religionis nostræ Fundamentis, contrà Ethnicos, Judæos, Agarenos sive Mahumetanos, &c. plurima disputantur. *Basileæ, Joann. Oporinus,* 1544, *in-*8. *v. m.*

873 Beati Fulgentii, Aphri, Ruspensis Episcopi, Epistola de Fide Catholicâ, in quâ omnia quæ ad fidem Catholicam pertinent fideliter explicantur. *Rhemis, Nic. Bacnetius,* 1555, *in-*4. *relié en carton.*

874 Edmundi Campiani, Angli, Soc. Jesu, Rationes propositæ in causâ Fidei, nec-non Opuscula ejus selecta. *Antverpiæ, ex Offic. Plantinianâ,* 1631, *in-*8. *v. f.*

THÉOLOGIE. 149

875 Censura generalis contra errores quibus recentes Hertici Scripturam Sacram asperserunt. *Venetiis , ex Offic. Jord. Zileti* , 1562. == Johannis Cochlæi Libellus de Canonicæ Scripturæ & Catholicæ Ecclesiæ authoritate. *Ingolstadii ; Alex. Weyssenhorn* , anno 1543. == Il Bullingero riprovato del Mutio Justinopolitano. *In Venetia , Giov. Andr. Valvassori* , 1562. == Bartholomæi Latomi Responsio de doctâ simplicitate primæ Ecclesiæ , & de usu Calicis in Synaxi , & de Eucharistico Sacrificio adv. Jacob. Andræam, Pastorem Goppingensem. *Coloniæ, Cholinus*, 1559. == Ejusd. Latomi Responsio ad Calumnias Petri Dathæni , anno 1558. == Disputatio singularis de Majestate Hominis Christi adversùs impias Jacobi Andræae Schmidelini Theses. *Parisiis* , anno 1565 , *in*-4. *v. f.*
876 Christophori de Capite-fontium Defensionis Fidei majorum Liber secundus , in quo veritas Corporis Christi in Eucharistiæ Sacramento ampliùs quàm 350 rationibus ex Dei Verbis demonstratur & probatur. *Romæ, Hæred. Ant. Bladi* , 1576 , *in*-8. *mar. c.*
877 Gasparis Casalii de Sacrificio Missæ & Sacro-Sanctæ Eucharistiæ celebratione Libri III , in quibus XIII his de rebus articuli in sacrâ Œcumenicâ Synodo.Tridentinâ propositi in examen vocantur , orthodoxa Fides asseritur , & adversariorum Errores eliduntur. *Venetiis , Jord. Ziletti* , 1563 , *in*-4. *v. f.*
878 Jugement & censure du Livre du Pere François Garasse , intitulé : la *Doctrine Curieuse* , &c. *Paris*, 1623 , *in*-8. *v. m.*

K iij

THÉOLOGIE.

879 Lettres d'un Prédicateur pour expliquer, soutenir, & confirmer la Doctrine Catholique prêchée dans le cours d'un Carefme contre les Erreurs du temps. *Liége, Abrah. Broncar, 1713, in 8. v. br.*

880 Lettres critiques fur divers Ecrits de nos jours, contraires à la Religion & aux Mœurs, par M. C..... *Londres (Paris), 1751, 2 vol. in-12. v. m.*

881 Le Philofophe moderne, ou l'Incrédule condamné au tribunal de fa raifon, par l'Abbé le Maffon des Granges. *Paris, Defpilly, 1759, in-12. v. m.*

882 Lettres fur le Chriftianifme de Jean Jacq. Rouffeau, par Jacob Vernes, Pafteur de l'Eglife de Céligny. *Amfterdam (Paris), 1764, in-12. v. m.*

§ 3. *Traités polémiques & orthodoxes pour la défenfe de la Religion Catholique, contre les Juifs, les Grecs, Vaudois, Wiclefites, Huffites, Luthériens, Anabaptiftes, Zuingliens, Sociniens, Calviniftes, Quackres & Anglicans, & auffi contre les Infideles Mahométans, Déiftes, Athées, &c.*

883 Porcheti Salvatici, Genuenfis, & Monachi Carthufienfis, Victoria adversùs impios Hebræos, ex recognitione Auguftini Juftiniani, Epifcopi Nebienfis. *Parifiis, Ægidius Gourmont, 1520, in-fol. mar. r.*

884 Nicolai de Lyra Difputatio contrà perfidiam Judæorum, in quâ oftendit per Scripturas facras ab ipfis Judæis approbatas & receptas,

THEOLOGIE.

Dominum Nostrum J. C. verum Deum & verum hominem fuisse. *Editio vetus, litteris gothicis impressa, absque loci & anni indicatione, in-12. v. f.*

885 Pauli Mauroceni Opus de æternâ temporalique Christi Generatione in Judaïcæ improbationem perfidiæ, Christianæque Religionis gloriam, Divinis enuntiationibus comprobata. *Patavii, anno 1473, in-4. mar. r. rare.*

886 Epistola Rabbi Samuelis Judæi ad Rabbi Isaac Judæum, de Prophetiis Veteris Testamenti, quibus Lex Judaïca destruitur, Christianaque Religio approbatur : ex arabico latinè reddita per Fratrem Alphonsum Bonihominis, Hispani. *Lugduni, Claud. Nourry, 1527, in-12. relié en carton.*

887 Altercatio Synagogæ & Ecclesiæ, seu Comparatio Legis antiquæ & novæ, in quâ sub personâ Gamalielis proponuntur Capitula priscæ Legis, fidesque Ecclesiæ novæ sub personâ Pauli defenditur. Opus pervetustum & insigne, antehac nusquàm Typis excusum. *Coloniæ, Melchior Novesianus, 1537, in-fol. mar. bleu.*

888 (Alphonsi de Spina Hispani, Ord. Fr. Minorum) Fortalitium Fidei, adversùs Judæos, Sarracenos, aliosque Christianæ Fidei inimicos, in Libros VI distinctum, in quibus tractatur, de Armaturâ omnium Fidelium, de Bello Hæreticorum, de Bello Judæorum, de Bello Saracenorum, & de Bello Dæmonum. *Editio vetus, absque ullâ loci & anni indicatione, sed circà ann. 1470 excusa, in-fol. C. M. mar. r.*

889 Ejusdem Operis altera Editio anni 1487, *absque loci, & Typographi indicatione*, in-fol. *relié en carton*.

890 Ejusdem Operis editio altera, ex recognitione Guillelmi Totani. *Lugduni, Johann. de Romoys & Steph. Gueynart, anno* 1511, *in*-8. *v. br.*

891 Ricardi Radulphi, Archiepiscopi Armachani, & totius Hyberniæ Primatis, Summa de Erroribus Armenorum in Quæstionibus diversis, ex editione Johannis Sudoris; Accedunt ejusdem Radulphi aliquot Sermones, & Defensio Curatorum contra eos qui se privilegiatos dicunt; una cum Magistri Rogerii Defensio religionis Mendicantium, adversùs Tractatum Radulphi, cui titulus; Defensio Curatorum, &c. *Parisiis, Joh. Petit*, 1512, *in-fol. gotiq. mar. bl.*

892 Jodoci Clichtovei Anti-Lutherus, sive Defensio libertatis Ecclesiæ Catholicæ adversùs Lutherum. *Parisiis, ex Offic. Sim. Colinæi*, 1524, *in-fol. v. br.*

893 Assertio septem Sacramentorum, adversùs Mart. Lutherum, Henrico VIII, Angliæ Regi adscripta. *Parisiis, Chevallon, absque anno, petit in-fol. v. m.*

894 Le Défensoire de la Foy Chrestienne, contenant en soy le miroer des francs Taupins, aultrement nommés Luthériens, faict & composé en ryme françoise par Artus Désiré. *Rouen, Rob. du Gort*, 1550, *in*-16. *v. m.*

895 L'Anti-Socinien, ou Nouvelle Apologie de la Foy Catholique contre les Sociniens & les Calvinistes, par Noël Aubert de Versé. *Paris, Cl. Mazuel*, 1692, *in*-12. *v. br.*   896

THÉOLOGIE.

896 Le Tableau de l'Hérésie, ou l'Impiété de Calvin descouverte & démontrée par le sieur P. Binard. Ouvrage composé en vers françois, & divisé en 421 quatrains. *Paris, Seb. Huré*, 1643, *in-8. vel.*

897 Georgii Cassandri Traditionum veteris Ecclesiæ & Sanctorum Patrum Defensio, adversùs Johann. Calvini criminationes. *Coloniæ, Hæred. Arn. Birckmanni*, 1564, *in-4. v. f.*

898 Guill. Chesolmi, Scoti, Episcopi Vasionensis, Examen confessionis Fidei Calvinianæ quam Scotis omnibus Ministri Calviniani subscribendam & jurandam proponunt; àn rectiùs propter innumeras veræ Fidei detestationes Catholicæ Fidei confessionem vocemus. *Avenione, Jacob. Bramereau*, 1601, *in-8. v. m.*

899 Gulielmi Reginaldi, Angli, Calvino-Turcismus; id est Calvinisticæ perfidiæ cum Mahumetanâ Collatio, & dilucida utriusque sectæ Confutatio, IV Libris explicata: ad stabiliendam S. Romanæ Ecclesiæ contrà omnes omnium Hæreses Fidem Orthodoxam accommodatissima. *Antverpiæ, Petrus Bellerus*, 1597, *in-8. v. m.*

900 Difesa del Mutio Justinopolitano della Messa, de' Santi, & del Papato, contra le Bestemmie di Pietro Vireto. *In Pesaro, Heredi del Cesano*, 1568, *in-8. mar. r.*

901 Confession Catholique du Saint Sacrement de l'Autel, faicte par MM. les Prélats de France en l'Assemblée de Poissy, avec la Censure de celle que présenta Théodore de Bèze

Tome I. V

THÉOLOGIE.

& ses adhérens. *Paris., Nicol. Chesneau*, 1562.
===Mirouer des Calvinistes & Armeure des Chrestiens, par Ant. du Val. *Ibid*, 1559, *in*-8. *v. m.*

902 Apologie de l'adoration & de l'élévation de l'Hostie, & des prieres publiques de l'Eglise Catholique contre une Réplique du Ministre Bugnet, par le Pere Meurisse. *Paris, Edme Martin*, 1620, *in*-8. *relié en carton*.

903 Discours du saint Sacrement de Mariage, contre les hérésies & les médisances des Calvinistes, Bezéans, Ochinistes, & Mélanchtoniens, par Emond Auger. *Paris, Gabr. Buon*, 1572, *in*-8. *v. m.*

904 Deux Epitres adressées à Jean Calvin, par René Benoît, pour lui remontrer qu'il répugne à la parole de Dieu, en ce qu'il a escrit des Images des Chrestiens. *Paris, Nic. Chesneau*, 1564, *in*-8. *v. m.*

905 Traité de Purgatoire, auquel sont confutées les Opinions des nouveaux Evangélistes de ce temps, par Gentian Hervet, avec une Epitre du même Gentian Hervet, en laquelle est clairement monstré que hors l'Eglise Catholique il n'y a nul salut. *Rheims, N. Bacquenois*, 1562, *in*-8. *mar. r.*

906 Stanislai Cristanovic Examen catholicum Edicti Anglicani, quod contrà Catholicos est latum anno Domini 1606. *Parisiis, Franc. Huby*, 1607, *in*-12. *relié en carton*.

907 Confusion de la Secte de Muhamed, trad. d'espagnol en françois par Gui le Févre de la Boderie. *Paris, Martin le Jeune*, 1574, *in*-12. *v. br.*

908 Refutatio compendiosa erronei ac detestandi libri de Præ-Adamitis, Authore J. Bapt. Motino. *Paris*, 1656, *in*-12. *v. m.* 1. 10.

909 Joannis Neovillei de Pulchritudine Animi Libri V, adversùs Epicureos & Atheos homines hujus sæculi. *Parisiis, Galeotus à Prato*, 1556, *in*-8. *v. m.*

910 Adami Rechenberg Fundamenta veræ religionis prudentum, adversùs Atheos, Deistas, & prophanos Homines. *Lipsiæ, Jo. Heerb. Klosius*, 1708, *in*-12. *v. m.* 1.

911 Joann. Franc. Buddæi Theses Theologicæ de Atheismo & Superstitione, variis observationibus illustratæ, cum Hadriani Buurt Dissertatione contra Atheos. *Lugd. Batav. Johann. le Mair*, 1757, *in*-8. *v. m.* 1.

§ 4. *Meslanges de Théologie Polémique, ou Conférences sur la Religion ; Exhortations, Motifs de Conversions, & Traités singuliers de Controverse entre les Catholiques Romains & les Protestans.*

912 Desiderii Erasmi Liber de sarciendâ Ecclesiæ Concordiâ, deque sedandis Opinionum dissidiis. *Lugd. Batav. Joan. Maire*, 1642. ══ Ejusdem Erasmi, Querela Pacis undique gentium ejectæ profligatæque. *Ibid*, 1641, *in*-12, *vel.* 1. 11.

913 Exposition de la Doctrine de l'Eglise Catholique sur les matieres de controverse, par Jacq. Bénigne Bossuet. *Paris, Seb. Mabre Cramoisy*, 1686, *in*-12. *v. f.* 1.

914 Exposition de la Doctrine Catholique sur

THÉOLOGIE.

1. { XVI Points, sur lesquels les Ministres imposent le plus à l'Eglise Catholique, par le sieur Pillon. *Paris, André Pralard*, 1690, *in*-16. *v. br.*

915 Traités de l'Eucharistie en forme d'entretiens, où, sans entrer dans la Controverse, on prouve la réalité sur des vérités avoûées de part & d'autre, par M. Brueys de Montpellier. *Paris, Seb. Mabre Cramoisy*, 1686, *in*-12. *v. f.*

1. { 916 Défense des Lettres d'Agathon à Eraste, contre les quatre Volumes que l'Anti-Moine leur a opposés. *Paris*, 1643, *in*-8. *v. f.*

917 La subtile & naïfve recherche de l'Hérésie, qui est la honte & confusion des Prédicans, Schismatiques, & Hérétiques ; où est amplement monstré que leur doctrine est du Diable, faicte & forgée par des hommes pervers & malins ; par Didiere Gillet, simple femme de Village. *Paris, David Gilles*, 1609, *in*-8. *v. m.*

1. 918 La Cabale des Réformés tirée nouvellement du puits de Démocrite *Montpellier, le Libertin*, 1597. == Apologie de Réboul sur la Cabale des Réformés. *Impr. en* 1599. == Satyre Ménippæ, ou les Actes du Synode Universel de la sainte Réformation, tenu à Montpellier le 15 May 1598. *Montpellier, le Libertin*, 1600, *in*-8. *v. f.*

1. 7. 919 Dialogues rustiques d'un Prestre de Village, d'un Berger, le Censier, & sa Femme. *Genève, Jean de Baptista*, 1655, *in*-8. *v. m.*

4. 5. 920 Dialogue de trois Vignerons du pays du Maine sur les miseres de ce temps, princi-

THÉOLOGIE.   157

palement dans les affaires de Religion ; écrit en langage populaire , par Jean Soufnor , Sieur de la Nichiliere. *Rouen , David Ferrant*, 1633, *in-*8. *v. m.*

921 Déclaration des abus , hipocrifie & fubtilitéz des faux Prophetes & féducteurs du Peuple, avec les marques & enfeignes comme il faut les cognoiftre & fe garder d'eux, par Gabriel du Preau. *Paris , Jean Poupy* , 1579 , *in-*8. *v. m.*   1.

922 Le vray Refveille-matin des Calviniftes & Publicains François ; où eft amplement difcouru de l'auctorité des Princes , & du devoir des Sujets envers iceux, par Arnault Sorbin. *Paris , Guillaume Chaudiere* , 1576 , *in-*8. *v. m.*

923 Les Eaux de Siloë , pour éteindre le feu du Purgatoire , contre les raifons & allégations d'un Cordelier Portugais. *Impr. fans nom de lieu ni d'Imprimeur* , en 1603 , *in-*8. *v. m.*   1.

924 Le Feu d'Hélie pour tarir les Eaux de Siloë , auquel eft amplement prouvé le Purgatoire contre le Miniftre du Moulin. *Paris , Rolin Thierry* , 1603 , *in* 8. *veau. br.*

925 La Fournaife ardente & le Fourneau de reverbere , pour évaporer les prétendues Eaux de Siloë , & pour corroborer le Purgatoire contre les héréfies & cavillations ineptes du prétendu Miniftre du Moulin. *Paris , Fleury Bouriquant* , 1603 , *in-*8. *v. br.*   1. 11.

926 Torrent de feu fortant de la face de Dieu pour deffeicher les eaux de Mara enclofes dans la chauffée du Molin d'Ablon ; où eft   1.

THÉOLOGIE.

amplement prouvé le Purgatoire, & sont descouvertes les faussetés & calomnies du Ministre Molin, par Jacq. Suarès de Sainte Marie, Observantin Portugais. *Paris, Michel Sonnius*, 1603., *in*-12. *v. br.*

927 Les Entremangeries ministrales, c'est-à-dire, contradictions, injures, condamnations & exécrations mutuelles des Ministres & Prédicans de ce siecle, par François Feu-Ardent. *Paris*, 1601., *in* 12. *v. m.*

928 Les Epitres de Pierre Martyr Florentin, à quelques Fideles, touchant leur abjuration & renoncement de la vérité, avec les Jugemens de Dieu contre les Persécuteurs de l'Eglise & les Apostats. *Impr. en* 1574, *in*-8. *v. m.*

929 La Face de l'Eglise primitive opposée à celle de la Prétendue Réformée; où les principales Raisons qui ont porté l'Auteur à se ranger à la Communion de l'Eglise Romaine, par G. Martin. *Tours, Jacq. Poinsot*, 1601, *in*-8. *v. m.*

930 La Babylone démasquée, ou Entretiens de deux Dames Hollandoises sur la Religion Catholique Romaine, & sur les motifs qui doivent engager à l'embrasser & à renoncer aux Sectes qui lui sont contraires, &c. *Paris, Nic. Pépie*, 1727, *in*-12. *baz.*

931 Critique des Lettres Pastorales de M. Jurieu, adressée à M. de Lamoignon de Baville, par le sieur Paulian. *Lyon, Anisson*, 1689, *in*-12. *v. br.*

THÉOLOGIE. 159

VII.

Théologie Hétérodoxe.

§ 1. *Ecrits des anciens Réformateurs, Grecs & & Vaudois, Wicléfistes, Hussites, &c. jusqu'au temps de Luther.*

932 Waldensia : *id est* ; Conservatio veræ Ecclesiæ, demonstrata ex Confessionibus cùm Taboritarum ante CC ferè annos, tùm Bohemorum circà tempora reformationis scriptis ; studio & operâ Balthasaris Lydii. *Roterodami*, Joan. Leon. Berewout, 1616, *in*-8. *v. m.* — 4. 4.

933 Joannis Wiclefi viri undiquaque piissimi Dialogorum Libri IV, quorum *primus*, Divinitatem & Ideas tractat ; *secundus*, universarum Creationem complectitur ; *tertius*, de virtutibus vitiisque ipsis contrariis copiosissimè loquitur ; *quartus*, Romanæ Ecclesiæ Sacramenta, ejus pestiferam Dotationem, Anti-Christi regnum, Fratrum fraudulentam Originem, atque eorum hypocrisim, variaque nostro ævo scitu dignissima graphicè perstringit. Impr. anno 1525, *in*-4. *mar. vert antiqué*, rare. 80.

934 Johannis Hufs Opuscula in tres Tomos distincta, cum appendice Othonis Brunsfelsii, *absque notâ editionis*. === Processus consistorialis Martyris Johannis Hufs, cum Correspondentiâ legis gratiæ ad jus Papisticum, in Simoniacos & Fornicatores Papistas, & de Victoriâ Christi deque Anti-Christi degrada- 166.

tione ac depofitione ; *abfque notâ editionis.*
== Epiftola LIV Nobilium Moraviæ pro defenfione Johannis Hufs, ad Concilium Conftantienfe. *Abfque notâ editionis*, in-4. mar. r. rare.
* *Exemplar elegans & integrum.*

§ 2. *Ecrits des nouveaux Réformateurs, Luthériens, Sacramentaires & Zuingliens, Calviniftes & Proteftans, &c.*

935 Martini Lutheri Conclufiones de Fide & Ceremoniis : Acced. ejufdem de Fide & Operibus faluberrima Declaratio, Ceremoniarum refolutio, & Conclufiones pro timoratis confcientiis confolandis. *Wittemberghæ, abfque notâ anni*, in-4. v. m.

936 Examen eorum qui audiuntur anteritum publicæ ordinationis, quâ commendatur eis Minifterium Evangelii : Authore Philippo Melanchthone. *Witteberga, Hæred. Petri Seitzii,* 1556, in-8. v. m.

937 Matthiæ (Francowitz) Flacci Illyrici, Liber de effentiâ originalis Juftitiæ & Injuftitiæ, feu Imaginis Dei & contrariæ. *Bafileæ, Petrus Perna,* 1568, in-8. mar. r.

938 Ejufdem Matthiæ (Francowitz) Flacci Illyrici, Differtatio de occafionibus vitandi errorem in effentiâ Injuftitiæ originalis: *Item,* de eximiâ utilitate fummâque neceffitate Doctrinæ de effentiâ Imaginis Dei ac Diaboli, Juftitiæque ac Injuftitiæ originalis. *Bafileæ, Petrus Perna,* 1569, in-8. mar. r.

939 Ejufdem Matthiæ (Francowitz) Flacci Illyrici

rici Demonſtrationes XXX evidentiſſimæ de præſentiâ ac diſtributione corporis ac ſanguinis Chriſti in ſacrâ Cœnâ, *Urſellis* , *Nic. Henricus* , 1565 , *in-8. mar. bl.*

940 Apologia ejuſdem Matthiæ (Francowitz) Flacci Illyrici , pro ſuis demonſtrationibus in controverſiâ ſacramentariâ , contrà Theod. Bezæ cavillationes. *Impr. anno Domini* 1566 , *in-8. mar. bl.*

941 Ejuſdem Matthiæ (Francowitz) Flacci Illyrici , Liber de Sectis & diſſentionibus , contradictionibus & confuſionibus Doctrinæ , Religionis, Scriptorum & Doctorum Pontificiorum. *Baſileæ , Paulus Queckus* , 1565 , *in-4. mar. r.*

942 Ejuſdem Matthiæ (Francowitz) Flacci Illyrici , Catalogus Teſtium veritatis , qui antè noſtram ætatem Pontificum Romanorum primatui variiſque Papiſmi ſuperſtitionibus , erroribus ac impiis fraudibus reclamârunt , cum appendice. *Genevæ, excud. Jacobus Stoër , & Jac. Chouët* , 1608 , *in-fol. vel. bl.*

943 Ægidii Hunnii Calvinus judaïzans ; *Hoc eſt* , Judaïcæ Gloſſæ & corruptelæ quibus Johannes Calvinus illuſtriſſima Scripturæ Sacræ loca & teſtimonia de glorioſâ Trinitate , Deitate Chriſti & Spiritus Sancti , cùmprimis autem vaticinia Prophetarum de adventu Meſſiæ , nativitate ejus , paſſione , reſurrectione , aſcenſione in cœlos & ſeſſione ad dextram Dei , deteſtandum in modum corrumpere non exhorruit. *Witebergæ, Vid. Matth. Velaci* , 1595 , *in-8. mar. bl.*

944 Sommaire des principaux points de la Foy & de la Religion Chreſtienne , & des abus

Tome I.   X

& erreurs contraires à icelles, par Pierre Viret ; avec un abrégé de la doctrine Evangélique & Papistique, par Henry Bullinger. *Metz, Jean d'Arras*, 1564, *in-*8. *mar. r.*

19945 La Métamorphose chrestienne ; composée par Pierre Viret, & distinguée par dialogues, intitulés ; *savoir*, l'Homme naturel, l'Homme difformé, la Transformation des Ames, l'Homme réformé, les Œconomiques, les Politiques, l'Art Militaire, les Arts, les Ethiques, la Religion, les Langues, & la Théologie. *Genève, Jean le Preux*, 1592, *in-*8. *v. f.*

19946 Traité de la nature & diversité des Vœux, & des Loix qui en ont été baillées de Dieu, par le même Pierre Viret. (*Genève*), 1551, *in-*8. *v. m.*

947 Traité de la vraye & de la fausse Religion touchant les Vœux & Sermens licites & illicites, avec une Dissertation ou Traité de la Moinerie & des Sacrifices faits à Moloch, tant en corps qu'en âme, par le même Pierre Viret. (*Genève*), *Jean Rivery*, 1560, *in-*8. *v. m.*

948 Familière & brieve exposition sur l'Apocalypse de S. Jehan l'Apostre. (*Genève*), 1539.
═ Exposition de l'Histoire des dix Lépreux, où est amplement traité de la Confession auriculaire, & comme on peut user d'allégories en la sainte Ecriture ; translatée de latin en françois. *Ibid*, 1539, *in-*12. *v. m.*

949 Response aux calomnies d'Albert Pighius, contenant la défense de la saine & saincte Doctrine contre le Franc-Arbitre des Papistes,

THÉOLOGIE. 163

par laquelle est monstré que la volonté de l'homme est naturellement serve & captive de péché, &c. par Jean Calvin. *Impr. par Franç. Jaquy*, 1560, *in-*8. *v. br.*

950 Passevent Parisien, respondant à Pasquin Romain, de la vie de ceux qui sont aller demourer, & se disent vivre selon la réformation de l'Evangile, au pays de Savoye & sous les Princes de Berne & Seigneurs de Genève, &c. (Satyre par maniere de dialogue, attribuée à Antoine Cathelan, jadis Cordelier Albigeois.) *Impr. en* 1556, *sans nom de lieu. in-*16. *mar. r.*

951 Confession de la Foy Chrestienne faicte par Théodore de Bèze, avec la réfutation des superstitions contraires, trad. du latin en françois. *Impr. en* 1561, *in-*8. *v. f.*

952 Theodori Bezæ, Vezelii, Tractatus de Repudiis & Divortiis, in quâ pleræque de causis Matrimonialibus (quas vocant) incidentes controversiæ ex verbo Dei deciduntur: Additur Juris Civilis Romanorum, & veterum his de rebus Canonum Examen ad ejusdem verbi Dei & æquitatis normam. *Genevæ, Joan. Crispinus*, 1569, *in-*8. *v. m.*

953 Tractatio de Polygamiâ & divortiis, in quâ & Ochini Apostatæ pro polygamiâ, & Montanistarum ac aliorum adversus repetitas nuptias, repetita argumenta refutantur; ex Theodori Bezæ, Vezelii, prælectionibus *Excud. Joann. Crispinus*, 1568.══Tractatio altera de Repudiis & divortiis, in quâ pleræquæ de causis Matrimonialibus ex verbo Dei deciduntur; ex

THÉOLOGIE.

ejusdem Theodori Bezæ prælectionibus. *Ibid.* 1569, *in-8. relié en carton.*

954 Tractatus ejusdem de Polygamiâ; editio altera. *Genevæ, Jo. Crispinus,* 1571, *in-8. v. f.*

955 Veteris Interpretis, cum Bezâ aliisq. recentioribus Collatio in IV Evangeliis & Apostolorum Actis, in quâ annon sæpiùs absque justâ satis causâ hi ab illo discesserint, disquiritur; authore Johanne Boisio. *Londini, Th. Roycroft,* 1655, *in-8. v. br.*

956 Causa Dei, seu Alexandri Mori, de Scripturâ Sacrâ Exercitationes Genevenses. *Medioburgi, Ant. de Latter,* 1653, *in-4. baz.*

957 Contradictiones Doctorum Romanæ Ecclesiæ, cum præfatione Johannis Pappi, Theologi Argentoratensis. *Argentorati, Hæred. Bern. Jobini,* 1597, *in-4. relié en carton.*

958 Sibrandi Luberti de Ecclesiâ Libri IV, collati cum disputationibus Roberti Bellarmini. *Franekeræ, Ægidius Radæus,* 1607, *in-8. v. m.*

959 Franc. Junii, Biturigis, de Ecclesiâ Liber singularis adversùs Bellarminum. *Ex Offic. Sancti-Andreanâ,* 1603, *in-8. v. m.*

960 Dav. Parei Disputatio de Sacrarum Scripturarum auctoritate divinâ & canonicâ, adversùs Jesuitarum strophas & imposturas, cum notis & animadversionibus Mulhusini & Johannis Magiri. *Moguntiæ, Joan. Albinus,* 1604. ═ Henrici Helmesii, Ord. S. Francisci, de verbo Dei Libri III. *Coloniæ, Hæred. Arn. Birckmanni,* 1560. ═ Aspasii Crocippi

THÉOLOGIE.

(Casparis Scioppii) Pædagogus pædagogorum, sive Parænesis ad assiduam, veram ac fructuosam SS. Bibliorum lectionem. *Impr. anno* 1611, *in*-4. *v. f.*

961 Johann. Hoornbeeck Apologia pro Ecclesiâ Christianâ hodiernâ non apostaticâ. *Amstelodami, Lud. Elzevirius,* 1647, *in*-12. *v. m.*

962 Stanislai Orichovii, Rutheni, Oratio de Lege Cœlibatus, contrà Syricium Romanum ; nec-non Supplicatio ad Julium III Pont. Max. de approbando matrimonio à se inito ; Item, Libellus de bello instituendo adversùs Turcas. *Basileæ, Joann. Oporinus,* 1551, *in*-8. *v. f.*   1. 10.

963 L'excellent Traité du Mariage spirituel entre J. C. & son Eglise, trad. du latin de Hierôme Zanchius, en françois par Simon Goulart. *Impr. par P. de Sainct-André, en* 1594, *in*-8. *v. m.*   1.

964 Traité des Traditions & de la perfection & suffisance de l'Escriture-Sainte, avec un Catalogue des Traditions Romaines, par Pierre du Moulin. *Sédan, Jean Jannon,* 1631, *in* 8. *v. m.*   1.

965 Semaine de Méditations & de prieres, avec une préparation pour la sainte Cène, par le même Pierre du Moulin. *Charenton, Louis Vendosme,* 1664, *in*-12. *v. m.*

966 Préparation à la sainte Cène, avec les prieres qui se disent devant & après la Communion, par Raymond Gaches. *Charenton, Louis Vendosme,* 1661, *in*-16. *v. m.*

967 Traité de la Créance des Peres sur le fait

des Images, par Jean Daillé. *Genève, Jean de Tournes*, 1641, *in-*8. *v. m.*

968 Apologie des Eglises réformées, où est monstrée la nécessité de leur séparation d'avec l'Eglise romaine, contre ceux qui les accusent de faire Schisme en la Chrétienté, par le même Jean Daillé. *Charenton, Louis Vendosme*, 1647, *in-*8. *v. m.*

969 Les Prieres qu'on lit dans l'Eglise de Genève, avec les Pseaumes que l'on y chante les jours de la semaine. *Genève, Fabri & Barillot*, 1712, *in-*12. *baz.*

970 Examen de la Transsubstantiation, par feu M. le Coq, Conseiller au Parlement de Paris. *Londres, Jean Watts*, 1720, *in-*8. *v. m.*

971 L'Accomplissement des Prophéties ou la délivrance prochaine de l'Eglise, par Pierre Jurieu. *Rotterdam, Abraham Acher*, 1686, 2 *tom. en* 1 *vol. in-*12. *v. f.*

972 Présages de la décadence des Empires, où sont meslées plusieurs Observations curieuses touchant la Religion & les affaires du temps. *Mekelbourg*, 1688, *in-*8. *v. br.*

§ 3. *Ecrits des nouveaux Réformateurs Anglicans.*

973 Hermanni Loëmelii, Ecclesiæ Anglicanæ Querimonia apologetica de censurâ aliquot Episcoporum Galliæ in libros de regimine Catholicorum Angliæ, &c. *Audomaropoli, Steutin*, 1631, *in-*4. *v. f.*

974 Statera appensa quoàd salutis assequendæ facilitatem, authore I. S. (Joanne Smith.), Anglo. *Londini*, 1661. ═ Stateræ Æquilibrium,

THÉOLOGIE. 167

authore Thomâ Anglo ex Albiis. *Ibid*, 1661.
== Ejufdem Thomæ Angli Apologia pro doctrinâ suâ adv. Calumniatores. *Ibid*, 1661, *in*-12. *v. f.*

975 Henrici Hammond, Præsbyteri Anglicani, Diſſertationes quatuor, quibus Epiſcopatûs Jura ex S. Scripturis & primævâ antiquitate adſtruuntur, contrà Sententiam Davidis Blondelli & aliorum ; cum differtatione proœmiali de Antichriſto, de Myſterio Iniquitatis, &c. *Londini, Typis J. Flesher*, 1651, *in*-4. *v. f.*

976 Hiſtoire de la Tranſubſtantiation, trad. du latin de feu Mgr. l'Eveſque de Durham. *Amſterdam, Paul Marret, in*-12. *v. m.*

§ 4. *Traités ſinguliers Hétérodoxes, contre l'Egliſe Romaine en général, le S. Siége, la Hiérarchie de l'Egliſe Romaine & les Perſonnes Eccléſiaſtiques.*

977 Diſcurſus conſolatorius ſuper Concilio Tridentino factus inter Matrem Sorbonam & Nic. Maillardum, Sacræ Theologiæ Pariſienſis Decanum, in quo quæritur an Concilium Tridentinum ſit legitimum ? & ibi monſtratur quòd non : Declaratur item quòd Decreta & Canones hujus Concilii continent doctrinam hæreticam, apoſtaticam & non apoſtolicam : & tandem demonſtratur hypocriſis papiſtica. Hæc omnia verſibus latinis conſcripta & edita à quodam Anonymo, ſub nomine ficto, Benedicti Coſmomorii. *Impr. Pariſiis, apud Joann. Lanternium, anno* 1564, 2 *tom. en* 1 *vol. in*-8. *mar. r. rare.*

978 Simonis Rosarii Anti-thesis Christi & Anti-Christi, videlicet Papæ, versibus & figuris venustissimis illustrata; accedit, de præstantissimis Christi & spurcissimis Anti-Christi moribus Declaratio; nec-non vita & res gestæ Hildebrandi, qui Romanus Pontifex factus, Gregorius VII dictus est. *Item* Johannæ Papissæ vita & effigies; & Epistola, seu Apotheosis Pauli III, Pont. Max. *Excud. Eustathius Vignon*, (*Genevæ*) 1578, *in*-8. *v. f.*

979 Antilogia Papæ; *Hoc est*, de corrupto Ecclesiæ statu, & totius Cleri papistici perversitate, cum præfatione Wolfgangi Vuislemburgii. *Basileæ, Joann. Oporinus*, 1555, *in*-8. *mar. r. rare.*

980 La Nécromance papale divisée par maniere de dialogues, par Pierre Viret. (*Genève*), 1553, *in*-8. *mar. bl.*

981 La même. Genève, *Jean Gérard*, 1553, *in*-8. *v. f.* (*Exemplaire mal conservé.*)

982 Idolopeie, c'est-à-dire, Fiction ou Feintise d'Image; en laquelle est introduite une Image parlante ainsi qu'une Créature vivante & raisonnable aux Idolomanes espars sous le climat & papimanie de Rome, trouvée entre les papiers & bordereaux de l'iconotrible Catholique, avec le Cantique de Jérémie; le tout en ryme françoise. *Impr. en Utopie*, par *Arnault de l'Incostat pour le Syndic de l'Univers*, en 1570, *in*-8. *mar. r.*

983 Remonstrance chrestienne & salutaire aux François qui se sont desvoyés de la vraye Religion,

THÉOLOGIE.

ligion, & polluez ès superstitions & idolâtries de la Papauté; en laquelle sont descouvertes les horribles impiétés & abominations contenues en cette tyrannique abjuration, publiée par les suppots de l'Antechrist en cette derniere persécution. *Impr. en 1586, sans nom de lieu, in-8. v. m.*

984 D'un nouveau Chef qui, au temps des Empereurs, s'éleva à Rome; Livre contenant comment & par quels moyens s'est élevée la Papauté; la décadence d'icelle, ses merveilleuses pratiques, &c. (*Geneve, à l'Epée,*) 1543, *in-8. v. m.*

985 La Sentence & Condamnation du Pape de Rome, ses Cardinaux, Evesques, Abbés, Moynes & Maistres de la Sorbonne. *Impr. en 1563, in-8. mar. r.*

986 Le Mystère d'iniquité, *c'est-à-dire*, l'Histoire de la Papauté, où l'on fait voir ses progrès, &c.; avec la défense des droits des Empereurs, Rois & Princes Chrétiens, contre les assertions des Cardinaux Bellarmin, & Baronius, par Philippe de Mornay, Seigneur du Plessis-Marly. *Saumur, Portau, 1611, in-fol. v. m.*

987 Autre Edition du même Livre. *Impr. en 1612, in-8. v. m.*

988 Anti-Mornæus, sive Confutatio Mysterii Iniquitatis, seu Historiæ Papatûs Philippi Mornæi, ubi ejus errores & imposturæ deteguntur & refelluntur: authore Leonardo Cocquæo, Ordin. Eremitarum S. Augustini. *Lutetiæ, Sumpt. Authoris, anno 1613, in-4. vel.*

Tome I. Y

989 La Chasse de la Beste Romaine, où il est recherché & prouvé évidemment que le Pape est l'Antechrist, par Georges Thomson. *La Rochelle, Philippe Albert*, 1612, *in-*8. *mar. r.*

§ 5. *Traités singuliers Hétérodoxes contre les Dogmes, Cérémonies, Usages, & différentes Pratiques de l'Eglise Romaine.*

990 Le Manuel, ou Instructions des Curés & Vicaires de l'Eglise Romaine, contenant l'Eau-Bénite, la bénédiction des Fonts, le Baptême des enfans masles, le Baptême des filles, le Mariage & l'Extrême Onction; en latin & en françois, avec certaines Explications pour l'intelligence du texte. *Lyon, Cl. Ravot*, 1564, *in-*8. relié en carton.

991 Disputations chrestiennes touchant l'estat des Trespassés, faites par maniere de dialogues, & divisées en V parties; savoir, la Cosmographie infernale; le Purgatoire; le Limbe; le Sein d'Abraham, & la Descente aux Enfers, par Pierre Viret. *Genève, Jean Gerard*, 1552, *in-*8. *mar. violet.*

992 Dissertatio de Idolo Hallensi, Justi Lipsii mangonio & phaleris exornato atque producto. *Impr. anno* 1605, *in-*4. *br. en carton.*

§ 6. *Traités singuliers Hétérodoxes, contre la Messe, & le Saint Sacrement de l'Eucharistie.*

993 Matthæi Sutlivii de Missâ Papisticâ variisque Synagogæ Rom. circà Eucharistiæ Sacramentum erroribus & corruptelis Libri V. quo-

rum primus, de reali præsentiâ; secundus, de Transsubstantiatione; tertius, de Sacrificio Missæ; quartus, de Missis privatis & Communione sub unâ specie; ultimus de Missæ cæremoniis & partibus controversias tractat. *Londini, Adamus Islip*, 1603, *in-4. vel.*

994 Annotomia della Messa & del Messale, la qual scuopre gli enormi errori & gli infiniti abusi dal volgo non conosciuti, sì della Messa quanto del Messale; con un Sermone della Eucharistia, il qual dimostra se Christo è corporalmente nel Sacramento, ò non; per Antonio di Adamo. *Stamp. l'anno* 1552, *in-4. v. m. rare.*

470. 4

995 De l'Institution, Usage & doctrine du S. Sacrement de l'Eucharistie en l'Eglise ancienne; ensemble, quand, comment & par quels degrés la Messe s'est introduite en sa place, par Philippes de Mornay, Seigneur du Plessis-Marly. *La Rochelle, Hiérosme Haultin*, 1598, *in-8. v. m.*

6.

§ 7. *Meslanges de Théologie Hétérodoxe, là où sont aussi rapportés les Ouvrages de controverse, & les Disputes élevées parmi les Protestans mêmes, comme aussi les Traités Apologétiques sur la Tolérance & la Violence en matiere de Religion, avec les Responses qui y ont été faites.*

996 Tractatus singularis de Controversiâ Eucharistiæ adversùs Tigurinos. *Solodori, Michaël Verlin*, 1662, *in-8. vel.*

1.

997 Traité de la fin & usage des Miracles, &

1. 10.

Y ij

de la Conception de la Vierge Marie en péché originel, contre l'Opinion de ceux de l'Eglife Romaine, par David Chaillet. *Impr. par Jean Bonnefoy*, 1566, *in-8. v. m.*

5. 18.

998 Traité du faux vifage de l'Antiquité, par Charles Drelincourt. *Charenton, Louis Vendofme*, 1652, *in-8. v. m.*

999 Dialogues familiers fur les principales Objections des Miffionnaires de ce temps, par le même Charles Drelincourt. *Impr. en* 1648, *in-8. v. m.*

1000 Le Capucin : Traité auquel eft décrite & examinée l'origine des Capucins, leurs Vœux, Regle, & Difcipline, par Pierre du Moulin. *Genève, Jacq. de la Pierre*, 1641, *in-8. relié en carton.*

1.

1001 Traité du Juge des Controverfes, auquel eft deffendue l'authorité & la perfection de la fainte Efcriture, contre les ufurpations & les accufations de l'Eglife Romaine, par le même Pierre du Moulin. *Sedan, Jean Jannon*, 1630, *in-8. v. m.*

1002 Eclairciffemens familiers de la Controverfe de l'Euchariftie, tirés de la parole de Dieu & des efcripts des SS. Peres, par David Blondel. *Quévilly, Jacq. Cailloué*, 1641, *in-8. v. m.*

1. 4. 1003 Traité de la Communion à J. C. au Sacrement de l'Euchariftie, contre les Cardinaux Bellarmin & du Perron, par Jean Meftrezat. *Sedan, Jean Janon*, 1624, *in-8. v. m.*

1. 11. 1004 Traité des Religions, contre ceux qui les eftiment toutes indifférentes, par Moyfe Amyraült. *Saumur, Claude Girard*, 1631, *in-8. v. m.*

THÉOLOGIE.

1005 Apologie pour ceux de la Religion, sur les sujets d'aversion que plusieurs pensent avoir contre leurs personnes & leur créance, par le même Moyse Amyraut. *Saumur, Isaac Desbordes*, 1647, *in-8. v. m.*

1006 Remonstrance à la Royne Mere du Roi, par ceux qui sont persécutés pour la parole de Dieu ; en laquelle ils rendent raison des principaux articles de la Religion, qui sont aujourd'hui en dispute. *Impr. en* 1561, *in-8. v. f.*

1007 Le Théatre de l'Antechrist, auquel est répondu au Cardinal Bellarmin, au Sieur de Rémond, à Pérérius, Ribera, Viégas, Sandérus & autres, qui, par leurs escripts, condamnent la doctrine des Eglises réformées, par Nic. Vignier. *Genève, Philippe Albert*, 1613, *un tome en 2 vol. in-8. v. m.*

1008 La Discipline des Eglises réformées de France, ou l'Ordre par lequel elles sont conduites & gouvernées, avec des observations & des questions tirées des Actes des Synodes nationaux, par J. d'Huisseau. *Genève & Saumur, René Péan*, 1666, *in-4. v. m.*

1009 La saincte Liberté des enfans de Dieu & freres de Christ, ou Recueil de 150 Articles pour lesquels il y a liberté de créance, avec quelques Réflexions sur l'Apologie du Synode de Montpellier. *Impr. sans nom de lieu ni d'Imprimeur, en* 1655, *in-8. v. m.*

1010 Traités & Lettres de feu M. Jean Oger de Gombaud touchant la Religion, avec ses Sonnets chrestiens. *Amst. Pierre Lanclume*, 1669, *in-12. v. br.*

THÉOLOGIE.

1. 1011 Autre Edition du même Livre. *Amsterdam, Dan. du Fresne*, 1678, *in-*12. *v. f.*

1. 1012 Apologie pour les Protestans, divisée en IV parties, où l'Auteur justifie pleinement leur conduite & leur séparation de la Communion de Rome, & propose des moyens faciles & raisonnables pour une bonne réunion. *Amsterdam, Paul Warnaer*, 1672, *in-*12. *v. f.*

1. 1013 Réflexions sur la cruelle persécution que souffre l'Eglise réformée de France, & sur la conduite & les actes de la derniere Assemblée du Clergé de ce Royaume; avec un Examen des prétendues calomnies dont le Clergé se plaint au Roi, dans sa profession de Foi à deux colonnes, que les Réformés ont répanduës dans leurs Ouvrages contre l'Eglise Romaine. *Impr. en Hollande en* 1685, *in-*12. *v. m.*

1. 1014 La Mercuriale de Parme contre le Luthéranisme, ou Raisonnement d'Ulric Groinsberg, Soldat en l'Armée de Parme, avec le Pere Girolamo de Plaisance. *Impr. sans nom de lieu ni date d'année*, *in-*12, *v. m.*

1015 Défense de la nation Britannique, ou les droits de Dieu, de la Nature & de la Société, clairement établis au sujet de la révolution d'Angleterre, contre l'Auteur de l'*Avis important aux Réfugiés*; par Abbadie, Ministre de la Religion réformée. *La Haye, Abrah. de Hondt*, 1693, *in-*12. *v. br.*

1. 1016 Traité de la Religion Chretienne, par rapport à la vie civile, où l'on fait voir que l'Eglise n'est point un Etat, & que la puissance

des Princes ne va pas jusqu'à dominer sur la Foy, trad. du latin de Samuël Puffendorf, par M. de S. Amant. *Utrecht, Ant. Schouten*, 1690, *in*-12. *v. br.*

1017 La Chimere de la Caballe de Rotterdam, démontrée par les prétendues convictions que le Sr. Jurieu a publiées contre M. Bayle. *Amsterdam, Henry des Bordes*, 1691, *in*-12. *v. br.*

1018 Nouvel avis au petit Auteur des petits Livrets, concernant ses Lettres sur les différens de M. Jurieu & de M. Bayle. *Amsterdam*, 1692, *in*-12. *v. br.*

1019 Lettres d'un Théologien réformé à un Gentilhomme Luthérien, pour servir de responfe à celles qu'un Docteur Allemand de l'Université Catholique de Strasbourg a écrites à ce Gentilhomme, par Armand de la Chappelle. *Amsterdam, Zach. Chastelain*, 1736, 2 *tom. en* 1 *vol. in*-12. *v. br.*

§ 8. *Traités singuliers des Conciliateurs ou Tolérans.*

1020 Commentaire philosophique sur ces paroles de J. C. *contrain-les d'entrer*, &t. (ou Traité de la Tolérance universelle, par Pierre Bayle.) Nouvelle Edition augmentée de notes, & d'un Ecrit intitulé : *Ce que c'est que la France toute Catholique sous le regne de Louis le Grand*. ROTTERDAM, *Fritsch & Bohm*, 1713, 2 *vol. in*-12. *v. br.*

1021 La Paix des bonnes Ames dans tous les partis du Christianisme sur les matieres de

Religion, & particulierement sur l'Eucharistie, par Pierre Poiret. *Amsterdam, Théodore Boeteman*, 1687, *in*-12. *v. f.*

§ 9. *Ecrits des Antitrinitaires ou Sociniens.*

1022 Michaëlis (Revès) Serveti, ab Arragonia Hispani, de Trinitatis erroribus Libri VII: Impr. anno 1531. ⹀ Ejusdem Serveti Dialogorum de Trinitate Libri duo, & de Justitiâ regni Christi capitula quatuor. *Impr. ann.* 1532, *in*-8. *mar. bl.*
 * *Editio Originalis, rarissima.*

1023 Prediche di Messer Bern. Ochino da Seina. *In Basilea*, 1562, 5 *vol. in*-8. *mar. bl.*

1024 Prediche del medesimo Bern. Ochino da Siena (sopra il nome del R. P. Don Serafino, da Piagenza), ditte Labirinti, del libero over servo Arbitrio, prescienza, predestinatione, & liberta divina, & del modo per uscirne. *Stamp. in Pavia, senza anno, in*-8. *mar. bl.*

1025 Il Catechismo, overo Institutione Christiana del medesimo Ochino da Siena, in forma de Dialogo. *In Basilea*, 1561, *in*-8. *mar. bl.*

1026 Disputa del medesimo Ochino da Siena intorno alla presenza del Corpo di Giesu Christo nel Sacramento dalla Cena. *In Basilea*, 1561, *in*-8. *mar. r.*

1027 Ejusdem Bern. Ochini, Senensis, Liber de corporis Christi præsentiâ in Cœnæ Sacramento; in quo acuta est Tractatio de Missæ Origine atque Erroribus, & de conciliatione Controversiæ inter reformatas Ecclesias, ex italico

THÉOLOGIE. 177

italico latinè. *Basileæ*, *absq. notâ anni*, *in-8. mar. bl.*

1028 Ejusdem Ochini Labyrinthi; *Hoc est*, de libero aut servo arbitrio, de divinâ prænotione, destinatione & libertate disputatio, & quonam pacto sit ex iis labyrinthis exeundum; ex italico sermone in latinum translati. *Basileæ*, *Petr. Perna*, *absque notâ anni*, *in-8. mar. bl.*

1029 Ejusdem Bernardini Ochini, Senensis, Dialogorum Tomi duo, quorum primus de Messiâ, alter verò de Trinitate tractat, ex italico latinè redditi per Sebastianum Castalionem. *Basileæ*, *Petrus Perna*, 1563, 2 vol. *in-8. mar. bl. rare.*

§ 10. *Traités singuliers de la Théologie des Quackers & autres Fanatiques Protestans, Préadamites, &c.*

1030 Epitome Revelationum Christophori Kotteri ab anno 1616 ad annum 1624, cum Appendice de morte ejusdem Kotteri; Accedunt Revelationes Christinæ Poniatowiæ ad annos 1627 & 1628, nec-non Revelationes Nicolao Drabicio factæ ab anno 1638 ad ann. usquè 1663. *Impr. anno 1663*, *in-8. v. f.*

1031 Præadamitæ, sive Exercitatio quâ inducuntur primi homines antè Adamum conditi, Systema Theologicum Isaaci la Peyrere. *Impr. anno 1655*, *in-12. mar. r.*

1032 Isaaci Peyrerii Epistola ad Philotimum, quâ exponit rationes propter quas ejuraverit Sectam Calvini quam profitebatur, & Li-

Tome I. Z

178 THÉOLOGIE.

brum de Præadamitis quem ediderat. *Franco-furti*, *Typ. Ægid. Vogelii*, 1658, *in-*12. *v. f.*

§ 11. *Traités singuliers qui contiennent des erreurs particulieres, comme aussi plusieurs systêmes de Liberté Philosophique, de Religion naturelle & politique, Athéisme, Déisme, &c.*

1033 Opusculum quod inscribitur, DE TRIBUS IMPOSTORIBUS. *Anno* 1598, *in-*8. *mar. r.*

1034 Guill. Postelli de Orbis Terræ Concordiâ Liber primus. *Parisiis*, *Petrus Gromorsus*, *absque notâ anni.* === Ejusdem Postelli de Rationibus Spiritus Sancti Libri II. *Parisiis, Petrus Gromorsus*, 1543. === Ejusd. Postelli Sacrarum Apodixeon, seu Euclidis Christiani Libri II. *Ibid*, 1543, *in-*8. *mar. r.*

1035 Ejusdem Postelli de Orbis Terræ Concordiâ Libri IV, in quibus Religionis Christianæ placita rationibus Philosophicis docentur. (*Basileæ* 1544) *in-fol. mar. c.*

1036 Ejusd. Postelli Clavis absconditorum à Constitutione Mundi, quâ mens Humana tàm in divinis quàm in humanis pertinget ad interiora velaminis æternæ veritatis, cum Appendice pro pace Religionis Christianæ, editore A. Franc. de Monte S. *Amsterodami*, *Joann. Janssonius*, 1646, *in-*16. *mar. rouge.*

1037 Ejusdem Postelli Divinationis, sive divinæ summæque veritatis discussio, quâ constat quid sit de clarissimâ inter Christianos & Ismaëlitas victoriâ futurum, atque ubinàm Gentium & locorum contingere debeat &

THÉOLOGIE.

quàmobrem. *Parisiis*, 1571, *in-16. v. f.*

1038 Ejusdem Postelli, Alcorani seu Legis Mahometi & Evangelistarum Concordiæ liber, in quo de Calamitatibus Orbi Christiano imminentibus tractatur: additus est Libellus de universalis Conversionis, Judiciive tempore, & intra quot annos sit expectandum, conjectatio ex divinis ducta Auctoribus veròque proxima. *Parisiis*, *Petrus Gromorsus*, 1543, *in-8. v. m.* — 13. 5.

1039 Ejusdem Postelli Opus de Nativitate Mediatoris ultimâ, nùnc futura & Orbi terrarum in singulis ratione præditis manifestanda; in quo totius Naturæ obscuritas, origo & creatio, ità cum suâ causâ illustratur & exponitur, ut vel pueris sint manifesta, quæ in Theosophiæ & Filosofiæ arcanis hactenùs fuère. *Absque notâ editionis* (*Basileæ* 1547), *in- 4. mar. bl.* — 20.

1040 Les très merveilleuses Victoires des Femmes du nouveau Monde, & comment elles doibvent à tout le monde par raison commander, & mesme à ceulx qui auront la Monarchie du Monde vieil. A la fin est adjoutée la Doctrine du siecle doré, ou de l'Evangélique regne de Jésus Roi des Rois, par Guill. Postel. *Paris*, *Jeh. Ruelle*, 1553, *in-16. mar. r.* — 220. (*petites lettres*.)

* *Edition originale d'un Ouvrage très rare & fort singulier, connu sous le nom de* LA MERE JEANNE.

1041 Spaccio de la Bestia trionfante, proposto da Giove, effettuato dal Conseglo, revelato da Mercurio, recitato da Sophia, udito da Sau-

THÉOLOGIE.

780. { lino, regiſtrato dal Nolano; diviſo in tre Dialogi, ſubdiviſi in tre parti (Opera di Giordano Bruno Nolano). *Stampato in Parigi*, *l'anno* 1584, *in-*8. *mar. citron à compartimens. rare.*

1042 La Cena de le Ceneri, deſcritta in cinque Dialogi, per quattro interlocutori, con tre conſiderationi circa doi ſuggetti (Opera dal medeſimo Giordano Bruno Nolano). *Stamp. l'anno* 1584, *in-*8. *mar. citron à compartimens. rare.*

45. 19. 1043 Del' infinito univerſo & Mondi Dialogi V, dal medeſimo Giordano Bruno Nolano. *In Venetia*, *l'anno* 1584, *in-*8. *mar. vert. rare.*

22. 1044 Ejuſdem Jordani Bruni Nolani Liber de monade, numero & figurâ, nec-non de minimo, magno & menſurâ; *Item*, de innumerabilibus, immenſo, & infigurabili, ſeu de univerſo & mundis Libri VIII. *Francofurti, Joann. Wechelus*, 1591, *in-*8. *mar. r.*

12. 1045 Ejuſd. Jordani Bruni Nolani de Imaginum, Signorum & Idearum compoſitione, ad omnia inventionum, diſpoſitionum, & memoriæ genera Libri III. *Francofurti, Joann. Wechelus*, 1591, *in-*8. *mar. bl.*

7. 10. 1046 Ejuſdem Jordani Bruni Nolani, Liber de Umbris Idearum, nec-non Ars memoriæ. *Pariſiis, Ægid. Gorbinus*, 1582, *in-*8. *mar. r.*

8. 1047 Ejuſdem Jordani Bruni Nolani Cantus Circæus ad eam memoriæ praxim ordinatus, quam ipſe Judiciariam appellat. *Pariſiis, Egid. Gilles*, 1582, *in-*8. *v. m.*

13. 4. 1048 Ejuſdem Jordani Bruni Nolani Explicatio triginta Sigillorum, quibus adjectus eſt Sigil-

THÉOLOGIE.

lus Sigillorum ad omnes animi operationes comparandas ; accedit ejufdem Bruni Nolani recens & completa Ars reminifcendi & in phantaftico campo exarandi, ad plurimas in XXX figillis inquirendi, difponendi, atque retinendi implicitas novas rationes & artes, introductoria. *Abfque notâ editionis*, in-8. *fig. mar. rouge.*

1049 Ejufdem Jordani Bruni Nolani Figuratio Ariftotelici phyfici auditûs, ad ejufdem intelligentiam atque retentionem, per XV imagines explicanda. *Parifiis, Petrus Chevillot, abfque anni notâ,* in-8. *mar. bl.* 12.-

1050 Ejufdem Jordani Bruni Nolani, Camœracenfis Acrotifmus, feu Rationes articulorum Phyficorum adversùs peripateticos Parifiis propofitorum. *Witeberga, Zacharias Craton,* 1588, *in-12. mar. bl.* 33.

1051 Ejufdem Jordani Bruni Nolani de compendiosâ Architecturâ & complemento Artis Lullii. *Parifiis, Ægid. Gorbinus,* 1582, *in-16. mar. rouge.* 6.

1052 Julii Cæfaris Vanini Amphitheatrum æternæ Providentiæ divino-magicum, chriftiano-phyficum, nec-non aftrologo-catholicum; adversùs veteres Philofophos, Atheos, Epicureos, Peripateticos & Stoïcos. *Lugduni, Vid. Ant. de Harsy,* 1615, in-8. *mar. bl. rare.* } 42.-

1053 Ejufdem Vanini de admirandis Naturæ reginæ Deæque mortalium arcanis dialogorum Libri IV. *Lutetiæ Parifior. Andr. Périer,* 1616, *in-8. mar. bl. rare.*

1054 Apologia pro Julio Cæfare Vanino. *Cof.* 1. 16.

mopoli, *Typis Philaletheis*, 1712, *in-8. v. f.*

1055 Th. Brown Religio Medici. *Juxtà exemplar Lugd. Batav. ann.* 1644, *in-*12. *mar. bl.*

1056 Ejusdem Operis editio altera, cum annotationibus. *Argentorati, Joann. Fridericus Spoor*, 1677, *in-*12. *v. br.*

1057 Joann. Amos Comenii Pansophiæ Diatyposis, seu Templi Sapientiæ Ichnographia aphorismis comprehensa. *Amstelodami, Lud. Elzevirius*, 1645. === Ejusd. Comenii Physicæ ad lumen divinum reformatæ Synopsis Philodidacticorum, & Theodidactorum censuræ exposita. *Amstelodami, Janssonii*, 1645, *in-*12. *v. f.*

1058 Pensées de Simon Morin, avec ses cantiques & quatrains spirituels. *Impr. en* 1647. === Arrêt de la Cour de Parlement, qui condamne ledit Morin à être brûlé vif en place de Grève, avec son livre des *Pensées*, &c. *Paris, Louis Barbote*, 1663. === Le Procès verbal d'exécution de mort de Simon Morin, brûlé vif le 14 Mars 1663, *in-8. mar. bl. rare.*

1059 Factum contre Simon Morin, dans lequel se trouve l'Analyse des Ouvrages de ce Fanatique. === Déclaration de Sim. Morin, depuis peu délivré de la Bastille, sur la révocation de ses Pensées, &c. *Paris, Cl. Morlot*, 1649. === Déclaration du même Sim. Morin, de sa femme & de Mlle. Malherbe, touchant ce qu'on les accuse de vouloir faire Secte nouvelle, &c. *Impr. en* 1649. === Arrêt de la Cour du Parlement, contre ledit Morin, & procès verbal de son exécution de mort. *Paris, Louis*

THÉOLOGIE. 183

Bárbote, 1663., in-8. mar. bl. rare.

1060 Franc. Cuperi, Amstelodamensis, Arcana Atheismi revelata, philosophicè & paradoxè refutata examine Tractatus theologico - politici, duobus Libris comprehensa. *Roterodami, Isaacus Naranus*, 1676, in-4. v. f.

1061 Hadriani Beverlandi Peccatum originale, philologicè elucubratum. *Eleutheropoli, in Horto Hesperidum, Typis Adami Evæ terræ filii*, 1678, in-8. mar. rouge.
  * *Editio integra.*

1062 Ejusdem Beverlandi de stolatæ virginitatis jure Lucubratio Academica. *Lugd. in Batavis, Typis Joannis Lindani*, 1680, in-8. mar. r.

1063 Ejusdem Beverlandi de Fornicatione cavendâ Admonitio; sive Adhortatio ad pudicitiam & castitatem. *Juxtà exemplar Londinense*, anno 1698, in-8. mar. r.

1064 Alardi Uchtmanni Vox clamantis in deserto, adversùs Hadrianum Beverlandum. *Medioburgi, Theodorus de la Maire, absque anni notâ*, in-8. mar. r.

1065 Apologie de la Religion Chrestienne contre ceux qu'on nomme Esprits forts. *Paris, Rollin (Hollande)*, 1734, 2 vol. in-12. v. m.

1066 Dissertation sur l'union de la Religion, de la morale, & de la politique, tirée d'un Ouvrage de Warburton, & trad. de l'anglois en françois, avec des remarques par M. de Silhouette. *Londres (Paris)*, 1742, 2 vol. in-12. v. m.

184   THÉOLOGIE.

§ 12. *Traités singuliers de la Théologie des Juifs & des Mahométans.*

1067 Selectiora Cabalistarum Dogmata, eorumque obscuriora ex Commentationibus Joannis Pici excerpta. *Venetiis*, 1569, *in-8. v.f.*

1068 L'Alcoran de Mahomet, translaté d'arabe en françois par André du Ryer. *Paris (Rouen)*, 1651, *in-12. v. br.*

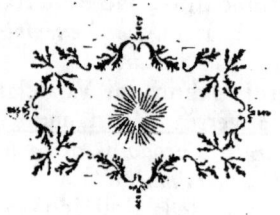

CLASSE

CLASSE SECONDE.

JURISPRUDENCE.

SECTION I.

DROIT CANONIQUE.

I.

Droit Canonique universel.

§ 1. *Traités préparatoires, & Institutions du Droit Canonique.*

1069 Gerhardi von Mastricht Historia Juris Ecclesiastici & Pontificii : seu de ortu, progressu, incrementis, collectionibus, Auctoribusque Juris Ecclesiastici & Pontificii Tractatio. *Amstelædami, Ysbrandus Haring*, 1686, *in*-12. *v. f.*

§ 2. *Droit Canonique ancien, Capitulaires, & Collections de Décrétales.*

1070 Antiquæ Collectiones Decretalium, cum notis Antonii Augustini, Episcopi Ilerdensis.

186   JURISPRUDENCE.

Ilerdæ, Joan. à Villanova, 1576, in-fol. bazane.

§ 3. *Droit Canonique nouveau, Corps de Droit Canon, Bulles, Constitutions & autres Actes, avec leurs Commentateurs & Interpretes, comme aussi les divers Ouvrages des Canonistes modernes.*

8. 1. 1071 Codex vetus, *MSS. in Membranis*, in quo continetur ; Magistri Guillelmi Durandi Speculum, sive repertorium Juris utriusque. *in-fol. magno, relié en bois.*

24. 1072 Codex vetus alter, *MSS. in Membranis*, in quo continetur ; Opus quod inscribitur, Concordantia discordantium Canonum. *in-fol. magno, relié en bois.*
  * *Hic Codex, integer & bona notæ, figuris auro & coloribus satis eleganter devictis decoratur.*

6. 1073 Codex vetus alter, *MSS. in Membranis*, in quo continetur ; Eadem Concordantia discordantium Canonum. *in-fol. relié en bois.*
  * *Hujus ad calcem Codicis subjiciuntur folia quædam figurata, imagines aliquot allegoricas complectentia.*

9. 1074 Decretum aureum divi Gratiani Imperatoris ; de concordantiâ Canonum discordantium. *Parisiis, Thielmanus Kerver, 1506, in-4. gotiq. v. m.*

1075 Codex vetus, *MSS. in Membranis*, in quo continentur ; Decretales Gregorii IX, Pontificis Maximi. *in-fol. relié en bois.*

81. 1076 Nova Compilatio decretalium Gregorii IX, cum glossis. *Moguntiæ, per Petrum Schoiffer*

JURISPRUDENCE. 187

de Gernsheim, anno Incarnationis Dominicæ 1473, in-fol. C. M. mar. r. rare.

1077 Eadem Compilatio decretalium Gregorii IX, cum glossis. *Parisiis, per Martinum (Crantz) Udalricum (Gering), & Michaëlem (Friburger), anno à nativitate Domini* 1476, in-fol. C. M. v. m.   15.

1078 Eadem Compilatio decretalium Gregorii IX, cum glossis. *Moguntiæ, per Petrum Schoiffer de Gernsheim, anno à nativitate Christi,* 1479, *in-fol. C. M. v. m.*   26. 10.

1079 Apparatus solennis Innocentii Papæ IV, super quinque Libris Decretalium, eleganter compositus & emendatus per venerabilem virum Andream Hartmann; cum repertorio Baldi de Perusio. *Argentinæ, sub anno Domini* 1478, *in-fol. C. M. relié en bois.*   6. 12.

1080 Joann. Cardinalis de Turrecremata Commentarii in Libros decretalium. *Lugduni,* 1555, 2 vol. *in-fol. C. M. v. br.*   3. 8.

1081 Johannis Antonii de S. Georgio Commentarii in quartum Librum decretalium. *Papiæ, per Antonium de Carcano Mediolanensem, anno* 1476, *in-fol. C. M. vel.*   2. 11.

1082 Henrici Canisii, Posthuma de sponsalibus & matrimonio, seu Lecturæ super quartum Librum decretalium. *Ingolstadii, Andreas Angermarius,* 1613, *in-*12. *relié en carton.*   1.

1083 Margarita Decreti; seu Fabula martiniana, edita per Fratrem Martinum, Ord. Præd. & summi Pontificis penitentiarium & capellanum. *Editio vetus, absque anni indicatione, in-fol. v. f.*

1084 Codex vetus, *MSS. in Membranis,* in quo   1. 16.

A a ij

continetur; summa Litterarum Curiæ Romanæ quas magister Pontius, Provincialis, rogatus compilavit. *in-*4. *relié en bois.*

1085 Franc. Florentis, Antecessoris Aurelianensis, Dissertationum selectarum Juris Canonici Libri duo, quibus subjicitur Commentarius ad *titulum*, de Vitâ & Honestate Clericorum. *Parisiis, Joan. Camusat,* 1632, *in* 8. *relié en carton.*

1086 Ejusdem Francisci Florentis Opera juridica, studio Joannis Doujatii collecta & edita. *Parisiis, Joann. de la Caille,* 1679, 2 *vol. in-*4. *v. br.*

1087 Clementis XI Pont. Maximi Orationes consistoriales. *Romæ, Salvioni,* 1722, *in-fol. fig. v. f.*

§ 4. *Traités singuliers de la Hiérarchie de l'Eglise & des Personnes Ecclésiastiques, du Souverain Pontife, de sa primauté, puissance, authorité, droits, prérogatives,* &c.

1088 Codex vetus, *MSS. in Membranis*, in quo continentur; 1°. Collectio Catholicæ & Canonicæ scripturæ ad defensionem Ecclesiasticæ Hierarchiæ, ab Authore anonymo; 2°. Liber Alani de Planctu naturæ, versibus latinis conscriptus, cum Commentariis solutâ oratione compositis ab Authore anonymo. *in* 4. *relié en bois.*

1089 Hugonis de Sletstat Liber qui dicitur, *Quadruvium Ecclesiæ*; in quo tractatur de origine Sacerdotii & Imperii, de superioritate Papæ, de authoritate Episcopi, de Juribus Ecclesiasticorum, & de Imperatore. *Parisiis*, *Guill. Euſtace*, 1509, *in-4. v. m.*

1090 Fratris Auguſtini de Ancona, Ord. Fratrum Heremitarum S. Auguſtini, Summa de de Eccleſiaſticâ poteſtate. *Auguſtæ, anno Incarnationis Chriſti*, 1473, *in fol. relié en bois.* 36
* *Hæc Editio originalis ac primaria, rara habetur.*

1091 Andreæ Eudæmon Joannis, è Soc. Jeſu, Admonitio de Libris M. Antonii de Dominis. *Coloniæ Agrippinæ, Bern. Gualtherus*, 1619, *in-8. v. m.*

1092 Reſponſe aux demandes d'un grand Prélat, touchant la Hiérarchie de l'Egliſe, & la juſte défenſe des Privilégiés & des Religieux, par François de Fontaine. *Nancy*, *Jacq. Garnich*, 1625, *in-12. relié en carton.* " 13.

1093 L'ancienne Police de l'Egliſe ſur l'adminiſtration de l'Euchariſtie; par Gabriel de l'Aubeſpine. *Paris*, *Guill. Deſprez*, 1655, *in-12. v. br.*

1094 Nili, Archiepiſcopi Theſſalonicenſis, de primatu Papæ Romani Libri duo, gr. & lat. ex verſione Bonaventuræ Vulcanii; accedit ejuſdem Nili, de Igne purgatorio Liber ſingularis. *Lugd. Batavorum, ex Officinâ Plantinianâ*, 1595, *in-8. vel.* 1.

1095 Thomæ Campegii, Bononienſis, Epiſcopi Feltrenſis, Opus de auctoritate & poteſtate Romani Pontificis. *Venetiis*, *Paulus Manutius*, 1555, *in-8. v. m.* 1 4.

1096 Rutilii Benzonii, Romani, Epiſcopi Lauretani & Recanatenſis, de juſtitiâ Pontificii interdicti, contrà Reip. Venetæ pſeudo-Theo-

JURISPRUDENCE.

logos disputatio. *Recaneti*, *Ant. Braida*, 1607, *in-4. v. f.*

§ 5 *Traités singuliers de la Puissance Ecclésiastique & Politique, avec les Traités particuliers de la Puissance royale & séculiere dans le gouvernement de l'Eglise, & de son indépendance de celle du Pape.*

1097 Anton. de Rosellis de Aretio Tractatus de potestate Imperatoris & Papæ; àn apud Papam sit potestas utriusque gladii, nec-non de materiâ Conciliorum, &c. *Colonia*, Hermann. Lichtenstein, anno 1487. ⸺ Fratris Henrici Opuscula quædam adversùs perversa Ant. de Rosellis de Aretio dogmata. *Venetiis*, Jac. de Leucho, 1499, *in-fol. v. f.*

1098 Simonis Schardii Hypomnema de Fide, observantiâ, ac benevolentiâ Pontificum Romanorum ergâ Imperatores Germanicos, collectum ex veris atque fidelibus historiarum monumentis. *Basileæ*, Joann. Oporinus, 1566, *in-8. v. f.*

1099 Marsilii de Menandrino, Patavini, vulgò dicti *Defensor Pacis*, Apologia pro Ludovico IV, Imp. Bavaro, adversùs usurpatam Romani Pontificis Jurisdictionem; accedit Tractatus de translatione Imperii. *Ex Bibliopolio Commeliniano*, 1599, *in-8. v. f.*

1100 Causa Valesiana Epistolis ternis prælibata, cum appendicibus & additamento; in quo opere, multa notantur adversùs Ecclesiasticam potestatem. *Londini*, Joann. Brome, 1684, *in-12. v. f.*

JURISPRUDENCE.

1101 Differtation fur le Concile de Trente, dans lequel on prouve que le Concile Général eft au-deffus du Pape dans les matieres de la Foi, & que le Concile n'eft pourtant pas infaillible. *Amft. Nic. Chevalier*, 1702, *in-12. v. f.* — 1. 16.

1102 Effai hiftorique-critique fur l'origine de la puiffance temporelle des Papes, par F. Sabbathier. *Chaalons fur Marne, Ant. Degaulle*, 1765, *in-12. broché.* — " 14.

1103 Le Toclin, ou Traité contre le Livre de la Puiffance temporelle du Pape, publié par le Cardinal Bellarmin. *Paris*, 1610, *in-12. v. m.*

1104 Confultation de M. J. Bédé, fieur de la Gourmandiere, fur la Queftion : fi le Pape eft fupérieur du Roi, en ce qui eft du temporel. *Sédan, Jean Jannon*, 1615, *in-8. v. m.* } 3. 16.

1105 Guill. Barret, Angli, Jus Regis; five de abfoluto & independenti fæcularium Principum dominio, & obfequio eis debito Libri III; in quibus Summo Pontifici jus non effe Principes deponere aut civiliter plectere demonftratur. *Bafilea, Hier. Piftus*, 1612, *in 8. vel.* — " 12.

1106 Les Canons des Conciles de Tolede, de Meaux, de Mayence, d'Oxfort & de Conftance; Advis & Cenfures de la Faculté de Théologie de Paris; & Arrêts de la Cour du Parlement, par lefquels la Doctrine de dépofer & tuer les Rois & Princes eft condamnée (recueillis par Simon Vigor). *Impr. en* 1615, *in-8. v. m.* — 1. 4.

1107 Expofition de la Doctrine de Saint Tho-

JURISPRUDENCE.

mas sur le Tyrannicide, par M. le Chevalier de Tréville; avec le détail du traitement qu'a essuyé l'Auteur pour avoir composé cet Ouvrage, & un Recueil de Lettres Apologétiques écrites en sa faveur. *Paris*, 1764, *in-*12. *v. m.*

1108 Traité de l'Autorité des Rois touchant l'administration de l'Eglise, par M. Omer Talon, Avocat-Général, & ensuite Président à Mortier au Parlement de Paris. *Amsterdam (Paris)*, 1700, *in-*12. *v. br.*

§ 6. *Traités singuliers des autres Personnes Ecclésiastiques, des Cardinaux, des Légats, des Evesques, de leur jurisdiction & autorité; des Curés, des Chapitres, des Abbés, des Prêtres, & de leurs droits & prérogatives.*

1109 Joann. Thomæ à Turri, Ordin. Præd. Tractatus singularis de auctoritate, gradu, ac terminis Legatorum à latere. *Romæ, Typ. Ang. Bernabo*, 1656, *in-*4. *v. m.*

1110 Bartholomæi Carranzæ Controversia de necessariâ residentiâ personali Episcoporum & aliorum inferiorum Pastorum. *Lugduni*, 1550, *in-*16. *v. m.*

1111 Joann. Filesaci, Theol. Parisiensis, Commentarius de sacrâ Episcoporum auctoritate. *Parisiis, Barth. Macæus*, 1605, *in-*8. *v. m.*

1112 Défense des droits des Evêques dans l'Eglise, contre le Livre intitulé : *des Pouvoirs légitimes du premier & du second Ordre dans l'administration des Sacremens, & le gouvernement de l'Eglise*, par M. Corgne. *Paris, Guill. Desprez*, 1762, 2 *vol. in-*4. *v. m.*

1113

JURISPRUDENCE.

1113 Le caractere des Officiers de l'Evêque où l'on fait voir les qualités qui sont nécessaires au Vicaire Général & à l'Official, pour exercer avec succès la Jurisdiction Episcopale ; avec deux Traités en langue latine, intitulés, l'un, de la Jurisdiction, *l'autre*, de l'Usure ; par Louis Bastide. *Paris, Jean Guignard*, 1692, *in-*12. *v. br.*

1114 Michaëlis Lochmaieri Parochiale Curatorum : Opus sanè elaboratissimum & sacrificis viris necessarium ac utile ; in quo continentur, utriusque juris tàm Pontificii quàm Cæsarei Documenta præsertìm ad Ecclesiasticos viros pertinentia. *Parisiis, Joh. Parvus*, 1520, *in-*8. *gotiq. v. m.*

1115 Response au Livre intitulé : *de l'Auctorité des Chapitres*, publié sous le nom des Doyen, Chanoines & Chapitre de l'Eglise de Rouen ; avec l'Arrêt donné contre ledit Chapitre au profit de M. le Card. de Joyeuse, leur Archevesque. *Paris, Seb. Cramoisy*, 1610, *in-*8. *relié en carton.*

1116 Enchiridion Ecclesiasticum de præcipuis Clericorum officiis ac virtutibus, ad normam Pontificalis Romani, Sacr. Conciliorum & SS Patrum. *Romæ, Typis, Franc. Tizzoni*, 1676, *in-*12. *v. f.*

1117 La délégation des Religieux, c'est-à-dire, examen & rapport de la puissance légitime qu'ont les Religieux mandians, & autres Privilégiés, d'entendre les confessions des séculiers. *Paris, Daniel Guillemot*, 1622, *in-*8. *v. m.*

Tome I. B b

§ 7. *Traités singuliers de la Puissance Ecclésiastique, contre les Hérésies & Schismatiques.*

1. 1118 Gallicinium in aliquot falsas damnatasque Antonii Sanctarelli assertiones, authore Rodolpho Botereio. *Parisiis Joann. Bessin*, 1626, *in-*8. *v. m.*

§ 8. *Traités singuliers des choses Ecclésiastiques, & premierement du célibat des Prêtres, de la Tonsure, habillemens, ornemens, marques de distinction, & autres choses extérieures concernant les Personnes Ecclésiastiques.*

1. 1119 Georgii Calixti Tractatus singularis de conjugio Clericorum; quo ostenditur, Pontificiam legem quâ sacris Ministris conjugium universim & simpliciter interdicitur. *Francofurti, Sim. Beckenstein*, 1653, *in-*4. *v. f.*

2. 1120 Joann. Pierii Valeriani Apologia pro Sacerdotum barbis; cui accesserunt, Musonii Tractatulus de Tonsurâ, & Hospiniani Libellus de ratione comæ & barbæ. *Lugd. Batav. ex Officinâ Wilhelmi Christiani*, 1639, *in-*12. *mar. r.*

3. 1121 Antonii Mazzaronii Tractatus de tribus Coronis Pontificis Maximi, nec-non de osculo sanctissimorum ejus pedum, in quo tractatur quid Corona, & à quo inventa sit, & quotuplex; quare aureas, radiatas, atque gemmatas Principes Supremi coronas gerant, & quare sacrat. Pont. Max. caput triplici in eâdem intra diademate coronetur. *Item*, quid sit osculum & quotuplex, deque osculi adora-

tionis origine, & de adoratione pedum per osculum. *Romæ*, *Joann. Martinelli*, 1588, *in*-8. *v. m.*

1122 Josephi Steph. Valentini, Episcopi Vestani, Liber singularis de osculatione pedum Pont. Romani, adjectâ ejusdem authoris Dissertatione de coronatione & levatione seu portatione Papæ, adversùs Hæreticorum calumnias. *Romæ*, *ex Typ. Titi & Pauli de Dianis*, 1588, *in*-8. *v. m.*

1123 Libellus de Biretto rubeo dando S. R. E. Cardinalibus regularibus, unà cum responsionibus Antonii Scappi, Jurisconsulti Bononiensis. *Romæ*, *Georg. Ferrarius*, 1592, *in*-4. *vel.*

§ 9. *Traités singuliers des Eglises, Paroisses, Bénéfices, Résignations, Décimes, Pensions, & de ce qui y a rapport.*

1124 Traité de l'aliénation du bien d'Eglise & baux emphytéotiques, contenant les solennités requises par les ordonnances & constitutions Canoniques pour la validité desdites aliénations, par J. Chenu. *Paris*, *Ant. de Sommaville*, 1625, *in*-8. *v. f.*

1125 Traité des Bénéfices, trad. de l'Italien de Fra Paolo Sarpi, en françois, par l'Abbé de Saint Marc, Académicien de la Crusca. *Amsterdam*, *Henry Westein*, 1685, *in*-12. *v br.*

1126 Joann. de Laur Tractatus singularis de ætate ad omnia Beneficia superiora & inferiora tùm sæcularia tùm regularia requisitâ. *Lutet. Parisiorum*, *Joann. de la Caille*, 1682, *in*-8. *v. br.*

1127 De re Beneficiariâ Liber singularis, sive Quæstionis celebris & difficilis, *an & quibus in casibus* liceat homini Christiano, absque culpâ & peccato, plura beneficia Ecclesiastica possidere ΑΝΑΚΡΙΣΙΣ. Curâ & studio Theologi Parisiensis, Abbatis Sidichembechensis. *Impr. anno* 1710, *in-*8 *v. m.*

1128 Ferdinandi Cordubensis, Sedis Apostolicæ Subdiaconi, Tractatus singularis de Jure medios exigendi fructus, quos vulgò ANNATAS dicunt; & de potestate Romani Pontificis in temporalibus. *Absque notâ editionis*, *in-fol. relié en carton.*

1129 Traité sur le partage des fruits des bénéfices entre les bénéficiers, leurs prédécesseurs ou leurs héritiers, avec les charges dont ils sont tenus, par Michel du Perray. *Paris, Damien Beugnié*, 1722, *in-*12. *v. br.*

1130 Joannis Chokier Syntagma de commutationibus Beneficiorum. *Leodii, Hæred. Guill. Hovii,* 1632. ⹀ Tancredi, Juris Canonici vetustissimi Glossatoris Summa matrimonialis. *Coloniæ, Johann. Birckmannus,* 1563, *in-*8. *vel.*

1131 Claudii de Paris Doct. Theologi Opusculum de necessariâ unius uni Clerico Ecclesiastici Beneficii singularitate, adversùs pravam plurium (ut hodie vivitur) in unum idemque caput sacrorum ejusmodi Ministeriorum coacervationem. *Parisiis, Martinus Durand,* 1650, *in-*8. *v. m.*

1132 Zegeri Bern. van Espen Tractatus de simoniâ circà Beneficia, administrationem Sacramentorum & celebrationem Missarum;

nec-non Liber de Pensionibus Ecclesiasticis. *Lovanii, Ægid. Denique*, 1686, *in*-12. *v. br.*

1133 Franc. de Roye, Andegavensis, de Jure patronatûs, & de Juribus honorificis Libri duo. *Andegavi, Petrus Avril*, 1667, *in*-4. *v. br.*

§ 10. *Traités singuliers du Mariage & du Divorce, Dispenses, Censures, Excommunications, Police & Discipline judiciaire, & autres dépendances de la Jurisdiction Ecclésiastique.*

1134 D. Didaci de Medrano Tractatus de consensu connubiali. *Lugduni, Horat. Cardon*, 1609, *in*·4. *v. f.*

1135 Essai de Dissertation, ou Recherches sur le Mariage, en sa qualité de Contract & de Sacrement, à l'effet de prouver que, dans le Mariage des fidèles, on ne peut séparer le Contract du Sacrement, par M. Lorry. *Paris, Gabr. Martin*, 1760, *in*-12. *v. m.*

1136 Joann. Montaigne Tractatus solennis de utrâque Bigamiâ; in quo de Bigamiæ ortu, effectû, dispositione, dispensationeque tractatur. *Editio litteris gothicis excusa, absque loci & anni indicatione, in-*8. *v. m.*

1137 Regulæ, Ordinationes & Constitutiones Cancellariæ Apostolicæ; quibus accedunt Constitutiones Karolinæ super libertate spiritualium & personarum, ac Ecclesiarum immunitate, &c. *Editio Primaria anni* 1476, *absque ullâ loci & impressoris nomine, in-*4. *relié en bois. Rare.*

* *Le Papier dont on s'est servi pour l'impression*

198　JURISPRUDENCE.

de ce Livre, est marqué A LA TÊTE DE TAU-
REAU; ce qui peut faire conjecturer que l'édition
en a dû être exécutée à MAYENCE.

On lit à la fin des Regles de la Chancelle-
rie, la souscription suivante :

*Lecte & publicate fuerunt suprascripte regule
Ro. in Cancellaria apostolica die Martis xxvij
Mensis Augustii, Anno d. M. CCCC. lxxj. Indi-
tione quarta Pontificatus S. D. N. D. Sixti
Papæ quarti anno primo. G. de puteo & in au-
dientia contradictarum die Mercurii secunda
Octobris, Anno & pontificatus ut supra, Or. de
Ursinis locum tenens.*

Explicit M. CCCC. lxxvj.

1138 Practica Cancellariæ Apostolicæ. *Romæ, per
Joann. de Besicken*, 1503, *in-4. relié en carton.*

1139 Auberti Miræi, Bruxellensis, Notitia Pa-
triarchatuum & Archiepiscopatuum orbis Christiani; una cum Codice provinciali veteri &
novo omnium Ecclesiarum Cathedralium universi orbis, ex libro Cancellariæ Apostolicæ
excerpto. *Antverpiæ, Dav. Martinius*, 1611,
in-8. v. f.

II.

Droit Ecclésiastique de France.

§ I. *Capitulaires, Loix Ecclésiastiques, Pragmatiques, Concordats, & libertés de l'Eglise
Gallicane, avec les Actes de son Clergé.*

1140 Remonstrances faictes au Roy Louis XI
sur les Priviléges de l'Eglise Gallicane, & les
plainctifs & doléances du Peuple au sujet de

JURISPRUDENCE.

l'abolition de la Pragmatique Sanction ; avec la forme de l'Assemblée des trois Etats tenus en la Ville de Tours, sous le regne de Charles VIII. *Paris, Vinc. Sertenas, 1561, in-8. v. m.*

1141 R. Caron Remonstrantia Hibernorum contrà Lovanienses ultramontanasque Censuras, de incommutabili Regum imperio, subditorumque fidelitate & obedientiâ indispensabili, cum duplici appendice ; una de libertate Gallicanâ, altera, contra infaillibilitatem Pontificis Romani. *Impr. anno Domini 1665, in-fol. v. br.*

1142 Gallia Vindicata, in quâ testimoniis exemplisque Gallicanæ præsertìm Ecclesiæ, quæ pro regalia, ac quatuor Parisiensibus propositionibus à Ludovico Maimburgo, aliisque producta sunt refutantur ; auctore R. P. Cœlestino Sfondrati. *Typ. Monasterii S. Galli, 1687, in-4. v. br.*

1. 10.

1143 Recueil en abrégé des Actes, Titres & Mémoires concernant les Affaires du Clergé de France, par M. Thomas Regnoust. *Paris, Georg. Josse, 1677, in-4. v. br.*

1.

1144 Actes de l'Assemblée Générale du Clergé de France de 1682, concernant la Religion ; avec un Recueil de plusieurs Piéces qui y ont rapport. *Paris, 1682 & ann. suiv. in-4. v. m.*

1.

§ 2. *Traités singuliers de la Politique séculiere & ecclésiastique de France, & de l'indépendance de la Puissance Royale de celle du Pape; où il est aussi traité des différens survenus entre les Cours de France & de Rome, au sujet des Franchises, Exemptions, &c.*

1145 Optati Galli (Caroli Hersent) de cavendo Schismate Liber paræneticus, ad Ill. & Reverend. Ecclesiæ Gallicanæ Primates, Archiepiscopos, Episcopos, &c. *Lugduni (Parisiis)*, 1640. === Arrêt de la Cour de Parlement, qui ordonne que le Libelle intitulé: *Optati Galli de cavendo Schismate, &c.* sera lacéré & bruslé. *Paris, Seb. Cramoisy*, 1640, *in-8. C. M. mar. c. rare.*
* *Editio Originalis.*

1146 Michaëlis Rabardæi, Soc. Jesu, *Optatus Gallus de cavendo Schismate*, benignâ manu sectus. *Parisiis, Joann. Camuzat*; 1641, *in-4. vélin.*

1147 La Chimere deffaicte, ou Réfutation du Libelle séditieux de Charles Hersent; intitulé: *Optatus Gallus*, par Sulpice de Mandriny, Sieur de Gazonval. *Paris, Barth. Lorge*, 1640, *in-4. v. f.*

1148 Chimæra excisa; sive Confutatio Libelli seditiosi, cui titulus est: *Optatus Gallus, &c.* è gallico Sulpicii Mandrini sermone in latinum versa. *Parisiis, Barth. Lorgius*, 1641, *in-4. vel.*

1149 Le Bouclier de la France; ou les sentimens de Gerson & des Canonistes touchant les Différends des Rois de France avec les Papes. *Cologne,*

gne., Jean Sambix, 1691, in 12. v. m.
1150 L'Homme du Pape & du Roi, ou Réparties véritables sur les imputations calomnieuses d'un Libelle diffamatoire semé contre Sa Sainteté & Sa Majesté très Chrestienne, par les ennemis couverts du S. Siege & de la France. Bruxelles, 1635, in-8. v. f.
1151 Extrait d'un Sermon prêché le jour de S. Polycarpe, à Saint Jean en Grève à Paris, (contenant plusieurs Traités singuliers au sujet de l'affaire des Franchises à Rome). Liége, Jean Henry, 1689, in-8. v. m.

§ 3. *Traités singuliers des Droits & Prérogatives des Eglises particulieres de France, des Prélats & autres Ecclésiastiques.*

1152 Joann. Lomedé Tractatus Privilegiorum, quæ exemptiones Ecclesiasticæ dicuntur; accessit index Ecclesiarum Galliæ exemptarum. Parisiis, Ægidius Alliot, 1674. == Mémoire touchant la Responfe que les Religieux doivent faire à Nosseigneurs les Evesques, s'ils veulent faire la visite de leurs Eglises. Impr. sans nom de lieu ni date d'année, in-12. v. br.
1153 Joann. Chenu, Biturici, Stylus Jurisdictionis Ecclesiasticæ Archiepiscopalis, Primat. & Patriarchalis Bituricensis, reformatus in Concilio Provinciali anno 1584, cum notis & historiâ brevi omnium Archiepiscoporum ejusdem Ecclesiæ, & Catalogo Beneficiorum. Parisiis, Vid. Guill. Chaudiere, 1603. == Les Priviléges accordés à la ville de Bourges; par le même Chenu. Ibid. 1603, in-8. v. m.

JURISPRUDENCE.

1. 1154 Plaidoyers faits au Grand-Conseil sur le privilége de la Fierte, prétendu par les Doyen, Chanoines & Chapitres de l'Eglise Cathédrale de Rouen, avec les Arrêts sur ce intervenus. *Paris, Barthelemy Macé*, 1608, *in-8*. relié en carton.

3. 1155 L'Ami des Peuples, ou Mémoire intéressant pour l'Eglise & pour l'Etat, au sujet de l'administration & des droits des Pasteurs de Province, avec une Dissertation sur l'antiquité de l'Eglise de S. Pierre d'Angers, & des remarques curieuses sur le Camp de César au Canton d'Empyré & de Frémur, &c. par Claude Robin, Prêtre & Curé de ladite Paroisse de S. Pierre. *Saumur, veuve Goux*, 1764, *in-12. v. m.*

1. 16. 1156 Mémoires de plusieurs Chanoines, Curés & autres Ecclésiastiques du Diocese & de la ville de Sens, au sujet des Mandemens de l'Archevêque de cette ville. *Tome premier*, *in-4. v. m.*

1. 6. 1157 La France Ecclésiastique, ou état présent du Clergé séculier & régulier, des Ordres des Religieux Militaires & des Universités ; avec la Collation des dignités & des Canonicats de toutes les Eglises Cathédrales du Royaume. *Paris, G. Desprez*, 1764, *in-12. v. m.*

13. 1158 La Clef du grand Pouillé des Bénéfices de France, par J. Doujat. *Paris, Gilles Alliot*, 1671, *in-12. v. br.*

§ 4. *Traités singuliers des Elections & Nominations, où il est traité des droits de Régale, & des Indults.*

1159 Traité singulier des Personnes Ecclésiastiques & des choses décimales, avec un autre Traité des droits de Régale & des Pensions bénéficiales, par Germain Forget. *Rouen, Jean Osmont*, 1611, *in-*8. *v. m.*   3.

1160 Mémoires pour les Abbés, Prieurs & Religieux des Abbayes de S. Vincent du Mans, de S. Martin de Séez, de S. Sulpice de Bourges, de S. Alire de Clermont, & de S. Augustin de Limoges, contre les Archevêque de Lyon, & Evêque d'Orléans, M. l'Abbé le Noir, M. l'Abbé Very, & M. l'Abbé de Foy, nommés par le Roi auxdites Abbayes. *Paris, M. Lambert,* 1764, *in-*4. *v. m.*   2-

1161 Productions sur l'affaire du Prieuré de Saint Orens d'Auch, concernant la Sécularisation dudit Prieuré, & le Reglement des Juges sur le possessoire de ce Bénéfice. *Impr. en* 1682, *in-*12. *v. f.*   3. 19.

1162 Traité des Pensions Royales, où il est prouvé que le Roi a droit de donner des pensions sur les Bénéfices de sa nomination & de sa collation, même à des Laïcs, par René Richard. *Paris, Jacq. le Febvre,* 1695, *in-*12. *v. m.*   2. 11.

1163 Traité de l'Indult du Parlement de Paris, où du droit que le Chancelier de France, les Présidens, Maîtres des Requêtes, Conseillers, & autres Officiers du Parlement de Paris ont sur les Prélatures séculieres & régulieres du Royaume, par Cochet de S. Valier. *Paris, Jean Guignard*, 1703, 2 *vol. in*-12. *v. m.*

§ 5. *Taités singuliers concernant divers points de la Discipline & de la Jurisdiction Ecclésiastique & Politique séculiere du Royaume de France.*

1164 Abrégé de la Discipline de l'Eglise, tiré d'un grand nombre de Canons, pour l'instruction des Ecclésiastiques ; avec des réflexions sur l'état présent du Clergé. *Paris, Louis Coignard*, 1702, *in*-8. *v. br.*

1165 Le Restaurateur de l'Estat François, où sont traitées plusieurs notables questions sur les Polices, la Justice & la Religion, & principalement concernant la Foy que l'on peut donner & garder envers les Hérétiques. *Impr. sans nom de lieu*, en 1588, *in*-8. *v. m.*

1166 Mémoire justificatif de M. le Curé de la C..... touchant les troubles de sa Paroisse : ou Réflexions Canoniques sur la Sentence de M. l'Official d'A........ du 23 Septembre 1760, où l'on explique le vrai état du droit & usage présent de l'Eglise en France, par rapport à la fuite des Excommuniés, &c. *in*-12. *v. m.*

1167 La Vérité religieuse en esprit de charité, contenant plusieurs propositions au sujet du différend arrivé entre Monseigneur l'Archevêque de Bordeaux & le Duc d'Espernon en 1633, & qui donna lieu à l'excommunication lancée par ledit Archevêque contre ledit Seigneur Duc d'Espernon ; & où l'on fait voir

JURISPRUDENCE.

quel a été le droit de cette Excommunication, & si elle est valable ou abusive. *Impr. sans nom de lieu ni d'Imprimeur, & sans date d'année*, in-8. v. m.

1168 Deux Traités de ce temps, dont le *premier* traite de l'impossibilité & impertinence du Concile tel qu'il a été demandé par requête au Roi, & des inconvéniens qui peuvent en arriver ; le *second*, est un Discours sur l'Histoire de l'Eglise ancienne & Estat des Gaules écrite par S. Grégoire de Tours, où sont décidées les principales controverses par les Peres des VI premiers siecles, par François d'Amboyse. *Paris, François Huby*, 1615, in-8. mar. r.

1169 Lettres intitulées : *Ne repugnate vestro bono*, &c. *Londres* (Paris), 1750, in-8. v. m.

1170 Responses aux Lettres contre l'immunité des biens Ecclésiastiques. (*Paris*), 1750, in-12. v. m.

1171 Lettre de M. l'Archevêque de Lyon, Primat de France, à M. l'Archevêque de Paris, au sujet de l'Affaire des Hospitalieres du Fauxbourg S. Marcel de Paris. *Lyon, P. Valfray*, 1760, in-4. relié en carton.

III

Droit Ecclésiastique Etranger.

1172 Joann. à Chokier Scholia in primarias preces Imperatoris (circà Beneficia). *Colonia Agrippinæ, Joann. Kinckius*, 1621, in-4. v. f.

1173 Gulielmi Prynne antiquæ constitutiones

JURISPRUDENCE.

regni Angliæ, circa Jurisdictionem & potestatem Ecclesiasticam, ex Archivis regiis in Turri Londinensi fideliter collectæ, &c. *Londini, sumpt. Authoris, anno 1672, in-fol. v. f.*

1174 Dissertation sur la validité des Ordinations des Anglois, & sur la succession des Evêques de l'Eglise Anglicane, avec les preuves justificatives, par le Pere François le Courayer. *Bruxelles, Simon t'Serstevens, 1723, 2 vol. in-12. v. br.*

1175 La Dissertation du Pere le Courayer sur la succession des Evesques Anglois, & sur la validité de leurs Ordinations, réfutée par le Pere Hardouin. *Paris, Ant. Urbain Coustelier, 1724, 2 vol. in-12. mar. r.*

1176 Mandement de M. le Card. de Noailles, portant condamnation de deux Ouvrages concernant les Ordinations des Anglois. *Paris, 1727.* == La vraye maniere de contribuer à la réunion de l'Eglise Anglicane à l'Eglise Catholique, par François Vivant. *Paris, P. Simon, 1728, in-4. v. br.*

1177 Défense de la Dissertation sur la validité des Ordinations des Anglois, contre les différentes Responses qui y ont été faites, avec les preuves justificatives, par le même François le Courayer. *Bruxelles, Simon t'Serstevens, 1726, 4 vol. in-12. v. br.*

1178 Relation historique & apologetique des sentimens & de la conduite du Pere le Courayer, avec les preuves justificatives des faits avancés dans son Ouvrage. *Amsterdam, Compagnie, 1729, 2 vol. in-12. v. br.*

1179 Supplément aux deux Ouvrages faits pour

JURISPRUDENCE.

la Défenfe de la validité des Ordinations Anglicanes, pour fervir de derniere réponfe au nouvel Ouvrage du Pere le Quien, & aux Cenfures de quelques Evêques de France, par le même Franç. le Courayer. *Amfterdam, Compagnie, 1732, in-12. v. br.*

IV.

Droit Eccléfiaftique des Religieux & des Réguliers.

§ 1. *Regles, Conftitutions, Droits, Exemptions & Priviléges des Monafteres de différens Ordres, Bénédictins, Chartreux, Camaldules, Dominicains, Francifcains, &c.*

1180 Joann. Card. de Turrecremata Expofitio fupra Regulam S. Benedicti. *Parifiis, per Petrum Levet, anno* 1491, *in-fol.* relié en peau verte.

1181 La très ample & vraye expofition de la regle de M. Sainct Benoift, utile & néceffaire à tous gens de Religion. *Paris, Symon Voftre,* fans date d'année, *in-fol. gotiq. v. m.*

} 1. 12-

1182 Joann. Bapt. du Hamel Differtatio de Privilegiis Monafterii Sancti Germani Parifienfis. *Parifiis, Franc. Muguet,* 1668, *in-12. v. br.*   1.

1183 Statuta Ordinis Carthufienfis à Guigone Priore Carthufiæ edita, cum Repertorio & Privilegiis; in lucem vero publicata curis Francifci de Puteo, majoris Carthufiæ Prioris. *Bafileæ, Joannes Amorbachius,* 1510, *in-fol.* mar. r. rare.   120.

* *Exemplar elegans & integrum.*

JURISPRUDENCE.

1184 Ordinarium Cartusiense, continens novæ Collectionis Statutorum ejusdem Ordinis partem, in quâ de his tractatur quæ ad uniformem modum, ac Ordinem divina celebrandi Officia, cum ejusdem Ceremoniis in toto Ordine Cartusiensi. *Lugduni, Cl. Cayne*, 1641, *in*-12. *v. br.*

1185 Constitutiones Ordinis Fratrum Prædicatorum : in lucem editæ per Fratrem Umbertum præfati Ordinis General. Magistrum. *Absq. loco & anno*, *in*-12. *gotiq. relié en carton.*

1186 Magistri Vincentii Bandellis de Castronovo, Constitutiones Ordinis Fratrum Prædicatorum, cum eorumdem Declarationibus. *in*-12 *gotiq. relié en carton.*

1187 Petri ab Angelis, Carmelitarum discalceat. Congr. Hispan. Definitoris Generalis, Speculum Privilegiorum Regularium in communi ; ubi recensitis priscis & novioribus Constitutionibus & revocationibus Rom. Pontificum, fugatis nebulis, resplendent quæ ad praxim desiderari possunt. *Coloniæ Agrippinæ, Joann. Wilh. Friess.*, 1680, *in*-4. *v. f.*

§ 2. *Regles, Constitutions & Privilèges de différentes Congrégations régulieres, Peres de l'Oratoire, Jésuites & autres ; avec les Traités singuliers, critiques & apologétiques qui ont paru à leur sujet, & principalement contre les Jésuites.*

1188 Constitutiones Canonicorum regularium S. Augustini, Congreg. Gallicanæ. *Absque notâ editionis, anno* 1638, *in*-8. *v. f.*

1189

JURISPRUDENCE.

1189 Les Constitutions du Monastere de Port Royal du S. Sacrement. *Mons, Gasp. Migeot*, 1665, *in-12. vel.*

1190 Le Regole della Compagnia di Giesu, con il sommario delle Constitutioni. *In Roma, nel Collegio di detta Compagnia, l'anno 1580, in-12. mar. r.*

1191 Regulæ Societatis Jesu. *Romæ, in Collegio ejusdem Societatis*, anno 1582, *in-8. mar. r.*
* *Exemplar non integrum editionis originalis ac rarissimæ.*

1192 Earumdem Regularum Soc. Jesu editio altera. *Lugduni, Jac. Roussin*, 1607, *in-12. v. m.*

1193 Earumdem Regularum, editio altera. *Mussiponti, in Collegio Soc. Jesu*, 1619, *in-16. v. f.*

1194 Earumdem Regularum editio altera, cum additamentis; & in lucem emissa auctoritate septimæ Congregationis generalis. *Antverpiæ, Joann. Meursius*, 1635, *in-8. vel.*

1195 Constitutiones Societatis Jesu, cum earum declarationibus. *Romæ, in Collegio ejusd. Societ.* 1583, *in-8. mar. r.*

1196 Compendium privilegiorum & gratiarum Soc. Jesu. *Romæ, in Colleg. Societatis*, 1584, *in-8. mar. r.*

1197 Litteræ Apostolicæ, quibus institutio, confirmatio, & varia Societatis Jesu privilegia continentur. *Romæ, in Colleg. Soc. Jesu*, 1606, *in-8. v. m.*

1198 Canones Congregationum generalium Societatis Jesu, cum aliis nonnullis ad praxim

JURISPRUDENCE.

pertinentibus. *Romæ, in Collegio Societatis,* 1581, *in*-8. *mar. r.*

1199 Decreta Congregationis generalis duodecimæ Soc. Jefu. *Lugduni, Jacob. Canier,* 1684, *in*-12. *relié en carton.*

1200 R. P. Claudii Aquavivæ, Soc. Jefu Præpositi generalis, Induſtriæ pro Superioribus ejuſdem Societatis & omnibus animarum rectoribus. *Rothomagi, Petrus le Brun,* 1629, *in*-16. *v. m.*

1201 Epiſtolæ Præpoſitorum generalium ad Patres & Fratres Soc. Jefu. *Toloſæ, ex Typogr. Colomariâ,* 1609, *in*-8. *v. m.*

1202 Earumdem Epiſtolarum editio altera. *Romæ, in Collegio Rom. ejuſd. Societatis,* 1615, *in*-8. *v. m.*

1203 Lucii Cornelii, Europæi, (Melchioris Inchoffer) Monarchia Soliſorum, cui acceſſit Clavis Onomaſtica. *Juxta exemplar Venetum, anni* 1648, *in*-12. *vel.*

1204 Protocataſtaſis, ſeu prima Societatis Jeſu Inſtitutio reſtauranda & propoſita ſummo Pontifici Paulo V, & Galliarum Regi Ludovico XIII. *Impr. anno* 1614, *in*-8. *v. m.*

1205 Diſceptatio de ſecretis Soc. Jeſu. *Lugduni, Cl. Cayne,* 1617, *in*-8. *v. m.*

1206 Aphoriſmes ou Sommaires de la Doctrine des Jéſuites, & de quelques autres Docteurs de l'Egliſe Romaine. *Impr. en* 1609, *in*-8. *v. m.*

1207 Parallèle de la Doctrine des Payens avec celle des Jéſuites. *Impr. en* 1726, *in*-8. *v. m.*

1208 Vérités académiques, ou Réfutation des

JURISPRUDENCE.

préjugés populaires dont se servent les Jésuites contre l'Université de Paris. *Paris*, 1643, *in*-8. *v. m.*

1209 Requestes, procès verbaux & advertissements établis par le Recteur & l'Ordre de l'Université, pour faire condamner une doctrine pernicieuse & préjudiciable à la société humaine, & particulierement à la vie des Rois, enseignée au Collége de Clermont par les Jésuites. *Paris, Julian Jacquin*, 1644, 2 *tom. en* 1 *vol. in*-8. *v. m.*

1210 Défense pour Estienne Pasquier contre les impostures & calomnies de François Garasse, Jésuite. *Paris*, 1624, *in*-8. *v. m.*

1211 Speculum Jesuiticum, Pontificum Romanorum ergà Imperatores Germanicos perfidiam, insolentiam, ac tyrannidem repræsentans; unà cum appendice quâ Rom. Pont. vita & tragicus eorum interitus; denique blasphemata Canonistarum de auctoritate Papæ & primatu recensentur: edente Joachimo Ursino, Anti-Jesuità. *Ambergæ*, 1609, *in*-8. *v. m.*

1212 Jubileum; sive Speculum Jesuiticum, exhibens præcipua Jesuitarum scelera, fraudes imposturas, & mendacia. *Impr. anno* 1643, *in*-12. *v. br.*

1213 Andreæ Lonneri Relegatio Jesuitarum ex omni bene ordinatâ Republicâ, vi IX argumentorum potissimùm, ut à religione eorum, à scholis, monarchiâ, tributorum denegationibus, avaritiâ, luxuriâ, proditionibus, factionibus, seditionibus & regicidiis, ordine & firmè demonstrata, &c. *Sumpt.*

JURISPRUDENCE.

Joh. Alex. Cellii, 1612, in-4. mar. r.

1214 Recueil de l'Ordre des Jésuites, ou Histoire des rôles qui se sont joués sur cet amphithéâtre de déshonneur, tiré de bons & asseurés Auteurs, & des accidens notoires. *Impr. par Jean Petit, en* 1620, *in*-8. *mar. r.*

1215 Teatro Jesuitico: Apologetico discurso, con saludables y seguras dotrinas, necessarias à los Principes de la Tierra, por el Dotor Francisco de la Piedad. *En Cuimbra, Guillermo Cendrat,* 1654, *in*-4. *mar. r. rare.*

1216 Recueil de pièces concernant l'Histoire des Jésuites en 1763 ; *in*-8. *v. m.*

1217 Apologia Societatis Jesu in Galliâ, à Religiosis ejusdem Societatis conscripta. *Ingolstadii, Adamus Sartorius,* 1599, *in*-8. *v. m.*

1218 Clari Bonarscii Amphitheatrum honoris, in quo Calvinistarum in Societatem Jesu criminationes jugulatæ. *Palæopoli Aduaticorum, Alexander Verheyden,* 1606, *in*-4. *v. m.*

1219 Response à la *Sentence donnée en Hollande contre Pierre Panne* ; dans laquelle on réfute les calomnies répandues contre les Jésuites dans ce Libelle ; par François Costere, de la Compagnie de Jesus, & trad. en françois. *Douay, Balthasar Bellere,* 1598, *in*-8. *v. m.*

1220 La Chasse du Renard Pasquin, descouvert & pris en sa tanniere, du libelle diffamatoire fauxmarqué, le Catéchisme des Jésuites, par le sieur Felix de la Grace. *Villefranche, Hubert le Pelletier,* 1602, *in*-8. *v. m.*

1221 L'Apocalypse de Méliton, ou révélation des mystères Cénobitiques. *S. Léger (Hollande),* 1662, *in*-12. *v. br.*

JURISPRUDENCE.

SECTION II.
DROIT CIVIL.

I.

Droit de la Nature & des Gens, & Droit Public.

1222 Les Loix puisées chez les Grecs, développées par les Romains, aujourd'hui la base du Droit Public & Civil des Nations policées. *Paris, Babuty fils*, 1765, 2 vol. *in-12.* brochés.

1223 Richardi Zouchæi, Juris & Judicii fecialis, sive Juris inter Gentes & Quæstionum de eodem Explicatio; quâ, quæ ad pacem & bellum inter diversos Principes aut Populos spectant exhibentur. *Lugd. Batav. Philipp. de Croy*, 1651, *in-12. vel.*

1224 Le Droit de la Guerre & de la Paix, trad. du latin de Hug. Grotius, en françois par M. Ant. de Courtin. *Paris, Ant. Seneuze*, 1687, 2 vol. *in-4. v. m.*

1225 Jani Klenckii Institutiones Juris naturalis, gentium, & publici, ex Hugone Grotio, de jure Belli & Pacis excerptæ: accedit ejusdem authoris Dissertatio de Civitatum mutationibus. *Parisiis, Frid. Léonard*, 1670, *in-12. v. br.*

1226 Joannis Loccenii de Jure maritimo & navali Libri III. *Holmiæ, Joann. Janssonius*, 1650, *in-12. v. f.*

1227 Claudii Cotteræi, Turonensis Jurisconsulti, de Jure & Privilegiis Militum Libri III: accedit de Officio Imperatoris Liber, ex editione Steph. Doleti. *Lugduni, excud. idem Doletus, anno* 1539, *in-fol. mar. r.*

1228 Histoire des Traités de Paix & autres Négociations du XVIIe siecle, depuis la Paix de Vervins jusqu'à la Paix de Nimégue ; pour servir d'introduction au Corps Diplomatique, par M. de Saint Prest. *Amsterdam, J. F. Bernard,* 1725, *2 vol. in-fol. v. f.*

I I.

Droit Civil.

§ 1. *Introductions & Traités préparatoires à l'étude du Droit Civil.*

1229 Joannis Vincentii Gravinæ Liber de ortu & progressu Juris Civilis. *Neapoli, ex Offic. Bulifonianâ,* 1791, *in-8. v. f.*

§ 2. *Ancien Droit des Juifs, des Grecs & des Romains.*

1230 Josuæ Arndii Manuale Legum Mosaïcarum, in quo Catalogus Legum ex partitione Judæorum & Christianorum, sensus litteralis & mystici expositio, parallelorum perpetua allegatio, Typorum ex N. T. evolutio, cum Jure Gentium & Civili Romano Collatio ocularis, ac denique Canonum atque axiomatum generalium & specialium Index continentur. *Guſtrovi, typis Scheippelianis,* 1666, *in 8. vel.*

1231 Joann. Seldeni de Succeſſionibus ad Leges Hebræorum in bona defunctorum Liber ſingularis, nec non de ſucceſſione in Pontificatum Libri duo. *Lugd. Bat. ex Offic. Elzeviriana,* 1638, *in-*12. *v. m.*

1232 Pauli Manutii Liber de Legibus Romanis. *Pariſiis, Bern. Turriſanus,* 1557, *in-*8. *v. m.*

1233 Antonii Auguſtini, Archiepiſcopi Tarraconenſis, Liber de Legibus & Senatus-Conſultis Romanorum; adjunctis Legum antiquarum & Senatus-Conſultorum Fragmentis, cum notis Fulvii Urſini & aliorum. Accedit Juſti Lipſii Libellus de Legibus Regiis, & X Viralibus. *Pariſiis, Joann. Richerius,* 1584, *in-fol. mar. r.*

1234 Johannis Schefferi, Agrippa liberator: ſive Diſſertatio de novis Tabulis pro remiſſione æris alieni, in diverſis temporibus Reipublicæ Romanæ. *Argentorati, Joan. Phil. Mulbius,* 1645, *in* 12. *v. m.*

III.

Droit Romain nouveau.

§ 1. *Traités généraux de Droit Civil, Corps de Droit & Commentateurs.*

1235 Appendix Codicis Theodoſiani, circà Epiſcoporum & Eccleſiaſticorum Jura, cum Epiſtolis aliquot veterum Conciliorum &

JURISPRUDENCE.

122. Pontificum Romanorum, operâ & studio Jacobi Sirmondi, Soc. Jesu. *Parisiis, Seb. Cramoisy*, 1631, *in-8. v. m.*

1236 Justiniani, Imperatoris, Institutionum Juris Civilis Libri IV, cum glossis. *Moguntiæ, per Petrum Schoyffer de Gernshem, anno* 1472, *in-fol. C. M. mar. r.*

102- 1237 Earumdem Institutionum Juris Civilis editio altera; cum glossis. *Moguntiæ, per Petrum Schoiffer de Gernshem, anno* 1476, *in-fol. C. M. mar. r.*

6. 1238 Antonii Augustini, Episcopi Ilerdensis, Constitutionum Græcarum Codicis Justiniani Imperatoris Collectio & Interpretatio; *Item*, Juliani antecessoris Constantinopolitani novellarum ejusd. Imperatoris Epitome, additis latinis quibusdam novellis Constitutionibus ejusdem cum Paratitlis, sive Scholiis. *Ilerdæ, excud. Petrus Roburius*, 1567, *in-8. v. f.*

3. 18. 1239 Michaëlis Pselli, Synopsis Legum nunc primùm versibus græcis iambicis edita, cum latinâ interpretatione & notis Francisci Bosqueti Jurisconsulti Narbonensis, nec-non lectionibus variis diversorum. *Parisiis, Joann. Camusat*, 1632, *in-8. v. f.*

1240 Nicolai Rigaltii Glossarium græco-lat. de Verborum significatione, quæ ad novellas Imperatorum qui in Oriente post Justinianum regnaverunt de re Militari constitutiones pertinent: accedit Funus Parasiticum, sive L. Biberii Curculionis Parasiti mortualia, nec-non Appendix de Parasitis & Assentatoribus, ex interpret. & cum notis Nic. Rigaltii. *Lutetiæ, Morellus*, 1661, *in-4. v. m.*

1241

JURISPRUDENCE.

1241 De propriis nominibus τοῦ Πανδεχτοῦ Florentini, cum notis Antonii Augustini, Archiepiscopi Tarraconensis. *Tarracone, Philippus Mey*, 1579, *in-fol mar. r. rare.*

1242 Ejusdem Antonii Augustini emendationum & opinionum Juris Civilis Libri IV ; in quibus præsertim agitur de Codice Pandectarum Florentinarum. *Lugduni, Gryphius*, 1544, *in-8. v. f.*

1243 Ejusdem Operis Editio altera. *Lugduni, Ant. Vincentius*, 1560, *in-8. v. f.*

1244 Nicolai Reusneri Leorini, Jurisconsulti, Disputationum Juris Civilis Libri IV. Accedit disputationum Legalium liber singularis, ex edit. Jeremiæ Reusneri. *Basileæ, Conradus Waldkirch*, 1586, *in-8. v. br.*

1245 Joann. Arnoldi Corvini Elementa Juris Civilis, juxtà ordinem Institutionum Imperialium erotematicè exposita : additis Germani Cousinii receptarum utriusque Juris regularum partitionibus. *Amstelodami, Lud. Elzevirius*, 1645, *in-16. v. br.*

1246 Ejusdem Corvini Digesta per aphorismos strictìm explicata. *Amstelodami, Ludov. Elzevirius*, 1642, *in-12. v. m.*

§ 2. *Traités singuliers de Droit Romain nouveau, des Loix & des Magistrats, des Peines, Contrats, Prêts & Usures, des Testamens, Successions & autres parties du Droit Civil.*

1247 Joann. Guidii senioris de mineralibus in genere Libri IV, in quibus agitur de metallariis, de artificibus metallorum, de

Tome I. E e

218 JURISPRUDENCE.

Alchimistis, de metallis, de auro & argento, de gemmis, de ferro, de salinis, de monetâ, de thesauris, de rebus aureis & argenteis, de ornamentis, de vestibus auratis, nec-non de eorum publicâ ac privatâ utilitate, & de Jure Regali Principum ergà ipsorum partes. *Venetiis, Thom. Ballionus*, 1625, *in*-4. *v. m.*

1248 Martini Husson de Advocato Libri IV, in quibus agitur de multiplici Advocationis appellatione, & de Advocatorum Institutione & Juribus & privilegiis in Foro Romano. *Parisiis, Joannes Guignard*, 1666, *in*-4. *v. m.*

1249 Johannis Zeithoph Erphordiani Tractatus Juridicus de Jure occidendi prehensum in adulterio, quatenùs patri & marito competit. *Lipsiæ*, 1667, *in*-4. *v. f.*

1250 Pauli Grillandi Castellionis Tractatus duo singulares, quorum primus de sortilegiis tractat, alter verò de Lamiis. *Francof. ad Mœn.* 1592, *in*-8. *baz.*

1251 Angeli de Aretio Legum Doctoris Tractatus de criminibus & de maleficiis. *Parisiis, per Martinum (Crantz), Udalricum (Géring), & Michaëlem (Friburger), anno* 1476, *in*-4. *v. f.*

1252 Epitomes delictorum causarumque criminalium, ex Jure Pontificio, Regio & Cæsareo, authore Petro à Plaça à Moraça. *Lugduni, Hæredes Jacob. Juntæ*, 1560, *in*-8. *v. f.*

1253 Godofredi à Bavo, J. C. Clarissimi atque in Supremo Sabaudiæ Senatu Præsidis, Theorica criminalis ad praxim forensem accommodata, cum indice. *Ultrajecti, Wilhelm. Strick*, 1646, *in*-8. *vel.*

1254 Joann. Zangeri Tractatus de quæstionibus, seu torturis reorum; nec non ejusdem auctoris Oratio de controverso Juris articulo; *utrùm reus in delictis, quâ pro suâ atrocitate vel pœnam sanguinis, vel infamiam merentur, sub jurisjurandi religione interrogari debeat? Wittebergæ, ex Offic. Zach. Lehmanni*, 1593, *in*-4. *v. f.* — 5. 19.

1255 Stephani de Malescot, de nuptiis Liber paradoxicus. *Basileæ, Thom. Guarinus*, 1572, *in*-8. *v. f.* — 3.

1256 Claudii Salmasii Tractatus de subscribendis & signandis Testamentis ; *Item*, de antiquorum & hodiernorum sigillorum differentiâ, contrà Desiderium Heraldum. *Lugd. Batav. ex Off. Elzeviriorum*, 1653, *in*-8. *v. f.* — 1. 1.

1257 Claudii Chiffletii Tractatus de substitutionibus, nec-non de portionibus legitimis, de Jure Fidei-Commissorum, & de secundo Capite Legis Aquiliæ. *Lugduni, Joanna Jacobi Juntæ filia*, 1584, *in*-8. *baz.* — 1.

1258 Jodoci Damhouderii, Patrocinium Pupillorum, in quo nervosè tractatur de Tutorum & Curatorum munere, accedit ejusdem Authoris, subhastationum compendiosa Exegesis. *Amstelodami, Henr. & Theod. Boom*, 1671, *in*-8. *v. br.*

1259 Arnoldi Corvini à Belderen Jus Feudale, per aphorismos explicatum. *Amstelodami, ex Offic. Elzevirianâ*, 1660, *in*-12. *v. br.* — 1.

1260 Jasonis de Mayno, Mediolanensis, Opus præclarum Juris cui titulus : *Emphiteotica navis*, sive Repertorium Quæstionum variarum — 2. 15.

de Jure Emphiteotico. *Mediolani*, anno 1476, *in-fol. C. M. v. f.*

IV.

Droit François, & ses différentes parties.

§ 1. *Loix, Constitutions, Capitulaires, Edits & Ordonnances anciennes & nouvelles du Royaume de France.*

1261 Leges Longobardorum seu Caroli M. Imperatoris & Franciæ Regis, cum præfatiunculâ Nicolai Boherii; accedunt novellæ Constitutiones Justiniani, & alia quædam. *Parisiis*, 1512, *in-*8. *gotiq. v. m.*

1262 Marculfi, Monachi, aliorumque auctorum Formulæ veteres, editæ ab illustr. viro Hieronymo Bignonio cum notis : accessit Liber Legis Salicæ olìm editus à Francisco Pithœo, nùnc notis illustratus ab eodem Bignonio. *Parisiis, Seb. Cramoisy*, 1666, *in-*4. *mar. r.*

1263 Calendrier des Loix de la France, contenant une Analyse raisonnée des Edits, Déclarations, Ordonnances, Réglemens & Arrêts, tant du Conseil que des Parlemens & Cours Souveraines qui ont paru pendant l'année 1762. *Paris, Cailleau*, 1764, *in-*12. *v. m.*

1264 Constitutions & Ordonnances des Rois de France concernant l'administration de la Justice, recueillies par Gilles d'Avrigny. *Paris*, 1527, *in-*8. *gotiq. v. m.*

JURISPRUDENCE.

1265 Les Loix, Statuts & Ordonnances du Royaulme de France, touchant le fait & administration de la Justice & des Finances. *Paris, Jehan Trepperel, sans date, in-4. gotiq. v. m.*

1266 Les Ordonnances Royaux du Roy Louis XII. *Paris, Guill. Nyverd, sans date, in-8. gotiq. v. m.*

1267 Sommaire exposition des Ordonnances du Roi Charles IX sur les plaintes des trois Estats de son Royaume, tenus à Orléans l'an 1560, par Joachim du Chalard. *Rouen, Martin le Mégissier, 1563, in-8. v. m.*

1268 Idée générale, ou Abrégé de l'Administration de la Justice, & principalement de la Justice Civile, pour servir d'introduction au Commentaire de l'Ordonnance de 1667, par M. Jousse, Conseiller au Présidial d'Orléans. *Paris, de Bure pere, 1765, in-12. broché.*

1269 Les Ordonnances Royaux sur le faict & Jurisdiction de la Prévosté des Marchands, & Eschevinage de la Ville de Paris, avec les Priviléges accordés par le Roi aux Bourgeois de cette Ville. *Paris, Jeanne le Roy, 1582, in-4. v. m.*

1270 Ordonnances Royaux sur le faict & Jurisdiction de la Prévosté des Marchands, & Eschevinage de la Ville de Paris, &c. avec le Catalogue des Prévosts des Marchands & des Eschevins. *Paris, Fed. Morel, 1608, in-fol. mar. vert.*

1271 Reglement fait par le sieur de Froidour, concernant les Forests du pays de Bigorre, avec les Observations faites contre ledit Réglement, & les Responses dudit sieur de

Froidour. *Toulouse*, J. Pech, 1685, *in*-12. *v. m.*

1. 10. 1272 Ordonnances du Roi contenant le poids & prix des espéces d'or & d'argent, auxquelles ledit Seigneur a permis avoir cours en son Royaume, avec le descry, tant des monnoyes rongnées & legeres, que de certaines espéces d'or & d'argent & de billon étrangeres. *Paris*, *Jean Dallier*, 1565, *in* 8. *fig. v. m.*

1. 1273 Edict du Roi portant nouvelle fabrication d'espéces d'argent, avec un droit de Seigneuriage sur les ouvrages d'orfévrerie & Tireurs d'or, &c. *Paris*, *Seb. Cramoisy*, 1642, *in*-8. *v. br.*

1274 Edit d'Union, Réglemens & Priviléges des Sécretaires du Roi. *Paris*, *Pierre le Petit*, 1672, *in*-12. *mar. r.*

2. 4. 1275 Edit du Roi pour le réglement des Imprimeurs & Libraires de Paris, du 21 Aoust 1686, avec les authorités des anciennes Ordonnances, Statuts, Arrêts, Réglemens, &c. *Paris*, *Denys Thierry*, 1687, *in*-4. *mar. r.*

§ 2. *Droit François national, ou Usages & Coutumes des différentes Provinces de France*

1. 1276 Le Coustumier d'Anjou & du Maine. *Paris*, *Pierre Levet*, 1486, *in*-8. *gotiq. v. m.*

1. 1277 Les Coutumes anciennes de Lorris, & des Bailliages de Montargis-le-Franc, &c. avec les annotations d'Ant. l'Hoste, & les remarques de Charles du Moulin. *Paris*, *Thomas Blaise*, 1617, *in*-4. *v. m.*

1278 Contre le Franc-Aleu sans titre, prétendu

par quelques Provinces au préjudice du Roi, avec le texte des Loix données aux pays d'Albigeois, & entre autres par Simon, Comte de Montfort, en 1212, conformes en divers articles à la Coutume de Paris, même en ce qui concerne les Fiefs. *Impr. en* 1629, *in*-4. *relié en carton.*

§ 3. *Recueils d'Arrêts & Décisions de différentes Cours Souveraines, & des divers Parlemens du Royaume de France.*

1279 Guidonis Papæ Commentarii in Statutum Delphinale. *Impr. anno Domini* 1496, *in-fol. v. f.*
1280 Histoire tragique, & Arrêt de la Cour du Parlement de Toulouse, contre Pierre Arias Burdéus & autres, avec les CXXXI annotations de Guill. de Ségla, sieur de Cairas. *Paris, Gilles Robinot,* 1613, *in*-8. *v. m.*

§ 4. *Traités singuliers des différentes parties du Droit François, où il est question des droits particuliers du Mariage & des mariés, des enfans, des testamens, successions, propres, douaires, droits Seigneuriaux, peines afflictives, & autres choses en usage dans le Droit François.*

1281 Questions singulieres de Droit sur les élections d'héritier contractuelles & testamentaires, avec un Traité sur les conditions fidei-commissaires, par M. Vulson, Conseilleiller au Parlement de Grenoble. *Paris, Charles de Sercy,* 1669, *in*-12. *v. br.*

JURISPRUDENCE.

1282 Trois Traités, savoir; le premier, de la Noblesse de race; le second, de la Noblesse civile; & le troisieme, des immunités des Ignobles: esquels toutes les questions sur les Exemptions & autres droits des Nobles & Ignobles sont rédigées, & décidées par la Conférence du Droit Civil & Coutumes particulieres, &c. par Florentin Thierriat. *Paris, Lucas Bruneau*, 1606, *in-*8. *v. m.*

1283 Colonia Celtica Lucrosa, ou Traité rare des personnes de Mainmorte, Censites & Taillables, par Antoine Colombet. *Lyon, Ant. Gryphius*, 1578, *in-*8. *v. m.*

1284 Traité des Tesmoings & d'enquestes, composé par Guill. Jaudin, avec des annotations. *Paris, Jeanne de Marnef*, 1546, *in-*8. *v. m.*

1285 Traité des Inscriptions en faux & reconnoissances d'escritures & signatures, par comparaison & autrement, par Jacq. Raveneau. *Paris, chez l'Auteur*, 1665, *in-*12. *v. br.*

1286 Mémoires sur les matieres Domaniales, ou Traité du Domaine, par M. le Févre de la Planche, avec des notes. *Paris, Desaint & Saillant*, 1764, 3 *vol. in-*4. *v. m.*

1287 Traicté des Aydes, des Tailles, & des Gabelles, auquel sont spécifiés tous les Droits des Domaines du Roi, leur origine, revenu, l'estat des ventes du sel qui se débite dans tous les greniers à sel de France, avec le nom des Elections & des Paroisses qui en dépendent, &c. par Lazare du Crot. *Paris, Cardin Besongne*, 1633, *in-*12. *v. m.*

§ 2.

JURISPRUDENCE.

§ 5. *Actions Forenses, ou du Barreau, vulgairement appellées Plaidoyers, Factums, Mémoires, &c.*

1288 Les Gardes de Normandie, qui est un plaidoyer pour M. de Guise, dans lequel on prouve la Coustume locale du Comté d'Eu, par laquelle il n'y a point de droit de viduité. *Impr. en* 1612, *in-*4. *br. en carton.*

1289 Advis & notes sur les Plaidoyers de Louis Servin, par Louis Richéome. *Tournon, Cl. Michel*, 1617, *in-*8. *relié en carton.*

1290 Plaidoyers & avis sur plusieurs grandes & importantes Affaires, par Messire Simon Marion, Advocat-Général au Parlement de Paris; avec l'inventaire pour M. le Connestable de Montmorency en la cause de Châteaubriant. *Paris, Joseph Bouillerot*, 1625, *in-*4. *G. P. mar. r.*

1291 Plaidoyers & autres Œuvres de Jean de Montereul, Advocat au Parlement de Paris. *Paris, Edme Martin*, 1629, *in-*8. *v. br.*

1292 Plaidoyer de Jacques Corbin, où il est montré & jugé que pour les effets civils, à savoir la succession des enfans & autres, la bénédiction nuptiale a toujours été nécessaire au Mariage légitime, même auparavant le Concile de Trente. *Paris, Thom. Blaise*, 1630, *in-*8. *v. m.*

1293 Le récit & les preuves données au Roi des complots, suppositions & pillages faits par les sieurs de Riantz, Procureur de S. M. au Châtelet de Paris, & Bouton de Ferrieres, par les sieur & dame de Bellegarde, avec plu-

JURISPRUDENCE.

sieurs piéces qui concernent le même procès. Impr. en 1673, *in-12. v. m.*

1294 Factum pour Philippes Aubery, Seigneur de Montbar, contre Jacq. Buisson, adjudicataire des domaines de France ; où il est traité du domaine de la Couronne, & des causes qui peuvent y avoir rapport, par Martin Husson. *Paris, veuve le Gentil,* 1677, *in-fol. vel.*

1295 Recueil de Factums & Mémoires concernant le procès de M. le Prince de Conty, contre Mad. la Duchesse de Nemours. *in-fol. v. f.*

1296 Factum pour dame Marie Marguerite d'Aubray, Marquise de Brinvilliers, accusée; contre dame Marie Thérese Mangot, veuve du sieur d'Aubray, Lieutenant-Civil, accusatrice, & M. le Procureur-Général ; avec le Mémoire du procès extraordinaire contre ladite dame de Brinvilliers, & l'Arrêt de la Cour du Parlement. *Paris, Gilles Tompere,* 1676, *in-12. v. m.*

1297 Recueil général des Piéces concernant le procès du Pere Girard, &c. *La Haye (Rouen),* 1731, 5 *vol. in-12. v. br.*

1298 Réfutation des faits imputés au sieur Godeheu, par le sieur Dupleix, avec les Piéces justificatives. *Paris, Charles Estienne Chénault,* 1764, *in-4. broché.*

1299 Mémoire pour Ange-Félix de Baupte, Chevalier, Seigneur de Contrepont, Lieutenant des Frégates du Roy, Commandant du Vaisseau de S. M. *la Notre Dame de Santé,* & le sieur Christophe Chantrel Ducoudray ; contre le sieur Pierre Pinel, Négociant à Marseille, & autres armateurs du Vaisseau susdit. *Paris, Le Breton,* 1764, *in-8. v. m.*

– JURISPRUDENCE.

1300 Mémoire pour les Conseillers du Roi Commissaires au Châtelet de Paris, en réponse au Mémoire de MM. les Prévost de Paris, Lieutenans Civil, de Police, Criminel, Particulier, & Conseillers du Châtelet. *Paris, Alex. le Prieur*, 1762, *in-*4. *v. m.* — 1. 10.

1301 Histoire du Procès contre les Jésuites, pour servir de suite aux Causes célebres. *Douay*, 1761, *in-*12. *v. m.* — 3. 1.

§ 6 *Styles particuliers & différentes pratiques judiciaires, en usage dans le Droit François.*

1302 Les Institutes de pratique en matiere civile & criminelle, tant principale que d'appel, brievement extraites en françois des IV Livres de Jean Imbert. *Paris, Jean Longis*, 1545, *in-*8. *v. m.*

1303 Instructions faciles sur les conventions, ou Notions simples sur les divers engagemens qu'on peut prendre dans la société, & sur leurs suites: Ouvrage utile aux gens d'affaires, bourgeois, négocians, chefs de famille & aux jeunes gens qui se destinent au Palais. *Paris, le Clerc*, 1761, *in-*12. *v. m.* — 1. 5.

V.

Droit Civil étranger, ou de différentes Nations.

1304 Petri Denaisii Jus Camerale, sive novissimi Juris Compendium. *Spiræ Nemetum, viduæ Jonæ Rosæ*, 1625, *in-*8. *v. m.*

F f ij

JURISPRUDENCE.

1305 Ordonnances criminelles de l'Empereur Charles Quint, dressées & conclues ès diettes Impériales tenues à Augsbourg & Ratisbonne, en 1530 & 1532, trad. de l'allemand en françois. *Montbéliard, Jacq. Foillet, 1612, in-8. vel.*

1306 Nicolai Myseri ab Ehrenbach Metrologia; Hoc est, de Jure statuendi de mensuris, ponderibus & moletrinis; nec non de lapide terminali & torculis tàm privatis quàm publicis ac bannalibus, Quæstiones singulares. *Tubingæ, Georg. Cotta, 1668, in-4 mar. r.*

1307 Electoratus Palatinus Johann. Conradi Blarer, in quo probationes Palatinæ suo loco & ordine continentur; adversùs Nic. Burgundum. *Hag. Comitum, Francon. Spruyt, 1642, in-4. v. f.*

1308 Opus tripartitum Juris consuetudinarii inclyti regni Hungariæ, additis Regulis Juris antiqui : accessit Enchiridion articulorum comitialium ejusdem regni, &c. operâ & studio Joan. Sambuci. *Viennæ Austriæ, Typis Nassingerianis, 1581, in-fol. vélin.*

1309 Guilielmi Onciaci Quæstiones Academicæ, in quibus præter exquisitam propositarum Legum vim mentemque, novâ, subtili & eleganti consideratione permulta Catherini Pobelli, Senatus Sabaudiæ olim Præsidis, Responsa extemporanea, singularia illa quidem, ejusdemque Senatus Arresta breviter & perspicuè continentur. *Lugduni, Benedict. Rigaud, 1580, in-8. v. m.*

1310 La Précédence de la Noblesse sur un différend en cas de précédence, plaidé en Audience publique au Souverain Sénat de Savoye, entre les Nobles & les Syndics du tiers-état d'une Paroisse; œuvre contenant choses fort singulieres & remarquables, & principalement concernant les honneurs, révérences, séances & précédences de noftre temps, avec les causes & raisons d'icelles, par Guill. de Oncieu. *Lyon, J. Bapt. Buisson*, 1593, *in-8 relié en carton.*

1311 Ἀρχαιονομία, sive de priscis Anglorum Legibus Libri, sermone Anglico vetustate antiquissimo aliquot ab hinc seculis conscripti, atque nùnc demùm è tenebris in lucem vocati, interprete Gulielmo Lambardo. *Londini, ex Officinâ Joann. Daij*, 1568, *in-4. relié en carton.* 2. 2.

1312 Fleta; sive Commentarius Juris Anglicani, sic nuncupatus sub Edwardo Rege I, seu circà annos abhinc CCCXL, ab anonymo conscriptus, atque è codice veteri nunc primùm Typis editus: accedit Tractatulus vetus de agendi excipiendique formulis, Gallicanus *set assavoir* dictus: subjungitur etiàm Johannis Seldeni ad Fletam Differtatio historica. *Londini, H. Twyford*, 1685, *in-4. v. f.* 3.

1313 Cypriani Regneri ab Oosterga censura Belgica; seu novæ notæ & animadversiones quibus omnes & singulæ Leges quæ in prioribus xxv Libris pandectarum continentur; accedunt ejusdem Authoris Disputationes Juridicæ Belgicæ. *Utrajecti, Meinardus à Dreunen*, 1661, *in-4. v. br.*

1314 Guill. Grotii Isagoge ad praxim fori Batavici, illustrata paraphrasi ac supplemento;

1. 10.

230 JURISPRUDENCE.

auctore Abrahamo de Pape, cum indice. *Lugd. Batavor. Corn. Boutesteyn*, 1694, *in*-4. *relié en carton.*

1315 Institution & établissement de la Cour réformée du Pays & Comté de Haynault; avec le style & la maniere de procéder en icelle. *Mons, Lucas Rivius*, 1612, *in*-8. *v. f.*

1316 Ant. Anselmo, J. C. Antverpiensis, Commentaria ad perpetuum edictum Serenisl. Belgii Principum Alberti & Isabellæ evulgatum XII Julii anno 1611; variis & interpretationibus & declarationibus nec-non supremarum Curiarum Arrestis illustrata & locupletata: insuper deducitur an? & quando? edictum hoc liget Ecclesiasticos. accedunt Articuli de feudis, statutis & consuetudinibus, &c. *Antverpiæ, Henr. & Corn. Verdussen*, 1701., *in-fol. v. br.*

1317 Regis Christiani V Leges Danicæ, è linguâ danicâ in latinam versæ à Petro A. Hoyelsino. *Hauniæ, Hieron. Christian. Paullus*, 1710, *in*- 4. *v. f.*

CLASSE
TROISIEME.

SCIENCES ET ARTS.

SECTION I.

PHILOSOPHIE.

I.

Traités généraux préparatoires à l'étude de la Philosophie ; Introductions & Traités qui renferment l'histoire, l'origine & les progrès de la Philosophie.

1318 Les Principes de la Nature suivant les opinions des anciens Philosophes, avec un Abrégé de leurs sentimens sur la composition des corps ; où l'on fait voir que toutes leurs opinions sur ces principes peuvent se réduire aux deux sectes des Atomistes & des Académiciens *Paris, André Cailleau*, 1725, 2 vol. *in*-12. *v. br.*   3. 2.

1319 La Philosophie occulte des devanciers   1.

d'Aristote & de Platon en forme de dialogue, contenant presque tous les préceptes de la Philosophie morale, extraite des Fables anciennes, par P. Morestel. *Paris, Toussaint du Brai, 1607, in-12. v. m.*

I I.

Philosophie ancienne ; c'est-à-dire, les Ouvrages des anciens Philosophes grecs & latins ; Trismégiste, Pythagore, Démocrite, Socrate, Epicure, Platon, Aristote, & autres qui ont paru jusqu'à la fin de l'Empire Romain, avec leurs Interpretes & Sectateurs.

1. 1320 Mercurii Trismegisti Pimander, seu Liber de sapientiâ & potestate Dei, nec-non ejusdem Trismegisti Tractatus de voluntate divinâ. *Item* Lodovici Lazareli Dialogus cui titulus: CRATER HERMETIS. *Parisiis, ex Offic. Sim. Colinæi,* 1522, *in-*4. *v. m.*

3. 1321 Le Pimandre de Mercure Trismégiste de la Philosophie chrestienne, connoissance du Verbe divin, & de l'excellence des œuvres de Dieu, trad. du grec en françois, avec des commentaires, par François de Foix. *Bourdeaux, Millanges,* 1579, *in-fol. v. f.*

2. 1322 Hieroclis, Philosophi Stoïci, in aureos versus Pythagoræ opusculum præstantissimum. *Impr. Patavii, per Bartholomaeum de Val de Zoccho, anno* 1474, *in-*4. *mar. r. rare.*
   * Editio Primaria.

3. 1323 Ejusdem Operis editio altera. *Romæ, per Ingeniosum*

SCIENCES ET ARTS.

Ingeniosum virum Arnoldum Pannartz, in domo Petri de Maximis, anno 1475, *in*-4. *mar. bl. rare.*

1324 Theses quadragesimales in Scholis Oxonii publicis pro formâ habitæ, in quibus ad mentem Pythagoreorum asseritur, quòd Cœli sint fluidi, Terra moveatur, Terra centrum universi non sit, Luna sit habitabilis, radii luminosi sint corporei, & Sol sit flamma : respondente C. Potter. Ad calcem adjecta est Wallisii Dissertatio Epist. ad D. Boyle de fluxu & refluxu Maris. *Lugd. Batav. Jordanus Luchtmans*, 1684, *in*-12. *v. f.* 12.

1325 Platonis Opera omnia, è græco latinè reddita, interprete Marsilio Ficino. *Florentiæ, per Laurentium Venetum, absq. anni notâ, sed circà annum* 1500 *impressa, in-fol. vélin.* 3.

1326 Eorumdem Platonis operum editio altera, ex eâdem Marsilii Ficini versione, cum emendationibus Simonis Grynæi. *Lugduni, Joann. Tornæsius,* 1550, 5 *vol. in-*16. *mar. r.* 20.

1327 Les Œuvres de Platon, traduites en françois, avec des remarques, & la vie de ce Philosophe, par M. Dacier. *Paris, Jean Anisson*, 1699, 2 *vol. in*-12. *v. f.* 9. 10.

1328 Le Timée de Platon, traitant de la nature du Monde & de l'Homme, avec les trois Oraisons de Démosthenes, dites *Olynthiaques*; & les trois Livres d'Isocrate, traitant de la vertu, de la maniere de bien regner, & des devoirs des Princes ; le tout traduit du grec en françois par Loys le Roy, *dit Regius. Paris, Vascosan*, 1551, *in*-4. *v. f.* 2.

1329 Le premier Alcibiade de Platon, mis en

françois par Tanneguy le Févre. *Saumur, Jean Lefnier*, 1666, *in*-12. *v. br.*

1330 Le Banquet de Platon, trad. du grec en françois par Jean Racine & Madame de **. *Paris, Pierre Gandouin*, 1732, *in*-12. *v. f.*

1331 Beſſarionis, Card. Nicæni & Patriarchæ Conſtantinopolitani, Defenſionum adversùs calumniatores Platonis Libri IV. *Venetiis, in Ædibus Aldi*, 1503, *in-fol. v. antiqué.*

1332 Earumdem Defenſionum editio altera. *Venetiis, Aldus*, 1516, *in-fol. v. f.*

1333 Jamblichi Liber de Myſteriis Ægyptiorum, Chaldæorum, & Aſſyriorum, è græco latinè, ex interpretat. Marſilii Ficini : accedunt ; Proclus de animâ & dæmone, de ſacrificio & magiâ : Porphyrius de divinis atque dæmonibus : Syneſius Platonicus de ſomniis : Pſellus, de dæmonibus : Alcinoi Liber de doctrinâ Platonis : Pythagoræ aurea verba, &c. nec non Marſilii Ficini Liber de voluptate : hæc omnia latinè. *Venetiis, Aldus*, 1497, *in-fol. mar. r.*
* *Editio Primaria.*

1334 Ejuſdem Operis editio altera, ex verſione Nicolai Scutellii : adjecti de vitâ & ſectâ Pythagoræ Floſculi ab eodem Scutellio ex ipſo Jamblicho collecti. *Romæ, Ant. Bladus*, 1556, *in*-4. *v. f.*

1335 Maximii Tyrii, Philoſophi Platonici, Sermones è græcâ in latinam linguam verſi, interprete Coſmo Paccio. *Baſileæ, Froben*, 1519, *in-fol. v. m.*

1336 Plotini, philoſophi Platonici, Opera omnia, è græco latinè reddita per Marſilium Fi-

SCIENCES ET ARTS.

cinum ; unà cum vitâ Plotini à Porphyrio conscriptâ, & ab eodem Ficino latinè editâ. *Florentiæ, impressit ex Archetypo Antonius Miscominus*, anno 1492, *in-fol. mar. c.*
* *Editio Primaria.*

1337 Marsilii Ficini Liber de Vitâ triplici, in tres Libros divisus, quorum primus, de vitâ sanâ ; secundus, de vitâ longâ ; & tertius de vitâ cœlitùs tractat. *Florentiæ, per Antonium Mischominum*, anno 1489, *in-fol. mar. r.* — 18.

1338 Æneæ Platonici Christiani de immortalitate animæ, deque corporum resurrectione Dialogus, interprete Ambrosio Camaldulensi. *Item*, Athenagoræ Liber de resurrectione, & Xysti Pythagorici Sententiæ, interpretibus Marsilio Ficino & Rufino. *Basileæ, Joann. Froben*, 1516, *in-4. relié en carton.*

1339 Anthonii Lodovici, Ulissiponensis Medici, Liber singularis, de pudore in quo plurima ex Platone & Aristotele & aliis Philosophorum placitis disputata referuntur. Accedunt Mich. Pselli, Philosophi, Allegoriæ in Tantalum, in Sphingem, & in Circem ; nec-non Telesii Liber de comparatione divitiarum & paupertatis. *Antverpiæ, Typis Mich. Hillenii*, 1537, *in-8. vel.* — " 16.

1340 Aristotelis Opera omnia, græcè. *Venetiis, Aldus*, 1495, *& ann. seqq.* 5 vol. *in-fol. v. f.* — 42.
* *Editio Primaria. In hoc exemplari desideratur ea Pars Theophrasti, quæ inscribitur, Historia plantarum.*

1341 Eorumdem Aristotelis Operum versio latina, cum Commentariis Averrois Cordubensis, & annotationibus diversorum, ex editione — 12. 1.

236 SCIENCES ET ARTS.

Joann. Bapt. Bagolini, Veronensis. *Venetiis, apud Juntas*, 1552, 4 *vol. in-fol. v. m.*

1342 Ejusdem Aristotelis opuscula varia, latinè versa à Petro Alcyonio. *Venetiis*, 1521, *in-fol. v. m.*

1343 Ejusdem Aristotelis problemata, è græco latinè reddita, interprete Theodoro Gaza. *Mantuæ, per Johannem Vurster de Compidona & Johannem Baumeister, Socios, circà ann. Domini* 1472, *in-fol. mar. r.*

1344 Ejusdem Aristotelis Ethicorum Libri latinè redditi per Leonardum Aretinum. *Editio vetus & primaria, absque loci & anni indicatione, sed circà annum* 1470 *excusa, in-fol. mar. r.*

1345 Les Ethiques d'Aristote, translatés du grec en françois par Nicolas Oresme. *Paris, Vérard*, 1488, *in-fol. v. m. premiere édition.*

1346 Aristotelis, Philosophi, Secretum secretorum, seu Liber Moralium de regimine Principum; *Item*, Tractatus de signis aquarum, ventorum & tempestatum, nec-non de mineralibus: *accedunt* Alexandri Aphrodisei Liber de intellectu; Averrois Libellus de beatitudine animæ; Alexandri Achillini Boriensis Opus de universalibus, & Alexandri Macedonis Opusculum de mirabilibus Indiæ. *Parisiis*, 1520, *in-*12. *v. m.*

1347 Ejusdem Aristotelis Politicorum Libri, è græco latinè versi (Leonardo Aretino interprete). *Editio vetus & primaria, absque loci & anni indicatione, sed circà annum* 1470 *impressa, in-fol. mar. r.*

1348 Le Livre des Politiques d'Aristote, transl.

du grec en françois par Nicolas Orefme. *Paris*, *Antoine Vérard*, 1489, *in-fol. v. m. prem. édition.*

1349 Liber Ifagogarum Porphyrii in prædicamenta Ariftotelis, nec-non alii Tractatus varii Boetii & Ariftotelis, in unùm congefti & fimul editi. *Editio vetus, abfque loci & anni indicatione (circà ann.* 1480) , *in-fol. mar. r.*

1350 Donati Acciaioli, Florentini, Expofitio fuper libros Ethicorum Ariftotelis, in novam traductionem Johannis Argyropyli Bizantii. *Florentiæ, apud Sanct. Jacobum de Ripoli,* 1478 , *in-fol. mar. r.*

1351 Ægidii Romani Expofitio fupra libros Elenchorum Ariftotelis. *Venetiis, Scotus,* 1496 , *in-fol. v. f.*

1352 Ejufdem Ægidii Romani Commentarii in libros pofteriorum Ariftotelis. *Venetiis,* 1530, *in-fol. v. f.*

1353 Codex antiquus, *MSS. in Membranis*, in quo continentur ; Commentarii Averrois in libros Ariftotelis de Phyficâ. *in-fol. relié en bois.*

1354 Ejufdem Averrois Libellus de fubftantiâ Orbis , ex edit. Joann. Bapt. Confalonerii ; nec-non ejufdem Confalonerii Opufcula varia Metaphyfica. *Venetiis, in Ædibus Francifci Bendoni*, 1525 , *in-fol. non relié.*

1355 Ægidii Romani Expofitio in libros Ariftotelis de animâ. *Papiæ, per Chriftophorum de Canibus*, anno 1491 , *in-fol. v. f.*

1356 Joann. Loniceri Compendium in libros Ariftotelis de Phyficâ aufcultatione, de generatione & corruptione , de longitudine &

SCIENCES ET ARTS.

brevitate vitæ, de vitâ & morte animalium, & de animâ. *Marpurgi, ex Offic. Chrift. Egenolphi*, 1540, *in-4. relié en carton.*

1357 Alexandri Piccolominei Paraphrafis in Mechanicas quæftiones Ariftotelis, nec-non Commentarius de certitudine Mathematicarum difciplinarum. *Romæ, Ant. Bladus de Afula*, 1547; *in-4. v. f.*

1358 Ricardi Suifeth, Anglici, Tractatus cui titulus; CALCULATOR, five Calculationes emendatæ & revifæ : quibus accedit queftio infuper de reactione juxtà Ariftotelis fententiam & Commentatoris; ex editione Victoris Trinchavelli Veneti. *Venetiis, Octav. Scotus*, 1520, *in-fol. mar. r.*

1359 Magiftri Alvari Thomæ Liber de triplici motu, philofophicas Ricardi Suifeth Calculationes ex parte declarans. *Parifiis, Guillermus Anabat*, 1509, *in-fol. v. f.*

1360 Nicolai Cabei, Ferrarienfis, Soc. Jefu, in IV libros Meteorologicorum Ariftotelis Commentaria & quæftiones, quatuor Tomis comprehenfa. *Romæ, Typ. Hæred. Francifci Corbelletti*, 1646, 4 tom. en 2 vol. *in-fol. v. br.*

1361 Franc. Sanchez, Doct. Medici, Tractatus Philofophici, *fcilicet* quòd, nihil fcitur : de divinatione per fomnum : Comm. in Ariftotelis librum de Phyfiognomoniâ, & de longitudine ac brevitate vitæ. *Roterodami, Arn. Leers*, 1649, *in-12*; *v. f.*

1362 Codex vetus, *MSS. in Membranis*, in quo continetur; Tractatus fingularis philofophiæ fecundùm Ariftotelem, qui infcribitur; LIBER fex Principiorum. *in-4. relié en bois.*

SCIENCES ET ARTS.

1363 Joann. Guilleminot, Soc. Jesu, selectæ ex universaliore Philosophiâ Quæstiones, in quibus recentiorum Philosophorum doctrina quatenùs Aristotelicæ contraria est, refellitur, & ipsa Aristotelica illustratur. *Parisiis, Joann. Hénault*, 1671, 2 *vol. in*-12. *v. br.*

1364 Antonii Goveani pro Aristotele Defensio adversùs Petri Rami calumnias. *Parisiis, Sim. Colinæus*, 1543, *in*-8. *relié en carton.* — 1. 10.

1365 Cæsaris Cremonini, Philosophi, Dictata in Scholâ Patavinâ de calido innato & semine pro Aristotele adversùs Galenum. *Lugd. Batav. ex Offic. Elzevirianâ*, 1634, *in*-24. *v. br.*

1366 Senecæ utriusque Philosophi & Rhetoris Opera omnia. *Neapoli, per Matthiam Moravum, anno* 1475, *in-fol. C. M. mar. r. rare.* 240.
* *Editio Primaria.*

1367 Lucii Annæi Senecæ, Cordubensis, Opera quæ extant. *Venetiis, Barth. de Zanis*, 1503, *in-fol. relié en carton.* 1.

1368 Ejusdem Senecæ, de clementiâ Libri duo, commentariis Joann. Calvini Noviodunæi, illustrati. *Parisiis, Ludov. Cyaneus*, 1532; *in*-4. *v. f.*

1369 L'Esprit de Séneque, ou les plus belles pensées de ce grand Philosophe, par M. Puget de la Serre. *Paris, André Soubron*, 1660, 3 *vol. in*-8. *v. m.* 1. 13.

1370 Proverbios de Seneca, por el Doctor Pero Diaz de Toledo. *En Medina del Campo, por Adrian Ghemart*, 1555, *in-fol. v. f.* 1.

1371 Ferdinandi Pinciani Castigationes in Senecæ Philosophi Opera. *Venetiis, Aug. de Burgo*, 1536, *in*-4. *relié en carton.*

SCIENCES ET ARTS.

12 1372 Henrici Stephani ad Senecæ utriusque lectionem Proodopeïa : in quâ & nonnulli ejus loci emendantur : accedunt Epistolæ ejusdem Stephani partìm *Diorthotikæ* quorundam Senecæ locorum (aut saltem in eorum *Diorthoses stochasticæ*) partìm etiàm in quosdam *Exetastikæ*. Excud. idem Stephanus, anno 1586, *in*-8. *v. f.*

I I I.

Philosophie moderne ; c'est-à-dire, *Ouvrages des Philosophes modernes qui ont paru jusqu'à présent.*

7. " 1373 Petri Pomponatii, Philosophi, Opera ; scilicet, de naturalium effectuum admirandorum causis, de incantationibus, de fato, de libero arbitrio, de prædestinatione, & de providentiâ Dei. *Basileæ*, ex Officinâ Henric. Petrinâ, 1567, 1 tom. en 2 vol. in 8. *mar. bl.*

1. 4. 1374 Ejusdem Pomponatii, Mantuani, Tractatus de immortalitate animæ. *Impr. absque notâ editionis*, in-8, *v. m.*

1. " 1375 Ejusdem Tractatus Pomponatii editio altera. *Impr. anno* 1534 (*seu potiùs* 1634), *in*-12. *v. f.*

1. 10 1376 Joann. Pici Mirandulani Opera omnia Philosophica & Physica, &c. *Venetiis*, Guill. de Fontaneto, 1519, *in fol. v. f.*

1. 16. 1377 Joann. Kepleri Harmonicès mundi Libri V, quorum primus, de demonstratione Geometricâ ; secundus, de figuris Geometriæ ;

SCIENCES ET ARTS. 241

triæ; tertius, de propositionibus harmonicis; quartus, de harmoniarum mentali essentiâ; & quintus, de harmoniis motuum cœlestium tract. *Lincii Austriæ*, excud. *Joann. Planchus*, 1619, *in-fol. fig. v. f.*

1378 Ejusdem Kepleri harmonicès mundi Libri V. *Lincii Austriæ*, *God. Tampachius*, 1619. === Ejusdem Kepleri mysterium Cosmographicum. *Francofurti*, *Erasmus Kempferus*, 1621. === Ejusdem Kepleri nova Stereometria, & Stereometriæ Archimedeæ Supplementum. *Lincii*, *Joann. Planchus*, 1615, *in-fol. v. m.*

1379 Gometii Pereyræ Antoniana Margarita; Opus nempè Physicis, Medicis, ac Theologis non-minùs utile quàm necessarium. *Methymnæ Campi*, *Guillielmus de Myllis*, 1554. === Objectiones Mich. à Palacios adversùs nonnulla ex paradoxis Antonianæ Margaritæ, cum responsionibus & apologiâ eorumdem, per Gometium Pereyram. *Methymnæ Campi*, *Guill. de Myllis*, 1555, *in-fol. v. f. rare.*

1380 Ejusdem Gometii Pereyræ nova veraque Medicina, experimentis & evidentibus rationibus comprobata. *Methymnæ Duelli*, excud. *Franciscus à Canto*, 1558, *in-fol. mar. r. rare.*

1381 Renati Descartes Liber de Homine; latinitate donatus à Florentio Schuyl, cum fig. æneis. *Lugd. Batav. Petrus Leffen*, 1662, *in-4. fig. v. br.*

1382 Traité des passions de l'ame, par René Descartes. *Paris*, *Henry le Gras*, 1649, *in-12. v. m.*

1383 Alexandri Pitcarnii Anatome Cartesianis-

Tome I. H h

mi; Cartesii speculationes metaphysicas complectens. *Londini*, *Thom. Parkhurst*, 1676, *in*-8. *v. f.*

2. 11. 1384 Petri Petiti, Parisiensis, de novâ Renati Cartesii Philosophiâ Dissertationes. *Parisiis*, *vid. Edm. Martini*, 1670, *in*-8. *v. f.*

1385 Petri Danielis Huetii, Episcopi Suessionensis designati, Censura philosophiæ Cartesianæ. *Lutetiæ Parisiorum*, *Dan. Horthemels*, 1689, *in*-12. *v. br.*

1. 10. 1386 Ejusdem Operis editio altera. *Parisiis*, *Joann. Anisson*, 1694, *in*-12. *v. br.*

1387 Joh. Eberhardi Schwelingii Exercitationes Cathedrariæ in Petri Dan. Huetii censuram philosophiæ Cartesianæ. *Bremæ*, *Typ. Herman. Braveri*, 1690, *in*-12. *v. f.*

1388 Lettre d'un Philosophe à un Cartésien de ses amis, au sujet de la philosophie de Descartes. *Paris*, *Thomas Jolly*, 1672, *in*-12. *v. br.*

1. 8. 1389 Autre Edition de la même Lettre. *Paris*, *veuve Jean Pecquet*, 1683, *in*-12. *v. br.*

1390 Autre Edition de la même Lettre. *Paris*, *Dan. de la Ville*, 1685, *in*-12. *v. br.*

6. 1391 Recueil de quelques pièces curieuses concernant la philosophie de Descartes. *Amsterdam*, *Henry Desbordes*, 1684, *in*-12. *v. br.*

1392 Antonii le Grand Institutio Philosophiæ secundùm principia Renati Descartes. *Londini*, *Jo. Martyn*, 1672. *in*-12. *v. f.*

1. 6. 1393 Ejusdem Operis editio altera. *Londini*, *J. Martyn*, 1675, *in*-8. *v. br.*

1394 Ejusdem Antonii le Grand Apologia pro Renato Descartes, contra Samuelem Parkerum

SCIENCES ET ARTS.

inſtituta & adornata. *Londini*, *Typis M. Clark*, 1679, *in-*8. *v. f.*

1395 Joh. Claubergii Defenſio Carteſiana adversùs Jacobum Revium, Theologum Leidendem, & Cyriacum Lentulum, Profeſſorem Herbotnenſem; in quâ Renati Carteſii diſſertatio de methodo vindicatur, & ſimul illuſtria Carteſianæ Logicæ & Philoſophiæ ſpecimina exhibentur. *Amſtelodami*, *Lud. Elzevirius*, 1652, *in-*12. *v. f.*

1396 Nouvelles difficultés propoſées à l'Auteur du Voyage du Monde de Deſcartes touchant la connoiſſance des Bêtes, avec la réfutation de deux Défenſes du Syſtême général du Monde de Deſcartes. *Paris*, *veuve Simon Bénard*, 1693, *in-*12. *v. m.*

1397 Nouveaux Mémoires pour ſervir à l'Hiſtoire du Cartéſianiſme. *Impr. en* 1692, *in-*12. *v. br.*

1398 Petri Gaſſendi epiſtolica Exercitatio, in in quâ principia Philoſophiæ Roberti Fludd reteguntur, & ad recentes illius libros adversùs Marinum Merſennum reſpondetur, cum appendice aliquot Obſervationum cœleſtium. *Pariſiis*, *Seb. Cramoiſy*, 1630, *in-*8. *v. m.*

1399 Doutes de M. Bernier ſur quelques-uns des principaux Chapitres de ſon Abrégé de la Philoſophie de Gaſſendi. *Paris*, *Eſt. Michallet*, 1682, *in-*12. *relié en carton*.

1400 Joannis Clerici Opera Philoſophica in IV volumina digeſta. *Amſtelodami*, *Georg. Gallet*, 1700, 4 *tom. en* 2 *vol. in-*8. *v. br.*

IV.

Cours universels & Traités généraux de Philosophie Scholastique & particuliere, Institutions, Regles, Methodes, &c.

1.
- 1401 Petri Godartii Summa totius Philosophiæ. *Parisiis, Ludovicus Billaine,* 1666, *in-*8. *v. br.*
- 1402 Thomæ Hobbes Elementa Philosophiæ. *Londini, Andræas Crook,* 1655, *in-*8. *v. f.*

3. 16.
- 1403 Henrici Regii, Ultrajectini, Philosophiæ naturalis Libri V. *Amstelodami, Elzevirius,* 1654, *in-*4. *v. br.*
- 1404 Totius Philosophiæ Principia per quæstiones de ente in communi, ex prælectionibus Joannis Morawski, Soc. Jesu, explicata. *Posnaniæ, Typ. Collegii Soc. Jesu,* 1682, *in-*12. *v. f.*
- 1405 Cours de Philosophie par Sylvain Régis. *Paris, Denys Thierry,* 1690, 3 *vol. in-*4. *v. f.*

2. 13. 1406 Antonii Mayr, Soc. Jesu, Philosophia Peripatetica, antiquorum principiis & recentiorum experimentis conformata. *Ingolstadii, vid. Joannis Andreæ de la Haye,* 1739, 4 *vol. in*-4. *baz.*

1. 9. 1407 Benedicti Stay, Ragusini, Philosophiæ Libri VI, versibus conscripti. *Romæ, Nic. & Marc. Palearini,* 1747, *in-*8. *v. f.*

SCIENCES ET ARTS.

V.
Logique & Dialectique.

1408 Codex vetus, *MSS. in Membranis*, in quo continetur Opus integrum Logicæ generalis. *in-fol. relié en bois.*

1409 Magistri Guielmi Occham, Anglici, Summa totius Logicæ, ex editione Marci Beneventani, Monachi Ord. Celestinorum. *Venetiis, per Lazarum de Soardis*, 1508, *in-4. gotiq. v. br.*

1410 Petri Molinæi Elementa Logica. *Amstelodami, Joh. Blaeu*, 1645. == Ejusdem Molinæi Physicorum, seu Scientiæ Naturalis Libri IX. *Ibid*, 1645. == Ejusd. Molinæi Ethicorum, seu Doctrinæ Moralis Libri XI. *Ibid*, 1645. == Ejusd. Molinæi Panegyricus, inscriptus BATAVIA. *Ibid*, *in-8. v. br.*

1411 Chartiludium Logicæ; seu Logica poëtica vel memorativa R. P. Thomæ Murner, Argentoratens. Ord. Minor. ex editione & cum notis Joann. Balesdens. *Parisiis, Tuffanus du Bray*, 1629, *in-8. fig. v. m.*

1412 Conclusiones Logicæ & Physicæ à diversis Baccalaureis explicatæ. *Dilingæ*, 1663 & 1665, *in-12. vel.*

1413 Augustini Niphi Dialectica ludicra, junioribus Sophisticantibus contraria. *Venetiis, Alex. de Bindonis*, 1521, *in-8. v. m.*

1414 Simonis Simonii, Lucensis, Doct. Med. Antischegkianorum Liber, in quo ad objecta omnia Schegkii respondetur; Dialectica ejus & Physiologica examinatur, errataque pejora ipsius deteguntur: additâ ad calcem Confesfione Fidei ejufdem Simonis Simonii. *Bafileæ*, 1570, *in-*8. *v. f.*

1415 Codex vetus, *MSS. in Membranis*, in quo continentur ; Libri IX priores Speculi doctrinalis Vincentii Burgundi, Epifcopi Bellovacenfis. *in-fol. relié en bois.*

1416 Petri Gregorii Tholofani Syntaxeon Artis mirabilis Tomi duo, in quo de omnibus propofitis difputari aut tractari, omnium que fummaria cognitio haberi poteft. *Coloniæ, Lazarus Zetznerus,* 1602, 2 *tom. en* 1 *vol. in-*8. *v. f.*

1417 Ars brevis illuminati Doctoris Raymundi Lullii, feu Introductorium ad omnes Scientias pauco & brevi tempore affequendas, cum caftigationibus Bernardi de Lavinheta. *Parifiis, Ægidius Gorbinus,* 1578, *in-*16. *v. m.*

1418 Joann. Henr. Alftedii, Clavis Artis Lullianæ, & veræ Logicès, duos in Libellos tributa : *Id eft,* folida dilucidatio Artis magnæ generalis & ultimæ quàm Raymundus Lullius invenit ut effet quaruncunque Artium & Scientiarum Clavigera, &c. Accedit novum fpeculum Logicès minimè vulgaris. *Argentorati, Lazarus Zetznerus,* 1609, *in-*8. *v. m.*

V I.

Ethique, ou Morale.

§ 1. *Ouvrages des anciens Philofophes qui ont écrit fur la Morale.*

1419 Les Caracteres de Théophrafte, trad. du grec en françois, avec les Caracteres ou les

SCIENCES ET ARTS.

Mœurs de ce siècle, par M. de la Bruyere. *Paris, Estienne Michallet*, 1716, *in-12. v. br.* avec la *Clef MSS.*

1420 Les Caracteres d'Epictete, avec l'explication du tableau de Cébès, par M. l'Abbé de Bellegarde ; & la vie dudit Épictete écrite par M. Boileau. *Trévoux, Estienne Ganeau*, 1700, *in-12. v. br.* " 12.

1421 La Morale d'Epictete, & les préceptes de Phocylides, trad. en espagnol par Franç. Quévedo de Villegas. *Bruxelles, Franç. Foppens*, 1661, *in-12. vel.*

1422 Les Préceptes de Phocylide, traduits du grec en françois, avec des remarques & des pensées critiques à l'imitation de cet Auteur. *Paris, Florentin de Laulne*, 1698, *in-12. mar. vieux.*

1423 Plutarchi, Chæronensis, Problemata latinè reddita, & edita curis Calphurnii, Brixiensis. *Editio vetus, absque loci & anni indicat.* == Ejusd. Plutarchi liber de virtutibus mulierum latinè, ex interpretatione Alamani Ranutini. *Brixiæ, per Boninum de Boninis de Ragusia, anno* 1485, *in-4. vel.* 1. 6.

1424 Ejusdem Plutarchi & aliorum Lucubrationes de tranquillitate animi, & de fortunâ Romanorum & Alexandri Magni, ex interpretat. Guill. Budæi. *Parisiis, in Ædibus Ascensianis*, 1505, *in-4. v. m.*

1425 Le Livre de Plutarque, qui traicte de la maniere de discerner ung vrai amy d'avec ung flateur, translaté du grec en françois, par Franç. Sauvaige. *Paris, Yves Galloys*, 1520, *in-4. gotiq. relié en carton.*

SCIENCES ET ARTS.

1426 La Touche naïfve pour éprouver l'amy & le flateur, inventée par Plutarque, taillée par Erasme, & mise à l'usage françois par noble homme Frere Ant. du Saix, avec l'art de Soy ayder, & par bon moyen faire son profit de ses ennemys. *Lyon, Olivier Arnoullet, sans date, in-4. gotiq. v. m.*

1427 Traité de la Superstition, composé par Plutarque, & traduit du grec en françois, par M. le Févre, avec un Entretien sur la vie de Romulus. *Saumur, Jean Lesnier, 1666, in-12. v. br.*

1428 Le Festin de Xénophon, trad. du grec en françois, par Tannegui le Févre. *Paris, Thomas Jolly, 1666, in-12. v. br.*

1429 Marci Antonini, Imperatoris, eorum quæ ad seipsum spectant Libri XII ; cum annotationibus selectis. *Glasguæ, in ædibus Academicis R. Foulis, 1744, in-12. v. m.*

1430 Anicii Manlii Torquati Severini Boëcii de Consolatione Philosophiæ Libri V ; cum comm. Sancti Thomæ de Aquino. *Nurembergæ, per Anthonium Coburgers, 1476, in-fol. C. M. mar. r. rare.*
* *Editio Primaria.*

1431 Eorumdem Librorum editio altera, cum emendationibus Petri Bertii. *Lugd. Batav. Joan. Maire, 1634, in-24. v. m.*

1432 Eorumdem Librorum editio altera, cum eisdem emendationibus P. Bertii *Amstelodami, Joh. Corn. Blaeu, 1640, in-24. v. f.*

1433 Les cinq Livres de la consolation de la Philosophie, trad. du latin de Boëce, tant en prose qu'en vers françois, par le Pere Nicolas Regnier,

SCIENCES ET ARTS.

Regnier, Chanoine régulier. *Bruxelles, Jean de Smedt*, 1711, *in-12. v. m.*

1434 Dionysii Catonis de Moribus ad filium Libri IV, emendati & diligenter expositi, selectisque veterum sapientum monitis illustrati, per Guill. Coëffeteau. *Parisiis, Rob. Sara*, 1648, *in-8. v. m.*

1435 Lettre sur la Morale de Confucius, Philosophe de la Chine. *Amsterdam, Pierre Savouret, sans indic. d'année, in-12. v. f.*

2 . 19.

§ 2. *Traités généraux de Philosophie morale.*

1436 Augustini Niphi, Suessani, Opuscula moralia & politica, ex editione Gabrielis Naudæi. *Parisiis, Roletus le Duc*, 1645, *in-4. mar. bl.*

3.

1437 Thomæ (Albii), Angli, Institutionum Ethicarum, sive Stateræ morum aptis rationum momentis libratæ Tomi III. *Londini, anno salutis* 1660, *3 tom. en 1 vol. in-8. v. f.*

1438 La Philosophie & institution morale du Seigneur Alexandre Piccolomini, mise en françois par Pierre de Larivey. *Paris, Abel Langelier*, 1585, *in-8. v. m.*

1. 6.

1439 L'Ethique, ou Philosophie morale, par Scipion du Pleix. *Paris, Laurent Sonnius* 1617, *in-12. v. m.*

1440 L'Académie Françoise divisée en IV Livres; Ouvrage dans lequel il est traité de la Philosophie humaine & morale, & de la naturelle & divine; avec un Traité de la connoissance de l'homme & de son institution en bonnes mœurs, par Pierre de la Primaudaye.

SCIENCES ET ARTS.

Saumur, Th. Portau, 1613, 4 tom. en 1 vol. in-4. v. m.

1441 Du droict usage de la Philosophie morale, avec la doctrine chrétienne, par Pierre de la Place. Leyde, Jean Elzévir, 1658, in-12. vel.

1442 La Théorie des sentimens agréables, où après avoir indiqué les regles que la nature suit dans la distribution du plaisir, on établit les principes de la Théologie naturelle & de la Philosophie morale. Paris, David jeune, 1748, in-12. v. m.

1443 Le véritale Mentor, par le Marquis de Caraccioli. Breslau, sans indic. d'année, in-12. v. m.

1444 La Spectatrice Danoise, ou l'Aspasie moderne, par le sieur Angliviel de la Beaumelle. Coppenhague, 1749, 2 tom. en 1 vol. in-8. baz.

1445 Entretiens de Morale, par le sieur de Goustimesnil Martel, & dédiés au Roi. Paris, Jean Anisson, 1692, 2 vol. in-12. v. m.

1446 Nouvelles conversations de Morale, par le même Goustimesnil Martel, & dédiées au Roi. Paris, veuve Seb. Mabre Cramoisy, 1688, 2 vol. in-12. v. m.

1447 Réflexions, Sentences & Maximes morales de M. le Duc de la Rochefoucault. Paris, Claude Barbin, 1666, in-12. v. br.

1448 Réflexions ou Sentences & Maximes morales. Rouen, Jacq. Lucas, 1672, in-12. v. br.

1449 Réflexions, Sentences & Maximes morales. Paris, Claude Barbin, 1678, in-12. v. b.

SCIENCES ET ARTS. 251

1450 Réflexions prudentes, Pensées morales, & Maximes Stoïciennes, trad. de l'espagnol en françois par le Pere F. d'Obeilh., de la Compagnie de Jésus. *Amsterdam, Daniel Elzévier*, 1671, *in-12. v. f.* — 1. 4.

1451 Caractères, Pensées, sentimens & Maximes morales, par le sieur Dupuy, avec un Entretien sur deux personnes, dont l'une parle mal & écrit bien, & l'autre parle bien & écrit mal. *Paris, Cl. Barbin*, 1693, *in-12. v. br.*

1452 Recueil de pensées & réflexions morales. *Copenhague*, 1751, *in-12. v. m.* — 2. 10.

1453 Recueil de pensées & réflexions morales. *Berlin (Hollande)*, 1752, *in-12. v. m.* — 1.

1454 De la Conversation avec soi-même, par M. le Marquis de Caraccioli. *Rome*, 1753, 2 *tom. en* 1 *vol. in-12. v. m.* — 1.

§ 3. *Traités singuliers de Philosophie morale, où il est parlé des Vertus, des Vices & des Passions.*

1455 Opera chiamata Fiore di Virtu, che tratta di tutti vitii humani, e quali debbe fuggire l'huomo che desidera di vivere secondo i Dio, & insegna come si debbe acquistare la virtu. *In Firenze*, 1489, *senza nome di Stampatore, in-4. v. m.* — 3.

1456 Libro llamado, Flor de Virtudes. *En Burgos, por Fadrique Aleman*, 1516, *in-4. relié en carton.* — 1.

1457 La Métamorphose du Vertueux, Ouvrage rempli de moralité, trad. de l'italien de Laurens Selva, par J. Baudoin. *Paris, Charl. Sévestre*, 1611, *in-8. vel.*

I i ij

SCIENCES ET ARTS.

1458 Trois Livres de la Sagesse, par Pierre Charron. *Bourdeaux ; Sim. Millanges*, 1601, *in-*8. *v. f.*

1459 Autre édition du même Livre. *Paris, Louis Feugé*, 1646, *in-*8. *vel.*

1460 Autre édition du même Livre. *Amsterdam, Louis & Dan. Elzevier*, 1662, *in-*12. *mar. r.*

1461 Autre édition du même Livre. *Paris, Besoigne*, 1671, *in-*12. *v. br.*

1462 Traité de l'Amitié, par M. l'Abbé de Montmorel. *Paris, Estienne Michallet*, 1692, *in-*12. *v. br.*

1463 La Pucelle d'Orléans restituée par l'industrie de Béroalde de Verville ; Traité dans lequel, sous le sujet de cette magnanime Pucelle, est représentée une fille vaillante, chaste, sçavante, & belle. *Paris, Matthieu Guillemot*, 1599, *in-*12. *vel.*

1464 La Galerie des femmes fortes, par le Pere Pierre le Moyne, avec figures en taille douce. *Paris, Ant. de Sommaville*, 1647, *in-fol. G. P. fig. v. br.*

1465 Hieronymi Cardani, Mediolanensis, Proxeneta, sive Liber de Prudentiâ civili. *Lugd. Batav. ex Offic. Elzevirianâ*, 1627, *in-*12. *v. m.*

1466 Hieronymi Osorii, Lusitani, de Gloriâ Libri duo, nec-non de nobilitate civili & christianâ Libri V. *Basileæ, Petr. Perna*, 1576, *in-*8. *v. m.*

1467 Joannis Joviani Pontani, Opus de Fortitudine bellicâ & heroïcâ. *Neapoli, per Matthiam Moravum*, anno 1490. ⹀ *Ejusd. Jov.*

SCIENCES ET ARTS.

Pontani Libellus de Principe. *Ibid, in-4. vel.*

1468 Les Dialogues d'honneur de Meſſire Jean-Baptiſte Poſſevin, éſquels eſt amplement diſcouru & réſolu de tous les points d'honneur entre toutes perſonnes, mis en françois par Claude Gruget. *Paris, Eſt. Groulleau*, 1557, *in-4. v. br.*

1469 Diſcours des quérelles & de l'honneur, par N. Chevalier. *Paris, Léger Delas*, 1598, *in-8. v. f.*

1470 Dialogues du vray honneur Militaire, traitans contre l'abus de la plûpart de la Nobleſſe ; comme l'honneur doit ſe conformer à la conſcience : ornés de pluſieurs choſes belles & plaiſantes qui luy ſervent d'un eſmail de diverſes couleurs pour la récréation des liſans, &c. trad. de l'eſpagnol en françois, par Gabriel Chappuis. *Paris, Th. Périer*, 1585, *in-8. vel.*

1471 Traité ſingulier de Morale ſur la valeur. *Paris, Seb. Mabre Cramoiſy*, 1674, *in 12. v. br.*

1472 Ant. de Balinghem, Soc. Jeſu, Inſtitutio morum à brutis petita & ordine alphabetico digeſta, cum compendio virtutum & vitiorum. *Audomari, Carolus Boſcardus*, 1621, *in-8. v. f.*

1473 L'Artiſan de la Fortune, avec les antithèſes des choſes, les ſophiſmes & les caractères de l'eſprit, compoſés par François Bacon, & trad. en françois par Jean Baudoin. *Paris, Pierre Rocolet*, 1640, *in-12. v. m.*

1474 La Bagatelle, ou Diſcours ironiques, où l'on prête des ſophiſmes ingénieux au vice & à l'extravagance pour en faire mieux ſentir

254 SCIENCES ET ARTS.

le ridicule. *Amsterdam , Mich. Ch. le Cene,* 1719, 3 *tom.* === Entretiens sur la pluralité des Mondes, par M. Bernard le Bovier de Fontenelle. *Paris , Michel Brunet ,* 1694, 1 *tom. le tout relié en* 2 *vol. in-*12. *v. f.*

1475 Autre édition du même Livre intitulé : LA BAGATELLE. *Amsterdam , Mich. Ch. le Cene,* 1722, 3 *vol. in-*12. *v. br.*

1476 La Fable des Abeilles, ou les Frippons devenus honnêtes gens, trad. de l'anglois de M. de Mandeville en françois, avec le Commentaire, où l'on prouve que les vices des particuliers tendent à l'avantage du public. *Londres (Paris),* 1750, 4 *vol. in-*12. *v. br.*

1477 Essai sur le Luxe. *(Paris) ,* 1764, *in-*12. *v. m.*

1478 Les Peintures morales, où les passions sont représentées par tableaux, par caracteres, & par questions nouvelles & curieuses, par le R. P. Pierre le Moyne, de la Comp. de Jésus. *Paris , Seb. Cramoisy ,* 1646, 2 *vol. in-*8. *baz.*

1479 De l'usage des Passions, par le Pere J. François Senault. *Lyon , Jean Molin ,* 1669, *in-*12. *baz.*

1480 Réflexions sur les Passions. *Paris , Didot ,* 1738, *in.*12. *v. m.*

SCIENCES ET ARTS.

§ 4. *Meslanges de Philosophie morale, là où sont contenus les Traités singuliers de la tranquillité de l'esprit, de la vie heureuse, comme aussi de la prospérité & de l'adversité, & de la conduite qu'il faut tenir dans l'une & dans l'autre.*

1481 Entretiens sur un nouveau Systême de Morale & de Physique : ou la recherche de la vie heureuse selon les lumieres naturelles. *Paris, Jean Boudot*, 1721, *in*-12. *v. br.*

1482 Traité de la liberté & de la servitude, par M. de la Mothe le Vayer. *Paris, Ant. Sommaville*, 1643, *in*-12. *v. f.*

1483 Les Jeux admirables de la divine Providence, dans les divers événemens de la vie des hommes, avec des Réflexions morales, par M. de Gérimont. *Cologne, Corn. Egmont*, 1691, *in*-12. *baz.*

1484 Francisci Petrarchæ de Remediis utriusque fortunæ Libri II, nec-non ejusdem de contemptu Mundi colloquiorum Liber. *Roterodami, Arnoldus Leers*, 1649, *in*-12. *v. f.*

1485 Liber de Remediis utriusque fortunæ, prosperæ & adversæ; compilatus per Adrianum quemdam Carthusiensem & sacræ Theologiæ Professorem. *Impr. in almâ Universitate Lovaniensi, in domo magistri Johanis de Westphalia*, absque notâ anni (sed ut conjicitur circa ann. 1475), *in-fol. mar. r.*

1486 Theodori Schrevelii de patientiâ morali & salutari Libri IV. *Lugd.-Batav. Joann. Maire*, 1623, *in*-12. *v. m.*

1487 De la Consolation : Discours du sieur de

Juilly adressé à son fils, prisonnier. *Chaalons,*
Claude Guyot, 1594, *in-*12. *v. m.*

1488 Les Remonstrances de l'Empereur Basile à
Léon son fils, trad. de grec en françois, par le
sieur de Fleurances Rivault. *Paris, Ant.*
Estienne, 1646, *in-*8. *v. s.*

VII.

Œconomie.

§ 1. *Traités généraux œconomiques.*

1489 Roderici, Episcopi Zamorensis, Speculum
vitæ humanæ, in quo cuncti mortales, in
quovis fuerint statu vel officio spirituali aut
temporali, speculabuntur ejus artis & vitæ
prospera & adversa, ac rectè vivendi documenta. *Impr. Parisiis, per Martinum Crantz,*
Udalricum Gering & Michaëlem Friburger, anno
1475, *in-fol. mar. bl.*

1490 Hieronymi Cardani de Sapientiâ Libri V,
quibus omnis humanæ vitæ cursus, vivendique ratio explicatur: acced. ejusdem authoris
de Consolatione Libri III, nec-non Petri Alcyonii, Tractatus de Exilio. *Geneva, Petr. &*
Jac. Chouët, 1624, *in-*8. *v. m.*

1491 Le Théâtre du Monde, où il est fait un
ample discours des Miseres humaines, fait en
françois par Boaystuau, surnommé Launay,
& accompagné d'une version allemande. *Cologne*, 1574, *in-*12. *v. f.*

1492 Le Tableau des affections humaines, auquel est traité de leurs causes & de leurs
effets,

SCIENCES ET ARTS. 257

effets, tiré du livre de M. Coëffeteau. *Paris, Ant. de Sommaville*, 1627, *in-8. relié en carton.*

1493 Œconomie de la vie humaine, Ouvrage moral. *Edimbourg (Paris)*, 1752, *in-12. v. m.*

1494 Ludovici Molinæi Morum exemplar, seu Characteres. *Lugd. Batav. Joan. & Dan. Elzevirii*, 1654, *in-12. v. br.*

1495 Extrait d'un Livre intitulé : *la Doctrine des Mœurs*, par M. de Gomberville. ══ Sentences morales extraites des pièces de Théâtre de Corneille, & réduites selon l'ordre de l'alphabet. *MSS. sur papier*, *in-12. v. br.*

1.

§ 2. *Traités singuliers Œconomiques de l'Institution de l'homme & de la femme, de leurs devoirs mutuels, de la conduite dans le mariage, de l'éducation des enfans, du gouvernement domestique, & des devoirs des Maîtres & des Serviteurs.*

1496 Le Triomphe des Dames, par François du Soucy, Escuyer, sieur de Gerzan. *Paris, chez l'Auteur*, 1646. ══ La Science des Sages, par le même. *Ibid*, 1646, *in-4. v. m.*

1.

1497 Les Femmes Savantes, ou la Bibliotheque des Dames, qui traite des Sciences qui conviennent aux Dames, de la conduite de leurs études, des livres qu'elles peuvent lire, & l'Histoire de celles qui ont excellé dans les Sciences. *Amst. Mich. Charl. le Cene*, 1718, *in-12, v. m. (Tome III.)*

1.

1498 Georgii Vivienni, Antverpiani, de Offi-

Tome I. K k

SCIENCES ET ARTS.

cio probi Patris-familiâs Libri IV. *Lovanii, Hieronymus Wellæus*, 1563, *in-8. baz.*

1499 Frider. Ludovici Hünefeld Meditationes de juribus & potestate Parentum, eorumque auctoritate & officio circà Religionem liberorum, ex Jure sacro profanoque concinnatæ, & publici Juris factæ. *Jenæ, Joh. Adolph. Mullerus*, 1701, *in-4. v. f.*

1500 Testament ou Conseils fidels d'un bon pere à ses enfans, par P. Fortin, Seigneur de la Hoguette. *Paris, Pierre le Petit*, 1656, *in-12. v. m.*

1501 Les Elémens de l'éducation. *Paris, Praúlt Pere*, 1743, *in-12. relié en carton.*

1502 L'Education, ou Maximes & Réflexions de M. de Moncade, avec un discours du sel dans les Ouvrages d'esprit. *Rouen, Pierre Ferrand*, 1691, *in-12. v. br.*

1503 Le Temps perdu, ou les Ecoles publiques; considérations d'un Patriote sur l'éducation de la premiere jeunesse en France, avec l'idée d'un nouveau Collége, & le précis de l'instruction qui y seroit donnée, par M. Maubert de Gouvest. *Amsterdam, Franç. Changuion*, 1765, *in-12. broché.*

1504 L'Escole morale des filles, divisée en trois parties. *Paris, Louis Chamhoudry*, 1657, *in-8. mar. r.*

1505 Conseils à une amie, par Madame de Puisieux. *Impr. en* 1750, *in-12. v. m.*

SCIENCES ET ARTS.

§ 3. *Traités singuliers de la conversation & de la société civile, de la politesse des Mœurs, & des avantages & devoirs des différens âges; comme aussi ceux des différens états dans la vie civile.*

1506 De la Conversation; Discours de M. le Chevalier de Méré. *Paris, Den. Thierry,* 1677, *in-*12. *v. br.* — 2. 11.

1507 Discours sur les agrémens, par le même Chevalier de Méré. *Paris, Den. Thierry,* 1677, *in-*12. *v. br.* — 2. 10.

1508 Essai sur la nécessité & sur les moyens de plaire; par M. de Moncrif. *Paris, Prault fils,* 1738, *in-*12. *v. m.* — 2. 9.

1509 Traité de la société civile, & du moyen de se rendre heureux en contribuant au bonheur des personnes avec qui l'on vit; où l'on expose la liaison qui se trouve entre la raison naturelle, la société civile, le bonheur général & particulier qu'on y doit chercher, les regles de la morale & le droit de la vertu, par le P. Buffier. *Paris,* 1724, *in-*12, *v. f.*

1510 Discours sur la bienséance, avec des maximes & des réflexions importantes & nécessaires pour réduire cette vertu en usage. *La Haye, Abrah. de Hondt,* 1689, *in-*12. *v. m.* — 2.

1511 Maximes de conduite pour une Demoiselle qui entre dans le monde. *Paris,* 1700, *in-*12. *v. b.*

1512 Traité de la Noblesse civile & chrétienne, dédié à M. de Bailleul, Président à Mortier en la Cour du Parlement de Paris. *Paris,*

Toussaint Quinet, 1645, *in-*4. *v. m.*

1513 La Moralité des nobles hommes & des gens de peuple, selon le jeu des Echecs, & translatée de latin en françois, par Frere Jehan de Vignay. *MSS. sur vélin*, *in-*4. *non relié.*

1514 Gabrielis Palæotti, Cardinalis, Tractatus de bono Senectutis. *Romæ, ex Typ. Aloysii Zannetti*, 1595, *in-*4. *v. f.*

1515 Discours de l'institution des jeunes Seigneurs, par Franç. Antoine de la Porte. *Paris, Charl. Sevestre*, 1612, *in-*12. *v. f.*

1516 Traité de l'éducation d'un jeune Seigneur. *Paris, Jacq. Estienne*, 1728, *in-*12. *v. br.*

1517 l'Idée parfaite d'un véritable Héros formé sur les maximes des anciens & des modernes, par J. Bapt de la Faille. *La Haye, Jean van Duren*, 1737, 3 *tom. en un vol. in-*12. *v. m.*

1518 El Cavallero perfecto, por Alonso Geronymo de Salas Barbadillo. *En Madrid, Juan de la Cuesta*, 1620, *in-*8. *v. f.*

1519 Le Mépris de la Cour, & la louange de la vie rustique, trad. de l'espagnol en françois par Ant. Alaigre ; *plus*, différens Traités de divers Auteurs, composés en rymé françoise, *savoir* : l'Ami de Court, par le Seigneur de Borderie ; la Parfaicte Amye, par Ant. Héroët, dit la Maison-neuve : la Contre-Amie de Court, par Charles Fontaine : l'Androgine de Platon, par le même Héroët : l'Accroissement d'Amour, la Complainte d'une Dame surprise d'Amour, & l'Expérience de l'Amie de Court. *Paris, Guill. Thibout*, 1544, *in-*16. *mar. vieux.*

SCIENCES ET ARTS. 261

1520 La Parfaite folitude divifée en VII jour- } 1.16.
nées, fous le nom des deux Princes Thémifte
& Poléon, par maître Jean Saigeot. *Troyes,
Ant. Chevillot*, 1635, *in-8. vel.*
1521 Le Militaire en folitude, ou le Philofophe
chrétien, par M. le Chevalier de C...
Paris, le Gras, 1735, 2 *vol. in-*12. *v. br.*

1522 Conradi Ulmei, Salmurei, de Advocati ftu- } 1.10.
dio Libri V. *Parifiis, Joan. Lodoïcus*, 1537,
in 8. v. f.
1523 L'Eloge & les Devoirs de la profeffion
d'Avocat. *Paris, Nicolas Mazuel*, 1713,
*in-*12. *v. m.*

1524 La Découverte des myftères du Palais, où 2. 8.
il eft traité des parties en général, des Inten-
dans de grandes Maifons, des Procureurs,
Avocats, Notaires, Huiffiers, &c. ou Réflexions morales pour les perfonnes engagées
dans les affaires, & qui veulent vivre avec
honneur. *Paris, Mich. Brunet*, 1694, *in-*12.
v. f.

VIII.

Politique.

§ 1. *Introductions & Traités généraux anciens
& modernes, de la Politique.*

1525 Gabriëlis Naudæi, Bibliographia politica. †.
Venetiis, Franc. Baba, 1633, *in-*12. *v. m.*
1526 Arnoldi Fontani Florilegium politicum,
ex diverfis auctoribus excerptum, & in lucem †.
editum à Joh. Fontano, cum figuris æneis.
Amft., C. Danke, 1641, *in-*12. *fig. v. m.*

262 SCIENCES ET ARTS.

1527 Principes du droit politique. *Amsterdam, Marc. Michel Rey*, 1762, *in-*12. *mar. r.*

1528 Les Elémens de la politique selon les principes de la nature, par P. Fortin, Seigneur de la Hoguette. *Paris, Ant. Vitré*, 1663, *in-*8. *v. br.*

1529 Les Elémens de la politique, trad. du latin de Thomas Hobbes, en françois, par le sieur du Verdus. *Paris, Henry le Gras*, 1660, *in-*8. *v. br.*

1530 Salomon, ou la Politique royale. *Impr. sans nom de lieu & sans date d'année, dans le XVII*e *siècle, in-*8. *v. m.*

1531 Discours politiques de Messire Daniel de Priézac. *Paris, Rocolet*, 1652, *in-*4. *v. br.*
1532 Discours politiques & militaires du Seigneur de la Nouë. *Impr. pour François Forest*, 1587, *in-*8. *vel.*

1533 Les Résolutions politiques, ou Maximes d'Etat du sieur Jean de Marnix, Baron de Potes. *Bruxelles, Jean Mommart,* 1612. ═ Discours poëtique du même Jean de Marnix sur l'immortalité des mortels. *Bruxelles, Rutger Velpius*, 1614, *in-*4. *vélin.*

1534 Maximes d'Etat, militaires & politiques, trad. de l'italien de J. Botero Benese, en françois par Pierre de Deimier, avec des annotations. *Paris, Toussaint du Bray*, 1607, *in-*12. *v. m.*

SCIENCES ET ARTS.

§ 2 *Traités particuliers du Royaume, de la République, & de leur administration.*

1535 De Regno adversùs Nic. Machiavellum Libri III. *Lugd. Batav. Hieron. de Vogel,* 1647, *in*-12. *v. br.* } 1. "

1536 Discours sur les moyens de bien gouverner & maintenir en paix un Royaume ou autre Principauté, contre la mauvaise politique de Nic. Machiavel Florentin. *Impr. en* 1579, *in*-8. *relié en peau.*

1537 Tratado de la Religion y virtudes que deve tener el principe Christiano, para governar y conservar sus Estados, contra lo que Nic. Machiavelo y los Politicos deste tiempo enseñan, por Pedro de Ribadeneyra, de la Compañia di Jesus. *En Anveres, en la Emprenta Plantiniana,* 1597, *in*-8. *v. f.* } 1. "

1538 Marii Salamonii, Patricii Romani, de Principatu Libri VI. *Parisiis, Dionys. du Val,* 1578. == Laurentii Humfredi Optimates, sive de Nobilitate & ejus antiquâ origine, naturâ, officiis & disciplinâ, Libri III. *Basileæ, Joann. Oporinus,* 1560. == Friderici Furii Ceriolani Liber de Conciliariis eorumque qualitatibus, virtute ac electione. *Ibid,* 1563, *in*-8. *vel.*

1539 La Citadelle de la royauté, contre les efforts d'aucunes personnes de ce temps, qui par escrits captieux, ont voulu l'oppugner, par Gabriel Chappuys. *Paris, Guill. le Noir,* 1604, *in*-12. *v. m.* } 4. 10.

1540 Essai philosophique sur le gouvernement civil, où l'on traite de la nécessité, de l'ori- } 2. 19.

gine, des droits, des bornes & des différentes formes de la Souveraineté, selon les principes de M. François de Salignac de la Motthe-Fénelon. *Impr. sans indication de lieu, ni d'année, in-12. v. m.*

1541 Traité du gouvernement civil, où l'on traite de l'origine, des fondemens, de la nature, du pouvoir & des fins des Sociétés politiques, trad. de l'anglois en françois. *Genève, du Villard,* 1724, *in-*12. *v. f.*

1542 Theatro Monarchico de España, que contiene las mas puras como catholicas maximas de Estado, por las quales assi los Principes como las Republicas aumentan y mantienen sus Dominios, y las causas que motivan su ruyna; escritto por el Señor don Pedro Porto-Carrero y Guzman, Patriarcha de las Indias, &c. *En Madrid, Juan Garcia Infançon,* 1700, *in-fol. v. f.*

1543 Traité d'Estat, contenant les poincts principaux pour la conservation des Monarchies, par le sieur de Juvigny (Samson de S. Germain). *Paris,* 1619, *in-*8. *v. f.*

1544 Discours politiques sur la voye d'entrer deuëment aux Estats, & la maniere de constamment s'y maintenir & gouverner. *Paris, Rober le Mangnier,* 1574, *in-*8. *v. m.*

1545 Réflexions historiques & politiques sur les moyens dont les plus grands Princes & habiles Ministres se sont servis pour gouverner & augmenter leurs Estats, avec les qualités qu'un Ministre doit avoir, de quelle condition il faut qu'il soit, & ce qu'un Prince est obligé envers lui. *Leyde, Jean Verbéeck,* 1739, *in-*8. *v. f.*

1546

SCIENCES ET ARTS.

1546 Thomæ Mori Equitis, & Angliæ Cancellarii, de optimo Reipublicæ statu, deque nova insulâ Utopiâ Libri duo, ex prioribus editionibus collati, & nunc accuratè expressi. *Glasguæ, in Ædibus Academicis, Typis Rob. & Andr. Foulis*, 1750, *in*-8. *v. f.* — 4 — 6.

1547 Advertissemens à Jean Bodin sur le IVᵉ Livre de sa République, par M. Augier Ferrier, Seigneur de Castillon. *Paris, Pierre Cavellat*, 1580. ⸺ Apologie de René Herpin pour la république de Jean Bodin. *Impr. sans nom de lieu ni d'Imprimeur, & sans date d'année*, *in*-8. *relié en carton*. — 2. 12.

1548 Le Miroir politique, contenant diverses manieres de gouverner & policer les Républiques, par Guill. de la Perriere. *Paris, Vinc. Norment*, 1567, *in*-8. *v. br.* — 2. 10.

1549 La Maniere de bien policer la République chrestienne, selon Dieu, raison, & vertu; contenant l'état & office des Magistrats; ensemble la source & origine de Procèz, & détestation d'icelui, auquel est indissolublement conjoint le mal & misere qui procede des mauvais voisins, par Jean de Marcouville. *Paris, Jean Dallier*, 1562, *in*-8. *relié en carton.* — 2. 10.

1550 La Monarchie Aristo-démocratique; ou le Gouvernement composé & mêlé des trois formes de légitimes républiques, par Louis de Mayerne Turquet. *Paris, Jean Berjon*, 1611, *in*-4. *v. m.* — 4. 19.

T

Tome I. L l

§ 3. *Traités singuliers des divers états du Royaume ou de la République ; le Roi, le Prince, la Cour & les Courtisans, les Magistrats, Ministres, Ambassadeurs, &c.*

1. 4. 1551 Onosandri Platonici, de optimo Imperatore Libellus, nec-non de re Militari Tractatus, è græco latinè, interprete Nic. Saguntino : accedunt ; Raphaëlis Volaterrani Princeps ; Agapeti, Diaconi, Liber de Officio Regis, interprete Albano Torino, & Plutarchi Libellus de doctrinâ Principis, ex interpretatione Desiderii Erasmi, Roterodami. *Basileæ, Petrus Perna*, 1570, *in*-8. *v. m.*

2. 19. 1552 Nicolai Machiavelli Princeps, ex Sylvestri Telii Fulginatis traductione diligenter emendatus ; adjecta sunt ejusdem argumenti aliorum quorundam contra Machiavellum Scripta, de potestate & officio Principum contra tyrannos ; quibus denuò accessit Ant. Possevini Judicium de Nicol. Machiavelli & Joannis Bodini scriptis. *Francofurti, Lazarus Zetznerus*, 1608, *in*-12. *mar. bl.*

1. 1553 Ejusdem Nicolai Machiavelli Princeps, ex interpretatione Caspari Langenhert, qui sua ei adjecit Commentaria. *Amstelodami, Janss. Waesbergii*, 1699, *in*-12. *v. br.*

6. 1554 Ægidii (Columnæ) Romani, Ordinis Fratr. Heremitarum S. Augustini, & Archiepiscopi Bituricensis, Opus de regimine Principum, in Libros III digestum. *Venetiis, per Simonem Bevilaquam, Papiensem*, anno 1498, *in-fol. mar. bl.*

1. 4. 1555 Ejusdem Operis editio altera, ex recen-

SCIENCES ET ARTS.

...fione Hieronymi Samaritanii, Senenfis, cum vitâ authoris. *Romæ, Barth. Zannetti*, 1607, *in-8. v. m.*

1556 Le Livre du gouvernement des Rois & des Princes, que Frere Gille de Rome, del'Ordre de S. Auguftin, a fet; lequel Livre meftre Henry de Ganchy a tranflaté de latin en françois. *MSS. fur vélin, in-fol. relié en bois.*

1557 Le Mirouer exemplaire du régime & gouvernement des Princes, felon la compilation faicte par Gilles de Rome (Ægidius Romanus), & tranflaté de latin en françois, avec le Secret d'Ariftote, appellé le Secret des Secrets. *Paris, Guill. Euftace*, 1517, *in-fol. gotiq. v. m.*

1558 Cuneri, Epifcopi Leovardienfis, Tractatus de officio Principis chriftiani. *Coloniæ, Maternus Cholinus*, 1580, *in-8. v. m.*

1559 Hieronymi Oforii Lufitani, Epifcopi Silvenfis, de Rege & Regis inftitutione ac difciplinâ Libri VIII. *Coloniæ Agrippinæ, Hæred. Arn. Birckmanni*, 1614, *in-8. vel.*

1561 Il Libro del famofiffimo Emperador Marco Aurelio, con el Relox de Principes, compuefto por Don Antonio de Guevara. *En Sevilla, Cromberger*, 1543, *in-fol. v. br.*

1562 Le Miroir & Horloge des Princes; ou l'Hiftoire de Marc Aurele, Empereur Romain, trad. du caftillan de Don Ant. de Guévarre, en françois par le fieur R. B. de la Grife, & revuë par Nic. de Herberay, Seigneur des Effars. *Paris, Pierre & Galliot du Pré*, 1565, *in-fol. v. f.*

1563 Autre édition du même Livre. *Paris, Jean Richer*, 1588, *in*-8. *v. m.*

1564 Histoire de Chélidonius Tigurinus sur l'institution des Princes chrétiens & l'origine des Royaumes, trad. de latin en françois par Pierre Bouaistuau ; avec un Traité de paix & de guerre, & un autre de l'excellence & dignité du Mariage. *Plus*, une autre Histoire de la fausse religion de Mahomet, & par quel moyen cet Imposteur a séduit tant de peuple. *Lyon, Benoist Rigaud*, 1577, *in*-16. *v. m.*

1565 De l'Institution du Prince, par Jean Héroard, sieur de Vaulgrigneuse. *Paris, Jean Jannon*, 1609, *in*-8. *v. m.*

1566 Politiques royales de François de Gravelle, sieur de Fourneaux & d'Arpentigny, où il est traité de l'excellence de la Royauté, de l'instruction des Rois, de la Justice royale, du devoir des Princes, & de celui des Sujets. *Lyon, Thibaud Ancelin*, 1596, *in*-12. *v. m.*

1567 Codicille d'or, ou petit Recueil tiré de l'institution du Prince Chrétien, composé par Erasme, avec les épithetes du bon & du mauvais Roi, tirées de Julius Pollux, & mises en françois. *Impr. en* 1665, *in*-12. *v. br.*

1568 Traité de l'éducation d'un Prince, divisé en trois parties, par le sieur de Chanteresne. *Paris, veuve Savreux*, 1670, *in*-12 *v. br*

1569 La Morale des Princes, trad. de l'italien du Comte J. Bapt. Comazzi en françois. *Paris, P. G. Simon*, 1754, 4 tom. en 2 *vol. in*-12. *v. m.*

SCIENCES ET ARTS. 269

1570 Recueil de Maximes véritables & importantes pour l'institution du Roi, contre la fausse & pernicieuse politique du Cardinal Mazarin, prétendu Sur-intendant de l'éducation de S. M. &c. *Paris (Hollande)*, 1663, *in*-12. *v. br.* — 2. 11.

1571 Le Mirouer du Prince chrestien, par Jean Helüis de Thillard en Beauvoisis. *Paris, Thom. Brumen,* 1566. ⸗ Défense pour Jehan de Monluc, Evesque & Comte de Valence, contre un Livre imprimé sous le nom de Zacharias Furnésterus. *Paris, Rob. le Mangnier,* 1575, *in*-8. *v. m.* — 3. 10.

1572 l'Image d'un bon Roi qui aime ses Sujets, & qui se fait aimer d'eux par ses vertus royales; contenant les Vertus royales que doit avoir un jeune Prince, &c. *Paris,* 1652, *in*-4. *relié en carton.*

1573 Idea de un Principe politico christiano, rapresentada en 100 empresas, por Diego de Saavedra. *En Monaco,* 1640, *in*-4. *fig. v. br.* — 4. 16.

1574 Autre édition du même Livre, en espagnol, avec figures. *Amst. J. Jansson,* 1664, 2 vol. *in*-12. *fig. v. br.* — 2.

1575 El Heroe, el politico Fernando, oraculo manual y arte de prudencia, por Lorenzo (Baltasare) Gracian. *Amsterdam, Jean Blaëu,* 1659, *in*-12. *vel.* — 1.

1576 Le Livre intitulé : *des Estats*, auquel il est discouru du Prince, du Noble, & du Tiers-état, par R. de Flurance. *Lyon, Benoist Rigaud,* 1596, *in*-12. *v. m.* — 11. 19.

1577 Joh. Christophori Becmani Notitia singularis de juribus dignitatum illustrium, civi- — 1.

SCIENCES ET ARTS.

lium, sacrarum, & equestrium, XVI Dissertationibus exposita. *Jenæ , è prælo Wertheriano*, 1677, *in*-4. *v. s.*

1578 De la Dignité des Rois & Princes Souverains ; du droit inviolable de leurs successeurs légitimes, & du devoir des peuples & sujets envers eux, par François le Jay. *Tours, Mathurin le Mercier*, 1589, *in*-8. *v. m.*

1579 Henningi Arnisæi, Halberstadiensis, de Authoritate Principum in populum semper inviolabili, seu quod nullâ ex causâ subditis fas sit contrà legitimum Principem arma movere, Commentatio politica, opposita seditiosis quorundam scriptis qui omnem Principum majestatem subjiciunt censuræ Ephororum & Populi. *Francofurti, Johannes Thimius*, 1612, *in*-4. *vel.*

1580 Scipionis Gentilis de Conjurationibus Libri duo. *Hanoviæ , Typis Wechelianis*, 1602, *in*-8. *vel.*

1581 De l'Authorité du Roi, & Crimes de lèze-majesté qui se commettent par ligues & libelles écrits contre la personne & dignité du Prince. *Impr. en* 1587, *in*-8. *v. m.*

1584 La Défense de la Monarchie Françoise & autres Monarchies, contre les exécrables maximes d'Estienne Junius Brutus, & de Louis de Mayerne Turquet, par J. Baricave. *Toulouse, Dom. du Bosc*, 1614, *in*-4. *v. m.*

1585 Le Triomphe de la Paix, avec un Traité du Jugement de Dieu sur l'impiété des Tyrans, par maistre Toussain Sybille. *Lyon, Thibaud Ancelin*, 1597, *in*-12. *v. m.*

1586 Traité politique de William Allen,

SCIENCES ET ARTS. 271

adreſſé à Olivier Cromwel. *Lyon*, 1658, *in*-12. *mar. r.*

1587 Traité du Droit des Magiſtrats ſur leurs Sujets. *Impr. en* 1574, *in*-8. *vel.*

1588 Du Droit des Magiſtrats ſur leurs Sujets, Traité très néceſſaire pour advertir de leur devoir, tant les Magiſtrats que les Sujets, publié par ceux de Magdebourg l'an 1550; & maintenant augmenté de pluſieurs raiſons & exemples. *Impr. en* 1575, *in* 12. *mar. bl.*

1589 De Jure Magiſtratuum in Subditos, & Officio Subditorum ergà Magiſtratus, Tractatus ſingularis è gallico in latinum converſus. *Lugduni*, *Joannes Mareſcallus*, 1580, *in*-8. *v. m.*

1590 Joann. Bapt. Fickleri Tractatus de Jure Magiſtratuum in Subditos, & Officio Subditorum ergà Magiſtratus, contrà Libellum cujuſdam Calviniani ſub eâdem inſcriptione, ſed reticito nomine authoris & loci Typographiæ, ſuperiori anno editum, &c. *Ingolſtadii*, *Dav. Sartorius*, 1578, *in*-8. *v. m.*

1591 Joannis Beccariæ Refutatio cujuſdam Libelli ſine Authore, cui titulus eſt : *de Jure Magiſtratuum in Subditos, & Officio Subditorum ergà Magiſtratus.* Impr. anno 1590, *in*-8. *mar. r.*

1592 Les importantes vérités pour les Parlemens, protecteurs de l'Etat, conſervateurs des Loix, & peres du Peuple, tirées des anciennes Ordonnances, & des Loix fondamentales du Royaume, par J. A. D. *Paris*, *Jacq. Villery*, 1649, *in*-4. *v. m.*

1593 Conſultation apologétique de la morale &

des Loix, contre les propositions extraites d'un Ecrit imprimé sous le titre de *second Mémoire*, &c. dans lequel on cherchoit à établir des maximes contraires au bien des Peuples, en troublant l'ordre des Loix & de la Magistrature, &c. Dijon, *Ant. de Fay*, sans date, in-8. v. f.

1594 Aulica vita, & opposita huic vita privata, à diversis tùm veteribus tùm recentioribus authoribus descripta, & nùnc primùm in Enchiridion collecta, ac in lucem edita, curis & studio Henrici Petrei Herdesiani. *Francof. ad Mœn.* 1577, in-8. v. f.

1595 Le Réveille-matin des Courtisans, ou Moyens légitimes pour parvenir à la faveur & pour s'y maintenir, trad. de l'espagnol de D. Ant. de Guévarre, par Sébastien Hardy. *Paris, de l'impr. de Rob. Estienne*, 1622, in-8. v. m.

1596 L'Honnête-Homme, ou l'Art de plaire à la Cour, par le sieur Faret, avec la Traduction espagnole de Don Ambrosio de Salazar. *Paris, Toussaint Quinet*, 1634, in-4. v. f.

1597 La Fortune des Gens de qualité & des Gentilshommes particuliers, enseignant l'art de vivre à la Cour suivant les maximes de la Politique & de la Morale, par le sieur de Cailliere. *Paris, Estienne Loyson*, 1661, in-12. vel.

1598 Friderici de Marselaer Equitis, de Officio Legati Libri duo, *Amstelodami, Jodoc. Janssonius*, 1644, in-12. vel.

1599 Le Parfait Ambassadeur, composé en espagnol

SCIENCES ET ARTS.

gnol par Don Antonio de Véra & de Cuñiga, & trad. en françois par le sieur Lancelot. *Paris, Ant. de Sommaville*, 1635, *in-4. relié en carton.*

1600 Richardi Zouchei Solutio Quæstionis veteris & novæ, sive Dissertatio de Legati delinquentis Judice competente; in quâ Hugonis Grotii de eâ re sententia explicatur, expenditur, & asseritur. *Oxoniæ, Henr. Hall*, 1657, *in-12. v. f.*

§ 4. *Traités singuliers de la Guerre & de la Paix, des Treves, des Alliances, du Duel, du Commerce, &c.*

1601 Le Traité de paix, d'union & d'alliance, fait entre le Roi de France Charles VII & Philippe Duc de Bourgogne, ensemble les articles arrêtés entre ces deux Princes, au sujet du mariage de Monseigneur le Dauphin de France, & la Princesse Marguerite d'Autriche, héritiere de Bourgogne. *Impr. sans nom de lieu ni d'année, in-4. gotiq. v. m.*

1602 La Relation des trois Ambassades de M. le Comte de Carlisle de la part de Charles II, Roi de la Grande-Bretagne, vers le Czar & Grand-Duc de Moscovie, Charles, Roi de Suéde, & Frédéric III, Roi de Dannemarck & de Norvége, commencées en l'an 1663, & finies en 1664. *Rouen, L. Maurry*, 1670, *in-12. v. br.*

1603 Les Ambassades du Maréchal de Bassompierre, en Suisse & en Angleterre, pendant les années 1625 & 1626. *Cologne, Pierre du*

Marteau, 1668, 2 *tom. en un vol. in-*12. *vel.*

1604 Adam Adami Relatio historica ; sive Narratio eorum quæ in pacificatione Osnabrugo-Monasteriensi, ex arcana ratione status inter paciscentes gesta fuère, cum notis. *Francofurti ad Mœnum*, *Frideric. Knochius*, 1707, *in-*4. *v. f.*

1605 Mémoires de M. de Lyonne, adressés au Roi, & interceptés par ceux de la garnison de Lille. *Impr. en* 1668. === Remarques sur le procédé de la France, touchant la négociation de la paix, & autres piéces. *Ibid*, 1668, *in-*12, *v. br.*

1606 Le Livre du duel & combat singulier, faict par le seigneur André Alciat, & trad. du latin en françois. *Paris*, *Gilles Corrozet*, 1550, *in-*8. *non relié.*

1607 Recueil des Loix Militaires touchant le duel, où il est traité de toutes sortes de duel ; de l'honneur & du démentir, de l'appareil & circonstances du duel & des appointemens des quérelles, par Scipion Dupleix. *Paris*, *Domique Salis*, 1602, *in-*4. *vel.*

1608 Traicté contre les Duels, par maistre Jean Savaron. *Paris*, *Adrian Périer*, 1610, *in-*8. *v. m.*

1609 Discours sur les quérelles & sur l'honneur, où l'on voit les maux que les quérelles ont apportés à la Noblesse de France, & des remedes qu'on y a employés & qui ont peu servi, par le sieur Chevalier. *Paris*, *Leger Delas*, 1598, *in-*8. *baz.*

1610 Hugonis Grotii Dissertatio de Mari libero, sive de Jure Gentium, circà navigationem

& commercia Indicana : accedit Pauli Merulæ differtatio de maribus ; Apologia Marci Zuerii Boxhornii pro navigatione Hollandorum, & Tractatus fingularis de mutuo commercio & navigatione. *Lugd. Batav. ex Offic. Elzevirianâ*, 1633, *in-*16. *mar. bl.*

1611 Le Nouveau Cynée ; ou Difcours d'Eftat repréfentant les occafions & moyens d'établir une paix générale & la liberté du Commerce par-tout le monde. *Paris, Jacq. Villery*, 1623, *in-*8. *v. br.*   3. 10.

1612 l'Ecole de l'adminiftration maritime, ou le Matelot politique, dédiée à S. M. l'Impératrice des Ruffies. *La Haye, fans date d'année*, *in-*12. *v. m.*   1.

1613 Effai politique fur le Commerce, où l'on ébauche les principales matieres qui en font l'objet par rapport à une Nation en général, par M. Melon. *Impr. en* 1734, *in-*12. *v. m.*   1. 10.

1614 Philofophie rurale ; ou Œconomie générale & politique de l'Agriculture, réduite à l'ordre immuable des Loix phyfiques & morales qui affurent la profpérité des Empires par l'établiffement du commerce mutuel. *Amfterdam* (*Paris*), *affociés*, 1763, *in-*4. *v. m.*   3.

1615 La France Commerçante. *Londres* (*Paris*), 1765, *in-*12. *broché.*

1616 Appel des Etrangers dans nos Colonies. *Paris, Deffain junior*, 1763, *in-*12. *v. m.*   1.

1617 Difcours d'un fidele Sujet du Roi, touchant l'établiffement d'une Compagnie françoife pour le commerce des Indes Orientales, en allemand & en françois, & dédié à M. Col-   3. 15.

bert, par Jean Christophe Wagenseil. *Impr. en* 1665, *in-4. vel.*

1618 L'Arithmétique des Marchands, en laquelle se voyent plusieurs subtilités fort utiles & nécessaires à ceux qui exercent le négoce de marchandise, avec l'Instruction des changes qui se font ès principales Villes, &c. par Claude Boyer. *Lyon, Jacq. Gaudion, 1634, in-4. vel.*

1619 Opérations des changes des principales Places de l'Europe, contenant les noms & la division de leurs différentes monnoyes de change, & la maniere dont chaque Place compte les usances des lettres, avec la réduction des monnoyes calculée sur le cours des changes, par Joseph René Ruelle. *Lyon, J. M. Bessiat, 1765, in-8. v. m.*

1620 Tractatus varii atque utiles de Monetis, earumque mutatione ac falsitate, ex diversis auctoribus collecti. *Coloniæ Agrippinæ, Theodor. Baumius, 1574, in-8. v. m.*

1621 Les Paradoxes du Seigneur de Malestroit sur le fait des monnoyes, avec la responce de Jean Bodin auxdicts paradoxes. *Paris, Martin le Jeune, 1578, in-8. v. m.*

1622 Advis présenté à la Royne, pour réduire les monnoyes à leur juste prix & valeur, & empescher le surhaussement & empirances d'icelles; par Denys Godefroy. *Paris, Pierre Chevalier, 1611, in-8. v. m.*

§ 5. *Traités singuliers de la Politique & des Intérêts des Princes & des Puissances de l'Europe.*

1623 Georgii Hornii Orbis Politicus Imperiorum, Regnorum, Principatuum & Rerumpublicarum. *Vesaliæ, Typis Andreæ ab Hoogenhuysen*, 1669, *in*-12. *baz*.

1624 Pietra del paragone politico di Trajano Boccalini, con una nova aggiunta del'istesso, con figure in rame. *In Cosmopoli, Cornelio Last*, 1664, *in*-24. *fig. v. m.*

1625 Friderici Achillis Ducis Wirtembergiæ & Tecciæ Consultatio de principatu inter Provincias Europæ, ex editione Thomæ Lansii. *Tubingæ, Typ. Brunnianis*, 1626, *in*-8. *vélin*.

1626 Jacobi Howel Dissertatio de præcedentiâ Regum, in quâ rationes & argumenta Potentiorum Europæi orbis Monarcharum qui jus antecedendi sibi vindicant exactè collecta sunt, nec minùs fideliter exhibita; ex anglicano sermone in latinum versa, labore B. Harrisii: accessit ejusdem Howell Tractatus de Legatis, latinè redditus à J. Harmaro. *Londini, Sam. Thomson*, 1664, *in*-8. *v. m.*

1627 Hippoliti à Lapide (Joachimi de Transée) Dissertatio de ratione status in Imperio nostro Romano-Germanico; in qua tùm qualisnàm vera in eo status sit, tùm quæ ratio status observanda quidem sed magno cum Patriæ libertatis detrimento neglecta hucusquè fuerit, tùm denique quibusnàm mediis antiquus status restaurari ac firmari possit dilucidè explicatur. *Freistadii, anno* 1647, *in*-12. *v. m.*

278 SCIENCES ET ARTS.

1628 Rob. Herm. Schelii de Jure Imperii Liber posthumus, editus curâ Theophili Hogersii. *Amstelodami, Dan. Elzevirius*, 1671, *in*-12. *v. m.*

1629 Apologies pour le Roi Très Chrétien, contre les calomnies des Impériaux, sur les causes & ouvertures de la Guerre. *Paris, Ch. Estienne*, 1551 & 1552. == Escript envoyé par le Roi Très Chrétien à tous les Estats du Saint Empire. *Lyon, Jehan Frellon*, 1552; *in*-4. *v. m.*

1630 Samuëlis Puffendorfii Dissertatio de fœderibus inter Sueciam & Galliam, in quâ passìm ostenditur, quàm malè illa à Gallis observata sint; adjectum est suffragium in Senatu Regio anno 1671 exhibitum, contrà fœdus cum Gallo & Anglo adversùs Batavos ineundum. *Hagæ Comit. Thom. Johnson*, 1708. == Traduction françoise de la Dissertation précédente. *Ibid*, 1709, *in*-12. *v. m.*

1631 La Politique civile & militaire des Vénitiens, par le sieur de la Haye. *Paris, Charles de Sercy*, 1668, *in*-12. *v. br.*

1632 Nouveaux intérêts des Princes de l'Europe, où l'on traite des maximes qu'ils doivent observer pour se maintenir dans leurs Etats, & pour empêcher qu'il ne se forme une Monarchie universelle. *Cologne, Pierre Marteau*, 1685, *in*-12. *v. br.*

I X.

Métaphysique.

§ 1. *Traités généraux de la Métaphysique.*

1633 Elémens de Métaphysique, à la portée de tout le monde, par le Pere Buffier. *Paris, Giffart*, 1725, *in*-12. *baz.*

1634 La vraye & la fausse Métaphysique, où l'on réfute les sentimens de M. Régis, & de ses adversaires sur cette matiere, par M. de Lélével ; avec plusieurs Dissertations physiques & métaphysiques, & toutes les pièces justificatives des sentimens du Pere Malebranche, par rapport à M. Régis. *Rotterdam, Reiner Leers*, 1694, 2 *tom. en* 1 *vol. in*-12. *v. br.*

1635 Roberti Fludd *aliàs* de Fluctibus Philosophia Moysaïca ; in quâ Sapientia & Scientia creationis & creaturarum sacra verèque Christiana explicatur. *Goudæ, Rammazenius*, 1638.
== Ejusdem Fludd Tractatus *cui titulus* : Spongiæ M. Fosteri Expressio, seu elisio. *Ibid*, 1638, *in-fol. fig. v. m.*

1636 Antonii Deusingii Medici ac Philosophi Hexaemeron recognitum, seu Meditationes de Creatione, explicationibus Christianophilosophicis & animadversionibus necessariis illustratæ. *Hardervici, Nic. à Wieringen*, 1645, *in*-4. *v. m.*

1637 Hieronymi de Hangest, Liber de materiæ & formæ proprietatibus. *Parisiis, Johann. Parvus*, 1515. == Ejusdem Hieronymi de

Hangeſt Liber Proportionum. *Ibid*, 1508 ; *in-fol. relié en carton.*

§ 2. *Traités ſinguliers de Dieu, de ſon Exiſtence, de ſa Providence, de l'Eternité & du Deſtin.*

1638 Corn. ab Hogelande Cogitationes quibus Dei exiſtentiâ, animæ item ſpiritalitas & poſſibilis cum corpore unio demonſtrantur : accedit brevis hiſtoria œconomiæ corporis animalis, mechanicè propoſita & explicata. *Amſtelodami, Lud. Elzevirius*, 1646, *in-*12. vel.

1639 Entretien d'un Philoſophe Chrétien & d'un Philoſophe Chinois ſur l'exiſtence & la nature de Dieu, par le Pere Malebranche. *Paris, Mich. David*, 1708, *in-*12. *v. br.*

1640 Principes de Philoſophie, ou Preuves naturelles de l'exiſtence de Dieu & de l'immortalité de l'ame, compoſés en vers françois, par M. l'Abbé Geneſt. *Paris, Jacq. Eſtienne*, 1716, *in-*8. *v. br.*

1641 Alexandri Aphrodiſei de fato & libero arbitrio Liber unus, nec-non de intellectu & de providentiâ Opuſculum, è græco latinè, interprete Hieronymo Bagolino, Veronenſi. *Veronæ*, 1516, *in-*4. *v. f.*

1642 Traité du libre & du volontaire, de la fortune & du deſtin, de la conſervation, du concours immédiat, de la piété des Cartéſiens, & de la prédétermination phyſique. *Amſt. Henry Desbordes*, 1685, *in-*12. *relié en carton.*

1643 Excellent Opuſcule de Plutarque, de la tardive vengeance de Dieu, trad. de grec en latin

SCIENCES ET ARTS.

latin par Bilibaut Pirliheimer, & depuis mis en françois par Jean de Marconville. *Paris, Jean Dallier*, 1563, *in-8 relié en carton.*

§ 3. *Traités singuliers de l'Ame & de son immortalité; de l'esprit de l'homme, de son intelligence, raison & facultés.*

1644 Christophori Marcelli, Patritii Veneti, Opera varia Metaphysica, in quibus agitur de animâ rationali & naturali, de sensibus: nec-non de universali ejus traditione. *Venetiis, per Gregorium de Gregoriis*, 1508, *in-fol. mar. r.* — 4.

1645 Philippi Melanchtonis Commentarius de animâ. *Parisiis, Jacob Kerver*, 1540, *in-8. v. f.* — 1.

1646 Hieronymi Cardani Liber de immortalitate animorum. *Lugduni, Seb. Gryphius*, 1545, *in-8. v. m.*

1647 Petri Alfonsi Burgensis Dialogus de immortalitate animæ. *Barcinone, Cl. Bornat*, 1561, *in-8. v. m.* — 1.

1648 M. Antonii Nattæ Opera omnia, scilicet: de immortalitate animæ Libri V, Orationes variæ, nec non Tractatus singulares de fugâ sæculi, de perfectâ vitâ, de Poëtis, & de metris. *Venetiis, Aldus*, 1564, *in-fol. v. m.* — 2. 14.

1649 Claudii Alberii Triuncuriani de immortalitate animæ Oratio apodictica, nec-non de resurrectione Mortuorum. *Excud. Johann. le Preux*, ann. 1585 & 1586, *in-8. v. m.*

1650 Æneæ Gazæi, & Zachariæ Mitylenæi, Philosoph. Christian. Liber de immortalitate animæ, & mortalitate universi, ex recensione — 2.

& cum animadversionibus Casp. Barthii. *Lipsiæ*, Joann. Baverus, 1655, *in-4. v. f.*

1651 J. Bapt. du Hamel de mente humaná Libri IV, in quibus functiones animi, vires, natura, immortalitas, simul & Logica universa variis illustrata experimentis pertractantur. *Parisiis*, Steph. Michallet, 1677, *in-12. v. br.*

1652 L'Athéomachie; ou Discours de l'immortalité de l'ame, & de la résurrection des corps, par Charles de Bourgueville. *Paris*, Martin le Jeune, 1564, *in-4. v. m.*

1653 De l'Immortalité de l'ame, représentée par preuves certaines & par les fruits excellens de son vrai usage, par Jan de Serres. *Lyon*, de Gabiano, 1596, *in-8. v. m.*

1654 Discours académiques de l'origine de l'ame, par Messire Raoul Fornier. *Paris*, Denys Langlois, 1619, *in-12, relié en carton.*

1655 Le Quervray, ou les six Journées de la semaine, dans lesquelles est prouvé par argumens démonstratifs que le monde n'est point éternel, & que l'ame humaine est immortelle; avec plusieurs autres paradoxes & choses utiles, nécessaires & délectables. *Paris*, Rolet Boutonné, 1621, *in-8. vel.*

1656 Les Songes de Phestion, Paradoxes Physiologiques, avec un Dialogue de l'immortalité de l'ame & puissance de nature, par Pierre Bailly, Doct. en Médecine. *Paris*, Pierre Ménard, 1634, *in-8. v. m.*

1657 L'Immatérialité de l'ame, démontrée contre M. Locke, par les mêmes principes par lesquels ce Philosophe démontre l'existence & l'immatérialité de Dieu, avec de nouvel-

SCIENCES ET ARTS.

les preuves tirées de l'Ecriture, des Peres, & de la raison, par le Pere Hyacinthe Sigismond Gerdil, Barnabite. *Turin, de l'Impr. Royale*, 1747, *in*-4. *v. m.*

1658 Josephi Zanchi, Soc. Jesu, Dissertatio de mutuo commercio inter mentem humanam & corpus. *Ex Typogr. Kaliwodianâ*, 1748, *in*-12. *relié en carton.*

1659 Martini Peregrini, Soc. Jesu, Tractatus de Resurrectione corporum humanorum, probatâ rationibus naturalibus. *Romæ, Typ. Jacobi Dragondelli*, 1674, *in*-12. *v. f.*

{ 2. 11.

1660 Traité de la volonté, de ses principales actions, de ses passions & de ses égaremens, par M. Ameline, Archidiacre de Paris. *Paris, Guill. Desprez*, 1684, *in*-12. *v. br.*

1.

1661 Responle du Pere Malebranche, Prêtre de l'Oratoire, à la troisieme Lettre de M. Arnauld, Doct. de Sorbonne, touchant les idées & les plaisirs. *Amsterdam (Paris), Henry Westein*, 1704, *in*-12. *v. br.*

1662 Défense du Sentiment du Pere Malebranche sur la nature & l'origine des idées, contre l'Examen de M. Locke, par le Pere Gerdil, Barnabite. *Turin, de l'Impr. Royale*, 1748, *in*-4. *v. f.*

{ 3. 19.

1663 Essai sur l'Homme, Poëme philosophique, par Alexandre Pope, en cinq Langues; savoir, en anglois, en latin, en italien, en françois & en allemand. *Strasbourg, Amand Konig*, 1762, *in*-8. *v. m.*

6. 10.

§ 4. *Traités singuliers des Esprits & de leurs opérations, & premierement de la Cabale, de la Magie, des Démons, Sorciers & Enchanteurs, comme aussi des Opérations magiques & surnaturelles.*

1664 Artis Kabbalisticæ, sive Sapientiæ divinæ Academia in IX classes digesta, per Petrum Morestellum. *Parisiis, Melch. Mondiere,* 1621, *in*-8. *fig. v. f.*

1665 Martini Delrio, Soc. Jesu, Disquisitionum Magicarum Libri VI, in tres Tomos distincti. *Lovanii, ex Offic. Gerardi Rivii,* 1599; 3 *tom. en* 1 *vol. in*-4. *vel.*

1666 Francisci Torreblanca Vilalpandi Epitomes delictorum Libri IV, in quibus aperta vel occulta invocatio Dæmonis intervenit, cum appendice & supplemento, cui titulus est: *Defensa en favor de los Libros Catholicos de la Magia, &c. Hispali, Ildephonsus Rodriguez,* 1618, *in-fol. mar. r.*
* *Editio Originalis, optima.*

1667 Henrici Cornelii Agrippæ, ab Nettesheym, de occultâ Philosophiâ Libri III. *Mechliniæ,* 1533, *in-fol. v. f.*

1668 Ejusdem Henrici Cornelii Agrippæ, ab Nettesheym, Opera omnia. *Lugduni, per Beringos, Fratres, absque notâ anni,* 2 *vol. in*-8. *relié en carton (litteris quadratis).*

1669 Joann. Lazari Gutierrii, Sepulbedensis, Doct. Med. Pinciani, Opusculum de Fascino, Theologis haud inutile, Philosophis proficuum, Medicis verò valde necessarium. *Lugduni, Phil. Borde,* 1653, *in*-4. *v. f.*

SCIENCES ET ARTS.

1670 Leonardi Vairi de Fascino Libri III, in quibus omnes Fascini species & causæ optimâ methodo describuntur & explicantur, contrà præstigias, imposturas, illusionesque Dæmonum, cautiones & amuleta, &c. *Parisiis, Nic. Chesneau*, 1583, *in-4. v. f.*

1671 Ulrici Molitoris, Constantiensis, Tractatus singularis de Lamiis & Pythonicis mulieribus. *Parisiis, Ægid. Corrozet*, 1561, *in-8. v. f.*

1672 Histoire prodigieuse & lamentable du Docteur Jean Fauste, grand & insigne Magicien, avec sa mort épouvantable. *Rouen, Thomas Daré*, 1606, *in-12. mar. r.*

§ 5. *Traités singuliers des Energumènes, ou des Possédés par le Démon, de leur Exorcisme, Procès, &c.*

1673 Déclamation contre l'erreur exécrable des Maléficiers, Sorciers, Enchanteurs, Magiciens, Devins, & semblables observateurs des superstitions, lesquels pullulent maintenant en France, par Pierre Nodé, Religieux Minime. *Paris, Jean du Carroy*, 1578, *in-8. v. m.*

1674 Les cruels effets de la vengeance du Cardinal de Richelieu, ou Histoire des Diables de Loudun, & de la Possession des Religieuses Ursulines, & de la Condamnation d'Urbain Grandier, Curé de la même Ville. *Amsterdam, Estienne Roger*, 1716, *in-12. v. m.*

1675 La Piété affligée, ou Discours historique & théologique de la Possession des Religieuses, dites de Sainte Elizabeth de Louviers, par le R. P. Esprit du Bosroger, Provincial des Capucins de la Province de Normandie. *Rouen, Jean le Boulanger*, 1652, *in-4. relié en peau.*

1676 Lettre de M. l'Abbé du Four, Trésorier de l'Eglise Métropolitaine de Rouen, sur l'état de vie surprenant de Marie des Vallées, fameuse possédée de Coutances, morte en 1656. *Impr. sans nom de lieu, ni indic. d'année, in-4. v. m.*

SECTION II.

PHYSIQUE.

I.

Introductions, Cours, & Traités généraux de Physique.

1677 Joann. Thomæ Freigii Quæstiones Physicæ, in quibus methodus doctrinam Physicam legitimè docendi describendique rudi Minervâ descripta est, Libris XXXVI. *Basileæ, Seb. Henric-Petri*, 1585, *in-8. v. m.*

1678 Rodolphi Goclenii Physicæ generalis Libri II, è rerum naturâ & rationali experientiâ depromti, ac scholiis illustrati, multa continentes ab aliis inobservata. *Francofurti, Petrus Musculus*, 1613. ⹀ Seb. Verronis, Friburgensis Helvetii, Physicorum Libri X. *Ba-*

SCIENCES ET ARTS.

fileæ, *ex Offic. Hervagianâ*, 1581, *in*-8. *v. m.*

1679 Ejusdem Rodolphi Goclenii Disputationes Physicæ in VII Libros distinctæ. *Francofurti*, *Zach. Palthenius*, 1598, *in*-8. *v. m.*

1680 Davidis Von der Becte Experimenta & Meditationes circà rerum naturalium principia. *Hamburgi*, *Gotofr. Schulken*, 1684, *in*-8. *v. br.*

1681 Hieronymi Cardani, Mediolanensis, de subtilitate Libri XXI, cum emendationibus. *Lugduni*, *Bartholom. Honorat.* 1580, *in*-8. *v. m.*

1682 Les Livres de Hierôme Cardan, intitulés: *de la Subtilité & subtiles Inventions, ensemble les Causes occultes & raisons d'icelles*, trad. du latin en françois, par Richard le Blanc. *Paris*, *Pierre Cavellat*, 1578, *in*-8. *v. f.*

II.

Traités singuliers de Physique.

§ 1. *Traités singuliers de la pesanteur, du choc ou impulsion, du mouvement & du repos des Corps naturels.*

1683 Andreæ Van-Berlicom Elementorum de rerum naturalium gravitate, pondere, impulsu, motu, loco, & motuum & actionum, causis, rationibus ac modis Libri XII. *Roterodami*, *Arn. Leers*, 1656, *in*-4. *vel.*

1684 Francisci Lini Tractatus de corporum inseparabilitate, in quo experimenta de vacuo, tàm Toricelliana quàm Magdeburgica & Boyliana examinantur; vera quæ eorum caufa detecta, oftenditur: *Vacuum naturaliter dari non poffe*. Acceffit folutio difficillimi illius Problematis Ariftotelici de duabus rotis, quæ licet valde inæquales, æquales tamen orbitas defcribunt. *Londini, Thom. Roycroft*, 1661, in-8. relié en carton.

1685 Gilberti Clerke Tractatus de reftitutione corporum, in quo experimenta Torricelliania & Boyliana explicantur; & Rarefactio Cartefiana defenditur. Accedunt Liber de infeparabilitate corporum, & Appendix problematum quorumdam Boylianorum. *Londini, Thomfon*, 1662, in 8. v. m.

1686 Traité de Dynamique, dans lequel les loix de l'équilibre & du mouvement des corps font réduites au plus petit nombre poffible, & démontrées d'une maniere nouvelle; & où l'on donne un principe général pour trouver le mouvement de plufieurs corps qui agiffent les uns fur les autres, par M. d'Alembert. *Paris, David Laîné*, 1743, in-4. fig. v. f.

1687 La Nature expliquée par le raifonnement & l'expérience, où l'on traite plufieurs parties de la Phyfique qui concernent la nature des corps, la divifibilité des corps, le lieu des corps, le mouvement & le repos; les regles du mouvement, la géoftatique, l'hydroftatique, la formation du monde, &c. par Jean Denyfe, avec figures. *Paris, Cl. Jombert*, 1719, in-12. v. br.

SCIENCES ET ARTS.

§ 2. *Traités singuliers de l'Univers créé, du Ciel, des Astres, & des Elémens; où il est aussi traité des atômes, du vuide, du plein, de l'air, des météores, du Tonnerre, du feu, du froid & du chaud, des vents & de la glace, de la pluie, de la lumiere, des couleurs, des phénomenes, des mouvemens & tremblemens de terre, des volcans & feux souterrains, du flux & reflux de la Mer, &c.*

1688 Honorii Philosophi Liber de imagine mundi, sive Speculum & Dispositio totius orbis. *Editio vetus & nitida, absque loci & anni indicatione, sed Typis mandata circà annum,* 1472, *in-fol. mar. r.* — 60.

1689 Guilielmi Gilberti, Colcestrensis, Medici Regii, de mundo nostro sublunari Philosophia nova, ex duobus MSS. Codd. edita ex musæo Guilielmi Boswelli. *Amstelodami, Lud. Elzevirius,* 1651, *in-4. v. m.* — 1.

1690 Traité de l'Univers matériel : ou Astronomie physique, contenant une idée générale de l'Univers, les matieres qui le composent ; ce que c'est que la pesanteur, la lumiere, le son, l'odorat, le goût & le toucher, par Martin François Petit, Arpenteur à Blois. *Paris, Jean Villette,* 1729, *in-12. v. f.* — 1.

1691 Petri Bourdin Tractatus de Solis naturâ & pabulo, deque ejus & Firmamenti, stellarumque & Planetarum motu circà terram ut centrum ; Aphorismi item Analogici parvi mundi ad magnum, & magni ad parvum. *Parisiis, Seb. Cramoisy,* 1647, *in-8. v. f.* — 1.

1692 Jacobi Bernoulli Dissertatio de gravitate

ætheris, cum figuris æneis. *Amstelodami*, *Henricus Westenius*, 1683, *in-8. fig. v. m.*

1. 1693 Roberti Boyle Tentamina quædam physiologica, cum ejusdem authoris Historiâ fluiditatis & firmitatis, ex anglico sermone in latinum translatâ. *Amstelodami, Dan. Elzévir.* 1667, *in-12. v. br.*

2. 1694 Francisci Baconis de Verulamio Historia naturalis & experimentalis de Ventis; accedit Dissertatio de formâ calidi, & de motûs, sive virtutis activæ, variis speciebus. *Lugd. Batav. Franc. Hackius,* 1648, *in-12. v. m.*

1695 Dissertatio Physica de Frigore anni 1709. *Regiomonti, Typis Zänckerianis,* 1712. === Dissertatio Historico-physica de Insulâ natante Gerdaviensi. *Ibid, Typis Reusnerianis,* 1707, *in-4. vel.*

1. 1696 Honorati Fabri Dialogi VI physici, quorum *primus,* de lumine; *secundus & tertius,* de vi percussionis & motu; *quartus,* de humoris elevatione per canaliculum; *quintus & sextus,* de variis selectis. *Lugduni, Ant. Molin,* 1669, *in-8. v. f.*

1. 1697 Johannis Rizzetti de luminis affectionibus specimen Physico-Mathematicum; in quo agitur de luminis refractione, refrangibilitate, dispersione, reflexione, &c. nec-non de coloribus & cœlestibus phœnomenis. *Tarvisii & Venetiis, Typis Eusebii Bergami,* 1727, *in-8. v. f.*

6. 1698 Simonis Portii, Neapolitani, Libellus de coloribus, cum Commentariis authoris, & præfatione quâ coloris naturam declarat. *Florentiæ, Laurentius Torrentinus,* 1548, *in-8. magno, mar. r.*

SCIENCES ET ARTS.

1699 Salomonis Priezaci dilucida de coloribus Diſſertatio. *Pariſiis, Philipp. d'Arbiſſe*, 1657, *in* 8. *relié en carton.*

1700 Philippi Beroaldi Opuſculum de terræ motu & peſtilentiâ, cum annotamentis Galeni. *Pariſiis, in Ædibus Aſcenſianis*, 1511, *in-*4. *relié en carton.*

1701 El Monte Veſuvio aora la Montaña de Soma. *En Madrid, Juan Gonçalez*, 1632, *in-*4. *mar. r.*

§ 3. *Traités ſinguliers de l'Homme & de ſes facultés, de ſa vie, de ſa mort, de l'ame ſenſitive, des ſens, des Animaux & de leurs facultés.*

1702 Galleotti Martii, Narnienſis, Refutatio objectorum in Librum de Homine à Georgio Alexandrino, quem Merulam appellat. *Venetiis, per Jacobum Rubeum, natione Gallicum*, anno 1476, *in-*4. *v. f.*

1703 Traité de la connoiſſance & merveilles du Monde & de l'Homme, par le ſieur Pierre de Dampmartin. *Paris, Périer*, 1585, *in-fol. v. f.*

1704 L'Œconomie des trois familles du monde ſublunaire; *à ſavoir*, animale, végétale, & minérale, & particuliérement de la nature de l'homme, contre toute fauſſe Philoſophie naturelle, Alchymie, Cabale, Aſtrologie judiciaire, Charmes, Prédictions, Sortiléges, & Athéiſme, par Jean Pagès. *Paris, Cl. Collet*, 1625, *in-*8. *v. m.*

1705 Theophili Raynaudi, Soc. Jeſu, Judicium de incorruptione cadaverum, occaſione demortui fœminei corporis poſt aliquot ſæcula incorrupti, nuper refoſſi Carpentoracti. *Avenione*, *Jacobus Bramereau* 1645, *in*-8. *v. m.*

10. 1706 Fortunii Liceti, Doct. Med. de Animarum coextenſione corpori Libri duo; in quibus, ex rei naturâ, oſtenditur animam tùm vegetalem, tùm ſentientem, tùm rationalem, ſubdito ſibi corpori toti coextendi; ac in omnibus ejus particulis ſigillatìm ſuam eſſentiam habere omniquaque diffuſam; nullamque Animam in ullâ viventis corporis particulâ, quantùmvis principe, velut in ſuo domicilio, totam continere. *Patavii*, *Petrus Bertellius*, 1616. === Ejuſdem Fort. Liceti de luminis naturâ & efficientiâ Libri tres. *Utini*, *ex Typ. Nic. Schiratti*, 1640, *in*-4. *v. f.*

1707 Ant. Deuſingii, Doct. Med. Œconomus corporis Animalis, ac ſpeciatìm de ortu animæ humanæ Diſſertatio; in quâ demonſtratur, non eſſe homini ſimpliciter impoſſibile, per naturale intellectûs lumen ſeipſum noſce. *Groningæ*, *Joann. Collenius*, 1661. === Ejuſd. Deuſingii Exercitatio phyſiologico-medica de nutritione animalium. *Ibid. Franc. Bronchortius*, 1660, *in*-12. *vel.*

1708 Thomæ Willis de Animâ brutorum quæ Hominis vitalis ac ſenſitiva eſt Exercitationes phyſiologicæ & pathologicæ. *Londini*, *in*-8. *v. br.*

1709 Gualteri Charleton, Doct. Medici, Exercitationes phyſico-anatomicæ de œconomiâ animali, novis in medicinâ hypotheſibus ſuperſtructa & mechanicè explicata. *Lugd. Bat. Jac. Moukée*, 1678, *in*-12. *fig. v. br.*

SCIENCES ET ARTS.

1710 Explication nouvelle & méchanique des actions animales, où il est traité des fonctions de l'ame, avec une méthode facile pour démontrer exactement toutes les parties du cerveau, sans couper sa propre substance, &c. par M. Duncan, Doct. en Médecine. *Paris, Jean d'Houry*, 1678, *in*-12. *v. f.*

1711 Malachiæ Truston, Doct. Med. de Respirationis usu primarioDiatriba, cum animadversionibus. *Lugd. Batav. Felix Lopez de Haro*, 1671, *in*-12. *v. br.*

1712 F. Claudii Cœlestini Opusculum de his quæ mundo mirabiliter eveniunt, ubi de sensuum erroribus & potentiis animæ, ac de influentiis cœlorum: accedit Rog. Bachonis, anglici, Libellus de mirabili potestate artis & naturæ, ubi de Philosophorum lapide disseritur. *Parisiis, Simon Colineus*, 1542, *in*-4. *v. m.*

1713 Thomæ Fieni, Antverpiani, Tractatus singularis de viribus imaginationis. *Lugduni, Batavor. ex Officinâ Elzevirianâ*, 1635, *in*-16. *v. br.*

1714 Discours de la connoissance des Bêtes, par le Pere Ignace Gaston Pardies, de la Compag. de Jésus. *Paris, Seb. Mabre Cramoisy*, 1672, *in*-12. *v. br.*

1715 Honorati Fabri, Soc. Jesu, ad Ignatium Gastonem Pardesium ejusdem Societatis Epistolæ, de suâ Hypothesi Philosophicâ. *Moguntiæ, Joan. Petr. Zubrodt*, 1674, *in*-12. *v. f.*

1716 Nouvelles difficultés proposées par un Péripatéticien à l'Auteur du Voyage du Monde de Descartes, touchant la connoissance des

Bêtes, avec la réfutation des deux Défenses du système général du monde de Descartes. *Paris, veuve Bénard*, 1693, *in*-12. *v. m.*

§ 4 *Mélanges de Physique, là où sont contenus les Traités particuliers, & les Dissertations singulieres sur différentes parties de la Physique, Conversations, Dialogues, Expériences, &c.*

1717 Dominici Gulielmi de Salibus Dissertatio Epistolaris physico-medico-mechanica. *Lugd. Batav. Fred. Haaring*, 1707, *in*-8. *v. br.*

1718 Guntheri Christoph. Schelhameri de Nitro cùm veterum tùm nostro Commentatio, quâ utriusque ortus & natura excutiuntur, multa de eo veterum Græcorum, Latinorum, Arabum loca corrupta emendantur & explicantur, virtutesque ejus & utilitates ad rectæ rationis leges expenduntur. *Amstelodami, Jansson Waësberge*, 1709, *in*-8. *v. f.*

1719 Rodolphi Goclenii, Doct. Med. Liber mirabilium naturæ, concordias & repugnantias rerum, in plantis, animalibus, animaliumque morbis & partibus manifestans : accedit brevis & nova Defensio magneticæ curationis Vulnerum, ex solidis principiis. *Francofurti, Joann. David. Zunnerus*, 1643, *in*-8. *v. m.*

1720 Histoire de la Baguette de Jacques Aymar pour faire toutes sortes de découvertes, par M. Garnier, Doct. en Médecine. *Paris, J. Bapt. Langlois*, 1693, *in*-12. *v. m.*

1721 Georgii Franci de Frankenau de Palingenesiâ, sive Resuscitatione artificiali plantarum, hominum, & animalium è suis cineribus Liber singularis ; possibilitatem futuræ corporum nostrorum resurrectionis solidè ac curiosè demonstrans ; multa que alia reconditæ naturæ arcana pandens, ex editione & cum novo Commentario Joann. Christiani Nehringii. *Halæ, Felix de Serre*, 1717. *in*-4. *v. m.*

1722 Kenelmi Dygbæi, Equitis, Dissertatio de Plantarum vegetatione, ex anglicâ linguâ in latinam versa, per Olferdum Dapper. *Amstelodami, Jodoc. Pluymert*, 1669, *in*-12. *v. m.*

1723 Discours sur la végétation des Plantes, par le Chevalier Digby, trad. en françois. *Paris, veuve Moët,* 1667, *in*-12. *v. br.*

1724 Petri Borelli observationum microcospicarum Centuria, cum figuris. *Hagæ Comit. Adrianus Ulacq,* 1656, *in*-4. *baz.*

1725 Curiosa Filosofia, y tesoro de Maravillas de la naturalezza examinada, en varias questiones naturales, por el Padre Juan Eusebio de Nieremberg, de la Comp. di Giesu. *En Barcelona, Pedro Lacavalleria,* 1644, *in*-8. *mar. c.*

1726 Recueil de questions de Physique, de Morale, & de Mathématique, par le Pere Marin Mersenne. *Paris, Henry Guénon,* 1634, 3 *tom. en* 1 *vol. in*-12. *relié en carton.*

1727 Conversations académiques de M. l'Abbé Pierre Bourdelot, contenant diverses recherches, observations, expériences & raisonnemens de Physique, de Médecine, de Chymie & de Mathématique, le tout recueilly par le sieur le Gallois. *Paris, Th. Moette,* 1673, *in*-12. *v. br.*

1728 Obſervations Phyſiques & Mathématiques, pour ſervir à l'Hiſtoire Naturelle & à la perfection de l'Aſtronomie & de la Géographie, envoyées de Siam à l'Académie Royale des Sciences à Paris, par les Jéſuites françois Mathématiciens ; avec les Réflexions de MM. de l'Académie, & quelques notes du Pere Goüye. *Paris, veuve Edme Martin*, 1688, *in-8. v. br.*

1729 Diſſertations ſur pluſieurs parties de la Phyſique qui ont remportées le prix de l'Académie Royale des Belles-Lettres, & des Sciences & Arts de Bordeaux, depuis l'année 1726 juſqu'en 1730, par différens Auteurs. *Bordeaux, R. Brun,* 1726, *in-12. fig. v. br.*

SECTION III.

HISTOIRE NATURELLE.

I.

Introductions & Traités préparatoires à l'étude de l'Hiſtoire Naturelle.

1730 Johann. Jonſtoni Thaumatographia naturalis in X. claſſes diſtincta in quibus, admiranda Cœli, Elementorum, Meteororum, Foſſilium, Plantarum, Avium, Quadrupedum, Exanguium, Piſcium, & Hominis. *Amſtelodami, Guill. Blaëu,* 1632, *in-12. v. br.*

1731 Caroli Stephani de latinis & græcis Nominibus arborum, fruticum, herbarum, piſcium

cium & avium Liber, cum gallicâ explanatione. *Lutetiæ, idem Steph.* 1554, *in-8. v. f.*

1732 Bartholomæi Anglici, Ordinis Fratrum Minorum, Liber de Proprietatibus rerum. *Editio anni* 1488, *absque notâ urbis ac impressoris, in-fol. v. f.*   3.

1733 Le Grand Propriétaire ; Livre qui traite des propriétés des choses principalement naturelles, translaté du latin de Barthelemy, surnommé l'Anglois (*Bartholomeus Anglicus*), en françois, par Jehan Corbichon, de l'Ordre des Augustins, & revu par Pierre Ferget, de l'Ordre du Couvent des Augustins de Lyon. *Lyon, Matthieu Huss,* 1487, *in-fol. fig. vel.*   2. 10.

1734 Le même Propriétaire, trad. en langue Hollandoise. *Impr. à Harlem, par Jacob Benaert, en* 1485, *in-fol. vélin, avec figures coloriées.*   3.

II.

Histoire Naturelle générale universelle, contenant les Ouvrages généraux des Naturalistes anciens & modernes.

1735 Caii Plinii Secundi Historiæ Naturalis Libri XXXVII. *Parmæ, ductu & impensis Stephani Coralli Lugdunensis, anno Domini* 1476, *in-fol. C. M. mar. r.*   26.

1736 Ejusdem Plinii Historiæ Naturalis Libri XXXVII, cum Epistolâ præfatoriâ Andreæ Rabirii Brixiani. *Venetiis, in Ædibus Hæred. Aldi, & Andr. Asulani,* 1536, 4 *vol. in-8. mar. r.*   30.

Tome I.   P p

1737 Histoire Naturelle, trad. du latin de Pline Second en françois, par Ant. du Pinet. *Lyon, Charles Pesnot*, 1581, 2 tom. en 1 vol. in-fol. v. br.

1738 Autre édition du même Livre. *Paris, veuve Cl. de Monstrœil*, 1615, 2 tom. en 1 vol. in-fol. relié en carton.

1739 Hermolai Barbari, Aquileiensis, Castigationes Plinianæ. *Romæ, per Eucharium Argenteum Germanum*, anno 1492. === Ejusdem Herm. Barbari Castigationes Plinianæ Secundæ, nec-non emendationes in Melam Pomponium. *Ibid*, 1493, in-fol. mar. r.

III.

Histoire Naturelle particuliere, PREMIERE PARTIE, *contenant l'histoire des Elémens, & ce qui y a rapport.*

§ 1. *Histoire Naturelle des Elémens, des Métaux, des Minéraux, des Pierres & Pierreries, &c.*

1740 Athanasii Kircheri, Soc. Jesu, Mundus Subterraneus in XII Libros digestus, quo divinum subterrestris Mundi opificium, universæ Naturæ majestas & divitiæ exponuntur, abditorum effectuum causæ demonstrantur, &c. cum fig. æneis. *Amstelodami, Joan. Janss. Waësberge*, 1678, 2 vol. in-fol. fig. v. br.

1741 Andreæ Cæsalpini de Metallicis Libri tres. *Noribergæ, Conradus Agricola*, 1602, in-4. mar. r.

SCIENCES ET ARTS.

1742 Olai Borrichii Docimastice Metallica claré & compendiario tradita : accedit ejusd. Borrichii Dissertatio de somno & somniferis, maximè papavereis. *Hafniæ, Daniel Paullus, 1677 & 1681, in-4. mar. c.* 3. 19

1743 A. J. Dezallier d'Argenville enumerationis fossilium quæ in omnibus Galliæ Provinciis reperiuntur Tentamina. *Parisiis, Joann. De-Bure, 1751, in-8. broché.*

1744 Guilielmi Gilberti, Colcestrensis, & Medici Londinensis, de Magnete, magneticisque corporibus & de magno magnete tellure Physiologia nova plurimis & argumentis & experimentis demonstrata. *Londini, excud. Petrus Short, 1600, in-fol. fig. vélin,* 2. 11

1745 Lettres écrites à un Philosophe sur le choix d'une hypothèse propre à expliquer les effets de l'aiman. *Lyon, 1699, in 12. v. br.*

§ 2. *Histoire Naturelle des eaux, fleuves, rivieres, fontaines, bains, & eaux minérales.*

1746 Dissertation sur le Nil, par Salomon de Priézac. *Paris, Pierre Collet 1664, in-12. v. br.* 2. 17

1747 Description du Danube depuis la Montagne de Kalenberg en Autriche, jusqu'au confluent de la riviere Jantra dans la Bulgarie, avec des Observations Géographiques, Astronomiques, Hydrographiques, Historiques, Physiques, & d'Histoire Naturelle, par Louis Ferdinand, Comte de Marsigli, trad. du latin en françois. *La Haye, Jean Swart, 1744, 6 vol. grand in-fol. fig. v. m.* 19. 19

Pp ij

SCIENCES ET ARTS.

1748 Méditations sur l'origine des fontaines, l'eau des puits & autres problêmes qui ont rapport à ce sujet, en latin & en françois, par M. Kuhn, Professeur de Mathématique à Dantzic; Ouvrage qui a remporté le prix de l'Académie des Belles-Lettres, Sciences & Arts de la ville de Bordeaux. *Bordeaux, Pierre Brun*, 1741, *in-4. v. m.*

1749 Joann. Franc. Branchaleonis, Neapolitani, de Balneorum utilitate Liber singularis. *Parisiis, Christ. Wechelus*, 1536, *in-8. v. f.*

1750 Bartholomæi à Clivolo, Med. Taurinensis, de Balneorum naturalium viribus Libri IV. *Lugduni, Matthias Bonhomme*, 1552. ⸺ Remacli F. Lymburgensis Methodus exquisitissima morbi Hispanici, quem alii Gallicum, alii Neapolitanum appellant, curandi per ligni indici quod Guayacum vulgò dicitur, decoctum. *Parisiis, Christian. Wechel*, 1541, *in-4. mar. bl.*

1751 Andreæ Baccii de Thermis Libri VII, in quibus agitur de universâ aquarum naturâ, deq. differentiis omnibus, ac mistionibus cum terris, cum ignibus, cum metallis; de lacubus, fontibus, fluminibus, de balneis totius orbis & de methodo medendi per balneas; deque lavationum simul atque exercitationum Institutis in admirandis thermis Romanorum. *Venetiis, Vincent. Valgrisius*, 1571, *in-fol. mar. r.*

» *Editio Optima, integra & rara.*

1752 Ejusdem Operis Andreæ Baccii, editio altera. *Romæ, ex Typ. Jacobi Mascardi*, 1622, *in-fol. mar. bl.*

SCIENCES ET ARTS.

1753 Historia novi & admirabilis fontis balneique Bollensis in Ducatu Wirtembergico, à Johanne Bauhino conscripta ; accedunt, plurimæ figuræ novæ variorum fossilium, stirpium & insectorum, quæ in & circà hunc fontem reperiuntur. *Montisbeligardi*, 1598, *in*-4. *fig. vel.*

1754 Histoire Naturelle des bains de Bourbon-Lancy & l'Archambaut, par Jean Aubéry, Doct. en Médecine. *Paris*, *Adrian. Périer*, 1604, *in*-8. *vel.*

1755 Traité de la propriété & effets des eaux & bains de Baignieres & de Barége, par Pierre Descaunets. *Toulouse*, *Gasp. Hénault*, 1729, *in*-12. *v. m.*

IV.

Histoire Naturelle particuliere, SECONDE PARTIE, *Agriculture & Botanique.*

§ 1. *Traités singuliers de l'Agriculture & des choses rustiques.*

1756 Siculi Flacci, Julii Frontini, Aggeni Urbici, Hygeni Gromatici & aliorum Auctorum Tractatus singulares de agrorum conditionibus, & constitutionibus limitum, nec non de mensuris & ponderibus, editore Petro Gallandio. *Parisiis*, *Adr. Turnebus*, 1554, *in*-4. *fig. v. m.*

1757 Geoponicorum, sive de re Rusticâ Libri XX, Cassiano Basso Scholastico collectore, anteà Constantino Porphyrogenneto

quibufdam adfcripti, gr. & lat. ex editione &
cum notis ac indicibus Petri Needham. *Cantabrigiæ, Typ. Academicis A. & J. Churchill*,
1704, *in*-8. *mar. r.*

1758 M. Catonis, Terentii Varronis, L. Junii
Moderati Columellæ, & Palladii Rutilii,
Libri omnès de re Rufticâ, cum annotationib.
Georgii Merulæ, & enarrationibus Philippi
Beroaldi. *Parifiis, Jodocus Badius Afcenfius*,
1529, *in-fol. v. m.*

1759 Caroli Stephani Opufculum quod infcribitur : Sylva, Frutetum & Collis ; in quo
tractatur de arboribus glandiferis, & de herbis fylvarum ac montium. *Parifiis, Franc.
Stephanus*, 1538, *in*-8. *v. m.*

1760 Ejufdem Stephani Libellus cui titulus eft :
Arbuftum, Fonticulus, & Spinetum. *Parifiis,
Franc. Steph.* 1538, *in*-8. *v. m.*

1761 Ejufdem Caroli Stephani Opufculum cui
titulus eft : Vinetum ; in quo varia vitium,
uvarum, vinorum, antiqua latina vulgaria-
que nomina continentur. *Item* ea que ad vitium confitionem ac culturam ab antiquis rei
rufticæ fcriptoribus expreffa funt, ac bene recepta vocabula, noftræ confuetudini præfer-
tim commoda, recenfentur. *Parifiis, Franc.
Steph.* 1537, *in*-8. *v. m.*

1762 Ejufdem Caroli Stephani Seminarium,
five Plantarium earum arborum quæ poft hor-
tos conferi folent ; quarum nomina fructus,
item etiam conferendi vocabula apud authores
bene recepta, declarantur. *Parifiis, ex Offic.
Rob. Steph.* 1536, *in* 8. *v. m.*

1763 Ejufdem Caroli Stephani Libellus de re

SCIENCES ET ARTS.

hortenſi, vulgaria herbarum, florum, ac fruticum, qui in hortis conſeri ſolent nomina continens. *Pariſiis, Ant. Bonnemere*, 1536, *in*-8. *relié en carton*.

1764 Ejuſdem Caroli Stephani Prædium ruſticum, in quo cujuſvis ſoli, vel culti vel inculti, plantarum vocabula ac deſcriptiones; earumque conſerendarum atque excolendarum inſtrumenta ſuo ordine deſcribuntur. *Pariſiis, Franc. Pelicanus*, 1629, *in* 8. *v m*. — 1. 10.

1765 Benedicti Curtii Symphoriani de Hortorum Culturâ Libri XXX, in quibus continetur arborum hiſtoria, cum obſervationibus diverſis. *Lugduni, Tornæſius*, 1560, *in-fol. v. f.* — 1. 16.

1766 Ant. Mizaldi, Hortorum Secreta, Cultus & auxilia, nec-non de hortenſium arborum inciſione; Dendranatome, ſeu exploratio & diſſectio corporis arborei; Liber de hominis ſymetriâ & proportione; Alexikepus, ſeu Auxiliaris hortus ſecretorum remediorum; & artificioſa methodus comparandorum hortenſium fructuum, &c. *Pariſiis, Cl. Morellus*, 1607, *in*-8. *v. m.* — 2. 10.

1767 Traité ou Abrégé curieux & très utile touchant les jardinages; où l'on traite de la ſituation que doit avoir un jardin, des Pépinieres & des greffes, du bon & du mauvais fonds de terre, de l'expoſition des eſpaliers, de la qualité & des noms des fruits, & des labours qui ſont néceſſaires aux arbres; par M. B. *** *Paris, veuve Morel*, 1706, *in*-12. *v. br.* — 2. 9.

1768 Le Compoſt & Kalendrier des Bergiers, auquel ſont ajoutées pluſieurs augmentations — 9. 4.

& histoires curieuses, ornées de figures. *Paris, Guill. Nyverd, sans date d'année, in-4. gotiq. fig. mar. bl.*

8. 1769 Le même Kalendrier des Bergiers. *Lyon, Cl. Nourry, 1513, petit in-fol. fig. v. m.*

10. 1770 Le même Kalendrier & Compost des Bergiers. *Lyon, Claude Nourry, 1530, in-fol. fig. gotiq. mar. r.*

6. 1771 Les Ephémerides perpétuelles de l'air, autrement l'Astrologie des Rustiques, donnant par chascun jour, par signes très familiers, la vraye & assurée congnoissance de tous changemens de temps, en quelque pays & contrée qu'on soit, par Ant. Mizauld. *Paris, Jacq. Kerver, 1554, in-16. v. f.*

1772 Jacobi Vanierii, è Soc. Jesu, Prædium Rusticum, cum fig. æneis. *Lut. Parisior. Joann. le Clerc, 1707, in-12. mar. c.*

40. 1773 Petri de Crescentiis Opus ruralium commodorum. *Lovanii, per Joannem de Westfalia, anno Incarnationis Dominicæ, 1474, in-fol. mar. r. rare.*
* *Editio Primaria.*

2. 1774 Le Bon Mesnager, ou le Livre des prouffits champestres & ruraulx, auquel est traicté du labour des champs, vignes, jardins & arbres de toute espece; de leur nature & bonté, de la vertu des herbes, de la manière de nourrir toutes les bêtes, volailles & oyseaulx de proye; & pareillement de prendre toutes bestes saulvaiges, poissons & oyseaulx, &c. Œuvre moult utile & profitable, translaté du latin de Pietre des Crescens, en langaige françois, avec figures. *Paris, Jeh. Longis, 1536, in-fol. goth. v. noir.*

1775

SCIENCES ET ARTS.

1775 Le Théatre d'Agriculture & Mesnage des champs, par Olivier de Serres, Seigneur du Pradel. *Paris, Abrah. Saugrain*, 1605, *in-4. v. br.* — 4. 16.

1776 Œconomie générale des biens de la campagne; ou Maison Rustique, composée par Jean Liébaut. *Lyon, Cl. Rigaud*, 1628, *in-4. v. f.* — 4. 10.

1777 Œconomie générale de la campagne, ou la Nouvelle Maison Rustique, par le sieur Louis Liger. *Paris, Cl. Prudhomme*, 1708, 2 *vol. in-4. fig. v. br.* — 6.

1778 Le Parfait Œconome, contenant ce qu'il est utile & nécessaire de savoir à tous ceux qui ont des biens à la campagne, par le Sr de Rosny. *Paris, Claude Prudhomme*, 1710, *in-12. v. br.* — 3. 1.

1779 Traité de l'irrigation des prés, relativement à l'œconomie rustique, par J. Bertrand. *Lyon, Regnault*, 1764, *in-8. fig. v. m.* — 2. 14.

1780 Nouveau Traité de la taille des arbres fruitiers, contenant les manieres de les bien tailler pour leur faire produire quantité de fruits, par René Dahuron, Jardinier de M. le Duc de Brunswic de Lünébourg. *Paris, Charl. de Sercy*, 1696, *in-12. vel.* — 1.

1781 Observations sur la culture des arbres fruitiers. *Paris, Jac. Collombat*, 1718, *in-12. v. m.*

1782 Instruction pour le jardin potager, avec l'Art de cultiver les fleurs, & de greffer les arbres, par Aristote, Jardinier de Puteaux. *Paris, Ch. de Sercy*, 1678, *in-12. baz.* — 1.

Tome I. Qq

SCIENCES ET ARTS.

§ 2. *Histoire Naturelle générale des Plantes, des Arbres, des Fruits & des Fleurs.*

1. 1783 Guill. du Val Phytologia, sive Philosophia plantarum. *Parisiis, Caspar Meturas,* 1647, *in-8. v. br.*
2. 18. 1784 Olai Rudbeckii, Upsaliensis Sueci, Dissertatio de fundamentali plantarum notitiâ ritè acquirendâ, collatis methodis Hermannianâ, Raijanâ, & Rivianâ. *Augustæ-Vindelicor. Laurent. Kronigerus,* 1691, *in-12. v. f.*
1. 1785 Theophrasti de Historiâ & causis plantarum Libri XV, è græco latinè redditi, Theodoro Gazâ interprete. *Parisiis, Christianus Wechel,* 1529, *in-8. v. br.*
5. 12. 1786 Commentaires de Pierre André Matthiole sur les VI Livres de Pédacius Dioscorides, de la matiere Médicinale, trad. en françois par Jean des Moulins. *Lyon, Guill. Rouille,* 1579, *in-fol. fig. v. f.*
6. { 1787 Joannis Ruellii de Naturâ stirpium Libri III, cum indice. *Basileæ, ex Offic. Frobeniana,* 1537, *in-fol. v. br.*
1788 Leonharti Fuchsii de Historiâ stirpium Commentarii insignes, cum earum figuris. *Basileæ, ex Officinâ Isingrinianâ,* 1542, *in-fol. baz.*
1. 10. { 1789 Eorumdem Commentariorum editio altera. *Lugd. Balthaz. Arnollet,* 1549, *in-8. v. br.*
1790 Eorumdem Commentarior. editio altera. *Lugd. Balthazar Arnollet,* 1551, *in-8. relié en carton.*

1791 Macri Floridi Libellus de herbarum virtutibus, carmine latino confcriptus; cum figuris
 herbarum. *Parifiis*, 1511, *in-8. relié en carton.*
1792 Petit Traité fingulier, contenant les vertus
 des herbes, plantes & graines, &c. *MSS. ancien fur vélin*, *in-8. non relié.*
1793 Traité des Tulipes, avec la maniere de
 les bien cultiver; leurs noms, leurs couleurs,
 & leur beauté. *Paris, Charles de Sercy*, 1678,
 in-12. v. br.

§ 3. *Hiftoire Naturelle particuliere des arbres,
plantes, fruits & fleurs de différens pays; là
où font auffi contenues les Collections de plantes, & les Jardins publics & particuliers.*

1794 Cafparis Pilleterii, Monfpelienfis, ac
 Medicinæ Doctoris, fynonimia plantarum,
 tùm patriarum tùm exoticarum, in Wala-
 chriâ, Zeelandiæ infulâ, nafcentium. *Middel-
 burgi, Rich. Schilders*, 1610, *in-8. v. f.*
1795 Francifci Calceolarii, Veronenfis, Iter in
 Baldum montem; in quo mirabili ordine
 defcribitur montis ipfius Hiftoria Naturalis,
 atque aliarum quarumdam ipfum contingen-
 tium partium *Veronæ, Typis Seminarii*, 1745,
 in-8. relié en carton.
1796 Joann. Francifci Seguierii, Nemaufenfis,
 Plantæ Veronenfes, feu Stirpium quæ in agro
 Veronenfi reperiuntur methodica Synopfis,
 cum fupplemento Bibliothecæ Botanicæ ejufdem Authoris, & figuris æneis. *Veronæ, Typis
 Seminarii*, 1745, 2 *vol. in-8. fig. v. f.*

1797 Johannis Raii Catalogus plantarum Angliæ & Insularum adjacentium, tùm indigenas tùm in agris passim cultas complectens, in quo præter synonyma necessaria, facultates quoque summatim traduntur, unà cum observationibus & experimentis novis medicis & physicis. *Londini*, *J. Martyn*, 1670.
== Christ. Merrett Pinax rerum naturalium Britannicarum, continens vegetabilia, animalia, & fossilia, in hac insulâ reperta. *Ibid*, *Th. Roycroft*, 1667, *in-8. v. br.*

1798 Hortus Regius Blesensis auctus, cum notulis durationis & charactismis plantarum. *Item*, Delineatio plantarum ejusdem Horti Blesensis, nec-non observationes & præludia Botanica authore Roberto Morison *Londini*, *Th. Roycroft*, 1669, *in-8. v. br.*

1799 Joh. Jacobi Scheuchzeri Herbarium diluvianum, cum figuris æneis. *Lugd. Batavor.* Petrus vander Aa, 1723, *in-fol. fig. v. m.*

V.

Histoire Naturelle particuliere, TROISIEME PARTIE : *les Animaux*, *Insectes*, *& Coquillages*.

§ I. *Histoire Naturelle des Animaux.*

1800 Cl. Æliani de Naturâ Animalium Libri XVII, gr. & lat. ex interpretatione Petri Gillii & Conradi Gesneri. *Genevæ*, *Joann.*

SCIENCES ET ARTS.

Tornæfius, 1611, *in-16. relié en carton.*

1801 Alberti Magni Opus de Animalibus, Libris XXVI diſtinctum. *Mantuæ, per Paulum Joann. de Butschbach Alamanum Maguntin. diocef. fub anno Domini* 1479, *in-fol.* 140.
C. M. mar. r. rare.
* *Exemplar elegans & nitidum.*

§ 2. *Hiſtoire Naturelle des Inſectes, des Coquillages & des Pétrifications.*

1802 Joann. Goëdartii Metamorphoſis & hiſtoria naturalis Inſectorum, cum comm. Joannis de Mey, & fig. æneis. *Medioburgi, Jacob. Fierenſius,* 1662, *in-8. fig. v. m.*
1803 Hiſtoire Naturelle des Inſectes, ſelon leurs différentes métamorphoſes, obſervées par Jean Goëdaert. *Amſterdam, Georg. Gallet,* 1700, 3 *vol. in-8. fig. v. br.*   6. 19.
1804 Recherches intereſſantes ſur l'origine, la formation, le développement, la ſtructure, &c. de diverſes eſpèces de vers à tuyau, qui infeſtent les vaiſſeaux, & qui ont endommagé les digues de quelques-unes des Provinces-Unies, par Pierre Maſſuet. *Amſterdam, François Changuion,* 1733, *in-12 fig. v. b.*   15. 19.
1805 Tratado de las Langoſtas, en que ſe tratan coſas de provecho y curioſidad para todos los que profeſſan las mayores ciencias, por el Doctor Juan de Quiñones. *En Madrid, Luis Sanchez,* 1620, *in-4. mar. r. rare.*
1806 Jani Planci, Ariminenſis, Liber de Conchis minùs notis : cui acceſſit Specimen aeſtus   12. 4.

reciproci Maris superi ad littus portumque Arimini ; cum fig. æneis. *Venetiis*, *Pasquali*, 1739, *petit in-fol. fig. v. m.*

1807 Johannis Gesneri Tractatus physicus de petrificatis, in duas partes distinctus, quarum *prior* agit de petrificatorum differentiis & eorum variâ origine ; *altera* verò de petrificatorum variis originibus, præcipuarumque Telluris mutationum testibus. *Lugd. Batav.* *Theodorus Haak*, 1758, *in-8. v. m.*

V I.

Histoire Naturelle particuliere, QUA-TRIEME PARTIE : *Prodiges*, *Meslanges & Collections de Cabinets.*

§ 1 *Histoire Naturelle des choses extraordinaires,*
Monstres & Prodiges.

1808 Martini Weinrichii de ortu Monstrorum Commentarius, in quo essentia, differentia, causa, & affectiones mirabilium animalium explicantur. *Breslæ*, *Henr. Osthusius*, 1595, *in-8. v. f.*

1809 Arnaldi Sorbini, Tholosanorum Theologi, Tractatus de Monstris quæ à temporibus Constantini hucusquè ortum habuerunt, cum figuris. *Parisiis*, *Hieron. de Marnef*, 1570, *in-16. vel.*

SCIENCES ET ARTS.

§. 2. *Mélanges d'histoire naturelle, là où sont aussi rapportés divers secrets & merveilles de la Nature, expériences, &c. comme aussi les diverses Collections & Cabinets des Curiosités de la Nature & de l'Art, avec les descriptions qui en ont été faites.*

1810 Marcelli Malpighii, Soc. Regiæ Londinensis, Opera varia & posthuma; in quibus Anatome Plantarum, Dissert. de Bombyce; Exercitationes anatomicæ; Dissertationes de polypo cordis & de pulmonibus; hæc omnia figuris æneis illustrata. *Lugd. Bat. Vander Aa*, 1687, & *Amstelodami, Gallet*, 1700, 3 *vol. in-4. fig. v. br.*

1811 Conradi Gesneri, Doct. Med. de raris & admirandis Herbis, quæ sive quòd noctu luceant, sive alias ob causas, lunariæ nominantur Commentariolus; & obiter de aliis etiam rebus quæ in tenebris lucent, cum iconibus earumdem herbarum. Accedunt ejusdem Gesneri Descriptio Montis Fracti, sive Montis Pilati juxtà Lucernam in Helvetiâ; necnon Joann. Duchoul, Lugdunensis, Descriptio Montis Pilati in Galliâ, & Jo. Rhellicani Stokhornias, sive Descriptio Montis Stockhornii, in Bernensium Helvetiorum agro, versibus heroicis conscripta. *Tiguri, apud Gesneros.*, 1555. *in-4. v. f.*

1812 Principales Merveilles de la Nature, où l'on traite de la substance de la Terre, de la Mer, des Fleuves, Lacs, Rivieres, Montagnes & Rochers, avec un précis des choses les plus rares & les plus curieuses qui s'y voyent, comme des Animaux, Poissons, Arbres, Plantes, Fruits, Diamans, &c. tirées des meilleurs Auteurs anciens & modernes, avec figures en taille douce. *Amsterdam (Paris) Compagnie*, 1745. *in-12. fig. v. m.*

1813 Alberti Magni Liber de Secretis mulierum, necnon de virtutibus herbarum, lapidum & animalium. Accedit Mich. Scoti Libellus de Secretis Naturæ. *Amstelod. Henr. & Theod. Boom*, 1669. *in-12. v. m.*

1814 Albert le Grand translaté de latin en françois, lequel traicte de la Vertu des herbes & pierres précieuses, & pareillement des Bêtes & Oyseaux ; avec un Traicté de Pline, lequel parle des secrets & merveilles d'aucunes choses surnaturelles. *Rouen, sans indication d'année. in-8. v. m.*

1815 Antonii Mizaldi, Monluciani, de Arcanis Naturæ Libelli IV. *Lutetiæ, Jacob. Kerver*, 1558. *in-16. v. m.*

1816 Joann. Bapt. Portæ, Neapolitani, de Magiâ naturali Libri XX. *Lugduni Batav. Hier. de Vogel*, 1644. *in-12. v. m.*

1817 De i Miracoli & maravigliosi effetti della Natura Libri IV. di Giov. Batt. Porta, trad. di latino in lingua volgare. *In Venetia, Lodovico Avanzi*, 1560 *in-8. mar. bl.*

1818 De gli occulti miracoli & varii ammaëstramenti delle cose della Natura Libri due, da Levinio Lennio composti. *In Venet. Lodov. Avanzi*, 1560. *in-8. mar. bl*

1819 Les Secrets & Merveilles de nature, recueillis de divers Auteurs, & divisés en XVII Livres par Jean-Jacq. Wecker, trad. du latin en

SCIENCES ET ARTS.

en françois par Pierre Meyssonier. *Tournon, Cl. Michel*, 1606. *in-*8. *v. m.*

1820 Cinq Livres des Hiéroglyphiques, où sont contenus les plus rares secrets de la nature & propriétés de toutes choses, avec plusieurs admirables considérations & belles devises sur chacune d'icelles, par Pierre Dinet. *Paris, Jean de Heuqueville*, 1614. *in-*4. *v. m.* — 6.

1821 Oligeri Jacobæi Musæum Regium, seu Catalogus rerum tàm naturalium quàm artificialium quæ in Basilicâ Bibliothecæ Aug. Daniæ Norvegiæque Monarchæ Christiani V. Hafniæ asservantur: cum figuris æneis. *Hafniæ, Joachim Schmetgen,* 1696. *in-fol. fig. v. br.* 6.

1822 Joann. Ernesti Hebenstreitii Musæum Richterianum, continens fossilia, animalia, & vegetabilia Maris, iconibus æneis illustrata, cum Commentariis, & Dissertatione singulari de Gemmis scalptis antiquis. *Lipsiæ, Fritsch*, 1743, *in-fol. fig. v. f.* 30. 4.

1823 Catalogue raisonné de Coquilles & autres curiosités naturelles, par M. Gersaint. *Paris, Flahaut*, 1736, *in-*12. *v. br.* 1. 9.

1824 Catalogue Raisonné des diverses curiosités du Cabinet de feu M. Quentin de Lorangeres, par Est. Fr. Gersaint. *Paris, Jacq. Barois*, 1744. ⸺ Catalogue des Livres du Cabinet du même Quentin de Lorangeres. *Paris, Jacq. Barois*, 1744, *in-*12. *v. m.* 1. 10.

1825 Catalogue Raisonné d'une Collection considérable de diverses curiosités en tous genres, contenues dans les cabinets de feu M. Bonnier de la Mosson, par Est. Franç. Gersaint. *Paris, Jacq. Barois*, 1744, *in-*12. *v. m.* avec les prix de la vente. 2. 10.

Tome I. R r

SCIENCES ET ARTS.

3. 1826 Catalogue Raisonné des différens effets curieux & rares contenus dans le Cabinet de feu M. le Chevalier de la Roque, composé d'une Collection considérable de Tableaux, de desseins, d'estampes, de bronzes, de porcelaines, de diamans, & de pierres gravées, &c. par Estienne Fr. Gersaint. *Paris, Jacques Barrois*, 1745, *in*-12. *baz.* avec les prix de la vente.

3. 1827 Catalogue Raisonné des bijoux, porcelaines, bronzes, lacqs, lustres de crystal de roche & de porcelaines, & autres curiosités du Cabinet de feu M. Angran de Fontpertuis, par le même Gersaint. *Paris, Pierre Prault*, 1747, *in*-12. *v. br.* avec les prix de la vente mis en marge.

1. 1828 Catalogue Raisonné des minéraux, cristallisations, cailloux, pierres fines, & autres curiosités du Cabinet de M. Savalete de Buchelay, par Pierre Remy. *Paris, Didot l'aîné*, 1764. ═ Catalogue des Livres de la Bibliotheque du même Savalete de Buchelay. *Paris, Davidts*, 1764, *in*-12. *v. f.*

SECTION IV.

MÉDECINE.

I.

Médecins anciens & modernes, Grecs & Latins, Arabes, &c. avec leurs Interpretes & Commentateurs.

1829 Hippocratis Aphorifmi, gr. & lat. Hippocratis & Celfi locis parallelis illuftrati ftudio & curâ Janffonii ab Almeloveen; quibus acceffit Ludov. Verhoofd index locupletiffimus, & loca parallela ex Boërhaavii Commentariis, ex editione & cum notis Annæ Caroli Lorry. *Parifiis, P. G. Cavelier,* 1759, *in-16. v. f.*   2. 16.

* *Exemplar impreffum chartâ nitidiori.*

1830 Commentaire en vers françois fur les Aphorifmes d'Hippocrate, par le Sr A. Cabotin, avec le texte latin. *Paris, Jacq. Talon,* 1665, *in-12. mar. r.*   1. 11.

1831 Matthæi Pini Compendium inftar indicis in Hippocratis Opera omnia. *Venetiis, Rub. Meiettus,* 1597, *in-fol. vel.*   15. 4.

1832 Galeni Commentariorum Libri tres in Librum Hippocratis de humoribus, & de vulgaribus morbis, latinitate donati per Joan. Bapt. Rafarium. *Venetiis, Vincentius Valgrifius,* 1562, *in-8. relié en carton.*

1833 Ejufdem Galeni de affectorum locorum   1. 7.

notitiâ Libri VI, è græcò latinè redditi, interprete Guill. Copo Basileiensi. *Parisiis*, *Henric. Stephanus*, 1513, *in*-4. *v. m.*

1834 Avicennæ Principis Medicorum, & Philosophi sapientissimi, Opera quæ extant omnia, ex arabico latinè reddita, ex editione & cum annotationibus Joannis Pauli Mongii & Joan. Costæi. *Venetiis*, *Vinc. Valgrisius*, 1564, 2 tom. en 1 vol. *in-fol. v. br.*

1835 Prosperi Alpini de Medicinâ Ægyptiorum Libri IV, & Jacobi Bontii de Medicinâ Indorum Tractatus. *Parisiis*, *Nicolaus Redelichuysen*, 1645, *in*-4. *v. br.*

1836 Hieronymi Fracastorii, Veronensis, Opera omnia, interquæ Poëma quod inscribitur *Syphilis*, seu de Morbo Gallico aut Neapolitano. *Venetiis*, apud *Juntas*, 1574, *in*-4. *v. br.*

1837 Eorumdem Fracastorii Operum altera editio. *Genevæ*, *Petrus Chouët*, 1622, *in*-8 vel.

1838 Eorumdem Fracastorii Operum editio recens, cum additionibus & aliis quibusdam opusculis. *Patavii*, *Josephus Cominus*, 1739, 2 vol. *in*-4. *v. m.*

1839 Jani Cœcilii Frey, Doct. Med. Opera philosophico-physico-medica quæ reperiri potuerunt, in unum corpus collecta, editore Joanne Balesdens. *Parisiis*, *Joann. Gesselin*, 1645, *in*-8. *v. br.*

SCIENCES ET ARTS.

II.

Traités singuliers de Médecine.

§ 1. *Traités singuliers Diététiques & Hygiastiques du régime de vie, des alimens & de leur préparation, de l'art de la cuisine & de ce qui la concerne; des vins, liqueurs & boissons différentes; de leur usage, de leurs bonnes & mauvaises qualités: de l'usage du Tabac, de la diéte, de l'abstinence, de la vie sobre, de la santé & de sa conservation, comme aussi des moyens de se prolonger la vie.*

1840 Sanctorii Sanctorii, Justinopolitani, de Medicinâ staticâ Libri VIII; accedunt Georgii Baglivi canones de Medicinâ solidorum ad rectum staticès usum. *Romæ, Typis Bernabo*, 1704, in-12. *vel.*   3.

1841 Le Retardement de la Mort par bon régime, ou Conservation de Santé, envoyé jadis par l'Escolle de Salerne au Roi d'Angleterre, & trad. du latin en ryme françoise, par Geoffroy le Tellier, avec le texte latin à côté. *Paris, Martin le Jeune*, 1559, *in-8. vel.*

1842 L'Escolle de Salerne, mise en vers burlesques, par le sieur Martin, Docteur en Médecine, avec un Poëme latin macaronique de la Guerre des Huguenots. *Paris, Jean Hénault*, 1650, *in-4. vel.*   3. 3.

1843 Traité de la Canicule, & des Jours caniculaires, où l'on explique les effets qu'elle produit, les maladies qu'elle cause, le régime des sains & des malades en ce temps-là, quel   4. 10.

doit être l'usage de la saignée & de la purgation, & les remedes que l'on doit employer pour lors; avec un Traité de la Goutte, & des remedes qui peuvent la soulager & la guérir, par A. Porchon, Doct. en Médecine. *Paris, Maurice Villery*, 1688, *in-*12. *v. br.*

2. 5. 1844 Francisci Bonamici, Florentini, de Alimento Libri V., ubi multæ Medicorum Sententiæ delibantur & cum Aristotele conferuntur, &c. *Florentiæ, Barth. Sermatellius*, 1603, *in-*4. *mar. r.*

1. " { 1845 Ludovici Nonnii Diæteticon, sive de re Cibariâ Libri IV. *Antverpiæ, Petr. Bellerus*, 1627, *in-*8. *v. m.*
1846 Apicii Cœlii de Opsoniis & Condimentis, sive arte Coquinariâ Libri X, cum annotationibus Gabrielis Humelbergii. *Tiguri, ex Offic. Froschovianâ*, 1542, *in-*4. *v. f.*

1. 1847 Iidem, quibus accedunt, Platinæ Cremonensis de tuendâ valetudine, naturâ rerum & popinæ scientiâ, Libri X; nec-non Pauli Æginetæ de facultatibus alimentorum Tractatus. *Basileæ*, 1541, *in-*4. *v. br.*

1. 11. 1848 Les Livres de Bapt. Platine de Crémone de l'honnête Volupté, trad. de latin en françois, par M. Desdier Christol: Œuvre nécessaire à toutes gens pour observer bonne santé. *Paris, Jean Ruelle*, 1567, *in-*8. *vel.*

1. " 1849 De Esculentorum potulentorumque facultatibus Liber singularis, ex italico Balthasari Pisanelli Medici Bononiensis sermone, in latinam linguam conversus ab Arnoldo Freitagio, Embricensi. *Herbornæ Nassoviorum*, 1614, *in-*8. *v. br.*

SCIENCES ET ARTS.

1850 Le vrai Cuisinier François enseignant la maniere de bien apprêter & assaisonner toutes sortes de viandes grasses & maigres, légumes & pâtisseries, &c. avec l'art de bien faire toutes sortes de confitures seches & liquides, par le sieur de la Varenne. *Paris, Jean Ribou*, 1667, *in*-12. *v. m.*

1851 Il Libro de' Banchetti, compositioni di vivande, & apparechio generale di Christoforo di Messisbugo. *In Ferrara, per Giov. de Buglhat & Antonio Hucher*, 1549, *in*-4. *mar. r.*

1852 Mode achevée & usage moderne de bien couvrir une table, d'arranger les plats, & de couper les mets; Ouvrage où l'on trouve gravés en cuivre les instrumens nécessaires & commodes dont on doit se servir dans un repas, avec la maniere de couper le fruit, & à bien plier les serviettes pour leur donner les figures de différentes sortes d'animaux, de fruits, de poissons, &c. (*en allemand*) *HAMBOURG, Thom. Wiering*, *in*-16. *oblongo*, *fig. relié en carton.*

1853 Andreæ Baccii de naturali Vinorum historiâ, de vinis Italiæ, & de conviviis antiquorum Libri VII; accessit de factitiis ac cervisiis deque Rheni, Galliæ, Hispaniæ, & de totius Europæ vinis, nec-non de omni vinorum usu compendiaria Tractatio. *Romæ, Nic. Mutius*, 1596, *in-fol. mar. bl. rare.*

1854 Juliani Palmarii de Vino & Pomaceo Libri duo. *Parisiis, Guill. Auvray*, 1588, *in*-8. *mar. r.*

1855 Petri Andr. Canonherii de admirandis Vini virtutibus Libri III, in quibus multa curiosissima & utilissima ad Vinum pertinentia tractantur. *Antverpiæ*, *Hier. Verdussen*, 1627, *in-*8. *mar. bl.*

1856 Alexandri T. Petronii de victu Romanorum & de sanitate tuendâ Libri V, quibus accedunt Libelli duo, de alvo sine medicamentis molliendâ. *Romæ, in Ædibus populi Romani*, 1581, *in-fol. mar. c.*

1857 Le Bénéfice commun de tout le Monde, ou Commodité de vie d'ung chacun, pour la conservation de santé; avec des remedes segrets tirés des plantes, contre toutes maladies. *Rouen*, *Robert du Gort*, 1558, *in-*16. *v. m.*

1858 Traité de la conservation de la santé, fort utile & nécessaire, composé premierement en latin par H. de Monteux, Médecin de François II, & trad. en françois par Claude Valgelas, Doct. en Médecine. *Paris*, *Sim. Calvarin*, 1572, *in-*16. *v. m.*

1859 Traité de la Sobriété & de ses avantages, ou le vrai Moyen de se conserver dans une santé parfaite jusqu'à l'âge le plus avancé, traduction nouvelle de Lessius & de Cornaro, avec des notes. *Paris*, *Louis Coignard*, 1701. *in-*12. *v. br*

1860 Erreurs Populaires touchant la Médecine & le régime de santé, par Laurent Joubert, augmentées de plusieurs remedes métaphoriques & extravagans, superstitieux ou vains, & des propos fabuleux de la Vipere, du Bievre, de la Salamandre & de l'Ours, &c. *Paris*, *Cl. Micard*, 1587. *in-*8. *v. m.*

1861 Autre Edition du même Livre. *Lyon*, *Rigaud*, 1608. *in-*16. *v. f.*

1862

SCIENCES ET ARTS.

1862 Erreurs Populaires touchant la Médecine & le Régime de santé, par Gaspard Bachot. *Lyon*, *Barth. Vincent*, 1626. *in-8. v. m.*

§ 2. *Traités singuliers de Pathologie, ou des Maladies & affections du corps humain; de leurs causes, signes & progrès, avec les remedes qui leur sont propres.*

1863 Hieronymi Cardani Liber de causis, signis, ac locis Morborum. *Basileæ, Henric-Petri*, 1583. *in-8. broché en carton.*

1864 Le Miroir de la Médecine dans la théorie & dans la pratique, avec l'Indication des spécifiques approuvés pour toutes les maladies du corps par des remedes naturels; plus, l'Anatomie du corps humain, & la description & représentation au naturel des instrumens de Chirurgie, &c. par le Docteur Jean Dryander; avec de nouvelles augmentations; le tout en langue Allemande. *Francfort, Christian Egenolff*, 1557. *in-fol. fig. v. m.*

1865 Le Naturaliste Charitable; traitant des principes, des parties, des puissances, des appartenances & des particularités de la nature humaine, de la dépendance du chaud, froid, humide, & sec; & de ce que doivent faire ceux qui excedent la Médecine; avec un Abrégé des noms, causes, signes & accidens des 590 maladies qui affligent le corps humain; & la maniere de les guérir, par Pierre de la Martiniere. *Paris, chez l'Auteur*, 1666. *in-12. v. m.*

1866 Variolarum Antiquitates, nunc primum

è Græcis erutæ à Joann. Gothofr. Hahn: Accedit de Mefvæ Syri fcriptis Epiftola. *Brigæ, excud. Gothofr. Trampius*, 1733. *in-*4. *v. f.*

1867 Obfervations curieufes touchant la petite Vérole, vraye pefte des petits enfans, avec le Bezahar fon antidote: contenant plufieurs fecrets rares pour embellir le vifage, & ôter les difformités que laiffe après foi cette maladie, par Ant. Fueldez, Doct. en Médecine. *Lyon*, 1645. == Leonardi Botalli, Aftenfis, Medici Regii, Tractatus de Luïs venereæ curatione. *Parifiis, Joann. Foucherius,* 1563. *in-*8. *v. br.*

1868 Johannis Jones, Doct. Med. Novæ Differtationes de morbis abftractioribus, in quibus tractatur de febribus intermittentibus; & febris continuæ natura explicatur. *Hag. Comit. Arnoldus Leers,* 1684. *in-*8. *v. f.*

1869 Henrici ScretæSchotnovii à Zavorziz, Doct. Med. de Febri Caftrenfi malignâ, feu mollium corporis humani partium Inflammatione Liber fingularis, in latinum verfus, & ab Authore recognitus cum additamentis. *Scafufii, Joh. Mart. Meiftherus,* 1686. *in-*8. *v. f.*

1870 Traité de la Pleuréfie, trad. du latin des Aphorifmes de Boërhaave en françois, avec un Difcours préliminaire, par M. Paul, Doct. en Médecine. *Paris, Defaint & Saillant,* 1763. *in-*12. *v. m.*

1871 Traité de l'Apoplexie, par Jacq. Geoffron, Docteur en Médecine. *Dijon, Ant. de Fay,* 1716. *in-*8. *v. br.*

1872 Baptiftæ Codronchi, Philofophi ac Medici Imolenfis, de Rabie, Hydrophobiâ communiter dictâ, Libri duo; quibus accedunt, de Sale abfynthii Libellus; Opufculum de iis qui aquâ immerguntur; & de Elleboro Commentarius. *Francofurti, Matthias Beckerus*, 1610. *in* 8. *v. m.*

1873 Difcours curieux de la Maladie d'amour, ou Mélancholie érotique; où l'on voit l'eſſence, les cauſes, les ſignes & les remedes de ce mal fantaſtique, par Jacques Ferrand, Doct. en Médecine. *Paris, Denys Moreau*, 1623. *in*-8. *vélin*

1874 Réflexions d'un Eleve de M. Maria, profeſſeur en affections vaporeuſes, Auteur & Maître Chirurgien Juré de Lyon, ſur les affections vaporeuſes des deux ſexes par M. Pomme le fils, Docteur en Médecine, ſoi-diſant Profeſſeur en affections vaporeuſes, réſidant à Arles en Provence. *Avignon, Compagnie*, 1763. *in*-12. *v. m.*

1875 Athanaſii Kircheri, Soc. Jeſu, Scrutinium Phyſico-medicum contagioſæ luïs quæ Peſtis dicitur. *Romæ, Typ. Maſcardi*, 1658. *in*-4. *v. m.*

1876 Difcours très ample de la Peſte, par Nicolas de Nancel, Docteur en Médecine, & diviſé en trois Livres, où ſont traitées les cauſes différentes de la peſte & de la curation d'icelle. *Paris, Nic. Cheſneau*, 1581. *in*-8. *v. f.*

1877 Traité de la Peſte, recueilli des meilleurs Auteurs, & enrichi de Remarques & obſervations théoriques & pratiques, par le Sieur Manget, Médecin de S. M. le Roi de Pruſſe. *Genève, Philippe Planchi*, 1721.═Relation de la Peſte de Marſeille, donnée par MM.

Chicoyneau, Verny & Soullier, Docteurs en Médecine, députés par la Cour à Marseille; avec la figure de l'habillement des Médecins lorsqu'ils traitoient les pestiferés. *Ibid.* 1721. *in-*12. *v. br.*

1878 La Physique démonstrative, traitant des Eaux minérales, de l'Esprit universel & des principes spagyriques; des Observations sur plusieurs grandes maladies; & un Examen ou Raisonnement pour faire connoître la cause de la peste, & le remede spécifique qu'il faut employer pour la guérison de cette maladie, par Henry de Rochas, Docteur en Médecine. *Paris, chez l'Auteur,* 1643. *in-*8. *v. m.*

1879 Préservatifs & Remedes contre la peste, ou le Capucin charitable, enseignant la méthode pour rémédier aux grandes miseres que la Peste a coutume de causer parmi les peuples, par le Pere Maurice de Tolon, Prestre Capucin. *Paris, Veuve Thierry,* 1668. *in-*8. *relié en carton.*

1880 Nicolai Leoniceni, Vincentini, Liber singularis de Epidemiâ, quam Itali morbum gallicum, Galli verò Neapolitanum vocant. *Venetiis, in Ædibus Aldi Manutii,* 1497. *in-*4. *v. f.*

1881 L'Expérience & Approbation d'Ulrich de Huttem ou Hutten, Chevalier, touchant la médecine du bois dict Guaiacum, pour circonvenir & déchasser la maladie induement appellée françoise; ainçoys par gens de meilleur jugement appellée la maladie de Néaples, trad. & interprétée par Maître Jehan Chéradame, Hypocrate estudiant en la Faculte & Art de Médecine. *Paris, Philippe le*

SCIENCES ET ARTS.

Noir, sans date. in-4. gotiq. mar. r.

1882 Gerardi Goris, Doct. Med. Mercurius triumphator, continens argenti vivi historiam, indolem, prærogativas & noxas in Morborum chronicorum præsertìm in luïs venereæ curatione : accedit, nova hunc Morbum per selectiora specifica curandi methodus; nec-non Tractatulus de curationibus sympatheticis. *Lugd. Batav. Theodor. Haak*, 1717, *in-8. v. br.*

1883 Examen d'un Livre qui a pour titre : *Parallele des différentes méthodes pour traiter la Maladie Vénérienne*, dans lequel on réfute les sophismes de l'Auteur, & on démontre par les faits les plus authentiques, la supériorité des dragées anti-vénériennes sur tous les remedes anti-vénériens connus jusqu'ici. *Paris, Gueffier*, 1765, *in-12. broché.*

1884 Un petit MSS. *sur vélin*, & qui paroît fort ancien, *de forme in-8.* contenant plusieurs secrets & remedes particuliers contre différentes maladies, avec un Traité de la vertu des herbes, composé en ryme françoise, par un Auteur inconnu. *in-8. non-relié.*

1885 Recueil de plusieurs Secrets & Receptes, avec leurs vertus & propriétés. *Impr. en lettres gothiq. sans indic. de ville ni date d'année, in-12. v. m.*

1886 Nouveaux Secrets rares & curieux contenant divers remedes éprouvés, utils & profitables pour toutes sortes de Maladies, avec divers Secrets pour la conservation de la beauté des Dames, & une nouvelle maniere de faire toutes sortes de confitures, tant seiches que liquides, par P. Errefalde. *Paris, J. Bapt. Loyfon*, 1660, *in-8. v. f.*

1887 Le Médecin Charitable, enfeignant la maniere de donner & de préparer les remedes, par Philbert Guybert. *Paris, Denys l'Anglois*, 1623, *in-12. relié en carton.*

1888 Le Triomphe de l'Archée, & la Merveille du Monde, ou la Médecine univerfelle & véritable pour toutes fortes de maladies les plus défefpérées quelle guérit radicalement, par Jean d'Aubry de Montpellier, avec l'Apologie de l'Auteur. *Paris, fans date, in-4. v. br.*

§ 3. *Meflanges de Médecine, là où font raffemblés les divers Opufcules des Médecins, obfervations, differtations, nouvelles découvertes, &c. comme auffi les Traités critiques & apologétiques pour & contre la Médecine & les Médecins.*

1889 Les Œuvres de Maître André du Laurens, premier Médecin de Henry le Grand, trad. en françois par Théophile Gelée. *Paris*, 1621, *in-fol. v. m.*

1890 Difcours d'Ambroife Paré, Confeiller & premier Chirurgien du Roi; à favoir, de la Mumie, de la Lycorne, des Venins, & de la Pefte. *Paris, Gabriel Buon*, 1582, *in-4. fig. v. m.*

1891 Tractatus duo fingulares & perutiles; quorum primus à Guill. Saliceto editus, de falute corporis tractat; alterum verò confcripfit Rev. Pater Johann. Cardinalis de Turrecremata ad ædificationem unius cujufque, pro falute animæ obtinendâ. *Editio vetus*, &

Typis singularibus æneis gothico-quadratis excusa, absque ullâ loci & anni indicatione. Petit in-fol. relié en carton.

* Il y a lieu de croire que cette édition est fort ancienne, & peu éloignée des premiers temps de l'Imprimerie. Le papier en est fabriqué d'une maniere assez rude, de sorte qu'il n'est pas aisé de bien distinguer la marque dont il est frappé ; cependant après l'avoir examiné avec plus d'attention, nous avons cru y reconnoître un signe particulier à-peu-près semblable à une espece d'Ancre. Ce signe peut servir à déterminer cette édition ; mais nous ignorons jusqu'à présent quel peut avoir été l'Imprimeur qui faisoit usage de cette sorte de papier.

1892 Jacobi Schegkii, Doct. Med., de plasticâ Seminis facultate Libri III, nec-non de calido & humido liber unus ; & de primo sanguificationis instrumento Libellus. *Argentorati, Bern. Jobinus*, 1580, *in-8. v. m.*   3 · 1.

1893 Ludovici Bonacioli, Ferrariensis, Medici illustris, Opus quod inscribitur : ENNEAS MULIEBRIS, in quo uteri descriptio, conceptionis & virginitatis notæ, & alia ejusdem generis traduntur. *Editio vetus & nitida, charactere romano, absque ullâ loci & anni indicatione, in-fol. vélin.*   8 · 19.

1894 Fortunii Liceti de perfectâ constitutione hominis in utero Liber singularis ; in quo caussæ omnes fœtum constituentes explicantur ; speciatimque ostenditur ut parentum imaginario maculas expetitorum filiis inurat ; ut fœminæum semen non raro sit masculeo viri-   3 · 19.

SCIENCES ET ARTS.

bus æquipollens & aliquando actuosius, &c. *Patavii, Petr. Bertellius,* 1616, *in-*4. *v. f.*

1895 Joann. Sperlingen Tractatus physicus de formatione hominis in utero. *Witteberga, Hæred. Tobiæ Mevii,* 1641, *in-*8. *v. m.*

1896 Joann. Claud. de la Couruée, Reg. Poloniæ & Sueciæ Medici, Paradoxa de nutritione fœtus in utero. *Dantisci, Georgius Forsterus,* 1655, *in-*4. *v. f.*

1897 Michaëlis Scoti, Liber de procreatione hominis, nec-non de physionomiâ Opusculum. *Impr. anno* 1477, *in-*4. *mar. rouge.*

1898 Lactantii Eugenii, Montisfanensis, Doct. Med. Opusculum de maris & femellæ generatione. *Anconæ, Astulphus de Grandis,* 1568, *in-*8. *vel.*

1899 Antonii Zeni, Policolæ, Liber singularis de hominis naturâ, nec-non de Embryone. *Venetiis, per Dionysium Bononiensem,* 1491, *in-*4. *v. m.*

1900 Recueil de différentes pièces concernant les naissances tardives, par MM. Bouvart, Loüis, le Bas & autres Auteurs. 10 *vol. in-*8. *brochés.*

1901 Marci Ant. Ulmi, Doct. Medici Bononiensis, Physiologia barbæ humanæ: Opus philosophis propter multa naturæ mysteria declarata, sed præcipuè omnium ipsis Medicis apprimè necessarium ad Medicinam faciendam. *Bononiæ, Joann. Bapt. Bellagamba,* 1602, *in-fol. v. f.*

1902 Joannis Tardini, Turnonensis, Doctor. Medici, Disquisitio physiologica de pilis, in quâ

SCIENCES ET ARTS.

quâ de pilorum materiâ, formâ, causâ efficiente, finali, nec-non de coloribus & calvitie Differitur. *Turnoni, Guill. Linocerius,* 1609, *in-*8. *v. f.*

1903 Roderici à Fonseca, Medici ac Professoris in Academiâ Pisanâ, Libellus singularis de hominis Excrementis, in quo tractatur de differentiâ Excrementorum alvi, de usu stercoris in Medicinâ, de sudoribus, de urinis, de semine, & de sanguine menstruo. *Pisis, Jo. Bapt. Boschettus,*, 1613, *in-*4. *v. f.*   5.

1904 Jacobi Keilii, Tentamina medico-physica ad quasdam quæstiones quæ œconomiam animalem spectant accommodata: quibus accessit Medicina Statica Britannica, ab eodem authore conscripta. *Lugd. Batav. Joann. Arn. Langerak,* 1725, *in-*4. *fig. v. br.*

1905 Petri la Sena, Dissertatio cui titulus est: CLEOMBROTUS, sivè de iis qui in aquis pereunt. *Romæ, Typ. Joann. Facciotti,* 1637, *in-*8. *fig. mar. c.*   8.

1906 Benjamini Broëchuysii, Doct. Medici, Rationes philosophico-medicæ, theoretico-practicæ. *Hag. Comit. Meynardus Vytwerf,* 1687, *in-*4. *v. br.*

1907 Bernhardi Swalve, Doct. Med. Disquisitio therapeutica generalis. *Amstelodami, Ægidius Janss. Valkenier,* 1657, *in-*12. *v. br.*   2. 15.

1908 Gregorii Horstii Dissertationes medicæ de naturâ amoris, de naturâ thermarum, de causis similitudinis & dissimilitudinis in fœtu, respectu parentum. *Marpurgi, Casp. Chemlinus,* 1627, *in-*4. *v. m.*

Tome I,   Tt

1909 Joann. Chicotii, Medici, Epistolæ & Dissertationes medicæ, in quibus tractatur : de anno & anni tempestatibus, de purgandi ratione, de rheumatismo, de variolarum & morbillorum ortu, causis & curatione, de dolore, de somno & vigiliâ & de melancholiâ : accessit, Manuductio ad Medicinam faciendam. *Parisiis, Car. Dumesnil*, 1656, *in*-4. *v. f.*

1910 Theodori Zuingeri Fasciculus Dissertationum medicarum selectiorum, quibus curiosa non minùs quàm utilia scientiæ Apollineæ themata, diligenter pertractata & accuratè exposita sistuntur. *Basileæ, Joh. Ludov. Koënig*, 1710, *in*-8. *v. br.*

1911 Alexandri Deodati, Doct. Med. Valetudinarium ; seu observationum, curationum, & consiliorum medicinalium satura. *Lugd. Batav. Joan. Elzévier*, 1660, *iu*-12. *v. br.*

1912 Julii Cæs. Claudini, Medici, Paradoxa medica, sive Tractatus novi, singulares, & absoluti de naturâ & usu thermarum, ligni Guaiaci, Salsafras, Salsæ-parilliæ, Chinæ radicis, vini medicati, &c. *Francofurti, Christ. Gerlach*, 1660, *in*-4. *v. br.*

1913 Joann. Nic. Pechlini, Doctor. Medici, Observationum physico-medicarum Libri III, quibus accessit Ephemeris vulneris thoracici & in eam Commentarius. *Hamburgi, ex Offic. Schultzianâ*, 1691, *in*-4. *fig. v. m.*

1914 Matthiæ Untzeri, Doct. Med. Tractatus medico-chymici septem ; in quibus de sale, sulphure, mercurio, nephritide seu renum calculo, de peste & epilepsiâ tractatur. *Halæ-Saxonum*, *Typis Melchioris Oelschlegelii*, 1634, *in-4. vel.*

1915 Alcali & Acidum, sive Naturæ & Artis instrumenta pugilica per Neochmum & Palæphatum, hìnc inde ventilata & praxi medicæ superstructæ præmissa; adornante Bern. Swalve. *Amstelodami*, *Joann. Janßon. à Waësberge*, 1670, *in-12. baz.*   1.

1916 Magistri Joann. Ganiveti Tractatus singularis cui titulus, *Amicus Amicorum* : cum Opusculo quod inscribitur, *Cœli enarrant* : & cum abbreviatione Abrahæ Aveneezræ de luminaribus & diebus criticis : accedit Hippocratis Astrologia. *Lugduni*, *Rovillius*, 1550, *in-16. v. m.*   1.

1917 Essais de Médecine, où il est traité de l'Histoire de la Médecine & des Médecins ; du devoir des Médecins à l'égard des Malades, & de celui des Malades à l'égard des Médecins ; avec un Traité de l'utilité des remedes, & de l'abus qu'on peut en faire, par J. Bernier, Doct. en Médecine, avec un Supplément. *Paris*, *Simon Langronne*, 1689, *in-4. v. br.*   1. 19.

1918 La Deffense de l'Escolle de Médecine & de Galien, contre les propositions de M. J. Guibelet d'Evreux, Docteur en Médecine, & Advis sur ses trois Discours philosophiques, par Pierre Burée, Druyde, Doct. en Médecine. *Rouen*, *Raph. du Petit-Val*, 1605, *in 8. v f.*   1.

1919 Gerardi Goris, Medicinæ Doctoris, Medicina contempta propter λογομαχίαν vel ignorantiam medicorum ; id est Discursus singu-   3. 19.

latis in quo de integerrimæ artis vitiis ob artificum indolem & mores, vulgique errores tractatur. Accedit Appendicula observationum & curationum aliquot medicarum. *Lugd. Batav. Abrah. de Swart*, 1700, *in*-4. *v. f.*

1920 Gedeonis Harvei Ars curandi morbos expectatione: Item, de vanitatibus, dolis, & mendaciis Medicorum. *Amstelodami*, 1695, *in*-12. *v. f.*

1921 Tableau de la Médecine & des Médecins. *Amsterdam, sans date d'année, in*-12. *v. m.*

I I I.

Chirurgie.

1922 La Chirurgie de Paulus Ægineta, avec deux Opuscules de Galien sur les tumeurs contre nature, & la maniere de curer par abstraction de sang; le tout trad. du latin en françois par Maistre Pierre Tolet. *Paris, les Angéliers*, 1540, *in*-8. vel.

1923 La même Chirurgie de Paulus Ægineta, trad. de grec en françois. *Lyon, Estienne Dolet*, 1542, *in*-8. *v. m.*

1924 Observations chirurgicales sur les maladies de l'urethre, traitées suivant une nouvelle méthode, par Jacq. Daran. *Paris, De Bure l'aîné*, 1750, *in*-12. *fig. v. f.*

1925 Observations diverses sur la stérilité, perte de fruit, fécondité, accouchemens & maladies des femmes & enfans nouveaux naiz, par Louise Bourgeois, dite Boursier, Sage-

SCIENCES ET ARTS. 333

Femme de la Reyne Marie de Médicis. *Paris, Jehan d'Houry*, 1652. ⹀ Recueil des Sécrets, auquels sont contenues plusieurs rares expériences, pour diverses maladies des femmes, avec leurs embellissemens, par la même Louise Bourgeois. *Ibid*, 1653, *in-*8. *v. m.*
1926 Mémoires de l'Académie Royale de Chirurgie. *Paris, Osmont*, 1743, *& ann. suiv.* 3 *vol. in-*4. *fig. v. f.*
1927 Recueil des Pièces qui ont concouru pour le Prix de l'Académie Royale de Chirurgie. *Paris, de la Guette*, 1753 *& ann. suiv.* 3 *vol. in-*4. *v. f.*

I V.

Anatomie.

§ 1. *Institutions & Traités généraux d'Anatomie, & de ses parties principales.*

1928 Casparis Bartholini Institutiones Anatomicæ, cum novis recentiorum observationibus, ex editione Thomæ Bartholini, Casparis filii. *Lugd. Batavorum, Fr. Hackius*, 1645, *in-*8. *fig. v. f.*
1929 Joannis Riolani Enchiridion anatomicum & pathologicum ad usum Theatri Anatomici. *Parisiis, Gasp. Méturas*, 1648, *in-*12. *vel.*
1930 Realdi Columbi, Cremonensis, Anatomici celeberimi, de re Anatomicâ Libri XV. *Parisiis, Ægidius Gillius*, 1561, *in-*8. *vel.*
1931 Anatomes totius ære insculpta Delineatio; cui addita est Epitome innumeris mendis re-

purgata, quam de corporis humani fabricâ conscripsit Andræas Vesalius: eique accessit partium corporis, tùm simplicium tùm compositarum Elucidatio brevis, per Jacobum Grevinum. *Lutetiæ Parisior. Andr. Wechelus*, 1565, *in-fol. fig. v. f.*

1932 La Dissection des parties du corps humain, composée en trois Livres par Charles Estienne, avec les figures & déclaration des incisions par Estienne de la Rivjere. *Paris, Simon de Colines*, 1546, *in-fol. fig. v. m.*

§ 2. *Meslanges d'Anatomie, Opuscules, Dissertations.*

1933 Adriani Spigelii, Bruxellensis, de formatione fœtus, & de formato fœtu Liber singularis, cum fig. æneis; accedunt Epistolæ ejusdem authoris Anatomicæ, nec-non Tractatus de Arthritide; ex edit. Liberalis Cremæ, Doct. Med. *Francofurti, Matth. Merianus*, 1631. ══ Danielis Wincleri, Medici Uratislaviensis, Animadversiones in Tractatum de vitâ fœtus in utero. *Jenæ, Tobias Steinman*, 1630. ══ Animæ rationalis Immortalitas; cum ipsius verâ propagatione ex semine; authore Antonio Rocco. *Francofurti, Phil. Hertz*, 1644. ══ Joannis Gallego de la Serna, Hispaniarum Regum Philippi III & IV Archiatri, Tractatus de naturali animarum origine, adversùs Dan. Sennertum. *Bruxellæ, Franc. Vivienus*, 1640. ══ Guill. Harveii, Angli, Doct. Med. Exercitatio anatomica de motu cordis & sanguinis in animalibus, cum refutat. Æmylii

Parifani & Jacobi Primirofii. *Lugd. Bat. Joan. Maire*, 1639. ⹀ Gafp. Afellii, Cremonenfis, Differtatio de Lactibus, five lacteis venis. *Ibid*, 1640, *in-4. fig. v. br.*

1934 Thomæ Bartholini de infolitis partûs humani viis Differtatio nova : accedunt Joh. Veflingii de pullitie Ægyptiorum, & aliæ ejufdem Obfervationes anatomicæ ; nec-non Epiftolæ medicæ pofthumæ. *Hafniæ, Petrus Haubold*, 1664, 2 tom. en 1 vol. *in-12. v. br.*

1935 Nicolai Stenonis Elementorum Myologiæ fpecimen, feu mufculi Defcriptio geometrica ; cui accedunt canis carchariæ diffectum caput & diffectus pifcis ex canum genere. *Amftelodami, Joan. Janffon. à Waesberge*, 1669, *in-8. fig. v. f.*

1936 Marcelli Malpighi de vifcerum ftructurâ Exercitatio anatomica ; accedit ejufdem authoris Differtatio fingularis de polypo cordis. *Londini, Jo. Martyn*, 1669, *in-12. v. br.*

1937 Guilielmi Harvei, Angli, Doct. Med. Exercitatio anatomica de cordis & fanguininis motu. *Roterodami, Arnoldus Leers*, 1648. ⹀ Ejufdem Harvei Exercitationes duæ anatomicæ de circulatione fanguinis. *Ibid*, 1649, *in-12. v. br.*

1938 Ejufdem Gulielmi Harvei, Exercitatio anatomica de circulatione fanguinis. *Parifiis, Gafp. Méturas*, 1650, *in-12. v. f.*

1939 Traité des corps folides & des fluides, ou Examen du mouvement du fang, de celui du cœur, des arteres & des autres vaiffeaux du corps humain felon les loix de la Mécanique, de la Phyfique & de la Médecine, par Char-

336 SCIENCES ET ARTS.

29. 19.
les & Jacq. Laurent Malouin, freres. *Paris, Jouenne* 1718, *in-*12. *v. br.*

1940 Friderici Ruyschii Opera omnia anatomico-medico-chirurgica, cum figuris æneis. *Amstelodami, Janss. Waesberg*, 1737, 4 vol. *in-*4. *fig. v. f.*

1. 1941 Discours anatomiques de M. Lamy, revus & augmentés de toutes les plus curieuses découvertes des Anatomistes modernes, avec plusieurs lettres du même Auteur, & ses réfléxions sur ses Discours. *Bruxelles (Rouen),* 1679, *in-*12. *v. br.*

V.

Pharmacie.

9. 1942 Ant. Mizaldi, Doct. Med. Hortus Medic. & hortense pauperum Pharmacopolium. *Lutet. Fed. Morellus,* 1574. ═ Ejusd. Mizaldi Methodus comparand. fructuum, &c. quæ corpus blandè & absque noxâ purgent. *Ibid*, 1565. ═ Ejusdem Mizaldi Hortorum secreta. *Ibid*, 1574. ═ Ejusd. Dissertatio in epistolam Dioclis Carystii de morborum præsagiis & de salubri Hortensium usu. *Ibid,* 1573. ═ Ejusdem Mizaldi Opusculum de senâ, planta inter omnes hominibus saluberrima. *Ibid*, 1574. ═ Ejusdem. Mizaldi Centuriæ IX, in aphorismos arcanorum omnis generis. *Ibid,* 1567, *in-*8. *mar. c.*

1. 1943 Ejusdem Ant. Mizaldi medicus Hortus, & hortense pauperum Pharmacopolium, probatorum remediorum locuples. *Lutetiæ, Feder. Morellus,*

Morellus, 1574. == Ejufdem Mizaldi nova & mira artificia comparandorum fructuum, olerum, radicum, uvarum & aliorum hortenfium quæ corpus blandè & abfquè noxâ purgent, nec-non methodus perpulchra componendorum vinorum quæ diverfis morbis fuccurant. *Ibid*, 1565, *in-8. vélin*.

1944 Ejufdem Ant. Mizaldi, Alexikepus, feu Auxiliaris & Medicus hortus, rerum variarum & fecretorum remediorum locupletatus. *Lutetiæ, Fed. Morellus*, 1575. == Ejufd. Mizaldi Hortorum fecreta, cultus & auxilia amœnæ voluptatis. *Ibid*, 1575. == Ejufdem Mizaldi Memorabilium Centuriæ IX. *Ibid*, 1567. == Ejufd. Mizaldi Methodus artificiofa comparandorum hortenfium fructuum. *Ibid*, 1575. == Ejufd. Mizaldi Opufculum de hortenfium arborum incifione, nec-non arboris dendranatome. *Ibid*, 1560. == Ejufd. Mizaldi Opufculum de fenâ, planta faluberrima. *Ibid*, 1574. == Ejufd. Mizaldi Cofmologia, five Hiftoria Cœli & Mundi, carmine latino confcripta. *Ibid*, 1571. == Ejufd. Mizaldi Harmonia fuperioris naturæ mundi, & inferioris. *Ibid*, 1577. == Ejufd. Mizaldi Epiftola Dioclis Caryftii de morborum præfagiis. *Ibid*, 1572. == Ejufd. Mizaldi Paradoxa rerum Cœli. *Ibid*, 1576, *in-8. v. m.*

1945 Conradi Gefneri, Tigurini, Apparatus & delectus fimplicium medicamentorum, & de eorum compofitione fecundùm genera, ex Paulo Æginera & Galeno. *Lugduni, Joann. & Franc. Frellon*, 1542. == Antonii Mufæ, Brafavoli, Examen omnium catapotiorum vel pilularum quarum apud Pharmacopolas ufus eft ; cum enumeratione medicamentorum purgantium, vomitoriorum, &c. edente eodem Gefnero. *Ibid*, 1544, *in*-8. *v. br.*

1946 La Pharmacopée, ou la maniere de bien choifir & préparer les fimples, & de bien faire les compofitions, trad. du latin de Jacq. Silvius par André Caille. *Lyon*, *Loys Cloquemin*, 1574, *in*-8. *v. f.*

1947 Thomæ Willis Pharmaceutice rationalis, five Diatriba de Medicamentorum operationibus in corpore humano, cum figuris æneis. *Oxonii, è Theatro Sheldoniano*, 1674, *in*-4. *fig. v. f.*

1948 Difcours contenant la conférence de la Pharmacie chymique ou fpagyrique, avec la Galénique ou ordinaire, avec la démonftration des abus qui fe commettent fur les principaux médicamens officinaux de l'Apothicaire ordinaire, par Jacq. Pafcal, Apothicaire de Beziers. *Beziers, Jean Martel*, 1616, *in*-8. *vel.*

1949 Claudii Salmafii Commentarius de Manná & Saccharo. *Parifiis, Car. du Mefnil*, 1663, *in*-8. *v. m.*

1950 Deux Livres des Venins, auxquels il eft amplement difcouru des Beftes venimeufes, thériaques, poifons & contre-poifons, par Jacques Grévin, Doct. en Médecine ; avec les Œuvres de Nicandre, Médecin & Poëte grec, trad. en vers françois. *Anvers, Chriftophe Plantin*, 1568, *in*-4. *vel.*

1951 Nouvelles Expériences sur la Vipere, avec la defcription exacte de toutes fes parties, la source de son venin, ses divers effets, & les remedes que les Artistes peuvent tirer du corps de cet animal, par Moyse Charas. *Paris, Jean d'Houry*, 1672, *in-8. fig. v. br.*

1952 Historia de los Animales mas recebidos en el uso de Medicina; donde se trata para lo que cada una entero, o parte del aprovecha, y de la manera de su preparacion, por Francisco Velez de Arciniega. *En Madrid, en la Imprenta Real*, 1613, *in-4. mar. c.*

V I.

Chymie.

1953 Les Elémens de Chymie de Maistre Jean Béguin expliqués & augmentés par Jean Lucas de Roy, Medecin Boleducois. *Rouen, Martin de la Motte*, 1637, *in-8. vel.*

1954 Johannis Beguini Tyrocinium Chymicum, cum notis Jeremiæ Barthii, ex editione Joh. Georgii Pelshoferi. *Wittebergæ, Andreas Hartmannus*, 1656, *in-8. fig. v. br.*

1955 Joannis Conradi Barchusen Elementa Chemiæ, quibus subjuncta est confectura lapidis Philosophici, imaginibus repræsentata. *Lugd. Batav. Theodor. Haak*, 1718, *in-4 fig. v. f.*

1956 Hermanni Friderici Teichmeyeri Institutiones Chemiæ dogmaticæ & experimentalis, in quibus, chemicorum principia, instrumenta, operationes & producta, simulque analyses trium regnorum succinctâ methodo traduntur, cum fig. æneis. *Jenæ, Joann. Felix Bielckius*, 1729, *in-4. fig. v. br.*

2. 16. 1957 Georg. Ernefti Stahlii Fundamenta Chymiæ dogmaticæ & experimentalis, & quidem tùm communioris Phyſicæ, Mechanicæ, Pharmaceuticæ ac Medicæ, tùm ſublimioris ſic dictæ Hermeticæ atque Alchymicæ: accedit Iſaaci Hollandi Tractatus de ſalibus & oleis metallorum. *Norimbergæ, Hæred. Endteri,* 1723, *in-*4, *v. br.*

1. 1958 Joann. Bapt. Portæ, Neapolitani, de diſtillationibus Libri IX, quibus certâ methodo, multiplicique artificio, penitioribus naturæ arcanis detectis, cujuſlibet mixti in propria elementa reſolutio perfectè docetur, cum figuris. *Argentorati, Lazarus Zetznerus,* 1609, *in* 4. *relié en carton.*

4. 6. 1959 Joann. Rudolphi Glauberi Opera varia philoſophica & mineralia, cum notis & appendicibus. *Amſtelodami, Joannes Janſſon,* 1651, *in*-8. *fig. v. f.*

1960 Johann. Gerhardi, Doct. Medici, Decas quæſtionum phyſico-chymicarum de Metallis, &c. cui adjuncta eſt Medulla Gebrica de lapide Philoſophorum. *Tubingæ, Philib. Brunnius,* 1643, *in*-12. *relié en carton.*

2. 12. 1961 Joann. Conradi Barchuſen Pyroſophia, ſuccinctè atque breviter Iatro-chemiam, rem Metallicam & Chryſopoeiam perveſtigans: Opus Medicis, Phyſicis, Chemicis & & Pharmacopæis utile & neceſſarium. *Lugd. Batav. Cornel. Bouteſtein,* 1698, *in-*4. *v. m.*

1962 Gulielmi Johnſoni Lexicon Chymicum, cùm obſcuriorum verborum & rerum hermeticarum, tùm phraſium Paracelſicarum in ſcriptis ejus, & aliorum Chymicorum planam explicationem continens. *Londini, Guill. Nealand*, 1652, *in*-8. *v. br.*

VII.

Alchymie, ou Philosophie & Médecine Hermétique - Paracelsique; qui est la science de la transmutation des métaux, ou de la pierre philosophale, de l'Or potable, &c.

1963 Hermanni Conringii de Hermeticâ Ægyptiorum vetere, & Paracelsicorum novâ Medicinâ Liber; quo simul in Hermetis Trismegisti omnia, ac universam cùm Ægyptiorum tùm Chemicorum doctrinam animadvertitur. *Helmestadii, Henningus Mullerus*, 1648, *in*-4. *v. f.*

1964 Les XIV Livres des Paragraphes de Philippe Théophraste Paracelse Bombaste, où sont contenus en épitome les secrets admirables, tant Physiques que Chirurgiques, avec un Abrégé des préparations Chymiques & un discours sur l'Alchymie contre les erreurs & abus de la Médecine humorale & Galénique, &c. trad. du latin en françois par C. de Sarcilly. *Paris, Jean Guillemot*, 1631, *in*-4. *v. f.*

1965 Gebri, Arabis, Chymia; sive Traditio summæ perfectionis, & investigatio Magisterii, innumeris locis emendata à Casp. Hornio; accessit ejusdem Hornii Medulla Alchimiæ Gebricæ, &c. hæc omnia ex editione

SCIENCES ET ARTS.

Georgii Hornii. *Lugd. Batav. Arnold. Doude*, 1668, *in*-12. *v. br.*

3. 11. 1966 Philippi Ulstadii, Patricii Nierenbergensis, Cœlum Philosophorum, sive Liber de Secretis Naturæ, cum figuris. *Argentorati, Grienynger*, 1526, *in-fol. fig. v. m.*

3. 1967 Raymundi Lullii Opera omnia; accedit huic editioni Opus Valerii de Valeriis, Patricii Veneti, in aureum artem Lullii. *Argentorati, Hæred. Lazari Zetzneri*, 1617, *in*-8. *v. m.*

1. 1968 Ewaldi Vogelii, Belgæ, de Lapidis Philosophici conditionibus Liber singularis, in quo duorum auctorum Gebri & Raimondi Lullii methodica continetur Explicatio. *Coloniæ Agrippinæ, Henr. Falckenburg*, 1595. === Historiæ aliquot transmutationis Metallicæ ab Ewaldo de Hoghelande conscriptæ pro defensione Alchymiæ contrà hostium rabiem: adjecta est vita Raymondi Lullii, & alia quædam. *Ibid, Bern. Gualtherius*, 1604, *in*-8. *v. f.*

1. 10. 1969 Mich. Maïeri Silentium post clamores; Hoc est, Tractatus apologeticus, de causâ fraternitatis de Roseâ Cruce. *Francofurti, Lucas Jennis*, 1617, *in*-8. *v. m.*

2. 1. {1970 Gastonis Clavei Apologia argyropœiæ & chrysopœiæ. *Nivernis, Petrus Roussin*, 1599, *in*-8. *v. f.*

1971 Philippi Mulleri Miracula' & Mysteria Chymico-Medica Libris quinque enucleata, in quibus tractatur, de Lapide Philosophicâ & ejus præparatione; de particularibus transmutationibus, de præparationibus rarioribus ex mineralibus, de modis secretioribus ex vegetabilibus, & de medicamentis variis fecretioribus : accedunt Tyrocinium Chymicum, & novum lumen Chymicum. *Amſtelodami, Ægidius Janſſonius Valckenier*, 1656, *in-*12. *baz.*

1972 Recueil de pluſieurs Traités concernant l'Alchymie; *ſavoir*, le Miroir d'Alquimie de Roger Bacon; la Table d'eſmeraude d'Hermès Triſmégiſte, avec les Comm. de l'Hortulan; les Secrets de Calid Juif, fils de Jaſic; le Miroir de Jehan de Méun; l'Elixir des Philoſophes; l'Art tranſmutatoire du Pape Jean XXII; de la Puiſſance de l'Art & de Nature, par Roger Bacon, avec les choſes merveilleuſes de la Nature, le tout trad. en françois. *Lyon, Macé Bonhomme*, 1557, *in-*8. *mar. r.*

1973 Le Démoſtérion de Roch le Baillif, Edelphe, Médecin Spagiric, auquel ſont contenus trois cent Aphoriſmes, avec le Sommaire véritable de la Médecine Paracelſique; plus, un petit Traité de l'antiquité & ſingularité de la Bretagne Armorique, en laquelle ſe trouvent bains curans la lepre, podagre, hydropiſie, ulceres & autres maladies, par le même Roch le Baillif. *Rennes, le Bret*, 1578 & 1577, *in-*4. *mar. c.*

1974 La Philoſophie naturelle reſtablie en ſa pureté, où l'on voit à deſcouvert toute l'œconomie de la Nature, avec le Traité de l'ouvrage ſecret de la Philoſophie d'Hermès, qui enſeigne la matiere & la façon de faire la Pierre Philoſophale, par un Auteur qui a pris pour deviſe: *Spes mea in Agno* (le Préſident d'Espagnet.) *Paris Edmé Pepingué*, 1651; *in-*8. *v. m.*

1975 Les Avantures du Philosophe inconnu en la recherche & l'invention de la Pierre Philosophale. *Paris, Laurent d'Houry*, 1709, *in-*12. *v. br.*

1976 Theobaldi de Hoghelande, Mittelburgensis, de Alchemiæ difficultatibus Liber singularis, in quo docetur, quid scire, quidque vitare debeat veræ Chemiæ studiosus ad perfectionem adspirans. *Coloniæ Agrippinæ, Henr. Falckemburg*, 1594, *in-*8. *v. f.*

SECTION V.

MATHÉMATIQUE.

I.

Institutions & Traités généraux de Mathématique.

1977 Veterum Mathematicorum, Athenæi, Apollodori, Philonis, Bitonis, Heronis, & aliorum Opera gr. & lat. edita ex Codicibus MSS. Biblioth. Regiæ. *Parisiis, ex Typ. Reg.* 1693. *in-fol. C. M. v. f.*

1978 Psselli Liber perspicuus de IV Mathematicis Scientiis, Arithmeticâ, Musicâ, Geometriâ & Astronomiâ, gr. & lat. interprete Guill. Xylandro, cum annotationibus : Accessit ejusdem Xylandri de Philosophiâ & ejus partibus Carmen; item aliud de Joann. Zonaræ

natæ Annalibus, eorumque editione, &c. *Basileæ, Joann. Oporinus*, 1554. *in-*8. *v. f.*
1979 Marini Ghetaldi, Patritii Ragusini, & Mathematici præstantissimi, de resolutione & compositione Mathematicâ Libri V. *Romæ, ex Typ. Rev. Cam. Apostolicæ*, anno 1630. *in-fol. fig. v. f.*
1980 Dorothei Alimari, Mathematici Veneti, Longitudinis aut terrâ aut mari investigandæ Methodus; adjectis insuper demonstrationibus & instrumentorum iconismis. *Londini, sumptibus Bibliopolarum*, 1715. *in-*8. *fig. v. f.*
1981 Recueil de plusieurs Traités de Mathématique de MM. de l'Académie Royale des Sciences. *Paris, Impr. Royale*, 1676. *Grand in-fol. fig. v. m.*

I I.

Arithmétique & Algébre.

1982 Nicolai de Martino Elementa nova Algebræ pro novis Tyronibus tumultuario studio concinnata, cum figuris. *Neapoli, Felix Mosca*, 1725. 2 *vol. in-*8. *vélin.*
1983 Artis Analyticæ Praxis, ad Æquationes algebraïcas novâ expeditâ & generali methodo resolvendas, operâ Thomæ Harriot. *Londini, R. Barker*, 1631. *in-fol. fig. v. f.*

I I I.

Géométrie.

1984 Les six premiers Livres des Elémens d'Euclide, traduits & commentés par Pierre For-

Tome I.

cadel de Beziès. *Paris*, *Hierôme de Marnef*, 1564. == Les VII, VIII & IXe. Livres des mêmes Elémens d'Euclide, par le même Forcadel. *Paris*, *Charles Périer*, 1565. == L'Arithmétique démontrée, par le même Forcadel. *Par. Hierome de Marnef*, 1570. *in-4. v. m.*

1985 Procli Diadochi Lycii, Philosophi Platonici ac Mathematici, Commentariorum in Euclidem Libri IV. ex editione Francisci Barocii, Patritii Veneti. *Patavii, excud. Gratiosus Perchacinus*, 1560. *in-fol. v. m.*

1986 Theodosii sphæricorum Elementorum Libri III, ex traditione Maurolyci, Messanensis Mathematici : Accesserunt Menelai Sphæricorum Libri III; Maurolyci Sphæricorum Libri II ; Autolyci de Sphærâ quæ movetur Liber unus : Theodosii de Habitationibus Tractatus : Euclidis Phœnomena, necnon Compendium Artis Mathematicæ, &c. cum figuris. *Messanæ, in Freto Siculo, Impr. Petrus Spira*, anno 1558. *in-fol. fig. mar. r.*

1987 Œuvre très subtile & profitable de l'art & science d'Arithmétique & Géométrie, translaté d'espagnol en françois, par Frere Jean de l'Ortie, de l'Ordre de S. Dominique *Lyon*, *Etienne Baland*, 1515. *in-4. gotiq. v. m.*

1988 Elémens d'Arthmétique, d'Algébre & de Géométrie, avec une Introduction aux Sections coniques, par Jean-Mathurin Mazéas. *Paris, P. G. le Mercier*, 1765. *in-8. fig. v. m.*

1989 Traité de Géométrie & de Trigonométrie, avec les Tables des sinus, tangentes & sécantes, par John Love (en anglois). *Londres, W. Taylor*, 1720. *in-8. relié en carton.*

SCIENCES ET ARTS. 347

1990 Archimedis, Syracusani, Arenarius &
dimensio circuli, cum Comm. Eutocii Ascalonitæ, gr. & lat. ex interpret. & cum notis
Johannis Wallis. *Oxonii, è Th. Sheldoniano*,
1676. *in*-12. *vel. vert.*   2. 10.

1991 Franc. à Schooten, Leydensis, de organicâ
conicarum Sectionum in plano descriptione
Tractatus; cui subnexa est Appendix de cubicarum æquationum Resolutione. *Lugd. Batavor. ex Officinâ Elzevir.* 1646. *in*-4. *v. m.*   1. 10.

1992 J. Bapt. Portæ, Neapolitani, Elementorum curvilineorum Libri III, in quibus alterâ Geometriæ parte restitutâ agitur de circuli Quadraturâ. *Roma, Barth. Zannetti*,
1610. == I tre Libri de' Spiritali di M. Giov.
Batt. della Porta, Napolitano; *cioè d'inalzar
acque per forza dell' aria. In Napoli, Gio.
Jacq. Carlino*, 1606. *in*-4. *vel.*

1993 Diverses Quadratures circulaires, elliptiques & hiperboliques, par M. Clairaut le
cadet. *Paris, Gabr. Franç. Quillau*, 1731.
in-12. *v. br.*   1. 10.

1994 Traité des Logarithmes, avec le Canon
des sinus & des tangentes artificielles, par
D. Henrion. *Paris*, 1626. *in*-8. *vel.*

1995 Opuscules Mathématiques, ou Mémoires
sur différens sujets de Géométrie, de Méchanique, d'Optique, d'Astronomie, &c. par M.
d'Alembert. *Paris, David*, 1761. 2 *vol. in*-4.
v. m.   11.

1996 Essai d'analyse sur les Jeux de hazard, par
Rémond de Montmort. *Paris, Jacq. Quillau*,
1708. *in*-4. *v. f.*   11. 16.

X x ij

SCIENCES ET ARTS.

IV.

Astronomie.

§ 1. *Institutions & Traités généraux d'Astronomie, où il est traité de la Sphere & de ses différens systêmes, comme aussi de la pluralité des Mondes, &c.*

1. 1997 Claudii Ptolemæi, Pheludiensis Alexandrini, Almagestum, seu magnæ constructionis mathematicæ Opus, latinâ donatum linguâ à Georgio Trapezuntio, & recognitum per Lucam Gauricum, Neapolitanum. *Venetiis, Lucantonius Junta*, 1528. *in-fol. fig. relié en carton.*

1998 Opus Introductorii in Astronomiam Albumazaris Abalachi. *Venetiis, Melch. Sessa*, 1506. *in-4. v. f.*

4. 4. 1999 Muhamedis Alfragani, Arabis, Elementa Astronomica & Chronologica, cum scholiis: Additus est Commentarius de Calendario Romano, Ægyptiaco, Arabico, Persico, Syriaco, & Hebræo, authore Jacobo Christmanno. *Francofurti, Hærædes Andr. Wecheli*, 1591. *in-8. v. f.*

2000 Speculum Astronomicum, figuris æneis repræsentatum. *Absque notâ editionis. in-fol. v. m.*

2001 Nicolai Ludovici de la Caille Astronomiæ Fundamenta, novissimis Solis & Stellarum observationibus stabilita. *Parisiis, Steph. Colombat*, 1757. *in-4. v. m.*

10. 10. 2002 Astronomie complette, par M. de la Lan-

de *Paris, Defaint & Saillant*, 1764. 2 *vol.* *in*-4. *fig. v. m.*

2003 Marci Manilii, Poetæ celeberrimi, Aftronomicon Libri V. *Mediolani, per Antonium Zarotum, Parmenfem, anno falutis Chriftianæ* 1489. *in-fol. mar. r.*

2004 Ejufdem Marci Manilii Aftronomicon Libri V; necnon Arati Phœnomena latinè reddita, cum fragmento Ciceronis, & paraphrafi poeticâ Rufi Fefti Avieni : Accedunt eadem Arati Phœnomena græcè cum fcholiis græcis ; necnon Procli Diadochi Sphæra gr. & lat. ex interpretatione Thomæ Linacri, Britanni. *Venetiis, in Ædibus Aldi,* 1499. *in-fol. mar. r.*

2005 Ejufdem M. Manilii Aftronomicon Libri V, ex recenfione & cum notis Jofephi Scaligeri. *Lutetiæ Parifiorum, Mam. Patiffonius*, 1579. *in* 8. *v. f.*

2006 Clariffimi Viri Hyginii Poëticon Aftronomicon, opus utiliffimum, in quo de Mundi & fphæræ declaratione agitur. *Venetiis, per Thomam de Blavis de Alexandriâ*, 1488. ⹀ Rufi Fefti Avieni Opera Aftronomica , necnon Arati Phœnomena, cum fragmento Ciceronis, & Libro Quinti Sereni Samonici , de Medicinâ, feu de curandis morbis. *Venetiis, arte & ingenio Antonii de Strata, Cremonenfis,* anno 1488. *in*-4. *mar. r.*

2007 Principes d'Aftronomie fphérique ; ou Traité complet de Trigonométrie fphérique, par M. Mauduit. *Paris, Hypp.-Louis Guérin,* 1765. *in*-8. *fig. v. m.*

2008 Sethi Wardi Aftronomia Geometrica, ubi Methodus proponitur quâ primariorum Planetarum Astronomia sivè elliptica, sivè circularis possit geometricè absolvi. *Londini, Jac. Flesher*, 1656. *in-*8. *fig. v. br.*

2009 Francisci Blanchini, Veronensis, astronomicæ ac geographicæ Observationes selectæ, Romæ atque alibi per Italiam habitæ, ex ejus autographis excerptæ; cum Observationibus Eustachii Manfredi. *Verona, Typis Dion. Ramanzini*, 1737. *in-fol. fig. v. f.*

2010 Gabrielis Pirovani, Patritii Mediolanensis, Defensio Astronomiæ, in quâ de veritate & utilitate Astronomiæ disseritur. *Mediolani, per Leonardum de Vegiis*, anno 1507. *in-fol, veau fauve.*

§ 2. *Traités singuliers d'Astronomie, du Globe céleste, des Astres, Planetes & Etoiles ; de leur Mouvement & Révolution ; comme aussi des Phénomenes célestes, Cométes, &c.*

2011 Guill. Postelli de Universitate Liber, in quo Astronomiæ Doctrinæve cœlestis, Compendium Terræ aptatum, & secundùm cœlestis influxûs ordinem præcipuarumque originum rationem totus orbis Terræ quatenùs innotuit, cum Regnorum temporibus exponitur. *Parisiis, Martinus Juvenis*, 1563. *in-*4. *mar. r.*

2012 Ejusdem Postelli Signorum cœlestium vera Configuratio. *Parisiis, Hieronym. Gourmontius*, 1553. *in-*4. *mar. r.*

2013 Observations de la Lune, du Soleil & des Etoiles fixes ; pour servir à la Physique céleste & aux usages de la Navigation, avec des remarques, par M. le Monnier. *Paris, Impr. Roy.* 1751, *in-fol. v. m.*

2014 Théorie de la Lune, déduite du seul principe de l'attraction, par M. Clairaut; Piéce qui a remporté le prix proposé en 1750 par l'Académie de Pétersbourg. *Paris, Desaint & Saillant, 1765. in 4. broché.*

2015 Arati Phœnomena gr. & lat. ex interpretatione Ciceronis : Accesserunt Virgilii & aliorum Carmina in Aratum respondentia, &c. ex edit. & cum annotat. Joachimi Perionii. *Parisiis, Sim. Colinæus, 1540.* ⎯ Petri Apiani Cosmographia per Gemmam-Phrysium denuò restituta. *Antverpiæ, Arnoldus Berckmann, 1540. in-4. v. m.*

2016 Cypriani Leovitii à Leoniciâ, Descriptio & pictura Eclipsium omnium ab anno domini 1554 ad ann. usque 1606, cum figuris. *Augustæ Vindelic. Phil. Ulhardus, 1556. in-fol. v. f.*

2017 Magni Augustini Niphi, Medici Suessani, Commentariolus de verissimis temporum signis. *Venetiis, Hieron. Scottus, 1540.* ⎯ Jacobi Pradillæi Quæstio Medica pro primâ Apollinari laureâ consequendâ sub hâc verborum serie : *An febri Pomaceum ? Monspelii, Joan. Giletus, 1619. in-8. v. f.*

§ 3. *Traités singuliers du Jour & de la Nuit, du Crépuscule, de la Division de l'année, du Calendrier, &c. avec les Tables Astronomiques.*

2018 Compotus Manualis Magistri Aniani, cum Commentario Jacobi Marsi Delphinatis : Accedit Magistri Nicolai Bonespei Kalendarius, & Formula computandi, &c. *Pa-*

ristis, Anthon. Bonemere, 1530, *in-*4. *got. v. m.*

2019 Compôt & manuel Kalendrier par lequel toutes personnes peuvent facilement apprendre & savoir le cours du Soleil & de la Lune, & semblablement des Festes fixes & mobiles que l'on doit célébrer en l'Eglise, suivant la correction ordonnée par Grégoire XIII, Souverain Pontife, composé par Thoinot Arbeau. *Paris, Jean Richer. in-*8. *v. m.*

2020 Tabulæ Astronomicæ divi Alfonsi, Regis Romanorum & Castellæ, cum additionibus emendatæ. *Venetiis, Petrus Liechtenstein,* 1518,. = Joan. de Monte Regio Tabulæ directionum Astrologiæ Judiciariæ, necnon Tabula sinuum universam sphericorum triangulorum scientiam complectens.. *Tubingæ, Ulricus Morhardus,* 1550. *in-*4. *v. br.*

2021 Tables de la Lune calculées suivant la théorie de la gravitation universelle, par M. Clairaut. *Paris, Durand,* 1754. *in-*8. *broché.*

2022 Etat du Ciel pour les années 1754, 1755, 1756 & 1757, calculé sur les Tables de M. Halley, & rapporté à l'usage de la Marine, par A. G. Pingré, Chanoine Régulier. *Paris, Durand,* 1754 & *ann. suiv.* 4 *vol. in-*8. *v. br.*

V

Astrologie.

§ 1. *Traités généraux de l'Astrologie Judiciaire.*

2023 Procli Enarrationes in Cl. Ptolemæi IV Libros de Judiciis; Porphyrii Introductio in Ptolemæi

Ptolemæi Opus de effectibus astrorum, necnon Hermetis Philosophi de Revolutionibus nativitatum Libri II : hæc omnia gr. & lat. edita. *Basileæ, ex Officinâ Petrianâ*, 1559. *in fol. mar. r.*

2024 Albohazen Haly, filii Abenragel, Scriptoris Arabici, de Judiciis astrorum Libri VIII, latinitate donati per Antonium Stupam Rhætum, Prægalliensem : Accessit Compendium XII domorum cœlestium ex vetust. Authoribus antiquis Orientalibus collectum, authore Petro Liectenstein. *Basileæ, ex Officinâ Henric-Petrinâ*, 1551. *in-fol. v. f.*

§ 2. *Traités singuliers des Nativités, des Songes & de leur interprétation; des Augures & des Devins.*

2025 Censorini Liber de die natali, ex recensione & cum notis Henrici Lindenbrogii. *Hamburgi, in Bibliopolio Heringiano*, 1614. *in-4. v. f.*   1. 10.

2026 Ejusdem Operis Editio altera, cum variis lectionibus & indice. *Lugduni Batav. Joann. Maire*, 1642. *in-8. v. f.*   1.

2027 Tractatus Astrologicus de Genethliacorum thematum Judiciis, pro singulis nati accidentibus, ex optimis & vetustis Authoribus, ab Henrico Ranzovio collectus. *Francof. Joann. Wechelus*, 1593. *in-8. vélin.*   2. 11.

2028 Augustini Niphi de Auguriis Libri duo, quibus accedunt Ori Apollinis, Niliaci, de hieroglyphicis notis Libri II, à Bern. Vicentino latinitate donati. *Basileæ, Joann. Hervagius*, 1534. *in-8. v. m.*

Tome. I. Y y

§ 3. *Traités singuliers de la Physionomie de l'homme, de la Métoposcopie, Chiromance, Géomance, &c.*

1. 4. { 2029 L'Astrologie & la Physiognomonie en leur splendeur, par Jean Taxil, Doct. en Médecine. *Tournon, R. Reynaud*, 1614.*in*-8. *baz.*
2030 Clementis Timpleri, Philosophiæ Professoris in Scholâ Steinfurtensi, Physiognomoniæ humanæ Libri II, in quibus tota hæc Ars per præcepta & quæstiones proponitur & declaratur. *Hanoviæ, Petr. Antonius*, 1617. *in*-12. *v. m.*

1. 10. 2031 Joann. Bapt. Portæ Neapolitani, de humanâ Physiognomoniâ Libri IV, cum iconibus & indice copioso. *Francofurti, Nic. Hoffmannus*, 1618. *in*-8. *v. m.*

1. 16. { 2032 Ejusdem J. Bapt. Portæ, Neapolitani, Physiognomoniæ coelestis Libri VI. *Lugd. Batav. Hieron. de Vogel*, 1645. *in*-12. *v. f.*
2033 Joann. ab Indagine Introductiones apotelesmaticæ in Physiognomiam, Complexiones hominum, Astrologiam naturalem, & naturas Planetarum, cum periaxiomatibus de faciebus signorum & canonibus de ægritudinibus hominum: Accedunt Gulielmi Grataroli Opuscula varia, inter quæ *de Memoriâ reparandâ, &c.* & Pomponii Gaurici, Neapolitani, Tractatus de Symmetriis & Physiognomiâ, &c. *Argentorati, Hæredes Lazari Zetzneri*, 1622. *in*-8. *v. f.*

1. 4. 2034 La Chiromance & Physionomie, par le regard des membres de l'homme, faite par Jean Indagine, & mise en françois par An-

toine du Moulin. *Rouen , Pierre l'Oyselet, sans date d'année. in-16. v. m.*

2035 La Chyromantie naturelle de Ronphyle, par le Sieur Rampalle. *Paris , J. Bapt. Loyson*, 1665. *in-12. fig. v. br.*

2036 La Chiromance Royale & nouvelle, enrichie de figures & d'exemples, & de quantité d'obfervations de la Cabale, avec les Prognoftics des Chiromanciens anciens & modernes, par Adrian Sicler. *Lyon , Daniel Gayet,* 1666. *in-12. v. br.*

2037 Antonii Piccioli de manûs Infpectione Libri III. *Bergomi , Joann. Bapt. Ciotti*, 1587. *in-8. v. f.*

2038 Rodolphi Goclenii Tractatus de divinatione ex aftris, lineis manuum & frontis. *Francofurti , Johann. Car. Unckelius*, 1618.
── Ejufdem Goclenii memorabilia Experimenta & Obfervationes chiromanticæ. *Marpurgi Cattorum , Rodolphus Hutwelckerus,* 1621. *in-8. fig. v. f.*

2039 Hier. Cardani, Medici Mediolanenfis, Metopofcopiæ Libri XXX, figuris illuftrati: Acceffit Melampodis Tractatus de nævis corporis, gr. & lat. nunc primùm editus, interprete Claudio Martino Laurenderio. *Lutetiæ Parifiorum , Th. Jolly*, 1658. *in-fol. fig. v. f.*

2040 Samuelis Fuchfii, Cuflino-Pomerani, Metopofcopia & Ophthalmofcopia. *Argentinæ , Theodofius Glaferus,* 1615. *in-8. v. m.*

2041 Studio di curiofita, nel quale fi tratta di Fifonomia, Chiromantia, Metopofcopia, del Sign. Nicolao Spadon. *In Venet. Camillo Bortoli ,* 1662. ── La Fifionomia naturale cavata da Aristotile & altri Authori, comp. da Ant. Cararino Orvietano. *In Vicenza*, *Franc. Grossi*, 1611. === Fioretto delle Croniche, racolte per fidel Nofri. *In Venetia*, *Rossi*, 1602. === Nuovi Dubii da traftularsi in compagnia. *In Verona*. === Il piacevolissimo Fuggilotio di Tomaso Costo Libri VIII, ne' quali si contengono le malitie delle femine, e trascuragini de' mariti, consatti a detti notabili. *In Venetia*, 1676, *in*-12. *v. m.*

2042 La Géomance du Seigneur Christophe de Cattan, livre non moins plaisant & récréatif que d'ingénieuse invention pour savoir toutes choses présentes, passées & à advenir, avec la roue de Pythagoras, par Gabriel du Preau. *Paris*, *Jean Corrozet*, 1558. *in*-4. *v. f.*

2043 Curiosités inouïes sur la Sculpture Talismanique des Persans; Horoscope des Patriarches, & Lecture des Estoilles, par Jean Gaffarel. *Impr. sans indic. de Ville en* 1650. *in*-8. *fig. v. m.*

§ 4. *Centuries & Prédictions astrologiques, avec les Traités critiques & apologétiques pour & contre l'Astrologie & les Astrologues.*

2044 Les vraies Centuries & Prophéties de Michel Nostradamus, avec la Vie de l'Auteur. *Paris*, *Jean Ribou*, 1669. *in*-12. *mar. r.*

2045 Les mêmes Centuries & Prophéties de Michel Nostradamus, avec des explications particulieres. *Rouen*, *Jean-Bapt. Besongne*, 1710. *in*-12. *v. br.*

2046 J. Bapt. Morini, Doct. Medici, Epistola

ad Australes & Boreales Astrologos, pro restituendâ Astrologiâ. *Parisiis, Joann. Moreau,* 1628. *in-*12. *v. m.*

2047 Georgii Raguseii, Veneti, Epistolarum mathematicarum, sive de divinatione Libri duo; quibus non solùm divinatrix Astrologia, verùm etiàm Chiromantia, Physiognomia, Geomantia, Nomantia, Cabala, Magia, cæteraque hujus generis superstitiosæ disciplinæ tanquàm inanes exploduntur, &c. Accedit ejusdem Authoris disputatio de puero & puellâ, qui è ruinis extracti, atque ad D. Antonii Confessoris altare delati, revixisse putantur. *Parisiis, Nic. Buon,* 1623, *in-*8. *v. m.*

2047* Discurso contra los Gitanos (*vulgò gallicè*, Egyptiens, Bohémiens, ou diseurs de bonne avanture) por Juan de Quiñones. *En Madrid, Juan Gonçalez,* 1631, *in-*4. *v. br.*

V I.

Gnomonique, ou Traité de la Science des Cadrans & Horloges solaires.

2048 F. Cherubini Sandolini, Utinensis, Ordinis Capucinorum, Thaumalemma Cherubicum Catholicum, universalia & particularia continens instrumenta, ad omnes arcus & horas Italicas, Bohemicas, & Gallicas diurnas atque nocturnas dignoscendas, & ad componenda per universum orbem earum multiformia Horologia præsertìm Italica, exquisitissimum. *Venetiis, Rubertus Meiettus,* 1598, *in-fol. fig. v. f.*

2049 Recherches sur la Gnomonique, les Retrogradations des Planetes, & les Eclipses du Soleil. *Paris, Desaint & Saillant*, 1761, *in-8. v. m.*

VII.

Hydrographie, ou la Science de la Navigation.

2050 Willebrordi Snellii à Royen Typhis Batavus; sive Histiodromice de Navium cursibus & re navali: Accedunt tabulæ canonicæ parallelorum; & Canones loxodromici, cum figuris æneis. *Lugd. Batav. ex Officinâ Elzevirianâ*, 1624, *in-4. fig. v. m.*

2051 El Libro de la Hydrografia, compuesto por el Licenciado Andres de Poça. *En Bilbao, Matthias Mares*, 1585.═══Willebrordi Snellii à Royen Typhis Batavus, sive Histiodromice de Navium cursibus & re navali. *Lugd. Bat. ex Offic. Elzevirianâ*, 1624.═══Tabulæ canonicæ parallelorum, nec-non Canones loxodromici. *absq. notâ editionis*.═══Johannis Schefferi Dissertatio de varietate navium. *absq. notâ editionis, in-4. v. br.*

VIII.

Optique, Dioptrique & Perspective.

2052 Clementis Timpleri Opticæ Systema methodicum, per theoremata & problemata selecta concinnatum; cui subjecta est physiognomia humana duobus Libris pertractata. *Hanoviæ, Petrus Antonius*, 1617, *in-8. vel.*

2053 Traité particulier de Perspective positive, composé en latin & en françois, avec figures. *in-fol. v. f.*
* *Edition singuliere, à la fin de laquelle on lit cette souscription.*

Impressum Tulli anno catholicæ veritatis quingentesimo vicesimo primo ad milesimum VII° idus Septembres, solerti operâ Petri Jacobi Presbyteri, incolæ Pagi Sancti Nicolai.

2054 La Perspective positive de Viator, trad. du latin en françois, & illustrée par Maistre Estienne Martelange, de la Compagnie de Jésus, & donnée au public par Mathurin Jousse, avec figures gravées en taille-douce. *La Flèche, Georges Griveau*, 1635, *in-4. fig. v. f.*

I X.

Statique; ou la Science des Forces mouvantes.

2055 Nicolai de Martino Elementa statices. *Neapoli, Felix Mosca*, 1727, *in-8. fig. vel.*

2056 Les nouvelles pensées de Galilée, où il est traité de la proportion des mouvemens naturels & violents; & de tout ce qu'il y a de plus subtil dans la Méchanique & dans la Physique, avec plusieurs admirables inventions & démonstrations inconnues, &c. trad. de l'italien en françois. *Paris, Henry Guénon*, 1639, *in-8. fig. v. f.*

X.

Hydraulique, ou la Science pour l'élévation des eaux, les aquéducs, cascades, &c.

2057 Georgii Andreæ Bockleri Architectura curiosa nova, exponens fundamenta Hydragogica, indolemque aquæ, aëris interventu in altum levandæ : varios aquarum ac salientium fontium lusus per varia syphonum genera : magnum amœnissimorum fontium machinarumque numerum ; specus artificiales sumptuosissimas, cum plerisque Principum Europæorum palatiis, hortis, aulis, &c. hæc omnia è Germanico idiomate in linguam Latinam translata à Joanne Christophoro Sturmio, & figuris æneis illustrata. *Norimbergæ, Paulus Furslen* 1664, *in-fol. fig. v. br.*

2058 Idée générale d'une Machine hydraulique de nouvelle invention, exécutée à Lyon par le sieur Petitot, pendant l'année 1730. *Lyon, André Laurens*, 1731, *in-*8. *v. m.*

X I.

Méchanique ; ou la Science des Machines.

2059 Le diverse & artificiose Machine del Capitano Agostino Ramelli, composte in lingua italiana e francese, con figure intagliate in rame. *In Parigi, in casa dell' Autore*, 1588, *in-fol. fig. mar. r. rare.*

2060

SCIENCES ET ARTS.

2060 Recueil de Machines & Desseins artificiaux de toutes sortes de Moulins à vent, à l'eau, à cheval & à la main, avec diverses sortes de pompes pour faire monter l'eau, par Jacques Strada à Rosberg, & mis au jour avec des explications par Octave de Strada à Rosberg. *Francfort sur le Mein, Lucas Jennis*, 1618 & 1619, 2 tom. en 1 vol. in-fol. fig. vel.

2061 Georgii Andreæ Bockleri Theatrum Machinarum novum, e germanico latinitate donatum ab Henrico Schmitz, cum figuris æneis. *Norimbergæ, Paulus Furstius*, 1662, in-fol. fig. v. br.

XII.

Traités singuliers des Instrumens de Mathématique, & de ce qui les concerne.

2062 Traité de l'usage du Mécomètre, qui est un instrument Géométrique, avec lequel on peut très facilement mesurer toutes sortes de longueurs & distances visibles ; lever plans de villes & de chasteaux, & pratiquer toutes les autres opérations qui se pratiquent avec le compas de proportion, &c. par D. Henrion. *Paris, Isaac Dédin*, 1630, in-8. fig. v. f.

2063 Opus Astrolabii plani in tabulis, à Joanne Angeli à novo elaboratum. *Venetiis, per Lucantonium de Giunta*, anno 1502, in-4. fig. v. m.

2064 Benedicti Hedræi, Sueci, nova & accurata Astrolabii geometrici structura ; ubi gradus, horumque singula minuta prima, necnon quadrantis Astronomici Azimuthalis

Tome I.   Zz

quo non solùm prima, sed & singula minuta secunda distinctè observari possunt, unà cum utriusque usu claris & perspicuis exemplis illustrato. *Lugd. Batav. Wilhelm. Christian. Boxius*, 1643, *in-*12. *relié en carton.*

2065 L'Usage de l'Astrolabe, avec un petit Traité de la Sphere, par Dominique Jacquinot; avec un discours particulier de Jacq. Bassentin sur l'Usage de l'Astrolabe. *Paris, Hier. de Marnef*, 1573, *in-*8. *fig. v. b.*

2066 Traité sur la maniere de prendre la hauteur du Soleil à l'Astrolabe, avec la déclaration pour user de cet Instrument en pilotage, par Olivier Bisselin. *Poictiers, Jean de Marnef*, 1559.══Le grand Routier, pilotage & ancrage de Mer, avec les Jugemens touchant le faict des Navires, par Pierre Garcie, dict Ferrande. *Ibid, sans date in-*4. *gotiq. v. f.*

XIII

Musique ; ou la Science de l'Harmonie.

2067 Traité de la Musique théorique & pratique, contenant les préceptes de la composition, par le R. P. Ant. Parran. *Paris, Pierre Ballard*, 1639, *in-*4. *relié en carton.*

2068 Traité des Accords & de leur succession, selon le système de la basse fondamentale, pour servir de principes d'harmonie à ceux qui étudient la composition ou l'accompagnement du Clavecin, par M. l'Abbé Roussier. *Paris, Duchesne*, 1764, *in-*8. *fig. v. m.*

2069 Théorie de la Musique, par M. Balliere. } 1. 10.
Paris, Didot le jeune, 1764, in-4. broché.

SECTION VI.

ARTS.

I.

Art de la Mémoire naturelle & artificielle, avec les différentes pratiques pour l'exercer.

2070 Nicolai Chappusii de Mente & Memoriâ Libellus. *Parisiis, in ædib. Ascensianis*, 1511, *in-4. relié en carton.* } 1.

2071 Gulielmi Leporei, Avallonensis, Ars memorativa, cum figuris & imaginibus. *Ex Officinâ Calchographicâ Joannis Fabri, in Vico Dagulheres*, 1523, *in-4. v. m.* } 1. 10.

2072 Lamberti Schenckelii de Memoriâ Libri duo. *Duaci, Vid. Jacobi Boscardi*, 1593, *in-8. vélin.*

2073 Schenckelius detectus, sive Memoria artificialis hactenùs occultata, ac à multis quàmdiù desiderata, nùnc primùm in gratiam optimarum Artium, ac sapientiæ studiosorum, luce donata. *Lugduni, Bartholom. Vincentius*, 1617, *in-12. v. f.* } 2. 19.

2074 Le Magazin des Sciences, ou le véritable Art de Mémoire découvert par Schenkélius, trad. & augmenté, tant de l'Alphabet de Trithémius, que de plusieurs autres belles recherches, inventions & figures, par Adrian le Cuirot; Traité fort utile & méthodique pour prescher, haranguer, discourir & retenir toutes choses. *Paris, Dominique le Cuirot*, 1623, *in-12. v. f.*

2075 Adami Naulii Thesaurus Artis memorandi, ex variis optimisque Autoribus depromptus. *Parisiis, Joann: de Fréval*, 1618, *in-12. relié en carton.*

2076 Joann. Paëpp, Galbaïci, Introductio facilis in praxim artificiosæ Memoriæ, necnon Fundamenta hujus artis, cum figuris æneis: Accedit ejusdem Paëpp Vita M. Tull. Ciceronis in annos distincta, ac in Epitomen secundùm artem Mnemonicam redacta. *Lugd. Bartholom. Vincentius*, 1618, *in-12. fig. v. f.*

2077 G. Nauticæi, Castelfranci, de artificiosâ Memoriâ Liber singularis, complectens Artis Memoriæ Methodum facilem tàm veterum quàm recentiorum scriptis collectam. *Castris, ex Offic. Petri Fabri*, 1607, *in-4. v. f.*

I I.

Art de l'Ecriture, où il est aussi traité des Chiffres, & des différentes manieres d'écrire secretement.

2078 Jacobi Gohorii de usu & mysteriis notarum Liber, in quo vetusta Litterarum & Numerorum ac divinorum ex Sybilla nominum ratio explicatur. *Parisiis, Vincent Serténas*, 1550, *in-8. relié en carton.*

2079 Joann. Bapt. Portæ, Neapolitani, de furtivis Litterarum notis, vulgò de Zifferis Li-

SCIENCES ET ARTS.

bri V. *Neapoli, Joann. Bapt. Subtilis*, 1602, *in fol. vélin.*

2080 Traité des Chiffres, ou des secrettes manieres d'écrire, par Blaise de Vigenere. *Paris, Abel Langelier,* 1586, *in-4. v. m.*

2081 Direction & Rétrogradation du nom de Louis, composée par Louis IV, Roi des Romains & Empereur d'Allemagne : & *imprimé sans indication de Ville & sans date, in-4. oblongo mar. r.*

I I I.

Arts du Dessein, de la Peinture, de la Sculpture, & de la Gravûre ; avec les descriptions qui ont été faites de différens Cabinets curieux & particuliers.

2082 Joann. Schefferi, Argentoratensis, Graphice, id est, de Arte pingendi Liber singularis. *Norimbergæ, ex Officinâ Endterianâ,* 1669, *in-12. v. m.*

2083 L'Art de la Peinture, Poëme latin de Charles Alphonse du Fresnoy, trad. en françois, avec le texte latin à côté, & des remarques. *Paris, Nic. Langlois,* 1668, *in-8. v. m.*

2084 Il Riposo di M. Raffaelo Borghini, in cui della Pittura e della Scultura si favella de' piu illustri Pittori e Scultori, e delle piu famose opere loro si fa mentione, e le cose principali appartenenti a dette Arti s'insegnano. *In Fiorenza, Giorg. Marescotti,* 1584, *in-8. mar. bl.*

2085 Conférences de l'Académie Royale de

Peinture & de Sculpture pendant l'année 1667, par Félibien. *Paris, Frédéric Léonard,* 1669, *in-*4. *v. m.*

2086 Julii Cæsaris Bulengeri de Pictura, Plastice, & Statuaria Libri II; in quibus de Plastice & Pictura in genere, de coloribus, de ceris inurendis, de statuis æreis fusis, & de ferramentis sculptoriis, &c. tractatur. *Lugd. Ludov. Prost,* 1627, *in-*8. *v. m.*

2087 Les IV Livres d'Albert Durer, de la proportion des parties & pourtraicts des corps humains, trad. en françois, par Loys Meigret, avec figures. *Paris, Ch. Périer,* 1557. === Ejusdem Alberti Dureri Liber de Urbibus, Arcibus, Castellisque condendis ac muniendis, è Lingua Germanica in Latinam trad. *Parisiis, ex Officina Christiani Wecheli,* 1535, *in-fol. fig. v. f.*

2088 Livre de Portraiture de Joseph-François Barbier, excellent Peintre Italien, & de plusieurs autres Maîtres, grav. en taille-douce par Balthasar Moncornet. *Paris,* 1644, *in-*8. *oblongo, fig. vélin.*

2089 Recueil de divers Pourtraits gravés en bois par le petit Bernard. *Lyon, Jan de Tournes,* 1557, *in-*8. *mar. r.*

2090 Salvatoris, Beatæ Mariæ Virginis, sanctorumque Apostolorum Icones, à Joanne Callot inventæ & sculptæ, & ab Israële Sylvestre in lucem editæ. *Paris.* anno 1631. === Différens Portraits d'hommes & de femmes, gravés par le même Callot. === XXV Planches de gravure exécutées par le même Callot, & représentant différentes sortes de mandians. *in-*4. *mar. r.*

2090* La Vie de la Mere de Dieu, représentée

par des emblêmes gravés en taille-douce par le même Callot ; avec des explications en vers, tant en latin qu'en françois. *Impr. sans indic. d'année*, *in-4. mar. bl.*

2091 Recueil de diverses figures & griffonnemens inventés & gravés, par Stefano de la Bella. *in-8. oblongo. mar. r.*

2092 Recueil de différens Desseins, exécutés à l'encre de la Chine & au crayon, tant en 1566 qu'en d'autres années différentes ; & accompagnés de quelques sujets particuliers gravés en taille-douce. *in-8. v. m.*

2093 Recueil de LX figures gravées en taille-douce, & dessinées par Salvator Rosa, représentant différens sujets de tableau. *in-4. v. br.*

2094 Recueil de Lyons dessinés d'après nature par les plus habiles Maîtres, Rembrandt & autres, & gravés en taille-douce par Bernard Picart. *Amsterdam*, 1729, *in-4. oblongo, mar. bl.*

2095 Recueil de différens Modeles de sculpture pour l'ornement des Eglises, gravés par J. le Poter. *Paris*, *le Blond*, *in-4. v. m.*

2096 Le Cabinet des Enigmes des Dieux, Déesses & Héros, contenant XXIV figures en taille-douce. *in-4. v. f. doré à compartimens.*

2097 Le Cabinet des plus beaux Portraits de plusieurs Princes & Princesses, des Hommes illustres, fameux Peintres, Sculpteurs, Architectes, Amateurs de la peinture, & autres, faits par le fameux Van Dyck, & gravés en taille-douce par les meilleurs Graveurs, avec le supplément. *Anvers*, *Verdussen*, *sans indication d'année*; & *La Haye*, *Alberts*, 1728, 2 vol. *in-fol. v. br. & v. m.*

SCIENCES ET ARTS.

15. 2098 Le grand Cabinet des Tableaux de l'Archiduc Léopold, peints par des Maîtres italiens, & dessinés par David Téniers, dit le Vieux, & gravés sous sa direction par divers Artistes célebres. *Amsterdam*, *Arkstée*, 1755, *in-fol. G. P. fig. v. m.*

9. 19. 2099 Recueil de figures gravées en taille-douce par différens Autheurs, représentant les divers habillemens de toutes les Nations de la terre, & autres sujets historiques, avec plusieurs portraits de Princes, Souverains, &c. *Paris*, 1685 & ann. suiv. in-fol. v. f.*

9. 4. 2100 Dichiarazione de i disegni del Reale palazzo di Caserta, da Sign. Luigi Vanvitelli. *In Napoli, nella Regia Stamperia, 1756, gr, in-fol. baz.*

24. 2101 Vuës & profils de diverses Maisons Royales de France, gravées en taille-douce par Jean Rigaud. *Paris, 1752, in-fol. oblongo, mar. r.*

14. 19. 2102 Plans, profils & élévations des ville & château de Versailles, avec les bosquets & fontaines, tels qu'ils sont à présent, dessinés & gravés en 1714 & 1715 par le Pautre. *Paris, Gilles Demortain, 1716, grand in-fol. v. m.*

8. 6. 2103 Recueil des figures, groupes, thermes, fontaines, vases & autres ornemens tels qu'ils se voyent dans le château de Versailles, gravés d'après les originaux par Simon Thomassin, Graveur du Roi, & représentés en CCXVIII planches, avec des explications. *Paris, Sim. Thomassin, 1694, in-8. v. br.*

3. 2104 Un grand Portefeuille contenant quelques Estampes & Cartes géographiques de peu de valeur. *in-fol.*

* *Collection*

SCIENCES ET ARTS.

* *Collection d'Eſtampes*, *vulgairement appellées*:
ESTAMPES DU CABINET DU ROI. Savoir:

2105 Tableaux du Cabinet du Roi, repréſentans VII ſujets de l'Ancien Teſtament, XXII du Nouveau, V de la Fable, I de l'Hiſt. profane & III Allégoriques. *Paris, Imp. Royale*, 1679, *grand in-fol. v. m.*

2106 Les Batailles d'Alexandre, en cinq grandes piéces (le Paſſage du Granique; la Bataille d'Arbelles; la Famille de Darius; la Défaite de Porus, & le Triomphe d'Alexandre), gravées en taille-douce d'après M. le Brun par Audran & Edelinck. *très grand in-fol. v. m.*

2107 Médaillons antiques du Cabinet du Roi, depuis Auguſte juſqu'aux enfans de Conſtantin, diſpoſés ſur XLI planches gravées par de la Boiſſiere. *grand in-fol. v. m.*

2108 Plans, élévations & vuës des châteaux du Louvre & des Thuilleries, gravés par Jean Marot & Iſraël Sylveſtre. *grand in-fol. v. m.*

2109 Plans, élévations & vuës du Château de Verſailles, avec le grand Eſcalier, & les Tableaux de la voute de la gallerie du petit Appartement du Roi, gravés par Iſraël Sylveſtre & Audran. *grand in-fol. v. m.*

2110 Grottes, labyrinthe, fontaines & baſſin de Verſailles. *Paris, Impr. Royale*, 1679, *grand in-fol. v. m.*

2111 Statues antiques & modernes, Termes, Buſtes, Sphinx & Vaſes du Roi. *Paris, Impr. Royale*, 1679, 2 *tom. en* 1 *vol. grand in-fol. v. m.*

Tome I.   A a a

2112 Tapisseries du Roi, gravées en taille-douce d'après M. le Brun par Sébastien le Clerc. *grand in-fol. v. m.*

2113 Explication historique des Tapisseries du Roi, & des devises qui les accompagnent. *Paris, Impr. Royale*, 1679. ═ Description générale de l'Hotel royal des Invalides, par le sieur le Jeune de Boulencourt. *Paris*, 1683, *in-fol. v. m.*

2114 Festiva ad Capita, ou Carousel, Courses de testes & de bagues. *Paris, Impr. Royale*, 1670, *grand in-fol. v. m.*

2115 Festes de Versailles, avec les divertissemens donnés par le Roi au retour de la Conquête de la Franche-Comté, en 1674. *grand in-fol. v. m.*

2116 Plans, élévations, vuës, coupes & profils de l'Hôtel royal des Invalides. *gr. in-fol. v. m.*

2117 Plans, profils, élévations & vuës de différentes Maisons Royales, gravés en taille-douce par la Boissiere, Jean Marot, Israël Sylvestre & autres. *grand in-fol. v. m.*

2118 Profils & vuës de quelques lieux de remarque, avec divers plans détachés, de Villes, Citadelles & Châteaux, gravés par G. Audran, Israël Sylvestre & le Pautre. *gr. in-fol. v. m.*

2119 Plans & profils appellés communément les petites Conquêtes servant à l'Histoire de Louis XIV, gravés par Sébastien le Clerc, Chastillon & autres. *grand in-fol. v. m.*

2120 Vuës, marches, entrées, passages & autres sujets servant à l'Histoire de Louis XIV,

SCIENCES ET ARTS. 571

gravées en taille-douce d'après Vander Meulen par différens Artiftes ; avec les payfages, morceaux d'études, &c. gravés d'après le même Vander-Meulen. 3 vol. grand in-fol. v. m.

2121 Plans, profils & vuës de Camps, Placès, Siéges & Batailles depuis l'année 1643 jufques & compris 1697, fervant à l'Hiftoire de Louis XIV, gravés d'après Beaulieu par Colignon, Cochin, Pérelle & autres. 5 tom. en 3 vol. grand in-fol. v. m.

2122 Plan de l'Eglife royale de l'Hôtel des Invalides, avec les coupes, vuës & profils, &c. grav. en taille douce. grand in-fol. mar. r.

* Ce Volume n'eft point indiqué dans le Catalogue des piéces qui entrent dans cette Collection du Cabinet du Roi, mais il paroît cependant néceffaire pour completter plus exactement ce Recueil.

2123 Catalogue des Volumes d'Eftampes qui compofent la Collection communément appellée : LE CABINET DU ROI, dont les planches font dépofées à la Bibliothéque du Roi. *Paris*, Impr. Royale, 1743, petit in-fol. v. m.

2124 Defcriptions des Tableaux du Palais Royal, avec la Vie des Peintres à la tête de leurs Ouvrages, par le fieur du Bois de Saint-Gelais. Paris, d'Houry, 1727, in-12. v. br.

2125 Catalogue raifonné des Deffeins des grands Maîtres d'Italie, des Pays-Bas & de France, du Cabinet de feu M. Crozat, par Pierre Jean Mariette. Paris, 1741, avec les prix de la vente mis en marge. === Catalogue des Pierres gravées du même Cabinet ; par le

Aaa ij

SCIENCES ET ARTS.

même P. J. Mariette. *Ibid*, 1741, *in-*8. *v. m.*

2126 Catalogue d'un Cabinet de diverses curiosités, contenant une Collection choisie d'estampes, de desseins, de tableaux, & une suite unique de portraits de personnages illustres qui ont vécu depuis près de trois siècles, & dont plusieurs sont peints en émail par le célebre Petitot. *Paris, veuve de Lormel*, 1752, *in-*12. *non relié, avec les prix de la vente mis en marge.*

2127 Catalogue raisonné des tableaux, sculptures, tant de marbre que de bronze, desseins & estampes des plus grands Maîtres, porcelaines anciennes, meubles précieux, bijoux & autres effets qui composent le Cabinet de feu M. le Duc de Tallard, par les sieurs Remy & Glomy. *Paris, Didot*, 1756, *in-*12. *v. m. avec les prix de la vente écrits à la marge.*

2128 Catalogue raisonné des tableaux, desseins & estampes des plus grands Maîtres qui composent le Cabinet de feu M. Potier, Avocat au Parlement, par les sieurs Helle & Glomy. *Paris, Didot*, 1757, *in-*12. *broché, avec les prix de la vente mis en marge.*

I V.

Architecture; ou la Science des Bâtimens.

§ 1. *Traités généraux & particuliers d'Architecture Civile.*

2129 Parallèle de l'Architecture antique & de la moderne, avec un Recueil des principaux

Auteurs qui ont écrit des cinq Ordres comparés entre eux, par Roland Fréart, fieur de Chambray. *Paris, Edme Martin*, 1650, *in-fol. fig. v. br.*

2130 M. Vitruvii Pollionis de Architecturâ Libri X, ex editione Jo. Jocundi, cum figuris. *Venetiis, per Joann. de Tridino aliàs Tacuinum,* anno 1511, *in-fol. fig. mar. r.*

2131 Iidem M. Vitruvii Pollionis de Architecturâ Libri X, nec-non Sexti Julii Frontini de Aquæductibus urbis Romæ Libri duo; cum figuris. *Florentiæ, Hæred. Philippi Juntæ,* 1522, *in-8. mar. vert antiqué.*

2132 Les dix Livres de l'Architecture de Vitruve, tranflatés de latin en françois par Jean Martin. *Paris, Jacq. Gazeau,* 1547, *in-fol. fig. v. f.*

2133 Les dix Livres d'Architecture, ou de l'Art de bien bâtir, tranflatés du latin de Marc Vitruve Pollion, en françois par le même Jean Martin. *Paris, Hiérofme de Marnef,* 1572. == Le Cinquieme Livre de l'Architecture de Séb. Serlio, trad. de l'italien en françois par le même Jean Martin. *Paris, Michel Vafcofan,* 1547, *in-fol. fig. v. m.*

2134 Bernardini Baldi, Urbinatis, Liber de verborum Vitruvianorum fignificatione, five perpetuus in Vitruvium Pollionem Commentarius, cum figuris: accedit vita Vitruvii ab eodem auctore confcripta. *Augustæ-Vindelic. ad infigne Pinus,* anno 1612, *in-4. v. m.*

2135 Francifci Marii Grapaldi Liber de partibus ædium, additâ verborum explicatione; Opus fanè elegans & eruditum tùm propter variarum rerum lectionem, cùm propter M. Vitruvii & Cornelii Celsi emaculatas dictiones, quæ apud ipsos vel mendosæ, vel obscuræ videbantur ; accedit Vita ejusdem Grapaldi, per Janum Andream Albium conscripta. *Parmæ*, *Octav. Saladus*, *& Franciscus Ugoletus*, 1516, *in-4 mar. r.*

2136 Nouveaux portraitz & figures de Termes pour user en Architecture, composés & enrichis de diversité d'animaulx représentés au vray selon l'antipathie & contrarieté naturelle de chacun d'iceulx, par Joseph Boillot. *Lengres*, *Jean des Prey*, 1592, *in-fol. fig. v. m.*

2137 Studio d'Architettura civile sopra gli ornamenti di porte e finestre, colle misure, piante, modini e profili tratte da alcune Fabbriche insigni di Firenze erette, col disegno de' piu celebri Architetti, opera di Ferdinando Ruggieri, Architetto. *In Firenze*, *nella Stamperia Reale*, 1722, 1724 & 1728, *3 tom. en un vol. in fol. maximo*, *mar. r.*

2138 Lettere di giustificatione, scritte a Milord Charlemont dal Signor Piranesi, intorno la Dedica della sua Opera delle Antichita Rom, fatta allo stesso Signor, ed ultimamente soppressa. *In Roma*, 1757, *in-fol. fig. mar. r.*

2139 Résolutions des quatre principaux problêmes d'Architecture, par François Blondel. *Paris*, *Impr. Royale*, 1673, *grand in-fol. fig. mar. r.*

2140 Livre d'Architecture, contenant les principes généraux de cet Art, avec les plans, élévations & profils de quelques bâtimens faits en France & dans les Pays étrangers, par M. de

SCIENCES ET ARTS.

Boffrand ; Ouvrage enrichi de beaucoup de figures gravées en taille-douce. *Paris, Guill. Cavelier*, 1745, *in-fol. G. P. fig. baz.*

2141 Recueil des plus excellens Bâtimens de France, avec des explications & leurs descriptions, par Jacques Androuet du Cerceau. *Paris, chez l'Auteur*, 1607, 2 *tom. en* 1 *vol. in-fol. G. P. fig. v. br.*   29. 19.

2142 Recueils des plans, profils & élévations de plusieurs Palais, Chasteaux, Eglises, Sépultures, Grotes & Hostels, bastis dans Paris & aux environs, avec beaucoup de magnificence, par les meilleurs Architectes du Royaume, dessinés, mesurés & gravés par Jean Marot, Architecte Parisien. *in-*4. *v. f.*   3. 1.

2143 Recueil de plans & vuës des plus beaux Bâtimens de France, représentés en CCLXXXIX planches gravées en taille-douce. *Paris, Jean Mariette, in-*4. *oblongo, v. m.*   29. 19.

2144 Recueil de plans, élévations & coupes, tant géométrales qu'en perspective, des Châteaux, Jardins & dépendances que le Roi de Pologne occupe en Lorraine, le tout dirigé par M. Héré, premier Architecte de ce Prince. 3 *vol. grand in-fol. v. m.*   88.

2145 Description de la nouvelle Eglise de l'Hôtel royal des Invalides, avec un plan général de l'ancienne & de la nouvelle Eglise, par Jean François Félibien des Avaux. *Paris, Jacq. Quillau*, 1706, *in-*12. *v. br.*

2146 Description générale & particuliere du magnifique Château de Richelieu, avec les plans, élévations & profils, gravés en taille-douce par Jean Marot. *in-*4. *oblongo, fig. v. m.*   5. 19.

376 SCIENCES ET ARTS.

§ 2. *Architecture Militaire & Navale.*

2147 L'Art de la Fortification, démontré par Jean Errard de Bar-le-Duc, avec des augmentations par Alexis Errard, neveu de l'Auteur. *Paris*, 1620, *in-fol. fig. v. f.*

2148 Petri Bertii, Geographi & Profeff. Regii, de Aggeribus & Pontibus hactenùs ad Mare extructis Digeftum novum. *Parifiis, Joann. Libert*, 1629, *in-8. v. m.*

2149 Defcription des trois formes du Port de Breft, fervant à la conftruction des vaiffeaux, avec des explications, par M. Choquet, Ingénieur de la Marine. *Breft, Romain Malaffis*, 1757, *très grand in-fol. fig. relié en carton.*

2150 Mémoire où eft démontré un principe de la méchanique des liqueurs, dont on s'eft fervi dans la théorie de la manœuvre des vaiffeaux, & qui a été contefté par M. Hughens ; par M. Renau. *Impr. fans nom de lieu ni d'année, & fans date, in-12. v. m.*

2151 La Mâture difcutée & foumife à de nouvelles loix, par M. Savérien. *Paris, Chaubert*, 1747, *in-8. v. m.*

2152 Dictionnaire de Marine, par le fieur Des-Roches, avec les enfeignes & les pavillons que chaque Nation porte à la Mer, deffinés & blafonnés. *Paris, Amable Auroy*, 1687, *in-8. fig. v. br.*

VII.

SCIENCES ET ARTS.

VII.

Art Militaire, ou la Science de la Guerre.

§ I Traités généraux de l'Art Militaire.

2153 Petri Montii Exercitiorum atque Artis Militaris Collectanea. *Mediolani, per Joann. Aug. Scinzenzeler*, 1509. === Ejusdem Montii de singulari Certamine, sive dissensione, deque Veterum recentiorumque ritu Libri III. *Ibid.* 1509, *in-fol. v. f.*

2154 Flavii Vegetii de Re Militari Libri IV, cum notis & animadv. Godescalci Stewechii: Accesserunt Jul. Frontini Stratagematon Libri IV, cum Francisci Modii notis; Ælianus de instruendis Aciebus; Modestus de vocabulis rei militaris, & Castrametatio Romanorum, ex Historiis Polybii, latinitate donata à Jano Lascari, &c. *Antverpiæ, Christoph. Plantinus*, 1585, *in-4. v. m.*

2155 Flave Vegece sur le Fait de guerre & fleur de Chevalerie, auquel on a adjouté les IV Livres de Sexte-Jules Frontin sur les stratagêmes de guerre, l'ordre des Batailles composé par Ælien, & le Livre de Modeste sur les vocables de guerre, &c. Le tout translaté de latin en françois, par le Secretaire & Historien du Parc d'honneur. *Par. Wechel*, 1536, *in-fol. gotiq. fig. vél. vert.*

2156 Quatre Livres de Flave Vegece du noble Fait de guerre & fleur de Chevalerie; avec les Stratagêmes de Frontin, l'Ordre des Batailles d'Ælian ; les Vocables de guerre par Modeste, & CXX autres Histoires concernant le fait de guerre, trad. de latin en françois par le Sécretaire du Parc d'honneur. *Paris, Christian Wéchel*, 1536, *in-fol. gotiq. fig. v. br.*

2157 Le Parfait Capitaine, ou l'Abrégé de la Guerre des Gaules, tiré des Commentaires de César, avec des remarques particulieres; un Recueil de l'ordre de Guerre des Anciens, un Traité singulier de la Guerre, & un Traité de l'intérest des Princes & Estats de la Chrestienté, par le Prince Henri de Rohan. *Paris, Aug. Courbé*, 1638, *in-4. v. m.*

2158 Les Travaux de Mars, ou l'Art de la Guerre, par Allain Manesson Mallet; Ouvrage enrichi de plus de 400 planches, gravées en taille-douce. *Paris, Denys Thierry*, 1685, 3 *vol. in-8. magno mar. r.*

2159 César renouvellé, ou Observations militaires du Sieur Gabriel Siméon Florentin. *Paris, Vinc. Sertenas*, 1558, *in-8. v. m.*

2160 Les Principes de l'Art Militaire, par J. de Billon, Escuyer, Sr. de la Prugne. *Lyon, Barthelemy Ancelin*, 1612, *in-4. v. m.*

2161 La Doctrine Militaire, ou le Parfait Général d'Armée; contenant le Devoir des Gens de guerre, les Evolutions ou Motions des Trouppes, tant de l'Infanterie que de la Cavalerie; la Maniere d'attaquer & de défendre les places, &c. avec figures, par le Sieur de la Fontaine, Ingénieur du Roi. *Paris, Estienne Loyson*, 1667, *in-12. fig. v. br.*

2162 Instruction Militaire du Roi de Prusse

SCIENCES ET ARTS. 379

pour ses Généraux, trad. de l'allemand par M. Faësch, Lieutenant Colonel des Troupes Saxonnes, avec figures en taille-douce. *Francfort*, 1761, *in-12. fig. v. m.*

2163 Elémens de l'Art Militaire ancien & moderne, par M. Cugnot. *Par. Vincent*, 1766, 2 *vol. in-12. brochés.*   5. 4.

2164 Manuel Militaire, ou Cahiers détachés sur toutes les différentes parties de la guerre; Cahier I. & II. sur les convois & sur les fourages. *Coppenhague & Leyde, Elie Luzac*, 1761, 2 *vol. in-8. brochés.*   5. 12.

2165 Caroli de Aquino, Soc. Jesu, Lexicon Militare; sive Glossarium vocabulorum Rei militaris. *Romæ, Ant. de Rubeis*, 1724, 2 *vol. in-fol. v. f.*   20. 1.

§. 2. *Traités singuliers des Campemens, Ordres de Batailles, Evolutions & Discipline Militaire.*

2166 Æneæ Commentarius Poliorceticus, sive Tacticus & Obsidionalis, gr. & lat. cum notis Isaaci Casauboni. *In-8. relié en carton.*   1.

2167 Sexti Julii Frontini Stratagematum Libri IV. *Romæ, per Eucharium Silber, alias Franck, anno* 1494. === Modesti Libellus de Re Militari, necnon Liber Onosandri de optimo Imperatore, ejusque officio, è græco latinè redditus per Nic. Sagundinum. *Absque notâ impressionis, in-4. vélin.*

2168 Ejusd. Sexti Julii Frontini Stratagematum Libri IV, ex recognitione Philippi Beroaldi. *Bononiæ, Plato de Benedictis*, 1495. === Flavii Vegetii Epitoma Institutorum rei militaris,

   7. 12.

Bbb ij

ex recognitione Jo. Sulpitii Verulani. *Ibid.* 1495. ⹀ Æliani Opus de inſtruendis Aciebus, è græco latinè redditum à Theodoro Theſſalonicenſi: Accedit Modeſti Libellus de Vocabulis rei militaris. *Ibid.* 1496, *in-fol. v. m. r.*

2169 Ejuſdem Sexti Julii Frontini Stratagematicon, ſive de ſolertibus Ducum factis & dictis Libri IV. *Pariſiis, Seb. Mabre Cramoiſy*, 1674, *in-*12. *v. br.*

2170 L'Exercice des Armées Françoiſes ſous le Roi Louis XIII, formé ſur l'ancienne diſcipline des Macédoniens & des Romains, par Louis de Chabans, Sieur du Maine. *Paris*, 1610, *in-*8. *relié en carton.*

2171 Exercice général pour l'Infanterie. *Lille, Nicolas de Rache*, 1669, *in-*12. *v. br.*

2172 Eſſais hiſtoriques ſur les Régimens d'Infanterie, Cavalerie & Dragons, par M. de Rouſſel. *Paris, Guillyn*, 1765, *in-*12. *v. m.*

2173 Traité de la petite Guerre, pour les Compagnies franches, dans lequel on voit leur utilité, la différence de leur ſervice d'avec celui des autres Corps; la maniere la plus avantageuſe de les conduire, de les équiper & de les diſcipliner, par M. de la Croix. *Paris, Antoine Boudet*, 1752, *in-*12. *v. br.*

§ 3. *Traités ſinguliers des Armes, Machines & Inſtrumens de Guerre, & de l'Artillerie, &c.*

2174 Caſimiri Siemienowicz, Equitis Lithuani, & olim Artilleriæ Regni Poloniæ propræfecti, Ars magna Artilleriæ, figuris æneis illuſtrata. *Amſtelod. Joannes Janſſonius*, 1650, *in-fol. fig. v. f.*

2175 Pratique de la Guerre, contenant l'Usage de l'Artillerie, Bombes & Mortiers, Feux artificiels & Pétards, &c. par le Sieur François Malthus. *Paris, J. Guillemot*, 1646, *in-*4. *fig. v. f.*   1. 10.

VIII.

Art Pyrotechnique, ou du Feu; de la Corderie, de la Verrerie, &c.

2176 La Pyrotechnie, ou l'Art du feu, auquel est amplement traité de toutes sortes & diversité de minieres, fusions, & séparations des métaux; des formes & moules pour jetter artillerie, cloches, &c. des Distillations; des Mines, contremines, pots, boulets, fusées, lances, & autres feux artificiels concernant l'Art militaire, & autres choses dépendantes du feu, trad. de l'italien de Vanoccio Biringuccio en françois par Jacques Vincent. *Paris, Claude Fremy*, 1572, *in-*4. *fig. v. f.*

2177 Recueil de plusieurs Machines militaires & feux artificiels pour la guerre & la récréation, avec l'Alphabet de Trithémius, par lequel chacun qui sçait escrire peut promptement composer congruëment en latin; avec le moyen d'escrire la nuict à son amy, par Franç. Thybourel & Jean Appier *dict* Hanzelet. *Pont-à-Mousson, Ch. Marchant*, 1620, *in-*4. *fig. v. f.*

5. 19.

IX.

Art Gymnastique, où il est traité du maniement des chevaux, & de leur traitement, de la lutte, de la chasse, de la pêche, &c.

2178 Hieronymi Mercurialis de Arte Gymnasticâ Libri VI, in quibus exercitationum omnium vetustarum genera, loca, modi, facultates, & quicquid denique ad corporis humani exercitationes pertinet, diligenter explicatur, cum figuris. *Venetiis, apud Juntas*, 1573, *in-*4. *fig. v. f.*

2179 Ejusdem Operis Editio altera. *Parisiis, Jac. du Puys*, 1577, *in-*4. *vel.*

2180 Académie de l'Epée, ou Traité de la maniere de faire des armes, par Joachim Meyer, en allemand, avec figures. *Strasbourg*, 1570, *in-*4. *oblongo, fig. vel.*

2181 Les Arts de l'homme d'épée, ou le Dictionnaire du Gentilhomme, concernant l'art de monter à cheval, l'art militaire & l'art de la navigation, par le Sieur Guiller. *La Haye, Adrien Moetjens*, 1695, *in-*12. *baz.*

2182 La Pratique du Cavalier, ou l'Exercice de monter à cheval, par Messire René de Ménou, Seigneur de Charnizay, avec figures en taille-douce. *Paris, Guill. Loyson*, 1650, *in-*4. *fig. v. m.*

2183 Ecole de Cavalerie contenant la connoissance, l'instruction & la conservation du cheval, par M. de la Gueriniere, avec figures en taille-douce. *Paris*, 1733, *in-fol. G. P. fig. v. f. premiere édition.*

2184 L'Art de monter à cheval, ou Description du manége modérne dans sa perfection, expliqué par des leçons nécessaires, & représenté par des figures en taille-douce, gravées par Bern. Picart, avec la maniere de bien brider les chevaux, par M. le Baron d'Eisenberg. *La Haye, de Hondt,* 1740, *in-4. fig. v. m. oblongo.*   6.

2185 Trattado de la Cavalleria de la Gineta, compuesto por el Capitan Pedro da Aguilar; en que se contiene diversos avisos, y documentos, y otras muchas reglas necessarias, assi para lo que toca à la doctrina y enfrenamiento de los Cavallos, &c. *En Sevilla, Hernando Diaz,* 1572, *in-4. v. m.*   1.

2186 Le Parfait Mareschal, qui enseigne à connoître la beauté, la bonté & les défauts des chevaux; avec un Traité de leurs maladies, & des remedes qu'il faut employer, &c par le Sieur de Solleysel, Escuyer. *Paris, Emery,* 1723, *in-4. fig. v. br.*   2. 12.

2187 Il Libro della natura delli Cavalli, e del modo di relevarli, medicarli, o domarli, & cognoscerli, & quali sono boni; & del modo de farli perfetti, e trarli dalli vicii li quali sono viciati, & del modo de ferrarli bene, et mantenerli in possanza, &c. *In Vinezia, per Franc. Bindoni,* 1537, *in-8.° mar. bl.*   1. 10.

2188 Le Livre du Roi Modus & de la Royne Racio, sa femme, lequel parle du déduict de la chasse à toutes bêtes; avec le style de faulconnerie, & les subtilités pour pren-   1.

384 SCIENCES ET ARTS.

dre toutes sortes d'oyseaux, &c. Par. Jehan Trepperel, in-4. gotiq. v. br.

2189 Le Plaisir des champs, divisé en IV parties selon les quatre saisons de l'année, & mis en ryme françoise par Claude Gauchet; avec un devis entre le Chasseur & le Citadin, accompagné d'une instruction de la Venerie, Volerie & Pescherie, & tout honneste exercice qui se peut prendre aux champs. Paris, Nic. Chesneau, 1583, in-4. mar. r.

2190 Autre Edition du même Livre. Paris, Abel Langelier, 1604, in 4. vél.

2191 La Vénerie de Jacques du Fouilloux, avec plusieurs receptes & remedes pour guérir les chiens de diverses maladies, &c. Poictiers, de Marnef, 1568, in-4. fig. mar. r.

2192 Autre Edition du même Livre. Paris, Cl. Cramoisy, 1628, in-4. v. m.

2193 La Fauconnerie de Charles d'Arcussia de Capres, Seigneur d'Esparron, contenant la connoissance des oyseaux de proye, avec leurs portraits, & la maniere de les dresser, &c. Paris, Jean Houzé, 1615, in-4. baz.

2194 Le Miroir de Fauconnerie, où se voit l'instruction pour choisir, nourrir, traiter, & faire voler toute sortes d'oyseaux, par Pierre Harmon, Fauconnier de la Chambre. Paris, Cardin Besongne, 1636, in-8. non relié.

2195 Delle Caccie Libri IV, da Eugenio Raimondi Bresciano, con il quinto Libro della Villa; adornati di figure in rame. In Napoli, Lazaro Scorigio, 1626, in-4. fig. mar. r.

2196 Libro de Cetreria de caça de Açor en el qual

SCIENCES ET ARTS.

qual fe tratan el conofcimiento d'eftas aves de caça y fus curas, y remedios, y de todas aves de rapina, y como fe han de curar y prefervar para que no cayan en dolencias, por Don Fadrique de Çuñiga *En Salamanca, en Cafa de Juan de Canova*, 1565, *in-4. vel.*

X.

Traités finguliers des Jeux d'exercice, & de divertiffement, du faut, de la danfe, &c.

2197 Trois Dialogues de l'art de faulter & de voltiger, par Archange Tuccaro, avec les figures néceffaires pour l'intelligence de cette fcience. *Tours, Griveau,* 1616 (*ou Paris,* 1599), *in-4. fig. v. f.*   3.

2198 La Maifon Académique, contenant un Recueil général de tous les jeux divertiffans, pour fe réjouir agréablement dans les bonnes compagnies, par le fieur de la Mariniere. *Paris, Robert de Nain*, 1654, *in-12. vel.*   2. 19.

2199 Le Dodéchédron de fortune, Livre non moins plaifant & récréatif, que fubtil & ingénieux, entre tous les jeux & paffe-temps de fortune ; autrefois compofé par Jan de Méun pour le Roi Charles V, & mis en lumiere par F. G. L. *Paris, Vinc. Sertenas,* 1556, *in-4. v. f.*   4. 19.

2200 Les Refponfes de bonne ou mauvaife fortune, contenant l'heur ou malheur des Amans fortunés, & autres folutions, &c. par Jean d'Ongoys, Morinien. *Lyon, Benoift Rigaud,* 1586, *in-12. v. m.*   2.

Tome I.   C c c

2201 Les Oracles divertissans, où l'on trouve la décision des questions les plus curieuses pour se réjouir dans les compagnies, & dédiés aux Dames. *Paris, Aug. Courbé*, 1652, *in-8. vel.*

2202 Panthéon; ou le Temple des Oracles divertissans, dans lequel chacun peut apprendre ce qui lui doit arriver de bonheur ou de malheur en ses desseins & entreprises, par le Chevalier d'Hervé, Commandeur de Valcanville. *Paris, Cardin Besongne*, 1654, *in-8. v. m.*

XI.

Traités singuliers qui concernent quelques Arts méchaniques; Pelleteries, Fourures, Teintures de laine & Fabriques particulieres vulgairement appellés, METIERS.

2203 Instruction générale pour la teinture des laines de toutes couleurs, & pour la culture des drogues ou ingrédiens qu'on y employe. *Paris, Fr. Muguet*, 1671, *in-fol. broché.*

2204 La fleur des patrons de Lingerie à deux endroits, à points croisés, à point couché, & à point piqué; en fil d'or, fil d'argent, & fil de Soye ou aultre, en quelque ouvrage que ce soit, encomprenant l'art de Broderie & Tissuterie, ou Tissoterie. *Lyon, Pierre de Ste. Lucie*, 1549, *petit in-4. gotiq. v. m. avec figures.*

2205 Joannis Giardini Promptuarium Artis

argentariæ, ex quo centum exquisito studio inventis, delineatis, ac in ære incisis tabulis propositis, elegantissimæ, ac innumeræ educi possunt novissimæ ideæ, ad cujuscunque generis vasa argentea, ac aurea, invenienda ac conficienda. *Romæ, Faustus Amidei,* 1750, *in-fol. C. M. v. m.*

CLASSE
QUATRIEME.

BELLES-LETTRES.

SECTION I.

GRAMMAIRE.

I.

Principes & Traités généraux & raisonnés de la Grammaire.

2206 JOANN. Schefferi, Argentoratensis, de arte Grammaticâ Liber singularis, ubi tractatur de stylo ejusque exercitiis, ad veterum consuetudinem. *Upsaliæ, Joh. Paulus,* 1653, *in-8. v. f.*

2207 Ælii Donati Commentarii tres Grammatici, de barbarismo, solæcismo, metaplasmo & tropis, cum annotat. Sergii & Servii Honorati. *Parisiis, Rob. Stephanus,* 1540, *in-12. relié en carton.*

2208 Plans & projets de sciences nouvelles,

BELLES-LETTRES. 389

propres à faciliter l'intelligence du latin & des autres langues, & qui pourront servir d'introduction & de préparation à l'explication des Auteurs latins & à l'éloquence, par le sieur de Vallange. *Paris, Cl. Jombert*, 1720, *in-*12. *mar. r.* } 1. 4.

2209 De la Traduction; ou Regles pour apprendre à traduire la langue latine en langue françoise, par le sieur de Lestang. *Paris, Jean le Mire*, 1660, *in-*8. *v. m.*

2210 Méthode facile & curieuse pour la traduction de la langue françoise en latine, & de la latine en la françoise, par Jean Gaillard, Régent de l'Université. *Paris, Jean Hénault*, 1668, *in-*12.　″ 12.

2211 Grammaire françoise sur un plan nouveau, contenant divers Traités sur la nature de la Grammaire en général, sur l'usage, sur la beauté des langues, & sur la maniere de les apprendre; sur l'orthographe, sur les accents, sur la longueur des syllabes, sur la ponctuation, &c. par le Pere Claude Buffier, Jésuite. *Paris, Nic. le Clerc*, 1709, *in-*12. *v. br.*　″ 12.

2212 Récréations littérales & mystérieuses, où sont curieusement estalés les principes & l'importance de la nouvelle orthographe, avec un acheminement à la connoissance de la Poësie, & des anagrammes, par le Pere Antoine Dobert. *Lyon, Franç. de Masso*, 1650, *in-*8. *v. m.*　″ 12.

2213 Projet pour perfectionner l'orthographe des langues d'Europe, par l'Abbé de Saint-Pierre. *Paris, Briasson*, 1730, *in-*8. *v. br.*　1.

2214 La nouvelle maniere d'écrire comme on　1. 6.

parle en France, par un Religieux des Augustins réformés. *Paris, veuve Jean Cot,* 1713, *in*-12. *v. m.*

I I.

Institutions, Grammaires, & Dictionnaires de différentes Langues.

§ 1 *Grammaires & Dictionnaires des langues Hébraïque & Orientales.*

2215 Introduction à la langue Hébraïque, par l'examen des différens systêmes dont se servent les Professeurs pour faciliter l'intelligence de l'Ecriture-Sainte. *Amsterdam (Paris)* 1764, *in*-12. *v. m.*

2216 Jonæ Conradi Schrammii Introductio in dialecticam cabbaleorum. *Brunsvigæ, Christ. Fickelius,* 1703, *in*-12. *v. br.*

2217 Santis Pagnini, Lucensis, Institutiones linguæ hebraïcæ, in quibus quicquid ad hujus linguæ cognitionem pertinet continetur. *Lugd. per Ant. du Ry,* 1526, *in* 4. relié en carton.

2218 Benedicti Blancuccii, Romani, Institutiones linguæ hebraïcæ. *Romæ, Barth. Zannettus,* 1608, *in*-4. *vel.*

2219 Georgii Mayr, Soc. Jesu, Institutiones linguæ hebraïcæ, quibus accessit exercitatio Grammatica in Jonam Prophetam. *Lugduni, Ant. Jullieron,* 1649, *in*-8. *v. br.*

2220 Johannis Quinquarborei Opus de re Grammaticâ hebræorum. *Parisiis, Mart. Juvenis,* 1556, *in*-4. *v. f.*

BELLES-LETTRES. 391

2221 Ejufdem Operis editio altera. *Parifiis*, *Mart. Juvenis*, 1582, *in*-4. *vel.*

2222 Joh. Drufii Opufcula quæ ad Grammaticam linguæ fanctæ fpectant omnia, in unum volumen redacta. *Franekeræ, Ægidius Radæus,* 1609, *in*-4. *vel.*

2223 Wilhelmi Schickardi Horologium Ebræum, five Confilium quomodò fancta lingua fpacio XXIV horarum, ab aliquot Collegis fufficienter apprehendi queat, ex editione Matthæi Efenwein. *Ultrajecti, Johann. à Sambix*, 1661, *in*-8. *v. m.*

2224 Andreæ Sennerti Rabbinifmus; *Hoc eft*, Præcepta targumico - talmudico - Rabbinica: acceffit Compendium lexici targumico-talmudico-Rabbinici radicum & vocum notabiliorum præ ceteris ufitatarum. *Witteberga, Typis Fincelianis*, 1666, *in* 4. *v. f.*

2225 Chriftophori Helvici Lexicon Hebræum didacticum, novâ methodo concinnatum, ex editione Martini Helvici. *Giffæ, Cafparus Chemlinus*, 1620, *in*-4. *vel.*

2226 Bonaventuræ Cornelii Bertrami Comparatio Grammaticæ hebraicæ & aramicæ, atque adeò dialectorum aramicarum inter fe : concinnata ex hebraïcis Antonii Cevallerii præceptionibus, aramicifque doctorum aliorum virorum obfervationibus, cum notis. (*Genevæ*), *excud. Euftathius Vignon*, 1574, *in*-4. *v. f.*

2227 Johan. Henr. Hottingeri Etymologicum orientale, five Lexicon harmonicum Heptaglotton linguarum Hebraïcæ, Chaldææ, Syriacæ, Arabicæ, Æthiopicæ, Samaritanæ, &c.

BELLES-LETTRES.

Francofurti, Wilhelm. Ammonius, 1661; in-4. v. br.

2228 Petri Victoris Palmæ Caietani, Paradigmata de IV linguis orientalibus præcipuis, Arabicâ, Armenâ, Syrâ, Æthiopicâ. Parisiis, Steph. Prevosteau, 1596, in-4. v. f.

2229 Thomæ Erpenii Rudimenta linguæ arabicæ: accedunt ejusdem praxis Grammatica & consilium de studio Arabico fœliciter instituendo. Leidæ, ex Typ. Authoris, 1620, in-8. v. br.

2230 Matthiæ Wasmuth, Holsati, Grammatica arabica singulari facilitate & methodo complexa; cum parænesi de linguæ arabicæ utilitate ac præsentis operis instituto. Amstelodami, Joann. Janssonius, 1654, in-4. v. f.

2231 Francisci Raphelengii Lexicon arabico-latinum. Leydæ, 1613, in-4. v. br.

2232 Joh. Joach. Schroderi Thesaurus linguæ armenicæ antiquæ & hodiernæ, in quo continentur; Dissertatio de antiquitate, fatis, indole, atque usu linguæ Armenicæ; Grammatica & Prosodia antiquæ linguæ: Synopsis hodiernæ civilis Armenorum linguæ, & Dialogi de sacris, sæcularibus & domesticis rebus Armenorum. Amstelodami, 1711, in-4. v. br.

2233 Grammaire Turque, ou Méthode courte & facile pour apprendre la langue Turque; avec un Recueil des noms, des verbes, & des manieres de parler les plus nécessaires à sçavoir, & plusieurs dialogues familiers. Constantinople, 1730, in-4. v. f.

2234 Steph. Fourmont Meditationes Sinicæ; in quibus 1°. consideratur linguæ philosophicæ atque

BELLES-LETTRES.

atque universalis Natura qualis esse, aut debeat, aut possit. 2°. Lingua Sinarum Mandarinica, tùm in hieroglyphis tùm in monosyllabis suis, eâ mente inventa ac talis esse ostenditur ; deindę datur eorumdem hieroglyphorum, ac monosyllaborum & characterum linguæ Sinicæ intellectio, &c. cum figuris. *Lutet. Parisior. Musier*, 1737, *in-fol. fig. v. m.*

2235 Theophili Spizelii de re litterariâ Sinensium Commentarius, in quo scripturæ pariter ac Philosophiæ Sinicæ specimina exhibentur, & cum aliarum gentium præsertìm Ægyptiorum, Græcorum & Indorum reliquorum litteris atque placitis conferuntur. *Lugd. Batavor. Petrus Hackius*, 1661, *in-12. v. f.*

§ 2. *Grammaires & Dictionnaires de la langue Grecque.*

2236 Theodori Introductivæ Grammaticês Libri IV, nec-non ejusdem de mensibus Opusculum ; accedunt Apollonii Grammatici de constructione Libri IV, & Herodiani Liber de Numeris : hæc omnia græcè. *Venetiis, in Ædibus Aldi Romani*, anno 1495, *in-fol. mar. r. rare.*

* *Editio Primaria.*

2237 Alphabetum græcum, cum Theodori Bezæ Scholiis, in quibus de Germanâ græcæ linguæ pronuntiatione disseritur. *Olivâ Roberti Stephani*, 1554, *in-8. v. f.*

2238 Nicolai Clenardi Institutiones linguæ Græcæ. *Lutetiæ, ex Off. Rob. Stephani*, 1549.
═ Ejusd. Clenardi Meditationes græcanicæ

in artem grammaticam. *Lutetiæ* , *ex Offic. Rob. Stephani* , 1550 , *in*-4. *vel.*

2239 Eædem Nicolai Clenardi Inſtitutiones linguæ Græcæ , cum ſcholiis & praxi Petri Anteſignani , ex recognitione Friderici Sylburgii & cum annotationibus Henr. Stephani. *Hanoviæ* , *Typ. Wechelianis* , 1612 , *in*-8. *vel.*

2240 Inſtitutiones linguæ Græcæ olim quidem ſcriptæ à Nicolao Clenardo , nùnc autem meliori ordine digeſtæ & locupletatæ curâ & ſtudio Gerardi Joannis Voſſii. *Amſtelodami* , *Lud. & Dan. Elzevirii* , 1660 , *in*-8. *vel.*

2241 Michaëlis Neandri , Sorauienſis , Erotemata linguæ Græcæ , cum præfatione Philippi Melanchtonis. *Baſileæ* , *Joan. Oporinus* , 1565 , *in*-8. *v. f.*

2242 Eilardi Lubini Clavis Græcæ Linguæ , duabus partibus diſtincta ; quarum *Prima* , Vocabula latino - græca : *Secunda* , omnes totius linguæ grecæ Voces primogeniæ in vulgari lexico occurrentes alphabeticè diſponuntur, nec non earumdem derivata præcipua ſubjunguntur, cum quibuſdam additionibus novis. *Lugduni Batav. Franciſcus Hegerus* , 1644 , *in*-12. *vélin*.

2243 Nova Methodus , ſeu Ratio diſcendi Elementa Linguæ Græcæ vulgaris , authore P. Fr. Thomâ , Pariſino. *Pariſ. Mich. Guignard* , 1709 , *in*-8. *v f.*

2244 Franciſci Vergaræ de Græcæ Linguæ Grammaticâ Libri V. *Colon. Agrippinæ* , *in Officinâ Birckmannicâ* , 1588 , *in*-8. *v. f.*

2245 Philippi Labbe Tirocinium Linguæ Græcæ , Primogenias voces , ſive Radices in IV.

BELLES-LETTRES.

partes facili methodo distributas complectens. *Parisiis, Vid. Sim. Bénard*, 1701, *in-*12. *v. br.*

2246 Regulæ Accentuum & Spirituum græcorum, novo ordine distributæ; quibus additæ sunt nonnullæ Observationes omnibus Linguæ Græcæ studiosis utilissimæ : Item, Dialecti apud Oratores usurpatæ, & à Poëticis sejunctæ, cum Syntaxi faciliori ac figuratâ, &c. operâ & studio Philippi Labbe, Soc. Jesu. *Parisiis, Joann. Hénault*, 1645, *in-*8. relié en carton. 〃 12.

2247 Earumdem Regularum Editio altera. *Parisiis, Vid. Sim. Bénard*, 1697, *in-*12. *v. br.*

2248 Cl. Salmasii de Hellenisticâ Commentarius, controversiam de Linguâ Hellenisticâ decidens, & plenissimè pertractans originem & Dialectos Linguæ Græcæ. *Lugd. Batavor. ex Officinâ Elzeviriorum*, 1643, *in-*8. vélin. 〃 12.

2249 Funus Linguæ Hellenisticæ, sive Confutatio exercitationis de Hellenistis & Linguâ Hellenisticâ, cum Appendice, cui Titulus est, OSSILEGIUM. *Lugd. Batavor. Joann. Maire*, 1643, *in-*8. *v. m.* 〃 12.

2250 Anthologia Poëtica græco-latina; synonymis poëticis eorumque auctoritatibus instructa, operâ & studio Petri Halloix, Soc. Jesu; cum ejusdem latinâ interpretatione & locorum difficiliorum expositione. *Duaci, Joannes Bogardus*, 1617, *in-*8. *v. m.* 1. 〃

2251 Sigismundi Gelenii Lexicon Symphonum, quo quatuor Linguarum Europæ familiarium, Græcæ scilicet, Latinæ, Germanicæ ac Sclavonicæ 〃 12.

vinicæ concordia, confonantiaque indicatur. *Bafileæ, Hier. Froben*, 1537, *in-*4. *vélin.*

2252 Dictionarium Doricum græco-latinum quod totius Theocriti, Mofchi, Bionis & aliorum Authorum interpretationem continet, cum defcriptione locutionum, nec-non proprietatum Doricæ Linguæ, ex editione Æmilii & Francifci Porti. *Francofurti, ex Officinâ Paltheniana*, 1603, *in-*8. *v. f.*

2253 Etymologicum magnum Linguæ Græcæ, græcè. *Venetiis, Aldus & Turrifanus*, 1549, *in-fol. v. m.*

2254 Francifci Gregorii Ἐτυμολογικὸν Μικρὸν, five Etymologicum parvum, ex magno illo Sylburgii, Euftathii, Martinii, aliifque magni nominis Authoribus excerptum & digeftum. *Londini, J. Flesher*, 1654, *in-*8. *v. m.*

2255 Suidæ Lexicon Græcum, græcè, cum Epiftolâ latinâ Joannis Mariæ Catanæi, curante Demetrio Chalcondyla. *Mediolani, impensâ & dexteritate Demetrii Chalcondyli, Joannis Biffoli, & Benedicti Mangii, Carpenfium, anno* 1499, *in-fol. mar. r. rare.*
* *Editio primaria.*
* *Cet exemplaire eft un peu endommagé dans les premiers feuillets.*

2256 Suidæ Lexicon Græcum, græcè. *Bafileæ, Froben*, 1544, *in-fol. v. m.*

2257 Julii Pollucis Onomafticon, hoc eft, Inftructiffimum rerum & fynonymorum Dictionarium, nùnc primùm latinitate donatum, interprete Rodolpho Gualthero, Tigurino. *Bafileæ, Rob. Winter*, 1541, *in-*4. *v. m.*

2258 Harpocrationis Lexicon in X Rhetores, cum dissertationibus criticis & annotationibus Philippi Jac. Maussaci. *Parisiis, Cl. Morellus, 1614, in-4. v. m.*
2259 Henrici Valesii Notæ & Animadversiones in Harpocrationem, & Philippi Maussaci Notas, ex Bibliothecâ Guill. Prousteau, Antecessoris Aurelianensis. *Lugd. Batavor. Dan. à Gaësbeeck, 1682, in-4. v. f.*

— 3.

§ 3. *Grammaires & Dictionnaires de la Langue Latine.*

2260 Philippi Labbe, Biturici, Soc. Jesu, Enchiridium prosodicum emendatæ pronunciationis Linguæ latinæ. *Parisiis, Gasp. Meturas, 1648, in-12. v. br.*

" 12.

2261 Gerardi Joannis Vossii Grammatica latina, cum notis & emendationibus. *Lugduni Batav. ex Offic. Elzevir. 1644, in 8. v. br.*

" 19.

2262 Gasperis Scioppii Grammatica Latina philosophica, cum præfatione de veteris ac novæ Grammaticæ latinæ origine, dignitate & usu, ex recognitione Petri Scavenii. *Amstelodami, Judocus Pluymer, 1664.* === Francisci Sanctii Minerva, sive de Proprietate sermonis latini, cum notis. *Absque notâ editionis.* === Pascasii Grosippi Paradoxa Litteraria. *Amst. Pluymer, 1659.* === Mari-Angeli à Fano, Benedicti, Auctarium ad Grammaticam Philosophorum, ejusque Rudimenta. *Ibid. 1659.* === Gasparis Scioppii, Comitis à Claravalle, Consultationes de scholarum & studiorum ratione, deque Prudentiæ & Eloquen-

2. 10.

BELLES-LETTRES.

tiæ parandæ modis. *Ibid.* 1660. === Ejusdem Scioppii de Pœdia humanarum ac divinarum Litteratum. *Ibid.* 1660. === Pascasii Grosippi de Rhetoricarum exercitationum generibus Dissertatio. *Ibid.* 1660. === Ejusdem Scioppii Animadversiones in Librum Gerardi Joann. Vossii de vitiis sermonis. *Ibid.* 1660. *in-8. v. f.*

2263 Gasperis Scioppii Grammatica philosophica, ad linguæ latinæ artem addiscendam necessaria: Accessit præfatio de veteris ac novæ Grammaticæ Latinæ origine dignitate & usu. *Amstelod. Judoc. Pluymer*, 1659. === Mari-Angeli à Fano Benedicti, Auctarium ad Grammaticam Philosophicam, ejusque Rudimenta in quibus de litteris latinis disputatur, & sententiâ Grosippi de lexicorum latinorum virtutibus ac vitiis exponitur, cum indice, &c. *Ibid*, 1659, *in-8. v. br.*

2264 Pascasii Grosippi Rudimenta Grammaticæ philosophicæ, & ejusdem Mercurius Bilinguis, in usum tironum paucis mensibus linguam latinam perdiscere aventium; cum auctario Mari-Angeli à Fano. *Mediolani, Joan. Bapt. Bidellius.* 1629, *in-8. v. f.*

2265 Thomæ Bangii Observationum philologicarum Libri duo ad illustranda Jani Dion. Jersini, Episcopi olim Ripensis, Grammaticæ latinæ præcepta, cum indice alphabetico. *Hauniæ, Typ. Salomonis Sartorii*, 1640, *in-8. vel.*

2266 Christophori Cellarii, Smalcaldiensis, Curæ posteriores de barbarismis & idiotismis sermonis latini, recognitæ & auctæ. *Jena, Jo. Bielckius*, 1700. === Appendix ad curas posteriores Christophori Cellarii recognitas, sive Observationes variæ circà linguam latinam, quibus accedit ejusdem Christophori Cellarii Discussio & examen hujus appendicis & observationum. *Ibid*, 1700, *in-12. v. f.*

2267 L'Anatomie de la Langue Latine, par M. le Bel. *Paris, Panckoucke*, 1764, *in-12. v. m.*   1. 5.

2268 Uberti Folietæ de Linguæ Latinæ usu & præstantiâ Libri tres. *Romæ, Joseph. de Angelis*, 1574, *in-8. mar. r.*   3. 9.

2269 Marci Valerii Probi Gramm. vetustissimi, de notis Romanorum interpretandis, seu de occultâ litterarum significatione Libellus; nec-non Magnonis Diaconi & aliorum Explicationes veterum notarum. *Lugd. Batav. Andr. Clouquius*, 1600. = Eilhardi Lubini Antiquarius, sive priscorum vocabulorum Interpretatio. *Amstelodami, Zach. Heyns*, 1594. = Ponti Tyardæi Bissiani, Cabillonensis Episcopi, de rectâ nominum impositione Libellus. *Lugd. Jac. Roussin*, 1603, *in-8. v. f.*   2. 2.

2270 Johan. Vorstii Liber de Latinitate falsò suspectâ, deque latinæ linguæ cum germanicâ convenientiâ. *Berolini, Daniel Reichelius*, 1678. = Ejusd. Vorstii Liber de Latinitate meritò suspectâ, deque vitiis sermonis quæ vulgò ferè non animadvertuntur. *Ibid*, 1674, *in-8. v. f*   " 16.

2271 Dan. Georgii Morhofi Liber de patavinitate liviana; ubi de urbanitate & peregrinitate sermonis latini universè agitur. *Kiloni, Joach. Reumann*, 1685, *in-4. v. f.*

2272 Auctores Latinæ Linguæ in unum redacti corpus, cum notis Dionysii Gothofredi & va-   4. 4.

riis lectionibus. *Excudeb. Petr. de la Roviere*, 1602, *in-4. v. f.*

2273 M. Terentii Varronis Opus de Linguâ latinâ, ex recognitione Pomponii. *Editio vetus & primaria, absque loci & anni indicatione, sed circà annum 1470 impressa, in-fol. mar. r.*
* *Voyez au sujet de cette Édition, ce que nous en avons dit dans la* BIBLIOGRAPHIE INSTRUCTIVE, N°. 2251.

2274 Ejusdem M. Terentii Varronis Opera quæ extant omnia, ex editione Ausonii Popmæ Frisii, cum notis & conjectaneis. *Excudeb. Christoph. Raphelingius*, 1601, *in-8. v. f.*

2275 Codex vetus, *MSS. in Chartâ*, in quo continetur Opus integrum Pompeii Festi de vocabulis Linguæ Latinæ. *petit in-fol. relié en carton.*

2276 Diomedis, doctissimi ac diligentissimi Linguæ Latinæ perscrutatoris, Opus de arte Grammaticâ. *Editio vetus & primaria Nicolai Jenson Gallici, circà annum 1472 impressa, in-fol. mar. r.*
* *Voyez au sujet de cette Édition, ce que nous en avons rapporté dans la* BIBLIOGRAPHIE INSTRUCTIVE. N°. 2259.

2277 Codex vetus, *MSS. in Chartâ*, in quo continetur, Nonnii Marcelli compendiosa Doctrina de proprietate sermonum. *in-fol. relié en bois.*

2278 Nonnii Marcelli, Peripatetici Tiburticensis, compendiosa Doctrina, seu Liber de Proprietate sermonum. *Venetiis, per Nicol. Jenson Gallicum, anno 1476, in-fol. mar. r.*

2279 Laurentii Vallæ de Romani sermonis elegantiâ

BELLES-LETTRES. 401

gantiâ Libri sex. *Romæ , per Arnoldum Pannartz , in domo Petri de Maximis, anno* 1475, *in-fol. mar. r.*

2280 Paraphrasis, seu potiùs Epitome Desiderii Erasmi, Roterodamensis, in elegantiarum Libros Laurentii Vallæ , cum gallicâ tùm Dictionum , tùm Locutionum expositione; cui addita est Farrago sordidorum verborum, sive Augiæ stabulum repurgatum, per Cornelium Crocum. *Lugduni, Seb. Gryphius*, 1538, *in-8. relié en carton.* } 40."

2281 Juniani Maij, Parthenopei, Opus de priscorum verborum proprietate. *Tarvisiæ , per Bernardum de Colonia , anno* 1477 , *in-fol.* C. M. *mar. r. rare.*

* *Editio* ~~Primaria~~ *Secunda* (*exemplar elegans.*)

2282 Nestoris Dionysii , Novariensis , Ordinis Minorum , Opus Grammaticès. *Mediolani , per Leonardum Pachel & Uldericum Sinczincüler de Alemannia , anno* 1483 , *in-fol. mar. r.* } 12.

2283 Joannis Tortellii, Arretini, Opus elegans Commentariorum de Orthographiâ dictionum è græcis tractarum. *Venetiis , per Nicolaum Jenson Gallicum* , 1471 , *in-fol.* C. M. *mar. r.* } 74. 19.

2284 Nicolai Perotti Opus præclarum Cornucopiæ, sive Commentarii linguæ latinæ , cum Epistolâ præfatoriâ Lodovici Odaxii, Patavini. *Venetiis , per Dionysium de Bertochis de Bononiâ,* 1494 , *in-fol. v. m.*

2285 Ejusdem Operis Editio altera. *Venetiis, per Joann. de Tridino , aliàs Tacuinum , anno* 1496, *in-fol. vél. bl.* } 3. 19.

2286 Ejusd. Operis Editio altera. *Parisiis, Udall-*

Tome *I.* E e e

ric. Géring, & Berchtold. Renbolt, anno 1496, in-fol. v. noir.

2287 Joannis Bapt. Pii, Bononiensis, Annotationes linguæ latinæ & græcæ. Bononiæ, Joann. Anton. Platonicus de Benedictis, 1505, in-fol. v. m.

2288 Nicolai le Roux, Argentennensis, Delectus epithetorum latinæ poëseos ; Opus novo ordine & labore ex optimis quibusque latinæ linguæ Poëtis expressum. Parisiis, Seb. Cramoisy, 1631, in-8. v. noir.

2289 Joannis de Januâ, Ord. Fratrum Prædicatorum SUMMA, quæ vocatur CATHOLICON. Moguntiæ (per Johannem Fust), anno Domini 1460, in-fol. C. M. mar. r. Exemplar elegans & integrum.

* Editio primaria, præstans & rarissima, V. BIBLIOGRAPHIE INSTRUCTIVE, N°. 2276.

2290 Ejusdem Operis Editio altera vetustissima; Typis Moguntinis forsan excusa, absque ullâ loci, anni & impressoris indicatione, in-fol. C. M. relié en bois.

* Cette Edition est celle dont il a été question plusieurs fois dans la République des Lettres, lorsque différens Bibliographes en ont annoncé une, antérieure à la précédente de 1460. Nous avons cependant tout lieu de croire qu'elle ne peut être d'une ancienneté aussi considérable.

2291 Stephani Doleti commentariorum linguæ latinæ Volumina duo. Lugduni, Sebast. Gryphius, 1536 & 1538, 2 vol. in-fol. v. f. rare.

* Exemplar elegans, & impressum chartâ nitidiori.

2292 Dictionarium Universale latino-gallicum,

ex omnibus latinitatis Authoribus collectum, cum variis multarum, quæ vulgò synonymæ videntur, latinarum vocum differentiis, ad usum Seren. Dombarum Principis. *Parisiis, è Bibliopolio Viduæ Joannis Boudot.* 1760, *in-8. v. m.*

2293 Caroli du Fresne, Domini Ducange, Glossarium ad Scriptores mediæ & infimæ latinitatis, ex editione Monachorum Ord. S. Benedicti. *Parisiis, Osmont,* 1733 *& ann. seqq.* 6 *vol. in-fol. C. M. v. m.*

2294 Glossarium novum ad Scriptores medii ævi, cùm Latinos tùm Gallicos; seu Supplementum ad auctiorem Glossarii Cangiani editionem, cum indicibus variis, studio & operâ D. P. Carpentier. *Parisiis, le Breton,* 1766, 4 *vol.. in-fol. non relié.*

§ 4. *Grammaires & Dictionnaires de la Langue Françoise.*

2295 Le Triomphe de la langue françoise sur la langue latine, ouvrage instructif, curieux & divertissant, par le Sieur de Richesource. *Paris,* 1686, *in-8. broché.*

2296 Les Heures de relache d'un Soldat voyageant; ou la vraie Moëlle de la langue françoise, en laquelle est naifvement traité des neuf parties d'icelle, avec deux Livres de dialogues présentés au Prince de Nassau, & une excellente Œuvre appellée la Fontaine de vertu & d'honneur, acccompagnée de chansons pieuses, sonnets, thêmes, lettres missives, & sentences proverbiales aisées &

Eee ij

pertinentes, &c. en anglois & en françois, par John Wodroephe. *Impr. à Dort, pour Georges Waters*, 1623, *in-*4. *vel.*

2297 Deux Dialogues du nouveau langage françois italianizé, & autrement déguizé principalement entre les Courtisans de ce temps, avec plusieurs nouveautés qui ont accompagné ceste nouveauté de langage; plus, un Traité de quelques courtisanismes modernes, & de quelques singularités courtisannesques. *Imprimés sans nom de lieu ni date d'année, in-*12. *v. br.*

2298 Des Mots à la mode, & des nouvelles façons de parler, avec des Observations sur diverses manieres d'agir & de s'exprimer. *Paris, Claude Barbin*, 1692, *in-*12. *mar. r.*

2299 Les Origines de la langue-françoise, composées par Gilles Ménage. *Impr. sans indication de Ville, & sans date d'année, in.*4. *v. m.*

2300 Dictionnaire étymologique, ou Origines de la langue françoise, par M. Ménage, avec les Origines françoises de M. de Caseneuve; un discours sur la science des Etymologies, par le Pere Besnier, Jésuite; & des remarques par l'Abbé Chastelain au sujet de plusieurs noms de Saints qui paroissent éloignés de leur origine, le tout mis au jour & publié par H. P. Simon de Val-Hébert. *Paris, Jean Anisson*, 1694, *in-fol. v. f.*
* *Papier fin.*

2301 Discours sur la science des Etymologies au sujet des Origines françoises de M. Ménage, par le Pere Besnier, de la Compag. de Jésus. *Impr. sans nom de lieu ni date d'année, in-*12. *v. br.*

BELLES-LETTRES. 405

2302 Les Obfervations de M. Ménage fur la langue françoife. *Paris, Cl. Barbin*, 1675, *in*-12. *v. br.* — 12.

2303 Synonimes & Epithetes françoifes, recueillies & difpofées felon l'ordre de l'alphabet, par Ant. de Montméran. *Paris, Jean Guignard*, 1650, *in*-12. *relié en carton.*

2304 Dictionnaire de l'Académie Françoife. *Paris, J. Baptifte Coignard*, 1694, 2 *tom. en* 1 *vol. in-fol. G. P. v. f.* } 12 - 4.

2305 Dictionnaire univerfel contenant généralement tous les mots françois, tant vieux que modernes, & les termes de toutes les Sciences & des Arts, par Antoine Furetiere, de l'Académie Françoife. *La Haye, Arnoult*, 1690, 3 *vol. in-4. v. m.* — 6. 7.

2306 Factum pour Meffire Antoine Furetiere, Abbé de Chalivoy, contre plufieurs Membres de l'Académie Françoife, avec le parallele des deux Dictionnaires, de l'Académie & de P. Richelet, avec le Dictionnaire univerfel dudit Abbé Furetiere. *Amfterdam, Henry Desbordes*, 1685, *in*-12. *v. f.* — 1.

2307 Lettre de M. Furetiere, adreffée à M. Doujat, Doyen de l'Académie Françoife, avec la Réponfe de M. Doujat, & les Piéces juftificatives au fujet de la difpute entre ledit Abbé Furetiere & l'Académie Françoife. *La Haye, Pierre Périer*, 1688, *in*-12. *v. m.* — 1.

2308 Abrégé du Dictionnaire univerfel, françois & latin, vulgairement appellé *de Trévoux*, mis en ordre par M. Berthelin. *Paris, Giffart*, 1762, 3 *vol. in-4. v. m.* — 19. 16.

2309 Dictionnaire des Rymes françoifes, com-

posé par Jehan le Févre, Dijonnois. *Paris,*
Galiot du Pré, 1572, *in-8. vel.*

2310 Le même Dictionnaire des Rimes françoises, composé premierement par Jean le Févre, & augmenté depuis par Estienne Tabourot, Seigneur des Accords. *Paris, Jean Richer*, 1588, *in-8. v. m.*

2311 Le grand Dictionnaire des Rimes françoises, avec un Traité des conjugaisons, & de l'orthographe ; suivi des épithetes tirées des Œuvres de Guill. de Saluste, sieur du Bartas. *Genève, Matthieu Berjon*, 1623, *in-8. v. m.*

2312 Dictionnaire de Rimes françoises, par Pierre Richelet, avec un Abrégé de la versification. *Paris, Florentin de Laulne*, 1721, *in-8. v. br.*

2313 Dictionnaires & Colloques françois-breton, par Maistre Guill. Quiquier de Roscoff. *Morlaix, Georg. Allienne*, 1633, *in-16. vélin.*

2314 Le Dictionnaire de la langue Toulousaine, contenant principalement les mots les plus éloignés du françois. *Toulouse, Jean Boudo*, 1638, *in-8. v. m.*

§ 5. *Grammaires & Dictionnaires des Langues Italienne, Espagnole, Portugaise, Angloise, &c.*

2315 Octavii Ferrarii Origines linguæ italicæ. *Patavii, Frambottus*, 1676, *in-fol. v. f.*

2316 Nouvelle Méthode pour apprendre facilement & en peu de temps la langue italienne, (par MM. de Port-Royal). *Paris, Pierre le Petit*, 1664, *in-12. v. br.*

BELLES-LETTRES.   407

2317 Della Fabrica del Mundo di M. Francesco Alunno da Ferrara Libri X, ne' quali si contengono le voci di Dante, del Petrarcha, del Boccaccio, e d'altri buoni Autori, di nuovo ristamp. da Mess. Borgarutio Borgarucci, con un nuovo Vocabolario di tutte le voci che mancavano nella Fabrica, da Thomaso Porcacchi. *In Venetia, Giov. Batt. Porta, 1584*, in-fol. vel. .. 1.

2318 Recueil de Proverbes espagnols, avec la Traduction françoise de César Oudin. *Paris, Pierre Billaine, 1624*, in-12. relié en carton. .. 1.

2319 Autre édition du même Livre. *Paris, Jean de Houry, 1659*, in-12. v. br. .. 12.

2320 Origem de lingoa portuguesa, por Duarte Nuñes de Lião. *Em Lisboa, Pedro Crasbeeck, 1606.* == Orthographia da lingoa portuguesa, por el mismo. *Em Lisboa, Joan. de Barreira, 1576*, in-4. v. m. .. 1.

2321 Arte das linguas franceza & portugueza, por Claudio Debruillart Coursan. *En Lisboa, Mig. Deslandes, 1700*, in-12. v. m. .. 15.

2322 Dictionnaire Anglois-latin, & Latin-anglois, par Elish Coles. *Londres, S. Collins*, 2 tom. en 1 vol. in-8. v. br. .. 1. 11.

§ 6. *Grammaires & Dictionnaires des Langues étrangeres.*

2323 Davidis Haëx Dictionarium Malaïco-latinum & Latino-malaïcum. *Romæ, Typ. Sacræ Congreg. de propagandâ Fide, 1631*, in-4. v. m. .. 3. 10.

SECTION II.

RHÉTORIQUE.

I.

Traités généraux de la Rhétorique, ou de l'Art Oratoire.

2324 Georgii Trapezuntii Rhetoricorum Libri. *Editio vetus & primaria Spirensis, ad calcem cujus hæc leguntur.*

> *Que superat reliquas artes est facta Georgi*
> *Ars bene dicendi munere nostra tuo.*
> *Correxit veneta rhetor benedictus in urbe.*
> *Hanc emat orator qui bonus esse velit.*
> *Si nescis ubi sit venalis : quere lemanum*
> *Spiram ; qui precii codicis auctor erit :*
> > *Coradinus*

Hæc editio Typis mandata videtur circà ann. 1470, *in-fol. mar. r.*

2325 Theodori Gazæ Liber de constructione partium Orationis, gr. & lat. interprete Heliâ Andræâ, Burdigalensi, cum ejusdem explanationibus. *Lutetiæ Parisior. Vascosanus*, 1551, *in-4. v. br.*

2326 Manuelis Moschophuli de ratione examinandæ Orationis Libellus, græcè editus. *Lutet. Parisiorum, ex Offic. Rob. Stephani*, 1545, *in-4. v. br.*

2327 Francisci Robortelli, Utinensis, Liber de Artificio

BELLES-LETTRES.

Artificio dicendi, cum tabulis oratoriis. *Bononiæ*, *Alex. Benatius*, 1567, *in*-4. *v. br*.

2328 Jacobi Omphalii de Elocutionis imitatione ac apparatu Liber, nec-non ejusdem Epistolæ aliquot familiares. *Parisiis*, *Joann. Libert*, 1623, *in*-16. *v. f.*

2329 Georg. Beckheri, Elbingensis, Orator extemporaneus, sive Artis Oratoriæ Breviarium. *Amstelodami*, *Joann. Jansson*, 1651, *in*-12. *baz.* } 1.

2330 Gerardi Joannis Vossii Rhetorices contractæ, sive Partitionum Oratoriarum Libri V. *Salmurii*, *Renatus Péan*, 1677, *in*-12. *v. br.*

2331 Petri Joann. Perpiniani, Soc. Jesu, Epistolæ aliquot, ubi præter cætera, de Artis Rhetoricæ locis communibus, ac de juventute græcis latinisque litteris erudiendâ agitur, editore Francisco Vavassore. *Parisiis*, *Vid. Cl. Thiboust*, 1683, *in* 8. *v. f.* } 1.

2332 La Rhétorique prosaïque de Maître Pierre Fabri, ou le Févre, Orateur très renommé. *Rouen*, *Thomas Rayer*, & *Simon Gruel*, *sans date d'année*, *in*-4. *gotiq. v. f.*

2333 La Rhétorique françoise d'Antoine Fouquelin. *Paris*, *André Wéchel*, 1557, *in*-8. *vél.* } 1. 6.

2334 Traité de l'Eloquence françoise, & des raisons pour quoy elle est demeurée si basse, par le Président du Vair. *Paris*, *Abel l'Angelier*, 1606, *in*-8. *mar. vieux.*

2335 L'Eloquence du temps, enseignée à une Dame de qualité, propre aux gens qui veulent apprendre à parler & à écrire avec politesse; & accompagnée de bons mots & pensées ingénieuses, &c. par un des Membres de l'Aca- } 1.

démie françoise. *Paris, Jean Léonard*, 1699, *in*-12. *v. br.*

2336 Discours sur l'Eloquence, avec des réflexions préliminaires sur le même sujet. *Paris, Jacq. Estienne*, 1723, *in*-12. *v. br.*

2337 La Rhétorique, ou l'Art de parler. *Paris, André Pralard*, 1675, *in*-12. *v. br.*

2338 Réflexions sur l'Eloquence, où l'on réfute les opinions du Pere Lamy sur la Rhétorique. *Paris, Louis Josse*, 1700, *in*-12. *v. br.*

2339 Réflexions sur la Rhétorique, en IV Lettres, où l'on répond aux objections du Pere Lamy, Bénédictin, par Balthazar Gibert. *Paris, veuve Claude Thiboust*, 1707, *in*-12. *v. f.*

2340 Réflexions sur l'Eloquence, où l'on défend la Rhétorique qui s'enseigne dans les Colléges, & celle qui se pratique au Barreau & dans la Chaire, contre les sentimens du Pere Lamy. *Paris, Joseph. Mongé*, 1712, *in*-12. *v. br.*

2341 Les Agrémens du langage, réduits à leurs principes, par M. de Gamaches. *Paris, Guill. Cavelier*, 1718, *in*-12. *vel.*

2342 Traité du Récitatif dans la lecture, dans l'action publique, dans la déclamation & dans le chant; avec un Traité des accens, de la quantité & de la ponctuation, par M. de Grimarest. *Paris, Jacq. le Febvre*, 1707, *in*-12. *v. m.*

BELLES-LETTRES.

I I.

Orateurs anciens & modernes, Grecs, Latins, François, &c.

§ 1. *Ouvrages des Orateurs Grecs, anciens & modernes.*

2343 Oratorum veterum Orationes, Æschinis, Lysiæ, Andocidis, Isæi, Dinarchi, Antiphontis, Lycurgi & aliorum, græcè, cum interpretatione latinâ quarundam, ex editione Henr. Stephani. *Excud. Henr. Steph.*, 1575, *in-fol. v. f.* — 6.

2344 Oratorum Græciæ præstantissimorum, Antiphontis, Andocidis & Isæi Orationes XXX, gr. & lat. ex interpretatione Alphonsi Miniati, Bononiensis. *Hanoviæ, Typ. Wechelianis,* 1619, *in-8. v. br.*

2345 Excerpta varia Sophistarum ac Rhetorum, Heracliti, Libanii Antiocheni, Nicephori Basilacæ, Severi Alexandrini, Adriani Tyrii, & aliorum, ex primo Tomo nondùm edito variorum antiquorum Leonis Allatii, nùnc primùm ab eodem Allatio vulgata & latinè reddita. *Romæ, excud. Mascardus,* 1641, *in-8. v. f.* } 1.

2346 Aphtonii Progymnasmata, partìm à Rodolpho Agricola, partìm à Johanne Mariâ Catanæo, latinitate donata, cum scholiis R. Lorichii, & indice utilissimo. *Amstelodami, Ludovicus Elzevir,* 1649, *in 12. mar. r.* — 2.

2347 Eorumdem Progymnasmatum editio altera. *Parifiis, Vid. Joann. Libert*, 1650, *in-*12. *v. br.*

2348 Lysiæ Atheniensis Orationes XXXIV quæ de CCC reliquæ sunt; nunc primùm de græcis latinè redditæ, & politicis notis illustratæ à Jodoco Vander-Heidio, Brabanto. *Hanoviæ, Typ. Wechelianis*, 1615, *in-*8. *v. f.*

2349 Isocratis ad Demonicum Paraenesis, græcè, cum interpretationibus & notis Rodolphi Agricolæ. *Parifiis, Thom. Richardus*, 1550. === Luciani Samosatensis, Charon, sive Contemplantes, græcè. *Parifiis, Christ. Wéchel*, 1549, *in-*4. *v. f.*

2350 Ælii Aristidis Orationes, gr. & lat. ex interpretatione Guill. Canteri, cum variis lectionibus & notis diversorum. *Olivâ. P. Stephani*, 1604, 3 *vol. in-*8. *v. f.*

2351 Themistii Orationes XIV, græcè editæ. *Excudeb. Henric. Steph.* anno 1562. === Ejusd. Themistii Orationes VIII latinè redditæ ex interpretatione Hieronymi Donzellini. *Basileæ, Petrus Perna*, 1559, *in-*8. *v. f.*

2352 Ejusdem Themistii Philosophi, Euphradæ, ab eloquentiâ dicti, Orationes sex Augustales, gr. & lat. ex interpretatione Georg. Remi, cum ejusdem notis, in quibus non pauca ad politica, historias, mores & leges. Accedit septima Themistii Oratio pro libertate Relligionis, latinè. *Amberga-Palat. Johann. Shonfeldius*, 1605, *in-*4. *v. f.*

2353 Ejusdem Themistii, Euphradæ, Orationes aliquot non editæ, gr. & lat. ex interpretatione & cum notis Petri Pantini. *Lugd. Batavorum, Joann. Patius*, 1614, *in-*8. *v. f.*

BELLES-LETTRES.

2354 Ejufdem Themiftii, cognomento Suadæ, Orationes XXIX, gr. & lat. ex edit. & cum notis Dionyfii Petavii. *Parifiis, Seb. Cramoify*, 1618, *in-4. baz*. — 1. 12.

§ 2. *Ouvrages des Orateurs Latins, anciens & modernes.*

2355 M. Tullii Ciceronis Opera omnia, ex recognitione Jodoci Badii Afcenfii. *Parifiis, Joh. Petit*, 1527, 2 vol. *in-fol. reliés en bois*. — 1. 16.

2356 M. Tullii Ciceronis Opera omnia, cum caftigationibus Petri Victorii. *Venetiis, Lucas Ant. Junta*, 1534, 1535, 1536 & 1537, 4 vol. *in-fol. mar. r*. — 360.
* *Editio præftans, & rariffima*.

2357 Eadem Ciceronis Opera omnia, cum Gruteri & felectis Variorum notis & indicibus, accurante Cornelio Schrevelio. *Amftelodami, Lud. & Dan. Elzevirii*, 1661, 2 vol. *in-4. v. br*. — 12.

2358 M. Tull. Ciceronis Rhetoricorum Libri IV. *Parifiis, in vico Sancti Jacobi*, anno 1477, *in-fol. v. m*. — 3.

2359 Iidem Ciceronis Libri, nec-non de Oratore, & de partitionibus oratoriis, cum variis lectionibus. *Parifiis, Rob. Steph.* 1544, *in-8. mar. r*. — 2.

2360 Ejufdem Ciceronis de Oratore ad Quintum fratrem Libri III. *Editio vetus & nitida, abfque loci & anni indicatione, fed Typis Vindelinianis excufa, circà annum* 1470, *in-fol. mar. r*. — 76.

2361 Ejufdem Ciceronis de Oratore Libri III ad

3. { Quintum fratrem; cum Commentario Omniboni Leoniceni. Accedunt, ejusdem Ciceronis Liber de perfecto Oratore ad Marcum Brutum; Topicorum Liber ad Caium Trebatium, Partitionum Libellus, de claris Oratoribus Tractatus, Epistola de petitione Consulatûs, ad fratrem, & de optimo genere Oratorum. *Venetiis, per Bartholomæum Alexandrinum, & And. Asulanum, anno* 1485, *in-fol. v. m.*

2362 Ejusdem Ciceronis de Oratore Libri III, necnon ejusdem alii Tractatus varii, cum Comm. Omniboni Leoniceni. *Venetiis, per Thomam de Blavis, Alexandrinum, anno* 1488, *in-fol. v. m.*

12. 2363 Omniboni Leoniceni, Commentarii in Libros Marci Tull. Ciceronis de Oratore ad Quintum fratrem, cum Præfatione, seu Epistolâ de laudibus eloquentiæ. *Vicentiæ, anno Salvatoris* 1476, *in-fol. mar.* 1.

120. { 2364 Traduction françoise du Traité de l'Orateur de Cicéron avec des notes, par M. l'Abbé Colin. *Paris, Jean de Bure, l'aîné,* 1737, *in-*12. *v. br.*

2365 Ejusdem Ciceronis Orationes Philippicæ, ex recognitione Antonii Campani. *Romæ, per Udalricum Gallum, absque notâ anni, sed circà annum* 1470, *in-fol. mar. r. rare.*
* *Editio primaria.*

In fine leguntur versus seqq.

Anser Tarpeii custos Jovis, &c.

12. 2366 Q. Asconii Pediani, Commentarii in M. Tull. Ciceronis Orationes. *Venetiis, per*

Johannem de Coloniâ, & Johann. Manthen de Gerretſem', anno 1477. === Georg. Trapezuntii Liber de Artificio Ciceronianæ orationis. *Ibid.* === Antonii Luſchi, Vicentini, Commentarii ſuper XI Orationes Ciceronis ad fratrem, &c. *Ibid.* 1477, *in-fol. mar. r.*

2367 Martini du Cygne, Societatis Jeſu, Explanatio Rhetoricæ, cui adjicitur Analyſis rhetorica omnium M. Tull. Ciceronis orationum. *Coloniæ Agrippinæ, Vid. Joann. Widenfelt,* 1670, *in-8. v. f.*

2368 Les Oraiſons de Cicéron contre Verrès, trad. en françois par Bernard Lesfargues. *Paris, Mathurin Dupuis,* 1640, *in-4. v. f.*

2369 Commentarius Paulli Manutii in M. Tull. Ciceronis Epiſtolas ad T. Pomponium Atticum, cum animadverſionibus Simeonis Boſii. *Francofurti, Andr. Wechelus,* 1580, *in-8. v. m.*

2370 Simeonis Boſii, Prætoris Lemovicenſis, Animadverſiones in epiſtolas M. Tullii Ciceronis ad T. Pomponium Atticum. *Francofurti, Andr. Wechelus,* 1580, *in-8. relié en carton.*

2371 M. Tullii Ciceronis Epiſtolæ ad familiares, cum Commentariis Hubertini Clerici Creſcentinatis, ex recognitione Boni Accurſii, Piſani. *Venetiis, anno à Natali Chriſtiano,* 1480, *in-fol. v. m.*

2372 Ejuſdem Ciceronis Epiſtolæ ad familiares, cum Commentariis Hubertini Creſcinatis, Martini Philetici, & Georgii Merulæ, Alexandrini, quibus addita ſunt nonnulla quædam ex interpretatione Angeli Politiani. *Impr. per Jacobum Zachonem, Pedemonta-*

num, anno Domini 1499, in-fol. v. m.

2373 Ejusdem Ciceronis Epistolæ ad familiares, cum Pauli Manutii adnotationibus & scholiis. *Venetiis, Aldus*, 1558, in-8. mar. r.

2374 Ejusdem Ciceronis, Arpinatis, Officiorum Libri III.; necnon Paradoxorum Liber, & versus XII Sapientum. *Moguntiæ, per Johannem Fust, Moguntinum civem*, anno 1465, petit in-fol. v. f.
* *Editio primaria & rarissima.*
* *In hoc exemplari folia aliquot quæ desiderabantur, calamo sunt restituta.*

2375 Eorumdem Officiorum Editio altera. *Moguntiæ, per Johannem Fust & Petrum Schoyffher de Gernshem*, anno 1466, petit in-fol. mar. r.
* *Exemplar elegans & nitidum editionis rarissimæ.*

2376 Eorumdem Officiorum Editio altera, cum comm. Petri Marci. *Editio vetus, absque loco & anno*, in-fol. v. br.

2377 Les III Livres des Offices de Marc Tulles Cicéro, c'est-à-dire, des opérations humaines, vertueuses & honnestes, translatés du latin en françois. *Paris, Galliot du Pré*, 1529, in-8. v. m. (Lettres rondes).

2378 Les trois Livres des Devoirs de Marc Tulle Cicéron, trad. en françois par le Sieur J. Mausac. *Tolose, Raymond Colomiès, sans date d'année*, in-12. v. br.

2379 Ejusdem Ciceronis de finibus bonorum & malorum Libri V. *Editio vetus Parisiensis, absque anni indicatione, sed circà annum 1477 excusa*, in-fol. v. m.

BELLES-LETTRES.

2380 Nouvelles Œuvres de M. l'Abbé de Maucroix, contenant les traductions françoises de différens Traités, savoir: la premiere Tusculane de Cicéron sur le mépris de la mort; le Traité de l'Amitié du même Orateur, & celui de la Vieillesse; avec plusieurs lettres de Brutus & de Cœlius à Cicéron, & les Satyres, les Epîtres, & l'Art poëtique d'Horace. *Par. André Cailleau*, 1726, *in-12. v. br.*   1. 10.

2381 M. Tullii Ciceronis Consolatio, vel de luctu minuendo: Fragmenta ejus à Carolo Sigonio & Andreâ Patritio exposita: Antonii Riccoboni judicium, quo illam Ciceronis non esse ostendit; & Caroli Sigonii pro eâdem Orationes duæ. *Francofurti, Hær. Andr. Wecheli*, 1584, *in-12. relié en carton.*

2382 M. Fabii Quintiliani Institutionum Oratoriarum Libri XII, ex recognitione Omniboni Leoniceni. *Venetiis, per Nicol. Jenson, Gallicum,* anno 1471, *in-fol. mar. r. rare.*   59.

2383 Earumdem Institutionum Editio altera, ex eâdem Omniboni Leoniceni recognitione. *Editio vetus, absque loci & anni indicatione, sed circà ann.* 1480 *impressa, in-fol. mar. r.*   3.

2384 Earumdem Institutionum Editio altera, ad fidem vetust. codicum recognita & restituta; necnon ejusdem Quintiliani Declamationum Liber, cum annotationibus Petri Mosellani, Joachimi Camerarii, & Antonii Pini, Portodemæi. *Parisiis, Vascosanus,* 1538, *in-fol. v. m.*   3.

2385 Sim. Schardii Collectio Orationum ac Elegiarum in funere illustrissimorum Principum Germaniæ, ab obitu Maximiliani I. ad hæc   2.

Tome. I. Ggg

tempora scriptarum. *Francof. ad Mœn. Georg. Corvinus*, 1566, 2 *vol. in-*8. *reliés en carton.*

2386 Henrici Stephani Oratio ad universi sacri Rom. Imperii Ordines, adversùs Lucubrationem Uberti Folietæ de magnitudine & perpetuâ in bellis fœlicitate Imperii Turcici; necnon ejusdem Stephani Exhortatio ad expeditionem in Turcas fortiter persequendam. *Francfordii*, *Typ. Wechelianis*, 1594, *in-*8. *vélin doré.*

2387 Marci Zuerii Boxhornii, Orationes varii argumenti, cum dissertatione singulari de Græcorum, Romanorum & Germanorum linguis, earumque symphoniâ. *Amstelodami*, *ex Offic. Joann. Janssonii*, 1651, *in-*12. *v. br.*

2388 Dion. Petavii, Aurelianensis, Soc. Jesu, Orationes XXIV. *Parisiis*, *Seb. Chappelet*, 1624, *in-*8. *v. m.*

2389 Josephi Juvencii, è Societ. Jesu, Orationes. *Parisiis*, *Vid. Sim. Bénard*, 1700, 2 *vol. in-*12. *v. m.*

2390 Bernardini Stephonii, Soc. Jesu, Prosæ posthumæ, in lucem editæ curis Zenobii Masotti. *Romæ*, *Typ. Rev. Cam. Apostol.* 1658, *in-*12. *v. f.*

2391 Caroli de Aquino Oratio in Electione Clementis XI, Pont. Max. habita in Collegio Rom. Soc. Jesu. *Romæ*, *Ant. de Rubeis*, 1701, *in-*8. *vel.*

2392 Ejusdem Caroli de Aquino Orationum Tomi duo. *Romæ*, *Ant. de Rubeis*, 1704, 2 *tom. en* 1 *vol. in-*8. *vel.*

2393 Panegyricus Francisco & Mariæ Theresiæ Augustis, ob Scientias optimasque Artes suis

BELLES-LETTRES.

in terris inſtauratas, &c. dictus à Georgio Maiſter, Societ. Jeſu. *Vindobonæ, Trattner*, 1756, *in-fol. relié en carton.*

§ 3. *Ouvrages des Orateurs François, Italiens, &c.*

2394 Œuvres de feu M. le Chancelier d'Agueſſeau, contenant des diſcours pour l'ouverture des Audiences, des Mercuriales, des Réquiſitoires, des Inſtructions ſur les études des Magiſtrats, &c. *Paris, Compagnie*, 1759 *& ann. ſuiv.* 3 vol. *in-*4. *v. m.* — retiré

2395 Recueil de diverſes Harangues, contenant en abrégé l'hiſtoire des dernieres Guerres, & qui ont été prononcées à la Cour par le fils du Sieur Guibert de Beauval (communément appellé le petit Prédicateur de Mgr. le Dauphin), depuis ſon âge de VIII ans, juſqu'à XVII ; avec l'éloge de M. de Turenne : le tout mis au jour par le Sieur Taupinart de Tiliere. *Paris, Franç. Muguet*, 1680, *in-*4. *v. br.* — 6. 1.

2396 Diſcours, Harangues, & autres Piéces d'éloquence de MM. de l'Académie Françoiſe, & autres beaux Eſprits. *Amſterdam, Georg. Gallet*, 1697, 2 tom. en 1 vol. *in-*12. *v. br.* — 2. 19.

2397 Recueil de pluſieurs Piéces d'éloquence & de poëſie, préſentées à l'Académie des Jeux Floraux pour les prix de l'année 1711. *Touloufe, Cl. Gill. le Camus*, 1711, *in-*12. *v. br.*

2398 Le Panégyrique de la Paix, par M. de la Serre. *Paris, Pépingué*, 1660, *in-fol. figur.* relié en peau. — 1. 5.

1. { 2399 Panégyrique de Louis le Juste, par P. de Saumaise-Chasans. *Dijon, veuve Claude Guyot*, 1629, *in-4. v. m.*

2400 Panégyrique de Madame Christine de France, Duchesse de Savoye & Reyne de Chypre, prononcé pendant sa vie dans l'Académie de Turin, par le Comte Emanuel Tesauro, & trad. de l'italien en françois par le sieur le Maistre. *Paris, René Guignard*, 1665, *in-12. mar. r.*

4. 2401 Oraison funebre de Marguerite, Royne de Navarre, Duchesse d'Alençon, composée en latin par Charles de Saincte-Marthe, & traduite par lui-même en langue françoise; plus, les Epitaphes de ladicte Dame, par aulcuns Poëtes François. *Paris, Regnault Chauldiere*, 1550, *in-4. v. f.*

2. 19. 2402 Oraison funebre de Marie, Royne d'Ecosse, par Claude d'Espence, *Paris, Michel Vascosan*, 1561. ⹀ Oraison funebre du Chancelier François Olivier, par le même Cl. d'Espence. *Ibid.* 1561. ⹀ Exposition du Pseaume CXXX. par forme de sermon, par le même. *Ibid.* 1561, *in-8. relié en carton.*

2. 11. 2403 Harangue funebre prononcée en la Chapelle des Pénitens bleus de Tolose, aux honneurs du feu Roi Henry le Grand, par Pierre-Louis de Catel. *Tolose, Veuve Colomiez*, 1612. ⹀ Harangue funebre sur la mort du même Prince, prononcée en la Chapelle des Pénitens noirs à Tolose, par Jule-César Bulenger. *Ibid.* 1611. ⹀ Oraison funebre sur la mort de Jeanne de Sainct-Lary, Marquise de la Valette, par Blaise de Saguens. *Ibid.* 1611, *in-8. vel.*

BELLES-LETTRES.

2404 Discours funebre sur le trépas de Maître Nicolas le Febvre, Précepteur du Roi Louis XIII, par le Pere Jean de S. François, Religieux Feuillentin. *Paris, Jean de Heuqueville,* 1616, *in-*8. *v. m.* — 2. 19.

2405 Oraison funebre de Monseigneur le Cardinal, Duc de Joyeuse, Archevesque de Rouen, Primat de Normandie, par J. de Montereul. *Paris, Seb. Cramoisy,* 1616, *in-*8. *v. m.* 2. 2.

2406 Oraison funebre sur la mort de Monseigneur le Maréchal de Schomberg, prononcée en la Chapelle des Pénitens bleus de Tolose, le XVI d'Aoust, par Pierre de Bertier, Abbé de Restauré. *Tolose, Arn. Colomiez,* 1633, *in-*8. *v. m.* 2. 19.

2407 Oraison funebre sur le trépas de feu M. le Maréchal de Schomberg, par C. F. d'Abra de Raconis. *Paris,* 1633, *in-*8. *v. m.* " 12.

2408 Harangues célebres & Remonstrances faites aux Roys, Princes, & autres personnes de condition éminente, avec quelques Oraisons funebres des Illustres du temps, recueillies par M. L. G. Advocat au Parlement. *Paris, Henry le Gras,* 1655, *in-*4. *mar. r.* 2. "

2409 Oraison funebre de Marie-Thérese d'Autriche, Reyne de France, prononcée dans l'Eglise de Beaumont, le 13 Septembre, par Jean de Peyronnenc. *Toulouse, J. Pech,* 1683, *in-*12. *baz.* " 12.

2410 Les Harangues & Discours Académiques de Jean-Bapt. Manzini, trad. de l'italien en françois. *Paris, Jacq. le Gras,* 1659, *in-*12. *v. br.* " 12.

SECTION III.

POETIQUE.

I.

Introductions à la Poësie ; ou Institutions, Elémens & Traités généraux de Poëtique.

2411 R. Davidis Jehaiæ Poëtica Hebræorum, cum interpretatione G. Genebrardi. *Parisiis, Guill. Morellus*, 1563, *in-*12. *v. f.*

2412 Carmen Mysticum Borda dictum Abi Abdallæ Muh. Ben Said Ben Hamad Busiridæ Ægyptii, è codice MSS. latinè conversum ; cui accedunt Origines Arabico-Hebraïcæ, ex editione Joh. Uri. *Lugd. Batav. Cornel. de Pecker*, 1761, *in-*4. *vel. jaspé.*

2413 Petri Halloix, Societ. Jesu, Anthologia poëtica græco-latina, synonymis poëticis, eorumque auctoritatibus instructa ; & variis sententiis, adagiis, priscis formulis passim respersa ; cum latinâ interpretatione & locorum difficiliorum expositione. *Duaci, Joann. Bogardus*, 1617, *in-*8. *v. br.*

2414 Philippi Labbe, Biturici, Soc. Jesu, Prosodia græca, fusè ac compendio tradita, cum Dialectis poëticis, & scribentium græca Carmina asylo tutissimo. *Parisiis, Seb. Cramoisy*, 1653, *in-*8. *v. m.*

2415 Réflexions sur la Poëtique d'Aristote, &

BELLES-LETTRES. 423

sur les Ouvrages des Poëtes anciens & modernes. *Paris, Fr. Muguet,* 1674, *in-*12. *v. br.*

2416 Istoria de' Poeti greci, e di che'n greca lingua han poetato; scritta da Lorenzo Crasso, Barone di Pianura. *In Napoli, Bulifon,* 1678, *in-fol. v. f.*

2417 Polycarpi Leyseri Historia Poëtarum & Poëmatum medii ævi. *Halæ Magdeburgicæ,* 1721, *in-*8. *v. m.*

2418 Art Poëtique françois pour l'instruction des jeunes studieux, & encore peu avancés en la poësie françoise; avec le Quintil Horatian sur la défense & illustration de la langue françoise. *Paris, Jean Ruelle,* 1564, *in-*16. *v. m.*

2419 Autre édition du même Livre. *Lyon, Ben. Rigaud,* 1576, *in-*16. *v. m.*

2420 Réflexions sur la Poëtique de ce temps, & sur les Ouvrages des Poëtes anciens & modernes. *Paris, Franç. Muguet,* 1675, *in-*12. *v. br.*

II.

Traités singuliers de Poëtique, contenant l'Art de composer des Piéces de Vers, des Comédies, Tragédies, Poëmes épiques ; de leur construction, &c.

2421 Roberti Gaguini Ars Versificatoria, sive Opusculum de arte Metrificandi. *Editio vetus Parisiensis, absque anni indicatione, in-*4. *v. m.*

2422 Danielis Heinsii de Tragœdiæ constitutione Liber, in quo inter cætera, tota de hac

BELLES-LETTRES.

Aristotelis sententia dilucidè explicatur : accedit Aristotelis de poëticâ libellus, cum notis ejusd. Heinsii. *Lugd. Batav. ex Offic. Elzeviriana*, 1643, *in*-12. *v. f.*

2423 Discours du Poëme Bucolique, où il est traité de l'Eglogue, de l'Idylle, & de la Bergerie, par Guill. Colletet. *Paris, Louis Chamhoudry*, 1657, *in*-12. *v. br.*

2424 Réflexions critiques sur l'Elégie, par M. Michault. *Dijon, Augé,* 1734, *in*-12. *broché.*

III.

Poëtes anciens, Grecs & Latins.

§ 1. *Collections & Extraits des Poëtes grecs.*

2425 Carminum Poëtarum novem lyricæ poëseos Principum Fragmenta, græcè, cum latinâ interpretatione partìm solutâ oratione, partìm carmine. *Excud. H. Steph.* 1566, *in - 16. v. m.*

2426 Carminum Poëtarum novem lyricæ poëseos Principum Fragmenta : Alcæi, Sapphus, Stesichori, Ibyci, Anacreontis, Bacchyllidis, Simonidis, Alcmanis & Pindari ; nonnullaque etiam aliorum, cum latinâ interpretatione, partìm solutâ oratione, partìm carmine : cum annotationibus & scholiis diversorum. *Ex Typ. Hieron. Commelini,* 1598, *in*-8. *v. f.*

2427 Comicorum græcorum sententiæ, latinis versibus ab Henr. Stephano redditæ & annotationibus illustratæ. *Excudeb. Henr. Stephanus, anno* 1569, *in*-16. *v. m.*

2428 Anthologia Epigrammatum græcorum, cum

cum latinâ interpretatione. *Flexiæ*, *Ludovicus Hébert*, 1624, *in-8. v. f.*

2429 Epigrammata ex Libris græcæ Anthologiæ à Septimio Florente Christiano selecta, & latinè versa ; sive Florilegium latinum ex græco Florilegio : accedit Musæi Poematium, sive Libellus de amore & morte Leandri, & Herus ab eodem Florente Christiano versibus è græco expreff. *Lutetiæ*, *ex Typogr. Rob. Stephani*, 1608, *in-12. v. m.* 3.

§ 2. *Ouvrages des Poëtes Grecs.*

2430 Hesiodi Ascræi Opera & Dies, gr. & lat. ex editione & cum Commentario J. Spondani. *Rupellæ*, *Hieronymus Haultinus*, 1592, *in-8. v. f.*

2431 Hesiodi Ascræi Opera quæ extant omnia, gr. & lat. cum annotationibus doctorum virorum & lectionibus variis Hieron. Commelini. *Excudeb. Hieron. Commelinus*, 1598, *in-8. v. f.* 3.

2432 Eadem græcè, cum interpretatione latinâ & notis ac emendationibus Danielis Heinsii. *Lugd. Batav. Joann. Patius*, 1622, *in-8. v. f.* 3. 1.

2433 Homeri Opera omnia græcè, cum præfatione latinâ Bernardi Nerlii. *Florentiæ*, 1488, 2 *vol. in-fol.* C. M. *mar. r.* (*Editio Primaria & rarissima.*) 150.

2434 Homeri Ilias & Odyssea, græcè tantùm ; nec-non & alia ejusdem opuscula, cum optimis exemplaribus, tàm MSS. quàm editis collata, curis doctorum virorum Academiæ Glasguensis, edentibus Jacobo Moor, & Georgio Muirhead. *Glasguæ*, *in Ædibus Aca-* 151. 1.

Tome I.   Hhh

demicis ; excud. *Rob. & Andr. Foulis*, 1756, 4 *vol. in-fol. C. M. mar. r.*

2435 Homeri Ilias, cum interpretatione latinâ ad verbum, & brev. notis marginalibus. *Amstelodami, Joann. Ravesteinius*, 1650, *in-8. vel.*

2436 Les X premiers Livres de l'Iliade d'Homere, trad. en vers françois, par Hugues Salel. *Paris, Charles Langelier*, 1555, *in-8. vel.*

2437 Les XI & XIIe Livres de l'Iliade d'Homere, trad. du grec en vers françois par Hugues Salel, avec le commencement du XIIIe, & l'Umbre dudict Salel faicte par Olivier de Maigny. *Paris, Vinc. Sertenas*, 1554, *in-8. v. br.*

2438 Les XXIV Livres de l'Iliade d'Homere, & les trois premiers Livres de l'Odyssée, trad. du grec en vers françois par Hugues Salel & Amadis Jamyn. *Paris, Abel Langelier*, 1599, *in-12. v. m.*

2439 Les XXIV Livres de l'Iliade d'Homere, Prince des Poëtes grecs, trad. du grec en vers françois ; les XI premiers par Hugues Salel, & les XIII derniers par Amadis Jamyn, avec les trois premiers Livres de l'Odyssée d'Homere pareillement en vers françois. *Rouen, Jean Berthelin*, 1605, *in-12. v. br.*

2440 L'Iliade d'Homere, traduire en françois par le Sieur du Souhait. *Paris, Nic. Gasse*, 1634, *in-8. mar. r.*

2441 Ludov. Coulon Lexicon Homericum, seu accurata vocabulorum omnium quæ in Homero continentur Explanatio. *Parisiis, Seb. Cramoisy*, 1643, *in-8. vel.*

BELLES-LETTRES.

2442 Pii II. Pont. Max. Liber de Laudibus Homeri, Poëtarum Principis. *Editio vetus, absque ullâ loci & anni indicatione; sed, ut conjicitur, impressa Goudæ, charact. Gerardi Leeu, circà ann.* 1480, *in-fol. relié en carton.*

2443 Homere vengé, ou Réponse à M. de la Motte sur l'Iliade. *Paris Estienne Ganeau,* 1715, *in*-12. *v. m.*

2444 Remarques sur Homere, avec la Traduction de la Préface de l'Homere anglois de M. Pope, & d'un Essai sur la vie & les Ecrits de ce Poëte. *Paris, Gabriel Martin,* 1728, *in*-12. *v. m.*

2445 Cointi Smyrnæi, *aliàs* Quinti Calabri, Paraleipomena, *Id est*, derelicta ab Homero Libris XIV comprehensa, gr. & lat. ex interpretatione Laurentii Rhodomani : Accedit Epitome gemina tùm Homeri & Cointi, tùm universæ historiæ Trojanæ, & Dionis Chrysostomi Oratio de Ilio non capto, cum notis & emendationibus. *Hanoviæ, Typis Wechelianis,* 1604, *in*-8. *v. br.*

2446 Anacreontis Teii Odæ & Carmina, græcè, cum Scholiis græcis Joannis Armandi Buthillerii de Rancé. *Parisiis, Jacob Dugast,* 1639, *in*-8. *C. M. mar. bl.*
* *Exemplar elegans & nitidum.*

2447 Pindari Olympia, Pythia, Nemea, Isthmia, cæterorumque octo Lyricorum Carmina, Alcæi, Sapphus, Stesichori, Ibyci, Anacreontis, Bacchillydis, Simonidis, Alcmanis, & nonnulla etiam aliorum. Hæc omnia gr. & lat. edita., ex recognitione Henr. Stephani. *Excudebat idem Stephanus,* 1560; 2 *vol. in*-16. *mar. r.*

2. 2448 LexiconPindaricum, in quo non solum Dorismi Pindaro peculiares, sed etiam verba, phrasesque non vulgares, & in aliis jam vulgatis Lexicis vel omissæ, vel non satis fideliter explicatæ, &c. accuratè declarantur, editore M. Æmylio Porto. *Hanoviæ, Typis Wechelianis, 1606, in-8. v. br.*

1. 2449 Æschyli Tragœdiæ VII, græcè, ex editione Guill. Canteri. *Antverpiæ, Christophor. Plantinus, 1580, in-16. v. m.*
    2450 Sophoclis Tragœdiæ VII, græcè. *Parisiis, Sim. Colinæus, in-8. v. f.*

1. 2451 Earumdem Tragœdiarum Editio altera, græcè, cum animadv. Guill. Canteri. *Antverpiæ, Christoph. Plantin. 1579, in-16. v. f.*
    2452 Henr. Stephani Annotationes in Sophoclem & Euripidem, quibus variæ Lectiones examinantur: Accesserunt Tractatus de Orthographiâ quorumdam vocabulorum Sophoclis, cum cæteris tragicis communium, necnon Dissertatio de Sophocleâ imitatione Homeri. *Excudebat idem Stephanus, anno 1568, in-8. v. f.*

4·17 2453 L'Œdipe & l'Electre de Sophocle, Tragédies grecques, traduites en françois avec des remarques par M. Dacier. *Paris, Claude Barbin, 1692. in-12. v. br.*

1. 2454 Euripidis Tragœdiæ XIX, græcè, in quibus præter infinita menda sublata, carminum omnium ratio hactenus ignorata nunc primùm proditur, operâ Guill. Canteri, cum quibusdam notis & observationibus. *Antverpiæ, ex Offic. Christoph. Plantin, 1571, in-16. v. m.*
    2455 Ejusdem Euripidis Tragœdiæ tres; Phœ-

BELLES-LETTRES.   429

nissæ, Hippolytus coronatus, & Andromacha; de Græcis olim carmine latino conversæ & nunc primùm editæ, authore Georgio Ratallero: Accesserunt Fragmenta quædam ex veteris Græcis Poëtis apud Stobæum extantia, & ab eodem Ratallero eodem versuum genere reddita. *Antverpiæ, Christoph. Plantinus*, 1581, *in*-16. *v. m.*

2456 Scholia in VII Euripidis Tragœdias, ex antiquis exemplaribus ab Arsenio collecta, & nunc primùm in lucem edita, græcè. *Venetiis, ex Offic. Luc. Ant. Juntæ, anno* 1534, *in*-8. *v. f.* } 1.

2457 Q. Septimii Florentis Christiani Andromacha, Euripidea Tragœdia, cum notatis ad ipsam fabulam. *Lugd. Batav. Franc. Raphelengius*, 1594, *in*-8. *v. m.*

2458 Aristophanis Comœdiæ IX, græcè cum scholiis græcis, edente Marco Musuro. *Venetiis, apud Aldum, anno* 1498, *in-fol. mar.* 12.
bl. rare.
* *Editio primaria.*

2459 Ejusdem Aristophanis Comœdiæ XI, græcè cum scholiis græcis & indice copioso, ex editione Sigismundi Gelenii. *Basileæ, ex Offic. Frobeniana*, 1547, *in-fol. v. f.*   1. 16.

2460 Earumdem Comœdiarum Editio altera, gr. & lat. cum scholiis antiquis, studio & operâ Odoardi Biseti. Accesserunt verò Notæ D. Æmylii Francisci Porti. *Aurelia Allobrogum, sumptibus Caldorianæ Societatis*, 1607, *in-fol. v. f.*   4. 10.

2461 Earumdem Comœdiarum Editio altera, gr. & lat. ex emendatione & cum notis Di-   4. 12.

versorum & Joseph Scaligeri. *Lugd. Batav.*
Joann. Maire, 1624, *in-12. v. m.*

2462 Earumdem Comœdiarum Editio altera, gr. & lat. ex Codicibus MSS. emend. cum scholiis antiquis, & notis diversorum, accurante Ludolpho Kustero qui suas adjecit adnotationes. *Amstelodami, Fritsch.* 1710, *in-fol. v. br.*

2463 Earumdem Comœdiarum Editio altera, græcè & latinè, ad fidem optimor. codd MSS. emend. cum novâ octo Comœdiarum interpretatione latinâ, & notis ad singulas ineditis Steph. Bergleri, necnon Car. Andr. Dukeri ad quatuor priores: Accedunt deperditarum Comœdiarum Fragmenta, à Theodoro Cantero & Guill. Coddæo collecta, curante Petro Burmanno secundo, qui præfationem præfixit. *Lugd. Bat.* 1760, 2 *vol. in-4. C. M. v. m.*

2464 Earumdem Comœdiarum Versio latina, interprete divo Justinopolitano. *Venetiis, Comin de Tridino*, 1548, *in-8. relié en carton.*

2465 Le Plutus, & les Nuées d'Aristophane, Comédies grecques trad. en françois avec des remarques, par Mademoiselle Anne le Févre. *Paris, Denys Thierry*, 1684, *in-12. v. br.*

2466 Theocriti, Siracusani, Bucolicum, seu potiùs Œpolicum Carmen in suo stilo disertissimum à Philetico traductum, atque paucissimis ab Jodoco Badio Ascensio elucidatum. *Parisiis, Joann. Parvus*, 1503, *in-4. v. m.*

2467 Theocriti, aliorumque Poëtarum Idyllia & Epigrammata, gr. & lat. cum observationibus Henr. Stephani. *Excud. idem Stephanus* 1579, *in-16. v. br.*

BELLES-LETTRES.

2468 Commentaria veteris Scholiastæ in Theocriti Eglogas, ex diversis exemplaribus collecta & edita, græcè. *Venetiis, apud Salamandram, Bartholom. de Zanettis*, 1539, *in-*8. *v. f.* " 12.

§ 3. *Collections & Extraits des Poëtes Latins anciens.*

2469 Corpus omnium veterum Poëtarum Latinorum, tàm prophanorum quàm ecclesiasticorum, cum eorum quotquot reperiuntur fragmentis, ex edit. Mich. Maittaire. *Londini, Isaacus Vaillant*, 1721, 2 *vol. in-fol. v. br.* 7 6.

2470 Fragmenta Poëtarum veterum Latinorum, quorum opera non extant: Ennii, Accii, Lucilii, Laberii, Pacuvii, Afranii, Nævii, Cæcilii, aliorumque multorum, undiquè à Roberto Stephano olim congesta, nunc autem ab Henrico Stephano digesta & illustrata. *Parisiis, idem Stephanus*, 1574, *in-*8. *v. m.* 5. 19.

2471 Sententiæ veterum Poëtarum, per Georgium Majorem in locos communes digestæ & locupletatæ: Accedit Antonii Mancinelli de poëticâ virtute Libellus. *Lutetiæ, ex Offic. Roberti Stephani*, 1551, *in-*8. *v. f.* 1.

2472 Petri Scriverii Collectanea veterum Tragicorum, necnon Fragmenta cum brevibus notis & singulari Libello castigationum Gerardi Joann. Vossii. *Lugd. Batav. Johann. Maire*, 1620, *in* 8. *v. f.* 3. 2.

2473 Epigrammatum Delectus ex omnibus tùm veteribus tùm recentioribus Poëtis accuratè decerptus, necnon elegantes Sententiæ ex an- 2. 10.

tiquis Poëtis selectæ. *Parisiis, Carol. Savreux*, 1659, *in-12. v. br.*

2474 Florilegium Epigrammatum Valerii Martialis, cum versione græcâ Josephi Scaligeri, *Lutetiæ, Rob. Steph.* 1607, *in-8. v. m.*

2475 Catalectes, ou Piéces choisies des Anciens, recueillies en deux Livres par Joseph Scaliger, & mises en vers françois par l'Abbé de Marolles. *Paris*, 1667, *in-8. relié en peau.*

2476 Diversorum veterum Poëtarum in Priapum Lusus, Publ. Virgilii Maronis Catalecta, Copa, Rosæ, Culex, Diræ, Moretum & Ciris: Accedunt Ætna, Elegia in Mecænatis obitum, & alia nonnulla, quæ falsò Virgilii creduntur, argumenta item in Virgilii Libros, & alia diversorum complura; hæc omnia nuper emendata & in unum edita. *Venetiis, in Ædibus Hæred. Aldi*, 1534, *in-8. mar. r.*

2477 Lælii Capilupi, Mantuani, Cento ex Virgilio de Vitâ Monachorum; & Gallus ex editione Pauli Cerardi. *Venetiis*, 1550, *in-8. v. m.*

2478 Aeneis Sacra, continens acta Domini nostri Jesu Christi, & primorum Martyrum qui passi sunt tempore persecutionis; omnia Virgilio Centonibus conscripta, & collecta per Franc. Stephanum de Pleurre. *Parisiis, Adr. Taupinart*, 1618, *in-4. relié en carton.*

§ 4. *Ouvrages des Poëtes Latins anciens.*

2479 M. Accii Plauti Comœdiæ XX, olim à Joachimo Camerario emendatæ, nunc verò
in

BELLES-LETTRES.

in lucem editæ studio & operâ Joannis Sambuci, cum observationibus Diversorum. *Antuerpiæ, Christoph. Plantinus*, 1566, *in-*16. *v. m.*

2480 Essai sur une Traduction libre des Comédies de Plaute, par M. Girauld, Avocat. *Paris, Duchesne*, 1761, *in-*8. *v. m.*   1.

2481 Johannis Philippi Paræi Analecta Plautina, in quibus M. Accii Plauti Editiones Pareanæ à virulentis Jani Gruteri cavillationibus ac strophis vindicantur, cum variis lectionibus. *Francofurti, Vidua Jonæ Rosæ*, 1623, *in-*8. *v. br.*

2482 J. Philippi Paræi Lexicon Plautinum, in quo elegantiæ omnium simplicium vocabulorum antiquæ Linguæ Romanæ accuratè eruuntur & explicantur,&c. *Francof. Nic. Hoffmannus*, 1614, *in-*8. *vel.*   130. 10.

2483 Ælii Donati Commentarii in sex Terentii Comœdias, ex recognitione Raphaëlis Zovenzonii. *Venetiis, per Vindelinum Spirensem, absque notâ anni (sed circà annum* 1470 *aut saltem* 1472), *in-fol. mar. r. rare.*

2484 P. Terentii Comœdiæ sex, cum Commentariis ejusdem Donati. *Venetiis*, 1482, *in-fol.*   3. 10.
v. m.

2485 Earumdem Comœdiarum Editio altera, cum Commentariis ejusdem Donati. *Mediolani, per Leonardum Pachel*, 1483. *in-fol. vel.*   1. 3.

2486 Earumdem Comœdiarum editio altera, cum interpretationibus ejusdem Donati & aliorum. *Venetiis, Typis Brandini & Octav. Scoti*, 1540, *in-fol. v. f.*   2. 9.

2487 Earumdem Comœdiarum editio altera,

Tome I.   Iii

434 BELLES-LETTRES.

cum brevi admonitione de comicorum verſuum ratione. *Pariſiis , Reginaldus Calderius ,* 1546, *in-4. v. f.*

2488 Earumdem Comœdiarum editio altera, cum annotationibus Ant. Mureti , & animadverſionibus Antonii Goveani. *Pariſiis , Hieron. de Marnef ,* 1572, *in-16. v. m.*

2489 Earumdem Comœdiarum editio altera, cum notis ejuſdem Mureti , & additionibus Franciſci Fabricii Marcodurani : acceſſerunt variæ lectiones Theodori Pulmanni. *Antverpiæ , ex Offic. Chriſtoph. Plantini ,* 1576, *in-16. v. f.*

2490 Earumdem Comœdiarum editio altera. *Pariſiis , ex Typographiâ Regiâ ,* 1642, *in-fol. C. M. v. m.*

2491 Earumdem Comœdiarum editio altera, ad fidem optimorum Codd. recenſita; acceſſerunt variæ lectiones quæ in libris MSS. & eruditorum Commentariis notatu digniores occurunt, cum fig. æneis elegant. *Londini , Knapton & Sandby ,* 1751, 2 *vol. in-8. fig. C. M. v. m.*

2492 Earumdem Comœdiarum editio altera, cum variis lectionibus & annotationibus doctorum virorum. *Lutetiæ Pariſior. Natalis le Loup ,* 1753, 2 *vol. in-12. v. m.*

2493 Le Comedie di Terentio volgari , di nuovo ricorette , & a miglior tradottione ridotte. *In Vinegia, in Caſa de Franceſco d'Aſola Aldo ,* 1546, *in-8. v. m.*

2494 Titi Lucretii Cari de rerum naturâ Libri VI , ex recognitione Aldi. *Venetiis , in Ædibus Aldi & Andreæ Soceri ,* 1515, *in-8. v. br.*

BELLES-LETTRES.

2495 Iidem, cum vitâ Lucretii per Petrum Crinitum conscriptâ. *Parisiis, Prıngentius Calvarinus*, 1539, *in-*4. *mar. bl.* (*Litteris quadratis.*)   2. 14.

2496 Iidem, ex editione Oberti Gifanii Burani, cum variis lectionibus & castigationibus, nec-non vitâ Lucretii : accedit, compendium Epicuri de rerum naturâ, Lucretio adcommodatum, &c. *Antverpiæ, ex Offic. Christoph. Plantini*, 1566, *in*-8. *v. br.*   2. 5.

2497 Iidem, ad postremam Oberti Gifanii emendationem accuratissimè restituti, cum interpretatione Gallicâ Mich. de Marolles, Abbatis de Villeloin. *Lutet. Parisior. Guill. de Luynes*, 1659, *in*-8. *v. f.*

2498 Di Tito Lucrezzio Caro della natura delle Cose Libri sei, tradotti dal latino in italiano da Alessandro Marchetti ; dati nuov. in luce da Franç. Gerbault, con figure intagliate in rame. *In Amsterdamo* (*Parigi*) 1754, 2 *vol. in*-8. *C. Maggiore, mar. r.*   22- 4.

2499 Danielis Parei Lexicon Lucretianum, sive in Titi Lucretii de rerum naturâ Libros VI omnium dictionum & elegantiarum Index copiosissimus. *Francofurti, Wolffgangus Hofmannus*, 1631, *in*-8. *v. f.*   3.

2500 C. Val. Catulli, Albii Tibulli, & Sexti Aur. Propertii Opera quæ extant omnia, cum Commentariis diversorum & indice copiosissimo. *Lutet. Parisiorum, Morellus*, 1604, *in-fol. mar. r.*   3.

2501 Mauri Servii Honorati Grammatici Commentaria in P. Virgilii Maronis Opera. *Editio vetus & primaria Udalrici Galli, absque notâ anni* (*sed ut conjicitur Typis excusa circà an-*   80. 10.

Iii ij

436 BELLES-LETTRES.

num 1470 *Romæ*), *in-fol. C. M. mar. r.*

2501 Eorumdem Commentariorum *Editio altera*, anno 1471 (*Typis Christophori Valdarfer Ratisponensis*) *excusa in-fol. mar. bl.*

2503 P. Virgilii Maronis Opera omnia, cum Commentariis ejusd. Mauri Servii Honorati. *Brixiæ, per Joann. Britannicum*, 1485, *in-fol. v. f.*

2504 Eadem Virgilii Opera ex recognitione Pauli Malleoli, cum præfatione Philippi Beroaldi, & Vitâ Virgilii. *Editio vetus & nitida, absque ullâ loci & anni indicatione, sed antè ann.* 1500, *Typis Parisiensibus excusa*, *in-*4. *relié en carton.*

2505 Eadem Virgilii Opera omnia, cum Commentariis diversorum & figuris in ligno incisis. *Venetiis, per August. de Zannis de Portesio, impensis Luc-Ant. de Giunta*, anno 1519, *in-fol. fig. v. f.*

2506 Eadem Virgilii Opera omnia, cum Commentariis Servii, Donati, & Ascensii, & annotationibus Joann. Pierii. *Venetiis, apud Juntas*, 1542, *in fol. v. m.*

2507 Eadem Virgilii Opera, ex recognitione Pauli Manutii. *Venetiis, Paulus Manutius, Aldi filius*, 1555, *in-*8. *mar. r.*

2508 Eadem Virgilii Opera omnia. *Parisiis, ex Typ. Regiâ*, 1641, *in-fol. v. m.*

2509 Eadem Virgilii Opera, ex editione Joannis Ogilvii, & figuris æneis elegantissimis adornata. *Londini, Thomas Roycroft*, 1663, *in-fol. C. M. fig. v. f.*

2510 Eadem Virgilii Opera, ex editione & cum annotationibus Joann. Min-ellii. *Roterodami, Arn. Leers*, 1666, *in-*12. *v. m.*

BELLES-LETTRES. 437

2511 Eadem Virgilii Opera omnia, cum interpretatione & notis Caroli Ruæi ad usum Delphini. *Parisiis, Sim. Bénard*, 1675, *in-*4. *v. br.* 2.

2512 Eadem Virgilii Opera, cum interpretatione & notis ejusdem Caroli Ruæi, Soc. Jesu, ad usum Delphini. *Parisiis, Sim. Bénard*, 1682, *in-*4. *v. f.* 6. 12.

2513 Eadem Virgilii Opera, è Codice antiquissimo qui nunc Florentiæ in Bibliothecâ Mediceo Laurentianâ adservatur descripta, & emendata à Rufio Turcio Aproniano. *Florentiæ, Typis Mannianis*, 1740, *in-*4. *v. m.* (*Litteris Capitalibus.*) 6.

2514 Ejusdem Virgilii Maronis Bucolica, Georgica, & Æneis, ad optimorum exemplarium fidem recensita, & figuris æneis adornata. *Londini, Knapton & Guill. Sandby*, 1750, 2 vol. *in-*8. *C. M. fig. v. m.* 27. 4.

2515 Eadem Virgilii Opera; scilicet, Bucolica, Georgica & Æneis. *Birminghamiæ, Typis Johannis Baskerville*, 1757, *in-*4. *C. M. mar. r.* 84.

2516 Eadem Virgilii Opera; scilicet, Bucolica, Georgica & Æneis, è Codice Mediceo Laurentiano descripta, ab Antonio Ambrogi Florentino, Soc. Jesu, italico versu reddita, annotationibus atque variantibus lectionibus & antiquissimi Codicis Vaticani picturis pluribusque aliis veterum Monumentis ære incisis, & cl. Virorum dissertationibus illustrata. *Roma, Joan. Zempel*, 1763, 2 vol. *in-fol. fig. broché en carton.* 29. 4.

2517 Jodoci Willichii Commentarii in IV libros Georgicorum P. Virgilii Maronis. *Basileæ*,

Bartholom. *Westhemerus*, 1539, *in-*8. *v. m.*

2518 Ejufdem Virgilii Æneidos Libri XII, cum Comment. Servii Honorati, & annotationibus Philippi Beroaldi & aliorum. *Lugduni, Jacobus Sacon*, 1517, *in-fol. fig. v. m.*

2519 Publii Virgilii Maronis Appendix, cum fupplemento multorum antèhac nunquàm excufforum Poëmatum veterum Poëtarum, & caftigationibus Jofephi Scaligeri. *Lugduni, Guill. Rovillius*, 1573, *in-*8. *v. f.*

2520 Les Œuvres de Virgile, tranflatées de latin en françoys, avec plufieurs Hyftoires moult récréatives, & des figures. *Paris, Jacques le Meffier*, 1532, *in-fol. gotiq. vel.*

2521 Les mêmes Œuvres de Virgile Maron, Prince des Poëtes latins, trad. en vers françois, par Robert & Antoine le Chevalier d'Agneaux, freres. *Paris, David le Clerc*, 1607, *in-*8. *vel*

2522 Traduction en vers françois des Eglogues de Virgile, par le fieur Lépul. *Béziers, Eftienne Barbut*, 1701, *in-*8. *mar. r.*

2523 L'Enéide de Virgile, trad. en vers françois héroïques, avec le texte latin à côté, & des remarques hiftoriques par Pierre Perrin, enrichie de figures gravées en taille-douce. *Paris, Eftienne Loyfon*, 1664, 2 *tom. en un vol. in-*12. *fig. v. br.*

2524 Traduction des premier, fecond, quatrieme & fixieme Livres de l'Enéide de Virgile, en ryme touloufaine, par un Avocat de Béziers. *Béziers, Henry Martel*, 1682, *in-*12. *bazane.*

2525 Virgille virai en Borguignon (ou les

BELLES-LETTRES.

deux premiers Livres de l'Enéide de Virgile, trad. en vers bourguignons.) *Dijon, Ant. de Fay*, 1718, *in*-12. *v. m.*

2526 Remarques sur Virgile & sur Homere, & sur le style Poëtique de l'Ecriture-Sainte, par l'Abbé Faydit. *Paris, Jean & Pierre Cot*, 1705, *in*-12. *v. f.* — 1.

2527 Recueil de Figures gravées en taille-douce, représentant différens sujets des Œuvres de Virgile & d'Ovide. *in* 4. *oblongo, mar. r.* — 8. 19.

2528 Thesaurus P. Virgilii Maronis, in communes locos olìm digestus à Mich. Coyssardo, Soc. Jesu, & nùnc emendatior studio & operâ unius ex eâdem Societate. *Parisiis, Vid. Cl. Thiboust*, 1683, *in*-8. *v. br.* — 1.

2529 Q. Horatii Flacci, Venusini, Opera omnia. *Impensis Philippi de Lavagniâ, civis Mediolanensis, anno à Natali Christiano* 1476, *in-fol. mar. r.* — 160. 10.

2530 Eadem Horatii Opera, cum Commentariis Acronis Grammatici, & indice locupletissimo, ex editione Michaëlis Bentini. *Basilea, Valentinus Curio*, 1527, *in*-8. *v. m.* — 2. 2.

2531 Eadem Horatii Opera omnia, cum paraphrasi. *Verona, Hieron. Discipulus*, 1585, *in*-4. *v. m.*

2532 Eadem Horatii Opera omnia. *Parisiis, ex Typ. Regiâ*, 1642, *in-fol. v. m.* — 4.

2533 Eadem Horatii Opera, cum notis ac appendice de Diis & Heroïbus poëticis, ex editione Josephi Juvencii, Soc. Jesu. *Rhotomagi, Rich. Lallemant*, 1709, *in*-12. *v. br.*

2534 Eadem Horatii Opera, ab omni obscœnitate expurgata, cum annotationibus. *Lutetiæ*

BELLES-LETTRES.

Parisior. *Cl. Car. Thiboust*, 1739, *in-*12. *v. br.*

2535 Alexandri Cuningamii Animadversiones in Richardi Bentleii notas & emendationes ad Horatium Flaccum. *Hag. Comitum, Thom. Jonsonius*, 1721, *in-*8. *v. br.*

2536 P. Ovidii Nasonis Opera omnia, ex recensione Gregorii Bersmani, cum annotationibus diversorum. *Londini, Rogerus Daniel*, 1656, *in-*12. *v. br.*

2537 Ejusdem Ovidii Epistolarum Heroïdum Liber, cum interpretatione & notis Danielis Crispini, necnon indice locupletissimo. *Londini, J. Bonwicke*, 1722, *in-*8. *v. f.*

2538 Ejusdem Ovidii Metamorphoseon Libri XV, unà cum commento familiari & enarrationibus Raphaëlis Regii. *Parisiis, Andr. Bocard*, 1496, *in-fol.* relié en carton.

2539 Eorumdem Ovidii Librorum Editio altera, cum notis Thomæ Farnabii, & figuris æneis Fr. Clein & Salomonis Savery. *Parisiis, Ægidius Morellus*, 1637, *in-fol. fig. v. f.*

2540 Eorumdem Ovidii Librorum Editio altera, cum interpretatione & notis ad usum Scholarum. *Rotomagi, Vidua Jac. le Boullenger*, 1701, *in-*12. *v. f.*

2541 Les XXI Epîtres d'Ovide, translatées de latin en ryme françoise, par Octavien de S. Gelais. *Paris, Ant. Vérard*, *in-*8. *gotiq. v. f.* figures enluminées.

2542 Autre Edition des mêmes Epîtres. *Paris, Pierre Regnaud*, 1544, *in-*8. *baz.* (lettres rondes).

2543 Les Epîtres amoureuses & les Elégies d'Ovide, trad. en vers françois, avec figures en taille-

BELLES-LETTRES.

taille-douce. *Colog. Pierre Marteau*, (*Rouen*), 1702, 2 *tom. en* 1 *vol. in*-12. *fig. baz.*

2544 Les mêmes Epîtres amoureuses d'Ovide, trad. en françois, avec le texte latin à côté, & des figures en taille-douce. *Cologne, Pierre Marteau*, 1703, *in*-12. *fig. v. br.* — 1. 10.

2545 Nouvelle Traduction des Elégies amoureuses d'Ovide, en vers françois. *Utrecht, Georges de Backer*, 1730, *in*-12. *v. m.*

2546 Autre édition de la même Traduction. *Bruxelles, Georges de Backer*, 1736, 2 *tom. en* 1 *vol. in*-12. *mar. r.* } 1. 4.

2547 Epistole Eroiche di P. Ovidio Nasone, tradotte in versi da Remigio (Nannino) Fiorentino. *In Parigi, appresso Durand*, 1762, *in*-4. *mar. bl. avec figures, vignettes & cul-de-lampes, imprimées en rouge.* 6. 1.

2548 Le premier livre de la Métamorphose d'Ovide, translaté du latin en ryme françoise par Clém. Marot. *Lyon, Franç. Juste*, 1534, *in*-12. *gotiq. mar. r.*

2549 Les trois premiers Livres de la Métamorphose d'Ovide, mis en vers françois, les deux premiers par Clément Marot, & le troisieme par Barthelemy Aneau. *Lyon, Macé Bonhomme*, 1556, *in*-8. *v. f.* } 1. 5.

2550 Les Métamorphoses d'Ovide, translatées en françois. *in-fol. gotiq. v. br.* 1. 10.

2551 L'Olympe des Histoires poëtiques, ou les XV Livres de la Métamorphose d'Ovide, trad. en françois. *Paris, Denys Janot*, 1539, *in*-8. *v. br.* (*Lettres rondes.*)

2552 Les XV Livres de la Métamorphose d'Ovide, interprétés en ryme françoise par Franç. } 1. 6.

Tome I. Kkk

BELLES-LETTRES.

Habert. *Paris, Estienne Groulleau*, 1557, *in*-8. *v. br.*

1. 2553 Autre Edition. *Paris, Hiérosme de Marnef*, 1574, *in*-16. *vel.*

1. 2. 2554 Autre Edition. *Paris, Hier. de Marnef*, 1580, *in*-16. *v. m.*

2. 2555 La Métamorphose d'Ovide figurée, avec des explications en ryme françoise. *Lyon, Jan de Tournes*, 1564, *in*-8. *fig. mar. r.*

2. 11. 2556 Autre édition du même Livre. *Lyon, Jean de Tournes*, 1583, *in*-8. *mar. r.*

3. 4. 2557 Les XV Livres des Métamorphoses d'Ovide, de nouveau trad. en françois, avec l'explication morale des Fables, par N. Renouard, avec figures en taille-douce. *Paris, Matthieu Guillemot*, 1608, *in*-8. *fig. v. br.*

1. 12. 2558 Autre Edition. *Rouen, Jean Berthelin*, 1643, *in*-8. *fig. v. br.*

1. 2559 L'Ovide bouffon, ou les Métamorphoses travesties en vers burlesques par L. Richer. *Paris, Est. Loyson*, 1662, *in*-12. *v. br.*

5. 2560 La Vita e Metamorfoseo di P. Ovidio, figurato & abbreviato in forma d'Epigrammi, da M. Gabriello Symeoni; con altre stanze sopra gl' effetti della luna, il ritratto d'una fontana d'Overnia, & un' Apologia generale. *In Lione, Giov. de Tornes*, 1584, *in*-4. *fig. mar. bl.*

4. 1. 2561 Ovid's Metamorphosis englished Mythologiz'd and represented in figures by G. Savery. *in-fol. relié en carton.*

1. 10. 2562 Les XV Livres des Métamorphoses d'Ovide, trad. en langue Hollandoise, avec figures en taille-douce. *Rotterdam, Pierre van*

BELLES-LETTRES. 443

Waesberge, 1657, 3 *vol. in-12. fig. vel.*

2563 Phædri Fabulæ, & P. Syri Mimi Sententiæ, cum notis & emendationibus Tanaquilli Fabri, latinè & gallicè. *Salmurii, Dan. de l'Erpiniere*, 1664, *in-12. vel.*   1. 4.

2564 Earumdem Fabularum editio altera, cum adnotationibus & explicatione italicâ præcipuorum vocabulorum & phrasium. *Florentiæ, Joann. Bapt. Bruscagli*, 1741, *in-12. broché.*

2565 Les Fables de Phédre, trad. en françois, avec des réflexions morales, & des figures gravées en taille-douce. *Paris, Olivier de Varennes*, 1669, *in-12. fig. v. m.*   2. 2.

2566 L. Ann. Senecæ Tragœdiæ, cum Commentariis Gellii Bernardini Marmitæ. *Lugduni, per Anth. Lambillon*, anno 1491, *in-4 mar r.*   12.

* *Editio Primaria.* (*cum notis marginalibus MSS.*)

2567 Earumdem Tragœdiarum editio altera, cum iisdem Commentariis Gell. Bern. Marmitæ. *Venetiis, per Lazarum Isoarda de Saviliano*, anno 1492, *in-fol. mar. r.*   36.

* *Editio præstans & nitida.*

2568 Earumdem Tragœdiarum editio altera; ex recensione & musæo Petri Scriverii, cum Justi Lipsii animadversionibus, & variorum authorum notis ac emendationibus. *Lugduni, Batav. Joh. Maire*, 1621, *in-8. v. f.*   1. 2.

2569 Omniboni Vincentini Commentarii in Lucani Pharsaliam, unà cum vitâ ejusd. Lucani. *Venetiis* (*absque notâ impressoris*), 1475, *in-fol. mar. r.*   36.

2570 M. Annæi Lucani, Cordubensis, Pharsalia. *Venetiis, per Guerinum*, anno 1477, *in-fol. v. m.*   11. 19.

BELLES-LETTRES.

4.   2571 Eadem Lucani Pharsalia, cum Commentariis Omniboni Vincentini. *Venetiis*, per *Nic. Battiboue*, anno 1486, *in-fol. v. f.*

2.   2572 Eadem Lucani Pharsalia, cum iisdem Comm. Omniboni Leoniceni Vincentini. *Venetiis*, *Octav. Scotus*, 1492, *in-fol. v. m.*

1.   ⎧ 2573 Eadem Lucani Pharsalia. *Lugduni*, *Seb. Gryphius*, 1536, *in-fol. v. f.*
     ⎪ 2574 Eadem Lucani Pharsalia, sive de Bello Civili Cæsaris & Pompeii Libri X, cum notis Hug. Grotii, & annot. Thomæ Farnabii. *Amstelodami*, *Joann. Janſſon*, 1651, *in-12. v. br.*
     ⎩ 2575 Eadem Lucani Pharsalia, sive de Bello Civili Libri X, cum notis integris diversorum, supplemento Lucani à Thomâ Maio Anglo, & variis lectionibus, ac indice; accurante Corn. Schrevelio. *Lugduni*, ex *Offic. Bourgeatianâ*, 1670, *in-12. v. m.*

4.   2576 La Pharsale de Lucain, ou les Guerres Civiles de César & de Pompée, trad. en vers françois par M. de Brébeuf. *La Haye*, *Arn. Leers*, 1683, *in-12. fig. v. br.*

2.   2577 Lucain travesty; ou les Guerres-Civiles de César & de Pompée, en vers enjoués, par Brébeuf. *Rouen*, *Ant. de Sommaville*, 1656, *in-8. vel.*

3.   2578 Auli Flacci Persii Satyræ, cum Commentariis Bartholomæi Fontii. *Venetiis*, per *Bapt. de Tortis*, 1482, *in-fol. v. m.*

     ⎧ 2579 Earumdem Satyrarum editio altera, ex recognitione Jodoci Badii Ascensii. *Parisiis*, in *Ædibus Guill. Rubei*, pro *Dion. Roce*, anno 1506, *in-8. v. m.*
     ⎩ 2580 Earumdem Satyrarum editio altera, cum

scholiis & annotationibus Joann. Murmellii; nec-non Hermanni Buschii epistola explicatrix primæ satyræ authoris; vita ex Crinito, ac pauca quædam de satyrâ & satyrographis. *Parisiis, Christ. Wechel*, 1538, *in*-4. *v. f.*

2581 Earumdem Satyrarum editio altera; cum Commentariis & notis Isaaci Casauboni. *Parisiis, Hieron. Drouart*, 1615, *in*-8. *v. m.*

2582 Earumdem Satyrarum editio altera, cum brev. annotationibus ad usum scholarum. *Turonibus, Philib. Masson*, 1686, *in*-12. *v. br.*

2583 Domitii Calderini, Veronensis, Commentarii in Juvenalis Satyras, cum defensione Commentariorum Martialis, & recriminatione adversùs Brotheum Grammaticum. *Vincentiæ, per Henricum Liberarium*, anno 1480, *in-fol. v. f.*

2584 Decii Junii Juvenalis Satyræ, cum Commentariis ejusdem Domitii Calderini, & defensione Commentariorum Martialis adversùs Brotheum Grammaticum. *Venetiis, per Bapt. de Tortis*, 1481, *in-fol. v. m.*

2585 Eædem Juvenalis Satyræ, cum Commentariis ejusdem Domitii Calderini & Georgii Vallæ. *Editio anni* 1492. = Pauli Flacci Persii Satyrarum Opus, cum Commentariis Joannis Britannici Brixiani, & Barth. Foncii. *Venetiis, per Joann. de Tridino*, 1494, *in-fol. v. br.*

2586 Decii Junii Juvenalis & Auli Persii Satyrarum Libri, ex editione & cum annotat. Thomæ Farnabii. *Amstelodami, Joan. Blaëu*, 1650, *in*-12. *v. f.*

2587 Eædem Juvenalis Satyræ, ab omni obscenitate expurgatæ. *Turonibus, Philibertus Maſ-ſon, 1684, in-12. relié en carton.*

2588 Eædem Juvenalis & Auli Perſii Satyræ. *Birminghamiæ, Typ. Joh. Baskerville, 1761, in-4. C. M. mar. c.*

2589 Les Satyres de Juvenal, trad. du latin & miſes en vers françois, avec un Diſcours ſur la Satyre & quelques autres Poëſies, par Denys Chailline, Advocat au Parlement de Paris. *Paris, Edme Pépingué, 1653, in-12. vel.*

2590 Silii Italici Punicorum Libri XVII, ex recognitione Joannis Andreæ, Epiſcopi Alerienſis. *Romæ, per Conrad. Sweynheym, & Arn. Pannartz, in domo Petri & Franciſci de Maximis, anno 1471, in fol. mar. r.*
* *Editio primariâ & rariſſima.* •

2591 Iidem, cum commentariis Petri Marſi. *Venetiis, 1493, in-fol. v. m.*

2592 Danielis Heinſii Crepundia Siliana, ſive Adnotationes in Silii Italici Opera: Accedit ejuſdem Heinſii Diſſertatio de veræ criticæ apud Veteres ortu, progreſſu, uſuque, necnon exercitatio critica demonſtrans omnem ferè Ægyptiorum, Græcorum & Latinorum Religionem ex Oriente fluxiſſe. *Cantabrigiæ, R. Daniel, 1646, in-12. v. br.*

2593 Publii Papinii Surculi Statii Opera, cum Commentariis Domitii Calderini, Veronenſis, & Joannis Britannici, Brixiani. *Brixiæ, per Jacobum Britannicum Brixianum, anno 1485, in-fol. mar. r.*

2594 Eorumdem Statii Operum Editio altera, cum Commentariis Placidi Lactantii, ex Bibliothecâ Franc. Pithœi, adjectis variarum lec-

BELLES-LETTRES.

tionum obfervationibus, edente Friderico Lindenbruch. *Parifiis Hadr. Perier*, 1600, *in-*4. *v. m.*

2595 Eorumdem Statii Operum Editio altera, ex recenfione & cum notis J. Friderici Gronovii. *Amftelodami, Typ. Ludov. Elzevirii*, 1653, *in-*16. *v. br.* — 1 . 10 .

2596 C. Valerii Flacci Argonauticon Libri VIII, cum Ægidii Maferii Commentariis. *Parifiis, Badius*, 1519, *in-fol. fig. v. m.* — 1 . 2 .

2597 Domitii Calderini, Veronenfis, Commentarii in Valerii Martialis Epigrammata. *Venetiis, operâ & impendio Johannis de Coloniâ Agrippinenfi, & Joh. Manthen de Gerretzem, anno Salutis* 1474, *in-fol. mar. r.* — 18 . 1 .

2598 M. Valerii Martialis Epigrammata, cum Commentariis ejufdem Domitii Calderini, Veronenfis. *Venetiis, abfque notâ impreſſoris, anno* 1480, *in-fol. v. f.* — 6 .

2599 Eorumdem Editio altera. *Venetiis, per Bapt. de Tortis, anno* 1485, *in-fol. v. m.* — 3 . 16 .

2600 Eorumdem Editio altera, cum Commentariis Domitii Calderini & Georgii Merulæ Alexandrini. *Venetiis,* 1495, *in-fol. relié en carton.* — 3 .

2601 Eadem Valerii Martialis Epigrammata, adjectâ græcarum vocum, quibus Auctor utitur, interpretatione. *Lugd. Seb. Gryphius*, 1539, *in-*8, *relié en carton.*
2602 Eadem Val. Martialis Epigrammata, ab omni obfcœnitate purgata. *Lutetiæ, Michael Vafcofanus,* 1554, *in-*4. *mar. bl.* — 3 .

2603 Eadem M. Val. Martialis Epigrammata, — 1 . 10 .

448 BELLES-LETTRES

ex musæo Petri Scriverii. *Amstelodami*, *Guil. Janssonius*, 1621, *in-16. vel.*

2604 Ausonii Peonii, Poëtæ Burdigalensis disertissimi, Epigrammata, necnon Fragmenta quædam, ex recognitione Julii Æmylii Ferrarii, Novariensis. *Venetiis*, *per Joannem de Cereto, aliàs Tacuinum de Tridino*, anno 1494, *in-fol. mar. r.*

2605 Eadem Ausonii Opera. *Parisiis*, *Guill. Morellius*, 1551, *in 16. v. m.*

2606 Mariangeli Accursii Diatribæ in Ausonium. *Romæ*, *in ædibus Marcelli Argentei*, anno 1524, *in-fol. v. f.*

2607 Francisci Sylvii Ambianatis Commentarii in Gryphon Ausonii. *Parisiis*, *in Ædibus Ascensianis*, 1516, *in-4. v. m.*

2608 Aurelii Prudentii Clementis Opera quæ extant; necnon Prosperi Aquitanici Epigrammata super Divi Aurelii Augustini Sententias: Accedunt Joann. Damasceni Hymni, Cosmæ Hierosolymitani Cantica; & alia diversa, tàm græcè quàm latinè. *Venetiis*, *apud Aldum*, anno 1501, *in-4. mar. r.*

2609 Eorumdem Prudentii Operum Editio altera, cum emendationibus Theod. Pulmanni & Victoris Giselini. *Antverpiæ*, *Christoph. Plantinus*, 1564, *in 8. v. f.*

2610 Eorumdem Prudentii Operum Editio altera, ex recensione Victoris Giselini. *Ex Offic. Plantinianâ*, 1610, *in-16. v. m.*

IV.

BELLES-LETTRES.

I V.

Poëtes Latins modernes.

§ 1. *Collections & Extraits des Poëtes Latins modernes.*

2611 Liber de pluribus extractus, qui dicitur Floretus, & per sex capitula distinctus, in quibus Dogmata sacræ Fidei versibus latinis exponuntur. *Parisiis*, *Antonius Caillaut*, *absque anni indicatione*, *in-4. gotiq. v. m.*

2612 Opusculorum diversorum Collectio, in quâ continentur præcepta Cathonis; Liber Faceti; Libellus de contemptu mundi; Liber Floreti; Liber Parabolarum Alani; Liber Fabularum Æsopi, & Liber Thobiæ, qui dicitur Thobiades. Hæc omnia carmine latino expressa, & à variis Authoribus aut excerpta, aut conscripta. *Impress. à Natali Christiano*, 1500, *absque loci & Typographi nomine*, *in-4. mar. r.*

2613 Opuscula diversa variorum Poëtarum Latinorum, tàm veterum quàm recentiorum, in unùm collecta, & edita cum quibusdam annotationibus. *Lugduni*, 1515, *in-4. v. m.*

2614 Petri Alitis de Invidiâ Dialogus, carmine latino conscriptus. *Parisiis*, *Ludov. Grandin*, 1543. === De Rebus in Galliâ Belgicâ gestis, & pace restitutâ Carmen. *Lutetiæ Parisiorum*, *Rob. Steph.* 1545. === Ædiloquium, seu Disticha partibus ædium urbanarum & rusticarum suis quæque locis adscribenda. *Item*, Epita-

phia VII de Amorum aliquot paſſionibus, auþ
thore Gotofredo Torino. *Pariſiis , Sim. Coli-*
næus , 1530. *in-*12. *v. m.*

2615 Carmina V illuſtrium Poëtarum , *ſcilicet*
Petri Bembi ; Andreæ Naugerii , Balthaſſaris
Caſtilioni , Joannis Cottæ & Ant. Flaminii.
Venetiis , Vinc. Valgriſius , 1548. *in-*8. *mar. c.*

2616 Varia doctorum pierumque Virorum de
corrupto Eccleſiæ ſtatu Poëmata , ante noſtram ætatem conſcripta ; ex quibus multa hiſtorica quoque utiliter ac ſummâ voluptate co-
gnoſci poſſunt : cum præfatione Matthiæ (Francowitz) Flacci Illyrici. *Baſileæ , Ludov. Lucius,*
1557. *in-*8. *mar. rarare.*

2617 Illuſtrium Poëtarum Flores, in unùm collecti per Octavianum Mirandulam, ex recognitione Theod. Pulmanni. *Antverpiæ , Joann.*
Bellerus , 1568, *in-*8. *v. br.*

2618 Joann. Ant. Taygeti , Academici occulti , Poëmata ſelecta ex quàm plurimis & diverſis Authoribus. *Brixiæ , Thomas Bozola ,*
1568 , *in-*8. *v. f.*

2619 Poëtæ tres elegantiſſimi , *ſcilicet ,* Michaël
Marullus ; Hieronymus Angerianus ; & Joannes Secundus. *Pariſiis, Jacobus du Puy ,* 1582,
*in-*16. *v. f.*

2620 Triumphus poëticus Mortis, *id eſt ,* ſelec-
tiſſima Carmina in obitum quàmplurimo-
rum Imperatorum, Regum , Principum , Ducum, Comitum & Baronum , ex optimis totius Europæ Poëtis conquiſita. *Francofurti ,*
Jac. de Zetter , 1621 , *in-*8. *v. f.*

2621 Philomathi , ſeu Philomuli Muſæ juveni-
les, ſeu Collectio carminum diverſi generis,

BELLES-LETTRES.

ab Authore anonymo publicata. *Coloniæ Ubiorum, Jodocus Kalcovius, 1645, in-8. vel.*

2622 Seria & Joci : ou Recueil de plusieurs pièces de poësies, tant latines que françoises, sur divers sujets, par M. le Myere, Sieur de Basly. *Caën, Cl. le Blanc, 1664, in-12. mar. r.*   1. 11.

2623 Recueil de Poësies latines & françoises, & d'Epitaphes qui ont été faites pour J. Baptiste Santeuil, Chanoine de S. Victor, depuis sa mort. *Dijon, Claude Michard, 1698, in-4. v. br.*

§ 2. *Ouvrages des Poëtes Latins modernes, distingués par ordre des Nations, & premierement les Italiens.*

2624 Domici Palladii Sorani, Epigrammatum & elegiarum Libellus, necnon Genethliacon urbis Romæ. *Venetiis, Joann. Bapt. de Sessa, 1498, in-4. relié en carton.*   2.

2625 Baptistæ (Hispanioli) Mantuani, Carmelitæ, Opera poëtica, cum prænotationibus Jodoci Badii Ascensii. *Parisiis, Kerver, 1499, & ann. seqq. 3 tom. en 1 vol. in-4. v. m.*   1. 11.

2626 Eorumdem Poëmatum editio altera. *Lugduni, Stephanus de Basignana, 1516, in-8. v. m.*   1. 1.

2627 Marcelli Palingenii Stellati Poëtæ, Zodiacus vitæ humanæ. *Parisiis, Hieron. de Marnef, 1580, in-16. v. m.*   1. 1.

2628 Jacobi Sannazarii Opera omnia. *Lugduni, Ant. Gryphius, 1569, in-16. v. br.*   3.

2629 Marci Hieronymi Vidæ, Cremonensis, Albæ Episcopi, Christiados Libri sex. *Cremonæ,*   7. 4.

BELLES-LETTRES.

in Ædibus Divæ Margaritæ ; excudeb. Ludov. Britannicus, 1535, in-4. mar. r.

1. 2630 Ejusdem Vidæ Opera omnia. *Lugduni, Seb. Gryphius*, 1554, *in-16. v. f.*

1. 2631 Eorumdem editio altera. *Lugduni, Ant. de Harsy*, 1606, *in-16. v. m.*

3. 17. 2632 Hieronymi Fracastorii Syphillidis, sive Morbi Gallici Libri III, nec-non ejusd. authoris Poëma quod inscribitur : Joseph ; & Carminum diversi generis Liber unus : accedunt Rutilii Claudii Numatiani, Galli, carmina itineraria. *Antverpiæ, vidua Mart. Nutii*, 1562. === Lælii Capilupi, Mantuani, Cento ex Virgilio de vitâ Monachorum, & Gallus. *Venetiis*, 1550, *in-8. m. r.*

1. 13. 2633 Bandini Gualfreduccii, Pistoriensis, è Soc. Jesu, Hieromeniæ, sive Sacrorum Mensium Partes duæ, versibus latinis redditæ. *Romæ, Zanetti*, 1622, 2 vol. *in-16. v. m.*

2. 19. 2634 Maphæi S. R. E. Cardinalis Barberini, nunc Urbani Papæ VIII, Poëmata varia. *Antverpiæ, Balth. Moretus*, 1634, *in-4. v. m.*

1. 11. { 2635 Josephi Silos, Bituntini, Musa Canicularis, sive Iconum poëticarum Libri III, acced. ejusdem authoris Epigrammata & Inscriptiones, nec-non quædam gentis Caracciolæ Elogia. *Romæ, Hæred. Franc. Corbelletti*, 1650, *in-8. v. f.*

{ 2636 Bern. Stephonii, è Societ. Jesu, Carmina posthuma. *Romæ, Ignat. de Lazzeris*, 1655, *in-12. vel.*

{ 2637 Emanuëlis Thesauri, Patritii Taurinensis, Patriarchæ ; *id est,* Christi Servatoris Genealogia, per mundi ætates traducta, & versibus

BELLES-LETTRES.

latinis exposita. *Rothomagi , Rich. Lallemant ,* 1667 ; *in-12. relié en carton.*

2638 Cajetani de Leonardis, Canonici, Odarum Libri V. *Romæ , Typis Hæred. Ferri ,* 1740 *, in-*8. *v. m.*

1 . 11.

2639 Franc. Grimaldi , Soc. Jesu , de Vitâ aulicâ Libri duo , versibus latinis conscripti , cum annotationibus. *Romæ , Ant. de Rubeis ,* 1741 *, in-*8*. broché.*

2640 Joseph. Aurelii de Januario Carmina varia in unum edita , curis Joann. Ant. Sergii. *Neapoli , excud. Joh. de Simone ,* 1742 *, in-*4*. C. M. vel.*

1 . 17.

§ 3. *Ouvrages des Poëtes Latins modernes , François de nation.*

2641 Dominici Mancini Libellus de quatuor virtutibus , & omnibus officiis ad benè beatèque vivendum , versibus latinis conscriptus ; accedunt Epigrammata quædam , Elegia una , necnon Satyræ. *Parisiis , in Ædibus de Hacqueville ,* 1488 *, in-*4. *v. f.*

2.

2642 Ejusdem Mancini de Passione Domini Nostri J. C. Liber singularis , carmine latino conscriptus. *Editio vetus litteris gothicis excusa , absque indicatione ullâ , in-*4. *v. m.*

2.

2643 Guill. Castelli (seu Castalii) , Turonensis , Elegiæ , unà cum sybillino carmine , eglogâ , epigrammatibus , ac plerisque aliis versibus insertis ; cum vitâ authoris per Ant. Fumeium conscriptâ. *Pictavii , Guill. Boucher , absque anni notâ.* ⚌ Petri Rosseti Carmen de mirabili hostiæ cultu , & de conversione Judæi ad Fidem Christianam. *Parisiis, in ædibus Joan. Meraussei, absque notâ anni, in-4. v. m.*

3. 15.
2644 Petri Burri, Carminum Libri IX, cum argumentis, & vocabulorum minùs vulgarium compendiosâ explanatione. *Parisiis, in ædibus Ascensianis,* 1503, *in-4. v. m.*

2645 Juvenci Presbyteri, Carminum Evangelicorum Libri IV : *Id est*, quatuor Evangelia Dominica Hexametro-heroico condita, cum annotationibus Jodoci Badii Ascensii ; necnon ejusdem authoris carmen de Passione ac Resurrectione Domini. *Rothomagi, Johan. Petit,* 1509, *in-4. v. br.*

2. 19.
2646 Hieronymi Rupei, Philadelphiarum, seu Lusuum Fraternorum Libri duo, versibus latinis conscripti. *Parisiis, Petr. Vidovæus,* 1537, *in-8. v. m.*

2647 Joannis Vulteii, Rhemi, Inscriptionum Libri duo, nec non Xeniorum Liber, & alia ejusdem authoris Poëmata diversi generis. *Parisiis, Sim. Colinæus,* 1538, *in-16. v. f.*

3.
2648 Theodori Bezæ, Vezelii, Poëmata latina. *Lutetiæ, Conr. Badius,* 1548, *in-8. v. m.*

2649 Ejusdem Theod. Bezæ Poëmata varia, tàm græca, quàm latina & gallica. *Genevæ,* 1576, *in-8. mar. r.*

2. 11.
2650 Joachimi Bellaii, Andini, Poëmatum Libri IV, quibus continentur, Elegiæ, Amores, varia Epigrammata, & Tumuli. *Parisiis, Fed. Morellus,* 1558, *in-4. non relié.*

2651 Nicolai Borbonii Poëmatia, quibus accesserunt aliquot Præfationes, & Divi Cyrilli, Archiepiscopi Alexandrini, Liber primus, contrà Julanum, græcè, nùnc primùm editus è Codd.

BELLES-LETTRES.   455

MSS. eodem interprete. *Parisiis, Rob. Sara,* 1630, *in-*8. *v. f.*

2652 Joann. Descaurres, Ambianensis, Enarrationes in Nicolai Borbonii Poëtæ clarissimi Pædologiam, seu Libellum de Moribus. *Parisiis, Joann. Bene-natus,* 1571, *in-*4. *v. f.*

2653 Poësies latines de Marc-Antoine Muret, avec la Traduction françoise mise en vers, par Pierre Moret, Controlleur Général des Finances de Montauban. *Paris, Christophe Journel,* 1682, *in-*12. *v. f.*

2. 9.

2654 Simonis Vallamberti, Doct. Medici, de noscendis facultatibus simplicium Medicamentorum Liber, carmine latino conscriptus. *Turribus Turroniæ, Laur. Richardus,* 1561, *in-*4. *v. f.*

1. 10.

2655 Claudii Espencæi Sacrarum Heroïdum Liber, nec-non Elegiæ Sacræ. *Parisiis, Nicolaus Chesneau,* 1564, *in-*8. *v. m.*

2656 Joan. Edoardi du Monin Beresithiados Libri VII, sive de Mundi Creatione ex gallico G. Salustii du Bartas Heptamero expressi; accedit ejusdem Edoardi du Monin Manipulus Poëticus non insulsus. *Parisiis, Joann. Parant,* 1579, *in-*8. *vel.*

2657 Michaëlis Hospitalii Galliarum Cancellarii Epistolarum, seu Sermonum, Libri VI, carmine latino conscripti. *Lutet. Parisiorum, Patisson,* 1585, *in-fol. C. M. v. br.*

4.

2658 Imitations en ryme françoise, tirées du latin de Jean Bonnefons, avec les amours & meslanges poëtiques du même Auteur. *Tours, Cl. de Monstrœil,* 1593, *in-*12. *mar. r.*

1. 13.

2659 Joannis Bonefonii Patris, Arverni, Opera

1

omnia poëtica; avec les imitations françoises de Gilles Durant. *Amsterdam*, 1726, *in*-12. *v. br.*

2660 Pauli Thomæ, Engolismensis, Sylvarum Liber. *Engolismæ, Oliverius Minerius*, 1595, *in*-4. *relié en carton.*

2661 Ejusdem Pauli Thomæ, Engolismensis, Rupellaïdos, sive de Rebus gestis Ludovici XIII, Francorum Regis, Libri VI. *Parisiis, Car. Morellus*, 1630, *in*-4. *relié en carton.*

2662 Ejusdem Pauli Thomæ, Engolismensis, Poëmata sacra. *Engolismæ, Claud. Rezé*, 1633, *in*-4. *relié en carton.*

2663 Ejusdem Pauli Thomæ, Engolismensis, Poëmatia varia, in quibus Lutetiados Libri V, Sylvarum Libri II, Elegiarum Liber unus, Epigrammata & Icones; necnon Sylvæ sacræ Liber unus, & Carmen, quod inscribitur Jonas. *Parisiis, Car. Morellus*, 1627, *in*-8. *relié en carton.*

2664 Joann. Passeratii varia Poëmata, latinè & gallicè conscripta. *Lutetiæ Parisiorum, Mam. Patisson*, 1597, *in*-4. *v. m.*

2665 Ejusdem Passeratii Kalendæ Januariæ, & varia quædam Poëmatia latina & gallica. *Lutetiæ Parisior. Mam. Patisson*, 1602 & 1603, 2 *tom. en* 1 *vol. in*-8. *vel.*

2666 Ejusdem Passeratii Kalendæ Januariæ, & varia quædam Poëmatia latina: quibus accesserunt ejusdem Authoris Miscellanea, nunquàm antehàc typis mandata. *Parisiis, Abel Angelerius*, 1606, *in*-8 *mar. r.*

2667 Sebastiani Rolliardi, Melodunensis, Carmina varia; inter quæ, Poëma quod inscribitur.

BELLES-LETTRES. 457

bitur Agrocharis, sive de ruris Gratiâ & vitæ rusticæ Laudibus, è gallico Pibracii poëmate, latino carmine expressum. *Parisiis, Petrus Labelus*, 1598, *in-8. vel.*

2668 Ræmundi Massaci, Doct. Med. Pugeæ; sive de Lymphis Pugeacis Libri II, versibus latinis conscripti. *Parisiis, Claud. Morellus*, 1599, *in-8. v. m.* } 1. 10.

2669 La Maniere de nourrir les enfans à la mammelle, Traduction françoise d'un poëme latin de Scévole de Sainte-Marthe, par M. Abel de Sainte-Marthe, avec le texte latin à côté. *Paris, Guill. de Luynes*, 1698, *in-12. non relié.*

2670 Joannis Jacomoti, variorum poëmatium Liber, cum versione quorumdam gallico idiomate conscriptâ. *Lugduni, ex Typographiâ Joann. Tornæsii*, 1601, *in-8. vel.*

2671 Balthazaris de Vias, Massiliensis, carminum Libri duo, qui dicuntur: Genialis Eratus, sive Præcepta Chironis & Heroüm Amores. *Parisiis, Joann. Libert*, 1610, *in-8. v. m.* } 1.

2672 Philippi Berterii, in Senatu Tolosano Præsidis, Tolosæ, sive Iconum Libri duo, carminibus conscripti. *Tolosæ, Vidua Colomerii*, 1611, *in-8. v. f.* } 1.

2673 Francisci Porti, Crespeiensis Valesii, Medicique Parisiensis, Medicæ Decados Libri X, carminibus latinis conscripti, cum Commentariis. *Lutetiæ Parisiorum, Melchior Mondiere*, 1613, *in-4. v. br.* } 1.

2674 Dion. Petavii, Aurelianensis, Soc. Jesu, Opera poëtica. *Parisiis, Seb. Chappelet*, 1624, *in-8. v. m.* } 1. 10.

Tome I.   M m m

BELLES-LETTRES.

1. 6. {
2675 Eorumdem Poëmatum Editio altera. *Parisiis, Seb. Cramoisy*, 1642, *in-8. non-relié.*
2676 Ejusdem Dionysii Petavii, Societ. Jesu, Carmina varia de Beatiss. Virgine Matre. *Parisiis, Typ. Viduæ Ant. Lambin*, 1700, *in-12. v. m.*
}

1. {
2677 Ludovici XIII, Franciæ & Navarriæ Regis Triumphus de Rupellâ captâ, ab Alumnis Claromontani Collegii Soc. Jesu, vario carminum genere celebratus. *Parisiis, Seb. Cramoisy*, 1628, *in-4. relié en carton.*
2678 Ludovici Cellotii, Parisiensis, Soc. Jesu, Opera omnia poëtica. *Parisiis, Seb. Cramoisy*, 1630, *in-8. v. m.*
}

1. 9. {
2679 Antonii Deslyons, Soc. Jesu, Elegiæ de cultu B. Virginis Mariæ. *Atrebati, ex Offic. Riveriorum*, 1631, *in-8. v. m.*
2680 Ant. Milliæi, Lugdun. Soc. Jesu, Poëma quod inscribitur, *Moyses viator*; seu Imago militantis Ecclesiæ, peregrinantis Synagogæ typis adumbrata. *Lugduni, Gabr. Boissat*, 1636, *in-8. v. m.*
}

1. 5. 2681 R. P. Ant. Chanut, Arverni, Soc. Jesu, Poëmata sacra de Mysteriis Virginis Mariæ. *Tolosæ, Petrus Bosc*, 1650, *in-8. baz.*

1. 10. {
2682 Gabriëlis Naudæi, Parisini, Epigrammatum Libri duo. *Parisiis, Sebast. Cramoisy*, 1650, *in-8. non relié.*
2683 Joannis Ludovici Guezii Balzacii Carminum Libri III, necnon ejusdem Epistolæ selectæ, editore Ægidio Menagio. *Parisiis, August. Courbé*, 1651, *in-12. v. m.*
}

4. 4. 2684 Claudii Quilleti Callipædia; seu de pulchræ prolis habendæ ratione, Poëma didac-

BELLES-LETTRES.

ticon, cum uno & altero ejufdem Authoris carmine. *Editio anni* 1709, *in*-8. *v. m.*

2685 La Callipédie, traduction françoife du Poëme latin précédent de Claude Quillet, avec le texte latin à côté. *Paris, Durand,* 1749, *in*-12. *relié en carton.* 1. 4.

2686 Joannis Sirmondi Carminum Libri duo. *Parifiis, Edm. Martin,* 1654, *in*-8. *baz.* 2. "

2687 Eorumdem Carminum aliud Exemplar, (ex eâdem editione). *Ibid.* 1654, *in.*8. *C. M. v. br.* 3. 1.

2688 Nicolai Mercerii Pifciaci de Officiis Scholafticorum, five de rectâ ratione proficiendi in litteris, virtute & moribus Libri III, verfibus latinis confcripti. *Parifiis, Cl. Thibouft,* 1657, *in*-12. *v. f.* 1.

2689 Jacobi Mofantii, Briofii, Poëmata varia latina. *Cadomi, Joann. Cavelier,* 1658, *in* - 4. *v. m.*

2690 Petri Mambruni, Societatis Jefu, Opufcula poëtica, in quibus continentur Eclogæ, necnon de Culturâ animi Libri IV. *Fixæ Andegavorum, Gervafius Laboë,* 1661, *in* - 12. *v. m.* 1.

2691 Laurentii le Brun, Armorici Nannetenfis, Soc. Jefu, varia Poëmata, *fcilicet*: Virgilius Chriftianus, feu Eclogæ XII : Pfycurgicon, five de Culturâ animi Capita XII : Ignatiados Libri XII, & Opufcula felecta. *Parifiis, Sim. Piget,* 1661, *in*-8. *v. f.* 1. 4.

2692 Renati Rapini, Soc. Jefu, Hortorum Libri IV. *Parifiis, Seb. Mabre Cramoify,* 1666, *in*-12. *v. br.* 1.

2693 Petri Lengleti, Bellovaci, Carmina. *Pari-*

1.   ſiis, Franciſc. le Cointe, 1673, in-8. v. br.
      2694 Eorumdem Carminum editio altera. Pariſiis, Franc. le Cointe, 1676, in-8. v. m.

6. 1. 2695 Leonardi Frizon, è Soc. Jeſu, Operum poëticorum Libri XXIV, cum orationibus Panegyricis CXI. Pariſiis, Sim. Bénard, 1675, 2 vol. in-8. C. M. v. f.

2. 19. 2696 Pygmæidos Libri VIII, ſeu Poëtica Claſſicæ juventutis Pægnia. Vindocini, Seb. Hyp. 1676, in-12. v. br.
       2697 Franciſci Vavaſſoris, Soc. Jeſu, de Epigrammate Liber, & Epigrammatum Libri IV. Pariſiis, Edm. Martin, 1678, in-8. baz.

1. 6. 2698 Joannis Commirii, Soc. Jeſu, Carminum Libri III. Lutetiæ Pariſiorum, Sim. Bénard, 1678, in-4. C. M. v. f.

1. 17. 2699 Eorumdem Carminum editio altera. Lutet. Pariſiorum, Sim. Bénard, 1681, in-12. v. m.

2.   1700 Ejuſdem Joann. Commirii Opera poſthuma poëtica. Pariſiis, Joann. Boudot, 1704, in-12. v. br.

6.   2701 Gaſparis de Varadier de Saint Andiol, Arelatenſis Ecclesiæ Archidiaconi, Juvenilia, ſeu de Diverſis diverſa carmina. Arelatæ, Cl. & Jacobus Meſnier, 1679, in-8. mar. r.

1. 16. 2702 Petri Petiti, Doct. Med., ſelectorum Poëmatum Libri duo, quibus accedit Diſſertatio ejuſdem authoris de furore Poëtico. Pariſiis, Joannes Cuſſon, 1683, in-8. v. br.

3.   2703 Ægidii Menagii Poëmata omnia, tàm latina & græca, quàm gallica & italica. Amſtelodami, Henr. Weſtenius, 1687, in-12. v. br.

1. 16. 2704 J. Bapt. Santolii Victorini Hymni ſacri & novi. Pariſiis, Dionyſ. Thierry, 1689, in-12. v. br.

BELLES-LETTRES. 461

2705 Ejusdem Santolii Opera poëtica. *Parisiis, Dionys. Thierry*, 1694, *in-*12. *v. br.*   4. 15.

2706 Philippi d'Inville, Soc. Jesu, Poëma quod inscribitur : Aves. *Lutetiæ Parisiorum, Antonius Lambin*, 1691, *in-*12. *v. f.*   1.

2707 Francisci Joannis du Mont, Soc. Jesu, Carmen cui titulus est : Oves. *Avarici Biturigum; Joannes Jac. Cristo*, 1697, *in-*12. *v. m.*   1.

2708 Aurelia, ou Orléans délivrée, Poëme latin qui n'avoit pas encore été imprimé, & traduit en françois. *Paris, Mérigot*, 1738, *in-*12. *v. br.*   1.

2709 Ludovici Doisin Carmen cui titulus est : Scalptura, cum versione gallicâ. *Parisiis, le Mercier*, 1753, *in* 12. *v. m.*   2 - 8.

§ 4. *Ouvrages des Poëtes Latins Modernes, Allemands & Flamands de nation.*

2710 Jasonis Alphei Ursini, Præsbyteri, civis Oriatis Parthenopei & Poëtæ Laureati, Carmina varia quæ dicuntur : Melpomenecon. *Impr. in nobili civitate Moguntinâ, per Petrum Fridbergensem, anno Virginei partus*, 1496. ═ Ejusdem Jasonis Carmen in laudem illustr. Principis & Episcopi Trajectensis Domini Frederici Badensis. *Impr. in Oppido Swallen*, anno 1496, *in-*4. *v. m.*   1.

2711 Joannis Henteri, Coronensis, Rudimentorum Cosmographicorum Libri IV, versibus latinis conscripti, cum Tabellis Geographicis elegantissimis. Opusculum singulare, & currente sæculo XVI Typis mandatum absque anni notâ; *Antverpiæ, vero excusum apud Joann. Richardum* : *in-*8. *fig. mar. r.*   16. 19.

2712 Petri de Blarrorivo, Parhisiani, Insigne Nanceidos Opus, sive de Bello Nanceiano anni 1476, Libri VI, carmine latino conscripti. *Impr. in celebri Lothoringiæ pago divi Nicolai de Portu, per Petrum Jacobi, Presbyterum loci paganum, anno Christianæ Incarnationis*, 1518, *in-fol. mar. r.*

2713 Casparis Ursini Velii è Germanis Slesii Poëmatum Libri V. *Basileæ, Joann. Frobenius*, 1522, *in-*4. *relié en carton.*

2714 Joannis (Onophryi) Atrociani Elegia de bello rustico, anno 1525 in Germaniâ exorto; nec-non ejusdem authoris Epigrammata aliquot selectiora. *Basileæ, Joannes Faber*, 1528, *in-*8. *mar. bl.*

2715 Helii Eobani Hessi Opera varia poëtica. *Halæ Suevorum*, 1539, *in-*8. *v. f.*

2716 Friderici Dedekindi Poëmatum Libri III de Morum simplicitate. *Francofurti, Hæred. Christ. Egenolphi, anno* 1558, *in-*8. *v. m.*

2717 Georgii Sabini, Brandeburgensis, Poëmata varia. *Impr. in Officinâ Voëgelianâ*, 1563, *in-*8. *v. m.*

2718 S. Aldhelmi, Prisci Occidentalium Saxonum Episcopi, Poëtica nonnulla è vetere MSS. Codice, per R. P. Martinum Delrio, Societ. Jesu, Presbyterum, exscripta, cum quibusdam notulis. *Moguntiæ, Joann. Albinus*, 1601, *in-*12. *v. m.*

2719 Bartholomæi Luder, Soc. Jesu, Hominis Dei Natales, carminibus latinis expressi. *Typis Leopoliensibus Soc. Jesu*, 1736, *in-*8. *baz.*

2720 Flumen Rhetoricum, seu Epigrammata & Elogia divorum Societatis Jesu unius libri

BELLES-LETTRES.

margine conclusa, per eumdem Bartholom. Luder, Soc. Jesu. *Gedani, Typ. Joan. Jac. Preussii*, 1737, *in-*8. *baz̧.* } 1. 17.

2721 Julii Cæsaris Scaligeri, Poëmatum Tomi duo. *Impr. anno* 1574, 2 *tom. en* 1 *vol. in-*8. *v. f.*

2722 Raphaëlis Thorii Pætologia, sive de Tabaco Libri duo, carmine latino conscripti. *Lugd. Batav. Isaac Elzevirius*, 1628, *in-*4. relié en carton. — 1.

2723 Caspari Barlæi Poëmata latina. *Lugd. Bat. ex Officinâ Elzevirianâ*, 1631, *in* 12. *mar. r.* — 2.

2724 Faces augustæ, sive Poëmatia quibus illustriores Nuptiæ à Jacobo Catsio antehàc Belgicis versibus conscriptæ, jàm à Caspare Barlæo & Cornelio Boyo, latino carmine celebrantur, cum figuris æneis. *Dordraci, Mathias Havius*, 1643, *in-*8. *fig. v. br.* — 1. 12.

2725 Dominici Baudii Poëmata. *Amstelodami, Joann. Jansson.* 1640, *in-* 12. *v. f.* — 1. 6.

2726 Reineri Neuhusii Poëmatum juvenilium Libri III. *Amstelodami, Joannes Janssonius*, 1644, *in-*12. *v. br.* — 1. 2.

2727 Danielis Heinsii Poëmata, tàm græca quàm latina, cum diversis accessionibus & emendationibus. *Lugd. Batav. Joh. Maire, absque anno, in-*8. *v. f.*
2728 Eorumdem Poëmatum Editio altera. *Amstelodami, Joann. Janssonius*, 1649, *in-* 12. *v. br.* } 1. 12.

2729 Apollinis Spiritualis Oraculum, sive Epigrammata & Præcepta salutaria, versibus latinis conscripta à Jacobo Pochet. *Bruxellæ, Typ. Joann. Mommartii*, 1651, *in-*8. *v. m.*

1. 4. 2730 Joann. Vincartii, Gallo-Belgæ Insulani, è Societ. Jesu, Opera poëtica sacra. *Tornaci, Jac. Coulon,* 1679, *in-*16, *v. f.*

1. " 2731 Casparis Kinschotii Poëmatum Libri IV; quorum primus sacra & pia; secundus Elegias & Eclogas; tertius res gestas; quartus miscellanea continet. *Hag. Comit. Arn. Leers,* 1685, *in-*8. *v. br.*

2732 Jacobi Wallii, Soc. Jesu, Poëmatum Libri IX, cum Appendice. *Lugduni, sumptibus Anissoniorum,* 1688, *in-*12. *v. br.*

§ 5. *Ouvrages des Poëtes Latins modernes, Anglois, Ecossois, Irlandois, Septentrionaux, &c.*

2. 4. 2733 Thomæ Mori, Britanni, Epigrammata, ex editione Beati Rhenani. *Basileæ, Joannes Frobenius* 1520, *in-*4. relié en carton.

2734 Georgii Buchanani, Scoti, Poëmata varia, cum diversis lectionibus. *Impr. anno* 1584, *in-*8. *v. f.*

1. 4. 2735 Ejusdem Buchanani Opera omnia poëtica. *Salmurii, Jo. Burellus,* 1621, *in-*24. *v. m.*

1. 2736 Mauritii Neoporti, Angli, Poëma Carolo Secundo Magnæ Britanniæ Regi dicatum, cui titulus est, VOTUM CANDIDUM, VIVAT REX. *Londini, Typis Neucomianis,* 1669, *in-*8. *v. br.*

4. " 2737 Matthiæ Casimiri Sarbievii, Soc. Jesu, Lyricorum Libri IV, Epodon Liber unus, & Epigrammata. *Antverpiæ, Balthasar Moretus,* 1634, *in-*16. *v. m.*

2738 Rogeri Josephi Boscovic de Solis ac Lunæ defectibus Libri V, necnon Astronomiæ Synopsis,

BELLES-LETTRES.

Synopsis, Theoria luminis Newtoniana, & alia multa ad Physicam pertinentia : hæc omnia versibus latinis conscripta, & edita cum notis. *Londini, Andr. Millar,* 1760, *in-* 4. *v. m.*

§ 6. *Poëtes Latins Dramatiques.*

2739 Collectio variarum Tragœdiarum, à diversis Auctoribus carmine latino conscriptarum. *Coloniæ & Antverpiæ,* 1541 *& ann. seqq.* 6 vol. *in-*12. *reliés en carton.*   3. 1.

2740 Selectæ Patrum Soc. Jesu Tragœdiæ. *Antverpiæ, Joann. Cnobbarus,* 1634, *in-* 16. *vel.*

2741 Comœdia Acolasti titulo inscripta de Filio prodigo, authore Guill. Gnaphæo. *Lugduni, Bened. Rigaud,* 1581, *in-*8. *v. m.*   2. 11.

2742 Alexander Severus, Tragœdia togata, authore Federico Morello, Professore & Interprete Regio. *Lutetiæ, excud. idem Morellus,* 1600, *in-*8. *v. m.*

2743 Hugonis Grotii Tragœdia, cui titulus est : CHRISTUS PATIENS. *Lugd. Batav. Thom. Basson,* 1608, *in-* 8. *v. f.*   1.

2744 Crispus, Tragœdia Bernardini Stephonii Sabini, Presbyteri Soc. Jesu. *Lugduni, Joann. Pillehotte,* 1609, *in-*16. *v. m.*

2745 Dido; sive Amor insanus, Tragœdia. *Lutetiæ, Fœlix Blanvillæus,* 1609, *in-*8. *v. m.*   2. 8.

2746 Gulielmi Marcelli, Rhetoris, Drama sacrum, cui titulus : *Abrahamus in spem contra spem,* ad Jacob. d'Angennes, Bajocentium Episcopum, dicatum. *Lutetiæ Parisiorum, Petrus Sevestre,* 1645, *in-*8. *v. f.*

Tome I.   Nnn

1. 2747 Caroli de Lignieres, Professoris Grassinæi, Cæcilia virgo & martyr, Tragœdia Christiana, acta in Theatro Grassinorum, anno 1657. *Parisiis, Cl. Thiboust*, 1657, *in*-12. *v. br.*

1. " 2748 Gabr. Franc. le Jay, Soc. Jesu, Tragœdia, cui titulus : *Josephus fratres agnoscens. Parisiis, Vid. Sim. Bénard*, 1695, *in*-12. *v. f.*

2749 Ejusdem Gabr. Franc. le Jay, Soc. Jesu, Tragœdiæ variæ actæ Ludis solennibus in Regio Ludovici Magni Collegio. *Parisiis, Joann. Mariette*, 1703, *in*-12. *v. br.*

2. 1. 2750 Marci Ant. Duccii Drama tragicum, cui titulus : *Divus Hermenegildus, Martyr. Romæ, Cajet. Zenobius*, 1705, *in*-12. rel. en carton.

2751 Caroli Porée, Soc. Jesu, Tragœdiæ, in lucem editæ curis P. Claudii Griffet, ejusdem Societ. Sacerd. *Lutetiæ Parisiorum, Marc. Bordelet*, 1745, *in*-12. *v. m.*

§ 7. *Poëtes Latins modernes, vulgairement appellés* MACARONIQUES.

41. 4. 2752 Dialogus facetus & singularis, non minùs eruditionis quàm Macaronicès amplectens, ex obscurorum virorum salibus cribratus. *Impr. litteris quadratis, absque notâ editionis.* ⸻Tractatulus jucundus Momorum; sive Dialogus inter Momos, Bragardos, Muguetos, & Marioletos. *Impr. litteris goticis, absque notâ editionis*, *in*-8. mar. bl.

24. 4. 2753 Merlini Cocaii, Poëtæ Mantuani (Theophili Folengi) Opus Macaronicorum, totum in pristinam formam per Acquarium Lodolam optimè redactum. *Tusculani, apud Lacum Be-*

nacenfem, *Alexander Paganinus*, 1521, in-12. *fig. mar. r. rare.*
* *Editio optima & incaftrata.*

2754 Ejufdem Operis Merl. Cocaii Editio altera, cum figuris. *Veneriis, Haredes Petri Ravani*, 1554, *in-12. mar. r.* (*litteris quadratis*).

2755 Ejufdem Operis Merl. Cocaii Editio altera. *Veneriis, Horatius de Gobbis*, 1581, *in-12. mar. r.*

2756 Pugna Porcorum, carmine Macaronico confcripta per Petrum Porcium, Poëtam. *Parifiis, Hieronymus Gormontius*, 1539, *in-8. mar. bl.*

2757 Antonii de Arena, Provinçalis, Poëmata Macaronica de Bragardiffimâ villâ de Soleriis, ad fuos compagnones, qui funt de perfona friantes, baffas, danfas, & branlos practicantes, cum epiftolâ ad fallotiffimam fuam garfam. *Parifiis, Joan. d'Ongoys*, 1575. ⹀ Le Blafon du Cheval, & Méthode utile & néceffaire pour guérir en brief toutes les maladies qui adviennent aux chevaux, avec la maniere de choifir eftallons, & de dompter les chevaux, tant pour aller à la guerre, qu'ailleurs. *Paris, Antoine Houic*, 1571, *in-16. mar. rouge.*

2758 Eorumdem Poëmatum Macaronicorum editio altera : ad calcem cujus accedunt Bartholomæi Bollæ, Bergamafci, Poëmata alia Macaronica, quæ faciunt crepare lectores & faltare capras ob nimium rifum, &c. *Stamp. in Stampatura Stampatorum*, 1670, *in-12. mar. r.*

* *Editio integra.*

2759 Harenga habita in Monasterio Cluniacensi die V Mensis Aprilis M. LXVI, ad illustr. Cardinalem de Lotharingia ejusdem Monasterii Abbatem Commendatarium, per Devotum Fratrem Vincentium Justinianum Genuensem, Generalem Ordinis Fratr. Prædicat. Ambassiatorem versùs eundem Reverendissimum, pro repetendâ coronâ aureâ quam abstulit à Jacobitis Urbis Metensis. *Rhemis, in Campania, 1566, in-8. mar. r.*

V.

Poësie françoise.

§ I. *Collections & Extraits des Poëtes françois.*

2760 L'Escole des Muses, dans laquelle sont enseignées toutes les regles qui concernent la Poësie françoise. *Paris, Louis Chamhoudry, 1652, in-12. vel.*

2761 Autre édition du même Livre, sous le titre de PARNASSE FRANÇOIS, &c. *Paris, Jean Ribou, 1664, in-12. vel.*

2762 Traités singuliers d'ancienne Poësie françoise, *savoir*: les trois Comptes intitulés de Cupido & Atropos, dont le premier est de l'Invention de Séraphin, Poëte italien, & les deux autres de celle de Jehan le Maire de Belges: les Epitaphes de Hector & Achilles, avec le Jugement de Alexandre le Grand, composées par Georges Chastelain, dit l'Aventurier: le Temple de Mars, faict & composé par Jehan Molinet; & plusieurs Chants royaux,

BELLES-LETTRES. 469

Epitres & Ballades, avec l'Apparition du Maréchal de Chabannes, par Guillaume Crétin. *Paris, Gall. du Pré*, 1525, *in-8. gotiq. v. m.* } 3. 4.

2763 Hécatomphile, ou les fleurs de Poëfie françoife, extraites de divers Auteurs. *Lyon, François Jufte*, 1534, *in-12. gotiq. mar. r.*

2764 Traductions de latin en françois, Imitations & Inventions nouvelles, tant de Clément Marot, que d'autres des plus excellens Poëtes de ce temps, en ryme françoife. *Rouen, Pierre Cornier*, 1553, *in-16. mar. r.* (Lettres rondes.) — 3. 4.

2765 Recueil de différentes Poëfies de divers Auteurs, Clément Marot, des Barreaux, Saint Gelais & autres, avec quelques Lettres de Conrard & de Balzac. *MSS. fur papier écrit fur la fin du XVIIe fiécle, in-4. vélin.* — 1. 6.

2766 L'Académie des modernes Poëtes françois, remplie des plus beaux vers que ce fiécle réferve à la poftérité. *Paris, Ant. du Breuil*, 1599, *in-12. vel.* — 1.

2767 Recueil des trois Livres de la Mufe folaftre, recherchée des plus beaux efprits de ce tems, avec des augmentations. *Rouen, Adrien Morront*, 1613, *in-12. v. m.* — 3. 4.

2768 Le Parnaffe des plus excellens Poëtes de ce temps, par le fieur d'Efpinelle. *Paris, Matthieu Guillemot*, 1618, *in-12. vel.* }

2769 Le Bouquet des plus belles fleurs de l'éloquence, cueilly dans les Jardins des fieurs du Perron, Coëffeteau, Bertaud, Malherbe, &c. par Puget de la Serre. *Paris, Pierre Billaine*, 1624, *in-8. v. m.* } 1.

2770 Recueil des plus beaux vers de MM. Malherbe, Racan, Maynard, Boifrobert, Mon- — 2. 8.

furon, Lingendes, Touvant, Morin, de Létoille, & autres divers Auteurs des plus fameux esprits de la Cour. *Paris, Pierre Mettayer*, 1638, *in-8. mar. r.*

2771 Recueil de quelques vers burlesques. *Paris, Touss. Quinet*, 1643, *in-4. vel.*

2772 La Ville de Paris, en vers burlesques, contenant les galanteries du Palais, la chicane des Plaideurs, l'éloquence des harangeres de la Halle, l'adresse des Servantes, l'inventaire de la fripperie, le haut style des Sécretaires de S. Innocent, & plusieurs autres choses de cette nature, fort récréatives, par le sieur Berthod. *Paris, Guill. Loyson*, 1652, *in-4. non relié.*

2773 Recueil de vers amoureux de différens Auteurs, avec quelques Sonnets particuliers, & autres Opuscules chrestiens. *Paris*, 1646, *in-8. non relié.*

2774 La Lyre d'Apollon, en poësies meslées, contenant la plaisance des plus beaux vers de ce temps en chansons, airs & épitaphes. *Amsterdam, Jean Duisberg*, 1656, *in-16. oblongo v. m.*

2775 Le Palais des Foux amoureux, contenant les attraits de la beauté, la cruauté de la jalousie, la folie des filles, la méchanceté des femmes mariées, la malice des veuves, la manie amoureuse des dames du célibat, le tout en vers burlesques. *Paris, Estienne Loyson*, 1669, *in-12. v. br.*

2776 Récréations d'esprit, en ryme françoise, pour les amateurs de vertu & de chaste poësie, avec les Complaintes de Job, affligé de ses miseres. *Douay, Balthasar Bellere*, 1601.

… Cantiques spirituels des Capucins Missionnaires. *Paris, Edme Couterot*, 1680, *in*-16. *v. f.*

2777 Recueil de vers choisis de différens Auteurs. *Paris, George & Louis Josse*, 1693, *in*-12. *v. br.* — 1 - 11.

2778 Autre édition du même Recueil. *Paris, Louis Josse*, 1701, *in*-12. *v. br.* — 2 - 11.

2779 Recueil des plus belles Epigrammes des Poëtes françois, depuis Marot jusqu'à présent, par Claude Ignace Breugiere, sieur de Barante; avec des notes historiques & critiques, & un Traité de la vraye & de la fausse beauté dans les Ouvrages d'esprit, *trad. du latin de* MM. *de Port-Royal*. *Paris, Nic. le Clerc*, 1698, 2 *vol. in*-12. *bazane.* — 2 - 19.

2780 Le nouveau Partere du Parnasse françois, ou Recueil des Piéces les plus rares, les plus ingénieuses & les plus galantes des plus célebres Poëtes françois. *La Haye, Benjamin Gibert*, 1737, *in*-12. *v. b.* — 2 - 12.

2781 Recueil de différentes Piéces de poësie françoise de la fin du XVIIᵉ siécle, & du commencement du XVIIIᵉ sur toute sorte de matieres, sonnets, ballades, bouts rimés, madrigaux, &c. MSS. *sur papier, in*-8. *baz.* — 2 - 10.

§ 2. *Poëtes françois*: Ier. AGE; *c'est-à-dire, depuis le commencement de la Poësie françoise jusqu'au temps de Clément Marot, mort en* 1544.

2782 Le Roman de la Rose, où tout l'art d'amour est enclose, avec plusieurs hystoires & autori- — 6.

tés; & maintz beaulx propòs ufitéz, par Jehan de Meung, dit Clopinel, & Guill. de Lorris. *Paris, Galliot du Pré*, 1531, *in-fol. gotiq.* v. br.

6. 1. 2783 Supplément au Gloſſaire du Roman de la Roſe, contenant des notes critiques, hiſtoriques & grammaticales; une Diſſertation ſur les Auteurs de ce Roman, l'Analyſe de ce Poëme, un Diſcours ſur l'utilité des Gloſſaires, les Variantes reſtituées ſur un MSS. de M. le Préſident Bouhier de Savigni, & une Table des Auteurs cités dans cet Ouvrage. *Dijon, J. Sirot*, 1737, *in-12. v. br.*

6. 10. 2784 Le Roman de la Roſe, moraliſé cler & net, & tranſlaté de rime en proſe par Jehan Molinet. *Paris, veuve Michel le Noir*, 1521, *in-fol. gotiq. v. m.*

1. 10. 2785 Le Pélerinaige de vie humaine, compoſé en ryme françoiſe par Guill. de Guilleville, Moine de l'Abbaye de Chalis, près la Cité de Senlis, & tranſlaté de ryme en proſe à la requeſte de Jehanne de Laval, Roine de Hiéruſalem & de Sicile, Ducheſſe d'Anjou & de Bar, Comteſſe de Provence, par un de ſes Clercs demeurant à Angiers. *in-fol. gotiq.* relié en bois.

* *Exemplaire imparfait de pluſieurs feuillets à la fin du Volume.*

3. 1. 2786 Le Romant des trois Pélerinaiges, dont le *premier* eſt de l'Homme durant qu'eſt en vie; *le ſecond*, de l'ame ſéparée du corps; *le tiers*, de Notre-Seigneur Jéſus, en forme de Monoteſſeron, fait & compoſé en ryme françoiſe par Guill. de Déguileville, Moyne de Chaaliz,

de

BELLES-LETTRES.

de l'Ordre de Citeaux. *in-4. got. fans date.*
* *Exemplaire mal conditionné.*

2787 Le Pélerinage de l'Homme en ryme françoife. Paris, *Verard*, 1511, *in-fol. gotiq. non-relié.*

2788 Livre très excellent & prouffitable pour toute créature humaine, appellé le Miroer de Mort; compofé en ryme françoife. *Edition très ancienne, fans indication de Ville ni d'année, & fans nom d'Autheur ni d'Imprimeur. in-fol. gotiq. non-relié.*

2789 Le Paffe-temps de tout homme & de toute femme, compofé en ryme françoife par le bon Moyne de Lyre. Paris, 1505, *petit in-4. gotiq. v. br.*

2790 Les Œuvres de Maiftre Allain Chartier, Sécretaire du Roy Charles VII, contenant fes faits, dicts, rygmes & ballades; &c. Paris, *Pierre le Caron*, 1489, *in-fol. v. f. premiere édition.*

2791 Les Faits, Dits & Ballades de Maiftre Allain Chartier. Paris, *Pierre le Caron, fans date d'année. in-fol. gotiq. v. br.*

2792 Les Œuvres de François Villon, remifes en leur entier par Clément Marot. Paris, *Arnoul & Charles les Angeliers, fans indication d'année, in-16. mar. vert.* (*Lettres rondes.*)

2793 Les mêmes Œuvres de Villon. Paris, *Gall. du Pré*, 1533, *in-16. v. br.*
* *Cet Exemplaire eft chargé de corrections & d'additions MSS.*

2794 Recueil des Repeves franches de Maiftre François Villon & de fes Compagnons: Traité fort plaifant, & comptes récréatifs faicts par

Tome I. Ooo

ledit Villon, utile & profitable pour se donner de garde des pipeurs & faynéants qui sont à présent par le monde. *Rouen, Jacq. le Doux*, 1604, *in*-12. *mar. r.*

2795 Les Œuvres de Guillaume Coquillart, en son vivant Official de Rheims. *Lyon, Benoist Rigaud*, 1579, *in*-16. *mar. r.*

2796 Les Vigiles de la mort du feu Roy Charles VII, contenant la chronique & les faits advenus durant la vie dudit feu Roy; composées en ryme françoise par Martial de Paris, dit d'Auvergne. *Paris, Jehan du Pré*, 1493, *in-fol. gotiq. v. br.*

* *Le Frontispice de cet Exemplaire est écrit à la plume.*

2797 Maistre Pierre Pathelin, restitué à son naturel, avec le grand blason des faulses amours & le loyer des folles amours, le tout en ryme françoise. *Paris, Gall. du Pré*, 1532, *in*-16. *v. br.* (*Lettres rondes.*)

{ 2798 La Vie de Maistre Pierre Pathelin, avec son testament, le tout mis par personnaiges en ryme françoise. *Rouen, sans date d'année*. *in*-8. *v. f.*

2799 La Comédie des tromperies, finesses & subtilités de Maistre Pierre Pathelin. *Rouen, Pierre Cailloué*, 1656, *in*-12. *v. br.*

2800 Comœdia nova, quæ Veterator inscribibitur, alias Pathelinus, ex peculiari linguâ in romanum traducta eloquium. *Absque notâ editionis*, *in*-8. *gotiq. mar. bl.*

2801 Patelinus: Nova Comœdia, *alias* Veterator, è vulgari linguâ in latinam traducta per Alexandr. Connibertum. *Parisiis, Sim Colinæus*, 1543, *in*-8. *mar. r.*

BELLES-LETTRES.

2802 Le Séjour d'honneur, qui traicte de la conduite de l'homme humain, composé en ryme françoise par Octavien de Saint-Gélais. *Paris, Veuve Trepperel, sans date, in-*4. *gotiq. v. m.* — 3. 1.

2803 Le Grant Blason des faulses amours, faict & composé en ryme françoise par Frere Guill. Alexis, Religieux de Lyre & de Bussy. *Impr. en lettres gotiq. sans date, in-*12. *baz.*

2804 Les Lunettes des Princes, composées en ryme françoise par Jehan Meschinot. *Paris, Pierre le Caron, in-*4. *gotiq. relié en velours vert.* — 3.

2805 Les mêmes Lunettes des Princes, avec aulcunes ballades & additions. *Rouen, Michel Anger,* 1530, *in-*8. *gotiq. mar. r.*

2806 Le Labyrinthe de fortune & séjour de trois nobles Dames, mis en ryme françoise par le Traverseur des voyes périlleuses (Jehan Bouchet). *Paris Allain Lotrian, sans date d'année, in-*4. *gotiq. v. br.* — 2.

2807 Controverses des Sexes masculin & féminin, ouvrage composé en ryme françoise par Gratien de Pont. *Impr. en* 1538, 3 *tom. en* 1 *vol. in-*16. *v. m.* (*lettres rondes*) *rare*. — 10. 10.

2808 Autre Edition du même Livre. *Impr. en* 1541. *in-*8. *vel.* (*Lettres rondes*). — 7. 10.

2809 Petit Traicté contenant en soi la fleur de toutes joyeusetés en Epîtres, Ballades & Rondeaux fort récréatifs & joyeux. *Paris, Vincent Sertenas,* 1535, *in-*16, *mar. r.* (*lettres rondes*). — 6. 19.

2810 Rondeaux, en nombre 350, singuliers & à tous propos, composés en ryme fran- — 2.

çoise. *Paris , Jehan Sainct-Denys , sans date d'année , in-8. gotiq. v. m.*

2811 Palinods, Chants royaux, Ballades, Rondeaux, & Epigrammes de divers Auteurs, faits & composés à l'honneur de l'Immaculée Conception de la toute belle Mere de Dieu, Marie, Patrone des Normans, & présentés au Puy à Rouen. *Paris, à l'enseigne de l'Eléphant , in-8. gotiq. relié en carton.*

§ 3. *Poëtes François , II AGE , commençant à* CLEMENT MAROT *, & finissant à* MALHERBE, *mort en* 1628.

2812 L'Adolescence Clémentine, autrement, les Œuvres de Clément Marot. *Paris, Pierre Roffet , 1532 , in-8. v. br.*

2813 Les Œuvres de Clément Marot. *Lyon, François Juste , 1538 , in-16. gotiq. mar. r.*

2814 Les mêmes Œuvres de Clément Marot. *Lyon, Guill. Rouille, 1547, 2 vol. in-16. v. f.*

2815 Les mêmes Œuvres de Clément Marot. *Paris, Pierre Gaultier, 1548, 2 vol. in-16. v. br.*

2816 Les mêmes Œuvres de Clément Marot, avec quelques autres Œuvres de Michel Marot son fils. *Niort, Thomas Portau, 1596, in-16. vel.*

2817 Les mêmes Œuvres de Clément Marot. *Lyon, Jean Gaulthier, 1597, in-16. mar. r.*

2818 Les IV premiers Livres des Odes de Pierre de Ronsard, avec son Bocage. *Paris, Guill. Cavellart, 1550, in-8. v. f.*

BELLES-LETTRES. 477

2819 Les Œuvres diverses de Pierre de Ronsard. *Paris, Veuve Maurice de la Porte*, 1554, *in-8. v. antiqué.* — 2. 2.

2820 Les mêmes Œuvres de Pierre de Ronsard. *Paris, Gabriel Buon*, 1584, *in-fol. vél.*

2821 Les mêmes Œuvres de Pierre de Ronsard. *Lyon, Thomas Soubron*, 1592, 5 tom. en 10 vol. *in-12. v. m.* — 4.

2822 Les Marguerites de la Marguerite des Princesses, très illustre Royne de Navarre; mises au jour par Jean de la Haye. *Paris, Arnoul Langelier*, 1552, 2 tom. en 1 vol. *in-16. mar. r.* — 8. 1.

2823 Autre Edition des mêmes Poësies. *Paris, Benoist Prévost*, 1554, 2 vol. *in-16. v. m.* — 5. 3.

2824 Le Tuteur d'amour, auquel est comprise la fortune de l'innocent en amours; ensemble un Livre où sont Epîtres, Elégies, Complaintes, Epitaphes, Chants royaux, Ballades, Rondeaux & Epigrammes: le tout composé en ryme françoise par Gilles d'Aurigny, dit le Pamphile. *Paris, Jehan Ruelle*, 1553, *in-16. mar. bleu.* — 5. 1.

2825 Les Gayetés du sieur Olivier de Magny. *Paris, Jehan Dallier* 1554, *in-8. v. f.* — 3. 6.

2826 Le Mespris de la Cour & Louanges de la vie rustique; le Livre de la parfaite amie, composé en ryme françoise par Ant. Heroët; l'Amie de Court, par le Seigneur de Borderie, en ryme françoise; la contre-Amie de Court, par Charles Fontaine, en ryme; l'Androgyne de Platon, mis en ryme franç. par Ant. Heroët, dit la Maison neuve, & autres — 2. 1.

petites Poëſies françoiſes. *in-16. v. ſ. (ſans frontiſpice)*.

13. 10. 2827 Les Œuvres & Meſlanges poëtiques d'Eſtienne Jodelle, Sieur du Lymodin, contenant pluſieurs Sonnets, Chanſons, Elégies, Odes, Comédies, Tragédies, &c. *Paris, Nic. Cheſneau, 1574*. ⹀ Le Recueil des inſcriptions, figures, deviſes & maſcarades ordonnées en l'Hoſtel de Ville de Paris, le 17 Février 1558, avec pluſieurs autres inſcriptions en vers héroïques latins pour les images des Princes de la Chreſtienté, par le même Jodelle. *Paris, André Wéchel, 1558, in-4. mar. r.*

3. 2828 La Bergerie de Remy Belleau, tant en proſe qu'en vers. *Paris, Gilles, 1565, in-8. mar. r.*

2. 19. 2829 Les Œuvres poëtiques de Remy Belleau. *Rouen, Jean-Berthelin, 1604, 2 tom. en 1 vol. in-12. vel.*

1. 4. 2830 Les Regrets, & autres Œuvres poëtiques de Joachim du Bellay. *Paris, Féderic Morel, 1565, in 4. baz.*

1. 2831 Recueil des Poëſies françoiſes de Joachim du Bellay. *Paris, Fed. Morel, 1584, in-12. baz.*

2832 Euvres en ryme de Jan-Ant. de Baïf, contenant ſes IX Livres des Poëmes. *Paris, Lucas Breyer, 1573, in-8. non relié.*

2833 Les Amours du même Jan-Ant. de Baïf, en ryme françoiſe. *Paris, Lucas Breyer, 1572, in-8. v. m.*

2834 Les cinq Livres des Paſſe-temps du même Jan-Ant. de Baïf, mis en ryme françoiſe. *Paris, Lucas Breyer, 1573, in-8. non relié.*

BELLES-LETTRES.

2835 Les Jeux du même Jan.-Ant. de Baïf, contenant plusieurs Traités en ryme françoise, *savoir*, XIX Eglogues; Antigone, tragédie; le Brave, comédie; l'Eunuque, comédie, & les Devis des Dieux. *Paris, Lucas Breyer*, 1573, *in-*8. *non relié*. — 12. 10.

2836 Les Mimes, Enseignemens & Proverbes du même Jan.-Ant. de Baïf, en ryme françoise. *Paris, Mamert Patisson*, 1581, *in-*12. *v. m.*

2837 Les Œuvres poëtiques de Mellin de Saint-Gelais. *Lyon, Ant. de Harsy*, 1574, *in-*8. *vel.* — 3. 1.

2838 Les Œuvres poëtiques & chrétiennes de Guillaume de Saluste, Sieur du Bartas, Prince des Poëtes François. *Blois, Barth. Gomet*, 1579, *in-*8. *vel.*
2839 Autre Edition des mêmes Œuvres. *Genève, Pierre & Jacq. Chouet*, 1615, *in-*16. *mar. r.* } 1. 10.

2840 Autre Edition des mêmes Œuvres, avec des annotations & des Commentaires, par Simon Goulart, Senlisien. *Rouen, Raphaël du petit Val*, 1616, 2 vol. *in-*12. *v. m.*
2841 Guill. Sallustii Bartassii Hebdomas, Opus gallicum à Gabr. Lermeo Volca latinitate donatum. *Parisiis, Mich. Gadouleau*, 1573, *in-*12. *v. br.* } 2.-

2842 Les premieres Œuvres poëtiques de Flaminio de Birague, Gentilhomme ordinaire de la Chambre du Roi, dédiées à très illustre Princesse Anne d'Este, Duchesse de Némours. *Paris, Nic. Chesneau*, 1583, *in-*16. *mar. r.* } 2. 19.

2843 Œuvres poëtiques de René Bretonnayau, Docteur en Médecine, contenant principale- — 4. 4.

BELLES-LETTRES

ment ses différens Traités sur la Génération de l'homme, l'Effort de Vénus & l'Arc de Cupidon, &c. *Paris, Abel Langelier*, 1583, *in-4. v. f.*

2. 2. 2844 Les Œuvres poëtiques du sieur Joachim Blanchon. *Paris, Thomas Périer*, 1583, *in-8. velin.*

3. 2845 Douze Fables de fleuves ou fontaines, avec la Description pour la peinture, & les Epigrammes tirées d'Homere, d'Ovide, de Diodore, de Pausanias, de Plutarque, & autres anciens Auteurs, par Pontus de Tyard, Seigneur de Bissy, Evesque de Chalons, & mises au jour par Estienne Tabourot, Sr. des Accords. *Paris, Jean Richer*, 1585, *in-12, mar. r.*

3. 2846 Les premieres Œuvres de Messire Philippes Desportes. *Paris, Mamert Patisson*, 1587, *in-12. vel.*

2. 11. 2847 Paradoxes composés en ryme françoise par le sieur Odet de la Nouë, Seigneur de Téligny, où il est montré que les adversités sont plus nécessaires que les prospérités, & qu'entre toutes, l'estat d'une étroite prison est le plus doux & le plus profitable. *Lyon, Jean de Tournes*, 1588, *in-8. v. m.*

1. 4. 2848 L'Hermitage ; & autres Poësies du sieur de Trellon. *Lyon*, 1593, *in-8. broché.*

1. 11. 2849 La Muse Guerriere, divisée en deux Livres de divers Poëmes sur plusieurs ingénieux & plaisans argumens, avec les Hymnes & Cantiques de l'Hermitage, dédiée à M. le Comte d'Aubijoux. *Rouen, Thomas Mallard*, 1595, *in-12. v. m.*

2850

BELLES-LETTRES. 481

2850 Autre Edition du même Livre. *Lyon*, 1596, *in-16. v. f.* — 1.

2851 La même Muse Guerriere dédiée à M. le Comte d'Aubijoux *Rouen, Veuve Costé*, 1664. ⹀ Le Parnasse François, ou l'Escole des Muses, dans laquelle sont enseignées toutes les regles qui concernent la Poësie Françoise. *Paris, J. Bapt. Loyson.*, 1664, *in-12. baz.* — 1.

2852 Œuvres diverses Poëtiques du sieur de la Roque, de Clermont en Beauvoisis. *Rouen, Raphaël du petit-Val*, 1596, *in-12. mar. r.* — 3.

2853 La Derniere Semaine, ou la Consommation du Monde, mise en vers françois par le sieur de la Tousché. *Paris, François Huby*, 1596, *in-12. vel.*

2854 Discours poëtique addressé à M. de Morges, par le sieur Expilly. *Sans date.* ⹀ Le Tombeau de Messire Laurens de Galles occis devant la ville de Crémieu en 1590, & mis en ryme françoise par le même Expilly. ⹀ Stances diverses du même Expilly, & autres Auteurs. *Impr. sans nom de lieu, ni date d'année, in-4 v. br.* — 2. 14.

2855 Les Quatrains de Gui du Faur, Seigneur de Pybrac. *Paris, Fleury Bourriquant.* ⹀ Les Plaisirs de la vie rustique, composés en vers françois par le même Pybrac, avec une Ode de Philippes Desportes sur les mêmes Plaisirs. *Ibid. sans date, in-8. v. m.*

2856 Les mêmes Quatrains du Seigneur de Pybrac, contenant préceptes & enseignemens profitables, avec les plaisirs de la vie rustique; les Plaisirs du Gentilhomme champes- — 1. 1.

BELLES-LETTRES.

tre, & les Quatrains du Président Faure, &c. Paris, Jean Promey, 1628, in-8. v. m.

2857 Les mêmes Quatrains du Seigneur de Pybrac, avec ceux du Président Faure, &c. Charenton, Louis Vendosme, 1674, in-8. veau.

2858 Les mêmes Quatrains du Seigneur de Pybrac, interpretés en forme de paraphrase, par Samuel le Grand. Sens, Georg. Niverd, 1608, in-8. vel.

2859 Pibracii Tetrastica gallica latinè disticata, cum versione gallicâ Nicolai Harbet. Parisiis, sumptibus Authoris, 1666, in-4. v. br.

2860 Caroli Fevreti, Domini de S. Memy & Godan, Tractatus de Officiis vitæ humanæ, sive Commentarius in Gui du Faur Pibraci Tetrasticha. Lugduni, Joann. Girin, 1667, in-12. baz.

2861 Recueil de plusieurs Piéces des sieurs de Pibrac, Despeisses, & de Belliévre, avec l'Apologie dudit Pybrac. Paris, P. Blaise, 1635, in-8. vel.

2862 Sacrifice de louanges; ou Recueil de quatrains sur le chant des Quatrains de Pybrac. MSS. sur papier, du XVIIe. siecle, avec des ornemens peints en diverses couleurs, in-4. veau noir.

2863 Recueil des Œuvres poëtiques de Jean Bertaud, Abbé d'Aunay. Paris, Lucas Breyel, 1605. & ann. suiv. 3 tom. en un vol. in-8. v. m.

2864 Les Essais poëtiques du sieur Antoine de Nervese, Sécretaire de M. le Prince de Condé. Poictiers, 1605, in-12. vel.

2865 La Néréide, ou Victoire navale, avec les destins héroïques de Cléophile & de Néréclie;

BELLES-LETTRES.

le tout en ryme françoife par Pierre de Deimier. *Paris, Pierre Mettayer*, 1605, *in-12. v. brun.*

2866 La Souveraineté des Rois, Poëme épique, divifé en trois Livres, par Pierre de Nancel. *Impr. en* 1610, *in-8. v. m.* — 1.

2867 Les Jeux poëtiques du fieur Eftienne Pafquier. *Paris, Jean Petitpas,* 1610, *in-8, v. br.* 1.

2868 L'Efpadon fatyrique, compofé en ryme françoife par le fieur Claude Franchères. *Lyon, Jean Lautret*, 1619, *in-12. v. br.* 2. 12.

2869 Les Satyres de Mathurin Regnier. *Paris, Touffaint du Bray,* 1609, *in-8. non relié.*

§ 4. *Poëtes François, IIIe. AGE, c'eft-à-dire, depuis MALHERBE, regardé comme le reftaurateur de la Poëfie françoife, jufqu'à nos jours.*

2870 Les Poëfies de François Malherbe. *Paris, Ant. de Sommaville,* 1638, *in-4. G. P. v. br.* 1. 10.

2871 Les mêmes Poëfies de François Malherbe. *Paris, Ant. de Sommaville,* 1660, *in-12. v. m.* 1. 5.

2872 Les mêmes Poëfies de Fr. de Malherbe, avec les obfervations de Gilles Ménage. *Paris, Louis Billaine,* 1666, *in-8. v. f.* 1. 4.

2873 Les Satyres du fieur Thomas Sonnet, Efcuyer, Sieur de Courval. *Paris, Rolet Boutonné,* 1621, *in-8. vel.* 1.

2874 Les Satyres du fieur du Lorens. *Paris. Jacq. Villery*, 1624, *in-8. v. m.* 1. 4.

2875 Les Bergeries de Meffire Honorat de Beuil, Chevalier, Seigneur de Racan. *Paris, Touff. du Bray*, 1625, *in-8. vel.* 1.

2876 Recueil des Vers de M. de Marbeuf, Che- 1.

valier, Sr. de Sahurs. *Rouen, Dav. du Petit-Val*, 1628, *in-8. vel.*

2877 Œuvres diverses poëtiques du sieur de S. Amant. *Paris, Fr. Pomeray*, 1629, & ann. suiv. 6. parties reliées en un vol. *in-4. mar. r.*

2878 Les mêmes Œuvres poëtiques du sieur de Saint-Amant, augmentées de nouveau de plusieurs piéces. *Rouen, Robert Daré*, 1649, *in-8. mar. r.*

2879 Autre édition des mêmes Œuvres. *Paris, Touss. Quinet*, 1651, 2 vol. *in-4. vel.*

2880 Autre édition des mêmes Œuvres. *Rouen, Franç. Vaultier*, 1668, 3 tom. en un vol. *in-12. v. br.*

2881 Moyse sauvé, Idylle héroïque, par le même de S. Amant. *Leyde, Jean Sambix*, 1654, *in-12. v. br.*

2882 La Rome ridicule, caprice, en vers françois, par le même de S. Amant. *Impr. sans nom de lieu ni date d'année, in-8. vel.*

2883 La même Rome ridicule du sieur de S. Amant, travestie à la nouvelle ortografe de l'invention de Simon Moinet. *Amsterdam, Simon Moinet*, 1663, *in-12. v. m.*

2884 Les joyeux Epigrammes du sieur de la Giraudiere. *Paris, Salomon de la Fosse*, 1634, *in-8. vel.*

2885 La Nuict des Nuicts, le Jour des Jours, le Miroir du Destin, ou la Nativité du Dauphin du Ciel, la Naissance du Dauphin de la Terre, & le Tableau de ses advantures fortunées, le tout en rime françoise, par le sieur du Bois-Hus. *Paris, Jean Pasté*, 1641, *in-12. mar. r.*

2886 Œuvres poëtiques du sieur J. Grillet,

BELLES-LETTRES.

Emailleur de la Reyne, contenant plusieurs piéces de vers sur la beauté des plus belles Dames de la Cour, & sur différens sujets gaillards & sérieux. *Paris, Robert Denain, 1648, in-4. non-relié.*

2887 Meslanges de Poësies héroïques & burlesques du Chevalier de l'Hermite (J. Bapt. de Souliers.). *Paris, Guill. Loyson, 1650, in-4. vel.*

2888 Œuvres poëtiques du sieur Beys. *Paris, Toussaint Quinet, 1652, in-4. vel.*

1.

2889 Les Epigrammes du sieur Guill. Colletet, avec un Discours sur l'Epigramme, où il est traicté de sa premiere origine, de son usage ancien & moderne, de son véritable caractere, de ses vertus & de ses vices, & des qualités réquises à ceux qui s'appliquent à ce genre d'escrire. *Paris, J. Bapt. Loyson, 1653, in-12. vel.*   1.

2890 Recueil des Poësies chrestiennes de Messire Antoine Godeau, Evêque de Grasse. *Paris, Pierre le Petit, 1654, in-12. v. br.*   1. 5.

2891 Les diverses Poësies de Jean Regnaut de Ségrais, Gentilhomme Normand. *Paris, Ant. de Sommaville, 1659, in-12. mar. r.*   3. 1.

2892 La Muse historique, ou Recueil de lettres en vers, escrittes à Son Altesse Mlle. de Longueville pendant l'année 1650, par le sieur Jean Loret. *Paris, Charl. Chenault, 1656, in-4. v. br.*

2893 La même Muse historique, avec la suite. *Paris, 1658, 3 vol. in-fol. v. br.*

21. 4.

2894 Poësies diverses du sieur de Malleville. *Paris, Nic. Bessin, 1659, in-12. v. br.*   1. 5.

2895 Œuvres diverses & poëtiques de M. le Président Nicole. *Paris, Charl. de Sercy*, 1662, 2 vol. in-12. v. br.

1. 4. 2896 Recueil des Poësies diverses de M. de Brébeuf. *Paris, Ant. de Sommaville*, 1662.
═ Recueil des Poësies diverses du sieur Furetiere, Advocat. *Paris, Guill. de Luynes*, 1664, in-12. v. f.

1. 2897 Entretiens poëtiques & Lettres en vers du Pere Pierre le Moine, de la Compagnie de Jésus. *Paris, Estienne Loyson*, 1665, in-12. v. br.

3. 12. 2898 Œuvres poëtiques du sieur Jean de Coras. *Paris, Charl. Angot*, 1665, in-12. v. br.

1. 2899 Samson, Poëme sacré, par le même Jean de Coras. *Paris, Charl. Angot*, 1665, in-12. v. br.

5. 15 2900 Clovis, ou la France Chrestienne, Poëme héroïque par Jean Desmarets, avec figures en taille-douce. *Paris, Théodore Girard*, 1666, in-12. fig. baz.

2. 2901 Recueil des Poësies diverses du Chevalier d'Aceilly. *Paris, André Cramoisy*, 1667, in-12. v. br.

1. 10. 2902 Fables nouvelles & autres poësies diverses de Jean de la Fontaine, avec figures. *Paris, Cl. Barbin*, 1671, in-12. fig. v. br.

2. 2. 2903 Recueil de Poësies chrestiennes & diverses, par le même Jean de la Fontaine. *Paris, Jean Couterot*, 1679, 3 vol. in-12. v. br.

1. 10. 2904 Clovis, ou la France Chrestienne, Poëme divisé en XX Livres, par J. Desmarets de S. Sorlin, avec un Traité singulier de la comparaison de la Langue & de la Poësie françoise; avec la

Langue & la Poësie grecque & latine. *Paris, Claude Cramoisy*, 1673, *in*-8. *G. P. v. br.*

2905 Poësies diverses, françoises, latines & provençales, par le sieur de la Tour. *Paris, Theod. Girard*, 1677, *in*-8. *v. br.* — 1. 9.

2906 Les Préceptes Galans, Poëme par le sieur Ferrier. *Paris, Cl. Barbin*, 1678, *in*-12. *baz.*

2907 Joseph, ou l'Esclave fidele, Poëme divisé en six Chants, *Turin, Benoist Fleury*, 1679, *in*-12. *v. br.* — 3. 1.

2908 Madrigaux de Nicolas de Rambouillet, sieur de la Sabliere. *Paris, Cl. Barbin*, 1680, *in*-12. *v. br.* — 1.

2909 L'Art de Prêcher, Poëme en IV Chants, adressé à un Abbé, par le sieur D***. avec une autre petite piéce pareillement composée en vers françois, & qui a pour titre : *les Gestes du Prédicateur*, par le même. *Amsterdam, Henry Desbordes*, 1683 & 1693, *in*-8. *v. m.*

2910 Le Triomphe du Soucy & de la maîtrise aux jeux floraux, en vers françois, par Jean François Labat. *Toulouse, B. Guillemette*, 1688, *in*-4. *mar. r.* — 4. 19.

2911 Œuvres de Nicolas Boileau Despréaux. *Londres (Paris)*, 1750, 2 *vol. in*-12. *v. m.* — 2. 5.

2912 Ejusdem Nicolai Boileau Despreaux Opera, è gallicis numeris in latinos translata à D. Godeau, antiquo Rectore Universitatis studii Parisiensis. *Parisiis, Barth. Alix*, 1737, *in*-12. *v. br.* — 1. 11.

2913 Le Triomphe de Pradon sur les Satyres du sieur Despréaux. *La Haye (Rouen)*, 1686

== Nouvelles remarques sur tous les Ouvra- — 1. 11.

ges du sieur Despréaux. *Ibid.*, 1685. ⹀ Lutrigot, Poëme héroï-comique. *Ibid*, 1686, *in-*12. *v. br.*

2914 Recueil des Poësies diverses d'Antoinette de la Garde, Epouse de Guill. de la Fon de Boisguérin, Chevalier Seigneur des Houlieres. *Paris, veuve Séb. Mabre Cramoisy*, 1688, *in-*8. *baz.*

2915 Autre édition des mêmes Poësies. *Paris, Jean Villette*, 1707, 2 tom. en un vol. *in-*8. *v. br.*

2916 Réflexions solitaires sur la vie & les erreurs des hommes, en vers françois, par Pierre du Camp, sieur d'Orgas. *Paris, Gabriel Quinet*, 1689. ⹀ L'Allée de la Seringue, ou les Noyers, Poëme hero-satyrique en IV Chants. *Francheville*, 1690. ⹀ Satyres nouvelles. *Paris, Pierre Aubouyn*, 1695, *in-*12. *v. br.*

2917 Poësies héroïques, morales & satyriques, par M. de Sanlecque, avec quelques Epigrammes, Sonnets, Madrigaux, &c. du même Auteur. *Harlem, Charles Van-den-Dael*, 1696, *in-*8. *mar. r.*

2918 Autre édition des mêmes Poësies. *Amsterdam, Henry Desbordes*, 1700, *in-*8. *v. br.*

2919 Poësies diverses de M. D***. *La Haye, Jacob van Ellinkhuysen*, 1691, *in-*12. *v. in.*

2920 Discours satyriques en vers. *Cologne, (Paris)* 1696, *in-*12. *v. br.*

2921 Recueil de quelques Poësies Morales, par M... L. A. R. D. *Paris, Florentin de Laulne*, 1700, *in-*8. *v. m.*

2922 La Salade du mois de May, composée de différentes

BELLES-LETTRES.

différentes petites herbes, où celui qui l'a amassée en a fourni quelques-unes de son jardin ; ou Recueil de différentes piéces de Poësie françoise, composées par Henry Dalmas ou Delmas, Prêtre & Chanoine de l'Eglise d'Agde. *MSS. sur papier*, en 1709, *in*-4. *v. br.*

2923 Poësies diverses de Jacques Vergier, & autres Auteurs anonymes. *Paris (Hollande)*, 1727, 2 tom. en un vol. *in*-12. *v. f.* — 3. 16.

2924 Œuvres diverses de J. Baptiste Rousseau. *Londres (Paris)*, 1749, 2 vol. *in*-12. *v. m.* — 3. 1.

2925 Le Poëte sans fard, ou Discours satyriques en vers, par le sieur Gacon. *Cologne*, 1696 *in*-12. *non-relié.* — 1.

2926 Autre édition du même Livre, *Cologne, Corn. Egmont*, 1697, *in*-12. *v. br.*

2927 Autre édition du même Livre. *Libreville (Rouen)*, 1698, *in*-12. *v. br.*

2928 Le Poëte sincere, ou les vérités du siécle, Poëme héroi-comique divisé en XIII Discours & en X Chants. *Anvers (Rouen)*, 1698, *in*-12. *baz.* — 1. 13.

2929 La Muse Mousquetaire, ou les Œuvres posthumes de M. le Chevalier de Saint Gilles. *Paris, Guill. de Luynes*, 1709, *in*-12. *v. br.*

2930 Fables nouvelles mises en vers par M. du Ruisseau. *La Haye (Paris)*, 1714, *in*-12. *baz.*

2931 Poësies diverses de M. de la Monnoye, avec son Eloge. *La Haye, Charles le Vier*, 1716, *in*-8. *v. m.* — 2. 16.

2932 Odes du sieur le Brun, publiées en 1719, & corrigés de nouveau par l'Auteur même. *in*-8. *v. br. MSS. original.* — 1.

Tome I. Qqq

BELLES-LETTRES.

1. 14. { 2933 Poëſies diverſes de M. Chevreau, Précepteur de M. le Duc du Maine. *La Haye, Henry Scheurléer*, 1716, *in*-12. *v. br.*
2934 Recueil de Poëſies diverſes du Pere du Cerceau. *Paris, Jacq. Eſtienne* 1720, *in*-8. *v. br.*

1. 4. 2935 Autre édition des mêmes Poëſies. *Paris, veuve Eſtienne*, 1733, *in*-12. *v. br.*

1. 7. 2936 La Henriade, Poëme de M. de Voltaire, avec des variantes & des notes, & l'eſſai ſur le Poëme Epique. *Londres (Paris)*, 1733, *in*-12. *v. br.*

1. 11. 2937 Autre édition du même Poëme. *Londres, Tonſon (Paris)*, 1734, *in*-12. *v. br.*

1. 8. { 2938 Fables nouvelles, miſes en vers par M. Richer. *Paris, Eſtienne Ganeau*, 1729, *in*-8. *v. br.*
2939 Poëſies de Mlle de Malcrais de la Vigne. *Paris, veuve Piſſot*, 1735, *in*-12. broché.

2. 5. { 2940 Poëme ſur la Grace, par M. Racine le fils. *Paris*, 1722, *in*-8. *v. br.*
2941 Ode à l'Auteur de Léonidas. *La Haye*, 1742, *in*-8. *v. m.*
2942 Poëſies diverſes de M. *** *Amſterdam (Paris)*, 1745, 2 vol. *in*-12. *baz.*

1. 6. 2943 Autre édition des mêmes Poëſies. *Lauſanne*, 1748, 2 tom. en un vol. *in*-12. *baz.*

10. 2944 Autre édition des mêmes poëſies. *Londres (Paris)*, 8 tom. en 4 vol. *in*-12. *v. m.*

6. 2945 Le Temps perdu, ou Recueil mis en vers françois. *Berg-op-zoom (Paris)*, 1755, *in*-12. *mar. r.*

1. 2946 Recueil des Poëſies diverſes de M. B.... *Genêve*, 1756, *in*-8. *broché.*

1. 4. 2947 Fables nouvelles miſes en vers françois,

BELLES-LETTRES.

par M. Péras. *Paris, de la Guette*, 1761, *in*-12. *v. m.*

2948 Les quatre Saisons, ou les Géorgiques françoises, Poëme en quatre Chants. *Paris*, 1763, *in*-12. *relié en carton.* — 1. 8.

2949 Caquet-Bonbec, la Poule à ma Tante ; Poëme badin distribué en VI Chants. (*Paris*), 1763, *in*-12. *v. m.* — 1. 4.

§ 5. *Poëtes françois modernes, Normands, Provençaux, Gascons, Poitevins & autres qui ont écrit dans le langage du pays auquel ils ont pris naissance.*

2950 La Muse Normande, ou Recueil de plusieurs Ouvrages facétieux en langue Purinique ou gros Normand. *Rouen, J. Bapt. Besongne, sans indic. d'année, in*-8. *mar. r.* — 3.

2951 Recueil de Noëls Bourguignons de Gui Barozai. *Dijon, Jan Ressaire*, 1701, *in*-12. *v. m.* — 1. 4.

2952 Obros & Rimos prouvensallos de Loys de la Bellaudiero, Gentilhomme Prouvenssau, revioudados per Pierre Paul, Escuyer de Marseillo. *Marseille, Pierre Mascaron*, 1595. == Barbouillado & Phantazies de Pierre Pau, Escuyer de Marseillo. *Ibid.* 1595, 3 *tom. en un vol. in*-4. *vel.* — 9. 19.

2953 Recueil de Noëls provençaux, composés par Nicolas Saboly. *Avignon, Mich. Chastel*, 1699, *in*-12. *v. br.* — 1. 11.

2954 Autre Edition des mêmes Noëls. *Avignon, Franç. Joseph Domergue*, 1737, *in*-12. *v. m.* — 2.

2955 Recueil de diverses Poësies en langage — 3.

BELLES-LETTRES.

provençal, de M. F. T. G. *Marseille , Franç. Berte* , 1734, *in*-8. *mar. r.*

2. 2956 Recueil de diverses Piéces faites à l'ancien langage de Grenoble par les plus beaux esprits de ce temps-là. *Grenoble , Philippe Charvys,* 1662, *in* 8. *mar. r.*

2. 19. 2957 Les Poësies gasconnes de Pey de Garros. *Toulouse, Colomiés,* 1567 *, in*-4. *relié en carton.*

3. 2958 Le Gentilhomme Gascon, composé en vers gascons par Guill. Ader. *Toulouse, Raymond Colomiés,* 1610, *in*-8. *v. m.*

1. 2959 Recueil de Poësies en langue gasconne, par J. G. Dastros. *Toulouse, Jan Boudo,* 1643 *, in*-12. *vel.*

2. 2960 Autre Edition des mêmes Poësies. *Toulouse, J. Boudo ,* 1700 *, in*-12. *v. m.*

2. 16. 2961 Lou Banquet e plesen discours d'Augié Gaillard. *Lyon,* 1619, *in*-12. *vel.*

6. 2962 Las Obros de Pierre Goudelin. *A Toulouso , Pierre Bosc,* 1648, *in*-4. *mar. r.*

2. 2963 Las Obros de Pierre Goudelin, augmentados de forço péssos , é le Dictiounary sus la lengo Moundino. *Toulouso, Jan Pech,* 1678, *in*-12. *baz.*

2. 10. 2964 Le Ramelet Moundi du Sr Goudelin, avec un Dictionnaire pour l'intelligence des mots les plus éloignés de la langue françoise. *Toulouse, Jan Boudo ,* 1638 *, in*-8. *v. br.*

3. 15. 2965 La Gente Poitevinerie, avec le Procès de Jorget & de son voisin , & plusieurs chansons joyeuses, composées en langage bas-Poitevin. *Poictiers, Jelian Thorea,* 1620 *, in*-12. *mar. r.*

2. 10. 2966 Autre Edition des mêmes Poësies. *Poictiers, Jon Fleurea,* 1660, *in*-12. *vel.*

2967 Noels nouveaux & anciens en patois de Bezançon, & autres petites poësies dans le même patois, *Bezançon, François Gauthier, 1717, 1750 & 1751, 4 vol. in-12. brochés, & vel.*

V I.

Poësie françoise ancienne & moderne Dramatique, ou Piéces mises au Théatre.

§ 1. *Anciens Mysteres représentés par personnaiges par les Confreres de la Passion, d'abord à la Trinité en* 1402 ; *successivement depuis à l'Hôtel de Flandres en* 1540, *& à l'Hôtel de Bourgogne en* 1548.

2968 Le Mystere de la Passion de Notre Seigneur J. C. mis en ryme françoise, & par personnaiges, avec les addicions & corrections faittes par très éloquent & scientifique Docteur Maistre Jehan Michel, lequel Mystere fut joué à Angiers moult triumphamment & sumptueusement l'an 1486 en la fin d'Aoust. *Paris, Jehan Driard,* 1486, *in-fol. gotique, mar. r. rare.*

* *Voyez ce que nous avons dit au sujet de cette édition dans la* BIBLIOGRAPHIE INSTRUCTIVE *au N°.* 3187.

2969 Le Triumphant Mystere des Actes des Apôtres, mis par personnaiges & en ryme françoise, commencé premierement par Arnoul Gréban, & achevé ensuite par Simon Gréban, son frere. *Paris, Guill. Alabat & Nicol.*

Couteau, 1537, 2 tom. en un vol. in-fol. gotiq. v. f.

2970 La Destruction de Troyes la grant, mise par personnaiges & en ryme françoise, par Jacques Millet. *Lyon, Matthieu Huss*, 1485, in-fol. mar. c. rare.

2971 Autre Edition du même Livre. *Paris, 1526*, in-4. gotiq. mar. r. rare.

§ 2. *Auteurs Dramatiques, qui ont fait des Tragédies & des Comédies en françois, avant & depuis le rétablissement du Théatre sous le* CARDINAL DE RICHELIEU, *jusqu'à présent.*

2972. Le Marchant converty, tragédie excellente & nouvelle, en laquelle la vraye & fausse Religion, au parangon de l'une & de l'autre, sont au vif représentées; & quelle doit être leur issue au Jugement de Dieu. (*Genêve*), *de l'Imprimerie de Jean Crespin*, 1558; in-8. mar. r. rare.
* *Exemplaire mal conservé.*

2973 Les Œuvres de Théatre de Jacques Grévin. *Paris, Vinc. Serténas*, 1562, in-8. vel.

2974 Jephté, Tragédie tirée du latin de George Buchanan, & mise en vers françois par Florent Chrestian. *Orléans, Loys Rabier*, 1567, in-4. v. m.

2975 Le Brave, Comédie en ryme françoise, composée par Jan-Ant. de Baïf, & jouée devant le Roi en l'Hôtel de Guise, à Paris le 28 Janvier 1567. *Paris, Rob. Estienne*, 1567, in-8. v. m.

2976 Les Œuvres de Théatre de Jean de la Taille. *Paris, Fed. Morel*, 1573, 2 vol. in-8. v. m.

BELLES-LETTRES.

2977 La Médée, Tragédie, par Jean de la Péruse, avec diverses autres poësies du même Auteur. *Poictiers, de Marnefs, sans date d'année, in-4. mar. r.*

2978 La Reconnuë, Comédie en vers françois, par Remy Belleau. *Paris, Mam. Patisson, 1585, in-12. v. m.*

2979 Les Tragédies de Robert Garnier. *Paris, Mamert Patisson, 1585, in-12. v. m.*

2980 Le Théatre Tragique de Roland Brisset, Gentilhomme Tourangeau, contenant, Hercule furieux, *Tragédie*; Thyeste, *Tragédie*; Agamemnon, *Tragédie*; Octavie, *Tragédie*, & Saint Jean-Baptiste, *Tragédie*. *Tours, Claude de Montrœil, 1589, in-4. v. br.*

2981 Les Nopces d'Anti-Lésine, Comédie en prose, extraite des discours de la Contre-Lésine. *Paris, Abraham Saugrain, 1604, in-12. non relié.*

2982 La Tragédie de Priam, Roy de Troyes, par le sieur François de Berthrand. *Rouen, Raph. du Petit-Val, 1605, in-12. v. m.*

2983 Philis, Tragédie, mise en ryme françoise par Chevalier. *Paris, Jean Jannon, 1609.* == Natalie, ou la Générosité chrestienne, Tragédie mise en ryme françoise, par le sieur de Montgaudier. *Paris, Cl. Calleville, 1657.* == Timon, Comédie en ryme françoise, par le sieur de Brécourt. *Rouen, Jean Gruel, sans date d'année, in-12. mar. violet.*

2984 Tragédie de Jeanne d'Arcques, dite la Pucelle d'Orléans, mise en ryme françoise & par personnages. *Rouen, Raph. du Petit-val, 1611, in-12. v. m.*

2985 L'Amour Triomphant, où, sous le nom du Berger Pirandre & de la Belle Oréade du Mont Olympe, sont décrites les amoureuses avantures de quelques grands Princes: Pastorale comique en prose, & mise par personnages, en V Actes, par Pierre Troterel, Escuyer, Sieur d'Aves. *Paris, Samuel Thiboust*, 1615, *in-8. v. br.*

2986 Tragédie de Sainte Agnès, en vers françois, par P. Troterel, Sieur d'Aves. *Rouen, Raph. du Petit-Val*, 1615. === Pasithée, Tragi-Comédie en vers, par le même. === Philistée, Pastorale, par le même. === Aristene, Pastorale, par le même. === Gillette, Comédie facétieuse en vers, par le même P. Troterel, Sieur d'Aves. *Ibid.* 1620, *in-12. non-relié.*

2987 La Rhodienne, ou la Cruauté de Solyman, Tragédie du sieur Mainfray en vers françois. *Rouen, Raph. du Petit-Val*, 1621. === Cyrus triomphant, ou la Fureur d'Astiagès, Roy des Médes, Tragédie en vers, du même Mainfray. *Ibid.* 1618, *in-12. non relié.*

2988 Le Théatre François, contenant le Trébuchement de Phaéton; la Mort de Roger; la Mort de Bradamante; Andromede délivrée, & le Foudroyement d'Athamas. *Paris, Paul Mansan*, 1624, *in-8. v. f.*

2989 La Sylvanire; ou la Morte-vive, fable bocage, mise en vers françois, par Honoré d'Urfé, & divisée en V Actes. *Paris, Robert Fouet*, 1627, *in-8. v. m.*

2990 Recueil des Tragédies françoises du sieur Borée. *Lyon, Vinc. de Cœursilly*, 1627, 2 vol. *in-8. v. m.*

2991

… BELLES-LETTRES. 497

2991 Les Tragédies d'Antoine de Montchre-
 ſtien, Sieur de Vaſteville. *Rouen, Martin de la
 Motte*, 1627, *in*-8. *vel.*
2992 La Climène, tragi-comédie paſtorale en
 vers françois par le ſieur de la Croix, avec
 pluſieurs autres œuvres poëtiques du même
 Auteur. *Paris, Corrozet*, 1629, *in*-8. *vel.*
2993 La Dorinde, tragi-comédie en ryme françoiſe, compoſée par le ſieur Auvray. *Paris,
 Ant. de Sommaville*, 1631. === La Céciliade,
 ou le Martyre ſanglant de Sainte Cécile, Patrone des Muſiciens, miſe en ryme françoiſe
 par Nicolas Soret, avec les airs notés par Abraham Blondet. *Paris, Pierre Rezé*, 1606. === La
 Madonte, tragi comédie en ryme françoiſe,
 compoſée par le ſieur Auvray. *Paris, Ant. de
 Sommaville*, 1631, *in*-8. *v. m.*
2994 Uranie, tragi-comédie paſtorale, compoſée en ryme françoiſe par le ſieur Bridard.
 Paris, Jean Martin, 1631. === La Comédie
 des Comédies, trad. de l'italien en proſe françoiſe par le ſieur du Péchier. *Paris, Nic. de la
 Coſte*, 1629. === Méliane, ou la Tragi-Comédie de Tyr & Sidon, compoſée en ryme
 françoiſe par le ſieur de Schélandre. *Paris,
 Robert Eſtienne*, 1628, *in*-8. *v. m.*
2995 Les Travaux d'Ulyſſe, tragi-comédie tirée
 d'Homere, & miſe en ryme françoiſe par Jean
 Gillebert Durval. *Paris, Pierre Ménard*, 1631.
 === L'Amphytrite, miſe en ryme françoiſe &
 par perſonnages, par le ſieur de Moüléon.
 Paris, veuve Guillemot, 1630, *in*-8. *v. m.*
2996 L'Amaranthe du ſieur Gombaud, paſtorale en V actes, & miſe en vers françois. *Paris*,

Tome I. Rrr

498 BELLES-LETTRES;

Franç. Pommeray, 1631. ⸺ La Climène, tragi-comédie pastorale du sieur de la Croix, avec plusieurs autres œuvres poëtiques du même Auteur. *Paris, Jean Corrozet*, 1631. ⸺ Lizymène, Comédie pastorale du sieur de Coste. *Paris, Gerv. Clousier*, 1639. ⸺ La Cydippe, pastorale du Chevalier de Baussays. *Paris, Jean Martin*, 1632, *in-8. v. m.*

2997 La Généreuse Allemande, ou le Triomphe d'Amour, tragi-comédie mise en deux journées par le sieur A. Mareschal; où sous noms empruntés & parmi d'agréables & diverses feintes, est représentée l'histoire de feu M. & Mde. de Cyrey. *Paris, Pierre Rocolet*, 1631. ⸺ Autres petits Œuvres poëtiques dudit Sr. Mareschal. *Ibid*, 1630, *in-8. v. m.*

2998 Œuvres de Théâtre du même A. Mareschal, contenant le Railleur ou la Satyre du temps, *comédie*; Arthémise ou le Mauzolée, *tragi-comédie*; le véritable Capitan Matamore, *comédie*; l'Arcadie de la Comtesse de Pembrock, *tragi-comédie*; & Papyre ou le Dictateur Romain, *tragédie*. *Paris, Touss. Quinet*, 1638, *in-4. v. m.*

2999 La Filis de Scire, Comédie pastorale, tirée de l'italien, & mise en vers françois par le sieur Pichou. *Paris, Franç. Targa*, 1631, *in-8. v. m.*

3000 Œuvres dramatiques de M. de Scudéry, avec quelques poësies diverses du même Auteur. *Paris, Franç. Targa*, 1631, & ann. suiv. 2 *vol. in-8. v. m.*

3001 Œuvres de Théâtre du sieur de Scudéry, contenant Axiane, *tragi-comédie en prose*;

BELLES-LETTRES.

Didon, *tragédie*; la Mort de César, *tragédie*; Ibrahim ou l'illustre Bassa, *tragi-comédie*; l'Amant libéral, *tragi-comédie*; l'Amour tyrannique, *tragi-comédie*; Eudoxe, *tragi-comédie*; Andromire, *tragi-comédie*, & autres petits Œuvres poëtiques du même Auteur. Paris, Toussaint Quinet, 1644 & ann. suiv. 2 vol. in-4. v. m.

3002 Théâtre ancien de N. Frénicle, contenant la Fable bocagere & pastorale de Palémon, & la fin tragique de Niobé. Paris, Jacq. Dugast, 1632, in-8. mar. violet. — 4. 6.

3003 Les Entretiens des illustres Bergers, tant en prose qu'en vers, par le même Frénicle. Paris, Jacq. Dugast. 1634, in-8. v. m. — 1. 10.

3004 L'Aminte du Tasse, tragi-comédie pastorale, accommodée au Théâtre françois par le sieur de Rayssiguier. Paris, Aug. Courbé, 1632, in-8. vel. — 1.

3005 Les Œuvres de Théâtre du même de Rayssiguier, contenant la Célidée ou la Calirie; les Amours d'Astrée & de Céladon; la Bourgeoise ou la Promenade de S. Clou; l'Amynte du Tasse, & autres Œuvres poëtiques du même Auteur. Paris, Toussaint Quinet, 1635 & ann. suiv. in-8. v. m. — 6. 1.

3006 Europe, Comédie héroïque & allégorique en vers françois, avec la clef des personnages. Paris, Henry le Gras, 1633. in-4. v. br.

3007 La Chasteté invincible, Bergerie mise par personnages en prose par le sieur de Croisilles. Paris, Sim. Février, 1633, in-8. v. m. — 6. 1.

3008 Les Heureuses Advantures, tragi-comédie en ryme françoise par le Sr le Hayer du Perron. — 1.

BELLES-LETTRES.

Paris, Ant. de Sommaville, 1633, in-8. non-relié.

3009 Pandoste, ou la Princesse malheureuse, Tragédie en prose par Puget de la Serre. Paris, 1633, in-8. v. m.

3010 Œuvres de Théâtre du même Puget de la Serre, contenant le Sac de Carthage, tragédie en prose; Thésée, ou le Prince reconnu, tragi-comédie en prose; Thomas Morus, ou le Triomphe de la Foy & de la Constance, tragi-comédie en prose; La Comédie des Thuilleries en vers françois, par les cinq Auteurs; & l'Aveugle de Smyrne, tragi-comédie, par les mêmes cinq Auteurs. Paris, Jacq. Villery, 1642 & ann. suiv. in-4. v. m.

3011 Polidore, Tragédie par N. de la Serre. in-fol. mar. r. (Manuscrit.)

3012 Le Théâtre françois du sieur Balthasar Baro: contenant la Clorise, pastorale en rime, divisée en V actes; & Célinde, Poëme héroïque en prose, divisé pareillement en V actes. Paris, Ant. de Sommaville, 1634, & Franc. Pommeray, 1629, in-8. v. m.

3013 Œuvres de Théâtre du même Baro, contenant la Parthénie, la Clarimonde, le Martyre de S. Eustache, & le Prince fugitif. Paris, Ant. de Sommaville, 1642 & ann. suiv. in-4. v. m.

3014 La Mélize pastorale comique en ryme françoise, avec un Prologue facétieux par le sieur R. M. Durocher. Paris, Jean Corrozet, 1634. === L'Indienne amoureuse, ou l'heureux Naufrage, tragi-comédie du même Durocher. Paris, Jean Corrozet, 1632, in-8. non-rel.

3015 La Fidele Tromperie, tragi comédie en ryme françoise, par le sieur N. Gougenot. *Paris, Ant. de Sommaville*, 1634. === La Comédie des Comédiens, tragi-comédie en prose, par le même Gougenot. *Paris, Pierre David*, 1633. === Le Ravissement de Florisse, ou l'heureux événement des Oracles, tragi-comédie en ryme françoise par le sieur de Cormeille. *Paris, Toussaint Quinet*, 1633, *in-*8. *v. m.* 2. 5.

3016 La Diane, Comédie en ryme françoise, par le sieur de Rotrou. *Paris, Franç. Targa*, 1635. === La Bague de l'oubli, comédie en ryme françoise du même de Rotrou. *Ibid*, 1635. === La Sylvie, tragi-comédie pastorale composée en ryme françoise par le sieur de Mairet. *Troyes, Nic. Oudot*, 1634, *in-*8. *v. m.* 1. 10.

3017 L'Impuissance, tragi-comédie pastorale en vers françois, avec quelques autres Œuvres poëtiques du sieur Véronneau. *Paris, Toussaint Quinet*, 1635, *in-*8. *v. m.* 6. 1.

3018 Œuvres de Théâtre du sieur Isaac de Bensserade, contenant la Cléopâtre, *tragédie*; Iphis & Iante, *comédie*; la Mort d'Achille & Dispute de ses Armes, *tragédie*; Gustave, ou l'Heureuse Ambition, *tragi-comédie*; & la Pucelle d'Orléans, *tragédie*. *Paris, Ant. de Sommaville*, 1636, *in-*4. *v. m.* 5.

3019 Œuvres de Théâtre du sieur Beys, contenant l'Hôpital des Fols, *tragi-comedie*; les Illustres Fols, *comédie*; le Jaloux sans sujet, *tragi-comédie*; & Céline ou les Freres Rivaux, *tragi-comédie*. *Paris, Toussaint Quinet*, 1636 & ann. suiv. *in-*4. *v. m.* 8.

3020 Le Torrifmon du Taffe, tragédie du fieur Charles Vion, Seigneur d'Alibray. *Paris, Pierre Rocolet*, 1636. === Le Soliman, tragi-comédie du même d'Alibray, & trad. de l'italien. *Paris, Touff. Quinet*, 1637, *in-4. v. m.*

3021 Le même Torrifmon du Taffe, tragédie mife en vers françois par le fieur d'Alibray. *Paris*, 1636. === L'Amynte du Taffe, paftorale mife en vers françois. *Paris, Touffaint Quinet*, 1638. === La Philis de Scire, trad. de l'Italien du Comte Guidobalde de Bonarelli, en vers françois, & mife au Théâtre par le fieur du Cros. *Paris, Aug. Courbé*, 1647, *in-4. v. m.*

3022 Œuvres de Théâtre du fieur Defmarets de S. Sorlin, contenant Afpafie, *comédie*, Roxane, *tragi-comédie*; Scipion, *tragi-comédie*; Europe, *comédie héroïque*, avec la Clef des perfonnages allégoriq. les Vifionnaires, *comédie*, *Paris, Jean Camufat*, 1636 & ann. fuiv. *in-4. v. m.*

3023 Mirame, tragi-comédie par Defmarets, *Paris*, 1639, *in-fol. fig. v. f.*

3024 Alizon, comédie en ryme françoife dédiée au jeunes Veuves & aux vieilles filles, par L. C. Difcret. *Paris, Jean Guignard*, 1637, *in-8. non-relié.*

3025 Œuvres de Théâtre du fieur Guérin de Boufcal, contenant la Mort de Brute & de Porcie, ou la Vengeance de la Mort de Céfar; *tragédie*; l'Amant Libéral, *tragi-comédie*; Dom Quichotte de la Manche, *comédie en deux parties*; la Mort d'Agis, *tragédie*; la Mort de Cléomènes, Roi de Sparte, *tragédie*; le Prince rétabli, *tragi-comédie*; le Fils défadvoué, ou le Jugement de Théodoric, Roi d'Italie, *tragi-comédie*. Paris, Touss. Quinet, 1637 & ann. suiv. in-4. v. m.

3026 Œuvres de Théâtre du sieur Métel Douville, contenant les Trahisons d'Arbiran, *tragi-comédie*; Jodelet Astrologue, *comédie*; l'Esprit-Folet, *comédie*; la Dame Suivante, *comédie*; la Coëffeuse à la Mode, *comédie*; l'Absent chez soy, *comédie*; & les Fausses Vérités, *comédie*. Paris, Aug. Courbé, 1638 & ann. suiv. 2 vol. in-4. v. m.

3027 Les Œuvres de Théâtre du sieur le Vert, contenant le Docteur Amoureux, *comédie*; Aristotime, *tragédie*; & Aricidie, ou le Mariage de Tite, *tragi-comédie*. Paris, August. Courbé, 1638 & ann. suiv. in-4. v. m.

3028 Le Galimathias du sieur de Roziers Beaulieu, *tragi-comédie*. Paris, Toussaint Quinet, 1639. === Adolphe, ou le Bigame généreux, *tragi-comédie*. Paris, Pierre Lamy, 1650. === Le grand Sélim, ou le Couronnement tragique, *tragédie*. Paris, Nic. de Sercy, 1645. === Les trois Dorotées, ou le Jodelet soufflerré, *comédie* de Scarron. Paris, Touss. Quinet, 1650, in-4. v. m.

3029 Œuvres de Théâtre du sieur Mairet, contenant la Sidonie, *tragi-comédie-héroïque*; l'Illustre Corsaire, *tragi-comédie*; le Marc-Antoine ou la Cléopatre, *tragédie*; la Virginie, *tragi-comédie*; l'Athénaïs, *tragi-comédie*; la Sophonisbe, *tragédie*; le grand Solyman, ou la Mort de Mustapha, *tragédie*; le Roland furieux, *tragi-comédie*; le Duc d'Ossonne, *comédie*; Chryséide & Arimant, *tragi-comédie*;

La Sylvanire, ou la Morte-Vive, *tragi-comédie pastorale*; & autres petites Poësies du même Mairet. Paris, Ant. de Sommaville, 1640 & ann. suiv. 3 vol. in-4. v. m.

3030 Œuvres de Théâtre du sieur Sallebray, contenant le Jugement de Pâris, & le Ravissement d'Hélene, *tragi-comédie*; la Troade, *tragédie*; la Belle Égyptienne, *tragédie*; & l'Amante Ennemie, *tragi-comédie*. Paris, Ant. de Sommaville & Touss. Quinet, 1640, & ann. suiv. in-4. v. m.

3031 Les Freres Rivaux, tragi-comédie du sieur Chevreau. Paris, Aug. Courbé, 1641.== L'Advocat dupé, comédie du même Chevreau. Paris, Touss. Quinet, 1637. == L'Innocent malheureux, ou la Mort de Crispe, tragédie par François de Grenaille, Sieur de Chastonnieres. Paris, Jean Paslé, 1654. == Oromazes, Prince de Perse, tragédie du sieur Cadet. Paris, Alexandre Lesselin, 1651, in-4. v. m.

3032 Œuvres de Théâtre du sieur des Fontaines, contenant Bélisaire, *tragi-comédie*; Eurimédon ou l'Illustre Pyrate, *tragi-comédie*; Orphée, ou la Beauté persécutée, *tragi-comédie*; le Prince Hermogene, *tragi-comédie*; la vraye suite du Cid, *tragi-comédie*; & Alcidiane, *tragi-comédie*. Paris, Aug. Courbé, 1641 & années suiv. in-4. v. m.

3033 La Mort du grand Promédon, ou Policritte, tragi-comédie en vers françois. Paris, Touss. Quinet, 1642, in-4. v. m.

3034 Œuvres de Théâtre du sieur Gillet, contenant le Triomphe des cinq passions, *Tragi-comédie*; le Desniaisé, *comédie*; l'Art de regner,

BELLES-LETTRES.

gner, ou le sage Gouverneur, *tragi-comédie*; la Quixaire, *tragi-comédie*; Francion, *comédie*; Sigismond, Duc de Varsau, *tragi-comédie*, & la Mort de Valentinian & d'Isidore, *tragédie*. Paris, *Touss. Quinet*, 1642, *in-4. v. m.*

3035 Œuvres de Théatre de Gautier de Costes, Sieur de la Calprenède, contenant Herménigilde, *tragédie en prose*; la Mort de Mithridate, *tragédie en vers*; le Clarionte, ou le Sacrifice galant, *tragi-comédie en vers*; Phalante, *tragédie en vers*, & le Comte d'Essex, *tragédie en vers*. Paris, *Ant. de Sommaville*, 1643, *in-4. v. m.*

3036 La Belle Esclave, Tragi-Comédie du Sr de l'Estoille. Paris, *P. Moreau*, 1643. ⸺ Blanche de Bourbon, Reyne d'Espagne, Tragi-Comédie du sieur Regnault. Paris, *Toussaint Quinet*, 1642. ⸺ L'Inceste supposé, Tragi-Comédie du sieur la Caze. *Ibid.* 1642. ⸺ Le Grand Timoléon de Corinthe, Tragi-Comédie du sieur de Saint-Germain. *Ibid.* 1642. ⸺ Marie Stuard, Reyne d'Ecosse, Tragédie du sieur Regnault. *Ibid.* 1640, *in-4. v. m.*

3037 Roxelane, Tragédie du sieur Desmares. Paris, *Ant. de Sommaville*, 1643. ⸺ La Bélinde, Tragi-Comédie par le sieur Rampalle. *Lyon, Pierre Drobet*, 1630. ⸺ L'Infidele Confidente, Tragi-Comédie du sieur Pichou. Paris, *Franç. Targa*, 1631. ⸺ César, Tragédie de Jacq. Grévin. ⸺ Ostorius, Tragédie du sieur de Pure. Paris, *Guill. de Luyne*, 1659, *in-4. v. m.*

3038 Les Œuvres de Théatre du sieur Tristan

l'Hermite, contenant la Mort de Séneque, *tragédie* ; Panthée, *tragédie* ; la Folie du Sage, *tragi-comédie* ; la Mort de Chrispe, ou les Malheurs domestiques du Grand Constantin, *tragédie* ; la Mariane, *tragédie*, & le Parasite, *comédie*. Paris, *Toussainct Quinet*, 1645 & ann. suiv. *in-4. v. m.*

3039 Les Œuvres de Théatre du sieur la Brosse, contenant le Turne de Virgile, *tragédie* ; les Songes des hommes esveillés, *comédie* ; les Innocens coupables, *comédie*, & la Stratonice, ou le Malade d'amour, *comédie*. Paris, *Veuve Nic. de Sercy*, 1647, *in-4. v. m.*

3040 La Sœur généreuse, *tragi-comédie*, en vers françois, par O. Boyer. Paris, *Aug. Courbé*, 1647. ══ Le Sage jaloux, *tragi-comédie*, en prose. Paris, *Pierre Lamy*, 1648. ══ La Juste Vengeance, *tragi-comédie*, en vers françois. Paris, *Aug. Courbé.* ══ Perselide, ou la Constance d'amour, *tragi-comédie*, en vers françois. Paris, *Augustin Courbé*, 1646, *in-4. v. m.*

3041 Théatre Ancien, contenant la Feste de Vénus, *comédie* ; les Amours de Jupiter & de Sémélé, *tragédie* ; Lisimène, ou la Jeune Bergere, *pastorale* ; Policrite, *tragi-comédie* ; Artarxerce, *tragédie* ; le jeune Marius, *tragédie* ; Clotilde, *tragédie* ; Oropaste, ou le faux Tonaxare, *tragédie* ; Fédéric, *tragi-comédie*, & la Mort de Démétrius, ou le Restablissement d'Alexandre, Roy d'Epire, *tragédie*, par Boyer. Paris, *Charl. de Sercy*, 1663 & ann. suiv. 2 vol. *in-12. mar. violet.*

3042 Le Théatre du sieur Boyer, contenant le

BELLES-LETTRES.

Comte d'Essex, *tragédie*; Agamemnon, *tragédie*; Policrates, *comédie héroïque*; & le Fils supposé, *tragédie* : le tout en vers françois. Paris, Charles Osmont, 1678 & ann. suiv. in-12. v m.

3043 Œuvres de Théatre de Claude Boyer, de l'Académie Françoise, contenant Jephté, *tragédie*; Aristodème, *tragédie*; Ulysse dans l'isle de Circé, ou Euriloche foudroyé, *tragi-comédie*; Porus, ou la Générosité d'Alexandre, *tragédie*; Tyridate, *tragédie*, & la Porcie romaine, *tragédie*. Paris, Veuve Coignard, 1692, in-4. v. m.

* La premiere de ces Tragédies est de Claude Boyer ; les autres paroissent sortir de la plume d'un autre Boyer plus ancien. Elles sont imprimées en 1646, 1648 & 1649.

3044 Les Œuvres de Théatre de Pierre Corneille, avec figures gravées en taille-douce. Paris, Aug. Courbé, 1647, 2 vol. in-4. v. m.

3045 Les Chefs-d'œuvres dramatiques de MM. Pierre & Thomas Corneille, avec le jugement des Savans à la fin de chaque piéce. Oxfort, 2 vol in-4. G. P. v. f.

3046 Œuvres de Théatre du sieur de Magnon, contenant le Grand Tamerlan & Bajazet, *tragédie*; Séjanus, *tragédie*; Josaphat, *tragi-comédie*; & le Mariage d'Oroondate & de Statira, ou la Conclusion de Cassandre, *tragi-comédie*. Paris, Paul-Ant. de Sommaville, 1648 ; & ann. suiv. in-4. v. m.

3047 La Victime d'Estat, ou la Mort de Plautius Silvanus, Préteur Romain, *tragédie* du sieur de Prades. Paris, Nic. de la Coste, 1649.

== Annibal, *tragi-comédie* du même de Prades. *Ibid* 1649. == Le véritable Coriolan, *tragédie* du Sr. de Chapoton. *Paris, Touffainct Quinet*, 1638. == La Defcente d'Orphée aux enfers; *tragédie* du même Chapoton. *Ibid.* 1640; & la Cheute de Phaëton, *tragédie*, par le fieur Lermite de Vozelle. *Paris, Cardin Befongne*, 1639, *in-*4. *v. m.*

3048 L'Eunuque, *Comédie* du fieur la Fontaine. *Paris Aug. Courbé*, 1654. == La Virginie Romaine, *tragédie* du fieur le Clerc. *Paris, Touff. Quinet*, 1645. == La Mort de Pompée, *tragédie*, par le fieur Chaulmer. *Paris, Ant. de Sommaville*, 1638. == L'Innocent exilé, *tragédie* du fieur Provais. *Paris.* == Balde, Reyne des Sarmates, tragédie du fieur Jobert. *Paris, Aug. Courbé*, 1651, *in-*4. *v. m.*

3049 Œuvres de Théatre du fieur Métel de Boifrobert, contenant, Caffandre, Comteffe de Barcelonne, *tragi-comédie*; la Jaloufe d'elle-même, *comédie*; les Deux Alcandres, *tragi-comédie*; la vraye Didon, ou la Didon chafte, *tragédie*; Palène, *tragi-comédie*; le Couronnement de Darie, *tragi-comédie*; l'Heureufe Tromperie, *tragi-comédie*; Théodore, Reyne de Hongrie, *tragi-comédie*; les Rivaux amis, *tragi-comédie*, & les trois Orontes, *comédie*. *Paris, Aug. Courbé*, 1654, & ann. fuiv. 2 vol. *in-*4. *v. m.*

3050 Le Théatre du fieur de Montauban, contenant, Séléucus, *tragi-comédie héroïque*; le Comte de Hollande, tragi-comédie; Indegonde, tragédie, & les Charmes de Félicie, paftorale. *Paris, Guill. de Luynes*, 1654, & ann. fuiv. *in-*12. *v. m.*

BELLES-LETTRES. 509

3051 Œuvres de Théatre du sieur Gabriel Gilbert, contenant, Arie & Pétus, ou les Amours de Néron, *tragédie*; Marguerite de France, *tragi-comédie*; Téléphonte, *tragi-comédie*; Chresphonte, ou le Retour des Héraclides dans le Péloponnese, *tragi-comédie*; Sémiramis, *tragédie*, & Rodogune, *tragi-comédie*. Paris, Guill. de Luyne, 1660, & ann. suiv. in-4. *v. m.*

3052 Le Théatre du même Gabriel Gilbert, contenant Mélisse, tragi-comédie pastorale; les Petits-Maistres d'esté, comédie; les Amours d'Ovide, pastorale héroïque; les Amours d'Angélique & de Médor, tragi-comédie; les Intrigues amoureuses, comédie; & les Amours de Diane & d'Endymion. *Paris*, 1663, & ann. suiv. in-12. *v. m.*

3053 Le Théatre du sieur Dorimond, Comédien de Mademoiselle, contenant, la Femme industrieuse; l'Amant de sa femme; la Rosélie, ou le Dom Guillot; l'Avare dupé, ou l'Homme de paille; l'Inconstance punie; la Comédie de la Comédie, & les Amours de Trapolin. *Paris, Jean Ribou*, 1661, & ann. suiv. in-12. *v. m.*

3054 La Princesse d'Elide, comédie de J. Bapt. Pocquelin de Moliere, avec les Plaisirs de l'isle enchantée. *Paris, Gabriel Quinet*, 1665, in-8. *vel.*

3055 Tragédie françoise du Sacrifice d'Abraham, en vers françois, par Th. D. B. *Rouen, David Berthelin*, 1670. in-12. *v. m.*

3056 Autre Edition de la même Tragédie. *Middelbourg, Nic. Parmentier*, 1701, in-12. *v. f.*

BELLES-LETTRES.

3057 Les Œuvres de Théatre du sieur de Rosimond, *contenant*, le nouveau Festin de Pierre, ou l'Athée foudroyé ; l'Advocat sans étude ; la Dupe amoureuse, & les Trompeurs trompés : le tout en vers françois. *Paris, René Guignard, 1670, & ann. suiv. in-12. v. m.*

3058 Le Martyre de S. Gervais, Poëme dramatique, par M. F. de Cheffault. *Paris, A. Rafflé*, 1685. === Le Martyre de Ste Reyne, tragédie, par C. Ternet. *Ibid. sans date.* === Dipné, Infante d'Irlande, tragédie, par F. d'Aure, *Montargis, J. Bapt. Bottier, 1668.* === La Machabée, ou Tragédie du martyre des sept freres & de Solomone, leur mere, par Jean de Virey, Sr. du Gravier. *Rouen, Raphaël du Petit-Val, 1611, in-12. v. m.*

3059 Esther, tragédie tirée de l'Ecriture Sainte, mise en vers françois, & composée pour l'édification des jeunes Demoiselles de S. Cyr, par Jean Racine. *Paris, Cl. Barbin, 1689, in-12. v. br.*

3060 Les Souffleurs, comédie en prose. *Paris, Veuve Coignard, 1694, in-12. v. m.*

3061 Tragédies du Pere de Colonia, Jésuite ; *savoir*, Juba, Annibal & Germanicus ; avec la Foire d'Ausbourg, ou la France mise à l'Encan. *Lyon, 1695 & ann. suiv. in-8. v. m.*

3062 Le Franc-Bourgeois, comédie mise en vers par G. T. de Valentin. *Bruxelles, Ant. Claudinot, 1706.* === Les Plaintes du Palais, ou la Chicane des Plaideurs, comédie mise en vers par le sieur Jacques Denys. *Paris, Estienne Loyson, 1679.* === Esope, comédie en vers par M. le Noble. *Paris, Guill. de Luynes,*

BELLES-LETTRES. 511

1691. ⸺ Les Fragmens de Moliere, comédie en prose par le sieur Brécourt. *Paris, Jean Ribou*, 1682, *in*-12. *v. m.*

3063 Le Théâtre de Mademoiselle Barbier, *contenant* Arrie & Pétus, tragédie; Cornélie, mere des Gracques, tragédie; & la Tragédie de Tomyris, Reine des Massagétes. *Plus*, dans le même volume, la Tragédie d'Hypermnestre, par le sieur Riuperous, & la Comédie de Danaë, ou Jupiter Crispin, par le sieur de la Fons. *Paris, Pierre Ribou*, 1707 & *ann. suiv. in*-12. *v. m.* — 1.

3064 Recueil de différentes Tragédies de M. le Brun; *savoir*, Frédéric; Hippocrate Amoureux; Arion; Mélusine; Sémélé, & Europe. *Paris*, 1712, *in*-12. *v. f.*

3065 La Devineresse, ou Madame Jobin, comédie en prose. *Paris, Pierre Ribou*, 1713, *in*-12. *vel.* — 2. 19.

3066 Comédie anonyme, intitulée: *les Moines*. *Impr. en* 1716, *in*-8. *v. f.*

3067 Recueil de Piéces de Théâtre composées par M. Fagan. *Paris, Chaubert*, 1733 & *ann. suiv. in*-8. *v. m.* — 1.

3068 Œuvres de Théâtre de M. de Saint-Foix. *Paris, Prault fils*, 1748, 2 *vol. in*-12. *v. m.* — 1. 18.

3069 Régulus, tragédie en trois actes & en vers françois. *Paris, Séb. Jorry*, 1765, *in*-8. *fig. broché.* — 1. 9.

3070 Le Médisant, *comédie*; les Effets de la Prévention, *comédie*; le Triomphe de l'Amitié, *comédie*; & l'Inégal, *comédie. in*-12. *v. f.*

(*Fragmens ou Piéces extraites d'autres Livres.*)

3071 Les Caprices de l'Amour, *comédie*; la

Dupe de foi même, *comédie*; Arlequin fub-
delégué de l'Amour, *comédie*; & le Talifman,
comédie. *in-*12. *v. f.* (*Fragmens ou Piéces extraites.*)

3072 Daphné, tragédie en vers françois, com-
pofée par le fieur de Bérigny, & dédiée à
M. le Duc de Montauzier. *MSS. fur papier, de
la fin du* XVII*e fiècle. in-fol. v. br.*

3073 Recueil de plufieurs Piéces de Théâtre;
favoir, BENJAMIN, drame héroïque par le
Pere Artuis, de la Compagnie de Jéfus; SYLLA,
tragédie par le P. de la Ruë de la même Comp.
LES INCOMMODITÉS DE LA GRANDEUR, comédie
héroïque par le Pere du Cerceau, Jéfuite;
L'ECOLE DES PERES, drame comique par le
même Pere du Cerceau; LE MONDE DÉMAS-
QUÉ, comédie en vers par le Pere Bougeant,
Jéfuite. PESOPHILUS, five Aleator, drama
comicum R. P. Porée, Soc. Jefu; PATER
AMORE CÆCO DECEPTUS, comœdia ejufdem
R. P. Porée. === RECUEIL de plufieurs petites
Piéces de Vers en françois. *MSS. fur papier,
in-*4. *v. m.*

3074 Liaffe de XXVI Piéces de Théâtre fépa-
rées, contenant des Tragédies & des Comédies
de différens Auteurs, & qui ont été publiées
depuis 1640, jufqu'en 1650, *in-*4.

3075 Recueil de Comédies & Tragédies détachées, tant en profe qu'en vers, & compofées
par différens Auteurs dans les XVI, XVII
& XVIIIe fiècles, au nombre de CENT UNE
Piéces. *in-* 8. & *in-*12. *non-reliés.*

BELLES-LETTRES. 513

§ 3. *Pièces représentées par l'Académie royale de Musique, vulgairement appellée le* THEATRE DE L'OPERA; *avec les Ballets & autres divertissemens, exécutés par les Rois mêmes, ou devant eux, & qui ont précédé ou qui ont été représentés depuis l'établissement de l'*OPERA *sur ce Théâtre particulier auquel ces sortes de divertissemens ont donné naissance.*

3076 Persée, tragédie mise en musique par M. de Lully. *Paris, Ballard,* 1682, *in-fol. v. m.* (imprimé.) — 4. 4.

3077 Amadis, tragédie mise en musique par le même de Lully. *Paris, Ballard,* 1684, *in-fol. v. m.* (imprimé.) — 2 -

3078 Roland, tragédie mise en musique par le même. *Paris, Ballard,* 1685, *in-fol. v. m.* (imprimé.) — 8. 12.

3079 Achille & Polixène, tragédie mise en musique par MM. de Lully & Colasse. *Amsterdam, Antoine Pointel,* 1688, *in-4. v. br.* (imprimé.) — 3.

3080 Orphée, tragédie mise en musique par le même de Lully. *Paris, Ballard,* 1690, *in-fol. v. br.* (imprimé.) — 4. 19.

3081 Proserpine, tragédie mise en musique par le même. *Paris, Ballard,* 1707, *in-fol. v. m.* (imprimé.) — 2 -

3082 Alceste, tragédie mise en musique par le même. *Paris,* 1708, *in-fol. v. br.* (gravé.) — 4. 4.

3083 Thésée, tragédie mise en musique par le même. *Paris,* 1711, *in-fol. v. m.* (gravé.) — 8. 19.

3084 Armide, tragédie mise en musique par le — 8. 19.

Tome I. Ttt

même. *Paris, Ballard, 1713, in-fol. v. m.* (*gravé.*)

3. 19. 3085 Belléphron, tragédie mise en musique par le même. *Paris, Ballard, 1714, in-fol. v. m.* (*gravé.*)

3. 3086 Cadmus & Hermione, tragédie mise en musique par le même. *Paris, Ballard, 1719, in-fol. v. m.* (*imprimé.*)

3. 1. 3087 Isis, tragédie mise en musique par le même. *Paris, Ballard, 1710, in-fol. v. m.* (*imprimé.*)

3. 3088 Atys, tragédie mise en musique par le même. *Paris, Ballard, 1720, in-fol. v. m.* (*gravé.*)

3. 1. 3089 Psyché, tragédie mise en musique par le même. *Paris, Ballard, 1720, in-fol. v. m.* (*imprimé.*)

4. 4. 3090 Médée, tragédie mise en musique par M. Charpentier. *Paris, Ballard, 1694, in-fol. v. m.* (*imprimé.*).

3. 1. 3091 Céphale & Procris, tragédie mise en musique par Mlle. de la Guerre. *Paris, Ballard, 1694, in-fol. v. f.* (*imprimé.*)

2. 3092 Marthésie, premiere Reyne des Amazones, tragédie mise en musique par Destouches. *Paris, Ballard, 1699, in-4. oblongo. v. m.* (*imprimé.*)

1. 10. 3093 Amadis de Grèce, tragédie mise en musique par le même Destouches. *Paris, Ballard, 1699, in-4. v. f.* (*imprimé*).

2. 3094 Autre Edition de la même Tragédie. *Paris, Ballard, 1712, in-4. oblongo, v. m.* (*imprimé*).

2. 3095 Omphale, tragédie mise en musique par

BELLES-LETTRES.

le même Destouches. *Paris, Ballard*, 1701, *in-*4. *oblongo, v. m.* (*imprimé*).

3096 Télémaque, tragédie, mise en musique par le même. *Paris, Ballard,* 1715, *in-*4. *oblongo. v. m.* (*imprimé*). — 2.

3097 Didon, tragédie, mise en musique par Desmarets. *Paris, Ballard,* 1693, *in-*4. *oblongo. v. m.* (*imprimé*). — 3. 1.

3098 Vénus & Adonis, tragédie, mise en musique par le même Desmarets. *Paris, Ballard,* 1697, *in-*4. *oblongo. v. m.* (*imprimé*). — 2.

3099 Iphigénie en Tauride, tragédie, mise en musique par MM. Desmarets & Campra. *Paris,* 1711, *in-*4. *oblongo. v. m.* (*imprimé*). — 2.

3100 Hésione, tragédie, mise en musique par le même Campra. *Paris, Ballard,* 1700, *in-*4. *oblongo. v. f.* (*imprimé*). — 2.

3101 La même Tragédie. *Paris, Ballard,* 1701, *in-*4. *oblongo. v. m.* (*imprimé*). — 2. 19.

3102 Tancrède, tragédie, mise en musique par le même. *Paris, Ballard,* 1702, *in-*4. *oblong. v. m.* (*imprimé*). — 2. 19.

3103 Philoméle, tragédie, mise en musique par M. la Coste. *Paris, Ballard,* 1705, *in-*4. *oblongo. v. m.* (*imprimé*). — 3. 15.

3104 Thétis & Pélée, tragédie, mise en musique par M. Colasse. *Paris, Ballard,* 1716, *in-fol. v. m.* (*imprimé*). — 2. 19.

3105 Hypermnestre, tragédie, mise en musique par M. Gervais. *Paris, Ballard,* 1716, *in-*4. *oblongo. v. m.* (*imprimé*). — 2. 19.

3106 Pirame & Thisbé; tragédie, mise en musique par MM. Rébel & Francœur. *Paris,* 1726, *in-*4. *oblongo. baz.* (*gravé*). — 8. 19.

BELLES-LETTRES.

3107 Scanderberg, tragédie, mise en musique par les mêmes, & représentée le 27 Octobre 1735. Paris, in-4. oblongo. baz. (gravé).

3108 Médée & Jason, tragédie, mise en musique. In-4. oblong. v. m. (partie gravée, partie imprimée).

3109 Le Triomphe de l'Amour, ballet, mis en musique par J. Baptiste de Lully. Paris, Ballard, 1681, in-fol. v. m. (imprimé).

3110 Les Festes de l'Amour & de Bacchus, par le même de Lully. Paris, Ballard, 1717, in-fol. v. m. (imprimé).

3111 Ballet du Temple de la Paix, mis en musique par le même. Paris, Ballard, 1685, in-fol. v. br. (imprimé).

3112 Fragmens du même de Lully, Ballet représenté le 10 Septembre 1702. Paris, Ballard, 1702, in-4. oblongo. v. m. (imprimé).

3113 L'Europe Galante, ballet, mis en musique. Paris, Ballard, 1699, in-4. oblongo. v. m. (imprimé).

3114 Ballet des Saisons, mis en musique par M. Colasse Paris, Ballard, 1700, in-4. oblongo. v. m. (imprimé).

3115 Les Amours déguisés, ballet, mis en musique par M. Bourgeois. Paris, Ballard, 1713, in-4. oblongo. v. m. (imprimé).

3116 Les Festes d'Esté, ballet, mis en musique par Montéclair. Paris, Ballard, 1716, in-4. oblongo. v. m. (imprimé).

3117 Les Festes de Thalie, ballet, mis en musique par M. Mouret, représenté le 14 Aoust, 1714. Paris J. B. Christophe Ballard, 1720, in-4. oblongo. baz. (imprimé).

BELLES-LETTRES. 517

3118 Les Amours des Dieux, ballet héroïque, mis en musique par le même Mouret. *Paris, Boivin*, 1727, *in*-4. *oblongo. v. m.* (*gravé*). — 3.

3119 Les Élémens, ballet, mis en musique, & dansé par le Roy dans son Palais des Thuilleries en 1721. *Paris, Ballard*, 1725, *in*-4. *oblongo. v. f.* (*imprimé*). — 2. 11.

3120 L'Empire de l'Amour, ballet héroïque, mis en musique. *Paris, Ballard*, 1733, *in*-4. *oblongo. v. m.* (*imprimé*). — 2. 1.

3121 L'Année galante, ballet, mis en musique, par M. Mion. *Paris, in-fol. bazane.* (*gravé*). — 4.

3122 Zaïs, ballet héroïque, mis en musique par M. Rameau, & exécuté pour la première fois, le 29 Février 1748. *Paris, in*-4. *obl. v. m.* (*gravé*). — 7. 4.

3123 Les Caractères de l'Amour, ballet héroïque, mis en musique par M. de Blamont. *Paris*, 1749, *in-fol. mar. r.* (*gravé*). — 11. 9.

3124 Le Prince de Noisy, ballet héroïque, mis en musique par MM. Rébel & Francœur. *Paris, in*-4. *oblongo. mar. r.* (*gravé*). — 12.

3125 Æglé, ballet, mis en musique par M. de la Garde. *In-fol. mar. r.* (*Manuscrit orné de plusieurs desseins exécutés à l'encre de la Chine.*)

3126 Le même Ballet d'Æglé. *Paris, in-fol. v. m.* (*gravé*). — 3. 1.

3127 Titon & l'Aurore, ballet, mis en musique par M. de Bury. *Paris, in-fol. v. f.* (*gravé*). — 4. 19.

3128 Acis & Galatée, pastorale héroïque mise en musique par M. de Lully. *Paris, Ballard*, 1686, *in-fol. baz.* (*imprimé.*) — 4. 19.

3129 Issé, pastorale héroïque mise en musique — 1. 19.

BELLES-LETTRES

par M. Destouches. *Paris, Ballard*, 1697, *in-4. obl. v. m. (imprimé.)*

3130 Autre édition de la même pastorale. *Paris, Ballard*, 1708, *in-4. obl. v. m. (imprimé.)*

3131 Autre édition de la même pastorale. *Paris, Ballard*, 1724, *in-fol. v. m. (imprimé.)*.

3132 Isméne, pastorale héroïque mis en musique par MM. Rébel & Francœur. *Paris*, 1750, *in-4. obl. mar. r. (gravé.)*

3133 Idylle sur la Paix, mise en musique par M. de Lully. *Paris, Ballard*, 1685, *in-fol. v. br. (imprimé.)*

3134 Le Carnaval, mascarade mise en musique par le même de Lully. *Paris, Ballard*, 1720, *in-fol. v. m. (imprimé.)*

3135 Ragonde ou la Soirée de Village, mis en musique par M. Mouret. *Paris*, 1742, *in-4. oblongo, mar. r. (gravé.)*

3136 Le Jaloux corrigé, opera bouffon, avec un divertissement mis en musique par M. Blavet. *in-4. obl. v. m. (gravé.)*

3137 Le Retour du Roi, mis en musique par MM. Rébel & Francœur. *Paris*, 1744, *in-4. obl. v. m. (imprimé.)*

3138 Le Trophée, divertissement à l'occasion de la Victoire de Fontenoy, mis en musique par les mêmes. *Paris, Mme. Boivin*, 1745, *in-4. obl. v. f. (gravé.)*

3139 Recueil des Opera, des Ballets & des plus belles piéces de musique qui ont été représentées depuis dix ou douze ans devant Sa Majesté Très Chrestienne. *Amsterdam, Abraham Wolfgang*, 1684, 2 *vol. in-12. v. m.*

3140 Etat actuel de la Musique de la Chambre du Roi & des trois Spectacles de Paris. *Paris*, 1759, *in*-12. *v. m.* 1.

3141 Théâtre des Boulevards, ou Recueil de Parades. (*Paris*), 1756, 3 *vol. in*-12. *broch.* 2. 1.

3142 Nouveau choix de piéces, ou Théâtre Comique de Province, contenant plusieurs Opera-Comiques représentés sur divers Théâtres de Province, avec les airs notés. *Paris*, *Cuiffart*, 1758, *in*-12. *v. m.* 1.

§ 4. *Chansons & Vers pour chanter, en françois, &c.*

3143 Recueil de plusieurs Chansons & Airs nouveaux, mis en musique par Cl. le Jeune. *Paris*, *Adrian le Roy & veuve Ballard*, 1594, *in*-16. *obl. v. m.* 1. 19.

3144 Le Trésor des Chansons amoureuses, recueillies des plus excellens Poëtes de notre temps, & augmentées d'une infinité d'airs nouveaux. *Lyon*, *Jean Huguétan*, 1616, *in*-16. *vel.* 1. 17.

3145 Neuf Livres de Chansons pour dancer & pour boire, avec les airs notés. *Paris*, *Pierre Ballard*, 1635, *in*-8. *rel. en carton.* 1. 11.

3146 Les Chansons de Gaultier Garguille. *Paris*, *François Targa*, 1636, *in*-12. *vel.* 5. 19.

3147 Recueil de Chansons nouvelles fort plaisantes & récréatives pour le temps présent. *Paris*, *Jean Promé*, *sans date d'année*, *in*-12. *v. br.* 1. 11.

3148 Nouveau Recueil des plus belles Chansons 1.

BELLES-LETTRES.

& airs de Cour de ce temps. *Paris, Ant. de Rafflé, sans date, in-12. rel. en carton.*

3149 Recueil des plus beaux vers qui ont été mis en chant, avec les noms des Auteurs, tant des vers que des paroles. *Paris, Ch. de Sercy, 1661. in-12. v. br.*

3150 Recueil de Chansons choisies par M. de Coulanges. *Paris, Simon Bénard, 1694, 2 tom. en un vol. in-12. v. br.*

3151 Nouvelles Parodies bachiques meflées de Vaudevilles ou Rondes de Tables, recueillies & mises en ordre par Christophe Ballard, avec les airs notés. *Paris, Ballard, 1700, 3 tom. en un vol. in-12. v. f.*

3152 Opera Spirituel, ou recueil de Noëls & de Cantiques, avec les airs notés. *Paris, Christophe Ballard, 1710, in-8. v. br.*

3153 Recueil de Chansons de différens Auteurs, avec accompagnement de violon & la basse continuë. *Paris, in-4. obl. broch. (gravé.)*

3154 Recueil d'ancienne Musique imprimée, & Airs de plusieurs Autheurs, tant sacrés que profanes; avec des Chansons à chanter & à boire, & autres divertissemens en musique. Le tout composé dans les XVI & XVIIᵉ siècles, tant in-4. qu'in-8. & in-12. 30 volumes reliés en veau & en parchemin.

3155 Recueil de Chansons & de Couplets. *MSS. sur papier du XVIIᵉ siècle, in-12. vel.*

3156 Recueil de Chansons du XVIIᵉ siècle. *MSS. sur papier, in-4. v. br.*

3157 Recueil de Vaudevilles & Ariettes choisies, avec les airs notés. *MSS. sur papier, de la*

BELLES-LETTRES. 521

la fin du XVIIe siecle, ou du commencement du XVIIIe. in-4. v. br.

3158 Cantates françoises, avec & sans simphonie, composées par M..... Paris, Foucault, in-fol. v. m. (gravé) } 2 . 1.
3159 Cantates françoises, par M. Morin. Paris, Ballard, 1709, in-4. oblongo. v. m. (imprimé.)
3160 L'Heureuse Convalescence, cantate par M. Piffet le fils. in-fol. broché en carton. (gravé) 1 . 11 .
3161 Les Travaux d'Ulysse, cantate par le même Piffet. Paris, in-fol. mar. r. (gravé) 3 .
3162 Le Départ de Roquette, cantatille par le même. Paris, in-4. oblongo. broch. en carton. (gravé) } 2 - 11 .
3163 Iphise, cantatille. in-4. rel. en carton. (gravé)
3164 Parodies spirituelles en forme de Cantate, sur des airs choisis. Paris, Ballard, 1717, in-4. oblongo. v. m. (imprimé) 2 - 16 .
3165 Nouvelles Poësies spirituelles & morales sur les plus beaux airs de la musique françoise & italienne. Paris, 1730, in-4. oblongo. v. br. (gravé) 6 . 19 .
3166 Recueil des meilleurs airs italiens. Paris, Ballard, 1708, in-4. oblongo. v. m. (imprimé) 6 . 12 .

VII.
Poësie Italienne.

§ 1. *Collections & Extraits des Poëtes Italiens.*

3168 Recueil de diverses Poësies Italiennes,

522   BELLES-LETTRES.

extraites de différens Auteurs. *MSS. sur papier composé dans les années 1761 & 1762, & décoré de quelques desseins particuliers, vignettes & cul-de-lampes exécutés à la plume, 6 vol. in-8. & in-16. mar. r. & mar. bl.*

§. 2. *Poëtes Italiens rangés selon l'ordre des temps auxquels ils ont vécu, depuis le DANTE jusqu'à présent*

16. 19. 3169 Opere di Dante Alighieri, Poeta Fiorentino, col Commento di Messer Christophoro Landino. *In Vinegia, per Pietro Cremonese, l'anno* 1491, *in-fol. fig. mar. r.*

15. 3170 Opere di M. Francesco Petrarca, *cioë* le Rime; con l'espositione di M. Francesco Philelpho, e Messer Bernardo da Monte Alano da Sena. *In Venetia, per Pietro Veronese, l'anno* 1484, *in-fol. mar. r.*

6. 3171 Le Rime del medesimo Petrarca, con l'espositione di Alessandro Velutello, di nuovo ristampate con le figure a i Trionfi; le Apostille, e piu cose utili aggiunte. *In Venetia, Nic. Bevilacqua,* 1579, *in-4. mar. bl.*

18. 3172 Le Rime del medesimo Petrarcha, brevemente sposte per Lodoïco Castelvetro. *In Basilea, Pietro de Sedabonis,* 1582, *in-4. mar. c.*

2. 19. 3173 Les six Triumphes de Messire François Pétrarque, translatés de l'italien en françois, avec figures. *Paris, Jeanne de Marnef,* 1545, *in-16. v. m.*

BELLES-LETTRES.

3174 L'Arcadia di M. Jacomo Sannazaro, Napolitano. *In Venetia, per Zoanne Francisco & Antonio Fratello di Rusconi, nel' anno 1522, in-8. mar. r.*

3175 Opere Poëtiche di M. Antonio Cornazano, sopra l'Arte Militar. *In Firenze, per li Heredi di Philippo di Giunta*, 1520, in-8. *mar. r.*

3176 Opere poëtiche del beato Frate Jacopone Benedecto da Todi, del' Ordine de' Fratri Minori, *cioë* li Cantichi, overo le Laude della beata Vergene Maria, & altre Rime devotissime. *In Firenze, per Francesco Bonaccorsi*, 1490, *in-4. mar. r.*

3177 Sonecti del Burchiello. *In Venetia, per Bastiano de Verolengo de pane & vino de Monteserrato, l'anno 1492, in 4. mar. r. rare.*

3178 Sonecti et altre Rime de varie texture, intitol. Lo PERLEONE, recolti tra le opere antiche & moderne del Humile Discipolo & imitatore devotissimo de vulgari Poeti, Giuliano Perleonio, dicto Rustico Romano. *In Napoli, per Aiolfo de Cantono de Milano, anno 1492, in-4. mar. bleu, rare.*

3179 Trattato amoroso de Hadriano e Narcissa, composto in ottava rima, per il magnifico Cavalliero Meser Andrea Baiardo da Parma, intitulato, Phylogine. *Editio vetus, absque loci & anni indicatione, sed primaria, typis mandata antè annum 1500, in-4. mar. r. rare.*

3180 Il Libro delle Bataglie de li Baraoni di Franza, soto il nome del' Ardito et gaiardo giovane Altobello, ne le quale molte belle & degne cose se gli puo vedere, in ottava rima. *In Venetia, per Joanne Alouixi da Varexi Milanexe, l'anno* 1499, *in-*4. *mar. r. rare.*

3181 Orlando innamorato del Conte de Scandiano, Mattheo Maria Boiardo. *In Milano*, 1539, *in-*4. *v. f.*

3182 Histoire de Roland l'amoureux, trad. de l'italien en françois par Jacq. Vincent. *Lyon*, *Pierre Rigaud*, 1614, *in-*8. *mar. r.*

3183 Orlando furioso di M. Lodoico Ariosto, ornato di varie figure, con cinque Canti d'un nuovo libro & altre stanze del medesimo nuovamente aggiunti, con belle allegorie & una breve espositione de gli oscuri vocabuli. *In Lione, Barth. Honorati,* 1556, *in-*8. *v. f.*

3184 Il medesimo Orlando Furioso, di M. Lodoico Ariosto, con le annotationi di Jeronimo Ruscelli, del Signore Alberto Lavezzuola, e d'altri; adornato di figure intagliate in rame da Girolamo Porro. *In Venetia, Francesco de Franceschi,* 1584, *in* 4. *C. Maggiore. mar. r. con la figura del Canto* XXXIV.

3185 Le Rime del medesimo Lod. Ariosto: *cioè*, Sonetti, Canzoni, Madrigali, Stanze & Capitoli. *In Vinegia, Jacopo Modanese,* 1546, *in-*8. *relié en carton.*

3186 La Morte di Ruggiero, continuata alla materia dell' Ariosto, con le allegorie di Giov. Battista Pescatore da Ravenna. *In Venetia Paolo Gerardo,* 1557, *in-*8. *v. f.*

3187 Opera nova d'Amore, *chiamata* Camilla, composta per Baldassare Olympo da Sassoferrato; nella quale contiene, Mattinate, Strambotti, Capitoli, Madrigaletti, Canzoni, Epistole, Sonetti, Frottole, & Barcellette. *In Vi-*

BELLES-LETTRES. 525

neggia per li *Heredi de Joanne Paduano*, 1555, *in*-8. *mar. bl.*

3188 Opere Toscane di Luigi Alamanni, dedicate al christianissimo Re' Francesco I. *cioë*, Elegie, Egloge, Sonetti, Canzone, Favole & Satire. *Lugduni*, *excudeb. Sebast. Gryphius*, anno 1532, *in*-8. *mar. r.* — 42.
* *Exemplar excusum in membranis.*

3189 La Coltivazione, del medesimo Luigi Alamanni. *In Parigi*, *Ruberto Stephano*, 1546, *in*-4. *mar. r.* 18. 10.

3190 L'Orlandino, poëma in ottava rima composto per Limerno Pitocco da Mantoa (Teofilo Folengo). *In Vinegia*, *Agustino de Bindoni*, 1550, *in*-8. *mar. r.* 18. 10.
* *Edizione, designata per le lettere Z. A. V.*

3191 Chaos del Tri per uno, dal medesimo Limerno Pitocco da Mantoa composto (Teof. Folengi). *In Vinegia*, *Giov. Antonio*, *& Fratelli da Sabio*, 1527, *in*-8. *mar. r. rare.* 27. 19.

3192 Opere di M. Lodovico Martelli, *cioë* Rime, Egloge, Stanze, Tragedia di Tarquinio, e il quarto libro del' Eneide di Virgilio, tradotto in versi volgari. *In Firenze*, *Bernardo di Giunta*, 1548, *in*-8. *mar. bl.* 6.

3193 Sonetti di Messer Benedetto Varchi. *In Fiorenza*, *Lorenzo Torrentino*, 1555 & 1557, 2 vol. *in*-8. *mar. bl.* 24.

3194 Le Renaud amoureux, imité de l'italien du Seigneur Torquato Tasso, par le sieur la Ronce. *Paris*, *Noël Pissot*, 1724, *in*-12. *v. f.* 2. 19.

3195 L'Aminte, pastorale, trad. de l'italien de Torquato Tasso, en vers françois. *Paris*, *Cl. Barbin*, 1666, *in*-12. *v. m.*

BELLES-LETTRES.

3196 Le Berger fidele, trad. de l'italien de Guarini, en vers françois. *Paris, Cl. Barbin*, 1675, *in-12. vel.*

3197 Recueil de Figures gravées en taille-douce, par R. V. Orley, & qui concernent le Poëme du Chevalier Guarini, intitulé: PASTOR FIDO. *in-4. v. m.*

3198 La Philis de Scire, pastorale du Comte Bonarelli, nouvellement trad. en vers françois, avec le texte italien à coté, par le sieur de Tarche. *Paris, Jean Ribou*, 1669, *in-12. v. m.*

§ 3. *Poëtes Dramatiques Italiens, ou qui ont composé des Tragédies & des Comédies en cette Langue.*

3199 Comedia del Sacrificio de gli Intronati, celebrato ne i giuochi d'un carnovale in Siena. *Stamp. l'anno 1538, in-8. relié en carton.*

3200 Emilie, comedie nouvelle de Loys Groto, aveugle d'Hadria, trad. de l'italien en françois, avec le texte original à côté de la traduction. *Paris, Matthieu Guillemot*, 1609, *in-12. mar. violet.*

3201 Il Capitano, comedia di M. Lod. Dolce, con la favola d'Adone. *In Vinegia, Giol. de Ferrari*, 1547, *in-8. relié en carton.*

3202 Della Tragedia di M. Francesco Negro Bassanese, intitolata: Libero Arbitrio: editione seconda con accrescimento. *Stamp. l'anno 1550, in-8. v. m. rare.*

3203 Le due Cortigiane, comedia di M. Lodovico Domenichi. *In Fiorenza, Giorgio Mariscotti*, 1563, *in-8. relié en carton.*

BELLES-LETTRES.

3204 Il Furto, comedia di M. Franc. d'Ambra, Acad. Fiorentino. *In Venetia, Heredi di Marchio Seffa*, 1567. == Gli Straccioni, comedia del Commendatore Annibal Caro. *In Vinegia*, 1582. == I Morti vivi, comedia del Sign. Sforza d'Oddi. *In Venet. Seffa*, 1578, *in-*12. *v. f.* — 1.

3205 Alceo, favola pescatoria di Antonio Ongaro, recitata in nettuno castello de' Signori Colonnesi. *In Venetia, Franc. Ziletti*, 1582, *in-*8. *relié en carton*,

3206 Il Candelaio, comedia di M. Giordano Bruno Nolano. *In Parigi, Guglelmo Giuliano*, 1582, *in-*12. *mar. bl. rare.* — 18.

3207 Discordia d'amore, comedia di Geronymo Mercadanti. *In Bologna*, 1601, *in-*16. *relié en carton.*

3208 Le Desdain amoureux, pastorale, trad. de l'italien de François Bracciolini en prose françoise. *Paris, Matthieu Guillemot*, 1603, *in-*12. *vel.* — 2.

3209 Drammaturgia di Lione Allacci, overo notizia delle Opere Theatrale, accresciuta e continuata fino all' anno 1755. *In Venezia, Giambattista Pasquali*, 1755, *in-*4. *v. m.* — 6. 10.

VIII.

Poësie Espagnole & Portugaise.

§ I. *Ouvrages des Poëtes Espagnols & Portugais.*

3210 Cancionero General; que contiene muchas obras de diversos Autores antigos y mo- — 2. 11.

dernos. *In Anvers, Philippo Nucio*, 1573, *in*-8. *v. m.*

3211 Las Obras de Boscan, y algunas de Garcilasso de la Vega. *En Leon, Juan Frellon*, 1549, *in*-12. *v. f.*

3212 El Cavallero determinado, traduzido de la lengua francesa en castellana, por Don Hernando de Acuña, con estampas. *En Anveres, Juan Moreto*, 1591, *in*-4. *fig. v. br.*

3213 Las Obras amatorias y poëticas de Christophoro de Castillejo. *En Anvers, Martin Nucio*, 1598. *in*-12. *v. m.*

3214 Arcadia, Prosas y Versos de D. Lope de Véga Carpio, con una exposiçion de los nombres poëticos y historicos. *En Barcelona, Seb. de Cormellas*, 1602, *in*-8. *v. m.*

3215 Autre Edition du même Livre. *En Anveres, Martin Nucio*, 1605, *in*-12. *v. f.*

3216 Conceptos espirituales de Don Alonso de Ledesma. *En Barcelona, Sebast. de Cormellas*, 1605, 2 *tom. en un vol. in*-8. *v. f.*

3217 Romancero e Historia del muy valeroso Cavallero el Cid Ruy Diaz de Bivar, en lenguage antiguo, recopilado por Juan de Escobar. *En Çarragoça, Juan de Larumbe*, 1618, *in*-12. *v. m.*

3218 Obras poëticas de Don Juan de Tarsis, Conde de Villamediana, recogidas por el Licenciado Dionisio Hipolito de los Valles. *En Madrid, Maria de Quinones*, 1635, *in*-4., *v. m.*

3219 Ocios del Conde de Rebolledo, Señor de Irian; dio los a luz el Licenciado Isidro Flores de Laviada. *En Amberes*, 1650, *in*-16. *mar. r.*

3220

BELLES-LETTRES.

3220 Flor de Apollo, en que se contiene Panegyricos y Canciones, Romances, Redondillas, Pinturas en varias poësias, Decimas, Glossas, Satyras, Enigmas, Sonetos, Quintillas e Comedias, por el Capitan Dom Miguel de Barrios, con muchas bellas estampas. *En Brusselas, Baltaz. Vivien*, 1665, *in-4. fig. v. br.* 7. 1.

3221 Autos Sacramentales allegoricos y historiales del insigne Poëta Español Dom Pedro Calderon de la Barca. *En Madrid, Manuel Ruiz de Murga*, 1717, 6 tom. en 3 vol. *in-4. v. br.* 6.

3222 Primavera y Flor de los mejores Romances de varios Poëtas, por el Licenciado Pedro Ariaz Perez. *En Lisboa, Math. Pinheiro*, 1626, *in-8. v. m.* 2.

3223 Las Obras de Luis de Camoens, com os Argumentos de Joan Franco Barreto. *Em Lisboa*, 1663, *in-16. v. m.* 1. 10.

§ 2. *Poëtes dramatiques Espagnols & Portugais, ou qui ont composé des Tragédies & des Comédies en ces langues.*

3224 La prima Celestina, Tragi-comedia de Calisto y Melibea, por Fernam Rojas. *En Anvers, Philippo Nucio*, 1568, *in-12. vel.*
3225 Autre édition de la même Tragi-comédie. *En Toledo, por Franc. de Guzman*, 1573; *in-12. vel.* 1.
3226 Autre édition de la même Tragi-comédie. *En la Officina Plantiniana*, 1599, *in-12. v. br.*

Tome I. Xxx

3227 La segunda Comedia de Celestina. *En Anvers*, in-16. v. br.

3228 La Célestine, Tragi-comédie jadis espagnole, composée en répréhension des fols amoureux, & aussi pour descouvrir les tromperies des Macquerelles, & l'infidélité des méchans Serviteurs, le tout trad. en françois & mis en meilleure forme par Jacques de Lavardin. *Paris, Gilles Robinot*, 1578, in-16. v. m.

3229 La même. *Rouen Cl. le Villain*, 1598, in-12. v. br.

3230 La même. *Rouen, Charles Osmont*, 1634, in-8. v. br.

3231 La même, trad. de nouveau en françois, avec le texte espagnol à côté. *Rouen, Charles Osmont*, 1634, in-8. v. br.

3232 Obras Tragicas y liricas del Capitan Christoval de Viruès. *En Madrid, Alonso Martin*, 1609, in-8. v. f.

3233 La Doleria del Sueño del Mundo, comedia tratada por via de philosophia moral, con los proverbios morales de Alonso Guajardo Fajardo. *En Paris, Juan Fouët*, 1614, in-12. rel. en carton.

3234 Las Comedias del Fenix de España Dom Lope de Vega Carpio, y las Meiores que hasta aora han salido. *En Çarragoça, Pedro Verges*, 1630, in-4. v. br.

3235 Comedias de Don Juan de Neira y Montenegro. *En Madrid, Franc. Sanz*, 1679. == Comedias nuevas escogidas de los mejores Ingenios de España. *En Madrid, Fr. Martinès Abad*, 1704, in-4. v. br.

BELLES-LETTRES. 531

3236 Comedias verdaderas del celebre Poëta Español Don Pedro Calderon de la Barca, nuevamente corregidas por Don Juan de Vera Tassis y Villarroel. *En Madrid, la viuda de Blas de Villanueva*, 1726, 9 *vol. in*-4. *v. br.* — 30.

3237 Recueil de différentes Comédies Espagnoles du même Auteur Pierre Caldéron de la Barca, *publiées séparement sous des numeros particuliers, & imprimées sans indication de lieu ni date d'année, in*-4. *v. br.* — 1. 4.

3238 Le Théatre Espagnol, ou les meilleures Comédies des plus fameux Auteurs Espagnols, trad. en françois. *Paris, Jean Moreau*, 1700, *in*-12. *v. br.* — 2. 1.

IX.

Poësie Angloise, Irlandoise & Ecossoise.

§ 1. *Ouvrages des Poëtes Anglois, Irlandois, Ecossois, &c.*

3239 Poems and translations with the Sophy, written by the honourable Sir John Denham; is added Cato Major of old-Age. *London, Herringman*, 1703, *in*-8. *v. br.* — 2. 9.

3240 Œuvres diverses de Georges Farquhar, contenant plusieurs Lettres, Poëmes, Essais & Comédies en anglois, avec figures en taille-douce. *Londres, Bern. Lintott & Knapton*, 1711 *& ann. suiv. in*-8. *v. br.* — 6. 19.

3241 Poems upon several occasions. *London, J. Tonson*, 1712, *in*-8. *v. br.* — 2. -

3242 Poems on several occasions by Mat. Prior. — 9. 19.

532 BELLES-LETTRES.

London, Jacob Tonson, 1718, in-fol. C. M. v. f.

3243 Trivia, or the Art of walking the Streets of London by M. Gay. London, Bern. Lintott, in-8. fig. v. f.

§ 2. Poëtes dramatiques Anglois, Irlandois & Ecoſſois, ou qui ont compoſé des Tragédies & des Comédies en ces langues.

3244 Recueil de diverſes Comédies, compoſées par différens Auteurs, en anglois. Londres, Richard Wellington, 1698, 2 vol. in-4. v. br.

3245 Recueil de différentes Comédies & Tragédies (en anglois) par Robert Howard. Londres, Henry Herringman, 1700, in-fol. v. br.

3246 The Jew of Venice, a Comedy written originaly by M. W. Shakeſpear, now altered & very much improved by the hon. M. Granville. London, Johnſon, 1711, in-12. rel. en carton.

3247 Three Plays, viz. the She-Gallantz a Comedy: Heroick Love, a Tragedy. and the Jew of Venice a Comedy, by George Granville, Lord Lansdowne. London, Benj. Tooke, 1713, in-8. v. br.

3248 The Tempeſt, or the Enchantee Iſland a Comedy by M. Dryden. London, Jacob. Tonſon, 1735, in-12. v. m.

BELLES-LETTRES.

X.

Ouvrages des Poëtes Allemands, Flamands, Septentrionaux, &c.

3249 Navis Stultifera, per Sebastianum Brant vulgari sermone Theutonico conscripta, & latinitate donata per Jacobum Locher, cognomento Philomusum, cum figuris. *Editio Primaria, impressa per Jacobum Zachoni de Romano*, anno 1488, *in-*4. *fig. rel. en bois.*
* *In hoc Exemplari quædam desiderantur folia.*

3250 Ejusdem Operis editio altera. *Basileæ, per Johannem Bergman de Olpe*, anno salutis 1497, *in-*4 *fig. v. m.*

3251 Ejusdem Operis editio altera. *Parisiis, Godefr. de Marnef*, 1498, *in-*4. *fig. v. m.*

3252 La grant Nef des Fols du monde, composée par Sébastien Brant, & translatée de ryme en prose. *Lyon, Balsarin, in-fol. gotiq. vel.*
* *Cet exemplaire est imparfait de quelques feuillets à la fin du volume.*

3253 Les Avantures périlleuses du noble & vaillant Chevalier Thewrdancts, ou l'Histoire romanesque de l'Empereur Maximilien I, mise en vers allemands par Melchior Pfintzing, & ornée de figures gravées en bois. *Francfort*, 1563, *in-fol. fig. v. m.*

3254 Description de toutes les Conditions & États du Monde, représentées par des figures gravées en bois, avec des explications en vers allemands, par Jean Hans. *Francfort*, 1574, *in-*4. *fig. mar. r.*

3255 Recueil de diverses Poësies burlesques en langue Hollandoise, par Geurige Zang-Goddin de Fockenborgh. *Amsterdam, Alex. Jansz. Lintman,* 1673, *in-*12. *v. m.*

3256 Satyres du Prince de Cantemir, trad. du Russe en françois, avec sa Vie. *Londres (Paris),* 1750, *in-*12. *mar. r.*

XI.

Mythologie.

§ 1. *Mythologistes anciens & modernes.*

3257 C. Julii Hygini Fabularum Liber, necnon ejusdem Poëticon Astronomicon Libri IV, accesserunt authores varii Mythologici, Palæphatus, Fulgentius Planciades, Phornutus Albricus, Aratus, Proclus & Apollodorus, &c. *Lugduni, Joann. de Gabiano,* 1608, *in-*8. *mar. r.*

3258 Magistri Conradi, Canonici Thuricensis, Liber qui dicitur, Genealogia super Fabulas Auctorum, necnon Expositio super easdem Fabulas alphabeticè digesta. *Editio vetus, absque ullâ loci & anni indicatione, sed Typis excusa circà annum* 1472, *in-fol. mar. bl.*

3259 Natalis Comitis Mythologiæ, sive Explicationum Fabularum Libri X, ex recognitione Geofridi Linocerii, cum indicibus variis. *Parisiis, Arnoldus Sittard,* 1583, *in-* 8. *v. br.* 2 *tom. en un vol.*

3260 Histoire généalogique des Dieux des Anciens, recueillie de plusieurs Auteurs Grecs

& Latins, pour l'intelligence & explication des Fables poétiques, par E. Laplonce Richette. *Lyon, Paul Frélon*, 1610. *in-8. v. f.*

3261 Les Images des Dieux, contenant leurs portraits, avec les coûtumes & cérémonies de la Religion des Payens, trad. de l'italien de Vincent Cartari en françois, par Ant. du Verdier, Sieur de Vauprivas, avec l'Histoire & la Généalogie des Dieux des Payens. *Lyon, Paul Frélon*, 1610, *in-8. v. m.*

3262 Libro intitolato : Aquila volante, nel qual si contiene del principio dal Mondo, di molte dignissime Historie & Fabole di Saturno & Giove, del gran Guerre fatte da Greci, da Trojani & da Romani, fin' al tempo di Nerone, con molte degne Allegatione di Dante & altri Autori, &c. trad. di latino nella volgar lingua da M. Leonardo Aretino. *In Venetia, Marchio Sessa*, 1531, *in-8. mar. bl.*

5. 19.

3263 Antiquæ Tabulæ Marmoreæ Solis effigie symbolisque exculptæ accurata Explicatio, quâ priscæ quædam Mythologiæ, ac non nulla præterea vetera Monumenta Marmorum, Gemmarum, &c. illustrantur, auctore Hieronymo Aleandro juniore : accedit, non absimilis argumenti expositio sigillorum Zonæ veterem statuam marmoream cingentis. *Roma, Barth. Zannetti*, 1616, *in-4. fig. v. m.*

3.

3264 Caroli Stephani Dictionarium Historicum ac Poëticum ; omnia gentium, hominum, locorum, fluminum, ac montium, antiqua recentioraque ad sacras ac prophanas Historias, Poëtarumque Fabulas intelligendas ne-

1. 10.

cessaria vocabula bono ordine complectens. *Parisiis*, *Joann. Macæus*, 1570, *in-4. v. m.*

§ 2 *Fables, Apologues, &c.*

3265 Fabulæ Æsopicæ, necnon & aliæ Narrationes, cum historiâ vitæ & fortunæ Æsopi, studio & diligentiâ J. C. Rudingeri; quibus additæ sunt & Livianæ & Gellianæ, ac aliorum quædam, cum interpretationibus vocum græcarum, &c. *Lugduni*, *Joan. Tornæsius*, 1579, *in-16. fig. v. m.*

3266 Les Fables d'Esope, Phrygien, mises en rithme françoise, avec la vie dudict Esope, extraicte de plusieurs Auteurs, par Antoine du Moulin. *Rouen*, *David Ferrand*, *sans date*, *in-16. fig. v. f.*

3267 Les Fables d'Esope, représentées en CXXXIX planches gravées en taille-douce par Gilles Sadeler. *in-4. mar. r.*
* Les Epreuves de cet Exemplaire sont tirées en camayeu rouge.

3268 La Vida y Fabulas del clarissimo y sabio Fabulador Ysopo, nuevamente emendadas, con un Exemplario en el qual se contienen muy buenas doctrinas debaxo de graciosas Fabulas. *En Anvers*, *Juan Steelsio*, *absq. anni notâ*, *in-12. v. br.*

3269 Gabrielis Faërni, Cremonensis, Fabulæ, ex antiquis authoribus delectæ & carminibus explicatæ, cum figuris. *Antverpiæ*, *Christoph. Plantinus*, 1573, *in 16. broché.*

3270 Phædrus alter, seu Gabrielis Faërni, Cremonensis, Fabulæ. *Parisiis*, *Claud. Thiboust*, 1697, *in-12. v. br.*

3271

3271 Fables choisies des différens Auteurs, mises en vers latins par Gabriel Faërne de Crémone, & trad. en françois avec le texte latin à côté. *Paris. Veuve Cl. Thiboust*, 1699, *in-12. v. b..*

3272 Fables héroïques de l'invention du sieur Audin, Prieur de Termes & de la Fage, avec plusieurs discours enrichis de différentes histoires, tant anciennes que modernes, & accompagnées de figures gravées en taille-douce. *Paris, Jean Guignard*, 1648, *2 vol. in-8. fig. baz.*

XII.

Poësie prosaïque, ou Facéties, Jeux & Plaisanteries, Contes, Nouvelles & Romans.

§ I. *Facéties, Plaisanteries, Histoires comiques, joyeuses & récréatives, latines, françoises & italiennes, &c.*

3273 Les Métamorphoses, ou l'Asne d'or de Lucius Apulée, Philosophe Platonicien, trad. du latin en françois avec des Commentaires; Œuvre d'excellente invention & singuliere doctrine, enrichi de figures gravées en taille-douce, par Crispian de Pas. *Paris, Nic. & Jean de la Coste*, 1648, *in-8. v. f.*

3274 Philippi Beroaldi Commentarii in Libros Lucii Apuleii de Asino aureo. *Venetiis, per Simon. Papiensem dictum Bivilaquam*, anno 1501, *in-fol. baz.*

3275 Poggii, Florentini, & Secretarii Aposto-

BELLES-LETTRES.

{ lici, Facetiarum Liber. *Impr. anno*, 1488 *die XV Octobris*, *in-*4. *v. m.*

3276 Bebeliana Opuscula nova & florulenta, necnon & adolescentiæ Labores, Librique facetiarum, cum multis additionibus luculentis. *Parisiis*, *Guill. Vivien*, 1516, *in-*4. *v. f.*

3277 Henrici Bebelii, Poëtæ laureati, Facetiarum Libri III; quibus accesserunt selectæ quædam Franc. Poggii Facetiæ; necnon Alphonsi, Regis Arragonum, Facetiæ, & Prognosticon Jacobi Henrichmanni. *Tubingæ*, *Ulricus Morhardus*, 1544, *in-*8. *mar. bl.*

3278 Earumdem Facetiarum Editio altera. *Tubingæ*, *Ulricus Morhardus*, 1557, *in-*8. *v. m.*

3279 Facetiæ Facetiarum, hoc est, joco-seriorum Fasciculus novus, in quo continentur, Libellus de Lustitudine studenticâ; de peditu ejusque speciebus; de Cucurbitatione, de Jure potandi, Encomium Scabiei, Bonus Mulier; Dissertatio de Osculis, de Virginibus, de Jure & naturâ pennalium, de Hanreitate, de casei laudibus, &c. *Pathopoli*, *Gelastinus Severus*, 1657, *in-*12. *v. br.*

3280 Les Œuvres de Maistre François Rabelais, contenant la Vie, Faicts & Dicts héroïques de Gargantua & de son fils Pantagruel, avec la Prognostication pantagruéline. *Lyon*, 1564 & 1565, 2 *vol. in-*16. *v. f.*

3281 Les XV Joyes de mariage, ou la Nasse dans laquelle sont destenus plusieurs personnages de notre temps. *Paris*, *sans indication d'année*, *in-*12. *gotiq. mar. r.*

3282 Les mêmes Joyes de mariage, revues & corrigées de nouveau par François de Rosset.

BELLES-LETTRES.

Paris, Rollet Boutonné, 1620, in-12. v. m.

3283 Les Déclarations, Procédures & Arrêts d'amours, données en la cour & parquet de Cupido. Lyon, Benoist Rigaud, 1581, in-16. v. m. — 1.16.

3284 Plaidoyers & Arrêts d'amour donnés en la cour & parquet de Cupidon, avec la relation de quelques procès tragiques. Rouen, Jacq. Besongne, 1627, in-8. v. f. — 2.

3285 L'Astrologue amoureux. Paris, Louis Chamhoudry, 1657, in-12. v. m. — 1.17.

3286 Catéchisme d'amour, ou Instruction sommaire de la doctrine qui apprend à vivre honestement sous les loix de l'Amour, par Théophile le Réformé, en 1659. MSS. sur papier, petit in-4. v. br. — 1.10.

3287 Les Comptes du monde adventureux, par A. D. S. D. Lyon, Benoist Rigaud, 1579, in-16. mar. r. — 4.16.

3288 Discours fantastiques de Justin Tonnelier. Paris, Claude Micard, 1597, in-12. m. r. — 4.5.

3289 Le Printemps d'Yver, contenant plusieurs histoires, par Jacques Yver. Rouen, Nic. Angot, 1618, in-12. mar. r. — 4.16.

3290 Les Heures perdues d'un Cavalier François, Livre plaisant dans lequel les esprits mélancoliques trouveront des remedes propres pour dissiper cette fâcheuse humeur. Impr. en 1615, in-12. v. f. — 4.7.

3291 Le Tombeau de la mélancholie, ou le Moyen de vivre heureux & joyeux. Paris, Nic. de la Coste, 1634, in-12. vel. — 1.10.

3292 Trésor de récréations, contenant histoires facétieuses & honnestes, propos plaisans & — 3.17.

pleins de gaillardise, tant pour consoler les personnes qui du vent de bise ont été frappés au nez, que pour ceux qui sont en la misérable servitude du tyran d'Argencourt. *Rouen, Jean Osmont*, 1611, *in*-12. *v. br.*

3293 Recueil de Piéces facétieuses, *savoir* : les Rencontres, Fantaisies & Coq a-l'asne du Baron de Grattelard, avec ses gaillardises admirables & conceptions joyeuses ; les facétieuses Rencontres du Disciple de Verboquet ; les Rencontres de Gringallet & Guillot Gorgeu ; la Malice des Femmes, avec la Force de Martin Bâton qui rabat leur caquet ; la Méchanceté des Filles ; le Mariage de Nicolas Grandjan & Guillemette Ventru, avec le Repas somptueux des nôces ; le Langage de l'Argot réformé, avec plusieurs chansons comiques. *Troyes, Edme Adenet, sans date d'année, in*-12. *mar. r.*

3294 Les Soirées des Auberges, nouvelle comique. *Paris, Estienne Loyson*, 1665, *in*-12. *mar. r.*

3295 Récréations françoises, ou nouveaux Contes à rire, & Avantures plaisantes de ce temps, avec figures en taille-douce. *Amsterdam, Georges Gallet*, 1699, *in*-12. *v. br.*

3296 Roger Bontemps en belle humeur, donnant aux tristes & aux affligés le moyen de chasser leurs ennuis, & aux Joyeux le secret de vivre toujours contens. *Cologne, Pierre Marteau*, 1708, 2 *tom. en un vol. in*-12. *v. f.*

3297 Le Momus François, ou les Rencontres divertissantes du Duc de Roquelaure. *Cologne, Pierre Marteau*, 1743, *in*-12. *baz.*

BELLES-LETTRES. 541

3298 Le Paquet de mouchoir, monologue en vaudevilles & en prose, avec le Déjeuné de la Rapée, ou discours des Halles & des Ports, Impr. en 1750, in-12. v. f. — 3.

3299 Les facétieuses Nuicts du Seig. Jean-François Straparole, trad. de l'italien en françois par Jean Louveau. *Lyon, Benoist Rigaud*, 1581, 2 vol. in-16. mar. — 4. 1.

3300 Les mêmes Nuicts facétieuses du Seigneur Jean-François Straparole, trad. de l'italien en françois par Pierre de la Rivey. *Paris Abel Langelier*, 1585, 2 vol. in-16. v. f. — 3. 10.

3301 Question de amor, y carcel de amor. *En Anvers, en casa de Martin Nucio*, 1556, in-12. v. br.

3302 Question de amor, del cumplimiento de Nicolas Nuñes. *En Lovain, Roger Velpio*, in-12. v. m. } 1.

3303 La Vita del cattivelo Lazariglio di Tormes, tradotta in lingua italiana, da M. Barezzo Barezzi. *In Venetia*, 1635, 2 vol. in-8. v. m. — 2. 5.

3304 Histoire plaisante, facetieuse & récréative du Lazare de Tormes, Espagnol, en laquelle l'esprit mélancholique s'en peut récréer & prendre plaisir. *Anvers, Guislain Janſens*, 1594, in-16. v. m. — 1. 19.

3305 La même Histoire de Lazarille de Tormes, trad. de l'espagnol en françois. *Bruxelles*, 1598. in-16. v. m. (*sans frontispice*).

3306 La même Histoire de Lazarille de Tormes, trad. en françois avec le texte espagnol à côté. *Paris, Nic. & Pierre Bonfons*, 1601, in-12. mar. r. } 1. 4.

542   BELLES-LETTRES.

3307 La même Histoire de Lazarille de Tormes, trad. de l'espagnol en françois par le Sr. Daudiguier. *Lyon, Benoist Bachelu*, 1649, *in*-12. *mar. r.*

§ 2 *Contes & Nouvelles.*

3308 Il Decamerone di M. Giovanni Boccaccio, nuovamente corretto & con diligentia stampato. *In Firenze, per li Heredi di Philippo di Giunta, nell' anno del Signore* 1527, *in*-8. *maggiore, mar. r.*
* *Editio Originalis, rarissima.*

3309 Le Décameron de Jean Boccace, trad. de l'Italien en anglois. *Londres, John Nicholson*, 1702, *in*-8. *v. br.*

3310 Contes & Nouvelles de Jean Bocace, Florentin; trad. en françois. *Londres (Paris)*, 1744, 2 *vol. in*-12. *v. m.*

3311 Le Novelle del Matteo Bandello. *In Lucca, per il Busdrago*, 1554, 3 *vol. in*-4. *mar. r.*
* *Exemplar elegans & nitidum, editionis rarissima.*

3312 La quarta Parte delle Novelle del medesimo Matteo Bandello. *In Lione, Alessandro Marsilii*, 1573, *in*-8. *mar. r.*
* *Exemplar nitidum.*

3313 Le medesime Novelle del Matteo Bandello nuovamente corrette, dal Signore Alfonso Ulloa; con una aggiunta d'alcuni sensi morali del Signore Ascanio Centorio de gli Hortensi à ciascuna Novella fatti. *In Venetia, Camillo Franceschini*, 1566, 3 *vol. in*-4. *mar. r.*

BELLES-LETTRES. 543

3314 La quarta Parte delle medefime Novelle del Bandello. *In Lione, Aleſſandro Marſilii, 1573, in-8. v. br.*
* *In hoc exemplari, folia quædam quæ deſiderabantur, calamo ſunt reſtituta.*   30.

3315 Les cent Nouvelles de J. Bapt. Giraldy Cynthien, Gentilhomme Ferrarois, trad. de l'italien en françois par Gabriel Chappuys. *Paris, Abel Langelier, 1584, 2 vol. in-8. v. f.*   3.

3316 Les cent nouveaulx Comptes des cent Nouvelles nouvelles, compoſées & récitées par nouvelles Gens. *Lyon ſur le Roſne, Olivier Arnoullet, ſans date d'année, in-4. gotiq. mar. r.*

3317 Les Contes & Diſcours d'Eutrapel, par Noël du Fail, ſieur de la Hériſſaye. *Rennes, Noël Glamet, 1597 in-8. v. m.*   4. 9.

3318 Contes nouveaux, mis en vers françois par le ſieur de Saint Glas. *Paris, Auguſtin Beſoigne, 1672, in-12, v. br.*   2.

§ 3. *Romans d'Amour, moraux, allégoriques, comiques & amuſans.*

3319 Les Affections de divers Amans, faictes & raſſemblées par Parthénius de Nicée, ancien Auteur Grec, & nouvellement miſes en françois par J. Fornier. *Paris, Gilles Robinot, 1555, in-8. v. m.*   1.

3320 Achillis Statii, Alexandrini, de Clitophontis & Leucippes amoribus Libri VIII, è græco latinè redditi ab Annibale Cruceio. *Baſileæ, Joann. Hervagius, 1554, in-8. v. m.*   1.

3321 Martini Cruſii, Ethiopicæ Heliodori Hiſtoriæ Epitome, cum Obſervationibus ejuſdem, necnon de parentibus fuis narratione. *Francof. excudeb. Joann. Wechelus*, 1584, *in-*8. *v. m.*

2. 16. 3322 L'Hiftoire Ethiopique de Héliodorus, contenant les loyales & pudiques Amours de Théagènes & Chancléa, trad. du grec en françois. *Paris, Eft. Groulleau*, 1560, *in-*16. *mar. r.*

1. 17. 3323 Les Amours de Pfyché & de Cupidon, par Jean de la Fontaine. *Paris, Didot*, 1728, *in-*8. *v. m.*

2. 1. 3324 Le Théatre de l'Inconftance, où font les Amours d'Amidor & de Lyfis, Roman en profe par Blaife Molinier, Sieur de Beauregard, Xaintongeois. *MSS. fur papier, compofé vers l'an* 1580, *in-*16. *relié en peau.*

2. 9. 3325 Les Amours de la chafte Nymphe Pégafe, & de Lyfandre & Pâris, par Jacq. Corbin, avec le Tumbeau de M. d'Ulin, & autres Poëfies du même Corbin. *Lyon, Thibaut Ancelin*, 1609, *in-*12. *v. br.*

2. 10. 3326 Les Amours diverfes divifées en quatre Hiftoires, contenant les Amours de Filiris & Ifolia, les Amours de Clarimond & Antonide; les Amours de Clidamant & de Marilinde, & les adventureufes fortunes d'Ipfilis & d'Alixée, par le fieur des Efcuteaus. *Rouen, Jean du Bofc*, 1613, *in-*12. *v. br.*

3. 16. 3327 Le Bréviaire des Amoureux, ou Tableaux du Tableau d'Amour. *Rouen*, 1615, *in-*12. *mar. r.*

2. 3328 Les Amours diverfes, divifées en X Hiftoires, par le fieur de Nervéze. *Paris, Ant. du Breuil*, 1617, 2 *vol. in-*12. *v. br.*

3329

BELLES-LETTRES.

3329 La Bergere amoureufe, ou les véritables Amours d'Achante & de Daphnine, par le fieur du Verdier. *Paris, Pierre Billaine*, 1621, *in-*8. *v. br.*

3330 L'Amour innocent, ou l'illuftre Cavalier, par le fieur de Someire. *Paris, Denys Thierry*, 1651, *in-*4. *v. br.*

3331 L'Amant reffufcité, nouvelle tragi-comique par Maître A. Ancelin, Advocat en Parlement. *Paris, Ant. de Sommaville*, 1658, *in-*8. *vel.*

3332 La Courtifanne folitaire de M. Jehan Lourdelot, Dijonnois; où font exprimées les diverfes paffions, événemens & cataftrophes de l'Amour, &c. *Lyon, Vincent de Cœurfilly*, 1622, *in-*8. *vel.*

3333 La Fille fuppofée; hiftoire véritable & du temps, que les déguifemens, les combats, la jaloufie, les paffions de l'amour & de la haine, la conftance & l'infidélité rendent admirable, par Louis de Moreaux, Sieur du Bail. *Paris, Pierre Rocolet*, 1639, *in-*8. *vel.*

3334 Les Triomphes de la Guerre & de l'Amour; hiftoire admirable où l'on voit la prodigieufe valeur de Thorafmont, & les chaftes Amours de ce Prince & de l'incomparable Martifie, par le fieur Humbert. *Paris, Martin Collet*, 1630, *in-*8. *v. br.*

3335 Nouvelles héroïques & amoureufes, compofées par le fieur de Bois-Robert, Abbé de Chaftillon-fur-Seine. *Paris, Pierre Lamy*, 1657, *in-*8. *v. br.*

3336 La Cryfelia de Lidaceli; famofa y verdadera hiftoria de varios acontefcimientos de

Tome I. Zzz

Amor y Armas, con graciosas digressiones y coloquios pastoriles del Capitan Flegetonte. *En Paris, Joseph Cottereau*, 1609, *in-8. v. m.*

3337 Tragedias de Amor, de gustoso y apacible entretenimiento de historias, fabulas, enredadas, marañas, cantares, bayles, ingeniosas moralidades del enamorado Acrisio y su Zagala Lucidora, por el Licenciado Juan Arze Solorzeno. *En Madrid, Juan de la Cuesta*, 1607, *in-8. v. m.*

3338 Successos y prodigios de Amor, en ocho novelas exemplares por el Dotor Juan Perez de Montalvan. *En Tortosa, Franc. Martorell*, 1635, *in-8. v. br.*

3339 Autre édition du même Livre. *En Sevilla, Gomez de Pastrana*, 1648, *in-8. v. f.*

3340 Varios prodigios de Amor en XI novelas exemplares nuevas, nunca vistas, ni impressas; compuestas por diferentes Autores e recogidas por Isidro de Robles. *En Madrid, Agustin Fernandes*, 1709, *in-4. v. br.*

3341 Engaños deste siglo, y historia sucedida en nuestros tiempos, por Francisco Loubayssin de Lamarca. *En Paris, Juan Orry*, 1615, *in-12. v. m.*

3342 Les Tromperies de ce siécle, histoire véritable, trad. de l'espagnol en françois par le sieur Deganes, avec plusieurs annotations, esquelles se voyent la nature de l'Amour & ses effets; le pouvoir de la beauté & les mœurs & inclinations des Femmes. *Rouen, Guill. de la Haye*, 1645, *in-8. v. m.*

3343 La Diana enamorada, cinco Libros que

BELLES-LETTRES. 547

proſſiguen los ſiete de la Diana de Jorge Montemayor, compueſtos por Gaſpar Gil Polo. *En Valencia, Joan. Mey,* 1564, *in-*12. *baz.* } 1. 6.

3344 Los ſiete Libros de la Diana de Georges de Montemayor. *En Anvers, Pedro Bellero,* 1580, *in-*12. *v. br.*

3345 Libro de entretenimiento de la Picara Juſtina, por el Licenciado Franciſco de Ubeda. *En Brucellas,* 1608, *in-*8. *v. f.*

3346 Dialogos de apacible entretenimiento, que contiene unas Carneſtolendas de Caſtilla, dividido en tres Noches, e compueſto por Gaſpar Lucas. *En Bruſſelas,* 1610, *in-*12. *mar. r.* } 2. 10.

3347 Don Diego de Noche, por Alonſo Geronymo de Salas Barbadillo. *En Barcelona,* 1624, *in-*8. *v. m.* 1.

3348 Hypnerotomachia Poliphili; ubi humana omnia, non niſi ſomnium eſſe docet, atque obiter plurima ſcitu digniſſimà commemorat. Opus italicè conſcriptum, & editum curis Leonardi Craſſi, Veronenſis, qui epiſtolam latinam præmiſit in fronte voluminis. *Venetiis, in Ædibus Aldi Manutii,* 1499, *in-fol. mar. r.* 80.

* *Editio Primaria.* (*Exemplar integrum*)

3349 Les Triumphes de la noble & amoureuſe Dame, & l'art de honneſtement aimer, compoſés par le Traverſeur des voyes périlleuſes. (Jehan Bouchet.) *Paris, Nic. Couteau,* 1535, *in-fol. gotiq. mar. r.* 6.

3350 Autre édition des mêmes Triumphes. *Paris, Jehan André,* 1545; *in-*8. *v. f.* (lettres rondes.) 2. 16.

3351 Acheminement à la Dévotion civile, Ro- 1. 6.

Zzz ij

man moral de Jean Pierre Camus, Evefque de Belley. *Tolofe, R. Colomiez*, 1625, *in-*12. *vel.*

3352 Junie, ou les Sentimens Romains. *Paris, veuve Coignard*, 1695, *in-*12. *v. br.*

3353 Les Promenades de M. de Clairenville; où l'on trouve une vive peinture des paffions des hommes, avec des hiftoires curieufes à ce fujet. *Cologne*, 1743, *in-*12. *fig. broché.*

3354 El Diablo coivelo, novela de la otra vida, traduzida a efta por Luiz Velez de Guevara. *En Madrid, Alonzo Perez*, 1641, *in*-8. *mar. bleu.*

3355 Le Diable boiteux, par M. le Sage. *Paris, veuve Barbin*, 1707, *in-*12. *fig. v. br.*

3356 Autre édition du même Livre. *Amfterdam (Paris)*, 1739, 2 *tom. en un vol. in-*12. *fig. v. m.*

3357 La Vida del Picaro Guzman de Alfarache, compuefta por Matheo Aleman. *En Çarragoça*, 1603, *in*-8. *v. m.*

3358 La Vie & les Advantures de Guzman d'Alfarache, divifées en trois Livres par Mathieu Aleman, efpagnol, & trad. en françois par Gabriel Chappuys. *Paris, Nic. & Pierre Bonfons*, 1600, *in-*12. *mar. r.*

3359 Hiftoire de Bertholde, trad. libre de l'italien de Julio Cefare Croci & des Académiciens della Crufca. *La Haye (Paris)*, 1752, 2 *tom. en un vol. in-*12. *v. br.*

3360 Joannis Barclaii Argenis, cum notis variorum, ex editione Theandri Bugnotii. *Lugd. Batavor. Franc. Hackius*, 1659, *in*-8. *v. m.*

3361 L'Argénis de Jean Barclay, trad. du latin

BELLES-LETTRES. 549

en françois, avec figures en taille-douce. *Paris, Nic. Buon, 1623, in-8. v. f.*

3362 Le Songe visionnaire de Ben Adam, au temps du regne du Roi d'Adama, lequel a été mis en lumiere par Florétus à Béthabor, avec un autre petit Traité du voyage de Frédéric Gallus vers l'Hermitage de S. Michel. *MSS. sur papier du XVIIe siécle, in-8. mar. bl*

3363 Les Avantures de Thélémaque, par François de Salignac de la Mothe-Fénélon, avec des figures & des remarques pour servir à l'intelligence de ce Poëme allégorique. *Rotterdam, Jean Hofhout, 1733, in-12. fig. mar. r.*

3364 Les mêmes Avantures de Thélémaque, nouvelle édition conforme au MSS. original, & enrichie de figures gravées en taille-douce par Bern. Picart & autres habiles Maîtres. *Amsterd. Westein, 1734, in-4. G. P. fig. mar. bl.*

3365 Le Gascon extravagant, histoire comique. *in-8. v. br. manque le Frontispice.*

3366 Le Philaret, divisé en deux parties, Erres & Ombres; de l'invention de Guillaume de Rebréviettes, Sieur d'Escœuvre. *Arras, Guill. de la Riviere, 1611, in-8. mar. r.*

3367 La Céfalie du sieur du Bail, avec la Clef pour l'intelligence des personnages. *Paris, Cardin Besongne, 1637, in-8. v. br.*

3368 La Floride, par le sieur du Verdier. *Paris, Cl. Collet, 1625, in-8. v. br.*

3369 Mémoires d'une honneste femme, écrits par elle même & publiés par M. de Chévrier. *Amsterdam (Paris), 1763, in-12. v. m.*

3370 La ingeniosa Elena, hija de Celestina, por Alonso Geronymo de Salas Barbadillo. *En*

550 BELLES-LETTRES.

2. 12. { *Madrid*, *Juan de Herrera*, 1614, *in-*12. *v. f.*
3371 Historia de la Vida del Buscon, llmado Don Pablos, por Don Francisco de Quevedo de Villegas. *En Ruan*, *Carlos Osmont*, 1629, *in-*8. *v. f.*

1. 3372 Les Travaux de Persiles & de Sigismonde, histoire Septentrionale, trad. de l'espagnol de Michel de Cervantes en françois par le sieur d'Audiguier. *Paris*, *Veuve Guillemot*, 1618, *in-*8. *v. br.*

3. 16. 3373 Les Nouvelles de Miguel de Cervantes Saavédra, où sont contenues plusieurs rares avantures & mémorables exemples d'amour, de fidélité, force de sang, jalousie, &c. trad. de l'espagnol en françois par les sieurs François de Rosset & d'Audiguier, avec l'histoire de Ruis Dias, & de Quixaire, Princesse des Moluques, comp. par le sieur de Bellan. *Paris*, *Jean Richer*, 1620, *in-*8. *mar. r.*

1. 3374 Autre Edition des mêmes Nouvelles de Miguel de Cervantes. *Paris*, *Jérémie Bouillerot*, 1640, *in-*8. *vel.*

1. 8. 3375 Les mêmes Nouvelles de Miguel de Cervantes nouvellement mises en françois. *Paris*, *Michel Clouzier*, 1707, *in-*12. *v. br.*

§ 4. *Romans Gothiques & anciens*, *vulgairement appellés de Chevalerie errante*, *ou de la Table ronde.*

3. 3376 Les Blasons des Armes des Chevaliers de la Table ronde, du temps du Roi Artus, avec des explications. *MSS. sur papier du commencement du XVIIe. siecle*, avec les blasons des-

BELLES-LETTRES.

sinés & exécutés avec la plume, *in* 8. *baz.*

3377 L'Histoire des merveilleux faicts d'armes du preux & vaillant Chevalier Artus de Bretaigne, & des grandes adventures où il s'est trouvé en son temps. *Paris, Nic. Bonfons,* 1584, *in-*4. *non relié.* — 3. 13.

3378 Histoire du noble & vaillant Chevalier Tristan, fils du noble Roy Méliadus de Léonnoys, rédigée par Luce Chevalier, Seigneur du Chasteau de Gast. *Paris, Ant. Vérard, sans indicat. d'année,* 2 vol. *in-fol. gotique.* G. P. v. f. — 49. 19.

3379 La plaisante & délectable Histoire de Gériléon d'Angleterre, contenant ses hauts faicts d'armes & chevalereuses prouësses, avec les amours d'iceluy & plusieurs mémorables adventures, mise en françois par Estienne de Maison-neuve. *Lyon, Pierre Rigaud,* 1602 & 1589, 2 *tom. en un vol. in-*16. *mar. violet.* — 19. 10.

3380 Le Reali di Franza, *overò* la historia e real di Franza, en la quale si tracta de Fiovo e di Rietieri, primi Paladini di Franza, e de altri Cavallieri, Octaviano de Lione, Buovo de Antonna, & del nascimento di Carlo-Magno. *Mutinæ, per nobilem magistrum Petrum Mauser, Gallicum, operâ & impensis præstantis viri magistri Pauli Mundatoris Mutinensis, anno salutis* 1491, *in-fol. mar. r. rare.* — 1. 68.

3381 La Conqueste du grand Roy Charlemaigne de tout le Pays des Espaignes; avec les faicts & gestes des douze Pers de France; le Combat de Ollivier contre le grand Fier-à-bras, & comment Roland occist le merveilleux Géant Ferragus, avec la mort de Roland & — 5. 19.

BELLES-LETTRES.

Olivier par la trahison de Ganelon, & plusieurs aultres choses dignes de mémoire. *Paris, Simon Calvarin, sans date d'année, in-4. gotiq. mar. r.*

3382 La même Conqueste du grand Charlemaigne, avec les faicts & gestes des douze Pairs de France & du grand Fier-à-bras, & le combat faict par lui contre le petit Ollivier qui le vainquit; plus l'Histoire des trois Freres qui firent les neuf épées, dont Fier-à-bras en avoit trois pour combattre ses ennemis. *Troyes, Nic. Oudot, 1629, in-8. broché.*

3383 Le Roman du vaillant Fier-à-bras, avec la Chronique du Roy Charlemagne & des douze Pairs de France. *Lyon, Guill. le Roy, 1486, in-4. gotiq. v. m.*

* *Il y a dans cet exemplaire plusieurs feuillets manuscrits.*

3384 Histoire des nobles & vaillans Chevaliers, les quatre Fils Aymon. *Troyes, Nic. Oudot, 1630. in-4. v. br.*

3385 Le Roman du vaillant Chevalier Ogier le Danois, qui fut l'un des douze Pers de France; lequel avec le secours du Roy Charlemagne chassa les Payens hors de Rome, & remit le Pape en son Siege, &c. *Troyes, Nic. Oudot, 1610, in-4. vel.*

3386 La même Histoire du noble & vaillant Ogier le Danois. *Troyes, Nic. Oudot, 1626, in-4. vel.*

3387 Histoire de Maugis d'Aigremont & de Vivian son frere, en laquelle est contenu comment ledit Maugis à l'ayde de Oriande la Fée, sa mye, alla en l'isle de Boucaut, où il s'habilla

BELLES-LETTRES.

billa en Diable ; & comme il enchanta le Diable Roüard, & occit le Serpent qui gardoit la roche, par laquelle chose il conquist le bon cheval Bayard, & aussi conquesta le Géant Sorgalant. *Troyes, Blaise Briden, sans date, in-4. v. m.*

3388 La même Histoire de Maugis d'Aigremont. *Troyes, Veuve de Nic. Oudot,* 1635, *in-4. v. br.*

3389 La même Histoire de Maugis d'Aigremont. *Rouen, Veuve de Loys Costé, sans date, in-4. non relié.*

3390 La Généalogie, gestes & faicts d'armes de Godefroy de Bouillon & de ses chevalereux freres Baudouin & Eustace, &c. *Paris, Mich. le Noir, sans date d'année, in-fol. gotiq.* relié en carton. (*Exemplaire mal conditionné*).

3391 La même Généalogie & nobles faicts d'armes du très preux & renommé Prince Godefroy de Bouillon, lequel fut Roi de Jérusalem, & de ses chevalereux freres Baudouin & Eustace, yssus & descendus de la noble & illustre lignée du vertueux Chevalier au Cygne ; avec la chronique du Roy S. Louis, &c. *Lyon, Franç. Arnoullet,* 1580, *un tome en deux vol. in-8. v. m.*

3392 Le Roman de Mélusine. *Paris, Pierre Rocolet,* 1637, *in-8. v. br.*

3393 L'Histoire de Richard sans paour, Duc de Normandie, lequel fut fils de Robert le Diable, & fit plusieurs nobles conquestes & vaillances, mise en françois par Gilles Corrozet. *Paris, Simon Calvarin, in-4. gotiq. non relié.*

3394 Le Roman de Jehan de Paris, Roi de France, lequel fict grandes prouesses. *Lyon, François Chauffard*, 1554, *in* 4. *gotiq. v. br.*

3395 Los quatro Libros del esforçado Cavallero Amadis de Gaula, hijo del Rey Perion y de la Reyna Elisena. *Medina del Campo, Joan de Villaquiran*, 1545. === El septimo Libro del mismo Amadis de Gaula. *En Toledo, Juan de Ayala*, 1539, 2 vol. *in-fol. v. br.*

3396 Les IV premiers Livres d'Amadis de Gaule, mis en françois par Nicolas de Herberay, Sieur des Essarts. *Anvers, Guill. Silvius*, 1574, *in*-8. *v. br.*

3397 Les XII premiers Livres d'Amadis de Gaule, mis en françois par Nicolas de Herberay, Sieur des Essarts, & autres. *Paris, Jean Longis*, 1560, 12 vol. *in*-8. *mar. ver.*

3398 Espejo de Principes y Cavalleros, en el qual se cuentan los immortales hechos del Cavallero del Febo, y de su hermano Rosicler, &c. por Diego Ortunez de Calahorra. *En Çarragoça; Juan de Lanaja*, 1617, 2 *tom. en un vol. in-fol. v. br.*

3399 Historia del noble Cavallero el Conde Fernan Gonçalez. *En Bruxellas, Juan Mommaerté*, 1588, *in*-8. *v. f.*

3400 Chronica del famoso Cavallero Cid Ruy Diaz Campeador. *En Burgos, Phil. de Junta*, 1593, *in-fol. v. m.*

3401 Histoire Palladienne, traitant des gestes & généreux faicts d'armes & d'amour de plusieurs grands Princes & Seigneurs, & spécialement de Palladien, fils du Roi Milanor d'Angleterre, & de la belle Sélerine, sœur du

BELLES-LETTRES.

Roi de Portugal, nouvellement mise en notre vulgaire françois par Claude Colet. *Paris, 1573, in-8. vel. sans frontispice.*

§ 5. *Romans historiques & fabuleux.*

3402 Le Repos de Cyrus, ou l'Histoire de sa vie depuis sa XVIe. jusqu'à sa XLe. année. *Paris, Briasson, 1762, in-12. v. m.*

3403 Les Belles Grecques, ou l'Histoire des plus fameuses Courtisanes de la Grece, augmentée de celle de Cléobuline, Reyne de Corinte, avec plusieurs Dialogues nouveaux des Galantes modernes, & quelques pieces de poësie. *Amsterdam (Paris), 1721, in-12. mar. r.* } 9. 4.

3404 Histoire pitoyable du Prince Erastus, lequel fut fils de Dioclétien, Empereur de Rome, trad. de l'italien en françois. *Paris, Nic. Bonfons, 1579, in-16. v. br.* 1.

3405 Joannis Pini, Tolosani, Liber allobrogicæ narrationis. *Parisiis, per Jodocum Badium, impensis Joannis Parvi, anno 1516, in-4. v. m.* 3.

3406 Mémoires sécrets de la Cour de Charles VII, Roi de France, par Madame D.... *Paris, Pierre Ribou, 1700, 2 tom. en un vol. in-12. v. br.* 1. 10.

3407 Histoire sécrete de D. Antoine, Roi de Portugal, tirée des Mémoires de Don Gomès Vasconcellos de Figueredo, par Mlle. Gillot de Sainctonge. *Paris, Jean Guignard, 1696, in-12. v. br.* } 11. 19.

3408 L'Astrée de Messire Honoré d'Urfé, avec la continuation par le sieur Baro. *Paris, Oli-*

Aaaa ij

BELLES-LETTRES.

vier de Varennes, 1622-1647, 5 vol. in 8. vel. & v. f.

3409 Le Roman de Caſſandre ; trad. de françois en langue hollandoiſe, avec figures en taille-douce. *Amſterdam, Jacob Vinckel,* 1669, 5 vol. in-12. vel.

3410 Le Roman d'Arioviſte, tiré de l'Hiſtoire Romaine. *Paris, Cl. Barbin,* 1674, 4 vol. in 12. v. br.

3411 Ariſtandre, hiſtoire Germanique, par Jean-Pierre Camus, Eveſque de Belley. *Lyon, Jacques Gaudion,* 1624, in-12. vel.

3412 Le Pantagone hiſtorique, auquel ſont contenues pluſieurs hiſtoires ſignalées, par Jean-Pierre Camus, Eveſque de Belley. *Paris, Ant. de Sommaville,* 1631, in-8. v. f.

3413 La Dorothée, ou récit de la pitoyable iſſuë d'une volonté violentée, par l'Eveſque de Belley. *Paris, Cl. Chappelet,* 1621, in-8. vélin.

3414 La Fuite de Rozalinde, par le ſieur du Verdier. *Paris, Nic. de Sercy,* 1640, in-8. v. vieux.

3415 La Praziméne du ſieur le Maire. *Paris, Ant. de Sommaville,* 1643, in-8. vel.

3416 La Narquoiſe Juſtine, ou la Scrupuleuſe hiſtorienne. in-8. v. f. (*ſans frontiſpice.*)

3417 Célie, nouvelle hiſtorique par Jean Bridou. *Paris, Claude Barbin,* 1663, in 8. v. br.

3418 Hiſtoire d'Hyppolite Comte de Duglas, par Madame la Comteſſe d'Aulnoy, avec figures en taille-douce. *Amſterdam (Rouen),* 1721, 2 tom. en un vol. in-12. v. br.

3419 La Comteſſe de Vergy, nouvelle hiſtori-

BELLES-LETTRES.

que, galante & tragique. *Paris, Jean Musier*, 1722, *in*-12. *broché.*

3420 Idée d'un regne doux & heureux, ou Relation du Voyage du Prince de Montbéraud dans l'Isle de Naudély. *Caseres*, 1704. = Journal du Camp de Coudun. *in*-12. *v. br.*   1.

3421 Nouvelles de l'Amérique, ou le Mercure Amériquain ; où sont contenues trois histoires véritables arrivées de nôtre temps. *Rouen, François Vaultier*, 1678, *in*-12. *vel.*   1.

3422 Le Prince Kouchimen, histoire Tartare, suivie de l'histoire Napolitaine de Dom Alvar del Sol. *Paris, Jacq. Estienne*, 1710, *in*-12. *v. br.*

3423 La Fille errante, ou Mémoires de Mademoiselle de Paisigny, écrits par elle même. *Liége, Everard Kints*, 1741, *3 parties en un vol. in*-12. *non-relié.*   1.

3424 Les Amours du Comte de Clare. *Amsterdam (Paris)*, 1743, *in*-12. *v. m.*

3425 Le Temps perdu, ou Histoire de M. de C***. 1756. *in*-12. *mar. r.*   3. 2.

3426 Daïra, Histoire Orientale. *Paris, Cl. Franç. Simon*, 1760, *in*-8. *G. P. v. m.*   2. 1.

3427 Civan, Roi de Bungo, histoire Japonnoise, par Madame le Prince de Beaumont. *Londres (Paris)*, 1762, *in*-12. *v. m.*   1.

3428 Les illustres Fées, Contes galans dédiés aux Dames, avec figures. *Paris, Médard Mich. Brunet*, 1698, *in*-12. *v. m.*   2 - 1.

3429 La Belle au Crayon d'or, conte. *Paris, Vente*, 1765, *in*-12. *broché.*   1. 4.

SECTION IV.
PHILOLOGIE.
I.
Critiques anciens & modernes.

§ 1. *Traités généraux de Critique.*

8 . 19 3430 Leonardi Aretini Liber singularis de Studiis & Litteris, ex editione Lucæ Antonii Fortunati. *Editio anni* 1477, *litteris quadratis excusa, absque loco & nomine Impressoris, in-*4. *mar. r.*

1 . 17 3431 Traité du choix & de la méthode des Etudes, par Claude Fleury. *Paris, Pierre Aubouin,* 1686, *in-*12. *v. br.*

1 . 16 { 3432 La méthode d'étudier les Poëtes, par le Pere Louis Thomassin. *Paris, François Muguet,* 1681, *in-*8. *v. m.* (*Tome I.*)

3433 Discours sur les Anciens, par M. de Longepierre. *Paris, Pierre Aubouin,* 1687, *in-*12. *v. br.*

1 . 19 { 3434 De la maniere de bien penser dans les Ouvrages d'esprit, divisée en IV Dialogues, par le Pere Bouhours. *Paris, veuve Seb. Mabre Cramoisy,* 1689, *in-*12. *baz.*

3435 Essai sur le Beau, où l'on examine en quoi consiste précisément le beau dans le Physique, dans le Moral, dans les Ouvrages d'esprit & dans la Musique, par le Pere Yves Marie

BELLES-LETTRES.

André. *Paris, Hyppolite Louis Guérin*, 1741, *in*-12. *v. f.*

3436 Discours de M. le Chevalier de Méré sur les agrémens & la conversation. *Paris, Denys Thierry*, 1677, *in*-12. *v. f.*

3437 Recueil de maximes & de réflexions sur la Morale, la Littérature & l'Histoire, & principalement sur les vices & les qualités différentes de la Langue: Ouvrage de l'Abbé Bordelon, *intitulé* LA LANGUE. *Paris, Urbain Coustelier*, 1705, 2 *vol. in*-12. *v. br.*

3438 Introduction générale à l'Etude des Sciences & des Belles-Lettres, en faveur des personnes qui ne savent que le François. *La Haye, Isaac Beauregard*, 1731, *in*-12. *v. br.*

3439 L'Homme de Lettres, où l'on traite de la nature de l'Homme de Lettres, du principe fondamental de toutes les Sciences, de la culture de l'esprit, de l'utilité des Gens de Lettres, & des récompenses littéraires, par M. Garnier. *Paris, Panckoucke*, 1764, *in*-12. *v. m.*

3440 Joannis Clerici Ars Critica, in quâ ad studia linguarum Latinæ, Græcæ, & Hebraïcæ via munitur; veterumque emendandorum, & spuriorum scriptorum à genuinis dignoscendorum ratio traditur. *Amstelodami, Georg. Gallet*, 1697, 2 *vol. in*-8. *v. br.*

3441 Réflexions sur la Critique, par Houdart de la Motte. *Paris, Dupuis*, 1715, *in*-12. *v. m.*

3442 Les mêmes Réflexions sur la Critique, par M. de la Motte, avec plusieurs autres Ouvrages du même Auteur. *Paris, Grégoire Dupuis*, 1716, *in*-8. *v. f.*

BELLES-LETTRES.

§ 2. *Ouvrages des Critiques anciens & modernes.*

3. 13. 3443 Auli Gellii Noctium Atticarum Commentarii, ex recognitione J. Bapt. Egnatii. *Venetiis, in Ædibus Aldi & Andr. Soceri*, 1515, *in-*8. *v. f.*

1. 3444 Eorumdem Commentariorum editio altera, cum annotationibus Petri Mosellani. *Basileæ, Henric-Petri*, 1565, *in-*8. *vel.*

1. 10. { 3445 Macrobii Aurelii Theodosii Opera omnia, ex editione Arnoldi Vesaliensis. *Coloniæ, excud. Eucharius Cervicornus*, 1521, *in-fol.* relié en carton.

3446 Eorumdem Macrobii Operum editio altera, cum scholiis & indicibus. *Parisiis, Badius*, 1524, *in-fol. v. m.*

7. 10. 3447 Eadem Macrobii Opera, nec-non Censorini Liber de Die natali, ex editione Donati Veronensis. *Venetiis; in Ædibus Aldi & Asulani*, 1528, *in-*8. *mar. r.*

1. 3448 M. Ant. Mureti Variarum lectionum Libri XV, cum latinâ græcarum vocum interpretatione. *Parisiis, Thom. Brumennius*, 1586, *in-*8. *v. m.*

3. 3449 Adriani Turnebi Adversariorum Libri XXX. *Parisiis, Juvenis*, 1580, *3 tom. en un vol. in fol. v. f.*

1. 10. 3450 Lud. Cœlii Rhodigini Lectionum antiquarum Libri XXX, cum indicibus. *Excud. Hæred. Andr. Wecheli*, 1599, *in-fol. v. f.*

3. 3451 Lælii Bisciolæ, Mutinensis, Soc. Jesu, horarum subsecivarum Libri XXXVII, in quibus pleraque, ex Philologiâ & Encyclopediâ & omnibus ferè scientiis ac tribus præcipuis

linguis

BELLES-LETTRES. 561

linguis Hebræâ, Græcâ, Latinâ, non vulgaria explicata adnotantur. *Ingolstadii , Adamus , 1611 , & Coloniæ Agripp. Hieratus , 1618 ; 2 vol. in-fol. v. br.*

3452 Stephani Bachot Parerga , seu Horæ subcesivæ. *Parisiis , Gabr. Martin , 1686 , in-12, v. br.*   1 ·

3453 Johann. Christfriedi Sagittarii Otium Jenense ; *hoc est ,* variarum Observationum ac Commentationum philologicarum, Philosophicarum & historicarum Liber singularis. *Jenæ , Joh. Bielden , 1671 , in-4. v. f.*   1 · 11 ·

3454 Joann. Frederici Gronovii observatorum in Scriptoribus Ecclesiasticis , quibus tamen passìm & æquales illis & vetustiores utriusque linguæ auctores interpositi , & illustrantur & emendantur , MONOBIBLOS. *Daventriæ , Joan. Columbius,* 1651. ═ Ejusdem Gronovii Observationes novæ. *Ibid , 1652 , in-12. v. m.*

3455 Petri Petiti , Doct. Med. Miscellaneorum Observationum Libri IV. *Trajecti ad Rhen. Rudolph à Zyll , 1682 , in-8. v. br.*   1 · 16 ·

§ 3. *Traités singuliers de Critique.*

3456 Examen de Ingenios para las Sciencias , donde se muestra la diferencia de Habilidades que ay en los hombres , y el genero de letras que a cada uno responde en particular , por el Doctor Juan Huarte. *En la Offic. Plantinianâ , 1593 , in-12. v. br.*   1 · 11 ·

3457 Henrici Cornelii Agrippæ ab Nettesheym , Declamatio de incertitudine & vanitate Scien-   1 · 9 ·

Tome I.   Bbbb

tiarum. *Coloniæ, Theodorus Baumius*, 1575, *in*-12. *v. m.*

3458 Adriani Turnebi de Methodo Libellus, necnon de Calore; accedit Aristotelis Libellus de his quæ auditu percipiuntur, interprete eodem Adriano Turnebo. *Parisiis, Claud. Morellus*, 1600, *in*-8. *v. f.*

3459 Rodolphi Goclenii Pars Criticès, seu Ratio solvendi vitiosas argumentationes. *Marpurgi, Paulus Egenolphus*, 1598. === Ejusdem Goclenii Isagoge in Organum Aristotelis. *Francofurti, Zach. Palthenius*, 1598. === Ejusdem Goclenii Responsiones adversùs exercitationes Heizonis Buscheri. *Ibid*, 1597. === Ejusdem Goclenii Analyses in exercitationes aliquot Jul. Cæsar Scaligeri de subtilitate, &c. *Marpurgi, Egenolphus*, 1599, *in*-8. *vel.*

3460 Jacobi Masenii, Soc. Jesu, Palæstra Styli Romani, quæ artem & præsidia latinè ornatèquę quovis styli genere scribendi complectitur, cum brevi Græcarum & Romanarum antiquitatum compendio, & præceptis ad Dialogos, Epistolas, & Historias scribendas legendaíque necessariis. *Coloniæ Agrippinæ, Joann. Busæus*, 1659, *in*-8. *v. f.*

3461 Lippi Brandolini de ratione scribendi Libri III, accedunt Joann. Lud. Vivis & aliorum Libelli de conscribendis Epistolis. *Basileæ, Joannes Oporinus*, 1549. === Ejusdem Lippi Brandolini de humanæ vitæ conditione & toleranda corporis ægritudine Dialogus, cum Aymari Falconei Thautani Opusculo de exhilaratione animi in mortis angore. *Basileæ, Rob. Winter*, 1543, *in*-8. *v. m.*

BELLES-LETTRES.

3462 Petri Rosseti Tractatus singularis, cui nomen, VARRO; seu de multiplici Scriptorum genere. *Parisiis*, *Ægidius Hervieu*, 1625, *in*-8. *relié en carton.*

3463 Petri Criniti de Poëtis Latinis Libri V, nec-non Dissertatio brevis de origine Poëticæ apud latinos. *Florentiæ*, *Philippus Junta*, 1505, *in-fol. v. m.*

3464 Ejusdem Petri Criniti de honestâ Disciplinâ Libri XXV, de Poëtis Latinis Libri V, & Poëmatum Libri II. *Lugduni, Seb. Gryphius*, 1554, *in*-8. *v. f.*

3465 Joannis Saresberiensis Policraticus, sive de nugis Curialium, & vestigiis Philosophorum Libri octo, quibus accessit Metalogicus. *Lugd. Batav. Joann. Maire*, 1639, *in*-8. *v. m.*

3466 Régles pour discerner les bonnes & les mauvaises Critiques des Traductions de l'Ecriture-Sainte en françois pour ce qui regarde la langue, avec des réflexions sur cette maxime : *que l'usage est la regle & le tyran des langues vivantes*. *Paris*, *Charles Huguier*, 1707, *in*-12. *v. m.*

3467 Jani Nicii Erythræi Eudemiæ Libri VIII. *Impr. anno* 1637, *in*-12. *vel.*

3468 Henr. Stephani Schediasmatum variorum, id est, observationum, emendationum, expositionum & disquisitionum Libri III. *Typ. ejusdem Steph.* 1578, *in*-8. *v. f.*

3469 Joannis Meursii de gloriâ Liber unus, cum auctario philologico. *Lugduni Batavor. Andr. Cloucquius*, 1601, *in*-12. *relié en carton.*

3470 Johannis Beverovicii Epistolica quæstio, de vitæ termino, fatali, an mobili ? cum doctorum responsis. *Dordrechti, Henr. Essæus,* 1634, *in-*8. *v. m.*

1. 10. 3471 Dan. Heinsii Epistola, quâ Dissertationi D. Balsaci ad Heroden infanticidam respondetur ; multaque diversæ eruditionis hac occasione excutiuntur, editore Marco Zuerio Boxhornio. *Lugd. Batav. ex Offic. Elzeviriana,* 1636, *in-*8. *v. f.*

1. 12. 3472 Le Chef-d'œuvre d'un inconnu, Poëme heureusement découvert & mis au jour avec des remarques savantes & recherchées par le Docteur Mathanasius ; avec une Dissertation sur Homere & sur Chapelain. *La Haye Compagnie,* 1714, *in-*12. *v. br.*

2. 1. 3473 Jo. Bapt. Menckenii de Charlataneriâ Eruditorum declamationes duæ, cum notis Variorum. *Lipsiæ, Jo. Frid. Gleditsch,* 1715, *in-*12. *v. m.*

6. 3474 Traité singulier, *intitulé* de la Bibliomanie. *La Haye* (*Paris*) 1761, *in-*8. *broché.*
3475 Essai sur la Lecture & sur la Bibliomanie, où il est traité du choix, du bon usage, & de l'abus des Livres. *Lyon, Pierre Duplain,* 1765, *in-*8. *broché.*

§ 4. *Satyres, Invectives, Défenses, Apologies, &c.*

1. 3476 Titi Petronii Arbitrii Satyricon, cum notis & animadversionibus Jani Douzæ & Joann. Richardi : Accedit Sulpitiæ Satyra de Edicto Domitiani. *Lutetiæ Parisiorum, Guill. Linocerius,* 1585, *in-*8. *v. m.*
3477 Idem Titi Petronii Satyricon, cum no-

BELLES-LETTRES.

tis diverforum. *Lutetiæ , Mam. Patiffon*, 1587, *in*-12. *vel.*

3478 Idem Petronii Satyricon , cum notis & obfervationibus diverforum. *Lugduni Batav. ex Offic. Plantinianâ*, 1596, *in* 12. *v. m.*

3479 Idem Petronii Satyricon , cum notis & variis lectionibus, edente Joanne à Wouwereń. *Lugd. Batavorum, Joann. Maire*, 1623, *in*-12. *v. br.*

3480 Traduction françoife & entiere de Pétrone fuivant le nouveau MS. trouvé à Belgrade en 1688 , avec des remarques par M. Nodot, & le texte latin à côté de la verfion. *Cologne , Pierre Groth , 1694 , 2 vol. in*-12. *fig. v. f.*

3481 La même Traduction de Pétrone, avec plufieurs remarques & additions nouvelles, & la contre-Critique de Pétrone. *Amfterdam (Paris)*, 1736 , 2 *vol. in*-12. *v. m.*

3482 Obfervations fur le Pétrone trouvé à Belgrade en 1688, & imprimé à Paris en 1693; avec une Lettre fur l'ouvrage & la perfonne de Pétrone. *Paris, Veuve Dan. Horthemels*, 1694, *in*-12. *v. br.*

3483 Jani Doufæ pro Satyrico Titi Petronii Arbitrii Præcidaneorum Libri III. *Lugd. Batav. Joann. Paetfius*, 1583 , *in*-8. *v. m.*

3484 Difcours de l'Empereur Julian fur les faicts & déportemens des Céfars , trad. du grec en françois, avec un abrégé de la vie dudict Julian , & des annotations particulieres , par B. Grangier. *Paris , Jean de Bordeaux*, 1580, *in*-8. *v. m.*

3485 Les Céfars invités à la table des Dieux ,

satyre ingénieuse sur la conduite des Empereurs Romains, écrite en grec en forme de dialogue par l'Empereur JULIEN, surnommé l'APOSTAT, & trad. en françois par le Baron de Spanheim. *Jouxte la copie de Heydelberg*, 1666, *in*-12. *v. br.*

3486 Les mêmes Césars de l'Empereur Julien, trad. en françois par P. Moret, avec des remarques historiques. *Paris, René Guignard*, 1682, *in*-12. *v. br.*

3487 Satyræ duæ: *Hercules tuam Fidem*, sive Munsterus Hypobolimæus, & virgula divina, cum brevioribus annotatiunculis: Accessit Burdonum fabulæ Confutatio. *Lugd. Batav. Joannes Patius*, 1699. *in*-12. *v. m.*

3488 Virtus vindicata; sive Polieni Rhodiensis Satyra in depravatos orbis incolas. *Impr. anno Salutis* 1617, *in* 12. *v. m.*

3489 Petri Cunæi Satyra, cui titulus: *Sardi venales*: Accedunt Juliani Imperatoris Cæsares, sive Satyra in Romanos Imperatores, ex interpretatione ejusdem Cunæi. *Lugd. Batav. Jacob. Marcus*, 1627, *in*-24. *v. f.*

3490 Martiani Capellæ Satyricon, in quo de Nuptiis Philologiæ & Mercurii Libri duo, & de septem Artibus liberalibus libri singulares, cum notis & emendationibus Hug. Grotii. *Ex Officinâ Plantinianâ*, 1599, *in*-8. *vel.*

3491 Euphormionis Lusinini, sive Joannis Barclaii Satyricon cum clave: Accedit Conspiratio Anglicana. *Lugd. Batav. ex Offic. Elzevirianâ*, 1637, *in*-12. *mar. bl.*

3492 Joann. Barclaii Icon animorum. *Londini, ex Offic. Nortonianâ*, 1614, *in*-12. relié en carton.

BELLES-LETTRES.

3493 L'Introduction au Traité de la conformité des merveilles anciennes avec les modernes, ou Traité préparatif à l'Apologie pour Hérodote, par Henry Estienne. *De l'Impr. de Guill. des Marescs*, 1580, *in-*8. *v. br.* — 1. 15.

3495 Dialogo nel quale si ragiona della bella Creanza delle Donne. *In Venetia, Dominico Farri, senza anno, in-*8. *mar. vert.* 1. 12.

3496 Il medesimo. *In Venetia*, 1574, *in-*12. *veau fauve.* 3.

3497 Veteris Vigelli Speculum stultorum, versibus latinis conscriptum. *Editio vetus, litteris gothicis impressa, absque loci & anni indicatione, in-*4. *mar. r.* 36. 3.

3498 Pasquillus ecstaticus, non ille prior, sed totus planè alter, auctus & expolitus, cum aliquot aliis pariter & lepidis dialogis; edente Cœlio Secundo Curione. *Genevæ, Joann. Girardus*, 1544, *in-*8. *v. m.* 12.

3499 Dialogus viri cujuspiam eruditissimi, festivus sanè & elegans, de eo quòd Julius II, Pont. Max. post mortem cœli fores pulsando, ab janitore illo D. Petro intromitti nequiverit. *Absque notâ editionis, in-*8. *mar. bl.* 3. 4.

3500 Ruardi Tappart, Enchusani, hæreticæ pravitatis primi & postremi per Belgium Inquisitoris, Apotheosis: Accedent Evangelium Pasquilli, nec-non de corruptione omnium statuum, & imminente mundi interitu Satyra, ex vetustiore aliquo codice desumpta. *Fra-* 15.

nekera, anno 1643, in-12. maroq. vert.

10.10. 3501 Oratio Philippica ad excitandos contra Galliam Britannos, sanctiori Anglorum concilio exhibita anno à Christo nato 1514, authore Matthæo, Cardinale Sedunensi, qui Gallorum ungues non resecandos, sed penitùs evellendos esse voluit; nunc publicâ luce donata cum annotationibus Joannis Tolandi: Accedit ejusdem Tolandi Gallus Aretalogus. *Amstelodami, ex Officinâ Westenianâ,* 1709, *in-*12. *v. m.*

16. 3502 Dominici Baudii Amores, edente Petro Scriverio: Accedunt Lælii Capilupi, Mantuani, Cento Virgilianus in fœminas; Ausonii Cento nuptialis; Anonymi Pervigilium Veneris; Ausonii Cupido cruci affixus; Desiderii Erasmi Suasoria de ineundo matrimonio; Thomæ Mori Libellus inscriptus: *qualis uxor deligenda?* Dan. Heinsii Epistola, quâ agitur *an & qualis viro litterato sit ducenda uxor?* Anonymi Dissertatio de litterati matrimonio; & Epitaphium Amoris: hæc omnia partìm versibus, partìm prosâ conscripta, cum annotationibus variis. *Amstelodami, Lud. Elzevirius,* 1638, *in* 12. *vel.*

1.10. 3503 Epistola Benedicti Passavantii ad Petrum Lysetum; avec la Complainte de Messire Pierre Lyset, en ryme françoise, sur le trépas de son feu nez. *Lutriviani, Ulysses Visc,* 1584, *in*-16. *v. m.*

1. 3504 Le Parnasse réformé. *Paris, Thomas Jolly,* 1671, *in*-12. *v. br.*

BELLES-LETTRES.

3505 La Guerre des Auteurs anciens & modernes. *Paris, Théodore Girard*, 1671, *in-*12. *v. br.* — 1.

3506 Le Mercure Postillon de l'un & de l'autre Monde, trad. de l'italien en françois. *Liége, Cl. Guibert, sans date, in-*12. *v. br.*

3507 La Bibliotheque d'Oxfort; ou Dialogue satyrique entre Pasquin & Marforio sur les affaires du temps. *Londres, Abraham Scott*, 1690, *in-*12. *v. br.* — 1. 10.

3508 Le Renard démasqué, trad. de l'anglois. *Impr. en* 1692, *in-*12. *v. m.* — 1.

3509 Mémoires de l'Académie des Sciences, Inscriptions, Belles-Lettres, Beaux Arts, &c. nouvellement établie à Troyes en Champagne. *Liége, G. Barnabé*, 1744, *in-*8. *mar. r.* — 1. 11.

3510 Discours de L. H. Dancourt, Arlequin de Berlin, adressé à J. Jacq. Rousseau, citoyen de Genève. *Berlin, Schéider*, 1760, *in-*12. *v. m.* — 1. 10.

3511 Information du différend qui est entre Scipion de Vimercat & Ludovic Birague, avec la défense de l'illustre Scipion Francisque Bernardin de Vimercat, contre les calumnies dudit Birague, & la défense dudit Birague; où sont encore contenus plusieurs autres Traités particuliers concernant différens sujets & principalement sur le fait d'honneur entre deux Chevaliers. *Lyon, de Tournes*, 1561, *in-*4. *v. m.* — 1.

3512 Apologie pour tous les grands personnages qui ont été faussement soupçonnés de magie, par Gabr. Naudé. *La Haye, Adrian Ulac*, 1653, *in-*8. *v. br.*

BELLES-LETTRES.

1. 10. 3513 Apologie pour les réguliers, ou continuation de l'Histoire curieuse d'un Voyageur inconnu, par Jean Pierre Camus, Evesque de Belley. *Paris, Pierre Guillemot*, 1657, *in*-12. *v. m.*

1. 3514 Apologie de M. Costar addressée à M. Ménage. *Paris, Augustin Courbé*, 1657, *in*-4. *v. br.*

§ 5. *Dissertations singulieres Philologiques, Critiques, Allégoriques & enjouées, comme aussi les Traités Critiques & Apologétiques sur les prérogatives de l'un & de l'autre sexe.*

2. 3515 Desiderii Erasmi Encomium Moriæ, sive Stultitiæ Laudatio; ex editione A. G. Meusnier de Querlon. *Parisiis, Barbou*, 1765, *in*-12. *v. m.*

1. 3516 La Louange de la Folie, trad. du latin d'Erasme en françois par le sieur Petit. *Paris, Jacques Cottin*, 1670, *in*-12. *v. br.*

1. 3517 La Complainte de la Paix, par Erasme de Rotterdam, & traduicte incomparablement en françois par Loys, Seigneur de Berquin, avec plusieurs autres petits Traités dudit Seigneur de Berquin. *in*-8. *gotiq. sans date. v. m.*

3. 10. ⎰ 3518 Gasparis Heldelini Ludimagistri Lindaviensis, Encomium Ciconiæ. *Argentorati, Crato Mylius*, 1538, *in*-8. *v. m.*
⎱ 3519 Laus Asini, cum aliis quibusd. festivis Opusculis. *Lugduni Batavorum, ex Officinâ Elzevirianâ*, 1629, *in*-16. *v. m.*

3. 11. 3520 Johannis Hulsbusch Sylva sermonum jucundissimorum; in quâ, novæ historiæ & exem-

BELLES-LETTRES. 571

pla varia facetiis undique referta continentur. *Basileæ*, *Sam. Apiarius*, 1568, *in-8. v. f.*

3521 Francisci Barbari, Patricii Veneti, de re Uxoriâ Libri duo. *Parisiis, in Ædib. Ascensianis*, 1514, *in-4. v. f.*

3522 Henr. Kornmanni Sibylla TrigAndriana, sive de virginitate & virginum statu ac jure Tractatus jucundus, in quo, virginitatis status laudatur, virginum jura pertractantur, & multa jocunda, jocundè leguntur &c. Accedit ejusdem authoris Tractatus singularis de lineâ amoris, nec-non de annulo usitato sponsalitio & signatorio. *Francofurti, Hæred. Jac. Fischeri*, 1629, *in-12. relié. en carton.* 3. 12.-

3523 Disputatio perjucunda, quâ anonymus probare nititur, mulieres homines non esse, cui apposita est Simonis Gedicci Defensio sexûs muliebris. *Hagæ-Comit. J. Burchornius*, 1638, *in-12. mar. r.* 6. 1.

3524 Jac. de Ancharano Processus Luciferi Principis dæmoniorum, nec-non totius infernalis Congregationis, quorum Procurator Belial, adversùs Jesum Christum, coram judice Salomone. *Editio vetus, absque loci & anni indicatione, sed circà ann.* 1475, *caracteribus gothicis excusa, in-fol. mar. r.* 63. 2.-

3525 Les Gymnopodes, ou de la nudité des pieds, disputée de part & d'autres, par Sébastien Roulliard. *Paris, à l'Olivier*, 1624, *in-4. G. P. v. m.* 12. 1.

3526 Les cent Nouvelles & advis de Parnasse, par Trajan Buccalin; où, sous admirables inventions, gentilles métamorphoses & plaisans discours, sont traitées toutes matières 2. 14.

Cccc ij

politiques & d'eſtat de grande importance, avec des préceptes moraux. Plus, le poids, prix & valeur faict par Laurens de Médicis des Eſtats de toutes les Monarchies & Principautés de l'Europe, trad. de l'italien en françois par Thomas de Fougaſſe. *Paris, Adrian Perrier*, 1615, *in-8. m. r.*

6. 11. 3527 I Capricci, overo Ragionamenti X del Bottaio, di Giov. Battiſta Gelli, Academico Fiorentino. *In Vinegia, Giovita Rapirio*, 1550, *in-8. mar. r.*

1. 16. 3528 Les Bigarrures d'Eſtienne Tabourot, Seigneur des Accords. *Paris, Jehan Richer*, 1583, *in-16. vel.*

1. 7. 3529 Les mêmes. *Paris, Jean Richer*, 1586, *in-12. vel.*

1. 10. 3530 Les Touches du Seigneur des Accords, avec les contre-touches, diviſées en V Livres. *Paris, Richer*, 1585 & 1588, 2 *vol. in-12. v. br.*

11. 11. 3531 Les Bigarrures & Touches du Seigneur des Accords, avec les Apophtegmes du ſieur Gaulard & les Eſcraignes Dijonnoiſes; de nouveau augmentées de pluſieurs épitaphes, dialogues, & ingénieuſes équivoques. *Paris, Jean Richer*, 1614, 2 *vol. in-12. mar. r.*

4. 6. 3532 Les mêmes Bigarrures & Touches du Seigneur des Accords, avec les Apophtegmes du ſieur Gaulard & les Eſcraignes Dijonnoiſes. *Rouen, Dav. Geuffroy*, 1621, *in-12. v. f.*

2. 16. 3533 Les mêmes Bigarrures, &c. *Rouen, Loys du Meſnil*, 1628, *in-12. vel.*

3534 Les mêmes Bigarrures, &c. *Paris, Eſtienne Maucroy*, 1662, *in-12. v. br.*

BELLES-LETTRES. 573

3535 Paradoxes, ou autrement, Propos contraires à l'opinion de la plûpart des hommes : livre non moins profitable que facétieux. *Rouen, Nicolas Lefcuyer*, 1583, *in*-16. *v. m.*

3536 La Semaine, ou les sept journées du Comte Hannibal Romei, Gentilhomme Ferrarois ; auxquelles entre Dames & Chevaliers difcourans fe traitent les matieres de la beauté, de l'amour humain, de l'honneur, de l'iniquité du duel, de la noblefse, des richefses, & de la précédence des Armes & des Lettres, trad. de l'italien en françois par le fieur Jean Dupré. *Paris, Nic. Bonfons*, 1595, *in*-8. *vel.*

3537 Les Ephémérides des Courtifans, où leurs défauts font à defcouvert, par le fieur de Bréthencourt. *Douay, Pierre Auroy*, 1628, *in*-12. *v. m.*

3538 Les Jeux de l'inconnu, ou Recueil de diverfes piéces touchant le ridicule, & les différentes actions de la vie des hommes, par le fieur de Vaux. *Rouen, Jacq. Cailloué*, 1645, *in*-8. *v. m.*

3539 Le Lycée du fieur Bardin, où, en plufieurs promenades il eft traicté des connoifsances, des actions & des plaifirs d'un honnefte homme. *Paris, Jean Camuzat*, 1632, *in*-8. *v. f.*

3540 La Philofophie Soldade. *Paris, Touffaint du Bray*, 1604, *in*-12. *vel.*

3541 Les Mondes céleftes, terreftres & infernaux ; le Monde petit, grand, imaginé, meflé, rifible, des fages & des fols ; & le très grand ; avec l'Enfer des écoliers, des mal mariés, des Putains & Ruffians, des Soldats & Capitaines poltrons, des Piétres Docteurs, des Ufuriers, des Poëtes & des Compofiteurs ignorans. Le tout tiré des Œuvres du Doni, par Gabriel Chappuys de Tours, & augmenté du Monde des Cornuz. *Lyon, Barthelemy Honorati, 1580, in-8. baz.*

3542 Théatre des divers cerveaux du monde, auquel tiennent place, felon leur degré, toutes les manieres d'efprit & humeurs des hommes, tant louables que vicieufes, déduictes par difcours doctes & agréables, trad. de l'italien par Gabriel Chappuys de Tours. *Paris, Félix le Mangnier, 1586, in-16. vel.*

3543 Le grand Empire de l'un & de l'autre Monde, divifé en trois Royaumes ; favoir, le Royaume des aveugles, des borgnes & des clair-voyans, compofé par J. de la Pierre. *Paris, Den. Moreau, 1630, in 8. vel.*

3544 La corruption du grand & petit Monde, où il eft montré que toutes les Créatures qui compofent l'Univers font corrompues par le péché d'Adam ; que le Soleil a perdu fept fois plus de lumieres qu'il n'en poffede ; que Nouvelle-Lune étoit Pleine-Lune en la juftice originelle, & qu'elle eftoit égale en lumiere au Soleil d'aujourd'hui ; qu'il n'a point plu ni neigé fur la terre avant le Déluge ; que devant le Déluge, l'Amérique n'eftoit point féparée des autres parties du Monde, & qu'il n'y avoit aucune Ifle dans la Mer ; que le feu qui confumera l'Univers n'aura point d'action fur les juftes, & qu'il y aura des hommes vivans fur la Terre quand J. C. viendra juger le monde, &c. par le Pere François Placet, Religieux Prémontré. *Paris, veuve Alliot, 1668, in-12. mar. r.*

BELLES-LETTRES.

3545 Subtiles conceptions des plus excellens esprits, tant des siécles passés que du nôtre, disposées en forme de lieux communs, pour fournir en toutes manieres de beaux traits à dire de bouche, ou bien à coucher par escrit. *Paris, Gilles Robinot*, 1604, *in-12. v. m.* 1. 5.

3546 Le Passe-temps de M. de la Motte-Messeme, avec un Songe faict à l'antique. *Paris, Jean le Blanc*, 1595, *in-8. relié en carton.* 1.

3547 Les honnestes Loisirs divisés en cinq Discours, où il est traité des convives, des perfections de deux Damoiselles, de la consolation pour celui qui perd son procès, &c. *Paris, Fleury Bourriquant*, 1607, *in-12 mar. vert.* 4. 9.

3548 La sage Folie, fontaine d'allégresse, mere de plaisir & royne des belles humeurs, par J. Marcel. *Lyon, Jean Radisson*, 1649, *in-8. vélin.* 1. 17.

3549 Le nouveau Démocrite, ou délassemens d'Esprit, par le sieur Boyer de Ruviere. *Paris, Michel Brunet*, 1701, *in-12. v. br.*

3550 Apologie des Bestes, où l'on prouve leur connoissance & leur raisonnement par différentes histoires, & principalement celles du Castor; d'une Chienne qui jouoit au piquet; d'un Chien qui connoissoit les caracteres d'Imprimerie; & autres aussi curieuses qu'intéressantes; le tout en vers françois par Me Gilles Morfouace de Beaumont, Avocat au Parlement. *Paris, Prault pere*, 1739, *in-8. broché.* 3.

3551 Amusement philosophique sur le langage des Bestes, par le Pere Bougeant. *Paris, Gissey*, 1739, *in-12. broché.*

BELLES-LETTRES.

3552 Les LIII Arrests d'amour, avec les Commentaires de Benoist Curtius (le Court), & l'Ordonnance sur le faict des masques. *Rouen, Raphaël du Petit-Val,* 1587 *in-*16. *v. éc.*

3553 L'Image du vrai Amant, discours tiré de Platon par Cyre Foucault, Sieur de la Coudriere. *Rouen, Raph. du Petit-Val,* 1606, *in-*12. *v. m.*

3554 La Relation du Royaume de Coquetterie. *Paris, Charles de Sercy,* 1654, *in-*12. *mar. r.*

3555 Momus au Cercle des Dieux, dans lequel il leur fait récit de ce qui se passe dans la République des Lettres, dans la Galanterie & dans la Politique. *Paris, L. A. Sévestre,* 1717, *in-*12. *v. br.*

3556 Les Yeux, Ouvrage curieux & galant, en prose & en vers, composé pour le divertissement d'une certaine Dame de qualité. *Amsterdam, Estienne Roger,* 1716, *in* 12. *baz.*

3557 Le même Ouvrage, intitulé: LES YEUX; avec les deux Supplémens. *Amsterdam,* 1734, 3 *tom. en un vol. in-*12. *v. m.*

3558 Le Tableau du Mariage représenté au naturel, enrichi de plusieurs rares curiosités, Figures, Emblêmes, Histoires, Loix, Mœurs & Coûtumes de diverses Nations, avec des fleurs poëtiques & oratoires tirées des plus célebres Auteurs anciens & modernes, par Paul Caillet. *Orenge, Estienne Voisin,* 1635, *in-*12. *mar. r.*

3559 Les Plaisirs des Dames, contenus dans plusieurs Traités intitulés: *le Bouquet, le Cours, le Miroir, la Promenade, la Collation, le Concert & le Bal,* par M. François de Grenaille,

BELLES-LETTRES.

naille, Seigneur de Chatounieres. *Paris, Gervais Clouzier,* 1641, *in*-4. *v. m.*   —4—

3560 La Réflexion de la Lune sur les hommes, par Mademoiselle de B***. *Paris, Ant. de Sommaville,* 1654, *in*-8. *vel.*   1.

3561 Réflexions nouvelles sur les femmes, par une Dame de la Cour de France. *Londres (Paris),* 1730, *in*-12. *v. m.*   1.

3562 De la grandeur & de l'excellence des Femmes au-dessus des Hommes, Ouvrage composé en latin par Henry Corneille Agrippa, & trad. en françois avec des notes curieuses,& la vie d'Agrippa. *Paris, François Babuty,* 1713, *in*-12. *v. br.*   2. 12.

3563 La Silva curiosa de Julian de Medrano, en que se tratan diversas cosas sotilissimas y curiosas, muy convenientes para Damas y Cavalleros en toda conversation virtuosa y honesta, corregida por César Oudin. *En Paris, Marc Orry,* 1608. *in*-8. *v. m.*   1. 10.

3564 La famosa y temeraria compania de Rompe Columnas, con dos discursos el uno en loor, y el otro en vituperio de amor. *En Paris, Joseph Cottereau,* 1609, *in*-12. *v. m.*   1. 4.

3565 La Universidad de Amor, por el Maestro Antolinez de Piedrabuena. *En Zarragoça, Bern. Noguez,* 1644, *in*-8. *v. m.*   1. 11.

Tome I.   Dddd

I I.

Gnomiques, ou Sentences, Apophtegmes, Adages, Proverbes, & Collections de rencontre & bons mots qui ont paru sous des titres en ANA.

1. 3566. Disticha moralia, nomine Cathonis inscripta, cum gallicâ eorumdem interpretatione & declaratione: Accedunt Dicta septem Græciæ Sapientum, cum suâ quoque interpretatiunculâ. *Lutetiæ Parisiorum, Robert. Steph.* 1585, *in-*8. *v. br.*

3567 Les Mots dorés du grand & sage Cathon, en latin & en françois, contenant plusieurs enseignemens, proverbes, adages, & autres dits moraux des Saiges & Philosophes, &c. mis en ordre par Pierre Gromet. *Paris, sans date d'année, in-*12. *gotiq. mar. r.*

3568 Les mêmes Mots dorés du grand & sage Caton, en latin & en françois, avec aulcunes propositions subtiles, problegmatiques, & énygmatiques sentences, & interprétations d'icelles: le tout en ryme françoise. *Paris, Nic. Bonfons,* 1577, *in-* 8. *mar. r.* (*lettres rondes.*)

2. 3569 Les mêmes. *Troyes, Nic. Oudot,* 1617, *in-*12. *v. br.*

1. 3570 Instruction très bonne & utile, contenant le profit & utilité d'un chacun, composée par le sage Caton, avec plusieurs dicts moraux & belles sentences: le tout composé en ryme françoise. *Troyes, Nic. Oudot,* 1621, *in-*12. *v. br.*

3571 Les Dicts des Sept Sages de Grece, trad. du grec en vers latins, avec plusieurs autres petits Œuvres de François Habert, surnommé le Banny de Liesse. 1584, *in-16. v. br.* — 1. 10.

3572 Trésor de vertu, où sont contenuës toutes les plus nobles & excellentes sentences & enseignemens de tous les premiers Auteurs Hébreux, Grecs & Latins, pour induire un chacun à bien & honnestement vivre ; le tout composé en françois & en italien. *Paris, Nic. Bonfons*, 1581, *in-16. v. m.* — 3. 19.

3573 Les Distiques de Michel Vérin, mis en françois par Claude Hardy, avec des annotations & des remarques. *Paris, Jean Sara*, 1615. === Puriores Sententiæ cum dictis festivioribus ex Ovidio excerptæ. *Lutetiæ Parisiorum, Seb. Cramoisy*, 1621. === Catonis Distichorum moralium libri IV. *Parisiis*, 1655, *in-8. v. br.* — 1.

3574 Trésor de sentences dorées & argentées, proverbes & dictions communs, réduits par ordre alphabétique ; avec le Bouquet de philosophie morale, fait par demandes & par responses, par Gabr. Meurier. *Cologny, Franç. le Febvre*, 1617, *in-8. mar. r.* — 8. 19.

3575 Apophtegmata græca Regum & Ducum, Philosophorum item aliorumque quorundam, ex Plutarcho & Diogene Laërtio cum interpretatione latinâ & emendationibus. *Excud. H. Steph.* 1568, *in-16. v. m.* — 1. 10.

3576 Recueil des Apophtegmes ou dicts notables des Anciens. *Rouen, Claude le Villain*, 1603, *in-12. v. m.* — 1.

3577 Apophtegmatum ex optimis utriusque lin- — 1.

BELLES-LETTRES.

guæ Scriptoribus collectorum Libri VIII, per Desiderium Erasmum. *Lugduni, Seb. Gryphius*, 1551, *in-*8. *relié en carton.*

1. 10. { 3578 Conradi Lycosthenis Apophtegmata ex optimis utriusque linguæ Scriptoribus excerpta, & per ordinem alphabeti redacta: Accedunt Parabolæ, sive similitudines ex gravissimis Auctoribus collectæ & in locos communes digestæ. *Lugduni, Ant. de Harsy*, 1574, *in-*8. *v. m.*

3579 Eadem Lycosthenis Apophtegmata: accesserunt Parabolæ, sive Similitudines ex variis Auctoribus excerptæ, & per eundem Lycosthenem dispositæ, & nùnc purgatæ & auctæ studio & operâ Patrum Soc. Jesu. *Rothomagi, Thom. Daré*, 1610, *in-*8. *relié en carton.*

3. 10. { 3580 Desiderii Erasmi Apophtegmatum Libri VIII. *Lugduni, Seb. Gryphius*, 1541, *in-*8. *v. m.*

3581 Les trois derniers livres des Apophtegmes, c'est-à-dire, brieves & subtiles rencontres, recueillies par Erasme, & trad. du latin en françois. *Paris, Jean Longis*, 1553, *in-*8. *relié en peau.*

3. 3582 Hécatongraphie, c'est à-dire, les déclarations de plusieurs apophtegmes, proverbes, sentences & dicts, tant des Anciens que des Modernes: le tout composé en ryme françoise. *Impr. à Paris, sans date d'année, in-*8. *mar. r.*

1. 10. 3583 La même Hécatongraphie. *Paris, Denys Janot*, 1543, *in-*8. *v. m.*

4. 16. 3584 Heures de récréation, ou les Fleurs des apophtegmes, ou des dicts & faicts notables

recueillis par Louis Guicciardin, & trad. de l'italien en françois. *Paris, Nic. Bonfons, 1609, in-16. mar. r.*

3585 Joannis Sartori Adagiorum Chiliades tres, five Sententiæ proverbiales græcæ, latinæ & belgicæ, ex præcipuis Auctoribus collectæ, ac brevibus notis illustratæ, ex recensione Cornelii Schrevelii. *Lugd. Bat. Nic. Hercules, 1656, in-8. vel.*

3586 Notables Enseignemens, adages & proverbes, faicts & composés en ryme françoise par Pierre Gringore, dict Vauldemont. *Imprimé sans nom de lieu ni date d'année, in-16. gotiq. vel.*

3587 Proverbia communia, tàm gallico quàm latino sermone per ordinem alphabeticum venusto carmine contexta, noviter revisa & emendata: præterea de tempore quadragesimali Libellus elegans; Dialogi tres, & alia perpulchra, cum oratione remissionis plenariæ. *Opusculum singulare, caracteribus gothicis excusum, absque notâ editionis, anno 1529, in-8. v. m.*

3588 Proverbes communs & belles Sentences, pour familierement parler latin & françois à tous propos, composés par J. Nucérin. *Lyon, Ben. Rigaud, 1558, in-16. v. m.*

3589 Les illustres Proverbes historiques, ou Recueil de diverses questions curieuses pour se divertir agréablement dans les Compagnies. *Paris, Pierre David, 1655, in-12. vel.*

3590 Les mêmes illustres Proverbes historiques. *Paris, Pierre David, 1659, in-12. v. m. avec la figure.*

BELLES-LETTRES.

3591 Le Divertissement des Sages, contenant les explications de plusieurs questions & proverbes en usage dans la vie civile, par le P. Jean-Marie, Pénitent du Couvent de Nazareth. *Paris, Georges Josse*, 1665, *in-*8. *v. br.*

3592 Des Bons Mots & des bons Contes, de leur usage, de la raillerie des Anciens; & de la Raillerie & des Railleurs de notre temps. *Paris, Claude Barbin*, 1692, *in-*12. *v. br.*

3593 Recueil de Bons-mots & de Bons-contes, tant des Anciens que des Modernes. *Paris, Médard Brunet*, 1709. *in-*12. *v. br.*

3594 L'Esprit des Hommes Illustres, Roys, Empereurs, Capitaines, Philosophes, &c. anciens & modernes, dans leurs bons-mots, & leurs plus remarquables pensées. *Paris, Jean Cochart*, 1680, *in* 12. *v. br.*

3595 Les Oracles des Rois de France, ou Recueil des paroles remarquables des Princes qui ont occupé le Thrône de cette Monarchie, par Estienne du Bourglabbé, Docteur de Sorbonne & Curé de Nanteüil. *MSS. sur papier, dont l'Original fut présenté au Roi le 12 Septembre 1673, & reçu par Sa Majesté, in-*8. *v. br.*

3596 Remarques, ou Réflexions critiques, morales & historiques sur les plus belles & les plus agréables pensées qui se trouvent dans les Ouvrages des Auteurs anciens & modernes. *Amsterdam, Henry Desbordes (Rouen)*, 1691, *in-*12. *v. m.*

3597 Les Paroles remarquables, les bons-mots & les maximes des Orientaux, trad. de leurs

BELLES-LETTRES.

Ouvrages en arabe, en persan & en Turc, avec des remarques, par A. Galland. *Paris, Simon Bénard*, 1694. *in-12. baz.*

3598 Mélanges historiques de P. C. (Paul Colomiés), contenant plusieurs pensées ingénieuses & diverses anecdotes de littérature & d'histoire. *Utrecht, Pierre Elzévier*, 1692, *in-12. vélin.*   5.

3599 Le Passetemps agréable, ou nouveau Choix de bons mots, de pensées ingénieuses & de rencontres plaisantes, avec l'élite des plus vives gasconades, &c. *Rotterdam (Rouen)*, 1718, 2 tom. en un vol. *in-12. v. br.*   1.

3600 Scaligerana, ou Recueil des pensées & des réflexions de Joseph Scaliger. *Cologne (Rouen)*, 1667, *in-12. v. br.*

3601 Perroniana & Thuana. *Cologne, Gerbr. Scagen*, 1669, *in-12. v. m.*   2.

3602 Autre Edition du même livre. *Cologne (Rouen)*, 1691, *in-12. v. br.*

3603 Parrhasiana; ou Recueil de pensées diverses & détachées sur différens sujets de littérature & d'histoire. *in-12. v. m.*   1. 4.

3604 Sorberiana, ou Recueil des pensées de Samuel Sorbiere, publié par François Graverol. *Toulouse, Guill. Lud. Colomyez*, 1691, *in-12. v. m.*

3605 Autre Edition du même Livre. *Paris, (Hollande)* 1732, *in-12. v. br.*   1. 10.

3606 Menagiana, ou les Bons-Mots, les pensées critiques, historiques, morales & d'érudition de M. Ménage. *Paris, Florentin de Laulne*, 1693 & 1694, 2 vol. *in-12. v. br.*

3607 Arliquiniana, ou les Bons-Mots, les his-   3. 12.

584   BELLES-LETTRES.

toires plaisantes & agréables, recueillies des conversations d'Arlequin. *Paris, Florentin de Laulne*, 1694, *in*-12. *v. f.*

3608 Valesiana, ou les Pensées critiques, historiques & morales, avec les poësies latines de M. Hadrien de Valois, recueillies & publiées par M. de Valois, son fils. *Paris (Hollande)*, 1695, *in*-12. *v. br.*

3609 Furetiriana, ou les Bons-mots & les remarques de critique, de plaisanterie & d'érudition de M. l'Abbé Furetiere. *Paris, Thomas Guillain*, 1696, *in*-12. *v. br.*

3610 Anonimiana, ou Mélanges de poësies, d'éloquence & d'érudition. *Paris, Nic. Pépie*, 1700, *in*-12. *v. br.*

3611 Naudæana & Patiniana, ou Singularités remarquables, prises des conversations de MM. Naudé & Patin. *Amsterdam, Franç. Van-der Plaats*, 1703, *in*-12. *v. br.*

3612 Santeüilliana, ou les Bons-mots de M. de Santeüil, avec un abrégé de sa vie. *La Haye, Joseph Crispin*, 1710, *in*-12. *v. br.*

3613 Saint-Evrémoniana, ou Recueil de diverses piéces curieuses & de pensées, par M. de Saint-Evrémont. *Paris, Ant. de Billy*, 1710, *in*-12. *v. m.*

3614 Huetiana, ou Pensées diverses de M. Huet, Evesque d'Avranches, augm. de la description en vers latins des voyages de l'Auteur en Suéde. *Amsterdam, Herm. Vytwerf*, 1723, *in*-12. *v. br.*

Hiéroglyphiques,

BELLES-LETTRES. 585

I I I.

Hiéroglyphiques, ou Emblêmes, Devises, Symboles, Rébus, &c. avec les Traités singuliers de l'Art de les composer.

3615 Figures hiéroglyphiques de Orus Apollo, Niliacque ou Egyptien, avec des explications en françois. *In-8. v. br.* (*sans frontispice*).
3616 Discours des Hiéroglyphes des Egyptiens, Emblêmes, Devises & Armoiries; ensemble LIV Tableaux hiéroglyphiques pour exprimer toutes conceptions à la façon des Egyptiens, par façon & images des choses au lieu de lettres, avec plusieurs interprétations des songes & prodiges, par Pierre Langlois, Escuyer, Sieur de Bel-Estat. *Paris, Abel Langelier,* 1584, *in-4. vel.* } 1.

3617 Hadriani Junii, Medici, Emblemata, necnon Ænigmatum Libellus. *Antverpiæ, ex Offic. Christoph. Plantini,* 1565, *in-8. fig. v. m.*
3618 Andreæ Alciati Emblemata latino-gallica, unà cum succinctis Argumentis, quibus Emblematis cujusque sententia explicatur. *Parisiis, Joann. Richer,* 1584, *in-12. mar. r.* } 4.

3619 Florentii Schoonhovii Emblemata, cum figuris æneis; necnon ejusdem authoris Poëmata aliquot. *Absque notâ editionis*, *in-4. fig. v. m.*   4.

3620 Joannis Mercerii Emblemata, iconibus æneis illustrata. *Avarici Biturigum,* 1592, *in-4. fig. v. m.*   1. 10.

3621 Jani Jacobi Boissardi Emblematum Liber,   3. 19.

Tome I. Eeee

cum figuris æneis Theodori de Bry. *Francof. ad Mœnum*, 1593, *in-*4. *fig. v. m.*

3622 Emblemata anniversaria Academiæ Altorfinæ, studiorum juventutis exercitandorum causa proposita, & Variorum orationibus exposita, cum fig. æneis. *Norimbergæ, Imp. Levini Hussy*, 1597, *in-*4. *fig. v. br.*

3623 Emblemata moralia & œconomica de rerum usu & abusu, olim inventa & Belgicis Rithmis explicata à Theodoro Cornhertio, nunc vero variis carminum generibus illustrata à Richardo Lubbæo, cum figuris æneis. *Arnhemii, Joann. Janssonius*, 1609, *in-*4. *fig. v. m.*

3624 Mundi Lapis Lydius, sive Vanitas per Veritatem, falsi accusata & convicta, cum figuris emblematicis ære incisis, operâ Antonii à Burgundia, Archidiaconi Brugensis. *Antverpiæ, Vid. Joann. Cnobbari*, 1639, *in-*4. *fig. v. br.*

3625 Justi Reifenbergii Emblemata politica, cum figuris æneis. *Amstelodami, Joann. Janssonius*, 1632, *in-*16. *fig. broché.*

3626 Le Théatre des bons Engins, auquel sont contenus cent Emblêmes moraux, composé en ryme françoise par Guillaume de la Perriere. *Angiers, Pierre Trepperel*, 1545, *in-*8. *v. m.*

3627 Délie, objet de plus haulte vertu, contenant plusieurs figures & emblêmes composés en ryme françoise. *Paris, Vincent Normant*, 1564, *in-*16. *mar. r.*

3628 Recueil d'Emblêmes chrestiennes & morales, par Zacharie Heyns, en hollandois & en françois, avec figures en taille-douce. *Rotterdam, Pierre van Waesberge*, 1625, *in-*4. *fig. v. m.*

BELLES-LETTRES.

3629 Joachimi Camerarii, Medici Norinbergensis, Symbolorum & Emblematum, tàm ex re herbariâ, quàm de animalibus & insectis desumptorum Centuriæ IV, cum figuris æneis. *Francofurti, Johan. Ammony*, 1654, 4 tom. en 2 vol. in-4. *fig. v. br.*

3630 Ejusdem Camerarii Symbolorum & Emblematum Centuriæ IV, cum fig. æneis. *Francof. ad Mœn.* 1590 & *ann. seqq.* 4 tom. en un vol. in-4. *fig. v. br.*

3. 19.

3631 Achillis Bocchii, Bononiensis, Symbolicarum quæstionum de universo genere quas serio ludebat Libri V, cum figuris æneis. *Bononiæ, è Typogr. Societ. Bonon.* 1574, in-4. *fig. vel.*

8. 19.

3632 Sylvestri Petræ Sanctæ, Soc. Jesu, de Symbolis heroïcis Libri IX, cum figuris æneis. *Antverpiæ, Balth. Moretus,* 1634, in-4. *fig. v. m.*

3633 Symbola divina & humana Pontificum, Imperatorum & Regum, è Musæo Octaviani Stradæ, cum fig. æneis Ægidii Sadeleri, & Isagoge Jacobi Typotii. *Pragæ,* 1601 & 1602, 2 tom. en un vol. in-fol. *fig. v. f.*

3.

3634 Nicolai Reusneri Leorini, Symbolorum Imperatoriorum Classes. *Francofurti, Joann. Saurius,* 1607, in-8. *vel.*

3635 Centum Dicta partìm latina, partìm gallica, partìm hispanica, & partìm italica, in stemmata præclarissimi & vigilantissimi viri D. Fouquet, cum fig. æneis. *Absque notâ editionis,* in-4. *mar. vieux.*

2. 2.

3636 Devises panégyriques pour Anne d'Austriche, Reyne de France, par le sieur Léonard de Chaumelz. *Bourdeaux , Millanges ,* 1667, *in-*4 *fig. vel.*

3637 La continuation du Cabinet des Grands, contenant les Devises des Empereurs d'Orient & d'Occident, expliquées & enrichies de Sentences, Maximes d'Etat & de traits d'Histoire, avec les Prophéties de S. Malachie touchant les Papes depuis Célestin II jusqu'à la venue de l'Ante-Christ, par Gédeon Pontier. *Paris , Guill. Cavelier ,* 1689, *in*-12. *v. br.*

3638 Philippi Labbe, Soc. Jesu, Thesaurus Epitaphiorum veterum ac recentium selectorum, ex antiquis inscriptionibus, omnique scriptorum genere. *Parisiis , Sim. Benard ,* 1666, *in-*8. *v. br.*

3639 Theatrum funebre exhibens per varias Scenas, Epitaphia nova, antiqua, seria, jocosa, ævo, ordine, dignitate, genere, sexu, fortunâ, ingenio, &c. cum summorum Pontificum, Imperat. & Regum Galliæ Symbolis ac Epitaphiis: extructum à Dodone Richea. *Salisburgi, Joann. Bapt. Mayr,* 1673, *in-*4. *fig. vel.*

3640 Joannis Bonifacii Opusculum de componendis Epitaphiis. *Rhodigii , Dan. Bixuccius ,* 1629, *in-*4. *v. f.*

3641 L'Art de faire les Devises, Hiéroglyphiques, Symboles, Emblêmes, Enigmes, Sentences, Paraboles, Chiffres & Rébus, avec un Traité des rencontres & mots plaisans, par Henry Estienne, Sieur des Fossés. *Paris , Jean Pasté ,* 1645, *in-*8. *v. f.*

3642 De l'Art des Emblêmes, par le Pere Cl. Franç. Ménestrier. *Lyon , Ben. Coral ,* 1662, *in-*8. *fig. v. br.*

3643 Eryci Puteani de Annagrammatismo quæ Cabalæ pars est Diatriba, amœnitatis causâ scripta, utilitatis edita : accedit Jo. Caramuelis Lobkowitzii totius Cabalæ Specimen, curâ & studio Justi Cæcilii Puteani. *Bruxellæ, Typ. Joan. Mommart*, 1643, *in*-12. *fig. v. br.* — 1 · 10 ·

3644 Johannis Pincieri Ænigmatum Libri tres, cum solutionibus, in quibus res memoratu dignæ continentur : adjecto indice rerum copioso. *Ex Officinâ Christophori Corvini*, 1605, *in*-8. *v. f.* — 1 · 10

3645 Nouveau Recueil d'Enigmes, par Gayot de Pitaval. *Paris, Théodore le Gras*, 1720, *in*-12. *v. br.* — 2 - "

SECTION V.

POLYGRAPHIE.

I.

Polygraphes anciens & modernes, ou qui ont écrit divers Traités en un ou plusieurs Volumes, sur diverses matieres & sur différens sujets.

§ 1. *Autheurs grecs & latins, anciens & modernes.*

3646 Luciani, Samosatensis, Opera quæ extant omnia, græcè. *Florentiæ*, anno 1496, *in*-*fol.* — 24 .
 mar. bl. rare.
* *Editio primaria.*

3647 Ejusdem Luciani, Samosatensis, Opuscula quædam, è græco latinè versa. *Impr. Venetiis per Simonem Bevilaquam Papiensem, anno 1494, in-4. vel.*

3648 Ejusdem Luciani Opuscula, è græco latinè reddita, interprete Desiderio Erasmo, Roterodamo. *Venetiis, in ædibus Aldi & Andreæ Soceri*, 1516, *in-8. mar. antiqué.*

3649 Ejusdem Luciani Dialogi aliquot, per Desiderium Erasmum versi, ac à Nicolao Buscoducensi succinctis pariter & eruditis scholiis explanati. *Parisiis*, 1532, *in-8. relié en carton.*

3650 Les Copies de Lucien, & la Métamorphose de Daphné. *Paris, Denys Thierry,* 1683, *in-12. v. br.*

3651 Juliani Imperatoris Opera quæ extant omnia, græcè & latinè, cum variis lectionibus. *Parisiis, Dion. Duvallius,* 1583, *in-8. v. m.*

3652 Constantini Porphyrogennetæ Imperatoris Opera varia; in quibus continentur, Liber de administrando Imperio; Opusculum de Tacticâ; Thematum Libri II. & Novellarum seu Constitutionum Libri II : hæc omnia gr. & lat. in unùm edita, cum variis lectionibus ac notis, ex editione Joannis Meursii. *Lugd. Bat. ex Offic. Elzevirianâ,* 1617, *in-8. v. f.*

3653 Joannis Antonii Campani Opera omnia, in unum edita curis Michaëlis Ferni, Mediolanensis, cum Vitâ ejusdem Campani per eundem Fernum conscriptâ. *Romæ, per Eucharium Silber aliàs Franck, anno* 1495, *in-fol. mar. r.*

* *Editio primaria.*

BELLES-LETTRES.

3654 Angeli Politiani Opera omnia, in unum collecta & edita. *Venetiis, in ædibus Aldi Romani*, anno 1498, *in-fol. mar. r.*   51.
    * *Editio primaria.*

3655 Eorumdem Ang. Politiani Operum Editio altera. *Basileæ, apud Nicol. Episcopium*, 1553, *in-fol. vel.*   1. 10.

3656 Felicis Malleoli (*vulgò* Hemmerlini) variæ oblectationis Opuscula & Tractatus. *Basileæ*, 1497, *in-fol. v. f.*   9. 1.

3657 Francisci Philelphi Orationes, cum quibusdam ejusdem aliis operibus. *Venetiis, per Barth. de Zanis de Portesio*, 1491, *in-4. mar. r.*   6.

3658 Matthæi Bossi, Veronensis Canonici Regularis, Orationes & Epistolæ in lucem editæ sub titulo sequenti : RECUPERATIONES FESULANÆ. *Bononiæ, Plato de Benedictis*, anno 1493, *in-fol. v. f.*   21. 4.

3659 Joannis Pici Mirandulæ Opera omnia, in quibus continentur, Heptaplus de opere sex Dierum geneoseos; Deprecatoria ad Deum elegiaco carmine; Apologia XIII quæstionum; Tract. de Ente & Uno; Oratio quædam elegantissima; Epistolæ plures; Testimonia ejus vitæ & doctrinæ, necnon Disputationum adversùs Astrologos Libri XII : Acced. vita ejusdem Pici Mirandulæ, & Cæcilii Cypriani, Episcopi Carthaginensis, de ligno Crucis Carmen. *Opus impr. per Lud. de Mazalis, Civem Regiensem*, anno 1506, *in-fol. mar. r.*   9. 4.

3660 Ant. Urcei Codri Orationes, Epistolæ, Sylvæ, Satyræ, Eglogæ & Epigrammata. *Parisiis, Joann. Parvus*, 1515, *in-4. v. f.*   5. 10.

3661 Andreæ Naugerii, Patricii Veneti, Ora-   30.

tiones & Carmina. *Venetiis*, *Joann. Tacuinus*, 1530, *in-fol. mar. r.*
* *Editio præstans & optima.*

3662 Nicolai de Cusa, Sacro-sanct. Rom. Ecclesiæ Cardinalis, tituli S. Petri ad vincula, Opera varia, in unum collecta & edita. *Opus impressum gothicis characteribus, absque ullâ loci & anni indicatione*, *in-fol. relié en bois.*

3663 Cælii Calcagnini, Ferrariensis, Protonotarii Apostolici, Opera varia, ex editione Ant. Musæ Brasavoli. *Basileæ*, *Froben*, 1544, *in-fol. v. noir.*

3664 Petri Bembi, Patritii Veneti, Opera, in unum collecta & edita : *scilicet*, Historiæ Venetæ Libri XII; Liber de Guido Ubaldo & Elizabethâ, Ducibus Urbini; Epistolarum Libri XXII; Libellus de Imitatione; Dialogus de Ætnâ, necnon de Culice Virgilii & Terentii Fabulis, & carminum diversi generis Libellus. *Basileæ*, *ex Officinâ Isingrinianâ*, 1556, 2 *vol. in-8. v. f.*

3665 Francisci Floridi Sabini Opuscula varia ; in quibus continentur, 1°. Apologia adversùs Calumniatores M. Accii Plauti ; 2°. Liber de Juris Civilis Interpretibus ; 3°. Libri III de Julii Cæsaris Præstantiâ ; 4°. Lectionum succisivarum Libri tres, &c. *Basileæ*, 1540, *in-fol. v. br.*

3666 Aonii Palearii, Verulani, Epistolæ & Orationes, necnon de animarum immortalitate Libri III, versibus latinis conscripti. *Basileæ*, *Thomas Guarinus*, *absque notâ anni*, *in-8. v. m.*

3667 Pratum Claudii Prati, continens Anthologiam, Epistolas, Orationes, Sententias, Apophtegmata

BELLES-LETTRES.

Apophtegmata, Ænigmata, Epitaphia & carmina quæ nunquam in lucem prodierant. *Parisiis, Joannes Libert*, 1614, *in*-8. *v. m.*

3668 Casparis Barlæi Orationum Liber, cui accesserunt alia nonnulla varii & amœnioris argumenti. *Amstelodami, Joann. Blaeu*, 1643, *in*-12. *v. br.* — 1.

3669 Annæ Mariæ à Schurman Opuscula hæbræa, græca, latina, gallica, prosaïca & metrica. *Trajecti ad Rhenum, Joann. à Waesberge*, 1652, *in*-8. *v. br.* — 1.

3670 Gerardi Joann. Vossii de cognitione sui Libellus, necnon de studiorum ratione Opusculum; Accedunt ejusdem Vossii alia quædam diversi generis, ex recognitione Hadriani Junii. *Amstelodami, Ægid. Jansson Valckenier*, 1656, *in*-12. *vel.*

3671 Pauli Colomesii Opuscula varia, tàm latinè quàm gallicè conscripta, & in unum edita. *Parisiis, Seb. Mabre Cramoisy*, 1668, *in*-12. *v. br.*

3672 Gabr. Cossartii, è Soc. Jesu, Orationes & Carmina. *Parisiis, Seb. Cramoisy*, 1675, *in*-12. *v. br.*

} 2. 8.

3673 Antonii Malagonellii, Florentini, Orationes & Epistolæ. *Romæ*, 1697, *in*-12. *v. f.* — 1. 4.

§ 2. Autheurs François, ou qui ont écrit en françois.

3674 Œuvres diverses, tant en prose qu'en vers, de Joachim du Bellay. *Paris, Charles Langelier*, 1561 & 1562, *in*-4. *v. f.* — 1.

3675 Le Monophile, avec quelques autres œu- — 1. 10.

vres d'amour, tant en profe qu'en ryme, par Eftienne Pafquier. *Paris, Vincent Normant,* 1567, *in-*8. *v. m.*

3676 Les Effais de Michel, Seigneur de Montaigne, enrichis de diverfes annotations. *Paris, Jean Petitpas,* 1608, *in-*8. *v. br.*

3677 L'Efprit des Effais de Michel, Seigneur de Montaigne. *Paris, Charles de Sercy,* 1677, *in-*12. *v. m.*

3678 Le Proumenoir de Monfieur de Montaigne. *Paris, Abel Langelier,* 1595, *in-*12. *mar. rouge.*

3679 Le même Proumenoir de Michel de Montaigne. *Rouen, Roland Chambaret,* 1607, *in-*16. *v. m.*

3680 Les Œuvres d'Alexandre de Pont-Aymery, Sieur de Focheran, contenant une hymne en l'honneur du Roy; un Traité de l'inftitution de la Nobleffe, & de la parfaite vaillance; l'Image du grand Capitaine; Difcours d'Eftat fur la bleffure du Roy, & un Paradoxe apologique de la perfection des femmes. *Paris, Jean Richer,* 1599, *in* 12. *mar. r.*

3681 Les Œuvres de Meffire Guill. du Vair, Evefque & Comte de Lizieux, & Garde des Sceaux de France. *Paris, Sébaftien Cramoify,* 1625, *in-fol. G. P. mar. noir.*

3682 Les Œuvres diverfes du Poëte Théophile, contenant un Difcours fur l'immortalité de l'ame, & plufieurs autres piéces; la Tragédie de Pirame & de Thisbé, avec divers Mélanges & Piéces tant en profe qu'en ryme, compofées par le même Théophile pendant fa prifon. *Paris, Nic. Pépingué,* 1662, *in-*12. *v. br.*

BELLES-LETTRES.

3683 Nouvelles Œuvres diverses de Théophile, mises au jour par le sieur Mayret. *Paris, Ant. de Sommaville*, 1641, *in-8. vel.*

3684 Les Œuvres diverses de Matthieu de Montreüil, contenant des lettres & des poësies. *Paris, Charles de Sercy*, 1666, *in-12. mar. r.*

1. 10.

3685 Les Œuvres diverses de M. Vincent de Voiture. *Paris, Michel Guignard*, 1713, 2 *vol. in-12. v. br.*

2.

3686 Lettres choisies de M. de Voiture, avec quelques petites piéces de poësie du même Auteur. *Hollande, in-12. v. br.*

1

3687 Les Entretiens de Voiture & de Costar. *Paris, August Courbé*, 1654, *in-4. v. br.*

3688 Les Œuvres diverses de Jean-Louis Guéz de Balzac. *Paris, Estienne Maucroy*, 1664, *in-12. v. br.*

1.

3689 Les Entretiens de M. de Balzac sur divers sujets. *Paris, Augustin Courbé*, 1657, *in-4. v. br.*

3690 Le Barbon, par Balzac. *Paris, Augustin Courbé*, 1648, *in-4. v. f.*

2.

3691 Œuvres diverses de M le Prieur de Brébeuf, contenant des lettres & quelques poësies. *Paris, Jean Ribou*, 1664, 2 *vol. in-12. v. br.*

3692 Ægidii Menagii Miscellanea, in quibus continentur; Silva variorum carminum; Poëmatia græca; Liber adoptivus; Poësies françoises; Vita Gargilii Mamurræ; Epistola ad Christinam Sued. Reginam; Epistola ad Guill. Menagium; Epistola ad Car. Ann. Fabrottum; Response au discours sur l'HÉAUTONTIMORUMENOS de Térence, & une lettre à M. Conrard.

Paris, *Augustin Courbé*, 1652, *in-*4. *v. br.*

3693 Œuvres diverses des sieurs de Maucroy & Jean de la Fontaine. *Amsterdam, Pierre Mortier*, 1688, *in-*12. *v. m.*

3694 Œuvres diverses, tant en prose qu'en vers, de Jean de la Fontaine. *Paris, Veuve Pissot*, 1729, 3 *vol. in-*8. *v. f.*

3695 Les Œuvres posthumes en prose & en vers de Jean de la Fontaine. *Paris, Guill. de Luynes*, 1696, *in-*12. *v. f.*

3696 Les Œuvres meslées de Charles Margotrelle de Saint-Denys, Sieur de S. Evrémond. *Paris, Compagnie*, 1698, 2 *vol. in-* 4. *v. f.*

3697 Les mêmes Œuvres diverses de M. de S. Evrémond. *Londres, Jacob Tonson (Rouen)*, 1711, 7 *vol. in-*12. *v. br.*

3698 Apologie des Œuvres de M. de Saint-Evrémond, avec son éloge & son portrait, & un discours sur les critiques, auquel on a joint plusieurs lettres & fragmens de poësies du même de Saint-Evrémond, qui n'ont pas encore été imprimées. *Paris, Jacques Colombat*, 1698, *in-*12. *v. br.*

3699 Recueil de quelques Ouvrages, tant en prose qu'en vers, sur différens sujets de morale & de littérature, par M. Pavillon. MSS. *sur papier de la fin du XVIIe. siecle, in-*4. *relié en parchemin.*

3700 Œuvres posthumes de M. le Chevalier de Méré, contenant plusieurs discours qui concernent la vraye honnesteté, l'éloquence & l'entretien, la délicatesse dans les choses & dans l'expression, & le commerce du monde; avec des réflexions sur l'éducation, & une

BELLES-LETTRES.

Differtation fur la Tragédie ancienne & nouvelle. *La Haye, Vytwerf,* 1701, *in-*12. *v. br.*

3701 Les Œuvres meflées de François - Marie Arouet de Voltaire. *Genêve, Boufquet,* 1742, 5 *vol. in* 12. *v. m.*

3702 Les Œuvres diverfes, tant en profe qu'en vers, de François-Auguftin de Moncrif, Lecteur de la Reyne, & l'un des XL de l'Académie Françoife. *Paris, Brunet,* 1743, *in-*12. *v. br.*

3703 Les mêmes Œuvres diverfes de M. de Moncrif. *Paris, Brunet,* 1751, 3 *vol. in-*12. *v. m.*

§ 3. *Colleƈtions d'Ouvrages en françois, tant en profe qu'en vers, ou meflés de profe & de vers de différens Autheurs qui ont écrit fur plufieurs fujets.*

3704 Recueil de Lettres qui peuvent fervir à l'Hiftoire, avec plufieurs poëfies diverfes. *Rouen, Laurens Maurry,* 1657, *in-*8. *vélin.*

3705 Œuvres diverfes, ou Difcours meflés, favoir : le Nouveau Parnaffe, ou les Mufes galantes; la Lotterie célefte, ou l'Origine de la blanque & de la lotterie; la Mafcarade d'amour; Polyphile, ou l'Amant de plufieurs Dames; & des Difcours pour & contre l'amitié tendre hors le mariage, avec cinquante Lettres fur différens fujets, par M. D. S. *Paris, Compagnie,* 1663, *in-*12. *vel.*

3706 Recueil de Piéces nouvelles & galantes, tant en profe qu'en vers, contenant le Voyage de l'Ifle d'amour; le Voyage de MM. de Bachaumont & la Chapelle ; le Voyage du Roi à Nantes ; le Portrait de Cloris, &c. *Cologne, Pierre du Marteau*, 1663, *in*-12. *v. br.*

3707 Voyage de Messieurs de Bachaumont & de la Chapelle, avec un mêlange de Piéces fugitives en prose & en vers, tirées du Cabinet de M. de Saint Evrémont. *Utrecht (Rouen)*, 1704, *in*-12. *v. br.*

3708 Morale galante, où l'Art de bien aimer, par le sieur le Boulanger, Ouvrage meslé de prose & de vers. *Paris, Claude Barbin*, 1668, *in*-12. *v. br.*

3709 Recueil de Piéces diverses, composées en prose & en vers, par différentes personnes illustres. *La Haye, Jean & Dan. Steucker*, 1669, *in*-12. *vel.*

3710 Recueil de Piéces, tant en prose qu'en vers, par le sieur de Brieux. *Caën, Jean Cavelier*, 1671, *in*-12. *v. br.*

3711 Le Porte-feuille, ou Recueil de diverses Piéces curieuses & galantes. *Cologne*, 1695, *in*-12. *v. br.*

3712 Recueil de Piéces MSS. tant en prose qu'en vers, dont le Portrait de M. de Turenne ; l'Histoire de Chilpéric, Roi de France ; la Relation de l'exécution de M. de Montmorency ; Dialogue de M. Fléchier sur le Quiétisme, & la Piéce de M. de la Monnoye, en vers, *intitulée*, le Duel aboly. *in-fol. relié en carton.*

3713 Rêveries sérieuses & comiques, tant en prose qu'en vers. *Paris, Jacq. Langlois*, 1728.
═ Poësies diverses du sieur Boscheron. *Ibid*, 1728, *in*-8. *v. br.*

BELLES-LETTRES.

3714 Le Triomphe de l'Eloquence, contenant plusieurs Discours, tant en faveur de la Philosophie, que pour l'Histoire, la Poësie, &c. par Madame de Gomez. *Paris, le Clerc*, 1730. ⹀ Entretiens nocturnes de Mercure & de la Renommée, par la même. *Ibid*, 1731, *in-12. v. m.* — 4. 4.

3715 Recueil de Piéces en prose & en vers, prononcées dans l'Assemblée publique, tenuë à Montauban le 25 Août 1742. *Toulouse, Jean Franç. Forest*, 1743, *in-12. v. br.*

3716 Les Amusemens philosophiques & littéraires de deux amis, contenant plusieurs Piéces écrites en prose & en vers. *Paris, Prault l'aîné*, 1754, *in-12. mar. r.*

§ 4. *Autheurs Italiens, Espagnols, &c. ou qui ont écrit en ces Langues.*

3717 Ragionamenti, Novelle & altre Prose di M. Agnolo Firenzuola Fiorentino. *In Fiorenza, Lorenzo Torrentino*, 1552, *in-8. mar. r.* — 4. 19.

3718 Las Obras de Lorenzo Gracian, divididas en dos Tomos. *En Amberes, Juan Batt. Verdussen*, 1702, 2 *vol. in-4. v. m.* — 4.

II.
Dialogues & Entretiens sur différens sujets meslés.

§ 1. *Dialogues grecs & latins.*

3719 Les Entretiens & Colloques d'Erasme, traduits en françois avec des remarques, par — 1. 12.

Samuel Chapuzeau. *Paris, Eſtienne Loyſon*, 1673, *in*-12. *v. br.*

3720 Petri Moſellani Pædologia, ſive Dialogi XXXVII, in uſum puerorum conſcripti; necnon Dialogi pueriles Chriſtophori Hegendorphini. *Argentorati, Joann. Cnoblocus*, 1523, *in*-8. *v. m.*

3721 Jonæ Philologi Dialogi aliquot lepidi ac feſtivi, quibus acceſſit adulationis & paupertatis Dialogus, *Pariſiis, Sim. Colinæus*, 1534, *in*-8. *v. f.*

§ 2. *Dialogues françois.*

3722 Altercacion en forme de Dialogue entre l'Empereur Adrien, & le Philoſophe Epictete, contenant LXXIII queſtions & autant de reſponſes, trad. en françois avec des annotations, par Jean de Coras. *Toloſe, Ant. André*, 1558, *in*-4. *v. m.*

3723 Les Dialogues de Jacques Tahureau, non moins profitables que facétieux, mis au jour par M. de la Porte. *Paris, Gabriel Buon*, 1566, *in*-8. *v. m.*

3724 Les mêmes Dialogues de Jacques Tahureau. *Paris, Gabriel Buon*, 1570, *in*-16. *v. m.*

3725 Les mêmes. *Paris, Gabriel Buon*, 1572, *in*-16. *vel.*

3726 Les mêmes. *Paris, Gabriel Buon*, 1576, *in*-16. *mar. r.*

3727 Notable Diſcours en forme de Dialogue, touchant la vraye & parfaite amitié; duquel toutes perſonnes, & principalement les Dames,

BELLES-LETTRES. 601

mes, peuvent tirer instruction profitable, d'autant que par la plaisante lecture d'icellui, elles y sont deuëment informées du moyen qu'il faut tenir pour bien se gouverner en amour. *Lyon, Bén. Rigaud*, 1583, *in-16. relié en carton.*

3728 Dialogue de la vérité, par Ant. Rambaud. *Paris, Pierre Mettayer*, 1599, *in-12. vélin.*   1 · 10.

3729 Cinq Dialogues faits à l'imitation des Anciens, par Orasius Tubero (la Mothe le Vayer). *Mons (Paris)*, 1673, *in-12. v. br.*

3730 Dialogue de Theophilacte Simocate sur diverses questions naturelles, utiles & plaisantes, avec leurs solutions; translat. de l'original grec en françois par Fédéric Morel. *Paris, Fed. Morel*, 1608. === Les Merveilles de la Mer, envoyées naguerres de Cypre en France, trad. de l'Original grec de Grégoire de Cypre, Patriarche de Constantinople, par le même Fed. Morel. *Ibid*, 1611, *in-12. vel.*   1.

3731 Dialogues familiers, en espagnol & en françois, composés par Jean de la Lune. *Paris, Mich. Daniel*, 1619, *in-16. vel.*

3732 Le Pédant converti; où, dans deux Dialogues, ces deux questions sont traitées. *Savoir,* si chaque Nation doit n'escrire ny ne parler qu'en sa langue, & s'il faut qu'un jeune homme soit amoureux. *Paris, Cl. Barbin*, 1663, *in-12. v. m.*   3 · 4.

3733 L'esprit de Cour, ou les Conversations galantes, divisées en cent Dialogues, par René Bary. *Amsterdam, Jacob. de Zetter*, 1665, *in-12. v. m.*

Tome I.   Gggg

BELLES-LETTRES.

3734 L'esprit de Cour, ou Conversations galantes, divisées par Dialogues, par René Bary. *Paris, Charles de Sercy*, 1666, *in*-12. *v. br.*

3735 Les Entretiens d'Ariste & d'Eugéne sur différens sujets, par le Pere Bouhours. *Paris, Séb. Mabre Cramoisy*, 1671, *in*-12. *v. br.*

3736 Cinq Dialogues de la Délicatesse. *Paris, Cl. Barbin*, 1671, *in*-12. *v. br.*

3737 Les Entretiens de Thémiste & de Lysias sur différens sujets. *Saumur, René Péan*, 1678, *in*-12. *v. br.*

3738 Le Desmeslé de l'esprit & du jugement, écrit par maniere de Dialogue, accompagné de quelques Piéces de vers. *Paris, Rob. Pépie*, 1688, *in*-12. *v. br.*

3739 Théatre philosophique sur lequel on représente par Dialogues, dans les Champs Elisées, les Philosophes anciens & modernes; & où l'on rapporte ensuite leurs opinions, leurs réparties, leurs sentences, & les plus remarquables actions de leur vie, par l'Abbé Bordelon. *Paris, Claude Barbin*, 1692, *in*-12. *v. m.*

3740 Les Diables aux Petites-Maisons, ou Entretiens entre le Diable boiteux & le Diable borgne, par M. le Noble. *Amsterdam, Estienne Roger*, 1708, *in*-12. *broché.*

3741 Dialogues des Morts, par M. de Fontenelle, & trad. en Anglois, avec des remarques, par Jean Hughes. *Londres, Jacob. Tonson*, 1708, *in*-8. *v. br.*

3742 Dialogues ou Entretiens entre Bélise & Emilie, femmes sçavantes, aux Champs Elisées, sur différens caracteres & différentes

BELLES-LETTRES.   603

modes du temps; avec un nouveau Recueil de Lettres comiques & férieuſes. *Rouen, Jacq. Ferrand*, 1709, *in-*12. *v. br.*
3743 Le Chemin des Gens d'eſprit, Dialogue enjoué & férieux entre M. Dupetit & M. Augrand, par le ſieur R. Mauny. *Paris, Dan. Jollet*, 1712, *in-*12. *v. m.*

} 1. 13.

III.

Mélanges de Polygraphie; ou diverſes Collections variées, Queſtions curieuſes, Opuſcules, Extraits, & diverſes Leçons de Diſcours meſlé, en latin & en françois.

3744 Richardi Dinothi Adverſaria hiſtorica, moralia, politica, &c. *Baſileæ, ex Offic. Petri Pernæ*, 1581, *in-*4. *vel.*
3745 Petri Firmiani Liber inſcriptus, Sæculi Genius; ſive Diſſertationes varii argumenti. *Pariſiis, Seb. Cramoiſy*, 1653, *in-*8. *v. m.*

} 1. 4.

3746 Gabrielis Naudæi, Pariſini, Quæſtiones iatro-philologicæ, in quibus: An magnum homini à venenis periculum? an vita hominum hodie quàm olim brevior? an matutina ſtudia veſpertinis ſalubriora? an liceat Medico fallere ægrotum? & de Fato & fatali vitæ Termino. *Genevæ, Sam. Chouet*, 1647, *in-*8. *v. m.*

2. 9.

3747 Jacobi Maſenii, Soc. Jeſu, utilis Curioſitas de humanæ vitæ fœlicitate per varios hominum ſtatus, cum amœno hiſtoriarum aliquot delectu, ad uſum non minùs Politicorum

1.

Gggg ij

quàm Ecclesiasticorum. *Coloniæ Agrippinæ,* *Joann. Wilhelm. Frieſſem,* 1672, *in-*8. *v. f.*

3748 Henrici Vagedes Opera academica, in quibus miscellaneæ quæstiones variæ, & cujuscumque generis, ex editione Philippi Ludov. Paſtoir; cum Diſſertatione editoris de curâ Principum circà oppreſſos fidei suæ consanguineos. *Francofurti, Nic. Forſter,* 1703, *in-*4. *v. f.*

4. 2. 3749 Francisci Vavaſſoris, Soc. Jesu, Opuscula varia; *scilicet,* Tractatus de Elogio Aureliano. == Antonius Godellus utrùm Poëta, authore eodem Franc. Vavaſlore. *Veronæ* (*Parisiis*) 1647 — & 1650, *in-*8. *v. f.*

3750 MISCELLANEA, ou Recueil de toutes sortes de piéces, tant en latin qu'en françois, en vers & en prose, sur différentes matieres de littérature & d'histoire, sans ordre, & qui paroiſſent pour la plûpart des extraits d'Ouvrages imprimés, &c. *MSS. sur papier du XVIIe. siecle, in-fol. v. m.*

5. 4. 3751 Mélanges, ou Recueil de différentes piéces de poëſie latines & françoises; Maximes & Anecdotes en prose de différens Auteurs. *MSS. sur papier de la fin du XVIIe. siecle, in-*4. *relié en parchemin.*

4. 10. 3752 Opuscules françoises de François & Jean Hotman, contenant plusieurs Traités, savoir; Discours pour l'étude des Loix; Paradoxes de l'amitié & de l'avarice; de la Diſſolution du mariage; Traité de la Loy Salique; Avis sur la clause apportée aux contrats; le Don royal de Jacques, Roi d'Angleterre; Traité de la dignité de l'Ambaſſadeur; de la Providence

divine ; du Progrès de l'ame raisonnable , & Discours sur les diverses occupations de l'homme , &c. Paris , *Veuve Guillemot* , 1617 , *in*-8. *v. br.*

3753 Les Déclamations paradoxes, où sont contenues plusieurs questions débattues. contre l'opinion du Vulgaire ; Traité fort utile & récréatif, propre à esveiller la subtilité de l'esprit de ce temps, avec des notes par Jean du Val. Paris, *Nic. Rousset*, 1603, *in*-12. *vel.*

3754 Desseins de Professions nobles & publiques , contenant plusieurs Traités rares & curieux sur différentes matieres, proposés en forme de leçons particulieres pour advis & conseils des chemins du Monde, par Ant. de Laval. Paris , *Abel Langelier*, 1605 , 1·*tom.* en 2 *vol. in*·4. *v. m.*

3755 CCCLXV Demandes & Responses de l'Hermite Blaquerne touchant l'amy & l'aimé, faictes par Raymond Lullius , Hermite , & mises en françois par Gabriel Chappuis. *Paris, Thomas Brumen*, 1586, *in*-16. broché.

3756 Demandes curieuses avec les responses libres, où l'on peut voir les plus belles questions qui se puissent faire sur la Morale, la Politique, & l'Art militaire, par Honorat de Meynier. Paris , *Pierre Billaine*, 1635 , *in*-8. *vel.*

3757 Les Travaux sans travail, où sont contenues deux histoires de la fidélité d'une fille, & de l'infidélité d'une femme ; Discours & Lettres missives, avec plusieurs Dialogues, Sonnets, Epigrammes, Stances, & Epitaphes, par Pierre Davity. *Lyon , Thibaud Ancelin*, 1603 , *in*-12. *v. f.*

BELLES-LETTRES.

1 . 5 . 3758 Les mêmes. *Paris, Gilles Robinot,* 1602, *in*-12. *vel.*

1 . 10 .
{ 3759 Le Palais des Curieux, auquel sont assemblées plusieurs diversités pour le plaisir des doctes & le bien de ceux qui desirent sçavoir, par Béroalde de Verville. *Paris, Veuve Guillemot,* 1612, *in*-12. *vel.*

3760 Recueil de Pensées diverses écrites à un Docteur de Sorbonne à l'occasion de la comète qui parut au mois de Décembre de l'année 1680, par Pierre Bayle. *Rotterdam, Rein. Leers,* 1683, 2 vol *in*-12. *v. m.* }

7 . 10 . 3761 Réponse aux questions d'un Provincial, par Pierre Bayle. *Rotterdam, Reinier Leers,* 1704, 5 vol. *in*-12. *v. br.*

1 . 10 . 3762 Le Je ne sçay quoy, ou Recueil de Réfléxions sur différens sujets, par Cartier de S. Philippe. *La Haye,* 1723, 2 tom. en un vol. *in*-12. *vel.*

2 . 19 .
{ 3763 Essais, ou Réfléxions générales sur des sujets différens. *Paris, Estienne Michallet,* 1677, *in*-12. *v. br.*

3764 Recueil de différens Traités d'histoire, de morale & d'éloquence, composés par divers Auteurs. *Paris, Veuve Cl. Thiboust,* 1672, *in*-12. *v. br.*

3765 Recueil de diverses Piéces sur la Philosophie, la Religion naturelle, l'Histoire, les Mathématiques, &c. par MM. Léibnitz, Clarcke, Newton, & autres Auteurs célebres. *Lausanne, Marc Mich. Bousquet,* 1759, 2 vol. *in*-12. *v. m.* }

2 . 9 . 3766 Mélanges de littérature, d'histoire & de philosophie, par M. Dalembert. *Berlin (Paris),* 1753, 2 vol. *in*-12. *v. m.*

3767 Essais sur divers sujets de morale, par M. l'Abbé Trublet. *Paris, Briasson,* 1735 & ann. suiv. 4 tom. en 3. vol. *in*-12. *v. m.*   2. 19.

3768 Conférences Académiques, recueillies & mises en lumiere par le sieur de Héere, Doyen de Saint-Aignan d'Orléans. *Paris, Denys Langlois,* 1618, *in*-8. *v. br.*

3769 Conférences Académiques sur toutes sortes de sujets, par Jean de Soudier, Escuyer, Sieur de Richesource. *Paris,* 1663, *in*-4. *v. br.*   1.

3770 Conversations Académiques, tirées de l'académie de l'Abbé Bourdelot, par le sieur le Gallois. *Paris, Cl. Barbin,* 1674, 2 tom. en un vol. *in*-12. *v. br.*

3771 Mémorial de quelques conférences avec des personnes studieuses, par M. de la Mothe-le-Vayer. *Paris, Thomas Jolly,* 1669, *in*-12. *v. br.*   1.

3772 Recueil général des questions traitées ès Conférences du Bureau d'Adresse sur toutes sortes de matieres, par les plus beaux esprits de ce temps. *Lyon, Ant. Valençol,* 1666, 7 vol. *in*-12. *v. br.*   5. 5.

3773 Idée du Jardin du Monde, ou Dissertations diverses & questions naturelles, trad. de l'italien de Thomas Thomasey, en françois par Nic. le Moulinet. *Paris, Nic. d'Allemaigne,* 1612, *in*-12. *v. m.*

3774 Recueil des divers Discours de Laurent Capelloni, trad. en françois par Pierre de Larivey. *Paris, Mich. Sonnius,* 1695, *in*-12. *v. m.*   1.

3775 Discours Académiques Florentins, appropriés à la langue françoife par Eftienne du Tronchet. *Paris, Lucas Breyer*, 1576, *in-*8. vélin.

3776 La Defordenada Codicia de los bienes agenos : obra curiofa en la qual fe defcubren los enrredos y marañas de los que no fe contentan con fu parte, por Garcia. *En Paris, Adrian Tiffeno*, 1619, *in*-12. *v. br.*

3777 El Filofofo de Aldea, y fus converfaciones familiares y exemplares, por cafos y fucceffos cafuales, por el Alferez Don Baltafar Mateo Velazquez. *En Madrid, Diego Flamenco*, 1625, *in*-8. *v. f.*

3778 Politica de Dios, Govierno de Chrifto, Tirannia de Satanas ; efcrivelo con las plumas de los Evangeliftas, Don Francifco de Quevedo de Villegas: Añadidos a efte tratado, la Hiftoria del Bufcon ; los Difcurfos de los Sueños y de todos los Diablos, &c. por el mifmo Quevedo de Villegas. *En Pamplona, Carlos de Labayen*, 1631, *in*-8. *v. m.*

IV.

Epiftolaires.

§ 1. *Introductions & Traités préparatoires au ftyle épiftolaire, ou de l'Art de compofer des Lettres ou Epîtres.*

3779 Le Sécretaire des Sécretaires, ou le Tréfor de la plume françoife, contenant la maniere de compofer & dicter toutes fortes de lettres miffives, avec quelques lettres facétieufes

BELLES-LETTRES.

tieuses. *Rouen, Jean Petit*, 1610, *in-12. vel.*

3780 Autre Edition du même Livre. *Rouen, Louis Loudet*, 1631, *in-12. vel.* — 1.

3781 Le Sécrétaire à la mode, par le sieur de la Serre, avec une instruction pour écrire les lettres : & un Recueil des lettres morales des plus beaux Esprits de ce temps. *Amsterdam, Louis & Daniel Elzévier*, 1662, *in-12. vel.* — 1. 10.

3782 Autre Edition du même Livre. *Rouen, J. Bapt. Besongne*, 1700, *in-12. mar. r.*

3783 Le Sécrétaire inconnu, contenant des lettres particulieres sur diverses sortes de matieres. *Lyon, Larchier*, 1683, *in-12. baz.* — 1.

3784 L'Eloquence du temps, enseignée à une Dame de qualité, & très propre aux gens qui veulent apprendre à parler & à écrire avec politesse. *Suivant la copie de Bruxelles*, 1701, *in-12. v. m.*

3785 Le Sécrétaire Turc, contenant l'Art d'exprimer ses pensées sans se voir, sans se parler, & sans s'écrire ; avec les circonstances d'une Avanture Turque, & une Relation très curieuse de plusieurs particularités du Serrail, qui n'avoient point encore été sçeuës, par le sieur du Vignau, Sieur de Joanots. *Lyon, Thomas Amaulry*, 1688, *in-12. v. br.* — 1. 10.

§ 2. *Collections d'Epîtres & Lettres de différens Auteurs.*

3786 Illustrium virorum Epistolæ, ab Angelo Politiano, partim scriptæ, partim collectæ, cum Franc. Sylvii Commentariis & Jodoci Badii Ascensii Scholiis. *Parisiis, in Ædibus Jodoci Badii*, 1526, *in-4. v. m.*

Tome I.   H h h h

3787 Epistolæ Obscurorum Virorum ad Orthuinum Gratium, tertio Volumine auctæ. *Londini* (*in Germaniâ*), *apud editorem, absque anni notâ*; *in-12. v. f.*

3788 Clarorum Virorum, Theodori Prodromi, Dantis Alighieri, Franc. Petrarchæ, Galeacii Vicecomitis, Ant. de Tartona, Colucii Salutati, Leonardi Aretini, Caroli Aretini, Porcelli Joann. Manzini de Motta, & Jacobi Sadoleti Epistolæ, ex Codd. MSS Bibliothecæ Collegii Romani Soc. Jesu, nùnc primùm vulgatæ, edente Petro Lazeri, Soc. Jesu. *Romæ, Nic. & Marc. Palearini*, 1754; *in-8. v. m.*

3789 Sylloge nova Epistolarum varii Argumenti. *Norimbergæ, Felseckerus*, 1760; 4 *tom. en* 3 *vol. in-8. v. m.*

3790 Recueil de Lettres diverses de différens Auteurs. *Imprimé sans indic. de Ville & sans date. in-12. vel.*

§ 3. *Lettres des Auteurs Grecs & Latins, anciens & modernes.*

3791 Les Epîtres de Phalaris, Tyran des Agrigentins en Sicile, mises en vulgaire françois par Claude Gruget, Parisien. *Paris, Jehan Longis*, 1550, *in-8. mar. r.*

3792 Aristæneti Epistolæ, gr. & lat. cum notis. *Parisiis, Marcus Orry*, 1596, *in-8. v. m.*

3793 Lettres de Philostrate mises de grec en françois, avec des annotations & des remarques, par Louis de Caseneuve. *Tournon, Geoffroy Linocier*, 1620, *in-4. v. m.*

BELLES-LETTRES.

3794 Photii, Patriarchæ Conftantinopolitani, Epiftolæ omnes, gr. & lat. ex editione & cum notis Richardi Montacutii. *Londini*, *Rog. Daniel*, 1651, *in-fol. vélin bl.* — 10. 19.

3795 C. Plinii Secundi Epiftolarum Libri IX, necnon Panegyricus Trajano dictus: accedunt etiam alii Panegyrici, aliis Imperatoribus dicti à Latino Pacato, Mamertino & Nazario, ex editione & cum notis Henr. Stephani. *Excudeb. idem Stephanus, abfque anni indicatione*, *in-16. v. br.* — 1. 11.

3796 Quinti Aurelii Symmachi Epiftolarum Libri X, cum Auctuario & Mifcellaneorum Libris X, notis illuftrati. *Parifiis, ex Typ. Orrianâ*, 1604, *in-4. v. f.* — 3.

3797 Petri de Vineis Epiftolarum Libri VI, ex editione Simonis Schardii. *Bafileæ, Paulus Quecus & Joann. Oporinus*, 1566, *in-8. v. m.*

3798 Æneæ Sylvii, pofteà Papæ Pii II, Epiftolæ familiares. *Mediolani, per Ant. Zarotum Parmenfem*, anno 1473, *in-fol. v. f. rare.*

} 8 o.

3799 Earumdem Epiftolarum familiarium, editio altera. *Lovanii, per Joann. de Weftfalia*, anno 1483, *in-fol. v. br.* — 15.

3800 Epiftolæ & Commentarii Jacobi Picolomini, Cardinalis Papienfis. *Mediolani, Alexander Minutianus*, 1506, *in-fol. mar. r.* — 6.

3801 Marfilii Ficini, Florentini, Epiftolarum familiarium Libri XII. *Nurembergæ, per Ant. Koberger*, 1497, *in-4. mar. r.* — 4. 4.

3802 Leonardi Aretini Epiftolarum familiarium Libri VIII. *Brixiæ, anno* 1495, *in-fol. baz.*

3803 Francifci Philelphi Epiftolarum familia-

Hhhh ij

{rium Libri XVI. *Editio vetus, litteris gothicis excusa, absque ullâ loci & anni indicatione,* in-4. *non-relié.*

3804 Iidem. *Brixiæ, per Jacobum Britannicum Brixianum, anno* 1485, *in-fol. relié en bois.*

3805 Iidem. *Venetiis,* 1493, *in-fol. v. f.*

3806 Iidem, cum quibusdam Orationibus & Alani Epistolâ de detestatione belli Gallici & suasione pacis. *Parisiis, Joh. Barbier,* 1509, *in-*4. *v. m.*

3807 Eorumdem Librorum editio altera, cui accedunt Oratio divi Ambrosii pro Obedientiâ Sabaudensium; Alani Aurigæ Epistola de belli Gallici detestatione & suasione pacis; necnon Turci Epistola ad Regem Ludovicum XII. *Parisiis, Joann. Barbier,* 1514, *in-*4. *v. f.*

3808 Earumdem Fr. Philelphi Epistolarum familiarium editio integra, Libros XXXVII complectens. *Venetiis, in Ædibus Joann. & Gregorii de Gregoriis, fratrum, anno* 1502, *in-fol. mar. r. rare.*

3809 Petri Delphini, Veneti, Prioris sacri Eremi, & Generalis totius Ordinis Camaldulensis, Epistolarum Libri XII; in lucem editi curis Jacobi Brixiani, Prioris sancti Martini de Opitergio. *Venetiis, arte & studio Bernardi Benalii, anno* 1524, *in-fol. mar. bl.*

* *Exemplar elegans & integrum Libri rarissimi.*

3810 Petri Bembi, Cardinalis, Epistolarum Libri XVI. *Venetiis, Gualterus Scottus,* 1552, *in-8. v. f.*

3811 Hieron. Bossii Ticinensis Epistolarum Libri V. *Ticini Ardizzonius,* 1613, *in-8. v. f.*

BELLES-LETTRES.

3812 Joann. Bapt. Lauri, Perufini, Epiftolarum Centuriæ duæ. *Colon-Agrippinæ, Joann. Kinckius*, 1624, *in*-12. *v. f.* — 1.

3813 Petri Bunelli, Galli, & Pauli Manutii, Itali, Epiftolæ Ciceroniano ftylo fcriptæ; quibus accefferunt aliorum Gallorum pariter & Italorum Epiftolæ plures eodem ftylo fcriptæ. *Excud. Henr. Stephanus*, 1581, *in* 8. *v. f.* — 2 - 19.

3814 Magiftri Caroli Vituli Epiftolæ ornatiffimæ CCCXXXVII. *Parifiis, anno* 1499, *in*-4. *v. f.* — 3 . 1.

3815 Gulielmi Budæi Epiftolæ Græcæ, cùm verfione latinâ Ant. Pichonii, Chartenfis. *Parifiis, Typ. Joann. Benenati*, 1574, *in* 4. *v. f.*

3816 Rolandi Marefii Epiftolarum Philologicarum Liber unus. *Lutetiæ-Parifiorum, Henric. le Gras*, 1650, *in*-12. *v. m.* — 2 - 11.

3817 Ifaaci Cafauboni Epiftolarum editio fecunda; LXXXII Epiftolis auctior & juxtà feriem temporum digefta, ex recenfione Joann. Georgii Grævii. *Magdeburgi, Chriftian. Gerlachus*, 1656, *in*-4. *v. f.*

3818 Henrici, Navarrorum Regis, Epiftolæ, &c. *Ultrajecti, Johannes Ribbius*, 1679, *in*-12. *vel.* — 3 . 1.

3819 Defiderii Erafmi Epiftolarum Liber. *Parifiis, Petr. Gromorfus*, 1525, *in*-8. relié en carton. — 1 . 2 -

3820 Nicolai Clenardi epiftolarum Libri II. *Antverpiæ, Chriftoph. Plantinus*, 1566, *in*-8. *vel.*

3821 Erycii Puteani Epiftolarum Atticarum Centuriæ III. *Coloniæ, Hæredes Laʒari Zetʒneri*, 1636. == Ejufdem Puteani Epiftolarum felec-

BELLES-LETTRES.

tarum Centuriæ IV. *Ibid.* 1641, *in-*8. *baz.*

3822 Hugonis Grotii Epistolæ ad Gallos, nunc primùm editæ. *Lugd. Bat. ex offic. Elzevirorum,* 1648, *in-*12. *v. f.*

3823 Antonii Perezii ad Comitem Essexium, singularem Angliæ Magnatem, & ad alios, Epistolarum Centuria una. *Parisiis, absque notâ anni, in-*8. *v. m.*

3824 Gregorii Majansii generosi & antecessoris Valentini Epistolarum Libri VI. *Valentiæ Edetanorum, Typ. Anton. Bordazar de Artazu,* 1732, *in* 4. *baz.*

§ 4. Lettres des Auteurs François.

3825 Les Epitres de Maître François Rabelais, écrites pendant son voyage d'Italie; avec des observations historiques, & un abregé de sa vie. *Paris, Charles de Sercy,* 1651, *in-*8. *v. m.*

3826 Lettres missives & familieres d'Estienne du Tronchet, avec le Monologue de la providence, ou le Traité de la parfaite vertu. *Paris, Nic. Bonfons,* 1589, *in-*16. *vel.*

3827 Les mêmes Lettres missives & familieres d'Estienne du Tronchet. *Paris, Barth. le Franc,* 1597, *in-*16. *mar r.*

3828 Lettres missives & familieres entremeslées de certaines Confabulations non moins utiles que récréatives, comp. par Gérard de Vivre. *Rotterdam, Jean Waesbergue,* 1597, *in-*8. *v. m.*

3829 Les Epistres morales du Seigneur Honoré

BELLES-LETTRES.

d'Urfé. *Lyon, Jacques Rouſſin*, 1598, *in-12.* relié en carton.

3830 Les mêmes Epiſtres morales & amoureuſes de Meſſire Honoré d'Urfé. *Paris, Gilles Robinot*, 1619, *in 8. mar. r.*

3831 Les Epiſtres morales & conſolatoires, avec pluſieurs autres petits Œuvres du ſieur de Nervéze. *Lyon, Thibaud Ancelin*, 1608, *in-12. v. m.*

3832 Epiſtres françoiſes, amoureuſes, héroïques, politiques, morales & conſolatoires, accompagnées de pluſieurs diſcours libres, par le ſieur d'Audiguier. *Paris, Pierre Billaine*, 1618, *in-8. vel.* } 1.

3833 Recueil des Epitres françoiſes de pluſieurs perſonnages doctes & illuſtres addreſſées à M. Joſeph Juſte de la Scala (Joſeph Scaliger) mis en lumiere par Jacques de Reves. *Harderwyck, veuve Thom. Henry*, 1624, *in-8, v. m.* } 1. 2.

3834 Lettres panégyriques adreſſées aux Héros de la France, par le ſieur de Rangouze, *Paris*, 1647, 2 *tom. en un vol. in-8 v. m.*

3835 Lettres nouvelles du ſieur du Pelletier. *Paris*, 1655, *in-8. v. m.* } 1. 9.

3836 Recueil des Lettres de M. Coſtar, addreſſées à différentes perſonnes. *Paris, Auguſt. Courbé*, 1658 & 1659, 2 *vol. in-4. v. br.* } 3. 15.

3837 Nouveau Recueil de Lettres comiques & ſérieuſes, avec la ſuite. *Imp. ſans indication de Ville, & ſans date d'année*, *in-12. v. m.* } 1. 4.

3838 Relations, Lettres & Diſcours de Samuël de Sorbiere, ſur diverſes matieres curieuſes. *Paris, Robert de Ninville*, 1660, *in-8, v. br.*

616 BELLES-LETTRES.

2. 10. { 3839 Les mêmes Lettres & Discours. *Paris, Franç. Clousier*, 1660, *in*-4. *mar. r.*

1. 1. 3840 Lettres & Poësies de Madame la Comtesse de B. *Leyde, Ant. du Val*, 1666, *in*-12. *mar. r.*

1. { 3841 Recueil de Lettres & de Relations galantes, par Mlle. Desjardins. *Paris, C. Barbin*, 1668, *in*-12. *v. br.*
3842 Traduction françoise de cinq Lettres Portugaises. *Paris, Claude Barbin*, 1669, *in*-12. *v. br.*

1. { 3843 Lettres galantes, Billets tendres & Réponses, par le sieur Girault. *Paris, Nic. le Gras*, 1683, *in*-12. *v. br.*
3844 Lettres diverses de Monf. le Chevalier d'Her***. *Paris, C. Blageart*, 1683, *in*-12. *bazane.*

4. 5. { 3845 Lettres nouvelles de M. de Boursault. *Paris (Hollande)*, 1698, *in*-12. *v. br.*
3846 Lettres choisies de M. Simon, où l'on trouve un grand nombre de faits anecdotes de Littérature. *Rotterdam (Rouen)*, 1702, *in*-12. *v. br.*

1. 17 3847 Lettres choisies de M. Pierre Bayle, avec des remarques & des additions, par M. Desmaizeaux. *Rotterdam, Fritsch*, 1714, 3 *vol. in*-12. *v. br.*

2 1. 3849 Mémoires Secrets de la république des Lettres, ou le Théatre de la vérité, contenant XIX Lettres, écrites par J. Bapt. de Boyer, Marquis d'Argens. *La Haye*, 1743, 8 *vol. in*-12. *mar. r.*

1. 3850 Lettres Siamoises, ou le Siamois en Europe.

BELLES-LETTRES.

rope. *Imprimé en* 1761, *in*-12. *v. m.*

3851 Lettres interreſſantes ſur différentes matieres. *Paris, Vallat-la-Chapelle,* 1765, *in*-12. broché. — 1. 10.

§ 5. *Lettres des Auteurs Italiens, Eſpagnols, Portugais, &c.*

3852 Les Epîtres argentées, ou Recueil des principales Lettres de Claude Tolomeï, Gentilhomme Siennois, trad. de l'italien en françois, par Pierre Vidal. *Paris, Nic. Bonfons,* 1572, *in*-8. *vel.*

3853 Lettere amoroſe di diverſi huomini illuſtri. *In Venetia, gli Heredi del Bonelli,* 1574, *in*-8. *non-relié.*

⎫
⎬ 2.
⎭

3854 Lettere di Meſſer Pietro Aretino. *In Parigi, Matteo il Maeſtro,* 1609, 6 *vol. in*-8. *vélin.* — 31. 19.

3855 Les Lettres d'Iſabelle Andreïni, Dame Romaine. *Paris, Touſſ. Quinet,* 1647, *in*-8. *vélin.* — 1.

3856 Les Epîtres dorées morales & familieres de D. Ant. de Guévarre, Eveſque de Mondonédo, trad. de l'eſpagnol en françois par le Seigneur de Gutéry. *Lyon, Macé Bonhomme,* 1558, *in*-4. *vel.*

3857 Les mêmes, avec la révolte des Eſpagnols contre leur jeune Prince en 1525, & l'iſſue d'icelle; & un Traité des travaux & priviléges des Galeres. *Lyon, Eſtienne Michel,* 1578, 2 *tom. en un vol. in*-8. *vél.*

3858 Lettres de Miſtriſs Fanni Butlerd à Milord

⎫
⎬ 1. 17.
⎭

Tome I. Iiii

BELLES-LETTRES.

Charles Alfred de Caitombrige, Comte de Plifinthe, écrites en 1735, & trad. de l'anglois en 1756, par Adelaïde de Varançai, avec plufieurs Piéces de Poëfie auffi trad. de l'Anglois. *Amfterdam, Schneider,* 1757, *in-*12. *V. M.*

FIN DU TOME PREMIER.

De l'Imprimerie de DIDOT, rue Pavée, 1767.

www.ingramcontent.com/pod-product-compliance
Lightning Source LLC
Chambersburg PA
CBHW050105230426
43664CB00010B/1442